Administrative Law

행정법
담론

김재광

박영사

중판에 붙여

2018년 7월 「행정법담론」을 발간한 지 1년 만에 중판을 내게 되어 매우 기쁘게 생각한다. 법학전문대학원(로스쿨)이 출범한 이래 법학서에 대한 수요 감소로 인해 전반적으로 판매부진의 늪에서 헤어나지 못하고 있음을 감안하면 법학전문서임에도 불구하고 「행정법담론」이 독자분들의 따뜻한 성원과 격려를 받은 것은 감사한 일이고 행정법학의 미래를 위해 다행스런 일이 아닐 수 없다. 법학서는 법치주의, 법의 지배, 법치행정의 토대를 이루고 발전을 견인하는 매우 중요한 역할을 담당하고 있으므로 앞으로도 법학서에 대한 변함 없는 성원을 부탁드리는 바이다.

독자님들의 성원에 보답하기 위해 오탈자 정도만 수정하는 것이 관례인 중판 인쇄임에도 불구하고 다음과 같이 수정·보완하여 완성도를 높이고자 하였다. 첫째, 초판의 오탈자를 바로잡았다. 둘째, 논리전개상 흐름이 자연스럽도록 표현을 다듬었다. 셋째, 초판의 내용 중 수정과 보완이 필요한 부분은 편집의 틀을 흔들지 않는 범위 내에서 수정하고 보완하고자 하였다. 구체적으로 보면 네 가지 ― ① 저자의 생각을 추가한 부분(예: 제2강 51쪽 등), ② 논리전개상 내용 수정 및 보완이 필요한 부분(예: 제3강 98쪽, 제5강 135쪽, 제7강 194쪽·195쪽·215쪽·219쪽, 제14강 466쪽 등), ③ 법령 개정을 반영한 부분(예: 제11강 342쪽·347쪽, 제12강 417쪽·418쪽, 제14강 463쪽·472쪽·473쪽 등), ④ 통계 수정이 필요한 부분(예: 제5강 132쪽 등) ― 로 나눌 수 있다.

앞으로도 독자님들의 따뜻한 성원에 부응하기 위해 성실히 연구할 것을 약속드리는 바이다.

중판의 발간과 관련하여 감사드려야 할 분들이 있다. 먼저 따뜻한 격려와 성원을 아끼지 않은 김용일 仁兄께 감사드린다. 그리고 저자의 성가신 주문을 묵묵히 수용하며 훌륭한 편집을 해주신 박영사의 한두희 선생님께 깊이 감사드린다.

2019년 9월
서울 중계동 청람재(淸嵐齋)에서
저자 씀

머리말

「행정법담론」을 탈고하여 출간한다. 책의 출간은 늘 설레임과 두려움을 동시에 안겨준다. 특히 이 책은 형식과 내용면에서 종래의 교과서적 방식을 탈피하고 새로운 방식으로 접근하였기 때문에 더욱 그러하다.

그동안 저자는 경찰법, 정보 및 사이버안보법(개인정보보호, 정보공개, 사이버안보), 국책사업 관련 공공갈등, 문화행정법, 행정규제법, 토지공법, 전자정부법, 지방자치법 등 다양한 분야를 연구대상으로 삼아 분야별로 논문을 발표하고 연구보고서를 발간하며 몇 권의 저서를 출간한 바 있다.

이 책은 그동안 저자가 학술지에 발표한 논문들을 토대로 하였으며 오늘날 특별히 중요하다고 생각되는 것들을 골라 모아 새롭게 기획하고 내용을 수정·보완한 것이다. 이 책은 전체 7편으로 구성하였다. 제 1 편 개발과 환경의 조화, 제 2 편 도시와 건축, 제 3 편 지방분권과 균형발전, 제 4 편 안전징비록(安全懲毖錄), 제 5 편 우리 문화의 빛과 그림자, 제 6 편 대한민국 4대 거짓말: '대통령, 규제 풀겠다', 제 7 편 공동체와 치안 등이 그것이다. 각 편별로 2개 주제를 배치하여 전체적으로는 14개 주제를 다루고 있다. 이들 14개 주제들은 행정법학뿐만 아니라 우리 사회에서 중요한 법적 문제가 되고 있는 것이다. 그런 까닭으로 행정법학을 공부하는 이들뿐만 아니라 일반시민들도 관심을 가질 수 있는 매우 시의성 있고 실질적인 주제라고 생각한다.

저자는 법을 통한 학생들과 시민들과의 대화와 소통 그리고 이해를 중요하게 생각하고 있다. 그런 노력의 일환으로 2016년에 「법학산책」을 출간한 바 있다. 다행히 「법학산책」도 저자의 뜻이 독자들에게 오롯이 전해진 탓인지 법학서임에도 불구하고 독자들의 사랑을 꾸준히 받고 있다. 이 기회를 빌어 독자들에게 감사를 드린다.

「행정법담론」도 이러한 노력의 연장선상에 있다. 행정법적 사유를 통해 학생들과 시민들과의 대화와 소통을 하자는 데에 중점을 두고 있다. 책제목을 「행정법담론」(行政法談論)으로 정한 것도 그러한 이유에서이다. 법치주의, 법치국가, 법치행정, 법의 지배 등의 대원칙들은 저절로, 어느 날 갑자기 만들어지는 것이 아니라 한 사람 한 사람의 시민들의 열정과 노력에 의해, 이해와 배려에 의해, 희생과 헌신에 의해 만들어지는 것이다. 오늘날 공론화위원회 등을 비롯하여 시민들의 국정참여가 활발해지고 있고 그에 따른 책임 또한 무겁게 요청되고 있다. 「행정법담론」이 그 길의 동반자가 되었으면 좋겠다는 생각을 해본다.

이 책의 출간과 관련하여 감사드려야 할 분들이 있다. 먼저 은사이신 경희대 법학전문대학원의 박균성 교수님(전 한국공법학회장, 현 한국보상법연구회 회장)의 학은에 깊이 감사드린다. 시간이 지날수록 스승님으로부터 받은 학은이 크고 넓고 깊다는 것을 절실히 깨닫고 있다. 그리고 특별히 학문에 있어서나 인생살이에 있어서 늘 저자를 일깨워주시는 한국법제연구원장을 지내신 김기표 교수님(현 입법이론실무학회회장), 아주대 법학전문대학원의 정태용 교수님, 영남대 법학전문대학원의 박인수 교수님(전 한국공법학회장), 이화여대 법학전문대학원의 최승원 교수님(전 한국공법학회장), 한국법제연구원의 이준우 박사님, 단국대 법대의 정준현 교수님(현 한국사이버안보법정책학회 명예회장), 경희대 법학전문대학원의 김두형 교수님, 서울대 법학전문대학원의 이원우 교수님(전 정보통신정책학회장)과 함께 신현권 대표님, 손영훈 국장님께 깊이 감사드린다. 그 밖에도 많은 훌륭한 분들이 천학비재(淺學非材)한 저자에게 따끔한 가르침을 주고 있지만 지면에 일일이 밝히지 못한 점에 대해 깊은 양해를 바란다. 그리고 자료 수집과 교정을 도와준 제자들인 박사과정을 수료한 김선태 선생과 박사과정의 양지수 선생에게도 고마움을 전하며 학문하는 즐거움이 늘 함께하기를 기원한다. 또한 경희대 행정학과 제자인 이창원 과장에게도 고마움을 전한다.

그리고 본서의 출간을 허락해 주신 박영사의 안종만 회장님께 감사드린다. 몇 차례의 조찬모임을 통해 알게 된 안 회장님의 문화와 예술 사랑과 안목은 깊은 존경심을 갖도록 하였다. 여러 대학에 특강을 하시며 정리한 자료집 「문화에 길을 묻다」는 안 회장님의 문화예술에 대한 높은 안목을 단적으로 보여주고 있다. 그리고 각종 지원을 해주신 안상준 상무님, 기획부의 조성호 이사님과 노현 이사님께 감사를 드린다. 여러모로 부족한 이 책이 좋은 책이 될 수 있도록 기획과정부터 많은 조언을 해주고 꼼꼼한 내용 검토와 함께 편집, 교정에 힘써 주신 편집부의 김선민 부장님과 한두희 선생님께 특별한 감사를 드린다. 또한 좋은 표지디자인을 해주신 조아라 대리님께도 감사를 드린다. 피카소가 "나는 어린애처럼 그리는데 반세기가 걸렸다"고 말했다고 하는데, 이 책의 표지디자인의 선정에도 해당되는 말이다.

마지막으로 특별한 감사를 드려야 할 분이 있다. 얼마 전, 2018년 6월 20일 갑작스런 병환으로 이 세상을 하직하신 저자의 어머니이다(1938~2018). 어머니 영전(靈前)에 이 책을 바친다. 그것은 어머니께서는 저자가 당신과 가정을 돌보는 것보다 늘 국가와 국민을 위해 헌신하는 것을 자랑스럽게 생각하셨기 때문이다. 삼가 명복(冥福)을 빈다.

2018년 7월
서울 중계동 청람재(淸嵐齋)에서
저자 씀

차 례

원문 출처

제1편 개발과 환경의 조화

제1강 개발과 환경의 극한갈등: 4대강사업

[한국토지공법학회(편), 「토지공법연구」 제79집(2017. 8), 1−30쪽 所載]

  (원제: 4대강사업의 법적 평가와 과제)

제2강 한국적 절차간소화: 인·허가 의제제도

[한국토지공법학회(편), 「토지공법연구」 제81집(2018. 2), 85−111쪽 所載]

  (원제: 인·허가의제제도의 재검토(공저))

제2편 도시와 건축

제3강 도시의 가치재창조: 역사와 문화가 깃든 小確幸의 도시재생

[한국토지공법학회(편), 「토지공법연구」 제64집(2014. 2), 105−132쪽 所載]

  (원제: 도시재생 관련법제의 현황과 법적 과제)

제4강 또 다른 자연, 건축: 건축의 자유와 건축허가

[한국토지공법학회(편), 「토지공법연구」 제77집(2017. 2), 29−53쪽 所載]

  (원제: 건축허가 관련 절차와 법적 쟁점)

제3편 지방분권과 균형발전

제5강 지방분권: 일반자치제와 특별자치제

[한국지방자치법학회(편), 「지방자치법연구」 제17권 제3호(2017. 9. 20), 33−84쪽 所載]

  (원제: 지방분권 관련 일반자치제와 특별자치제의 관계)

제6강 균형발전: 지방자치단체 경계조정

[한국지방자치법학회(편), 「지방자치법연구」 제16권 제3호(2016. 9. 20), 129−157쪽 所載]

  (원제: 자치단체 관할구역 경계조정제도에 관한 고찰)

제1편

개발과 환경의 조화

개발과 환경의 극한갈등: 4대강사업

Ⅰ. 들어가는 말

「1991년 여름, 당시 연세대 사학과 이희덕 교수는 출근길 통근버스에서 청계천 복개도로를 물끄러미 내다보다 옆자리에 앉은 노수홍 교수에게 "청계천 콘크리트를 걷어내고 맑은 물이 흐르게 하면 어떨까?"라며 불쑥 한마디를 던졌다. 이희덕 교수는 젊은 날의 추억이 담긴 천변풍경이 그리웠고, 청계천이 되살아났으면 하는 몽상에 자주 빠져들곤 했기 때문이다. 당시 캐나다에서 '물 처리'를 전공하고 온 노수홍 교수는 청계천에 유입되는 하수를 처리해 한강물과 같은 수준으로 만드는 기술의 관점에서 청계천복원에 기술적으로 문제가 없다고 생각했고 이에 의기투합한 두 사람은 청계천복원에 본격적 관심을 갖게 되었다.

1997년 말, 소설 「토지」의 작가 박경리 선생이 청계천복원이 가능하다는 예기를 듣고 관심을 갖게 된다. 박경리 선생은 노수홍 교수와 환경에 대한 이야기를 나누다가 청계천복원이 기술적으로 가능하다는 말을 듣게 되었고, 복개된 청계천은 우리 서울의 얼굴 한복판에 있는 쓰레기통과 같아서 서울의 역사와 문화를 회복하기 위해서는 청계천을 반드시 복원해야 한다고 강조하였다. 또 기회가 있을 때마다 우리들의 환경과 생명에 대한 인식의 변화를 촉구하였다(한겨레, 2002년 6월 21일자 인용).」[1]

【원제: 4대강사업의 법적 평가와 과제】
1) 청계천복원 공론화과정에 대한 자세한 것은 황기연·변미리·나태준 공저, 「행복한 대한민국을 꿈꾸며 프로젝트 청계천 갈등관리 전략」(나남출판, 2005), 88쪽 이하 참고.

〈청계천 전경〉

청계천의 옛 이름은 개천(開川)인데, 1411년 조선 태종이 개거도감(開渠都監)을 설치하고 이듬해 개천을 정비했다는 기록이 나온다. 청계천이라는 이름은 1916년부터 사용됐는데, 인왕산 자락의 청풍계천(淸風溪川)에서 유래했다고 한다. 한양 도심을 흐르는 청계천은 이름과 달리 생활하수가 흘러드는 더러운 하천이었다.[2]

위에서 보았듯이 청계천복원사업은 우연히 시작되었으나 성공적으로 마무리되었고 서울의 명소가 되었다. 대하소설 「토지」의 작가 박경리 선생이 청계천복원사업과 연관이 있는 것도 흥미로운 사실이다. 청계천복원사업은 이명박 서울시장의 가장 중요한 업적이 되었으며 이는 한반도대운하사업[3]의 계기가 되어 대통령 선거공약으로 제안되었으나 야당과 시민단체의 강력한 반대로 포기되고 그 대안으로 등장한 것이 4대강사업이다. 그래서 사업을 추진하는 입장에서는 '4대강 살리기 사업'이라고 불렀지만, 사업을 반대하는 입장에서는 '4대강 죽이기 사업'으로 이를 비꼬아 부르는 등 갈등의 중심에 서게 되었다.[4] 4대강의 규모만큼이나 갈등도 길고 깊었다.

4대강사업은 내부의 충분한 검토와 논의, 사회적 합의를 거치지 않고 추진되었다는 의미에서의 '미성숙 프로젝트'라는 평가를 받았으나 4대강사업 반대의 사회운동이 생겨나면서 이러한 '미성숙 프로젝트'를 성숙시키는 기능을 했다고 평가하는 견해도 있다. 그리고 결과적으로 4대강사업은 수량 관리에서는 성공했으나 수질 관리에서는 실패한 것으로 평가받고 있다.

---

2) 전상봉, "청계천 복원 10년, 무엇을 남겼나①" 오마이뉴스 2015년 10월 28일자 기사 참조.
3) 한반도대운하사업은 경부운하(문경새재 부근 해발 140m에서 20.5㎞의 터널을 뚫어 한강과 낙동강을 연결하는 총연장 553㎞의 수로)와 호남 운하(금강과 영산강을 잇는 200㎞의 물길)를 금강에서 연결하고, 한강에서 경인운하를 연결시키며, 장기적으로는 북한에도 운하를 뚫어 신의 주까지 한반도 전체를 운하로 연결시키겠다는 계획을 말한다.
4) 김재광, 「사회갈등시설법론」 제3판(한국학술정보, 2013. 4), 345쪽 참조.

이 글은 첫째, 4대강사업에 대한 2014년 12월 23일의 4대강사업조사평가위원회의 조사평가 결과 검토, 둘째, 3차에 걸친 4대강사업 감사원 감사결과 주요내용 검토, 셋째, 2015년 12월 10일의 4대강사건에 대한 대법원 판결 검토, 넷째, 4대강복원 및 재자연화와 관련한 법률안 검토 등의 순서로 살펴봄으로써 4대강사업의 법적 평가를 통해 향후 개선방향에 대한 시사점을 제시하고자 한다.

Ⅱ. 4대강사업조사평가위원회의 조사평가 결과 검토

1. 4대강사업의 추진배경

4대강사업의 추진배경으로 다음 세 가지를 들 수 있다. 첫째, 우리나라는 연중 강우량의 70%가 여름철에 집중되어 있으며,[5] 기후변화로 인한 홍수·태풍 피해가 반복되고 있는바,[6] 특히 갈수기(渴水期)에는 용수부족, 건천화(乾川化) 및 수질악화 문제가 발생하고 있다. 둘째, 국민소득 증대로 하천 이용에 대한 수요(수상레저, 문화활동 등)가 증가하고 있으나, 이를 담아낼 수 있는 친수공간(親水空間)과 프로그램이 부족하다. 셋째, 침체된 경기 회복과 지역경제활성화를 위해 지역개발사업을 추진할 필요가 있다. 즉 4대강사업은 기후변화에 따른 극한(極限)의 가뭄·홍수 예방, 수질·생태계 개선, 레저문화 공간 확충, 경제위기 극복 등을 위해 사업이 추진되었다('09~'12). 물론 4대강사업이 한반도대운하의 재추진의 일환이라고 보는 비판적인 견해도 제기되었다.

2. 4대강사업조사평가위원회의 조사평가

(1) 4대강사업조사평가위원회의 구성

2013년 9월 6일 박근혜 정부는 국무총리 직속으로 4대강사업조사평가위원회를 설치하였다. 위원회는 13명의 위원으로 구성되었고 조사 작업의 공정성과 객관성을 높이기 위해 추가로 79명의 전문가들로 독립법인을 구성하여 자료 평가 및 현장 평가를 수행하였다. 2013년 9월부터 시작하여 1년 4개월 뒤인 2014년 12월 조사 결과를 내놓았다.

---

5) 강우의 계절 편중은 하천의 급격한 유량(流量) 변동을 초래하고 있다. 우리나라 하천 하상계수(하천의 최대유량과 최소유량의 비)는 수계별 90~260인데 비해, 독일 라인강은 18 수준이다.
6) 우리나라 연평균 홍수피해 : 70년대 1,700억원, 80~90년대 4,600억원, 2000년대 14,800억원 등이다.

(2) 조사평가 범위

4대강사업조사평가위원회는 4대강사업에 대한 국민적 논란을 해소하기 위해 정부로부터 조사평가에 관한 독립적 권한을 부여받아 어떠한 외부 간섭 없이 공정하고 객관적으로 조사평가를 실시하였다고 밝혔다. 위원회의 4대강 조사평가는 정책결정 과정·위법사항 조사 등 정치적·사법적인 사안은 평가범위에서 제외하되, 4대강사업에 대한 효과와 부작용 등을 과학적·기술적으로 접근·분석하고 해답을 제시하는 것으로 그 범위를 한정하였다.[7]

이번에 문재인 정부가 추진하는 4대강사업에 대한 감사범위는 4대강사업조사평가위원회가 평가범위에서 제외한 정책결정 과정·위법사항 조사 등 정치적·사법적인 사안이 중점이 되고 있어 귀추가 주목되고 있다.

(3) 조사평가결과 및 후속조치 제안

4대강사업조사평가위원회는 4대강사업의 효과 평가 결과를 ① 홍수예방 및 수자원 확보 효과 평가결과 ② 준설 이후 변화 평가 결과 ③ 수질 분야 평가 결과 ④ 생태하천 건강성 및 생태계 변화 평가결과 ⑤ 농업 분야 평가결과 ⑥ 문화관광 분야 평가결과 등으로 나누어 평가하였다.[8] 4대강사업조사평가위원회는 "결과적으로 4대강사업은 홍수예방, 수자원확보, 수환경개선, 하천문화공간 창출이라는 목적으로 추진되어 일정부분 성과를 거둔 부분들이 있으나 충분한 공학적 검토 및 의견수렴 없이 제한된 시간에 너무 서둘러 사업을 진행하였으며, 그 당시 우리나라 하천관리 기술의 한계 등으로 일부 부작용도 나타나고 있다"고 평가하였다.[9]

4대강사업조사평가위원회가 밝힌 "충분한 공학적 검토 및 의견수렴 없이 제한된 시간에 너무 서둘러 사업을 진행하였다"는 것은 4대강사업이 내포하고 있는 사회갈등시설로서의 본질에 비추어 볼 때 커다란 문제점이 아닐 수 없다. 저자도 "행정절차를 통해 4대강사업이 공론화되고 구체적으로 논의되지 못한 것은 법령체계의 미비 못지 않게 정부 차원에서 4대강사업의 필요성이라는 정책목표에 몰입한 나머지 이 사업이 심각한 사회갈등을 야기할 수 있는 전형적인 국책사업이라는 것을 도외시한 데에 기인한 것으로 본다"고 지적한 바 있다.[10]

---

7) 4대강사업조사평가위원회, 「4대강사업 조사평가 보고서」, 20쪽.
8) 6개 분야의 구체적인 평가결과에 대해서는 4대강사업조사평가위원회, 「4대강사업 조사평가 보고서」(2014. 12. 23), 28~176쪽 참조.
9) 4대강사업조사평가위원회, 「4대강사업 조사평가 보고서」, 26쪽.
10) 김재광, 「국책사업갈등관리법론」(박영사, 2013), 36쪽 참조.

4대강사업조사평가위원회는 보수·보강 등 후속조치가 수립되어 시행되어야 할 것이라고 제언하면서 다음과 같은 13가지 후속조치를 제안하였다. ① 보의 손상상태, 기초지반/제방의 상세조사를 실시하여 보수대책을 수립하고, 계측시스템의 보완 및 관리기준의 재설정 ② 보 운영기준의 검토, 지천과의 연계 등을 통한 치수관리 계획 재수립 ③ 하천유지량 재산정을 포함하는 확보된 저수량의 활용방안 재설정 ④ 수자원장기종합계획, 수환경관리계획 등을 종합한 통합수자원관리계획의 수립·추진 ⑤ 정밀 하천측량, 유량 및 유사량 측정을 통하여 하상변동 상황의 예측과, 계획홍수위의 재산정 ⑥ 수질모델개선, 유량조건 정확도 제고 등을 통한 수질예측 및 관리 계획의 수립 ⑦ 하수처리강화 및 인 제거 수질개선사업 지속 추진 ⑧ 4대강사업에 의한 수환경, 퇴적물 등의 장기변화를 20년 이상 모니터링하고, 평가할 수 있는 장기연구사업 추진 ⑨ 생태공원의 구획화 및 재평가와 함께 지역별 생태 특성을 반영하는 계획수립을 통한 생물다양성 보존대책 수립 ⑩ 4대강 유역의 생물상 장기 생태모니터링을 통한 생물군집 및 서식처 안정성 확보 및 관리방안 수립 ⑪ 수문이 없는 중대형 농업저수지에 수문을 설치, 소유역의 홍수조절에 활용 ⑫ 문화관광레저 시설의 이용활성화를 위하여 종합적인 수급분석을 바탕으로 시설 및 관리운용계획 수정보완 ⑬ 본 조사에서 추가로 발견된 문화재 존치보존구역이 훼손된 곳과 저수지 둑 높이기 사업 구역 내 문화재에 대하여 정밀실태조사 실시[11] 등이 그것이다.

4대강사업조사평가위원회의 보고서는 문재인 정부의 4대강사업 관련 조사 등에 중요한 기초자료로서 활용될 것으로 본다. 특히 위원회가 제안한 13가지 후속조치에 중점을 두어야 할 것이고 불필요한 중복 조사는 자제할 필요가 있다.

Ⅲ. 4대강사업에 대한 감사원 감사결과 주요내용 검토

그동안 4대강사업에 대한 감사원 감사가 3차례 있었다. 3번 모두 정책 수립 과정보다는 사업 자체 혹은 그 과정에서의 계약 등 위법성에 집중됐다. 감사시기에 따라 결과가 달라 '코드 감사' 논란이 불거지기도 했다.

---

11) 4대강사업조사평가위원회, 「4대강사업 조사평가 보고서」, 26~27쪽.

〈4대강사업에 대한 감사원 감사 사례〉

4대강 사업일지	2007년	이명박 당시 대선후보, '한반도 대운하 건설'을 주요 공약으로 발표
	2008년 여름	미국산 쇠고기 수입 반대 파동으로 지지율 떨어지자 '대운하 추진' 주춤
	2008년 12월	국가균형발전위원회, '4대강 살리기 프로젝트' 추진 의결
	2009년 6월	정부, 4대강 사업 마스터플랜 발표
	2011년 1월	감사원 1차 감사 "절차 이행 등에 특별한 문제점을 발견할 수 없었다"
	2012년 6월	공정거래위, 4대강 사업 1차 턴키공사 입찰 담합 관련 19개 건설사 제재
	2013년 1월	감사원 2차 감사 "4대강 사업 총체적 부실", 국토부·환경부 감사결과 반박
	2013년 7월	감사원 3차 감사 "4대강 사업은 대운하를 염두에 둔 사업이며 건설사의 담합 방조"
	2013년 9월	국무총리실, 4대강조사평가위 구성, 환경단체 불참
	2013년 10월	환경단체, 이명박 전 대통령과 주요 공직자를 배임·직권남용 혐의로 고발
	2014년 12월	4대강조사평가위, 4대강 사업 목적 모두 '실패'했다는 내용의 보고서 발표
	2017년 3월	정부, 녹조 악화 예상될 때 보 수문 개방키로 발표

출처: 경향신문 2017년 5월 22일자 "[4대강 사업 정책감사]" 기사 참조

1. 1차 감사 결과

1차 감사는 이명박 정부 때인 2011년 1월 27일 발표된 '4대강 살리기 세부계획 수립 및 이행실태'에 관한 것이다. 즉 사업 초기 단계부터 사업이 효율적으로 계획·집행되도록 '세부계획 수립 및 사업 발주·설계의 적정성' 등을 점검하는 것이 목적이다.[12]

감사결과에 "과거보다 홍수에 더 안전하게 하천이 관리되고 있는 것으로 나타났다"는 내용이 포함됐고 예비타당성조사, 환경영향평가, 문화재조사 등 법적 절차 불이행 논란에 대해서도 "특별한 문제점을 발견할 수 없었다"고 했다.[13]

---

12) 4대강사업 감사원 감사결과 주요내용은 4대강사업조사평가위원회, 「4대강사업 조사평가 보고서」, 2014. 12. 23, 174~176쪽을 인용하였다.

13) 1차 감사에서는 기존 하천사업과의 연계 부족, 현장여건이 반영되지 않은 과다한 준설계획 등 미진사례를 지적하였다. 첫째, 하천개수공사 등 추진사업(27건)에 대해 4대강 준설효과를 반영하여 조정하지 않고 과거 계획홍수위 기준으로 공사를 시행하였다. 공사비 423억원을 설계변경 감액 조치하도록 시정요구하였다. 둘째, 낙동강하구둑부터 함안보까지 구간(18개 사업, 연장 75.7 km)에 대해 평균운영수위 EL. 0.76m보다 0.46m나 낮은 EL 0.3m를 적용하여 준설하는 것으로 설계하였다. 평균운영수위 기준으로 준설계획 변경 요구하여 1,407여 억원 사업비를 절감하였다. 셋째, 하천개수공사 등 계속사업(15건)의 제방 축조에 4대강사업 준설토 활용을 고려치 않아 1,179억원의 사업비 및 골재자원 낭비 우려가 있었다. 넷째, 하천기본계획시 통수단면이 부족한 것으로 분석된 제방은 보강하고, 물살이 부딪히는 만곡부의 저수로 비탈면에는 호안을 설치하여 보호토록 하는 것이 바람직하다. 낙동강 사상제 등 61개 지구의 제방공사 및 25개 지구 저수호안공 설치공사가 대상이다. 다섯째, 효율성이 낮은 안동댐과 임하댐의 연결사업의 재검토가 필요하다. 여섯째, 영주댐사업 공사기간 단축계획을 재조정하여 댐 안전성 확보를 요구하였다.

2. 2차 감사 결과

2차 감사는 박근혜 정부 출범 한 달 전인 2013년 1월 17일 발표됐다. 2차 감사 목적은 4대강 주요사업이 마무리되는 시점에서 주요 시설물 품질, 수질 관리, 유지관리 실태 등을 점검하는 것이었다.

감사원은 '4대강 사업 주요 시설물 품질과 수질 관리실태' 감사에서 설계 부실로 인한 보 등 시설물의 내구성 약화, 수질 악화 등 4대강사업의 총체적 문제점을 지적했다. 즉 설계부실로 총 16개 보 중 11개가 내구성이 부족하고, 불합리한 수질 관리로 수질 악화가 우려되며 비효율적 준설계획으로 향후 과다한 유지관리 비용 소요가 예상된다는 것이다.

(1) 주요 시설물 품질분야

주요 시설물 품질분야 감사 결과는 다음과 같다. ① 보 내구성 보완 필요(대형 가동보(높이 4~12m)를 소규모 고정보(높이 4m 이하) 설계로 시공하였고, 15개 보에서 유실·침하가 발생) ② 수문 안전성 보완 필요(구미보 등 12개 보의 수문 개폐시 유속충격 영향 등이 설계에 미반영되었고, 칠곡보 등 3개보의 상·하류 수위차로 인한 하중조건이 잘못 설계되어 수문 안전성에 우려가 있음)

(2) 수질 관리 분야

수질 관리 분야 감사 결과는 다음과 같다. ① 수질관리기준 미흡(보로 인한 유속저하로 COD, 조류농도 등을 지표로 관리함이 합리적이나, 일반하천의 BOD를 기준으로 관리하였음) ② 수질예측 불합리(운영기관 등과 협의 없이 댐·보·저수지의 하천유지수 공급량을 과다예측(연 2.2억톤→8.1억톤)하여 수질관리가 곤란) ③ 수질관리 방법 부적정(수질예보제의 발령기준을 완화하여 운영하고, 상수원이 있는 보 구간의 조류경보제를 미운영하였음)

(3) 유지관리 분야

유지관리 분야 감사 결과는 다음과 같다. ① 준설량 검토 불합리(사업효과 및 경제성 검토 없이 4대강 전구간에 200년 빈도 홍수예방 및 물 부족대비 이유로 일괄적인 대규모 준설 시행, 이로 인한 유지관리비용이 과다 계상되었음) ② 둔치 관리계획 미흡(둔치 관리 수준을 차별화하지 않고 면적 등에 따라 일률적으로 배분하여 수변공간 관리의 비효율이 초래되었음)

3. 3차 감사 결과

2013년 7월 발표된 3차 감사는 '4대강사업 설계·시공 일괄입찰 등 주요 계약 집행실태'로, 건설사들의 담합 의혹이 주 대상이었다.

이명박 정부가 대운하를 염두에 두고 4대강사업을 추진한 탓에 사실상 담합을 방조하고 유지관리 비용 증가와 수질관리 곤란 등 부작용을 유발했다는 지적이 나왔다. 즉 담합처리 부적정, 담합빌미 제공 및 담합처리 미흡, 운하 재추진 가능성을 감안한 준설·보 규모 확대 등이 지적되었다.

(1) 담합처리 부적정

특별한 사유 없이 13개월간 사건처리를 지연하였고 담합 주도업체 과징금 미가중 등 부적정하였다. 즉 심사보고서 초안 작성(2011.2) 이후 13개월간 처리가 중단되었으며, 사무처에서 검토된 과징금 1,561억원으로 축소된 채 위원회 의결 등이 그것이다.

(2) 담합빌미 제공 및 담합처리 미흡

추후 운하추진을 감안하여 4대강 마스터플랜이 수립되었고, 운하추진을 위한 민자 컨소시엄이 유지됨을 이유로 턴키공사가 동시발주되어 담합빌미를 제공하였다. 마스터플랜 수립시 보안관리 미흡으로 입찰공고 이전 일부정보가 유출되고, 일찰공고 전 담합사실을 인지했음에도 불구하고 발주계획 수정·담합정황 공정거래위원회 통보 등의 담합방지 노력이 부족하였다.

(3) 준설, 보설치 및 유지관리계획 부적정

마스터플랜 수립시 추후 운하 재추진 가능성, 이상기후 대비 등을 위해 추진목적이 불분명한 채로 준설·보 규모를 확대하였다. 이에 따라 대운하 추진 의혹이 지속되고 있으며, 필요이상의 유지관리비가 소요되었고, 수질관리 곤란 등 어려움이 발생하였다.

(4) 2차 턴키 및 총인처리 시설공사 부당성

5건의 턴키공사에서 형식적 설계 등으로 들러리 입찰 확인 및 13건 턴키공사에서 제반경비를 임의 조정하여 유사한 금액에 투찰하는 담합 확인하였다(평균 낙찰률 95.9%).

(5) 최저가낙찰제 대상공사

전자CD 대신 입찰자가 임의 교체한 인쇄본으로 심사하여 8건(2,841억원)의 부당낙찰의 특혜가 있었다.

4. 소결

감사원은 이명박 정부 시절 이뤄진 1차 감사에서 "준설 등 4대강사업으로 과거보다 안전하게 하천이 관리되고 있다"며 긍정적으로 평가했으나 박근혜 정부 출범 직전 2차 감사에서는 "4대강사업이 모든 면에서 부실하다"며 정반대 결론을 내렸다. 국회 요구로 실시한 2013년 7월 세 번째 감사에서는 "4대강사업은 대운하를 염두에 두고 추진됐다"며 이명박 정부를 정면으로 겨냥했다.

헌법 제97조는 "국가의 세입·세출의 결산, 국가 및 법률이 정한 단체의 회계검사와 행정기관 및 공무원의 직무에 관한 감찰을 하기 위하여 대통령 소속하에 감사원을 둔다"고 규정하고 있다. 감사원은 대통령 소속하의 헌법상 기관이다. 그러나 이는 행정수반으로서의 대통령에 소속된 것이 아니라, 국가원수로서의 대통령에 소속되어 있을 뿐이다.[14] 따라서 감사원은 정치적 중립기관으로서 행정부로부터 독립하여 4대강사업에 대한 감사를 하여야 할 헌법상 책무가 있다.

문재인 대통령이 4대강사업 정책결정 및 집행과정에 대한 정책감사를 지시하여 감사원은 4차 감사를 준비하고 있다. 매번 감사를 할 때마다 점점 더 문제가 있는 것처럼 바뀐 4대강사업에서 이번에는 어떤 문제점이 새로 나올지 아직은 짐작하기 어렵지만 정치적 중립기관으로서의 감사원의 공정한 감사가 있어야 할 것이다.

Ⅳ. 4대강사건에 대한 대법원 판결 검토

1. 4대강사건에 대한 대법원 판결

(1) 대법원 판결의 의의

대법원은 1만명 가까운 시민이 참여한 '국민소송단'이 4대강사업 시행계획을 취소하라며 행정소송을 제기한 지 6년 여만인 2015년 12월 10일 이명박 정부 역점사업인 4대강사업이 적법하다고 판결했다.[15]

대법원은 이들 판결에서 일부 예비타당성조사를 거치지 않아 위법이라는 주장에 "예산과 하천공사 시행계획은 수립절차와 효과, 목적이 서로 다르다. 예산편성에 절차상 하자가 있더라도 시행계획이 위법하게 되는 것은 아니다"라고 판시했다. 또한 환경영향평가가 부실했다는 주장에 대해서는 "공고와 주민설명회

---

14) 김철수, 「헌법학신론」 제21전정신판(박영사, 2013), 1531쪽.
15) 대판 2015. 12. 10. 2011두32515[하천공사시행계획취소청구등]＜4대강 살리기 사업 사건＞.

등 절차를 거쳤고 환경에 미치는 영향을 줄일 수 있는 구체적 대안이 제시됐다. 환경영향평가제도의 입법취지를 달성할 수 없을 정도로 부실하게 작성됐다고 볼 수 없다"며 기각했다.

4대강사업과 관련한 사안에서 원고측은 하천공사시행계획고시 그 자체와 각 사업에 대한 실시계획 및 실시계획변경에 관한 승인·고시를 대상으로 하여, 각 처분이 「하천법」, 「국가재정법」, 「건설기술관리법」, 「문화재관리법」, 「수자원공사법」, 「환경영향평가법」 등 관련 법률에 위배될 뿐만 아니라, 재량권을 일탈·남용한 위법이 있음을 주장하였다. 이에 대해 일찍이 부산고등법원 2012.2.10. 선고 2011누228판결은 「하천법」, 「건설기술관리법」, 「문화재관리법」, 「수자원공사법」, 「환경영향평가법」상의 위법성은 수긍하지 않되, 단지 「국가재정법」상의 예비타당성조사의 결여는 처분의 위법사유로 보면서 사정판결을 내렸다. 여기서 쟁점은 예비타당성조사의 결여와 같은 국가재정법상의 위법사유가 행정소송상으로 대상처분의 위법사유로 될 수 있는지 여부이다.[16)

대법원은 원심이 "㈐ 수질개선과 관련하여, ① 현재 남한강 본류와 지류의 수질에 큰 문제가 없다 하더라도, 수질개선은 지속적으로 추진하여야 하므로 그 필요성이 없다고 볼 수는 없고, 이 사건 사업의 내용을 반영하여 실시된 EFDC 수질모델링 결과에서도 남한강 하류와 팔당댐의 수질이 다소 개선되는 것으로 나타나므로 그 효과가 없을 것이라고 보기 어려우며, ② 조류의 성장은 물의 체류시간에 의해서만 결정되는 것이 아니라, 빛, 온도, 영양물질에 의하여 영향을 받으므로, 보의 설치로 체류시간이 증가한다는 사실만으로 곧바로 부영양화 현상이 생길 것이라 단정하기 어려운 사정 등의 판시 사정들을 종합하면, 보의 설치로 인한 유속저하 및 체류시간 증가로 수질이 악화된다고 단정하기 어렵고, 공사기간에 공사로 인한 부유물질로 어느 정도 수질의 악화가 발생한다고 하더라도 그 피해가 이 사건 사업으로 의도하는 공익을 능가한다고 보기는 어렵다"고 본 것을 문제가 없다고 판단하였다.

(2) 판결요지

"갑 등이 국토해양부, 환경부, 문화체육관광부, 농림수산식품부가 합동으로 2009. 6. 8. 발표한 '4대강 살리기 마스터플랜'에 따른 '4대강 살리기 사업' 중 한강 부분에 관한 각 하천공사시행계획 및 각 실시계획승인처분(이하 '각 처분'이라 한

---

16) 김중권, "취소소송에서 계쟁처분의 위법성과 원고적격상의 권리침해의 관련성에 관한 소고" 「법률신문」(법률신문사, 2016. 1. 21) 참조.

다)에 보의 설치와 준설 등에 대한 구 「국가재정법」(2010. 5. 17. 법률 제10288호로 개정되기 전의 것, 이하 같다) 제38조 및 구 「국가재정법 시행령」(2011. 12. 30. 대통령령 제23433호로 개정되기 전의 것, 이하 같다) 제13조에서 정한 예비타당성조사를 하지 않은 절차상 하자가 있다는 이유로 각 처분의 취소를 구한 사안에서, 구 하천법 (2012. 1. 17. 법률 제11194호로 개정되기 전의 것) 제27조 제1항, 제3항, 구 「국가재정법」 제38조 및 구 「국가재정법 시행령」 제13조의 내용과 형식, 입법 취지와 아울러, 예산은 1회계연도에 대한 국가의 향후 재원 마련 및 지출 예정 내역에 관하여 정한 계획으로 매년 국회의 심의·의결을 거쳐 확정되는 것으로서, 각 처분과 비교할 때 수립절차, 효과, 목적이 서로 다른 점 등을 종합하면, 구 「국가재정법」 제38조 및 구 「국가재정법 시행령」 제13조에 규정된 예비타당성조사는 각 처분과 형식상 전혀 별개의 행정계획인 예산의 편성을 위한 절차일 뿐 각 처분에 앞서 거쳐야 하거나 근거 법규 자체에서 규정한 절차가 아니므로, 예비타당성조사를 실시하지 아니한 하자는 원칙적으로 예산 자체의 하자일 뿐, 그로써 곧바로 각 처분의 하자가 된다고 할 수 없어, 예산이 각 처분 등으로써 이루어지는 '4대강 살리기 사업' 중 한강 부분을 위한 재정 지출을 내용으로 하고 있고 예산의 편성에 절차상 하자가 있다는 사정만으로 각 처분에 취소사유에 이를 정도의 하자가 존재한다고 보기 어렵다."

2. 4대강사건의 법적 쟁점 검토

(1) 4대강사건의 법적 쟁점

4대강사건에서 대법원은 첫째, 정부기본계획(4대강 살리기 마스터플랜)의 처분성문제, 둘째, 하천공사시행계획의 취소청구문제, 셋째, 「하천법」 위반문제, 넷째, 「한국수자원공사법」 위반문제, 다섯째, 「문화재보호법」 위반문제, 여섯째, 「환경영향평가법」 위반문제, 일곱째, 「국가재정법」 위반문제 등에 대해 판단하였다. 이들에 대해 살펴보고자 한다.

한편 4대강사건에 대한 대법원판결의 법적 쟁점으로 ① 항고소송의 대상과 위법성의 판단기준 ② 원고적격의 확대와 환경공익소송의 도입필요성 ③ 절차상 하자에 관한 판단과 문제점 ④ 형량하자의 법리와 위법성 판단 등을 들고 구체적으로 논증하는 연구17)가 있는데, 4대강사건에 대한 판결의 문제점을 법리적으로

---

17) 정남철, "4대강사업의 법적 쟁점과 문제점에 관한 비판적 고찰" 「토지공법연구」 제73집 제1호(한국토지공법학회, 2016. 2), 138~154쪽 참조.

분석한 것으로 매우 의미가 깊다고 생각한다. 특히 대법원이 4대강사건에서 행정계획의 특성과 형량명령의 법리를 깊이 있게 검토하고 있지 않은 점에 대해 강한 비판을 하고 있다.

   1) 정부기본계획(4대강 살리기 마스터플랜)의 처분성문제   대법원은 '4대강 살리기 마스터플랜'은 4대강 정비사업과 그 주변 지역의 관련 사업을 체계적으로 추진하기 위하여 수립한 종합계획이자 '4대강 살리기 사업'의 기본방향을 제시하는 계획으로서, 이는 행정기관 내부에서 사업의 기본방향을 제시하는 것일 뿐, 국민의 권리의무에 직접 영향을 미치는 것은 아니라고 할 것이어서 행정처분에 해당하지 않는다고 판단하였다.[18] 생각건대, '4대강 살리기 마스터플랜'은 행정기관만에 대하여 구속력을 갖는 행정계획이므로 원칙상 항고소송의 대상이 되지 않는다고 보아야 한다.[19]

   2) 하천공사시행계획의 취소청구문제   대법원은 서울지방국토관리청장이 한 각 하천공사시행계획의 취소청구 부분에 관한 상고에 대하여, 원심의 판단이 행정처분의 직접 상대방이 아닌 사람의 원고적격 인정 범위에 관한 법리를 오해하는 등의 위법이 없다고 판단하였다. 즉 강원, 대전, 충남, 제주 일원에 거주하는 사람들로서 이 사건 각 처분으로써 이루어지는 행위 등 사업으로 인하여 환경상 침해를 받으리라고 예상되는 영향권 밖에 있으므로 수인한도를 넘는 환경피해를 받거나 받을 우려가 있음을 인정할 만한 증거가 없다고 보았다.

   하천공사시행계획은 하천기본계획을 시행(집행)하기 위한 구체적인 기준을 정하는 계획을 말한다. 따라서 행정기관이나 국민을 구속한다. 하천공사시행계획의 고시에는 관계 법률에 따른 인·허가의제가 인정되고 있어(하천법 제32조 제1항) 매우 중요한 행정계획이라 할 수 있다.

   위와 같은 대법원의 태도에 대해 전문성을 요하는 환경소송에서 주관적 권리침해에 대한 원고적격의 확대에는 해석상 한계가 있는 것이 사실이고, 일정한 요건을 갖춘 환경단체에 대해 원고적격을 인정할 필요가 있다고 지적하면서, 독일의 단체소송이나 미국의 대표당사자소송 등 이른바 공익소송을 도입할 필요가 있다는 견해가 있다.[20]

---

18) 대결 전원합의체 2011. 4. 21, 2010무111.
19) 박균성, 「행정법강의」 제15판(박영사, 2018), 177쪽 참조. 항고소송의 대상이 되는지 여부가 다투어지는 것은 주로 국민에게 구속력을 갖는 행정계획이다.
20) 정남철, 앞의 글, 144~145쪽 참조.

생각건대, 먼저 <새만금사건>에서 대법원은 환경영향평가 대상지역 밖의 주민이라 할지라도 처분 등으로 인하여 그 처분 전과 비교하여 수인한도를 넘는 환경피해를 받거나 받을 우려가 있는(개연성이 있는) 경우에는, 처분 등으로 인하여 환경상 이익에 대한 침해 또는 침해우려가 있다는 것을 입증함으로써 그 처분 등의 취소 또는 무효확인을 구할 원고적격을 인정받을 수 있다고 판시하였다.[21] 그런 측면에서 대법원이 "강원, 대전, 충남, 제주 일원에 거주하는 사람들로서 이 사건 각 처분으로써 이루어지는 행위 등 사업으로 인하여 환경상 침해를 받으리라고 예상되는 영향권 밖에 있으므로 수인한도를 넘는 환경피해를 받거나 받을 우려가 있음을 인정할 만한 증거가 없다고" 본 것을 일응 이해할 수 있다. 그러나 대부분의 환경오염피해는 광역성과 원인의 불명확성 등을 특징으로 하는 동시에 개인적으로도 상당한 시간이 흐른 후 그 윤곽을 드러내는 경우가 적지 않다는 점을 감안하면 환경영향평가 대상지역 밖의 주민들에 대한 환경피해 입증책임을 완화할 수 있는 제도적 장치를 마련해야 한다.[22] 다음으로 단체소송과 관련하여, 선진외국에서는 특별법에 의해(독일 여러 주의 자연보호법)[23] 또는 항고소송에서의 원고적격의 일반 법리에 따라(미국, 프랑스) 환경단체에게 환경이익을 침해하는 공권력 행사를 다툴 수 있는 자격을 인정하고 있다. 우리나라의 다수설은 단체소송[24]은 특별법에 의하여 인정되어야 한다고 보는데, 그것은 단체소송도 일종의 객관소송이므로 원칙적으로 허용되지 않지만 법률이 정한 경우에는 허용될 수 있다고 한다(행정소송법 제45조). 그러나 명문의 규정이 없더라도 공익단체의 정관에 정해진 단체의 존립목적이 공익이 침해된 경우 해당 공익단체에게 항고소송의 원고적격을 인정하는 것이 타당하다는 주장에 유념할 필요가 있다.[25]

　　3)「하천법」위반문제　　　대법원은 원심이 이 사건 각 하천공사시행계획이 상위계획 수립절차상 하자로 인하여 위법하다고 볼 수 없다고 판단한 것에 대하여, "수자원장기종합계획, 유역종합치수계획, 하천기본계획(이하 "상위계획들"이라 한다)의 수립기간, 절차상 차이점 및 타당성 검토 후 변경 가능성을 고려해 볼 때, 상

---

21) 대판 전원합의체 2006. 3. 16, 2006두330.
22) 정남철, 앞의 글, 143쪽.
23) 법에 의하여 인정된 일정한 자연보호단체는 행정절차에 참여하거나, 개인의 이해와 관계없이 일정한 자연침해행위에 대하여 당사자적격을 가진다. 김남철, 「행정법강론」(제4판)(박영사, 2018), 770쪽.
24)「개인정보보호법」은 일정한 요건을 갖춘 소비자단체나 비영리민간단체로 하여금 법원에 권리침해행위의 금지·중지를 구하는 개인정보단체소송을 도입하였다(제7장).
25) 박균성, 앞의 책, 766쪽.

위계획들은 반드시 시간상 선후관계에 있다고 볼 것은 아니므로, 상위계획들의 순차적인 수립을 거쳐 하천공사시행계획이 수립되지 않았다거나, 하천공사시행계획의 내용이 상위계획들의 내용과 다르다 하더라도, 그와 같은 사정만으로 하천공사시행계획이 위법하지는 아니하다"고 판단하였다.

이에 대해 "상위계획은 직접적인 대외적인 구속력은 없으나, 대내적으로 행정청에 대한 구속력이 없다고 볼 수는 없다"는 비판이 제기되고 있는데,[26] 타당하다고 본다. 왜냐하면, 종합계획인 「하천법」 제23조의 수자원장기종합계획, 「하천법」 제24조의 유역종합치수계획 등은 국민에 대하여는 구속력이 없으나 행정기관에 대해서는 구속력을 갖는다고 보아야 하기 때문이다.[27]

4) 「한국수자원공사법」 위반문제   대법원은 원심이 "하천관리청의 권한 침범, 참가인(한국수자원공사)의 사업 목적 범위 일탈, 관계행정기관과의 협의 미이행 등 구 「한국수자원공사법」을 위반한 하자에 관한 법리를 오해하거나 필요한 심리를 다하지 아니하고 자유심증주의의 한계를 벗어나는 등의 사유로 판결에 영향을 미친 위법이 없다"고 판단하였다.

이에 대해 4대강사업은 국가하천의 유지·보수에 해당하는 사업이며 시·도지사가 시행하여야 함에도 불구하고 국토부장관은 이를 한국수자원공사에 대행시키면서 해당 시·도지사와 협의를 거치지 아니하였으므로 하천공사시행계획은 절차상 하자가 있다는 견해가 있다.[28][29]

한편 「한국수자원공사법」 제9조 제4항은 "공사는 국가 또는 지방자치단체나 그 밖의 자로부터 제1항 각 호의 어느 하나에 해당하는 사업을 위탁받아 시행할 수 있다"고 규정하고 있다. 그리고 「하천법」 제28조 제1항은 "국토교통부장관은 필요하다고 인정하는 때에는 시·도지사가 시행할 하천공사를 대행할 수 있다"고

---

26) 정남철, 앞의 글, 146쪽.
27) 김재광, "4대강사업설치절차의 법적 문제" 「공법연구」 제39집 제3호(한국공법학회, 2011. 2), 354~355쪽 참조.
28) 정남철, 앞의 글, 149쪽.
29) 한편 헌법재판소는 "낙동강 사업을 포함한 4대강사업의 대상인 하천들은 하천법 제8조, 제27조 제5항에 의거하면 '국토해양부장관'(피청구인)이 하천관리청으로서 시행책임을 지고 관리하는 '국가하천'에 해당하고, 4대강사업 및 낙동강사업은 그 사업내용에 비추어 볼 때 하천의 기능이 정상적으로 유지될 수 있도록 실시하는 점검·정비 등의 활동을 의미하는 '하천의 유지·보수' 차원을 넘어서 하천의 보수·개량·증설·신설까지 의도하고 있는 '하천공사'에 해당하므로, 4대강사업 및 낙동강사업은 국가하천에 관한 전국적 규모의 개발사업으로서 '국가사무'에 해당하고, 그 사업내용도 '하천공사', '하천의 유지·보수공사', 하천 주변의 기타 '부대공사' 등을 포괄하고 있어 국가하천을 둘러싼 복합적, 불가분적 공사구조를 취하고 있는 사업"이라고 판시하였다(전원재판부 2011헌라1, 2011.8.30).

규정하고, 제2항은 "국토교통부장관은 필요하다고 인정하는 때에는 시·도지사 또는 대통령령으로 정하는 정부투자기관으로 하여금 국토교통부장관이 시행할 하천공사를 대행하게 할 수 있다. 이 경우 제1항에 따라 대행하는 하천공사를 대통령령으로 정하는 정부투자기관으로 하여금 대행하게 하는 때에는 미리 해당 시·도지사와 협의하여야 한다"고 규정하고 있다. 하천법 제28조 제2항의 '협의'는 기속행위로 규정되고 있어 협의절차를 이행하지 않는 경우에는 절차상 하자에 해당한다. 따라서 하천공사시행계획은 절차상 하자가 있다고 볼 수 있다.

5) 「문화재보호법」 위반문제   대법원은 원심이 "4대강사업에 대하여 실시된 육상 및 수중 지표조사기간이 「문화재 지표조사 방법 및 절차에 관한 규정」(문화재청고시 제2009-127호) 제8조에서 정한 기간 이상이며, 실제로 4대강사업에 대한 수중지표조사가 이루어진 데다가 수중지표조사의 경우 위 규정 제7조 제3항에서 조사절차 및 방법을 유연하게 정하고 있는 사정 등의 이유를 들어, 이 사건 각 처분에 지표조사를 짧게 하거나 수중지표조사가 실시되지 않음으로써 구 「문화재보호법」(2010. 2. 4. 법률 제10000호로 전부 개정되기 전의 것, 이하 같다)에 어긋나는 하자가 없다고 판단하였다"고 보고 "위법이 없다"고 판단했다.

4대강 주변에는 지정문화재 94건을 포함, 매장되어 있거나 지정되지 않은 문화재 149건에 이르기까지 총 243건의 문화재가 흩어져 있는 것으로 확인되고 있는데, 낙동강 유역만 해도, 59건의 확인된 문화재와 천연기념물인 낙동강하구 철새도래지(179호)가 있는 것으로 알려지고 있다. 그리고 이들 가운데 상당수 문화재는 물이 늘 흐르는 하천 바닥과 하중, 물가 둔치에 위치하고 있으며 물금나루, 회상나루, 역골나루, 퇴강진나루와 같은 아름다운 나루와 나루터들도 많지만 대부분이 유적 수중조사 대상에서 제외됐다고 한다. 문제는 4대강 인근 문화재 조사가 거의 문헌과 육안조사로 진행됐다는 점인데, 1,243km에 이르는 4대강 유적조사가 불과 4개월 만에 이루어졌다는 것은 생색용 조사라는 비판을 피하기 어렵다고 본다.[30] 대법원이 「문화재보호법」상 강 유역 개발 시 육상지표 조사 외에 수중지표조사를 실시하였기 때문에 위법이 아니라고 본 것은 형식적 합법성은 충족하였을지라도 실체적 진실과는 괴리가 있다는 비판을 피하기는 어려울 것 같다.

6) 「환경영향평가법」 위반문제   대법원은 원심이 "이 사건 환경영향평가가 3개월여 만에 이루어져 그 내용이 일부 부실하다 하더라도, 그 부실의 정도가 환

---

30) 부산일보 2009년 12월 10일자 "[사설] 4대강 사업 강행하다 문화재 보호 소홀해선 곤란" 참조.

경영향평가제도를 둔 입법 취지를 달성할 수 없을 정도이어서 환경영향평가를 하지 아니한 것과 다를 바 없는 정도의 것이라고 할 수 없다고 판단하였다"고 보아 "환경영향평가절차 및 주민의견 진술권 등 「환경영향평가법」에 관한 법리를 오해하는 등의 위법이 없다"고 판단하였다.

우리 판례는 환경영향평가의 부실을 ① "그 부실의 정도가 환경영향평가제도를 둔 입법취지를 달성할 수 없을 정도이어서 환경영향평가를 하지 아니한 것과 다를 바 없는 정도의 것인 경우"에는 그것만으로 사업계획승인처분의 위법사유가 된다고 보고, ② "그 부실의 정도가 환경영향평가제도를 둔 입법취지를 달성할 수 없을 정도이어서 환경영향평가를 하지 아니한 것과 다를 바 없는 정도의 부실이 아닌 경우"에는 그 부실은 당해 승인 등 처분에 재량권 일탈·남용의 위법이 있는지 여부를 판단하는 하나의 요소로 됨에 그칠 뿐, 그 부실로 인하여 당연히 당해 승인 등 처분이 위법하게 되는 것이 아니라고 보고 있다.[31]

문제는 이러한 판례의 입장이 환경영향평가의 실체상 하자로 인한 사업계획승인처분의 하자의 인정에 있어 너무 엄격하다는 점이다.[32] 그리고 판례 중 "그 부실의 정도가 환경영향평가제도를 둔 입법취지를 달성할 수 없을 정도이어서 환경영향평가를 하지 아니한 것과 다를 바 없는 정도의 부실이 아닌 경우에는 그 부실은 당해 승인 등 처분에 재량권 일탈·남용의 위법이 있는지 여부를 판단하는 하나의 요소로 됨에 그칠 뿐"이라는 의미가 모호하다.[33] 대법원이 환경영향평가의 심사에 있어서 그 위법성 인정에 매우 엄격한 바, 졸속으로 이루어진, 부실한 환경영향평가를 거친 경우에도 하천공사시행계획이 형식논리에 의해 적법하다고 판단하는 것은 설득력이 약하다고 비판하는 견해[34]도 같은 취지라고 볼 수 있다. 4대강사건에서 원심이 어느 정도의 부실이 환경영향평가제도를 둔 입법취지를 달성할 수 없을 정도로 환경영향평가를 하지 아니한 것과 다를 바 없는 정도에 해당 하느냐에 대해서는 명확한 기준을 제시하지 않고 있는 것은 커다란 문제점이며 이러한 판단은 부실한 환경영향평가를 거친 대규모공공사업에 대해 면죄부를 주는 결과를 초래할 것이다.[35]

4대강사건처럼 환경영향평가의 하자가 중대하지도 않지만 그렇다고 경미하지

---

31) 대판 2001. 6. 29, 99두9902.
32) 박균성, 「행정법론(하)」 제15판(박영사, 2018), 841쪽.
33) 박균성, 앞의 책, 841쪽.
34) 정남철, 앞의 글, 151쪽.
35) 정남철, 앞의 글, 151쪽.

도 않는 경우에는 어떻게 보아야 할 것인가? 헌법은 환경권의 기본권성, 국가와
국민의 환경보존의무, 환경권법률주의, 쾌적한 주거생활에 대한 국가의 의무를
규정하고 있다. 생각건대, 4대강사업에 있어서 가장 중요한 환경상의 쟁점은 수
질개선문제인데, 이것은 현세대만이 아니라 미래세대에까지 영향을 미치기 때문
이다. 그럼에도 불구하고 판례가 환경영향평가를 거쳤다면 내용이 다소 부실하더
라도 승인 등 처분이 위법하게 되는 것은 아니라고 보고 있는 것은 환경영향평가
의 본질에 대한 근본적인 이해부족이 아닌가 하는 의문이 들게 한다.[36]

특히「환경영향평가법」은 환경영향평가를 해당 사업이 환경이 미치는 영향을
미리 조사·예측·평가하여 해로운 환경영향을 피하거나 제거 또는 감소시킬 수
있는 방안을 마련하는 것으로 정의하고 있으며(제2조 제2호), 환경영향평가서의 허
위·부실 작성에 관한 기준을 구체적으로 법정하고 있으므로(제53조 제5항 제2호),
사법부가 그에 관한 판단을 종래와 같이 회피하는 것은 결코 바람직하지 않다고
본다.[37][38]

7)「국가재정법」위반문제   대법원은 원심이 "보의 설치와 준설 등에 대하여
예비타당성조사를 하지 않는 것이 곧바로 이 사건 각 처분의 절차상 하자가 되므
로 이 사건 각 처분이 위법하다는 위 원고들의 주장을 배척한 것은 정당하고, 거
기에 상고이유 주장과 같이 구「국가재정법」상 예비타당성조사 의무위반의 효력
등에 관한 법리를 오해하는 등의 위법이 없다"고 판단하였다. 대법원은 "국가재
정법령에 규정된 예비타당성조사는 이 사건 각 처분과 형식상 전혀 별개의 행정
계획인 예산의 편성을 위한 절차일 뿐 이 사건 각 처분에 앞서 거쳐야 하거나 그
근거 법규 자체에서 규정한 절차가 아니므로, 예비타당성조사를 실시하지 아니한
하자는 원칙적으로 예산 자체의 하자일 뿐, 그로써 곧바로 이 사건 각 처분의 하

36) 김재광, 앞의 글, 363쪽.
37) 박종원, "4대강사업의 법적 평가와 과제에 대한 토론문", 154쪽 참조.
38) 이외에도 환경영향평가서의 허위·부실 작성과 관련한 환경영향평가법의 조문으로는 제56조
와 제65조를 들 수 있다.
제56조(환경영향평가업자의 준수사항) ① 환경영향평가업자는 다음 각 호의 사항을 지켜야 한다.
1. 다른 환경영향평가서등의 내용을 복제하여 환경영향평가서등을 작성하지 아니할 것
2. 환경영향평가서등과 그 작성의 기초가 되는 자료를 거짓으로 또는 부실하게 작성하지 아니
할 것
② 제1항제2호에 따른 거짓 또는 부실 작성의 구체적인 판단기준은 환경부령으로 정한다.
제65조(환경영향평가사의 자격취소 등) ① 환경부장관은 환경영향평가사가 다음 각 호의 어느
하나에 해당하면 그 자격을 취소하거나 3년의 범위에서 자격을 정지시킬 수 있다. 다만, 제1호·
제2호 및 제4호에 해당하는 경우에는 그 자격을 취소하여야 한다.
3. 고의 또는 중대한 과실로 환경영향평가서등을 거짓으로 또는 부실하게 작성한 경우

자가 된다고 할 수 없다"고 판단하였다.

예비타당성조사제도는 총 사업비가 500억원이 넘는 국가사업이나 국가의 예
산이 300억원 이상 필요한 사업에 대해 미리 사업의 타당성을 면밀히 검토함으로
써 대형 신규사업의 신중한 착수 및 재정투자의 효율성을 제고하려는 목적에서
도입된 제도이다. 따라서 예비타당성조사제도는 국가재정의 방만한 운용을 사전
에 억제, 방지하는데 유효한 제도로 「국가재정법」을 구성하는 주요 제도라는 평
가를 받고 있으며39) 불필요한 사업추진을 억제하는데 상당한 성과가 있는 것으로
평가받고 있다.

「국가재정법 시행령」 제13조 제2항의 예비타당성조사 대상사업 중 4대강사
업과 관련 있는 제6호(재해예방·복구 지원, 시설 안정성 확보, 보건·식품 안전 문제 등으
로 시급한 추진이 필요한 사업)와 제10호(지역 균형발전, 긴급한 경제·사회적 상황 대응 등
을 위하여 국가 정책적으로 추진이 필요한 사업으로서 기획재정부장관이 정하는 사업)에 대
해서는 10호와 관련하여 예비타당성조사 면제범위를 지나치게 광범위하고 모호
하게 규정하여 제도의 취지를 훼손할 소지가 있다는 국회입법조사처의 검토의
견40)과 제6호와 관련하여 정부 주장 자체에 의해서도 4대강사업을 순수 재해예
방사업으로 분류할 수 없다는 지적이 제기되었다.41) 그런 측면에서 국가재정법령
상 예비타당성조사 면제대상사업의 범위는 개정동기가 상당히 자의적이고 법적
통제를 벗어나기 위한 것으로 형식적 합법성을 충족시켰을 뿐이다.42) 대법원의
판시처럼 "국가재정법령에 규정된 예비타당성조사는 이 사건 각 처분과 형식상
전혀 별개의 행정계획인 예산의 편성을 위한 절차"라기보다는, 대규모시설 설치
절차의 특징인 다단계 행정절차의 일환으로 파악한다면, 이 사건 각 처분과 형식
상 전혀 별개의 행정계획이 아니라고 보는 것이 타당하다.43)

---

39) 이원영·박태현, "대의민주주의 원리로 본 '4대강사업'의 문제점"「국토계획」 제44권 제7호
   (대한국토·도시계획학회지, 2009. 12), 36쪽.
40) 국회입법조사처(경제산업조사실 재정경제팀), "국책사업의 예비타당성조사에 관한 검토", 2009.
   5 참조.
41) 이원영·박태현, 앞의 글, 37쪽. 정부는 4대강사업의 목적을 단순한 토목사업이 아니라, 물
   확보, 홍수 예방, 수질 개선, 친수공간 확보 및 지역경제 활성화 등에 두고 있었다.
42) 김재광, 앞의 글, 350쪽.
43) 김재광, 앞의 글, 347쪽. 4대강사업의 설치절차는 ① 예비타당성조사절차 - ② 행정계획절차
   - ③ 인·허가절차 - ④ 환경영형평가절차 - ⑤ 주민참여절차 등으로 이루어진다. 대법원의 판
   시처럼 예비타당성조사를 행정계획으로 본다면, 예비타당성조사절차는 행정계획절차에 포섭될
   수 있을 것이다.

(2) 4대강사건에 대한 사법적 통제의 한계

4대강사건에 대한 대법원의 판결에 대해 사법부가 공공갈등의 위법성에 대해 엄격한 판단을 하지 않는 경우에는 공공갈등에 대한 사법적 통제에 중대한 한계를 노정할 것이고 이러한 사안이 축적될수록 사법부는 점차 신뢰를 잃게 될 것[44]이라는 비판이 제기되고 있다.

저자도 2010~2011년에 이루어진 4대강사건에 대한 1심 판결에 대해 "비록 법원이 1심 판결에서 「국가재정법」, 「하천법」, 「환경영향평가법」, 「문화재보호법」 등 관련법령을 절차적으로 위반한 것은 아니라고 판시하였지만, 법원의 판단이 그다지 구체적이지 아니하다는 점은 향후 중대한 문제점으로 지적될 수 있을 것이다. 물론 국민의 절차적 권리를 크게 침해하지 않는 경미한 절차의 하자는 독립된 취소사유가 되지 않는다고 보더라도, 행정기관의 절차경시사고를 절차중시 행정으로 유도하기 위해서는 절차의 하자에 대하여 엄격한 태도를 취할 필요가 있다"는 지적을 한 바 있다.[45]

문제는 4대강사업과 같은 대형국책사업의 경우 1심 판결이 이루어지는 단계가 공정의 60~70% 정도를 마친 상태이고 엄청난 예산이 투입된 뒤라서 사실상 취소판결을 하기가 쉽지 않다. 1심이 이럴진대 공사가 마무리되고 예산 투입도 끝난 상태인 2심과 3심의 경우는 더 말할 나위가 없다. 따라서 대형국책사업에 대한 사법적 통제의 실효성을 확보하는 방안의 모색이 요청된다.

그리고 대법원이 4대강사건에서 행정계획의 법리를 적극적으로 검토한 것을 높이 평가하면서도 형량명령과 관련하여 형량하자 중 어디에 속할 수 있는지, 그리고 왜 이러한 형량하자에 해당하지 않는지에 대해 상세히 검토해서 판단하여야 함에도 불구하고 부실한 환경영향평가, 의견수렴절차의 미흡 등 형량에서 고려해야 할 요소를 충분히 반영하지 못하였다고 지적하는 견해가 있다.[46] 결국 4대강 사건에 대한 대법원의 판결은 대형국책사업에 대한 사법적 통제의 한계를 여실히 보여주고 있는 것이다.

---

44) 정남철, 앞의 글, 155쪽 참조.
45) 김재광, 앞의 글, 346쪽 참조.
46) 정남철, 앞의 글, 154쪽.

Ⅴ. 4대강 복원 및 재자연화와 관련한 법률안 검토

현재 국회에는 「4대강 사업 검증(조사·평가) 및 인공구조물 해체와 재자연화를 위한 특별법안」(홍영표의원 대표발의)이 상정되어 있다. 먼저 4대강의 복원 또는 재자연화와 관련한 선결적 문제를 살펴보고, 법률안의 주요 내용의 문제점을 검토하기로 한다.

1. 4대강의 복원 또는 재자연화와 관련한 선결적 문제

4대강의 복원 또는 재자연화와 관련한 선결적 문제로는 ① 4대강의 복원 또는 재자연화의 개념에 대한 공감대 형성문제 ② 4대강 인공구조물의 해체에 대한 공감대 형성문제 ③ 4대강 유지관리비용과 인공구조물 해체비용에 관한 공감대 형성문제 등을 들 수 있다.

(1) 4대강의 복원 또는 재자연화의 개념에 대한 공감대 형성문제

4대강의 복원 또는 재자연화의 개념의 정립인데, 복원이라면 사업 이전의 4대강으로의 원상회복이며 4대강의 재자연화는 인공구조물(보)이 설치되기 이전의 자연 상태로 돌아간다는 의미를 가지고 있다.

4대강의 복원 또는 재자연화문제는 갈등유형(인식갈등, 가치갈등, 이익갈등) 중 가치갈등에 해당하는 것으로 볼 수 있는데, 가치갈등은 이념, 정서 등과 같은 근본적 사고 및 오랜 경험의 차이에서 비롯된 갈등으로 치유하는데 오랜 시간이 소요되는, 가장 다루기 어려운 갈등이다. 그런 까닭으로 4대강의 복원 또는 재자연화의 개념에 대한 공감대 형성에 있어 가치갈등이 격화될 가능성이 클 것으로 본다. 개념상의 혼란은 향후 법제 정비를 함에 있어서도 혼란을 가져올 수 있다.

'복원'에 대해서는 현행법상 전혀 정의되고 있지 않다.[47] 현행법상 '복원', '복구', '정화', '개선', '원상회복' 등의 용어가 무분별하게 사용되고 있어 혼란이 야기되고 있다. 외국에서는 하천복원(stream restoration)이란 용어가 사용되고 있는 것으로 보인다. 하천복원 개념은 1990년대에 들어와 유럽, 일본, 미국 등 선진국에서 보편화되기 시작하여 2000년대 들어와서는 하천관리의 중심적 과제가 되고 있다고 한다. "하천복원"이란 불량한 유역·하천 관리나 그 밖의 자연적·인위적 하천 변화 등으로 하도가 불안정해지거나 또는 과거에 치수, 수운 등 단일 목적의 하

---

47) 박종원, 앞의 토론문, 157쪽 참조. 복원의 기준과 방법의 정비, 하천 등 생태계 복원사업 시행자의 자격에 관한 규정문제 등도 중요한 현안이라고 지적하고 있다.

천사업으로 하천이 인공화되어 하천의 생물 서식처가 훼손된 하천에서 원 하천의
물리적, 화학적 서식처 특성을 되살려 생물이 다시 서식하게 하는 생태복원사업
을 말한다.[48]

한편 '재자연화' 개념에 대해 다음과 같은 정의가 행해지고 있다. "재자연화"
란 생태계를 복원하고 하천생태계의 자정능력을 복구하기 위하여 인공적인 구조
물을 철거하고 자연형 하천으로 조성하는 것을 말한다.[49] 이러한 정의는 '인공적
인 구조물을 철거하고 자연형 하천으로 조성'하는 것에 중점이 있다. 그런데 재자
연화(renaturalization)라는 용어는, 엄밀한 의미에서 4대강사업 이전의 하천이 온전
한 자연상태가 아니므로 적절치 않다고 볼 수도 있으므로 재자연화 대신 복원이
나 회복, 또는 재생을 고려할 수도 있다고 한다.[50]

생각건대, 4대강의 경우는 복합적인 성격을 가지고 있으므로 '복원'이나 '재자
연화'란 용어 모두 만족스럽다고 보기는 어렵다. 다만 인공구조물(댐) 때문에 하천
작용이 방해받는 곳을 가장 지속가능하게 하도록 생태 복원하는 방법은 바로 하
천작용이 다시 살아나도록 하여 손실된 복잡한 모습의 서식지가 스스로 복원되도
록 하는 것으로 본다면 '복원'이란 용어가 좀 더 가까운 용어가 아닐까 한다.

(2) 4대강 인공구조물의 해체에 대한 공감대 형성문제

EU에서는 하천의 환경기능과 필요성을 인식하고 자연형 하천으로의 보전과
복원에 오랫동안 많은 노력을 기울려 왔다. EU는 하천에 댐을 짓거나 준설이나
대규모 토목공사를 하여 하천 생태계를 파괴하지 못하도록 2000년에 「물관리 기
본지침」(Water Framework Directive)을 제정하였다. 특히 지침 제4조에 따라 인공적으
로 변형된 하천을 자연상태에 가깝게 복원하도록 규정하고 있다. 지침에서 지표
로 권유하는 항목은 ① 종조성과 수도(composition/abundance) ② 종 풍부도와 다양
성(richness/diversity) ③ 민감성과 내성(sensitivity/tolerence) ④ 기능(functional metrics) 등
네가지 요소이다.

미국도 1972년에 만들어진 「맑은 물법」(Clean Water Act)에 따라 하천에서 대규

---

48) 김영희, 앞의 글, 10쪽 참조.
49) 김영희, "4대강의 재자연화에 관한 법률 제정을 제안하며" 「차기정부 과제, 4대강재자연화
   특별법 제정과 4대강 수질·수생태 문제 진단을 위한 토론회」(2012. 11. 26), 14쪽 법률안 제2
   조 제3호 참조.
50) 김진홍, "[기고]4대강 보 철거, 어떻게 할 것인가" 경향신문 2017년 5월 4일자 칼럼 참조. 재
   자연화를 위해 가장 중요한 것은 축조된 보의 검증 및 개선인데, 개선방안은 첫째 가동보(수문)
   을 활용한 상시 개방, 둘째 보의 일부 철거 또는 전면 철거이며, 궁극적으로는 보의 전면 철거
   로 귀결되어야 한다고 주장한다.

모 토목공사는 원천적으로 불가능하도록 규제하고 있다.[51] 특히 제404조는 하천과 호수에 준설, 매립, 댐, 제방, 골재채취와 고속도로, 공항 등의 토목공사는 원천적으로 불가능하도록 규정하고 있다. 이런 배경 아래에서 미국은 매년 50개 가량의 댐을 해체하여 지금까지 1,000여 개의 댐을 폭파 철거하였고, 3만 7,000개 이상의 하천을 재자연화했다고 한다. 수많은 댐이 해체되고 인공적인 제방들이 허물어져 하천을 자연적인 모습으로 되돌려 주고 있어서 이에 관련된 기술도 많이 축적되어 있는 것으로 평가받고 있다.[52]

지금까지 우리나라에는 1만 7,500개의 저수지와 무려 4만개 이상의 보가 만들어졌다. 4대강 보 건설이 타당성이 적었다고 평가되더라도 이제 와서 보를 철거한다고 곧바로 사업 이전의 상태로 돌아갈 수 있는 것이 아니기 때문이다. 4대강사업이 급히 시행되었다고 해서 그 후속조치도 서둘러 시행한다면 이 또한 바람직하지 않다.[53]

4대강 보가 건설된 지 이미 5년이란 세월이 지난 만큼 환경변화도 적지 않게 일어났기 때문에 생태계 복원 작업도 종합적이고 치밀하게 진행돼야 한다. 생태계를 복원하는 작업은 매우 어렵고 시간이 오래 걸리는 일이기 때문에 조급증을 내는 건 금물이다. 용수 공급과 가뭄대비 등 현실적인 문제를 도외시하고 이상에만 치우친 조치를 할 수는 없다. 당장 경기 남부와 충남 서부지역은 가뭄이 심각한 상태다. 그나마 이 지역은 2년 전 극심한 가뭄으로 금강 백제보와 보령댐을 연결하는 도수로가 가동되고 있어 최악의 상황으로 치닫지는 않을 것이라고 한다.[54]

참고로 4대강의 재자연화에 대한 여론을 살펴보자. 문재인 대통령이 4대강사업의 문제점을 평가하겠다고 공약한 가운데 대한하천학회와 한국강살리기네트워크가 2017년 5월 3일 서울소프트로직스와 울산사회조사연구소에 의뢰해 성인 1,074명을 대상으로 설문조사한 결과 국민 10명 중 7명은 재자연화를 해야 한다고 답했다고 한다.[55] 즉 자연 복원 방법에 대해서는 '보 철거를 포함한 재자연화가 필요하다'는 응답이 41.6%로 가장 많았다. 31.6%는 '문제가 남겠지만 보 철거

51) 김영희, 앞의 글, 6쪽 참조.
52) 김정욱, "4대강 댐은 우환 덩어리 [함께 사는 길] 4대강 청문회를 열어라·③" 프레시안 2016년 10월 28일자 칼럼 참조.
53) 김범철, "[왜냐면] 4대강 보 생태복원, 장기적 안목이 필요하다" 한겨레신문 2017년 5월 29일자 칼럼 참조. 김범철 교수는 강원대 환경학부 교수로 전 하천호수학회장 및 4대강조사평가위원회 공동위원장을 역임하였다.
54) 충남일보 2017년 5월 31일자 "[사설] 4대강 보 개방, 물관리 살펴가며 개방돼야" 기사 참조.
55) 국제신문 2017년 5월 17일자 ""4대강 재자연화해야"…국민 10명 중 7명 찬성" 기사 참조.

보다는 다른 방향의 복원이 필요하다'고 했다. 대형보 16개를 철거하는 데 3,600억 원이 필요하다고 소개하며 보 철거에 대해 다시 묻자 43.4%가 '수질 악화나 녹조 발생이 많은 보를 부분 철거하거나 모든 보를 철거해야 한다'고 했다. '예산이 소요되므로 철거 대신 보 운영을 조절해야 한다'는 답변은 23.5%였다. 재자연화 시점도 서둘러야 한다는 의견이 많았다고 한다. 35.7%가 '더 악화되기 전에 보 완전개방을 포함해 시급히 복원해야 한다'고 봤다. '1년 이내 조사를 하고 자연 복원 사업을 추진해야 한다'는 의견은 21.8%였다.

(3) 4대강 유지관리비용과 인공구조물 해체비용에 관한 공감대 형성문제

4대강 유지관리비용과 인공구조물 해체비용도 중요한 문제이다. 먼저 4대강 유지관리비용을 보자. ① 2011년 3월 28일 서울대의 홍종호 교수팀은 프레스센터에서 개최된 세미나에서 4대강사업의 유지관리비용이 매년 5,794억원에 달할 것으로 예측하였다. 이명박 정부에서는 정부 예산 투입을 줄이려고 4대강 공사비 22조원 중에서 8조원을 한국수자원공사에 떠맡기고 대신 이자를 보전해 주기로 약속했다. 그러므로 통상적인 유지관리비용에다 정부가 예산으로 지원하는 연간 4,000억원의 이자 비용까지 합하면 정부에서는 매년 약 1조원을 4대강 보를 유지관리하는데 지출해야 할 것이라고 홍종호 교수는 주장하였다. ② 그 후 2012년 정부 발표에 따르면 4대강 16개 보를 유지하고 관리하는 데에는 매년 약 2,000억원이 소요되는 것으로 추정되었는데 이 비용에는 한국수자원공사에 지불하는 이자는 포함되지 않았다. ③ 2014년 10월 27일 김상희 의원실은 국회 입법조사처로부터 받은 자료 등을 종합하여 4대강 16개 보를 유지하기 위한 정부 예산은 매년 5,051억원이라고 발표했다. 가장 많은 비용이 드는 항목은 한국수자원공사의 8조원에 이르는 4대강 사업 빚의 이자로서 2013~2015년 사이 연평균 3,182억 7,000만원이었는데, 한국수자원공사에게 사업 참여를 요구한 정부가 전액 부담해 왔다. 수자원공사가 4대강 사업 빚의 원금 8조원을 갚지 못하면 그 이자 비용은 계속 정부가 부담할 것으로 예상된다.[56]

다음으로 4대강 인공구조물 해체비용을 보자. ① 2012년 2월 2일 대한하천학회 세미나에서 서울과학기술대의 윤석구 교수는 4대강의 보 16개를 철거하는데 드는 비용을 2,016억원으로 추산하였다. 윤 교수가 제안한 해체방식은 물 속에 잠겨있는 기반시설물을 제외하고 실질적으로 보의 역할을 수행하는 구조물만 해체하

---

56) 이상훈, "27년 만에 퇴출된 콩코드, 4대강의 미래될 수 있다" 미디어오늘 2017년 1월 8일 칼럼 참조.

는 것이다. 그 밖에도 4대강 보의 철거 비용은 조사한 기관마다 다른데, ② 환경운
동연합 시민환경연구소가 3,008억원으로 추산하였고, ③ 국회 예산정책처가 3,942
억원으로 추산하였으며, ④ 국토부가 1조 7,256억원으로 추산한 바가 있다.57)

2. 「4대강 사업 검증(조사·평가) 및 인공구조물 해체와 재자연화를 위한 특별법안」의 주요 내용과 평가

(1) 제안이유

정부는 홍수예방, 물부족 대비, 수질개선 등의 목적으로 2009년부터 2012년
까지 총 22조 2천억원이 넘는 예산을 투입하여 4대강 살리기 사업을 추진하였다.
그러나 정부는 4대강 살리기 사업을 추진하면서 반드시 거쳐야 하는 예비타당성
조사, 환경영향평가, 문화재조사 등을 생략하거나 요식적으로 수행함으로써 대규
모 하도준설, 보 건설 등으로 인한 재정낭비, 환경·생태계·문화재 파괴, 하천 유
역 주민들의 생활기반 박탈 및 농지훼손 등의 문제가 발생하였다. 또, 정부가 4대
강 살리기 사업을 추진하면서 제시한 네 가지 목적인 '홍수예방, 물 확보, 수질개
선, 일자리 창출'은 그 근거를 상실하고 수질, 녹조, 재퇴적, 생태계 파괴 등의 문
제로 국민적 공분을 사고 있다. 이에 4대강사업에 대한 진상규명과 현재 문제가
되고 있는 수질문제, 구조물 안정성 문제, 주민피해, 홍수문제, 생태공원 유지관
리문제, 생태계 파괴 문제 등을 객관적으로 검증하기 위하여 '4대강사업 검증 및
재자연화 위원회'를 설치하여 4대강사업의 진상규명과 평가, 재자연화 방향, 친환
경적 유지관리 방안 등을 결정하도록 함으로써 더 이상의 환경파괴를 막고 국민
세금이 올바르게 쓰이도록 하려는 것이다.

(2) 제정 배경 및 취지에 대한 검토

제정안의 취지는 2009년부터 약 22조원의 예산을 투입한 4대강사업을 객관
적으로 조사·검증하여 4대강사업으로 건설된 인공구조물을 해체하고 4대강사업
으로 인해 변경된 환경 및 문화재 등을 복원하려는 것이다. 4대강사업은 그동안
투입된 예산의 적정성, 건설업체 담합 등의 비리, 예비타당성조사·환경영향평가·
문화재조사 등 사업절차상 문제 등 여러 측면에서의 문제가 감사원 감사 및 국회
의 국정감사 등에서 제기된 바 있으며, 4대강사업의 당초 목적이었던 홍수예방,
물 확보, 수질개선, 일자리 창출 등의 효과가 제대로 실현되었는지 여부에 대해서

---

57) 이상훈, 앞의 칼럼 참조.

도 일부 이견이 있는 상황이다. 이에 제정안은 4대강사업에 대하여 객관적인 조사·검증 등을 통해 대규모 국책사업 수행과정에서의 문제점들을 규명하고 향후 4대강을 효율적·지속적으로 보전·관리하고자 하는 취지로 이해된다. 한편 대규모 국책사업의 효과성은 장기간이 지난 후에 평가가 가능하다는 점, 연계사업 중단에 따른 해당지역 주민의 반발 및 피해가 예상된다는 점, 인공구조물을 해체하는 경우에는 홍수방지 등의 편익이 상실되고 해체에 따른 추가적인 비용이 발생한다는 점 등을 감안할 때 제정안의 입법 여부에 대해서는 다각적인 논의와 종합적인 검토가 필요할 것으로 보인다.58)

(3) 주요내용과 평가

1) 목적   이 법은 4대강사업으로 인한 각종 비리에 대한 진상규명과 문제발생의 원인 조사와 해결방안 제시, 그리고 인공구조물의 개방·해체 및 4대강 생태계 복원, 친환경적 하천관리에 관한 사항을 규정함으로써 4대강사업의 검증 및 재자연화를 목적으로 한다(안 제1조).

법률안은 입법목적을 첫째, 4대강사업으로 인한 각종 비리에 대한 진상규명과 원인 조사와 해결방안 제시, 둘째, 인공구조물의 개방·해체, 셋째, 4대강 생태계 복원, 넷째, 친환경적 하천관리 등을 들고 있다. 결국 법률안은 "4대강의 재자연화"보다는 "4대강사업으로 인한 각종 비리에 대한 진상규명"에 중점을 두고 있다고 할 수 있다. 양자가 입법목적으로 양립가능한지에 대해서는 의문이 든다.

2) 용어 정의   법률안에는 "4대강"과 "4대강사업"에 대한 용어 정의만이 있다. 이 법률안의 핵심적 내용인 '4대강 재자연화' 또는 '4대강 복원' 등에 대해서는 전혀 용어 정의가 없다. 용어 정의의 흠결은 '4대강 재자연화' 또는 '4대강 복원' 등에 대한 개념 정의가 어렵다는 것을 반증하는 것이기는 하지만 이를 회피하는 것은 타당하지 않다고 본다. 보완이 필요하다.

3) 기본이념   이 법은 국가 및 지방자치단체와 국민의 공동 노력으로 다음 각 호(1. 4대강 이용·개발의 공공이익 적합성 및 하천의 생태·문화·경제적 가치와의 조화·균형 추구, 2. 장래의 세대가 동등한 기회를 가지고 하천을 이용할 수 있도록 하는 4대강사업의 보전·관리, 3. 4대강 사업에 의한 문제 해결 및 인공구조물 개방·해체를 통한 4대강의 자연친화적 복원)와 같은 4대강의 공공적 가치를 구현함을 기본이념으로 한다(안 제2조).

58) 국토교통위원회 수석전문위원 김수홍, 「4대강 사업 검증(조사·평가) 및 인공구조물 해체와 재자연화를 위한 특별법안(홍영표의원 대표발의) 검토보고」(2016. 11), 4~5쪽.

법의 목적과 기본이념은 상호 긴밀한 연관성을 가져야 하는데, 법률안 제2조의 기본이념은 "4대강의 재자연화"보다는 "4대강사업으로 인한 각종 비리에 대한 진상규명"에 중점을 두고 있는 법률의 목적과는 괴리를 보이고 있다. 따라서 법률의 목적과 기본이념이 상호 부합하도록 수정할 필요가 있다.

4) 4대강사업 검증·재자연화 위원회   4대강사업을 검증하여 4대강사업 문제에 대한 원인진단과 문제 해결 방안을 제시하고, 인공구조물 개선 또는 해체 여부를 결정하고 이에 따른 하천 생태계 복원, 친환경적 하천관리를 위하여 '4대강사업 검증·재자연화 위원회'를 두도록 한다(안 제6조).[59] 위원회 위원은 국회의 추천을 받은 15명 이상 21명 이내로 구성하되, 대통령이 임명한다(안 제7조 및 제8조).

국토교통위원회 수석전문위원 검토보고는 "4대강사업에 대한 객관적인 조사·검증을 수행하고자 하는 제정안의 취지는 충분히 이해하지만, 정부는 이미 4대강사업에 대한 조사·평가를 위해 2013년 9월 6일 국무총리 소속 민간위원회인 4대강사업 조사평가위원회를 구성하여 보 구조물의 안정성, 사업의 효과 및 영향 등에 대한 분야별 결론을 내린 바 있다(2014. 12. 23). 이제 제정안처럼 별도의 위원회를 구성하여 특별한 기능과 활동을 하도록 하는 것에 대해서는 찬·반의 의견이 대립할 수 있는바, 충분한 논의가 선행되어야 할 것으로 보인다. 또한 위원회의 기능에 대해 국토교통부는 「하천법」[60]에서 국가하천은 국토교통부장관이 관리하도록 규정하고 있는데, 4대강사업 검증·재자연화 위원회에서 국가하천 내의 인공구조물에 대한 해체와 4대강사업 연관사업의 중단 및 지속 여부까지 결정하도록 하는 것은, 이수·치수·환경·문화 등을 종합적으로 고려하여 하천을 관리하고 있는 하천법 상의 국토교통부장관의 권한과 상충한다는 의견을 제시하고 있

---

59) ② 위원회는 다음 각 호의 사무를 수행한다.
   1. 4대강 사업의 검증·복원에 관한 기본계획의 수립과 변경
   2. 기본계획의 이행 여부 및 4대강사업 전반의 평가 등에 관한 사항
   3. 4대강 사업과 연계된 사업에 대한 중단 및 지속 여부
   4. 인공구조물 개방·해체에 대한 결정 및 결정에 따른 하천 및 하천 주변지역 환경 복원
   5. 4대강의 친환경적 관리방안 수립
   6. 사실조사보고서의 수정 및 채택
   7. 중앙행정기관 간, 광역자치단체 간, 중앙행정기관과 광역자치단체 간의 4대강 사업에 관한 이견의 조정
   8. 4대강 사업의 검증·재자연화 사업추진을 위한 예산확보 및 배분
   9. 그 밖에 이 법 또는 다른 법률에서 위원회의 사무로 정한 사항
   ③ 위원회는 4대강 연계사업 중단 또는 계속, 인공구조물 개방 또는 해체 여부를 결정하기 위하여 사실조사를 실시하여야 한다.
60) 하천법 제8조(하천관리청) ① 국가하천은 국토교통부장관이 관리한다.

다"고 평가하고 있다.[61]

5) 사실조사 실무위원회의 설치 4대강사업 및 인공구조물에 대한 사실조사, 위원회에서 심의·의결할 사항에 관한 사전검토 및 위원회로부터 위임받은 사무를 효율적으로 수행하기 위하여 위원회 소속하에 사실조사 실무위원회를 두도록 한다(안 제11조).

6) 4대강 연계 사업의 중지 및 인공구조물의 개방 및 해체 등 위원회는 실무위원회가 4대강사업과 연계된 댐·저수지사업 중단 및 사업 결과물인 대형보 개방 및 인공구조물 해체 의견을 제시한 경우에는 4대강 연계 사업 중단 및 인공구조물의 개방·해체를 명령할 수 있도록 한다(안 제17조 및 제18조).

국토교통위원회 수석전문위원 검토보고는 "이 안은 위원회에서 사실조사보고서가 채택될 때까지 홍수방어사업, 하천의 수질개선사업, 하천의 환경을 훼손하지 아니하는 사업 등을 제외한 4대강 연계사업을 중지하도록 규정하려는 것이다. 4대강 연계사업은 중지한 상태로, 홍수예방사업과 하천의 수질개선사업 등 시급한 하천 정비사업은 진행할 수 있도록 하려는 것이 이 안의 취지로 보이나, 4대강[62] 연계사업의 내용이나 범위가 특정되지 않아 국민의 생명과 재산을 보호하기 위해 하천기본계획에 따라 시행하는 대부분의 하천공사와 충돌할 우려가 있고, 기존에 진행되어 온 하천공사가 중단될 경우 용수공급의 차질, 홍수피해 등의 문제가 발생할 수 있는바, 이에 대한 심도 있는 검토가 필요할 것으로 보인다"고 평가하고 있다.[63]

7) 기본계획의 수립 위원회는 4대강 연계사업(댐·저수지 등) 중단, 인공구조물 개방·해체 및 하천 생태계 복원 등에 따른 기본계획을 수립하여야 한다(안 제15조).

8) 인공구조물의 개방·해체 위원회의 사실조사 결과, 인공구조물 설치로 인하여 ① 환경의 파괴가 우려되는 경우 ② 하천의 물 흐름을 방해하는 경우 ③ 하천 수질이 악화될 우려가 있는 경우 ④ 주변의 경관을 해치는 경우 ⑤ 홍수예방에 미치는 영향이 미미한 경우 ⑥ 인공구조물 철거로 인하여 2차 오염이 우려되지 아니하는 경우 등은 인공구조물의 해체를 명할 수 있으며, 위 경우에 해당하지 않는 경우에는 인공구조물의 용도를 변경할 수 있다(안 18조).

---

61) 국토교통위원회 수석전문위원 김수흥, 앞의 검토보고서, 8~9쪽.
62) 4대강 수계는 전체하천 3,837개 중 2,418개(63.0%)에 이르며, 연장기준으로는 전체하천연장 29,840km 중 21,503km(72.1%)를 차지하고 있다.
63) 국토교통위원회 수석전문위원 김수흥, 앞의 검토보고서, 10쪽.

국토교통위원회 수석전문위원 검토보고는 "이 안은 위원회의 사실조사 결과, 4대강의 환경파괴가 우려되는 경우, 물 흐름을 방해하는 경우, 수질이 악화될 우려가 있는 경우, 주변 경관을 해치는 경우 등에는 인공구조물의 개방 및 해체를 명할 수 있으며, 이 경우 외에는 인공구조물의 용도를 변경할 수 있도록 하려는 것이다. 4대강 유역에서 녹조현상이 심화되는 현상에 대해 4대강사업조사평가위원회에서는 강수량이 적고, 보의 준설로 인해 유속이 느려지게 된 것과 높은 기온, 일사량의 증가가 복합적으로 작용한 것으로 보았지만, 일각에서는 녹조현상의 주된 원인이 4대강 보의 건설에 기인한 것으로 보고 있다. 이런 상황에서 제정안은 환경 및 경관에 부정적인 영향을 미칠 것으로 보이는 인공구조물을 해체하여 하천의 수질을 개선하고 경관을 보전하려는 취지로 이해된다. 다만, 인공구조물을 해체하는 경우 홍수방지, 용수공급 등의 편익이 상실되고 해체에 따른 추가적인 비용이 발생할 것으로 예상되며, 국토교통부는 4대강 보 철거시 제기될 수 있는 문제점에 대해 ① 수위저하에 따른 하천관리의 지장을 초래하는 점 ② 홍수 시 일시 저류 기능 등이 상실되어 홍수위험성이 증가하는 점 ③ 유지용수 감소로 물 부족과 하천의 건천화에 따른 농경지 피해도 예상된다는 점 등을 우려하고 있는다, 제정안처럼 개방·해체에 따른 실익과 철거 시 야기될 수 있는 부작용을 함께 고려하여 논의되어야 할 것으로 본다"고 평가하고 있다.[64]

9) 하천 생태계 복원에 따른 계획   위원회는 4대강사업으로 인하여 파괴된 4대강을 친환경적 하천으로 복원하기 위하여 지역의 특성과 주민의 요구가 반영된 다양한 방식으로 하천 생태계 복원계획을 수립 및 자연친화적인 하천 관리방안을 수립하도록 한다(안 제20조).

10) 4대강 주변지역 개발 제한   4대강 주변지역의 무분별한 개발을 방지하고 생태환경을 보호하기 위하여 4대강 주변지역 양안 2km 이내 지역의 개발을 제한하고, 건축물의 건축·용도변경, 공작물의 설치 및 토지의 분할·형질변경을 할 수 없다(안 제21조).

국토교통위원회 수석전문위원 검토보고는 "이 안은 4대강 주변지역 양안 2km 이내 지역의 개발을 제한하고 건축물의 건축 및 용도변경, 공작물의 설치, 토지의 분할·형질변경 등을 할 수 없도록 하려는 것이다. 즉 4대강 주변지역의 무분별한 개발을 방지하고 생태환경을 보전하여 4대강을 친환경적 하천으로 복원하기 위한

---

64) 국토교통위원회 수석전문위원 김수홍, 앞의 검토보고서, 11~12쪽.

취지로 이해된다. 이에 대해 국토교통부는 제정안이 국가하천 주변지역을 계획적으로 조성·이용할 수 있도록 한 「친수구역 활용에 관한 특별법」의 제정 목적[65]에 배치되며, 4대강 주변지역의 난개발을 계획적으로 정비할 수 없어 체계적인 관리가 어려워질 수 있다는 입장이다. 제정안은 4대강 주변지역의 개발을 제한함에 따른 생태환경 및 문화재 등의 보전 효과가 있는 반면, 개발 제한시 주변지역의 방치에 따른 낙후가능성, 지역주민의 편익 감소, 건축물의 용도변경 제한 등에 따른 지역주민의 재산권 침해 문제가 야기될 수 있는바, 제반 사항을 종합적으로 고려하여 검토할 필요가 있을 것으로 본다"고 평가하고 있다.[66]

VI. 맺는 말

지금까지 ① 4대강사업조사평가위원회의 조사평가 결과 검토 ② 4대강사업에 대한 감사원 감사결과 주요내용 검토 ③ 4대강사건에 대한 대법원 판결 검토 ④ 4대강 복원 및 재자연화와 관련한 법률안 검토 등을 하였다. 차례대로 요약하면 다음과 같다.

첫째, 4대강사업조사평가위원회는 "결과적으로 4대강사업은 홍수예방, 수자원확보, 수환경개선, 하천문화공간 창출이라는 목적으로 추진되어 일정부분 성과를 거둔 부분들이 있으나 충분한 공학적 검토 및 의견수렴 없이 제한된 시간에 너무 서둘러 사업을 진행하였으며, 그 당시 우리나라 하천관리 기술의 한계 등으로 일부 부작용도 나타나고 있다"고 평가하였다. 1년 4개월이라는 긴 시간과 많은 전문가들이 참여하여 작성한 「4대강사업 조사평가 보고서」는 비교적 공정성과 객관성을 구비한 것으로 평가할 수 있으므로 문재인 정부에서 적극 활용할 필요가 있다고 본다.

둘째, 그동안 4대강사업에 대한 감사원 감사가 세 차례 있었는데, 모두 정책수립과정보다는 사업 자체 혹은 그 과정에서의 계약 등 위법성에 집중됐다. 이번 4차 감사는 정책수립과정에 집중되어 이전 감사들에 비해 여러 난관들이 있을 것으로 예상된다. 감사의 공정성 시비가 더 이상 재연되어서는 안 될 것이다.

---

65) 「친수구역 활용에 관한 특별법」 제1조(목적) 이 법은 국가하천의 주변지역을 체계적이고 계획적으로 조성·이용하여 난개발을 방지하고 지속가능한 발전을 도모하며, 그에 따른 이익을 하천의 정비 및 관리 등에 활용함으로써 공공복리의 증진에 기여함을 목적으로 한다.

66) 국토교통위원회 수석전문위원 김수흥, 「4대강 사업 검증(조사·평가) 및 인공구조물 해체와 재자연화를 위한 특별법안(홍영표의원 대표발의) 검토보고」(2016. 11), 13~14쪽.

셋째, 4대강사건은 대형 국책사업에 대한 사법적 통제의 한계를 여실히 보여준 사례라 할 수 있다. 22조원이라는 거대규모의 예산이 소요되는 국책사업이 거의 완공 또는 완공된 상태에서 내려지는 판결은 원고승소로 귀결되기는 불가능에 가깝다. 이러한 사법적 통제의 한계는 대형 국책사업에 대한 사전적 행정통제의 필요성을 반증한다고 하겠다. 따라서 대형 국책사업과 관련된 절차적 요건을 보완하고 이와 관련된 행정절차 법령의 정비가 시급히 요청된다.[67]

넷째, 국회에는 「4대강 사업 검증(조사·평가) 및 인공구조물 해체와 재자연화를 위한 특별법안」(홍영표의원 대표발의)이 상정되어 있다. 제정안의 취지는 2009년부터 약 22조원의 예산을 투입한 4대강사업을 객관적으로 조사·검증하여 4대강사업으로 건설된 인공구조물을 해체하고 4대강사업으로 인해 변경된 환경 및 문화재 등을 복원하려는 것이다. 대규모 국책사업의 효과성은 장기간이 지난 후에 평가가 가능하다는 점, 연계사업 중단에 따른 해당지역 주민의 반발 및 피해가 예상된다는 점, 인공구조물을 해체하는 경우에는 홍수방지 등의 편익이 상실되고 해체에 따른 추가적인 비용이 발생한다는 점 등을 감안할 때 제정안의 입법 여부에 대해서는 다각적인 논의와 종합적인 검토가 필요할 것으로 보인다. 그리고 법률안의 내용적 완결성 측면에서 다소 부족한 부분들 ― 법률안의 핵심적 내용인 '4대강 재자연화' 또는 '4대강 복원' 등에 대한 용어 정의의 흠결, 다른 법률과의 상충 등 ― 의 보완도 필요하다고 본다.

생각건대, 4대강사업은 22조원이라는 천문학적 예산이 투입된 국책사업으로 많은 문제점에도 불구하고 법현실적으로 되돌릴 수 있는 단계가 아니다. 따라서 보다 냉철한 접근이 필요하다고 본다. 그런 측면에서 4대강사업의 추진방법에 대한 비판적 인식하에서 미래 기후변화와 지구온난화, 녹색성장, 그리고 물부족 문제를 극복하는데 4대강은 매우 중요하므로 2단계의 정비사업을 시작해야 한다는 주장에 대해 귀기울일 필요가 있다고 본다. 다만, 2단계의 정비사업이라는 용어는 4대강사업에 대한 부정적인 국민정서상 적절성 여부에 대해서는 고민이 필요하다고 본다. 중요한 것은 방법론이다. 방법론으로 ① 지류 하천과 오염원에서부터 시작하는 상향적 접근, ② 지역주민과 시민단체 그리고 기초지자체가 참여하는 협업적 접근, ③ 그물망처럼 얽혀 있는 강 유역을 통합적으로 관리하는 지역적 접근, ④ 그리고 지역 선호와 정책의 우선순위에 따라 순차적으로 시행하는

---

67) 정남철, 앞의 글, 132쪽.

점진적 접근을 제시하고 있다.[68] 특히 4대강 녹조의 원인을 해결하기 위한 방법론인 협업적 접근은 매우 중요하다고 본다. 그것은 아직 우리 사회가 생산과 생활 그리고 여가를 포함하는 삶의 제반 방식이 환경친화적이지 못한 부분이 많고 농촌 주민들은 동네 하천을 자연그대로 보존한다는 인식이 부족하며 기업들은 환경윤리가 정착되지 않은 것이 현실이기 때문에 이해당사자들 간의 협업을 통해 실질적인 문제해결을 도모할 필요가 있기 때문이다. 이 주장은 앞에서 언급한 4대강사업조사평가위원회가 제시한 13가지 후속조치와도 일정한 관련성을 가지고 있어 문재인 정부가 4대강사업에 대한 정책방향을 설정하는데 중요한 고려사항이 될 수 있을 것이다.

오랜 기간 4대강사업을 둘러싼 극심한 사회갈등은 국론을 양분시켰고 국가경쟁력을 저해하는 원인이 되었다. 4대강사업이 주는 뼈아픈 교훈은 대형국책사업은 그 필요성만으로 수행해서는 안 되며 절차적 및 실체적 정당성의 확보가 전제되어야 한다는 점이다. 앞으로도 사회갈등이 예상되는 고준위방사성폐기물처분장[69] 등 대형 국책사업의 추진이 불가피하지만 4대강사업을 교훈삼아 지혜롭게 극복하여야 할 것이다.

4대강사업의 목적은 단순한 토목사업이 아니라, 물 확보, 홍수 예방, 수질 개선, 친수공간 확보 및 지역경제 활성화 등인데, 그 성과에 대해서는 논란이 많다. 이명박 前 대통령에게 결과적으로 '독'이 되어버린 청계천변에 서서 무심히 흐르고 있는 시냇물을 바라보며 오랜 시간 극한갈등의 대상이 된 4대강사업을 쓸쓸히 생각해본다. 문득 찬바람이 얼굴을 때리고 저만치 가고 있다.

〈4대강사업의 하나인 영산강 하구둑〉

---

68) 자세한 것은 이성근, "4대강 정비사업의 교훈과 정책 방향" 대구일보 2017년 7월 5일자 칼럼 참조.
69) 이에 대해서는 김재광, 「사회갈등시설법론」 제3판, 113쪽 이하 참조.

한국적 절차간소화: 인 · 허가의제제도

Ⅰ. 들어가는 말

인·허가의제제도란 하나의 인·허가를 받으면 다른 허가, 인가, 특허, 신고 또는 등록("인·허가등")을 받은 것으로 보는 것(의제[1])을 말한다.[2] 즉 하나의 행정처분으로부터 다른 법령에 따른 행정처분을 받은 것으로 보는 것을 말한다.

인·허가의제의 경우에는 주된 행정처분과 그로부터 의제되는 관련 인·허가가 단절되지 아니한 채 일정한 연관을 맺고 있다는 점이 특징이라고 할 수 있다. 주된 행정처분과 의제대상 인·허가가 주된 행정처분이란 형식 또는 인·허가의제에 관한 법규정을 매개로 하여 연계되어 있다는 사실만으로도, 주된 행정처분과 의제대상 인·허가는 서로 일정한 영향을 주고받는 관계에 놓여 있다고 볼 수 있다.[3]

인·허가의제제도가 본격적으로 도입되기 시작한 것은 1980년대이나, 그 맹아가 나타난 1970년에도 도시계획법(1971), 산업기지개발공사법(1973), 도로법(1976), 농촌근대화촉진법(1977), 한국토지개발공사법(1978) 등에서 발견된다. 이 당시에는 복합민원을 처리하기 위한 수단보다는 국가정책을 위한 공익사업을 신속하게 처리하기 위한 목적으로 도입된 것으로 추정된다.[4] 그런데 오늘날의 인·허가의제

【원제: 인·허가의제제도의 재검토(공저)】
1) 의제(Fiktion)란 실제로 존재하지 않는 사안을 인정하도록 법률상으로 확정되어 있는 것을 의미한다.
2) 박균성, 「행정법강의」(제15판)(박영사, 2018), 447쪽.
3) 이용우, "인·허가의제의 요건 및 이에 대한 사법심사의 기준에 관한 연구"「사법논집」제61집(법원도서관, 2016), 91쪽 및 125쪽 참조.
4) 이익현, "인·허가의제제도에 관한 연구"「법제」(법제처, 1984), 107쪽.

제도의 모습은 1973년에 제정된 산업기지개발촉진법 제21조(다른 법률과의 관계)에서 찾아볼 수 있다. 이 법률은 절차의 경합을 피하고 사업전체의 종합평가를 행하기 위하여 사업에 필요한 인·허가와 그 절차를 정리·통합하는 방식을 채택하였는데,[5] 다른 법률에 의한 다수의 인·허가를 한꺼번에 의제하는 것은 당시의 상황에서는 매우 파격적인 입법방식이라는 평가를 받았다.[6]

입법사적인 측면에서 볼 때, 인·허가의제제도의 도입 초기에는 다음과 같은 점이 고려된 것으로 보인다. 첫째, 다수 기관에 걸친 인·허가를 하나의 종합행정기관으로 창구를 일원화하고, 둘째, 목적이 유사하거나 중복된 인·허가는 통합·조종하며, 셋째, 건축허가와 같은 이와 연계된 영업행위 등은 건축물의 완공조건으로 건축허가와 동시에 처리하거나, 넷째, 하나의 목적을 위하여 다수 법령에 다원화된 인·허가가 있는 경우에는 주된 업무의 인·허가를 받으면 다른 업무의 인·허가를 받은 것으로 의제한다는 것 등이다. 흥미로운 것은 인·허가의제제도는 필요한 인·허가이지만 주된 인·허가와 관련된 경우에는 사전협의를 조건으로 관련 인·허가는 받은 것으로 처리하여 주는 것이므로 복잡·다양한 인·허가를 일거에 처리한다는 점에서 복합민원처리의 주요수단으로 이해되었다는 점이다.[7]

대법원은 인·허가의제의 입법취지를 "인·허가의제사항과 관련하여 창구를 단일화하고 절차를 간소화하며 비용과 시간을 절감함으로써 국민의 권익을 보호하려는 것"으로 파악하고 있다(대판 2011. 1. 20, 2010두14954). 예컨대, 건축법에는 민원인의 편의를 위하여 건축이 이루어지는 단계별로 인·허가의제제도를 도입하고 있다. 건축법 제10조 제6항의 사전결정에 따른 인·허가의제나 제11조 제5항의 건축허가에 따른 인·허가의제제도를 도입한 취지는 제11조의 규정에 따른 건축물의 허가를 담당하는 행정청이 사전결정이나 건축허가의 여부와 함께 의제의 효과가 발생하는 인·허가등의 여부를 같이 심사함으로써 신청인으로 하여금 의제대상 허가 등을 받는데 소요되는 시간과 노력, 비용을 줄이고, 절차를 간소화하

---

5) 당시 매일경제 1973년 9월 14일 기사에 실린 내용을 보자. "…산업기지개발시행자는 기본계획에 따라 실시계획을 수립하여 건설부장관의 승인을 받아 시행하되 그 실시계획의 승인을 받을 때 현행법상 중복되어 있는 다른 법령에 의한 각종 인허가절차를 이 법에 의해 생략간소화되므로 효율적으로 사업을 진행하게 된다…". 당시의 인·허가의제제도에 대한 인식은 "현행법상 중복되어 있는 다른 법령에 의한 각종 인허가절차를 이 법에 의해 생략간소화"한다는 것으로 볼 수 있다.

6) 자세한 것은 박균성·김재광, "인·허가의제제도의 문제점과 개선방안"「행정법연구」제26호(행정법이론실무학회, 2010.4), 33~34쪽 참조.

7) 이익현, 앞의 글, 107~108쪽.

여 효율성을 높이려는데 있으며, 행정기관 사이의 갈등과 중복심사를 피하기 위
함이라고 한다.[8] 즉 국가정책을 위한 공익사업과 관련하여 창구단일화, 절차간소
화, 비용과 시간 절감, 행정기관 사이의 갈등 방지, 중복심사 회피, 사업 전체의
종합 평가, 국민권익 보호가 인·허가의제제도의 입법취지라고 볼 수 있다.

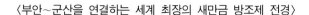

〈부안~군산을 연결하는 세계 최장의 새만금 방조제 전경〉

　　오늘날 인·허가의제제도는 세계에 유례없는 우리나라에 특유한 제도로서 자
리매김하고 있는 반면, 절차간소화를 위해 도입된 인·허가의제제도에 과도한 법
적 효력을 인정하고 이를 확대하는 것은 그 제도적 본질에 반한다고 보는 비판적
인 견해도 있다.[9] 타당한 지적이라고 생각한다.

　　인·허가의제제도에 관한 학설과 판례 및 해석례의 발전이 점차적으로 이루
어지고 있어 이를 심층적으로 재검토할 필요가 있다. 특히 인·허가의제 실무와의
관련성을 가진 논의가 필요하다고 보는데, 이 글은 그러한 인식을 충분히 담으려
고 하였다.

　　이 글에서 논의할 법적 쟁점으로는 ① 인·허가의제 관련 첨부서류 제출문제,
② 주된 인·허가기관과 의제되는 인·허가기관간의 협의, ③ 의제대상 인·허가
의 절차적 요건의 집중문제, ④ 의제대상 인·허가의 실체적 요건의 판단방식, ⑤
부분 인·허가의제 인정문제, ⑥ 주무 행정기관에 의한 인·허가의 효력, ⑦ 의제
되는 법률에서 의제되는 인·허가의 재의제 여부, ⑧ 인·허가의제제도하에서의 항
고소송의 대상, ⑨ 의제된 인·허가 법률상 각종 의무부과 가능 여부, ⑩ 주된 인·

---

8) 선정원, "인·허가의제의 효력범위에 한 고찰"「행정법연구」제34호(행정법이론실무학회, 2012),
　53쪽.
9) 정남철, 「현대행정의 작용형식」(법문사, 2016), 496쪽.

허가와 의제되는 인·허가의 사후관리문제 등의 문제 등을 들 수 있다.

Ⅱ. 현행법상 인·허가의제제도에 관한 일반론

1. 인·허가의제와 독일법상 허가의제 및 집중효의 구별문제

인·허가의제제도와 관련하여 구별해야 할 개념들이 있다. 독일법상 허가의제, 집중효 등이 그것이다. 먼저 독일 행정절차법 제42a조10)에 명문화되어 있는 '허가의제'는 허가신청을 한 후 일정한 기간 내에 행정청의 명시적 거부가 없으면, 그 기간의 경과 후 법률에 의해 허가가 발급된 것으로 의제하는 것을 말하는데,11) 우리나라의 인·허가의제와 용어상 비슷하나 개념적·기능적으로 구별된다.12) '허가의제'는 신청 후 일정기간이 경과하면 신청된 허가를 의제하여 신청에 대한 처리를 촉진하는 제도인데, '인·허가의제'는 여러 인·허가를 받아야 하는 복합민원에서 주된 인·허가기관과 의제되는 주된 인·허가기관간의 협의하에 주된 인·허가를 받으면 다른 인·허가를 의제하는 제도로서 절차의 간소화를 목적으로 하는 제도이다. 그런데 독일법상 허가의제와 우리나라의 인·허가의제, 이 두 가지를 인·허가의제로 보아야 한다는 주목할만한 견해도 있다.13) 이 견해에 따르면 광의의 인·허가의제에 협의의 인·허가의제와 허가의제가 포섭될 수 있을 것이다.

또 다른 유사개념으로 독일법상 집중효제도가 있다. 독일행정법에서는 집중효에 관하여 일반적으로 "하나의 사업계획이 여러 가지 법률에 의한 인·허가 등이 필요하며, 그 중 하나의 인·허가 등이 계획확정에 해당하면 그 인·허가 등은 다른 모든 인·허가 등을 대체하는데, 그것은 독일 연방행정절차법 제75조 제1항 제2문에서 도출된다. 바로 그것이 집중효 또는 대체효라고 한다"라고 설명하고

---

10) 제42a조(허가의제) ① 결정기간이 지나면 허가가 발급된 것으로 본다는 규정이 있고 신청이 충분히 명확하다면, 결정기간이 지나면 허가가 발급된 것으로 본다. 행정행위의 존속력과 권리구제절차에 관한 규정은 준용한다. ② 달리 정함이 없는 한, 제1항제1문의 기간은 3월로 한다. 그 기간은 완전한 서류가 도달한 때부터 진행한다. 사안의 어려움으로 인하여 기간을 연장할 정당한 사유가 있으면, 이 기간은 1회에 한하여 적절한 한도에서 연장될 수 있다. 기간의 연장은 이유를 붙여 적시에 통지되어야 한다. ③ 제41조제1항에 따라 행정행위가 통지되어야 하는 자에 대해서는 요청이 있으면 허가의제의 효력이 발생하였다는 점을 서면으로 증명해 주어야 한다.

11) 정남철, 앞의 책, 498쪽. 이 조항은 2008년 12월 11일 행정절차법의 개정에 의해 도입된 것이다.

12) 정남철, 앞의 책, 497~498쪽.

13) 선정원, "인·허가의제와 심사촉진「공법연구」제38집 제2호(한국공법학회, 2009. 12), 87~88쪽.

있다.[14] 대체되는 다른 허가는 계획확정결정과 개별적으로 연결되어 있는 것이 아니라, 계획확정결정에 의하여 통합적으로 대체되는 것이므로, 결정내용 속에 구체적으로 언급되어 있을 필요가 없다.[15][16] 그런 까닭으로 종래 양자의 차이점과 공통점에 관한 논의가 활발하게 이루어졌던 것이다.[17]

인·허가의제와 집중효의 제도적 의의와 관련하여[18] 첫째, 양자를 동일한 제도로 이해하는 견해,[19] 둘째, 양자를 기능적으로 유사한 제도로 이해하는 견해,[20] 셋째, 양자는 기능적으로 유사성이 있으나 본질적으로 양자는 전혀 이질적인 제도로 이해하는 견해,[21] 넷째, 인·허가의제를 집중효의 인·허가절차에의 확대로 보는 견해[22] 등 매우 다양하게 전개되고 있다.

첫번째 견해는 독일의 행정계획의 집중효에 관한 것이 우리 실정법상의 인·허가의제제도라고 보면서, 양자의 본질이 절차간소화와 사업의 신속한 진행을 위한 것이며, 법령에 근거하여 행정관청의 권한이 통합된다는 점에서 볼 때 양자간에 본질적인 차이가 있다고 보기 어렵다고 한다.[23][24] 한편 지금까지의 논의와는 좀다른 특색 있는 견해를 보자. "사업계획 등의 승인을 얻으면 그와 관련한 수많은 개별법상의 인가, 허가, 승인 등을 받은 것으로 의제되는 효력이 인정되는 경우가 있는데, 이를 "인·허가 등의 의제"라 하고 그에 인정되는 효력을 집중효라 한다"고 보면서 집중효를 행정행위의 효력으로 보고 있다.[25]

---

14) 최정일, 「행정법의 정석 I」(박영사, 2009), 169쪽 참조.
15) 오준근, 「행정절차법」(삼지원, 1998), 272쪽.
16) 오준근, 앞의 책, 265쪽.
17) 박균성·김재광, 앞의 글, 36쪽 참조.
18) 인·허가의제제도와 집중효의 비교에 관한 것으로는 최정일, 앞의 책, 170~172쪽 참조.
19) 박윤흔·정형근, 「최신 행정법강의」 개정30판(박영사, 2009), 255쪽; 정형근, 「행정법」 제6판 (피엔씨미디어, 2018), 130쪽; 홍정선, 「행정법특강」 제14판(박영사, 2015), 168쪽.
20) 최정일, 앞의 책, 170쪽.
21) 정남철, 앞의 책, 496쪽; 김동희, 「행정법강의」(박영사, 2013), 155~156쪽. 인·허가의제제도를 대규모사업과 밀접한 관련이 있는 것으로 이해하고 있다.
22) 김성수, 「일반행정법」(법문사, 2014), 399쪽.
23) 박윤흔·정형근, 앞의 책, 255쪽; 정형근, 앞의 책, 130쪽; 홍정선, 앞의 책, 168쪽.
24) 이러한 입장은 하급심에서도 나타나고 있다고 보는 견해가 있다. 서울행정법원이 건축신고서 반려처분취소사건(2009구합1693)에서 "건축신고시 그 신고로 인하여 건축법 제14조 제1항, 제11조 제5항에 따라 이른바 건축법상의 집중효(건축허가 내지 신고로 인하여 건축법 제11조 제5항 각 호의 소정의 허가 또는 인가 등을 받은 것으로 의제하는 효력을 말한다)가 발생하는 경우에는 그 건축신고는 행정청의 수리를 요하는 신고로 봄이 타당하고, 따라서 그 신고를 거부하는 행위는 항고소송의 대상이 되는 처분이다"라고 판시한 것을 예로 들고 있다. 정남철, 「행정구제의 기본원리」(법문사, 2013), 453쪽 참조.
25) 김유환, 「현대 행정법강의」(법문사, 2016), 127쪽.

두번째 견해는 인·허가의제와 집중효를 유사한 제도로 보는 견해이다. 인·허가의제와 집중효는 엄밀하게는 구별되는 개념이라고 할 수 있으나, 양자는 개념, 근거, 대상, 정도, 절차, 효력 면에서 차이점보다는 공통점이 크고 구별의 실익이 크지 않으므로 양자를 통일적으로 고찰하여도 무방하다는 인식에 근거하고 있다.[26]

세번째 견해는 인·허가의제와 집중효는 성질을 달리하는 것으로 서로 구별하여야 한다는 것이다.[27] 즉 집중효와 인·허가의제가 절차간소화를 위한 제도라는 점에서 유사한 기능을 갖는 것은 사실이지만 집중효제도는 행정절차법이나 개별법령 등에 규정된 형식적 절차인 '계획확정절차'에서 계획확정결정의 특수한 효력의 하나로서 인정되고 있다고 본다. 이 견해에서는 인·허가의제가 행정계획과 관련하여서만 인정되는 것이 아니라는 점을 강조하고 있다.[28] 한편 우리 법제에는 집중효가 인정되는 독일의 계획확정절차에 상응하는 제도가 없다고 보는 견해도 이 입장에 서 있다고 볼 수 있다.[29]

네번째 견해는 원칙적으로 계획확정절차를 거친 최종적인 계획결정에 인정되는 특별한 효력인 집중효를 일반적인 인·허가절차에까지 확대하려는 것으로서 계획확정절차를 인·허가절차로 대체하려는 의도라고 보고 있다.[30] 이 견해는 행정청이 "사업자의 실시계획을 승인하는 경우에는 소위 집중효가 인정되는 것으로 의제하는 것이다"라고 보고 있다.

생각건대, 인·허가의제와 집중효는 기능적 유사성을 가진 별개의 제도로 보는 견해가 타당하다. 다만, 학설에 의해 인·허가의제제도가 집중효제도의 본질적 내용들을 긍정적, 적극적으로 차용하는 과정에 있는 것으로 볼 수 있다. 우리나라 학자들이 인·허가의제에서 일반적으로 논의하는 절차집중이나 실체집중은 집중효와 직접 관련된 것이기 때문이다. 앞으로의 과제는 우리나라의 특유한 제도인 인·허가의제제도에 고유한 법리들을 발전시켜야 한다는 점이다. 인·허가의제와 집중효는 하나의 사업을 위해 수개의 인·허가를 받아야 하는 경우에 하나의 인·허가로 절차를 집중하는 점은 같지만, 다음과 같이 다르다고 보는 것이 타당하다. ① 독일의 집중효는 행정계획의 확정에만 부여되는 효력인 반면에 인·허가의제는 주된 인·허가가 행정계획에 한정되지 않고, 건축허가와 같은 행정행위인 인·

26) 박균성·김재광. 앞의 글, 36쪽.
27) 정남철, 앞의 책, 496쪽.
28) 자세한 것은 김남철,「행정법강론」제4판(박영사, 2018), 324쪽 참조.
29) 정태용, "인·허가의제제도에 관한 고찰"「법제」(2002. 2), 4쪽.
30) 김성수, 앞의 책, 399쪽.

허가인 경우도 있다. ② 독일의 집중효는 관계 행정청 및 이해관계인의 집중적인 참여 등 엄격한 계획확정절차에 따라 행해지는 반면에 인·허가의제는 이러한 절차적 보장이 없다. ③ 독일의 집중효는 다른 인·허가를 의제하지는 않고, 다른 인·허가를 대체하는 효력, 따라서 다른 인·허가를 필요 없게 하는 효력만을 갖는데, 인·허가의제는 다른 인·허가를 법률상 의제하는 효력을 갖는다.

2. 인·허가의제의 근거 및 대상

인·허가의제의 이론적 근거는 민원창구단일화(원스톱행정)와 법률의제(허가의제)이론이다.[31] 그런데, 인·허가의제는 행정기관의 권한에 변경을 가져오므로 법률에 명시적인 근거가 있어야 하며 인·허가가 의제되는 범위도 법률에 명시되어야 한다.

따라서 명문의 규정이 없는 한 '의제의 의제'(의제되는 허가에 의해 다른 인·허가가 의제되는 것)는 인정되지 않는다. 통상 의제되는 인·허가 등이 민원인이 받아야 하는 주된 인·허가를 규율하는 법률에 열거되어 있다.

3. 인·허가의제 관련 첨부서류 제출문제

(1) 의의

첨부서류는 주된 행정기관 또는 의제되는 인·허가기관이 주된 인·허가와 의제되는 다른 인·허가의 요건을 충족하였는지 여부를 판단하는데 필요한 것이다. 따라서 첨부서류문제는 인·허가실무에서 매우 중요한 문제이다.

(2) 입법례

인·허가의제 관련 서류제출에 관한 법률규정을 보면, 서류제출에 관한 규정을 둔 입법유형과 두지 않은 입법유형이 있다. 대부분의 법률들은 서류제출에 관한 규정을 두고 있다.

그런데 서류제출에 관한 규정을 둔 경우에도 규정방식이 매우 상이한 모습을 보이고 있다. ① 서류제출을 직접 규정하는 입법방식(예: 건축법 제11조), ② 서류제출을 간접적으로 규정하는 입법방식(예: 공공주택법 제18조), ③ 사후 서류제출이 가능하도록 명시한 입법방식(예: 건축법 제11조, 산업집적활성화 및 공장설립에 관한 법률 제13조의2, 빈집 및 소규모주택 정비에 관한 특례법 제55조, 전통시장 및 상점가 육성을 위한

---

31) 박균성, 앞의 책, 448쪽.

특별법 제40조, 지역특화발전특구에 대한 규제특례법 제40조), ④ 첨부된 도면으로 서류를 갈음하는 입법방식(예: 기업도시개발 특별법 제13조), ⑤ 제출서류를 별도로 정할 수 있도록 한 입법방식(예: 해운법 제4조의2) 등이 그것이다.

서류제출에 관한 규정을 두지 않은 입법유형으로는 「산업집적활성화 및 공장설립에 관한 법률」 제13조의2를 들 수 있다.

인·허가의제는 의제대상이 되는 인·허가사항에 관한 모든 서류를 일괄제출하여 일괄의제받을 수 있도록 함으로써 인·허가 심사절차를 촉진시키려는 목적을 가진 것이다. 그러나 이러한 관계법령의 취지가 반드시 신청인에게 유리하게 작용하는 것만은 아니다. 인·허가사항에 필요한 모든 서류를 신청단계에서 일괄 준비하도록 하는 것은 신청인의 편의를 도모하는 취지에 역행되는 측면이 있다. 따라서 인·허가절차 및 사업진행 단계에 맞추어 필요한 구비서류를 탄력적으로 제출하도록 할 필요가 있다.[32]

(3) 판례 및 해석례

판례는 신청인이 법령상 의제되는 인·허가를 위한 서류를 한꺼번에 모두 제출하여야 하는 것은 아니고, 신청인이 관계 서류를 제출하지 아니하여 검토를 하지 않은 사항에 대해서는 인·허가의제의 효력은 발생하지 않는 것으로 보고 있다.[33]

4. 의제대상 인·허가의 절차적 요건의 집중문제

(1) 의의

인·허가의제제도하에서 인·허가절차는 주된 인·허가절차와 의제되는 인·허가절차가 있다. 절차의 집중이란 주된 인·허가절차와 의제되는 인·허가절차와의 관계에 관한 것으로 의제대상 인·허가의 근거 법령에 마련된 개개의 절차적 요건을 대체하는 효과를 가리킨다.

학설은 종래와 큰 차이가 없으므로 판례와 해석례를 중심으로 살펴보고자 한다.

(2) 학설

절차의 집중과 관련하여 학설은 절차집중설과 제한적 절차집중설로 나뉜다.[34] 생각건대, 절차집중설은 절차간소화라는 인·허가의제제도의 입법취지만을 감안하였을 때는 그 타당성이 인정되지만, 이해관계인의 권익보호라는 관점, 즉 적법절차

---

32) 박균성·김재광, 앞의 글, 51쪽 참조.
33) 의정부지원 제11행정부 판결 2008. 12. 9, 2008구합2069(사업시행승인취소).
34) 박균성, 앞의 책, 449쪽.

의 원칙에 비추어 보았을 때는 문제가 있다. 따라서 인·허가의제제도의 취지와 이해관계인의 권익보호를 동시에 도모할 수 있는 제한적 절차집중설이 타당하다.[35]

(3) 판례 및 해석례

먼저 판례의 입장을 살펴보자. 대판 1992. 11. 10, 92누1162는 "건설부장관이 구 주택건설촉진법(1991. 3. 8. 법률 4339호로 개정되기 전의 것) 제33조에 따라 관계기관의 장과의 협의를 거쳐 사업계획승인을 한 이상 같은 조 제4항의 허가·인가·결정·승인 등이 있는 것으로 볼 수 있고, 그 절차와 별도로 도시계획법 제12조 등 소정의 중앙도시계획위원회의 의결이나 주민의 의견청취 등 절차를 거칠 필요는 없다"고 판시하고 있다(주택건설사업계획승인처분취소).[36] 위 대법원판례의 취지를 인·허가의제제도 전반으로 확대하여 보면, 의제대상 인·허가에 관한 절차적 요건을 별도로 충족할 필요가 없을 뿐 아니라, 주무 행정기관으로서는 의제대상 인·허가에 관한 절차적 요건이 구비되었는지를 심사할 필요가 없다는 의미로도 이해할 수 있을 것이다.[37]

그리고 대법원은 인·허가의제제도와 관련된 또 다른 의제대상 인·허가의 절차적 요건은 별도로 구비될 필요가 없다는 취지로 판시한 바 있다. 즉 대판 2009. 4. 23, 2008두686은 "구 사회간접자본시설에 대한 민간투자법(2005. 1. 27. 법률 제7386호 사회기반시설에 대한 민간투자법으로 개정되기 전의 것, 이하 '구 민간투자법'이라 한다) 제20조는 민간투자사업의 시행을 위하여 필요한 경우에는 공익사업을 위한 토지 등의 취득 및 보상에 관한 법률(이하 '공익사업법'이라 한다)을 준용하여 토지 등을 수용 또는 사용할 수 있도록 하면서(제1항), 구 민간투자법 제15조에 의한 실시계획의 고시가 있는 때에는 공익사업법 제20조 제1항의 사업인정 및 같은 법 제22조의 사업인정의 고시가 있는 것으로 간주되고 있다(제2항). 그러므로 구 민간투자법에 의한 실시계획의 고시가 있으면 별도의 공익사업법에 의한 사업인정

---

35) 박균성·김재광, 앞의 글, 42쪽.
36) 이 사례는 주택건설사업계획승인에 의해 도시계획결정이 의제되는 경우, 도시계획결정을 위해 필요한 절차, 즉 중앙도시계획위원회의 의결이나 주민의 의견청취 등을 거치지 아니하고도 도시계획결정이 의제된다고 판시한 것이다.
37) 이용우, 앞의 글, 104쪽. 대법원 92누1162 판결의 판시내용 가운데 주목할 점은, 건설부장관이 사업계획승인을 함에 있어 구 주택건설촉진법 제33조에 따라 관계기관의 장과 협의를 거친 이상, 이러한 절차와 별도로 구 도시계획법 제12조 제1항 등의 절차를 거칠 필요가 없다고 판시한 부분인데, <u>이러한 판시는 주무 행정기관이 관계 행정기관과 협의를 거친 것이 마치 의제대상 인·허가의 근거 법령에 마련된 개개의 절차적 요건을 대체하는 효과를 지닌다는 의미로 읽힐 수 있기 때문이라고 한다.</u>

이 필요하지 않은 것은 물론이고, 그 사업인정을 위하여 요구되는 공익사업법 제
21조의 의견청취를 거치지 않아도 된다고 할 것이다."라고 판시하였다.

요컨대 대법원 92누1162 판결 및 대법원 2008두686 판결의 내용을 종합하여
보면, 대법원은 의제대상 인·허가의 근거법령에 마련된 개개의 절차적 요건은 따
로 구비될 필요가 없다는 입장을 취한 것으로 볼 수 있다(절차집중설).

다음으로 법제처의 해석례의 입장을 살펴보자. 해석례에서는 주된 인·허가
시 의제된 인·허가의 법률상 절차적 요건을 거쳐야 하는지 여부에 대해서는 혼
동되는 모습을 취하고 있다.[38] 11-0760 해석례는 긍정적인 태도를, 07-0360
해석례는 부정적인 태도를 취하고 있다.

11-0760 해석례에서는 "시장·군수·구청장이 관계 행정기관의 장과 협의를
거쳐 사업 시행승인이 있은 때에는 주한미군 공여구역주변지역 등 지원 특별법
제29조 제2항에 따라 도시개발법 제3조에 따른 도시개발구역의 지정을 받은 것
으로 의제되는데, <u>이 경우 협의를 요청받은 도지사는 도시개발법 제8조에 따른
도시계획위원회 심의를 거쳐야 하는지</u>의 질의에 대하여 협의를 요청받은 도지사
는 도시개발구역 지정의 타당성을 검토하기 위해 도시계획위원회의 심의를 거쳐
협의에 응하여야 한다고 해석하였다.

그러나 07-0360 해석례에서는 "시·도지사가 관계 행정기관의 장과 협의를
거쳐 관광지 등의 조성계획을 승인하면 관광진흥법 제58조제1항제1호에 따라 시장·
군수·구청장은 국토의 계획 및 이용에 관한 법률에 따른 도시관리계획의 결정을
받은 것으로 의제되는데, <u>이 경우 관광진흥법에서 정하고 있는 조성계획의 승인절
차 외에 별도로 국토의 계획 및 이용에 관한 법률에서 정하고 있는 도시관리계획
의 입안 및 결정절차(주민의 의견청취, 지방의회의 의견청취 등의 절차)를 거쳐야 하는지</u>
의 질의에 대하여 그 절차를 반드시 거쳐야 하는 것은 아니라고 해석하였다.

5. 의제대상 인·허가의 실체적 요건의 판단방식

(1) 의의

인·허가의제와 관련하여, 주된 행정처분으로부터 관련 인·허가가 의제되기
위한 요건으로 학설과 판례는 ① 주된 행정처분을 하는 주무 행정기관이 의제대
상 인·허가의 관계 행정기관과 협의를 거칠 것 ② 의제대상 인·허가의 근거법령

---

38) 박수연, "인·허가의제 입법개선연구"「법제」(법제처, 2014. 9), 200쪽.

에 마련된 요건이 구비될 것 등 두 가지 요건이 충족되어야 한다고 보고 있다. ①에 대해서는 앞서 살펴보았으므로 여기에서는 ②에 대해 살펴보기로 한다. 학설은 종래와 큰 차이가 없으므로 판례와 해석례를 중심으로 살펴보고자 한다.

(2) 학설

주무 행정기관에 신청되거나 의제되는 인·허가의 실체적 요건의 판단방식과 관련한 학설로는 ① 실체집중설, ② 제한적 실체집중설,[39] ③ 독립판단설(실체집중부정설)[40] 등이 주장되고 있다.[41] 생각건대, 법치행정의 원칙에 비추어 명문의 규정이 없는 한, 의제되는 인·허가요건의 실체집중을 인정할 수 없으므로 독립판단설(실체집중부정설)이 타당하다. 그것은 실체집중을 인정하면 의제되는 인·허가요건규정이 보호하고자 하는 공익이 훼손되기 때문이다.[42] 다만, 주된 인·허가 및 의제되는 인·허가 중 둘 이상이 재량행위인 경우에 재량판단은 통합적으로(제한적으로 집중되는 것으로) 행해질 수 있다고 볼 수 있다.[43]

(3) 판례 및 해석례

먼저 판례의 입장을 살펴보자. 의제대상 인·허가의 실체적 요건의 판단과 관련하여, 의제대상 인·허가에 관한 실체적 요건을 심사하여야 하는지, 심사를 요한다고 본 경우 어느 정도로 실체적 요건의 구비 여부를 살필 것인지에 관하여, 대법원이 가장 명시적으로 의견을 밝힌 판결로는 대판 2011. 1. 20, 2010두14954 전원합의체판결을 들 수 있다.

위 대법원 전원합의체판결에서는, 구 건축법(2009. 2. 6. 법률 제9437호로 개정되어 2009. 8. 7. 시행되기 전의 것, 이하 구 건축법이라 한다) 제14조 제2항에 의해 인·허가의제의 효과가 수반되는 건축신고가, 주무 행정기관이 관련 인·허가에 관한 실체적 요건을 심사한 후에 수리하여야 하는 이른바 '수리를 요하는 신고'인지 여부가 핵심 쟁점 가운데 하나였는데, 이에 대해 대법원 다수의견은 건축신고로 인·허가가 의제되는 사항에 관하여 건축신고를 관할하는 주무 행정기관이 실체적 요건에 대한 심사를 해야 한다고 판시하였다.[44] 즉 "인·허가의제사항 관련 법률에

---

39) 선정원, 앞의 글, 135쪽.
40) 김동희, 「행정법 I」(박영사, 2015), 190쪽; 박균성, 앞의 책, 441쪽; 최정일, 앞의 책, 171쪽.
41) 학설에 대해 자세한 것은 박균성, 앞의 책, 450쪽 참조.
42) 박균성·김재광, 앞의 글, 43쪽.
43) 박균성, 앞의 책, 451쪽.
44) 판례가 의제되는 인·허가사항에 대한 구체적인 분석 없이 일괄적으로 수리를 요한다고 본 것은 적절하지 않다는 비판이 있다. 즉, 건축신고와 인·허가의제가 결합하는 경우, 건축법과 인·허가의제 관련 법률은 각기 고유한 목적이 있고, 건축신고와 인·허가의제 사항도 그 제도적 취

규정된 요건 중 상당수는 공익에 관한 것으로서 행정청의 전문적이고 종합적인
심사가 요구되는데, 만약 건축신고만으로 인·허가의제사항에 관한 일체의 요건
심사가 배제된다고 한다면, 중대한 공익상의 침해나 이해관계인의 피해를 야기하
고 관련 법률에서 인·허가제도를 통하여 사인의 행위를 사전에 감독하고자 하는
규율체계 전반을 무너뜨릴 우려가 있다. 또한 무엇보다도 건축신고를 하려는 자
는 인·허가의제사항 관련 법령에서 제출하도록 의무화하고 있는 신청서와 구비
서류를 제출하여야 하는데, 이는 건축신고를 수리하는 행정청으로 하여금 인·허
가의제사항 관련 법률에 규정된 요건에 관하여도 심사를 하도록 하기 위한 것으
로 볼 수밖에 없다. 따라서 인·허가의제 효과를 수반하는 건축신고는 일반적인
건축신고와는 달리, 특별한 사정이 없는 한 행정청이 그 실체적 요건에 관한 심
사를 한 후 수리하여야 하는 이른바 '수리를 요하는 신고'로 보는 것이 옳다."

　　위 전원합의체 판결의 다수의견이 밝힌 법리가 인·허가의제제도 전반에 대
하여 두루 적용될 수 있는지에 대해 의문을 제기하는 견해가 있다.45) 왜냐하면
건축법상 인·허가의제제도에 관한 전원합의체 판결이 이와 입법 취지를 달리하
는 원자력발전소, 공항, 항만 등과 같은 대규모 국책사업에 관한 인·허가의제제
도에 대해서까지 위 전원합의체 판결의 다수의견이 설시한 법리가 당연히 적용된
다고 보기 어렵기 때문이다. 이러한 주장은 인·허가의제제도의 도입취지를 감안
하면 충분히 일리 있는 주장이라고 할 수 있다.

　　대법원 전원합의체 판결 이후의 관련 대법원판결들로는 대판 2013. 6. 13,
2013두6350(심리불속행, 상고기각),46) 대판 2014. 4. 24, 2013두23607 47) 등이 있다.

───────────

지나 요건을 달리 하는데 일률적으로 수리를 요한다거나 수리를 요하지 않는다고 판단하기에는
적절치 않으므로 의제되는 인·허가사항의 개별적인 분석이 필요하며, 각 사항마다 그 법적 성
질, 즉 수리필요 여부를 정의할 필요가 있다고 주장한다. 김나현, 「건축법상의 건축신고에 관한
연구－인·허가의제를 수반하는 건축신고의 법적성질을 중심으로－」(성신여자대학교 대학원 박
사학위논문, 2015), 281~282쪽. 생각건대, 자기완결적 신고로 인·허가가 의제되는 경우에는 신
고수리기관이 의제되는 인·허가의 실질적인 요건을 심사하여야 하므로 해당 신고는 수리를 요
하는 신고로 되고 신고의 수리 및 수리거부는 처분이 된다고 보아야 할 것이다.

45) 이용우, 앞의 글, 111쪽.
46) 이 대법원판결에서의 쟁점은 다음과 같다. 구 공유수면매립법 제15조 제3항은, 실시계획승인
의 요건으로 구 공유수면매립법 제12조의 규정에 의한 권리를 가진 자가 있는 때에는 당해 권
리자로부터 매립공사의 착수에 관한 동의를 받거나 제20조의 규정에 의한 보상 또는 시설을 할
것을 요하고 있는데, 이러한 요건이 구 산업입지법 제21조 제1항 제19호에 따라 구 공유수면매
립법상의 실시계획승인이 의제되는 경우에도 마찬가지로 적용된다고 볼 것인지, 만일 이러한
요건이 갖추어지지 않은 상태에서 구 산업입지법에 따라 농공단지 실시계획승인처분이 이루어
진 경우 위 농공단지 실시계획승인처분을 위법하다고 볼 것인지이다.
47) 이 대법원판결에서의 쟁점은 다음과 같다. 구 항만법 제9조 제6항에 따라 항만공사의 시행고

이 판결들은 의제대상 인·허가의 근거 법령에 마련된 실체적 요건의 구비 여부
를 주된 행정처분을 하는 주무 행정기관이 심사하여야 함을 전제로, 이러한 요건
이 불비될 경우 주된 행정처분이 위법하게 된다고 본 판결들이다.

　　대법원 2013두23607 판결은 구 공유수면관리법상 해당 조문에 마련된 실체
적 요건을 단순히 기계적으로 적용하는데 그치지 않고, 항만법에 마련된 인·허가
의제규정과의 조화를 위해 그 내용을 합목적적으로 해석하려 하였다는 점에서 주
목할 만하다고 평가하는 견해도 있다.[48]

　　다음으로 해석례의 입장을 살펴보자. 법제처의 12-0060, 09-0012 해석례에
서는 의제되는 관할 행정기관과의 협의를 통하여 다른 법률에 따른 인·허가의
실체적 요건을 판단한다고 보고 있다. 법제처의 09-0173 해석례에서 국토의 계
획 및 이용에 관한 법률 제88조의 도시계획시설사업 실시계획 인가를 관장하는
관계 행정기관의 장은 해당 법률에서 규정한 도시계획시설사업 실시계획 인가 시
에 요구되는 실체적 요건에 위반되어서는 아니된다고 보고 있다. 법제처 해석례
에서는 주된 인·허가시 의제된 인·허가의 법률상 절차적 요건을 거쳐야 하는지
여부에 대해서는 해석례가 혼동되는 모습을 취하고 있으나, 의제되는 인·허가의
법률상 실체적 요건을 충족하여야만 의제효과가 발생한다는 점에 대하여는 의견
이 일치되어 있다고 한다.[49]

Ⅲ. 인·허가의제제도의 법적 쟁점

1. 주된 인·허가기관과 의제되는 인·허가기관 사이의 사전협의

(1) 협의의 의의

　　인·허가권은 정부조직법의 소관업무에 따른 것으로서 어떤 기관의 인·허가

시가 이루어지는 경우, 같은 법 제85조 제1항 제5호에 의하여 구 공유수면관리법 제28조에 따
른 공유수면 매립면허, 같은 법 제38조에 따른 공유수면 매립실시계획의 승인 등이 의제되는
것과 관련하여, 이들 의제대상 인·허가에 관한 구 공유수면관리법상의 실체적 요건이 충족되어
야 하는지 여부가 쟁점이 되었다. 특히 공유수면 매립실시계획을 수립하여 매립면허관청의 승
인을 받아야 하고(제1항), 공유수면매립 관련 권리자로부터 공사착수에 관한 동의를 받거나 손
실보상 또는 손실방지 시설을 설치한 후에 매립실시계획의 승인을 신청하여야 한다(제3항)고
규정하였는데, 구 항만법 제85조 제1항 제5호에 따라 공유수면 매립실시계획승인이 의제되는
경우에도 구 공유수면관리법 제38조 제3항이 정한 위와 같이 요건이 충족되어야 하는지이다.
　48) 이용우, 앞의 글, 124쪽.
　49) 박수연, 앞의 글, 199쪽 참조.

를 다른 기관의 인·허가권에 종속되게 한다는 것은 이러한 업무구분을 벗어나는
것이라고 할 수 있으나, 주무 행정기관이 주된 인·허가를 하기 전에 관계 행정기
관의 사전협의를 얻게 하여 관계 행정기관의 의견을 반영할 수 있는 기회를 주는
대신 의제하는 것이므로 인·허가의제제도에 있어서는 사전협의와 의제는 본질적
인 요소라고 할 수 있다.50)

인·허가의제제도하에서 주된 인·허가기관이 주된 인·허가를 하는 때에는
의제되는 인·허가의 실체적 요건이 심사되므로 의제대상 인·허가가 실체적 요
건을 갖추었는지 여부를 검토하기 위한 제도적 장치가 주된 인·허가기관과 의제
되는 인·허가기관 사이의 협의이다.51)

법령에 협의기간을 명시하는 경우에도 훈시규정에 불과하여 협의기간이 도과
한 후에 한 협의도 일반적으로 유효한 것으로 보고 있으므로, 협의기간에 관한
규정을 두는 것만으로는 협의의 지연이 방지되는 것은 아니라는데 문제가 있다.
따라서 협의기간을 지키지 아니하는 사례를 막기 위하여 아예 협의기간이 경과되
면 이견이 없는 것으로 보는 규정을 두어 협의성립을 강제하기도 한다. 그러나
협의성립을 강제하는 경우 의제대상 인·허가의 실체적 요건에 대한 심사를 하지
못하게 되는 결과가 되므로 주된 인·허가를 단기간에 확정하여야 할 필요가 있
는 극히 예외적인 경우를 제외하고는 일반적으로 이러한 규정을 두지 아니하는
것이 타당하다.52)

(2) 입법례

주무 행정기관과 관계 행정기관 사이의 사전협의는 인·허가의제제도에 있어
서 전제가 되는 것이라고 할 것이나 아래와 같이 사전협의를 거치지 않거나, 해
당 위원회의 심의를 거친 후 그 결과에 따라 협의하도록 하는 경우, 사전협의를
거치도록 하고 예외적으로 긴급한 필요가 있는 경우 사후 통보하는 입법방식 등
다양하다.

주된 인·허가기관과 의제되는 인·허가기관 사이의 협의와 관련하여, 사전협
의 규정을 둔 입법유형과 사전협의 및 사후통지 등 별다른 조치가 없는 입법유형
으로 나누어 볼 수 있다.

먼저 사전협의 규정을 둔 경우에도 ① 사전협의를 거치되 협의기간을 정하지

---

50) 이익현, 앞의 글, 109~110쪽; 김남철, 앞의 책, 324쪽.
51) 김재광, 「국책사업갈등관리법론」(박영사, 2013), 118쪽.
52) 박균성·김재광, 앞의 글, 48쪽.

아니한 입법방식(예: 산업집적활성화 및 공장설립에 관한 법률 제13조의2 등), ② 사전협의를 거치되 정해진 기한 내에 의견을 제출하도록 하는 입법방식(ⓐ 10일(예: 청소년활동 진흥법 제33조제2항 등), ⓑ 14일(예: 해양심층수의 개발 및 관리에 관한 법률 제17조 등), ⓒ 15일(예: 건축법 제11조 등), ⓓ 30일(예: 간선급행버스체계의 건설 및 운영에 관한 특별법 제9조 등), ⓔ 60일(예: 태권도 진흥 및 태권도공원 조성 등에 관한 법률 제15조), ⓕ 90일(예: 농촌융복합산업 육성 및 지원에 관한 법률 제9조)) 등 다양하며, 경우에 따라서는 동일한 주된 허가에 대해서도 의제대상에 따라 협의기간을 다르게 규정하고 있기도 하고, 협의기간을 1회에 한하여 10일 연장할 수 있도록 하는 규정도 있다. ③ 사전협의를 거치되 협의 시 법정 기준에 따라 의견을 제출하도록 한 입법방식(인·허가의 목적달성에 지장을 초래할 우려가 있는 경우 법정기준에 적합한 경우에는 협의를 거부할 수 없도록 하는 규정을 두는 입법방식: 건축법 제11조, 도로법 제29조, 지역특화발전특구에 대한 규제특례법 제40조), ④ 사전협의를 거치되 법정된 기준을 위반하여 의견을 제출할 수 없다는 주의규정을 둔 입법방식(인·허가요건을 소극적으로 검토하거나 방관자적인 입장에서 무성의하게 검토하는 경우에 대비하여 법정기준을 위반하여 협의에 응하여서는 아니 된다는 규정을 두는 입법방식: 도시 및 주거환경정비법 제32조 등), ⑤ 해당 위원회의 심의를 거친 후 그 결과에 따라 협의하도록 하는 입법방식(예: 노후거점산업단지의 활력증진 및 경쟁력강화를 위한 특별법 제15조 등), ⑥ 협의를 거치도록 하되, 고시된 처리기준에 따라 승인하는 경우는 예외로 하는 입법방식(예: 산업집적활성화 및 공장설립에 관한 법률 13조의2), ⑦ 원칙적으로 협의를 거치도록 하되 예외를 두고 있는 입법방식(예: 체육시설의 설치·이용에 관한 법률 제28조) 등 매우 다양한 형식으로 존재하고 있다. 그리고 ⑧ 인·허가일괄협의회제도(ⓐ 일괄협의회를 개최하도록 규정한 입법방식(예: 국토의 계획 및 이용에 관한 법률 제61조의2 등), ⓑ 협의 규정은 있으나 일괄협의회에 관한 규정이 없는 입법방식(예: 건축법 제11조 등)) 등 일관성이 없다. ⑨ 사전협의를 거치도록 하고 정해진 기간 내에 협의가 안 되는 경우에는 협의한 것으로 간주하는데, 협의간주 규정을 둔 경우와 협의간주 규정을 두지 않는 입법방식 등 일관성이 없다. ⑩ 사전협의를 거치도록 하고 예외적으로 긴급한 필요가 있는 경우 사후 통보하는 입법방식 등 매우 다양하게 규정되어 있다.

다음으로 사전협의 및 사후통지 등 별다른 조치가 없는 입법유형으로는 소나무재선충병 방제특별법 제16조의3이 있다.

(3) 학설

협의의 법적 성질에 대해 학설은 자문(협의)설, 동의설, 유형별로 협의의 구속력을 보자는 견해로 나뉘고 있다.

첫째, 자문(협의)설은 원스톱행정을 통한 민원인의 편의도모라는 인·허가의제 제도의 취지와 "협의"라는 법규정의 문구에 비추어 특별한 경우(관계규정의 해석상 동의로 보아야 하는 경우 등)를 제외하고는 의제되는 인·허가기관과의 협의는 강학 상 자문(협의)으로 보는 것이 타당하다는 견해이다.[53]

둘째, 동의설은 주된 행정처분으로부터 관련 인·허가가 의제되는 것에 대하 여 관계 행정기관이 동의하는 수준에까지 이르러야 한다는 입장이다.[54] 학자 중 에는 명확한 입장을 밝히지 않으면서 "대법원은 반드시 분명하지는 않으나 동의 설을 취하는 듯 보인다"고 언급하면서 동의설을 취할 때, 관계 행정청의 동의를 받지 않고 처분을 하게 되면 위법한 처분이 되고 원칙적으로 취소의 대상이 된다 고 보는 견해가 있다.[55]

셋째, 유형별로 협의의 구속력을 보자는 견해는 모든 협의규정이 어느 한쪽 에 속한다고 일률적으로 판단해서는 안 되며 그의 위반이 취소사유인가와 같은 보호법익의 차이, 그리고 심사업무의 전문성 등을 고려하여 유형화하고, 합의(동 의)로 새겨야 할 경우, 단순히 의견을 듣는 것으로 족한 경우(자문), 그리고 단순한 통보로 족한 경우 등으로 나누어 판단하자는 입장이다.[56]

생각건대, 신청을 받은 주된 행정기관이 신청된 인·허가와 함께 의제되는 인· 허가의 요건도 관계 행정기관의 협의의견을 고려하여 독자적으로 판단할 수 있고, 명문의 규정이 없는 한 주무 인·허가기관은 의제되는 인·허가기관의 의견에 구 속되지 않는다고 보아야 하는 점에서 자문(협의)설이 타당하다고 본다.

(4) 판례

먼저 인·허가의제의 요건 중 하나인 '협의'에 대해 판례(대판 2014. 4. 24, 2013두 23607)는 주된 행정처분으로부터 관련 인·허가가 의제되기 위해서는 해당 법률이 정한 바에 따라 관계 행정기관과의 '협의'를 거쳐야 한다는 입장을 취하고 있다.

판례(대판 2002. 10.11, 2001두151)는 명확히 입장을 표명하지는 않았는데, 이 판 례가 동의설을 취한 것으로 해석하는 견해와 자문설을 취한 것으로 해석하는 견 해가 대립하고 있다. 생각건대, 위 대법원판결이 주된 인·허가기관인 채광계획

---

53) 자문설을 소개하고 있는 문헌으로는 박균성, 앞의 책, 449쪽 참조.
54) 김동희, 「행정법Ⅰ」(박영사, 2009), 183쪽; 최정일, 앞의 책, 171쪽.
55) 김유환, 앞의 책, 128쪽.
56) 선정원, 앞의 글, 39쪽.

인가관청이 의제되는 인·허가기관인 공유수면 관리청과 견해를 달리하는 경우에는 채광계획 인가처분을 내릴 수 있음을 내포하고 있음에 주목하면 '협의'는 '동의'보다는 '자문'에 가까운 의미를 갖는 것으로 볼 수 있다.[57]

2. 부분인·허가의제 인정문제

(1) 의의

부분인·허가의제제도란 주된 인·허가로 의제되는 것으로 규정된 인·허가 중 일부에 대해서만 협의가 완료된 경우에도 민원인의 요청이 있으면 주된 인·허가를 할 수 있고, 이 경우 협의가 완료된 일부 인·허가만 의제되는 것으로 하는 제도를 말한다.[58] 일부 견해는 이를 조건부 인·허가의제제도라고 부른다. 조건부 인·허가의제제도는 협의절차의 지연으로 인한 문제를 보완하기 위하여 도입된 것으로 이해하고 있다.[59]

인·허가의제제도가 한편으로는 민원인의 편의를 위해 만들어진 제도인데, 오히려 민원인에게 불편을 주는 경우도 있다. 예를 들면, 인·허가의제를 위해 주된 인·허가를 신청하는 경우 인·허가요건을 모두 갖추고 인·허가 신청서류를 모두 첨부하여 신청하여야 하기 때문에 민원인에게 업무상, 재정상 부담을 줄 수 있고, 인·허가가 거부되는 경우에 재정적인 손실을 입게 된다. 따라서 인·허가 의제제도는 민원인이 선택할 수 있는 것으로 하고, 민원인의 사정에 따라 일부의 인·허가의제만을 우선 신청할 수 있도록 함으로써 인·허가서류 일괄제출에 따른 부담을 경감해 줄 필요가 있다. 이것이 부분인·허가의제제도의 취지라 할 수 있다. 다만, 중요사항에 대한 협의가 선결적으로 이루어져야 한다.

의제되지 않은 인·허가는 관계행정청의 협의가 완료되는 대로 순차적으로 의제되거나 별도의 인·허가의 대상이 될 수 있다. 다만, 주된 인·허가기관은 협의가 완료되지 않은 인·허가를 받을 수 없는 사정이 명백한 경우에는 이를 이유로 주된 인·허가를 거부할 수 있다.

---

57) 이에 대해서는 이용우, 앞의 글, 96쪽 참조.
58) 박균성, 앞의 책, 452쪽.
59) 박수연, 앞의 글, 197쪽. 이러한 조건부 인·허가의제제도는 의제되는 많은 인·허가 중 사업자와 행정청이 사업진행단계에 맞추어 의제대상인 인·허가사무들을 재분류하여 먼저 결정 가능한 것을 분류하여 인·허가를 신청하여 얻도록 함으로써 그 지위에서 사업을 신속하게 추진할 수 있도록 한 것으로서, 중요사항에 대한 협의가 있는 경우 관계 행정청의 협의가 모두 완료되기 전이라도 사업승인이나 사업인가를 받아 그 후속절차를 진행할 수 있게 되어 관련 토지·부지의 매수 등 사업절차가 간소화될 수 있는 효과가 있다고 한다.

부분인·허가의제만으로도 사업시행승인 신청인에게 사업촉진 등의 이익(예: 사업인정의제에 따른 수용절차의 조속 개시 등)이 있으므로 부분인·허가의제제도를 인정할 실익이 있다.

(2) 입법례

부분인·허가의제를 규정하고 있는 입법례로는 도시 및 주거환경정비법 제32조, 주한미군 공여구역주변지역 등 지원 특별법 제29조, 집단에너지사업법 제49조, 농어촌마을 주거환경 개선 및 리모델링 촉진을 위한 특별법 제17조, 빈집 및 소규모주택 정비에 관한 특례법 제55조 등이 있다.

(3) 판례

부분인·허가의제만으로도 사업시행승인 신청인에게 사업촉진 등의 이익(예: 사업인정의제에 따른 수용절차의 조속 개시 등)이 있으므로 부분인·허가의제제도를 인정할 실익이 있다는 것은 앞에서 기술한 바 있다.

다음의 판례는 그러한 취지를 인정한 판례라고 할 수 있다.[60] "구 「주한미군 공여구역주변지역 등 지원 특별법」 제11조에 의한 사업시행승인을 함에 있어 같은 법 제29조 제1항에 규정된 사업 관련 모든 인·허가의제 사항에 관하여 관계 행정기관의 장과 일괄하여 사전 협의를 거칠 것을 그 요건으로 하는지(소극): 구 「주한미군 공여구역주변지역 등 지원 특별법」(2008. 3. 28. 법률 제9000호로 개정되기 전의 것. 이하 '구 특별지원법'이라 한다) 제29조의 인·허가의제 조항은 목적사업의 원활한 수행을 위해 행정절차를 간소화하고자 하는 데 그 입법취지가 있다 할 것인데, 만일 사업시행승인 전에 반드시 사업 관련 모든 인·허가의제 사항에 관하여 관계 행정기관의 장과 협의를 거쳐야 한다고 해석하게 되면 일부의 인·허가의제 효력만을 먼저 얻고자 하는 사업시행승인 신청인의 의사와 부합하지 않을 뿐만 아니라 사업시행승인 신청을 하기까지 상당한 시간이 소요되어 그 취지에 반하는 점, 「주한미군 공여구역주변지역 등 지원 특별법」이 2009. 12. 29. 법률 제9843호로 개정되면서 제29조 제1항에서 "제11조의 규정에 의한 사업시행승인이 있은 때에는 다음 각 호의 허가·인가·지정·승인·협의·신고·해제·결정·동의 등(이하 "인·허가등"이라 한다) 중 제2항에 따라 관계 중앙행정기관의 장 및 지방자치단체의 장과 미리 협의한 사항에 대하여는 그 인·허가등을 받은 것으로 본다"고 규정함으로써 인·허가의제 사항 중 일부만에 대하여도 관계 행정기관의

---

60) 박균성, 앞의 책, 452~453쪽.

장과 협의를 거치면 인·허가의제 효력이 발생할 수 있음을 명확히 하고 있는 점 등 위 각 규정의 내용, 형식 및 취지 등에 비추어보면, 구 지원특별법 제11조에 의한 사업시행승인을 함에 있어 같은 법 제29조 제1항에 규정된 사업 관련 모든 인·허가의제 사항에 관하여 관계 행정기관의 장과 일괄하여 사전 협의를 거칠 것을 그 요건으로 하는 것은 아니라 할 것이고, 사업시행승인 후 인·허가의제 사항에 관하여 관계 행정기관의 장과 협의를 거치면 그때 해당 인·허가가 의제된 다고 봄이 상당하다"(대판 2012. 2. 9, 2009두16305[사업시행승인처분취소]).

3. 주무 행정기관에 의한 인·허가의 효력

사전협의를 거친 후 주무 행정기관의 신청된 인·허가가 있게 되면 첫째, 다른 법률에 의한 인·허가 등의 의제가 이루어지고, 둘째, 의제되는 인·허가의 실재 여부가 문제되고, 셋째, 인·허가의제시 의제되는 인·허가를 규율하는 다른 법규정의 적용 여부가 문제된다.

(1) 인·허가 등의 의제

사전협의를 거친 후 주무 행정기관의 신청된 인·허가가 있게 되면 의제되는 인·허가 등을 받은 것으로 본다. 주된 인·허가가 거부된 경우에는 의제된 인·허가가 거부된 것으로 의제되지 않는다.[61]

판례는 "건축불허가처분을 하면서 그 처분사유로 건축불허가 사유뿐만 아니라 형질변경불허가 사유나 농지전용불허가 사유를 들고 있다고 하여 그 건축불허가처분 외에 형질변경불허가처분이나 농지전용불허가처분이 존재하는 것이 아니다"(대판 2001. 1. 16, 99두10988[건축허가신청서반려처분취소])라고 판시하고 있다.

(2) 의제되는 인·허가의 실재 여부

의제되는 인·허가의 실재 여부와 관련하여 부정설과 긍정설로 나뉜다. 실체집중설 또는 제한적 실체집중설을 취하는 경우에는 부정설이 타당하고, 실체집중부정설(독립판단설)을 취하는 경우에는 긍정설이 논리적으로 타당하다.

판례는 명시적인 입장을 표명하고 있지 않다. 다만, 주된 인·허가처분 취소소송에서 의제되는 인·허가 불허가사유를 다투는 것을 허용하고 있는데, 이견이 있을 수 있지만 이러한 판례[62]가 의제되는 인·허가의 실재를 부인하는 것으로 해석하는 것은 타당하지 않다. 그런데, 최근 인·허가 의제대상이 되는 처분의 공

---

61) 박균성, 앞의 책, 453쪽.
62) 대법원 2015. 7. 9. 선고 2015두39590 판결.

시방법에 관한 하자가 있다고 하더라도, 그로써 해당 인·허가 등 의제의 효과가 발생하지 않을 여지가 있게 될 뿐이고, 그러한 사정이 주된 행정처분인 주택건설 사업계획 승인처분 자체의 위법사유가 될 수는 없다고 본 판례가 나왔다.[63] 이 판례는 명확하지는 않지만 오히려 의제되는 인·허가 실재론에 입각한 것이라고 볼 수도 있다. 생각건대, 현행 인·허가의제법령은 의제되는 인·허가를 법률상 의제하고 있는데, 법률의제이론에 의하면 의제되는 행위는 법률상 존재하는 것으로 보는 것이 타당하므로 의제되는 인·허가는 법률상 존재하는 것으로 보는 것이 타당하다.

   (3) 인·허가의제시 의제되는 인·허가를 규율하는 다른 법규정의 적용 여부

   예컨대 구 건축법(1995. 1. 5. 법률 제4919호로 개정되기 전의 것) 제8조 제4항에 의해 건축허가를 받은 경우 구 도시계획법 제25조의 도시계획사업의 실시계획인가를 받은 것으로 의제된다고 규정하고 있었다. 그러나 구 건축법에는 새로이 설치한 공공시설의 귀속에 관한 구 도시계획법 제83조 제2항을 준용한다는 규정을 두지 않았다. 이 경우에 구 건축법 제8조 제4항에 따른 건축허가를 받아 새로이 공공시설을 설치한 경우, 그 공공시설의 무상귀속에 관하여 구 도시계획법 제83조 제2항이 적용되는 것으로 볼 수 있는지가 문제된다.

   1) 학설   법률유보의 원칙 및 명확성의 원칙상 의제되는 인·허가를 받았음을 전제로 한 법률규정의 적용을 부정하는 부정설과 법률유보의 원칙 및 명확성의 원칙에 반하는 경우를 제외하고는 원칙상 의제되는 인·허가에 적용된다고 보는 긍정설로 나뉘고 있다. 생각건대, 법령의 통일적 적용이라는 측면에서 긍정설이 타당하다.[64]

   2) 판례   대법원은 주된 인·허가에 관한 사항을 규정하고 어떤 법률에서 주된 인·허가가 있으면 다른 법률에 의한 인·허가를 받은 것으로 의제한다는 규정을 둔 경우 다른 법률에 의하여 인·허가를 받았음을 전제로 하는 그 다른 법률의 모든 규정들까지 적용되는 것은 아니라고 보고 있다(대판 2004. 7. 22, 2004다

---

63) 대법원 2017. 9. 12. 선고 2017두45131 판결: 주된 행정처분인 주택건설사업계획승인처분에 대한 항고소송에서, 선행 지구단위계획결정 및 주된 행정처분에 부수하여 인·허가 의제된 지구단위계획변경결정이 각 지형도면 고시방법의 하자가 있어 무효라고 주장하면서 이를 주된 행정처분인 주택건설사업계획 승인처분의 무효사유로 주장한 사건에서, 선행 지구단위계획결정 및 주된 행정처분에 부수하여 인·허가 의제된 지구단위계획변경결정의 무효사유를 주된 행정처분의 위법사유로 주장할 수 없다고 한 판례.
64) 박균성, 앞의 책, 454쪽.

19715; 대판 2016. 11. 24, 2014두47686). 즉 대법원은 구 건축법 제83조 제4항에 따른 건축허가를 받아 새로이 공공시설을 설치하였다고 하더라도 그 공공시설의 귀속에 관하여 구 도시계획법 제83조 제2항이 적용되지 않는다고 판시하였다. 이에 반하여 인·허가에 의제되는 인·허가를 받았음을 전제로 한 법률규정의 적용을 긍정한 판례도 있다.[65]

4. 의제되는 법률에서 의제되는 인·허가의 재의제 여부

(1) 의의

의제되는 법률에서 의제되는 인·허가의 재의제 여부는 의제되는 법률에서 다른 법률의 인·허가를 의제하고 있는 경우에 주된 인·허가를 받으면 의제되는 법률에 따라 의제되는 인·허가도 의제받은 것으로 보아야 하는가의 문제이다.[66]

(2) 학설

학설은 법률유보의 원칙 및 명확성의 원칙상 명문의 규정이 없는 한 의제되는 인·허가로 다시 다른 인·허가가 의제되는 것으로 볼 수 없다고 한다.[67] 즉 인·허가의제제도는 관련 부처와의 사전협의를 전제로 하여 주된 인·허가를 받은 것으로 의제 처리한다는 것이므로 사전협의절차가 생략된 재의제는 해석상으로 인정할 수 없다고 보아야 한다.

생각건대, 실제 집행을 담당하는 일선기관에서는 재의제 문제에 대한 분쟁가능성, 관련기관간 이견으로 집행에 차질을 빚는 경우도 있으므로 재의제의 경우에는 의제되지 아니한다는 명문을 둘 필요가 있다.[68]

(3) 판례 및 해석례

이에 관해 명시적으로 판시한 판례는 없다. 다만, 법제처 해석례에서는 법률에서 허용하는 경우가 아닌 한 인·허가의제의 의제는 허용하지 아니한 것으로 보고 있다고 한다.[69] 즉 법제처 05-0084 해석례에서 「주한미군기지 이전에 따른 평택시 등의 지원에 관한 특별법」에 따라 개발계획의 승인이 있는 경우 택지개발촉진법에 따른 택지개발계획의 승인이 있는 것으로 본다고 되어 있고, 택지개발촉진법에 따라 택지개발계획의 승인고시가 있은 때에는 토지보상법에 따른

---

65) 대법원 2007. 10. 26. 선고 2007두9884 판결 ; 대법원 2002. 2. 26. 선고 2000두4323 판결.
66) 이익현, 앞의 글, 129쪽.
67) 박균성, 앞의 책, 454쪽: 이익현, 앞의 글, 129쪽.
68) 이익현, 앞의 글, 132쪽.
69) 박수연, 앞의 글, 195쪽 참조.

사업인정 및 사업인정고시가 있는 것으로 볼 수 있는지의 질의에 대하여, 토지보상법에 따른 사업인정 및 사업인정고시가 있는 것으로 볼 수 없다고 해석하였다 (재의제 부정).

5. 인·허가의제제도하에서의 항고소송의 대상: 의제대상 인·허가에 관한 사유가 주된 행정처분에 미치는 영향

(1) 의의

인·허가의제제도에서 항고쟁송의 대상이 문제가 되는 경우는 주된 인·허가가 난 경우에 있어서 의제되는 인·허가의 요건의 결여나 재량권의 일탈·남용을 주장하는 경우이다. 이 경우 주된 인·허가를 항고쟁송의 대상으로 하여야 하는지 아니면 그 요건의 결여나 재량권의 일탈·남용이 다투어지는 의제되는 해당 인·허가를 대상으로 하여야 하는지가 문제된다.[70]

만일 의제대상 인·허가를 별개의 행정처분으로 본다면, 의제대상 인·허가의 위법을 주장하는 자로서는 개개의 의제대상 인·허가를 대상으로 그 위법 여부를 다투는 항고소송을 제기하여야 할 것이고, 그 결과 위법 주장이 받아들여지면 그 하자의 정도에 따라 해당 의제대상 인·허가만이 취소되거나 무효로 확인될 것이다. 반면 이와 달리 의제대상 인·허가가 주된 행정처분과는 별개의 행정처분에 해당하지 않는다고 보아 항고소송의 대상이 될 수 없다고 본다면, 의제대상 인·허가의 위법을 주장하는 자로 하여금 주된 행정처분만이라도 항고소송의 대상으로 삼을 수 있는 길을 열어주어야 할 것인데, 이 경우 의제대상 인·허가의 하자가 주된 행정처분의 위법 여부에 영향을 미친다는 점이 당연히 전제되어야 할 것이다.[71]

(2) 학설

학설상 ① 주된 인·허가가 항고소송의 대상이 된다는 견해와 ② 의제된 인·허가가 항고쟁송의 대상이 될 수 있다는 견해 등이 주장되고 있다. 양자의 차이는 ①설의 경우 주된 인·허가 하나만을 대상으로 항고소송을 제기하여야 하고 이때 의제대상 인·허가에 관한 위법 사유는 주된 인·허가의 위법을 주장하는 공격방어방법에 불과한 반면, ②설의 경우 각각의 의제대상 인·허가를 대상으로 이들 의제대상 인·허가에 관한 하자를 위법사유로 내세워 여러 번에 걸쳐 항고소

---

70) 박균성, 앞의 책, 455쪽.
71) 이용우, 앞의 글, 126쪽.

송을 제기할 수 있다는 점이다.[72]

두 학설은 분명한 장단점을 가지고 있다. ①설의 경우에는 분쟁의 일회적 해결이라는 장점은 있으나 상대방의 권리구제가 협소화되는 단점이 있고, ②설의 경우 상대방의 권리구제의 확대라는 장점은 있으나 법적 불안정성의 가중이라는 단점이 있다.

생각건대, 의제되는 인·허가는 법적으로 의제되어 법적으로는 존재한다고 볼 수 있으므로 의제되는 인·허가만 취소의 대상으로 하여 의제되는 인·허가가 분리취소 가능하면 의제되는 인·허가만 취소하는 것이 타당하다(②설). 이러한 해결이 인·허가 상대방의 권익보호를 위해서도 타당하다. 이러한 해결이 인·허가 상대방의 권익보호를 위해서도 타당하다. 또한 부분인·허가의제를 인정하는 판례의 입장에 비추어도 문제의 의제되는 인·허가만 취소하는 것이 타당하다.[73]

(3) 판례 및 해석례

먼저 판례의 입장을 살펴보자. 판례[74]는 명시적인 입장을 표명하고 있지 않지만 실체집중부정설을 취하면서 주된 인·허가처분 취소소송에서 의제되는 인·허가 불허가사유를 다투는 것을 허용하고 있다.[75] 위 대법원판결에서 보면, 주된 인·허가 불허가사유(건축불허가사유)와 함께 의제되는 인·허가 불허가사유(도시계획법상의 형질변경불허가사유나 농지법상의 농지전용불허가사유)를 다투는 것을 허용하고 있다.

반면 의제되는 인·허가의 허가사유를 다투기 위해 해당 의제되는 인·허가처분을 대상으로 취소소송을 제기하는 것이 가능한지에 대하여는 아직 명시적인 판례가 없다.[76] 다만, 최근 인·허가 의제대상이 되는 처분의 공시방법에 관한 하자가 있다고 하더라도, 그로써 해당 인·허가 등 의제의 효과가 발생하지 않을 여지가 있게 될 뿐이고, 그러한 사정이 주된 행정처분인 주택건설사업계획 승인처분 자체의 위법사유가 될 수 없다고 본 판례가 있다(대판 2017. 9. 12, 2017두45131).

결론적으로 대법원판례의 취지 내지 현재의 실무례는 인·허가의제제도하에서 오직 주된 인·허가만이 행정소송의 대상이 된다고 보아, 인·허가의제를 둘러싼 법적 분쟁을 하나의 소송절차에서 해결하도록 하고 있는 것으로 볼 수 있다.[77]

---

72) 이용우, 앞의 글, 126쪽.
73) 박균성, 앞의 책, 457쪽.
74) 대판 2001. 1. 16. 99두10988.
75) 박균성, 앞의 책, 456쪽.
76) 박균성, 앞의 책, 456쪽.
77) 이용우, 앞의 글, 129쪽.

다음으로 해석례의 입장을 살펴보자. 법제처의 10－0001 해석례에서는 의제
된 인·허가의 경우 의제한 법률상 인·허가 외에 별개로 인·허가로서 존재하는
것이 아닌 점, 의제한 법률상 인·허가를 취소할 수 있음은 별론으로 하고 의제된
인·허가를 별도로 취소할 수 없음을 논거로 의제된 인·허가의 법률상 취소를 부
정하고 있다. 회신요지는 다음과 같다. "건축법에 따른 건축허가를 받음으로서 산
지관리법상 산지전용허가가 의제되는 경우 건축허가를 받은 자가 산지관리법상
대체산림자원조성비를 납부하지 아니하거나 복구비를 예치하지 아니하여 산지관
리법에 따른 산지전용허가 취소사유가 발생한 때에 산림청장은 의제된 산지전용
허가를 취소할 수 있는지 질의에 대하여 산림청장은 의제된 산지전용허가를 취소
할 수 없다고 해석함." 그 이유를 보면, 건축허가에 따른 산지전용허가가 의제되
는 경우 건축을 목적으로 산지의 전용이 가능하게 되는 법적 효과가 주어지는 것
일뿐 산지관리법에 다른 법률에 따라 산지전용허가가 의제된 경우에도 산지관리
법상 개별적으로 의무를 부과하거나 침익적인 처분을 할 수 있다는 내용이 명시
적으로 규정된 경우가 아닌 한 다른 법률에 따라서 산지전용허가를 의제 받았음
을 이유로 산지관리법상 산지전용허가와 관련된 모든 규정이 적용된다고 보기 어
렵다는 것을 들고 있다.

생각건대, 다음과 같은 점에 비추어 의제되는 인·허가가 분리취소가능하면
의제되는 인·허가만이 취소소송의 대상이 되어 취소될 수 있다고 보는 것이 타
당하다. ① 의제이론상 의제되는 인·허가는 법률상 존재하는 것으로 보는 것이
타당하다. ② 다투어지는 의제되는 인·허가만 위법한 경우 그것이 분리취소가능
하면 그것만 취소하는 것이 제3자인 허가신청자의 이익을 보호하고, 행정경제의
관점에서도 바람직하다. 사업자는 취소된 의제된 인·허가만 다시 받으면 사업을
할 수 있는 결과가 된다. 만일 의제되는 인·허가의 위법사유로 주된 인·허가를
취소하여야 한다면 제3자인 허가신청자는 모든 인·허가를 다시 신청하여 허가를
받아야 하는 행정불경제가 있다.

6. 의제된 인·허가 법률상 각종 의무부과 가능 여부

(1) 의의

이 문제는 의제하는 법률에 따라 의제된 인·허가가 있는 경우 이후 의제된
인·허가 법률상 각종 의무부담대상에 의제된 인·허가도 포함되는지 여부에 관

한 것이다.[78]

(2) 판례 및 해석례

먼저 판례의 입장을 살펴보자. 판례는 구 건축법(1995. 1. 5. 법률 제4919호로 개정되기 전의 것)상 건축허가로 구 도시계획법(1999. 2. 8, 법률 제5898호로 개정되기 전의 것) 제25조에 따른 도시계획사업 실시계획의 인가를 받은 것으로 의제되는 구 도시계획법에 따른 공공시설의 귀속에 관한 규정이 적용되는지가 문제된 사안에서, "주된 인·허가에 관한 사항을 규정하고 있는 甲 법률에서 주된 인·허가가 있으면 乙 법률에 따른 인·허가를 받은 것으로 의제한다는 규정을 둔 경우에는, 주된 인·허가가 있으면 乙 법률에 따른 인·허가가 있는 것으로 보는데 그치는 것이고, 그에서 더 나아가 乙 법률에 따라 인·허가를 받았음을 전제로 한 乙 법률의 모든 규정들까지 적용되는 것은 아니라는 것을 근거로, 구 건축법 자체에서 새로이 설치한 공공시설의 귀속에 관한 구 도시계획법 제83조 제2항을 준용한다는 규정을 두고 있지 아니하므로, 구 건축법 제8조 제4항에 따른 건축허가를 받아 새로이 공공시설을 설치한 경우, 그 공공시설의 귀속에 관하여는 구 도시계획법 제83조 제2항이 적용되지 않는다고 판시하였다.[79]

다음으로 해석례의 입장을 살펴보자. 법제처는 위 대법원 판시를 근거로 아래에서 보는 바와 같이 법제처 12-0498[80] 등 해석례에서는 의제된 인·허가 법률상 의무인 공공시설의 무상귀속, 광역교통시설부담금, 이행보증금의 예치가 불가능하다고 해석하였다.

한편 대판 2007. 10. 26, 2007두9884에서는 도시 및 주거환경정비법에 정한 도시환경정비사업 시행인가를 받아서 건축허가가 있는 것으로 의제되는 경우도 구 대도시 광역교통관리에 관한 특별법 시행령 제15조 제2항의 규율대상에 포함되는지 여부가 문제된 사안에서 "도시 및 주거환경정비법에 정한 도시환경정비사업 시행인가를 받아서 건축허가가 있는 것으로 의제되는 경우도 구 대도시 광역

---

78) 이에 대해서는 박수연, 앞의 글, 202~203쪽 참조.

79) 대판 2004. 7. 22, 2004다19715 참조.

80) 이 해석례는 도로법에 따라 도시·군관리계획의 결정이 의제된 경우 공공시설의 무상귀속은 적용되지 않는다고 본 사례이다. "도로법 제24조에 따라 지방도에 대하여 도로구역의 결정을 한 도지사(관리청)가 사업시행자로서 지방도를 설치하면서 같은 법 제25조제1항제7호에 따라 관계 행정기관의 장과 국토의 계획 및 이용에 관한 법률 제30조에 따른 협의를 마쳐 도시·군관리계획의 결정이 의제된 경우, 이를 근거로 공공시설의 무상귀속에 관하여 규정하고 있는 국토의 계획 및 이용에 관한 법률 제65조 제1항 및 제99조가 적용되지 않는다고 해석하였다(의제된 인·허가 법률상 의무부과 적용을 부정한 사례).

교통관리에 관한 특별법 시행령(2007. 4. 20. 대통령령 제20021호로 개정되기 전의 것) 제 15조 제2항의 규율대상에 포함된다고 판시하였고, 이를 근거로 법제처 10－0180 해석례[81])에서는 의제된 인허가 법률상 의무인 광역교통시설부담금 부과가 가능하다고 해석하였고, 법제처 13－0041 해석례[82])에서는 다른 법률에 따라 학교용지 확보 등에 관한 특례법 부칙(법률 제9743호, 2009. 5. 28) 제2조제1항 각 호의 개발사업이 의제되는 경우에도 학교용지의 확보 및 경비의 부담이 가능하다고 하여 상반된 결과로 해석하였다.

대판 2004. 7. 22, 2004다19715 또는 대판 2007. 10. 26, 2007두9884의 입장처럼 개별·구체적으로 그 적용 여부를 검토하는 경우 그 작업이 쉽지 않을 뿐만 아니라, 개별·구체적으로 그 적용 여부를 검토하다보면 행정의 법률적합성 원칙에 반하는 결과도 초래할 가능성이 있어 이에 대한 입법보완이 필요하다고 보는 견해가 있다.[83])

7. 의제되는 인·허가의 사후관리문제

(1) 의의

인·허가의제 후 의제되는 인·허가의 사후관리도 중요한 문제이다. 의제되는 인·허가의 사후관리를 위해서도 주된 인·허가와 의제대상 인·허가는 각기 다른 인·허가로 존재하는 것으로 보아야 하는 것은 아닌지 등의 문제가 제기된다.

(2) 입법례

사후관리 규정 여부와 관련하여, 사후관리 규정을 둔 입법유형과 사후관리

---

81) 이 해석례는 의제된 시장정비사업인가로 건축허가가 의제되는 경우 의제된 건축허가도 광역교통시설부담금 부과대상에 해당된다고 본 사례이다. "전통시장 및 상점가 육성을 위한 특별법 제39조에 따라 시장정비사업인가를 받은 경우 주택법 제16조에 따른 주택건설사업계획승인 또는 건축법 제11조에 따른 건축허가가 의제되면 이를 근거로 해당 시장정비사업시행자에게 대도시권 광역교통관리에 관한 특별법 제11조에 따른 광역교통시설부담금을 부과할 수 있는지의 질의에 대하여 광역교통시설부담금을 부과할 수 있다고 해석하였다(의제된 인·허가 법률상 의무 부과 적용을 긍정한 사례)."

82) "신행정수도 후속대책을 위한 연기·공주지역 행정중심복합도시 건설을 위한 특별법 제21조에 따라 행정중심복합도시건설청장의 승인을 받은 행정중심복합도시건설사업(300가구 규모 이상의 주택건설용 토지 조성·개발)이 학교용지 확보 등에 관한 특례법 부칙(법률 제9743호, 2009. 5. 28) 제2조제1항 각 호의 개발사업이 의제되는 경우 이를 근거로 해당 개발사업 지구 내 학교용지의 확보 및 부담에 관하여 같은 부칙 제2조에 따른 공급가액 규정을 적용할 수 있는지의 질의에 대하여 적용할 수 있다고 해석하였다(학교용지특례법 부칙 제2조에 따른 공급가액 규정의 적용대상에 의제된 개발사업도 포함된다고 한 사례)."

83) 박수연, 앞의 글, 204쪽

규정을 두지 않은 입법유형 등 두 가지가 있다. 먼저 사후관리 규정을 둔 입법유형으로는 건축법 제11조, 농촌융복합산업 육성 및 지원에 관한 법률 제9조, 문학진흥법 제23조를 들 수 있다. 이 입법유형에도 ① 주된 인·허가에 대한 사후관리규정을 둔 입법방식(예: 건축법 제11조), ② 처분, 관리, 감독 등 필요한 조치를 하여야 한다고 하여 사후관리에 대한 일반적인 규정을 둔 입법방식(예: 농촌융복합산업육성 및 지원에 관한 법률 제9조) 등으로 나뉜다.

다음으로 사후관리 규정을 두지 않은 입법유형으로는 영산강·섬진강수계 물관리 및 주민지원 등에 관한 법률 제26조, 지역특화발전특구에 대한 규제특례법제40조, 항로표지법 제9조, 해수욕장의 이용 및 관리에 관한 법률 제38조 등을들 수 있다.

(3) 학설

인·허가의제는 인·허가방식의 문제이다. 따라서 의제된 인·허가의 취소 등인·허가의제 후의 의제된 인·허가의 사후관리 및 감독은 의제된 인·허가기관이담당하는 것으로 보아야 한다.[84]

실무적으로는 사후관리기관이 명확하지 않아 사후관리는 민원이 제기된 경우에만 문제가 되는 것으로 보인다. 의제되는 인·허가기관이 사후관리를 해야 하지만, 민원이 주된 인·허가기관에 제기되면 주된 인·허가기관도 사후관리를 하는것으로 나타났다. 구체적으로는 법령위반상태가 있는 경우 시정명령은 의제되는인·허가기관이 내려야 한다는 견해도 보인다. 이 문제는 의제되는 인·허가 실재론과 관계가 있지만, 의제되는 인·허가 실재론이 절대적인 기준이 된다고 보는것은 타당하지 않다. 주된 인·허가기관은 처분기관이라는 점에서, 의제되는 인·허가기관은 의제되는 인·허가의 주무기관이라는 점에서 의제되는 인·허가의 사후관리에 관심을 갖지 않을 수 없다. 문제는 인·허가의제시 의제되는 인·허가기관은 책임감을 갖지 않는 경우도 있을 수 있는데 이 경우에는 주된 인·허가기관이 사후관리에 나서야 할 필요가 있다고 본다. 무엇보다 중요한 것은 인·허가의사후관리에 관한 주된 인·허가기관과 의제되는 인·허가기관의 권한 및 상호간의 관계를 명확히 할 필요가 있다.

---

84) 박균성, 앞의 책, 457쪽.

Ⅳ. 맺는 말

지금까지 인·허가의제제도와 관련한 법적 쟁점들 — ① 인·허가의제와 독일법상 허가의제 및 집중효의 구별문제, ② 인·허가의제 관련 첨부서류 제출문제, ③ 주된 인·허가기관과 의제되는 인·허가기관 사이의 사전협의, ④ 의제대상 인·허가의 절차적 요건의 집중문제, ⑤ 의제대상 인·허가의 실체적 요건의 판단방식, ⑥ 부분 인·허가의제 인정문제, ⑦ 주무 행정기관에 의한 인·허가의 효력, ⑧ 의제되는 법률에서 의제되는 인·허가의 재의제 여부, ⑨ 인·허가의제제도 하에서의 항고소송의 대상, ⑩ 의제된 인·허가 법률상 각종 의무부과 가능 여부, ⑪ 주된 인·허가와 의제되는 인·허가의 사후관리문제 등의 문제 등 — 을 입법례, 학설, 판례 및 해석례를 중심으로 하여 검토하였다.

다음과 같이 몇 가지를 언급하면서 마치고자 한다. 첫째, 인·허가의제제도는 우리나라에 특유한 제도로서 그에 걸맞는 법리를 발전시켜야 할 필요가 있다. 둘째, 인·허가의제제도의 전모를 파악하기 위해서는 입법례, 학설, 판례 및 해석례, 행정실무 등을 종합적이고 심층적으로 이해할 필요가 있다. 셋째, 인·허가의제제도는 대규모사업과 밀접한 관련이 있는 것으로 이해되고 있다. 대규모사업법상 인·허가의제는 목적사업의 원활한 수행 등 행정의 효율성과 편의성 제고를 위해 마련된 제도이므로, 의제대상 인·허가에 관한 실체적 요건이 구비될 필요성이 상대적으로 적다고 생각할 수 있다. 그런 측면에서 대규모사업과 관련한 인·허가의제의 실체적 요건의 판단방식은 차별될 필요가 있다.

제2편

도시와 건축

제 3 강

도시의 가치재창조: 역사와 문화가 깃든 小確幸의 도시재생

I. 들어가는 말

국립현대미술관 「웹진 Art:mu」에 따르면, "구겐하임 빌바오 미술관은 미국 뉴욕의 솔로문 R. 구겐하임을 시작으로 베를린, 베니스에 분관을 지은 세계적인 미술재단의 구겐하임과 조선, 철강산업의 쇠퇴로 위기를 맞아 도시재생을 도모하던 빌바오시, 독특한 디자인과 함께 매번 이슈를 만들어내는 캐나다 건축가 프랭크 게리의 만남으로 시작되었다. 결과적으로 전시뿐만 아니라 미술관 자체가 예술로 태어난 구겐하임 빌바오는 24,000평방미터의 건축 면적에 11,000평방미터의 전시공간을 갖추고 있다. 비틀어지고 굽어진 외현에 티타늄 패널, 유리 커튼월, 라임스톤(석회암)으로 외장처리된 불륨의 맞물림은 20세기 건축의 아방가르드로 일컬어진다. 이 반짝이는 덩어리의 미술관은 가히 조형적 예술이라 할 만하다."

구겐하임 빌바오 미술관은 보기에 따라 외관이 잉어 같기도 하고 배 같지만 사실은 A3 정도 크기의 티타늄 3만 3천여 장을 생선 비늘 겹치듯 하나하나 붙여 만든 것이다. 스페인 북부 바스코지방 비스카야주 빌바오는 수도 마드리드에서 북쪽으로 400여 km 떨어진, 인구 34만 5,000명 정도의 작은 도시다. 그러나 이곳은 구겐하임 빌바오 미술관 유치 등 독특한 도시재생 프로젝트를 추진해 쇠락하던 철강과 조선 위주의 '공업 도시'에서 '문화 도시'로 새롭게 태어났다. 문화가 도시를 바꾼 대표적인 경우다. 잊지 말아야 할 것은 스페인 빌바오 도시재생 프로젝트의 중심에는 150여 개의 공공기관과 민간기업, 800여 명의 전문가로 구성

【원제: 도시재생 관련법제의 현황과 법적 과제】

된 '빌바오 도시재생 2000' 재단이 자리하고 있다는 것이다. 결국 도시재생사업도 '사람'이 한다는 것을 빌바오는 말해주고 있다.

〈구겐하임 빌바오 미술관 전경〉

　　도시는 촌락과 더불어 인간의 2대 거주형태이며, 사회적·경제적·정치적 활동의 중심이 되는 장소이다. 원래 도시는 왕궁 소재지인 정치 중심지로서의 도읍(都邑)과 상업 중심지로서의 저자(市場)의 역할을 함께 지니고 성립하였다. 따라서 근대 이전의 도시는 이 두 가지 기능을 중심으로 발달하였다. 이와 같은 도시는 아시아 및 유럽의 오래된 도시에서 아직도 옛 형태를 잘 보존하고 있으나, 자본주의의 원리에 의하여 새롭게 발달한 미국 도시의 경우에는 입지·형태·기능 등이 여러 가지 의미에서 다르다. 그러나 그들 두 유형의 도시의 공통된 성격은 일정한 지방에 사는 사람들에게 관심이 집중되는 곳으로 촌락과 구별되는 명확한 경관이 있으며, 특별한 활동을 하는 주민의 집단이 있다는 것이다(두산백과).

　　도시경쟁력이 국가경쟁력으로 자리하면서 도시재생(urban regeneration)은 세계적으로 중요한 화두로 부상했다. 수백년 전에 도시가 형성된 유럽은 20세기 중반부터 도시재생에 눈을 떴으며, 지금도 여전히 진행형이다. 유럽의 도시재생 성공 여부는 화려한 겉모습이나 경제지표가 아니라 환경·공공성·커뮤니티 증진·계층 간 화합·균형발전·범죄 예방·복지 등과 같은 사회적 기준을 통해 평가된다. 즉, 도시재생은 물리적 개선이나 기능회복만을 의미하는 것이 아니고, '삶의 질적인 향상'과 밀접한 관련이 있다. 여기에 더해 유럽의 도시재생은 포괄적 개념의 '문화'를 도시재생의 원동력으로 활용하고 있다. 결국 '삶의 질'에 대한 진지한 고민과 '문화'를 통해 새로운 도시 변화의 패러다임을 확립한 것이라 할 수 있다.[1]

---

1) 영남일보 2013년 11월 29일자 "[대구 도시재생, 해법을 찾아서 .6] 해외에서 배운다(상) - 영국 런던" 기사 참조.

도시재생정책의 선도국가로는 영국, 일본, 프랑스, 독일, 네덜란드 및 미국 등을 들 수 있으며 이 중 영국과 일본은 대표적인 사례로 손꼽힌다. 영국과 일본에서 보여준 도시재생정책은 도시경제 활성화를 통한 도시경쟁력 회복, 근린재생을 통한 지속가능한 커뮤니티 형성을 목표로 한다. 영국과 일본 모두 도시재생을 위한 국가방침을 실현하기 위해 도시재생을 위한 공공재원을 마련하고 이를 운영할 수 있는 전담기구를 설치했다. 특히 도시경제 활성화를 위한 민간기구를 유치하기 위한 지원도 병행한다. 이러한 공공재원 운용과 전담기구, 민간에 대한 지원 등의 내용은 기존 주택 및 도시의 재개발을 위한 기존 법제도 체계에서는 반영하기 어려운 것으로 영국과 일본 모두 도시재생기구 설립이나 재정지원절차를 담을 수 있는 법령을 제정하여 운영하고 있다.

우리나라의 경우 고도성장기에 급증하는 개발 수요에 따라 추진된 신도시와 신시가지 개발사업은 도시의 무분별한 확산을 초래하고, 역사와 전통의 산실이었던 구도심의 쇠퇴를 가져왔으며, 도시의 정체성마저 모호하게 만들었다. 그간 주거환경개선사업, 도시환경개선사업, 뉴타운사업 등 다양한 유형의 도시재생사업이 시도됐고 이 사업들이 도시환경개선과 주택공급에 기여한 것도 사실이지만 고밀도 공동주택 위주의 개발형태와 개발이익을 전제로 한 공급자 위주의 정책은 원주민들의 재정착을 어렵게 했고, 지역의 역사와 문화를 단절시키고, 지역공동체를 와해시키는 결과를 초래하였다.2)

일찍부터 도시재생정책의 필요성이 제기되었지만 제도적 틀은 기존의 「도시 및 주거환경정비법」(이하 '도정법'이라 한다), 「도시재정비 촉진을 위한 특별법」(이하 '도촉법'이라 한다)과 같은 물리적 사업방식을 규정하는 제도에 국한되어 있었다. 이 법들은 사업절차를 규정하는 법으로 종합적인 시각의 사회경제적 재생을 도모하기 위한 재정 지원이나 지원조직 설치를 담기에는 법적 한계가 있다. 따라서 종합적인 시각의 도시재생정책을 실현하기 위해서는 우리나라도 도시재생 공공재원의 근거와 전담기구 설치, 포괄보조 형태의 재원지원절차 등을 담을 수 있는 별도의 법률이 요청되었다. 이러한 요청에 따라 제정(2013. 12. 5. 시행)된 것이 「도시재생 활성화 및 지원에 관한 특별법」(이하 "도시재생특별법"이라 한다)이다. 「도시

---

2) 김덕영, 「정신의 공화국 하이델베르크」(신인문사, 2010), 44쪽을 보면 "한강의 유람선 안내는 다음과 같이 하면 될 것이다. This is Apartment A, This is Apartment B, This is Apartment C, This is Apartment D.……."라는 구절이 나오는데, 이는 600여 년 전부터 조선왕조의 수도였던 서울의 한강변이 온통 아파트단지 투성이인 것을 외국관광객의 시각을 통해 보여주고 있는 것이다.

재생특별법」의 제정으로 도시재생정책은 도시전체의 발전방향을 큰 틀로 하여 지역경제 부흥, 주민복지 향상, 공동체의 전통 보전을 종합적으로 고려한 지역 맞춤형 재생사업을 추진할 수 있는 제도적 기반이 마련된 것이다.

Ⅱ. 영국과 일본의 도시재생사례 분석과 시사점

선진국의 도시재생사례로 영국과 일본을 들고자 한다. 그 이유는 먼저 영국의 경우에는 선도적으로 다양한 도시재생 정책과 제도를 발전시켜 왔기 때문이고, 다음으로 일본의 경우에는 우리나라와 법제도적 환경이 비슷하기 때문이다. 흥미로운 것은 영국과 일본의 경우 도시재생 관련 정책과 제도가 지향하는 바는 크게 다르지 않지만 그 운용체제는 상당한 차이를 보인다는 점이다.

(우리나라처럼) 일본이 부처별로 분산 운용되고 있는 종래의 체제가 갖고 있는 약점을 부처간 협의조정을 강제하는 인정제도의 도입 등으로 보완하려는 소극적인 방안을 취한 반면, 영국은 좀 더 유연한 계획과 평가체계를 갖추고 재정투입 창구를 일원화하되 실행주체는 다양화하는 적극적인 전략을 선택했다. 이러한 선택의 차이는 시민사회의 성숙, 주민들의 법의식, 중앙부처의 성격, 정치체제의 특성, 사회적으로 합의된 가치 등 각 나라가 가진 여러 조건의 차이에서 비롯된 것으로 볼 수 있다.[3]

1. 영국의 도시재생과 시사점

(1) 도시재생의 추진배경과 도시재생의 원칙

먼저 영국의 도시재생의 추진배경으로는 세 가지를 들 수 있다. 첫째는 경기침체와 도시쇠퇴 문제에 대한 적극적인 대응이다. 둘째는 물리적 정비에 대한 한계 인식이다. 셋째는 환경적 지속가능성에 대한 관심 증대이다.[4]

영국은 1980년대 후반부터 공공섹터(public sector)가 중심이 되어 도시재생사업을 추진하였다. 도시재생사업을 적극적으로 유도하기 위해 사업별 특성에 따라 다양한 도시재생기구(Urban Regeneration Companies)를 창설, 운영하였다. 특히 영국의 도시재생정책은 산업화 이후 조성된 공업도시의 쇠퇴현상을 치유하기 위해 물리적 환경재생뿐만 아니라 거주인구 유입을 위한 신산업유치에 목표를 두었다.

---

3) 도시재생사업단 엮음, 「새로운 도시재생의 구상」(한울, 2012), 11쪽.
4) 이주형, 「21세기 도시재생의 패러다임」(보성각, 2009), 110~111쪽 참조.

일례로 철강도시였던 쉐필드시는 대형쇼핑몰인 메도우홀(Meadow Hall)을 유치해 고용창출효과뿐만 아니라 공업도시 이미지를 벗고 쇼핑도시로서의 이미지를 만들 어 내는데 성공했고, 런던의 항구도시 도크랜드는 대규모 물류창고기지에서 세계 적인 금융도시로 탈바꿈함으로써 런던이 유럽의 거점도시로 재탄생하는 계기를 마련하는데 기여했다.

다음으로 도시재생의 원칙으로는 다섯 가지를 들 수 있다.[5] 첫째는 도시지역 의 물리적 환경과 사회구조, 경제기반, 환경상태의 동시개선원칙이다. 둘째는 통 합적 전략의 수립과 지속가능한 발전과 조화원칙이다. 셋째는 기존 건축환경의 특성과 자원의 최적 이용원칙이다. 넷째는 주민참여형 도시재생과 파트너십원칙 이다. 다섯째는 도시재생추진전략의 평가와 변화의 모니터링원칙이다.

(2) 도시재생 관련법제와 도시재생 추진기구

1) 도시재생 관련 법제   도시재생 관련 대표적인 법제로는 큰 규모의 신도시 건설을 위한 「뉴타운법」과 도심지역의 개량사업을 위한 「도심지역법」을 들 수 있다.

가. 큰 규모의 신도시 건설을 위한 「뉴타운법」   영국의 뉴타운 정책은 1946년 의 「뉴타운법」(New Town Act)에 따라 시작되었다. 이 법의 제정은 과밀 대도시로 부터 인구 및 산업을 계획적으로 분산할 필요성이 제기됐기 때문이다. 이후 1970 년대까지 잉글랜드 지방에서 21개 등 총 32개의 신도시가 차례로 건설됐다. 그러 나 1970년대 이후 경기침체로 대도시가 쇠퇴하는 문제에 직면하면서 신도시 개 발정책을 전면 재검토하게 된다. 1970년대 후반부터는 기존 도시의 내부지역을 재생하는 쪽으로 정책을 전환했다. 뉴타운(New Town)의 개념은 19세기 말 E. 하워 드의 「전원도시론(田園都市論)」에서 비롯되었으며, 「뉴타운법」에 따른 뉴타운정책 을 국가정책으로 채택함으로써 세계적인 도시정책이 되었다.

영국의 「뉴타운법」에 따르면 뉴타운은 다음과 같은 여섯 가지 특징을 지닌다. ① 뉴타운의 인구는 일정수의 상한선을 두고 계획한다. ② 뉴타운은 자립·자족적 인 도시경제를 가지고 있다. ③ 토지이용을 다양화한다. ④ 개발제한구역이 도시 주위를 둘러싸고 있다. ⑤ 단계적 개발을 계획한다. ⑥ 토지를 공유화하고 있다.

참고로 영국의 뉴타운은 계획인구의 상한선(보통 2만~25만)을 둠으로써 대도 시와 같은 무한정 팽창은 하지 않으며, 다른 대도시 주변의 위성도시처럼 의존성

---

5) 이주형, 앞의 책, 112쪽 참조.

경제구조를 가지지 않고 독자적인 경제적 기반을 갖추고 있어 주민들이 모두 그 도시 안에서 고용되고 필요한 생활필수품을 구입한다. 그리고 그린벨트가 뉴타운을 둘러싸고 있어서 전원도시가 된다. 그런 점에서 우리나라의 뉴타운과 상당히 대조된다고 할 수 있다.

현재는 1981년 개정법이 시행되고 있다. 「뉴타운법」은 뉴타운 건설을 위한 법적인 수단으로 뉴타운의 지정, 개발공사의 설립과 권한, 뉴타운에서의 계획법제, 공사에 따른 토지의 취득방법, 개발공사의 토지처분, 개발공사에서 위원회로의 권리이전, 지역의회로의 권한이전, 뉴타운 건설을 위한 재정, 개발공사에 대한 회계감사에 관한 규정 등으로 이루어져 있다.

「뉴타운법」의 주요내용을 살펴보면, 뉴타운은 신청된 지역에 대하여 장관이 명령의 형식으로 지정한다. 개발공사 또한 각 뉴타운의 개발을 위한 목적으로 장관이 설립한다. 개발공사는 주로 뉴타운이 건설될 지역의 토지를 수용하고 이를 개발한 후에 분양하는 임무를 맡는다. 토지수용과 관련해서는 1965년의 「토지수용법」(Compulsory Purchase Act)이 적용되며 보상에 관해서는 1961년의 「토지보상법」(Land Compensation Act)이 적용된다. 개발공사가 시행한 토지 조성 이후의 뉴타운의 건설 및 관리에 관해서는 법인으로 설립되는 뉴타운위원회에서 이를 담당한다. 뉴타운 건설을 위한 재원은 재무부가 보증하고 장관이 발행하는 채권에 의하여 충당된다. 그리고 장관은 의회가 제공한 재원 가운데 재무부의 승인을 얻어 공사에 보조금을 지원할 수 있다.6)

나. 도심지역의 개량사업을 위한 「도심지역법」　「뉴타운법」이 비교적 큰 규모의 신도시를 건설하거나 개선하기 위한 목적으로 실시된 반면에 도심지역의 개량사업은 1978년의 「도심지역법」(Inner Urban Areas Act)이 근거법이 된다. 「도심지역법」은 도심지역 내에서 주거환경 개선사업을 하고자 하는 개인을 지원하고자 하는 입법목적을 지닌다. 법에 따라 개선지구로 지정되면 이 지구내에서 담장개량, 수목식재, 토지형질변경, 수로개량, 건축물이나 구조물의 청소, 도색, 수선, 주차공간이나 접속도로 등의 건설 사업에 관하여 지원을 할 수 있다.7)

「도심지역법」에 따라 중앙정부가 도시정비정책을 주도하게 되고 지방정부는 협조하는 체계로 운영하게 되었다. 정부는 도시개발공사를 통해 도시 토지 및 건

---

6) 김광수, "공존상생을 위한 뉴타운 행정"「토지공법연구」제57집(한국토지공법학회, 2012. 5), 10~11쪽.
7) 김광수, 앞의 글, 11쪽.

물의 효율적 이용 및 산업 개발을 통한 도심활성화를 주도, 민간자본의 유인을 통한 신공간 창출, 기반시설 공급 확충을 제고할 수 있었다. 특히 영국의 경제침체기인 1990년대 중앙 공기업인 도시개발공사에 의지를 많이 했고 불경기에 공기업이 완충 역할을 하였다.[8]

2) 도시재생 추진기구   영국의 도시재생 추진기구로는 1980년대에는 도시개발공사(UDC: Urban Development Corporations), 1990년대 초에는 중앙정부 차원의 잉글리시 파트너십(EP: English Partership), 1990년대 말에는 광역도시권 차원의 지역개발기구(RDA: Regional Development Agencies)와 지방정부 차원의 도시재생회사(URC: Urban Regeneration Companies)가 각각 주도적인 역할을 수행하였다.[9] 잉글리시 파트너십(EP)은 종전의 도시개발공사(UDC)보다 지역이나 지방의 상황을 중시하면서 도시재생사업을 실시하는 중앙정부의 행정기구로 평가받으면서 1998년까지 고용창출, 민간투자, 주택개발 측면에서 기여해 왔다. 지역개발기구(RDA)는 종전 잉글리시 파트너십(EP)의 역할을 상당부분 이어받아 중앙과 지방간의 연계를 강화하고, 중앙에서의 정책결정에 지방의 시각을 반영하는 역할을 수행하였다. 도시재생회사(URC)는 잉글리시 파트너십, 지역개발기구, 지방정부 3자간의 파트너십을 통해서 설립·운영되고 있다. 2009년 1월에 효율적인 주택 공급과 도시재생을 위해 주택공사(HC: Housing Corporation)와 잉글리시 파트너십을 통합하여 커뮤니티주택청 (HCA: Homes and Communities Agency)을 신설했다.

(3) 도시재생사례 – 도크랜드와 캐슬베일

영국의 도지재생사례로 런던 도크랜드(Dockland)와 유럽의 대표적인 공업도시인 버밍햄의 북동쪽에 위치한 위성도시인 캐슬베일(Castle Vale) 사례를 소개하고자 한다. 양자는 질적인 측면에서 적지 않은 차이를 보이고 있음에 주목할 필요가 있다. 즉, 전자는 버려진 도크가 국제금융허브가 된 사례이고, 후자는 주민참여를 통한 공업도시재생이라는 특징을 가진다.

1) 도크랜드 사례   도크랜드는 런던 도심의 동쪽 템즈 강가의 워터프런트 일대로 대영제국 시대부터 세계 최대의 관문으로 20세기 초까지 세계 제일의 항구였다. 그러나 20세기 중반 이후 선박의 대형화와 해운의 컨테이너화에 의해 수심 미달로 항구 역할을 제대로 수행하지 못하게 됐다. 결국 컨테이너 수송에 의한 항만 형태의 변화, 전통적 도시형 공업의 쇠퇴, 도로·철도 등 공공 교통기관의

---

8) 황희연 외 엮음, 「도시재생 –현재와 미래」(보성각, 2010), 271쪽.
9) 이주형, 앞의 책, 115쪽.

결여로 도크랜드 지역은 쇠락해 갔다. 이로 인해 도크랜드는 엄청난 인구감소와 주택 노후화 등으로 생활환경이 악화했고 1967년 동인도 도크(East India Dock)가 폐쇄되기 시작해 1981년 모든 도크(Dock)가 폐쇄됐다. 도크랜드 지역 근로자들은 일자리를 잃었고 새롭게 일어나는 런던 경제 성장 지역에서 필요로 하는 일자리에 부적합해 재취업을 하지 못했다. 그 결과 당시 이 지역에서만 15만 명의 실업자가 발생해 지역 실업률은 24%에 달했다. 재개발이 절실했지만 이 지역 대부분의 부지를 소유한 공공기관은 재개발 의지도 능력도 없었다.[10)]

    영국의 도크랜드 개발은 국내외의 적극적인 민자유치로 총 건설비의 75%가 민간 자본으로 이루어졌으며, 그 중 64%에 해당하는 41억 파운드가 외국기업의 자본으로 이루어졌다. 이러한 민자유치는 국가의 경제적 부담을 감소시키고, 도크랜드를 국제적인 무역중심지로 성장시켜 도시경쟁력을 높이는데 결정적인 역할을 했다고 할 수 있다. 또한 대규모 도시재생을 통해 도시기능의 회복과 런던 중심부의 업무시설 공급부족과 주택난 해소, 도시경쟁력을 가진 국제적 업무단지로 발전하는 등 성공적인 정부주도의 대규모 용도전환이 이루어졌다는 점이 중요하다. 이를 통해 지역경제 활성화의 계기 및 신규고용 창출로 실업자의 감소와 재정을 확충할 수 있었다. 마지막으로 융통성있는 도시개발로 정치적 입김과 갈등, 재정상 위기, 계획 및 과정상의 착오 등 어려운 상황 속에서도 개발목적 달성을 위해 자유롭고 유연하게 개발을 추진하여 산업구조 변화로 인한 도시의 유휴지를 활용하여 매력적인 직주근접(職住近接. 직장과 집 간의 거리가 가깝다는 뜻)의 복합도시를 형성하였다.

〈도크랜드 선착장서 바라본 시내〉

출처: 경향신문 2009년 9월 15일자 기사

---

10) 이현준, "[세계 항만도시 성공사례](3) 영국 런던 도크랜드" 경향신문 2009년 9월 15일자 기사 참조.

한편 문제점은 첫째 중앙정부가 일방적일 정도로 지역주민의 의사를 무시한 채 강행한 점, 둘째 상업적 개발로 지방공사가 공적 목적을 위한 개발규제원칙을 도외시하고 특권만을 남용하여 상업주의 지향의 개발계획을 수립하고 추진한 점, 셋째 쾌적한 삶을 제공한다는 미명하에 고급주택만을 공급하여 복지 차원의 공영주택 건설은 소홀히 하여 사회적 인구구성이 성격 변질을 가져왔다는 점, 넷째 중급이나 고급주택의 가격이 상대적으로 높아지는 등 부동산 가격상승의 폐해를 야기시켰다는 점이다.[11]

2) 캐슬베일 사례   영국 제2의 도시이자 최대 공업도시 버밍엄 인근의 주거단지인 캐슬베일은 오래전부터 대도시의 베드타운(Bed Town) 역할을 해왔다. 그러나 1970년대 오일쇼크 이후 공황으로 인해 공장에서 쫓겨난 사람들이 많아지며 캐슬베일은 베드타운으로 변했다. 도둑과 강도가 들끓고 거리는 술과 오물 등으로 찌들었다. 도심재생사업이 시작되기 전 캐슬베일엔 20층 이상의 고층아파트 34개가 밀집해 있었다. 주거행동연합과 주민들은 낡고 삭막한 이 고층빌딩들이 인간관계를 단절시키고 높은 범죄율의 원인이 된다고 믿었다.[12]

캐슬베일의 도시재생은 산업중심의 도시가 쇠퇴한 후 도시를 재생하기 위하여 물리적, 사회·경제, 문화적 측면의 다각적 접근이 이루어진 사례이다. 즉, 캐슬베일은 도시문제의 심각성이 심화되면서 1988년 제정된 「주택법」(Housing Act)에 따라 캐슬베일HAT(Housing Action Trust: 지역의 도시재생을 위해 결성된 부총리 직속기관을 통해 중앙정부가 세운 한시적인 조직)가 설립되었다. 그리고 도시재생프로그램이 실행에 옮겨지게 되었다. 캐슬베일HAT은 지역의 물리적 재개발과 더불어 지역주민 생활의 질을 향상 목표로 의사결정방식에서 15명의 활동가로 구성된 위원회를 중심(8명은 캐슬베일 세입자, 주민으로 구성)으로 마스터플랜 작성부터 개별 주택설계에 이르기까지 주민조직이 직접 참여하는 것이다.

HAT의 재생프로그램은 전체적이고(holistic) 통합적인(inclusive) 재개발과 쇄신 프로그램을 포함하고 있다. 먼저 전체적 프로그램에는 물리적 측면뿐만 아니라 삶의 질에 영향을 주는 ① 건축, 리모델링, 주택관리 ② 직업, 훈련, 건강과 사회보호 ③ 젊은 층의 활동과 예술활동 진흥 ④ 지역주민 권한부여, 주택 보유형태의 다양화 ⑤ 인종간의 평등과 연속적인 사업계획 ⑥ 사업과 상업의 발전 등과

---

11) 이주형, 앞의 책, 139쪽.
12) 최기영, "[구도심 개발과 도시 발전] 범죄 들끓던 거리 가장 부유한 마을 대변신(6) 영국 버밍엄의 위성도시 '캐슬베일'" 2013년 11월 21일자 기사 참조.

주제를 동시에 고려하였다. 다음으로 통합적 프로그램은 재생사업에 지역주민과 지역조직들(경찰, 학교, 단체 등)을 적극 참여시키는 것을 목적으로 하였다.

캐슬베일 도시재생의 특징적인 것은 지방자치단체와 커뮤니티에 기반을 둔 지역협력업체의 역할의 강화와 HAT프로그램을 통한 주민주도형 도시재생을 이루어낸 사업이라는 점이다. 또한 이에 그치지 않고 사업결과를 정기적으로 모니터링하고 관리·평가할 수 있는 체계를 구축하였으며, 다양한 지역 커뮤니티 활동의 개발 및 주민들의 지속적인 교육활동을 통한 사후관리를 철저히 하였다는 점에서 우수한 사례로 평가받고 있다.13)

〈캐슬베일의 모습〉

(1) 한적한 캐슬베일의 전경. (2) 캐슬베일을 상징하는 조형물. 뒤편에 1970~1980년대 인간관계 단절과 범죄의 온상으로 지목됐던 고층아파트가 보인다. (3) 캐슬베일 도심 주도로. 차량이 다니는 도로보다 주민이 이용하는 보도가 더 넓게 설계돼 있다. (4) 20여 년간 버밍엄과 캐슬베일 도심재생 프로젝트의 컨트롤 타워 역할을 해온 버밍엄시청 전경. <출처: 강원일보 2013년 11월 21일자 기사>

---

13) 이주형, 앞의 책, 147쪽.

3) 시사점   결론적으로 도크랜드와 캐슬베일의 사례를 통해 영국 도시재생의 시사점을 도출한다면 다음 네 가지를 들 수 있다. 첫째는 지속적이고 계획적인 내용을 담고 있다는 점이다. 둘째는 정부의 재정지원을 통하여 이루어진 점이다. 셋째는 민관파트너십을 통한 사업의 추진이라는 점이다.14) 넷째는 지역재생의 설계와 실천에는 이를 이끄는 지도적 이념이 중요하다는 점이다.15)

2. 일본의 도시재생과 시사점

(1) 도시재생을 위한 기본방침

일본의 고이즈미내각(2001.4.26.~2006.9.26)은 중앙정부가 직접 개입하는 영국 대처 정부의 도시재생전략을 적극적으로 도입했다. 당시 일본의 대도시권에서는 버블경제의 붕괴로 불량담보의 민간 부동산이 금융권의 위기를 불러왔고 오랫동안 경제침체로 세계적인 도시였던 동경의 경쟁력도 낮아진 상태였다. 이에 고이즈미내각은 도심지에 산재한 불량담보의 유동성을 확보하고 침체된 도시경제를 회복하기 위해 도시공간을 민간기업이 희망하는 구조로 개편하는 것을 도시재생의 우선과제로 삼았다. 또한 도시쇠퇴의 양상이 대도시와 지방중소도시가 다르다는 점을 인지하고 대도시권의 경쟁력 향상과 지방도시의 회복, 지역자원의 재이용과 도시문화의 부흥, 생활환경의 회복을 국가방침으로 삼았다.16) 즉, 대·내외적인 사회·경제 변화와 인구의 저성장시대가 도래하는 상황 속에서 일본은 기존의 도시개발정책의 방향을 도시의 확장을 지양하고, 도시의 중심시가지에 초점을 맞추고, 많은 인구가 생활하고 다양한 경제활동이 이루어지고 있는 도시를 21세기에 부합하는 매력과 활력이 넘치도록 재생시키는 도시재생문제가 중요한 과제로 부각되게 되었다.17)

이러한 문제들을 해결하기 위해 일본은 순차적으로 다양한 정책들을 펼쳐 나갔다. 2001년 4월 일본 경제대책각료회의에서 "도시는 21세기 국가활력의 원천이기 때문에, 도시의 매력과 국제경쟁력을 높이기 위한 정책을 마련하여야 한다."는 취지의 긴급경제대책을 마련하였다. 보다 구체적인 내용은 도시재생본부를 설치

---

14) 예로는 1960년대의 도시 프로그램, 1970년대의 도시개발공사, 1980년대의 그라운드워크(Ground-Work), 1991년의 시티 챌린저(City Challenger), 1995년의 통합재생예산(Single Regeneration Budget) 등을 들 수 있다.
15) 김광수, 앞의 글, 13쪽.
16) 도시재생사업단, 앞의 책, 84쪽.
17) 이주형, 앞의 책, 166쪽.

하고, 21세기형 도시재생프로젝트를 추진하며, 토지를 유동화하는 것이 국가적으로 중요한 전략이며, 도시재생, 토지의 유동화를 위한 규제개혁과 공공부지에 대한 PFI(민간투자사업)를 적극적으로 활용하고자 하는 전략들을 포함하고 있다. 또한 긴급경제대책에서는 도시재생본부 설치(2001. 4. 26)와 민간도시개발 투자촉진 긴급조치결정(2001. 8), 도시재생관련 5개법의 정비 등을 통해 도시재생정책의 실행을 위한 실질적인 제도적 기틀을 마련하였다.[18]

(2) 도시재생 관련법제

도시재생 관련법제로는 「도시재개발 등의 일부를 개정하는 법률」(2002), 「도시재생특별조치법」(2002), 「맨션건축원활화 등의 추진에 관한 법률」(2002), 「건축기준법을 일부 개정하는 법률」(2002), 「수도권정비법 및 근기권정비법의 일부를 개정하는 법률」(2002), 「지역재생법(2005)」 등을 들 수 있으며 이 중 「도시재생특별조치법」이 중심적인 지위를 차지하고 있다.

「도시재개발 등의 일부를 개정하는 법률」의 주요내용은 ① 도시재개발 시행자 유형(2종 사업자도 가능), ② 고도이용추진제도 창설, ③ 민간도시개발기구의 토지취득 기간을 3년 연장, ④ 사업용지 적정화계획의 단순작성 기능 등이다.

「도시재생특별조치법」은 도시재생정책을 실현하기 위한 수단으로 국가적 차원에서 집중적으로 시행할 도시재생 긴급정비지역을 정하고 이 중 주변지역에 대해 레버리지효과(leverage effect: 타인자본을 이용한 자기자본이익률의 상승효과)가 높다고 판단되는 거점구역을 도시재생특별지구로 선정해 복합용도의 도시개발을 유도한다. 특히 민간투자를 촉진하기 위해 세제 혜택과 융자금, 보조금을 집중 지원하고, 용도, 용적, 고도, 배치 등 도시계획 및 건축특례를 적용하는 등 개발행위를 저해하는 각종 제도의 특례를 적용한다. 이같은 도시재생 긴급조치는 도쿄 등 대도시에서 민간의 자금력과 노하우를 활용해 새로운 수요를 창출함으로써 저평가되어 있는 토지가격을 끌어올려 불량 채권화된 토지를 구제하는데 목적을 둔다. 그리고 지방중심시가지 활성화사업은 역세권을 중심으로 형성된 지방도시의 중심시가지에 재원을 집중투자함으로써 거주인구를 유입하고 교육, 문화, 의료, 상업이 복합된 도시구조로 재편해 지역경제 활성화를 도모한다는 데 목적이 있다. 이는 중앙정부의 재원을 한 장소에 집중적으로 지원한다는 점에서 도시경제 활성화 전략의 지방판이라 할 수 있다.[19]

---

18) 이주형, 앞의 책, 168쪽.
19) 도시재생사업단 엮음, 앞의 책, 86쪽.

「도시재생특별조치법」의 주요내용은 첫째 도시재생본부의 설치규정, 둘째 도시재생기본방침, 도시재생긴급정비구역, 지역정비방침, 도시재생특별지구, 도시재생긴급정비협의회 규정, 셋째 도시재생사업과 도시계획제안제도의 연계, 넷째 민간도시재생사업계획을 인정하는 제도 창설, 다섯째 민간기구의 무이자대출, 채무보증 출자 등의 지원법 창설, 여섯째 도시재생특별지구에 지역지구 추가, 일곱째 도시재생특별지구 내 규제특례 추가, 여덟째 도시재생특별지구에서 시행구역 요건 추가, 아홉째 고도이용추진지구를 정하고 그 구역을 도시재생특별지구에 추가 등이다.

당시 고이즈미내각의 도시재생기본방침은 첫째 일본 국내적으로는 버블경제 붕괴에 따른 불량채권의 처리, 둘째 대외적으로는 일본의 국제경쟁력 강화를 위한 도시경쟁력 증진, 셋째 낙후된 도시기반시설의 정비와 지진 대비를 위한 지역재생 등에 따라 민간투자 및 민간투자촉진정책과 지역재생기본방침을 정했다. 2010년도에 개정된 도시재생기본방침은 신성장 전략을 목표로 지역자원의 활용에 따른 지방도시재생과 성장의 견인차로서 대도시재생을 기본방향으로 정했다. 이러한 기본방침에 따라 도시재생긴급정비구역을 지정하고 마을만들기 교부금이나 중심시가지 활성화사업, 지역재생 교부금사업 등이 추진되고 있다. 이러한 국가적 차원의 기본방침은 지방정부가 도시재생사업계획을 수립하는 원칙으로 작용하며 재정지원대상을 선정하기 위한 평가기준으로도 활용된다.[20]

「맨션건축원활화 등의 추진에 관한 법률」의 주요내용은 첫째 맨션 리모델링사업에 관한 법 창설, 둘째 노후 맨션 리모델링 추진 등이다.

「건축기준법을 일부 개정하는 법률」의 주요내용은 첫째 형태규제는 용적률 1,300%까지, 둘째 사선제한 완화제도 창설, 셋째 지구계획제도의 통합정리요건의 규정 정비, 도시계획제안제도 창설, 넷째 지구계획제도의 종합정비, 다섯째 지구계획제도의 종합정비에 따른 재개발지구계획과의 관계 규정 확립 등이다.

「수도권정비법 및 근기권정비법의 일부를 개정하는 법률」의 주요내용은 첫째 공업제한법과 공장제한법의 폐지, 둘째 공장·대학의 신규설치제한의 폐지 등이다.

마지막으로 일본의 지역재생정책의 특징은 「지역재생법」과 지역재생기본방침에 의해서 추진되고 있다. 일본은 2000년에 「지방분권 일괄법」이 시행된 이래 정부와 지방자치단체는 상하관계가 아니고 대등한 파트너십의 관계로 인식되어져

---

20) 도시재생사업단 엮음, 앞의 책, 100쪽.

지방자치단체로서의 주체성을 소중히 하면서 지역개발을 추진해야 할 시대가 되었다. 그래서 지역재생은 국가주도에서 지방주도로, 하드로부터 소프트로, 분산에서 집중으로 지향되었다. 특히 지역사회 측면에서 보면 지역의 독자성과 지역자원을 살린 지역개발이 요구되고 있다. 따라서 「지역재생법」의 기본이념은 지역에 있어서의 창의적 사고를 살리면서, 윤택하고 풍요로운 생활환경을 창조하며, 지역주민이 긍지와 애착을 가질 수 있는 살기 좋은 지역사회의 실현을 도모하는 것을 기본으로 하며, 지역에 있어서의 지리적 및 자연적 특성, 문화적 소산 및 다양한 인재의 창조력을 최대한으로 활용한 사업과 활성화를 도모하고, 매력 있는 취업의 기회를 창출하는 것과 동시에, 지역의 특성에 맞는 경제 기반의 강화 및 쾌적하고 매력 있는 생활환경의 정비를 종합적이고 효과적으로 실시하는 것을 취지로서 행해져야 한다는 것이다.[21]

(3) 도시재생사례

일본의 도시재생의 대표사례로 롯폰기힐스, 시오도메, 요코하마 사례를 들고자 한다.

1) 롯폰기힐스 사례   먼저 도시재생의 대표사례가 도심재개발 복합단지 롯폰기힐스다. 여섯 그루의 큰 나무가 있다고 해서 붙여진 이름이 롯폰기(六本木)이다. 롯폰기힐스는 과거 만성 교통정체, 공단주택 노후화, 주민 노령화 등 복합적인 문제를 안고 있었다. 2003년 도심재개발 프로젝트의 일환으로 문화도심 창조라는 기치 아래 탄생한 도쿄 제일의 종합 문화·쇼핑공간이다. 롯폰기힐스는 56층의 쌍둥이 빌딩으로 되어 있는데, 개발 당시 112층으로 단일 건축계획을 하였다. 하지만 일반 관리 측면이나 재난 발생시 경관 주변과의 조화 등을 이유로 56층의 쌍둥이 빌딩이 되었으며, 입체공원 등을 통하여 다양한 녹지공간 조성과 함께 도시의 트레이드마크가 되었다. 롯폰기에는 쇼핑몰과 대표건물인 모리타워, 일본에서 가장 진보적인 성향의 현대미술관인 '모리미술관', 일본 3대 미디어그룹 중 하나인 아사히TV 본사, 에도시대 영주 모리가문의 저택 터를 개조해 만든 모리정원 등이 있다.

롯폰기힐스 사례를 보면, 도시재생은 지역 전체에 대한 물리적인 정비뿐만 아니라 여러 기업과 단체의 협력, 공공디자인 요소를 가미해 활력 있는 공간으로 창출할 수 있는 전략이 필요하다는 것을 알 수 있다.[22]

---

21) 이응철, 「일본지역사회의 노력」(한국법제연구원, 2013), 35~36쪽.
22) ER 2016년 9월 6일자 "도시재생 주체는 디벨로퍼" 기사 참조.

〈롯폰기힐스 전경〉

출처: 아시아경제 2010년 6월 24일자 기사

특징적인 사항은 일본과 우리나라 공공개발의 차이이다. 공공의 목적을 위해서라면 강제수용이라는 절차가 있는 한국과 달리 일본의 경우 땅 주인이나 건물 주인이 이를 거부할 경우 이들의 사망 이후에나 도시재생작업이 진행된다는 점이다. 롯폰기 개발이 17년이나 걸린 이유다. 도시재생 측면에서 롯폰기힐스 사례는 노후한 주거지역에 가려져 보이지 않았던 과거 롯폰기 지역이 가지고 있던 다양한 문화와 국제교류의 중심지였다는 점들을 새롭게 부각시키고 있는 점이 특징적이라 할 수 있다.[23)]

2) 시오도메 사례   다음으로 주목받는 곳이 시오도메다. 시오도메는 원래 일본 국철인 JR의 열차기지 창고가 있던 곳으로 도쿄에서도 아주 낙후된 지역 중 하나였다. 그러나 1992년 토지구획정리사업을 통해 도시기반을 정비하고 상업·문화·거주 등의 복합지역을 위한 재개발 프로젝트를 시작해 지금은 미래신도시가 됐다. 사업진행에 있어서 용적률 인센티브, 행정절차의 간소화, 사업자금 확보와 세제 지원 등을 통하여 민간 활력을 적극적으로 유인하였다. 그리고 계획단계에서 개발 후의 유지관리단계까지 공공과 민간의 일체화를 통해 파트너십을 이루었다.

---

23) 이주형, 앞의 책, 223쪽.

또한 지속적인 지역의 매력과 경쟁력을 높이기 위하여 지역관리 수단을 적용함으로써 물리적인 개발뿐만 아니라 소프트웨어적인 지역의 유지관리측면까지 고려하였다. 양도세, 등록면허세 등의 과세 특례, 공공기관 융자제도, 세제 감면, 보조금, 건축물 규제완화 등의 행정지원으로 대규모 재개발사업을 가능하게 하였다.[24]

　　3) 요코하마 사례   마지막으로 도쿄 남쪽 30㎞ 거리에 있는 요코하마도 도시재생의 훌륭한 본보기가 되는 도시다. 일본 요코하마는 도시재생 선진지로 꼽히는 도시 중 하나이다. 세계적인 관광지이면서 일본인들이 살고 싶은 지역으로도 알려진 요코하마시 인구는 370만 명으로 국제도시로 성장하고 있다.

　　요코하마는 1960년대 초반까지 번성한 항구도시였지만, 1960년 후반 들어 제조업을 중심으로 한 주력산업이 쇠퇴하면서 위기를 맞았다. 특히 공업지역은 공동화현상이 가속화되고 열섬현상(heat island)까지 더해져 도시는 삭막해졌다. 이에 요코하마시청과 시의회는 도시재생을 새로운 성장동력으로 삼는데 의기투합하였다. 요코하마 6대 사업인 ① 도심부 강화사업(미나토미라이21)과 ② 코호쿠 뉴타운 프로젝트[25] ③ 가나자와지구매립사업 ④ 고속도로망 건설 ⑤ 고속철도 건설 ⑥ 베이 브리지(bay bridge) 건설 등을 펴게 된다.

〈'요코하마 랜드마크 타워'의 전망대에서 내려다본
요코하마 '미나토미라이21' 지구의 풍경〉

출처: 매일신문 2018년 1월 23일자 기사

---

24) 이주형, 앞의 책, 194쪽.
25) 코호쿠 뉴타운은 녹지공간을 보존하면서 지형을 그대로 살려 개발했다는 점이 특징이다. 코호쿠 뉴타운 건설사업은 자연을 보존해 쾌적한 정주 여건을 마련한 사례로, 토지구획정리사업의 시공자인 일본주택공단(현 독립행정법인 도시개발기구)과 요코하마시 그리고 시민들의 협력으로 도시와 농업이 조화로운 마을 만들기가 진행됐다. 김정원, "잠만 자던 도시서 살고싶은 도시로…'초록길'의 마법" 대전일보 2017년 10월 16일자 기사 참조.

요코하마의 성장 비결은 '미나토미라이21(MinatoMirai21, 미래항구21)'이라는 도시 재생의 성공이었다. 이 사업은 지방분권을 뒷받침하는 헌법이 원동력이 되어 가능했다는 평가를 받고 있다. 지방정부가 과세권을 가짐으로써 요코하마시 자체적으로 도시재생사업을 주체적으로 또 빠르게 진행할 수 있었고, 시민들도 도시쇠퇴에 따른 위기의식을 갖게 되어 별다른 조세저항을 보이지 않았다고 한다. 미나토미라이21의 성공비결은 '조화로운 개발'과 이 기조를 꾸준히 유지해온 '지속성'인데, 이는 지역사회가 사업주체가 되었기 때문으로 평가되고 있다.[26]

요코하마는 전 세계적인 주목을 받은 미래형 도시재생 프로젝트를 진행했다. 미나토미라이21은 요코하마 서구와 중구에 걸친 약 1.86㎢의 해변지역으로 면적의 0.76㎢는 매립지다. 조선소 등을 이전시키면서 마련된 땅에 새로 매립한 토지를 추가해 조성한 재개발도시다. 현재는 오피스빌딩, 상업시설, 호텔, 놀이동산, 컨벤션센터, 미술관, 음악홀과 같은 문화시설 등 각종 기능이 모여 연간 5,000만 명이 넘는 사람들이 방문하는 요코하마의 대표 관광지로 변모했다. 요코하마가 도시로서의 자립과 경쟁력을 높이기 위해 미나토미라이21과 같은 대형 프로젝트 구상과 함께 종합적인 도시만들기에 나선 것이 지난 1960년대 말부터다. 이후 일본 최초로 요코하마시 행정부서 내에 도시디자이너가 배치된 도시디자인전문팀을 설치한 것이 1971년이고 도시디자인전문팀은 1982년 도시디자인실로 발전해 현재에 이른다.

지난 40여 년간 여러 명의 시장을 거치면서도 정책의 일관성을 유지하고 이를 바탕으로 개성적인 요코하마 경관을 창출하는 데 기여를 한 것이다. 요코하마는 디자인을 유도하는 과정에서도 법률이나 조례가 아닌 요강과 지역협정을 통해 성과를 쌓아왔다. 시민들의 자발적 참여를 끈질기게 이끌어 낸 것이다. 2004년 일본정부가 「경관법」을 제정한 뒤에도 요코하마시는 지금껏 실시해 온 협의형식과 유도방식을 첨가한 특유의 새로운 「경관조례」를 2006년 만들었다. 요코하마 경관 유도의 경우 규제에 따른 획일적 심사가 아닌 사업자·설계자가 유연하게 논의하는 과정에서 창조된 성과로 정부나 각 지자체, 공공기관에 의해 벌어지는 다양한 공적 사업에 대해 꼼꼼하게 디자인 조정을 거친 점이 다른 도시들과 크게 차이나는 점이다.

요코하마는 일본의 첫 개항지라는 역사적인 의미를 지닌 미래도시다. 20세기

---

26) 김백상, "[지방분권 선진국을 가다] 일본, 지역사회 자율로 도시재생 성공…인구 늘고 성장 발판 마련" 2018년 1월 23일자 기사 참조.

초 세워진 근대건축물인 요코하마세관, 가나가와현청, 요코하마시개항기념회관 등도 있다. 그야말로 현대적인 도시 이미지와 역사문화를 한 공간에서 즐길 수 있다. 도시재생을 통해 도쿄 관문이라는 역할을 넘어 무역의 중심지, 주요 공업단지, 그리고 관광산업의 중심지로 거듭나고 있다.27)

　4) 시사점　결론적으로 롯본기힐스, 시오도메, 요코하마 등의 도시재생사례를 통해 도출한 시사점은 다섯 가지이다. 첫째는 개별단위사업에서 통합개발로 이루어진 점이다. 둘째는 공공시설과 문화시설을 유치한 점이다. 셋째는 역사성과 지역성을 발굴한 점이다. 넷째는 도심재생을 위한 인적 인프라의 구축 등을 들 수 있다.28) 다섯째는 일본의 도시재생의 성공에는 민간개발업자들이 적극적으로 도시재생에 참여하고 개발 후 지역활성화에 힘썼다는 점이다.29)

　한편 성장형 사회가 아닌 성숙형 사회에 맞는 도시재생이 필요하다는 비판도 있다. 즉, 게이오대 교수인 건축가 구마 겐고(隈硏吾)는 「신·도시론TOKYO」에서 시오도메, 마루노우치, 롯폰기힐스 등 도쿄의 명물을 직접 거명하면서 문제점을 지적했다. "일본 국철 화물역 부지에 세운 시오도메는 '인터넷에서 쇼핑을 하거나 창업 100년의 역사를 간직한 점포로 발걸음을 옮기는 시대에 이도 저도 아닌 어중간한 가게들이 잔뜩 모인 상업시설'이라고 비판받는다. 시오도메처럼 넓은 광장과 저층의 대규모 상업시설, 초고층 빌딩의 삼위일체는 미국 록펠러센터가 대변하는 성장형 사회의 산물이지 일본같은 성숙형 사회에 걸맞은 건물이 아니라는 것이다. 상징인 모리(森) 타워를 중심으로 총면적 11.6㏊의 롯폰기힐스는 참신한 디자인에도 불구하고 주변 주택가와 형태적으로 불연속이라는 지적을 받는다. 건축에 들어간 비용을 회수하기 위해 임대료가 비쌀 수밖에 없었고 결국 가진 자들만 들어가는 '도쿄의 신기루'가 됐다. 높은 빌딩만 잔뜩 세워서는 동경과 서울은 상하이(上海)의 추진력을 이길 수 없다. '성장'이라는 목표만 좇는 '우등생' 도시보다 전통미와 역사가 이어지고 삶의 정취가 묻어나는 도시를 만들려는 고민이 필요하다."30) 우리나라도 경청해야 할 옳은 얘기이다.

---

27) 홍순철, "미래경쟁력 키우는 도시재생", 「충청투데이」 2013. 5. 3일자 기사 참조.
28) 시사점으로는 허동윤, "[도시리뉴얼프로젝트] ②도심재생과 인적인프라" 「건축사신문」 2006. 7. 7일자 기사 참조.
29) 이윤희, "[가치의 재탄생] '테이트모던'에는 있지만 '서울로'에는 없다?" 이코노믹 리뷰(ER) 2017년 7월 29일자 기사 참조.
30) 이범수, "[특파원 칼럼/3월 24일] 도쿄의 멋없는 대형 빌딩들", 「한국일보」 2008. 3. 24일자 기사 참조.

Ⅲ. 우리나라 도시재생 관련법제 현황과 검토

1. 우리나라 도시재생 관련법제 현황

그리스의 민주주의가 아고라광장을 만들었고, 아고라광장이 그리스의 민주주의를 작동시키고 발전시켰듯이, 도시공간은 민주주의의 결과일뿐만 아니라 민주주의를 연습하고, 경험하고, 만들어가는 학교이다.31) 그런데 주지하다시피 우리나라의 도시는 공동체(共同體)라기보다는 공동체(空同體)라 할 정도로 도시로서의 본질과 내용을 상실한 상태에 놓여 있다. 역사와 문화 그리고 인정(人情)이 공존하는 도시재생이 절실한 것도 여기에 연유한다. 도시의 가치재창조가 필요하다.

우리나라 대표적인 도시재생 관련법제로는 「도정법」, 「도촉법」, 「도시재생특별법」 등을 들 수 있다. 먼저 「도정법」이 법률 제6852호로 2002년 12월 30일 제정되어 2003년 7월 1일부터 시행되었다. 제정이유는 1970년대 이후 산업화·도시화 과정에서 대량 공급된 주택들이 노후화됨에 따라 이들을 체계적이고 효율적으로 정비할 필요성이 커지고 있으나, 재개발사업·재건축사업 및 주거환경개선사업이 각각 개별법으로 규정되어 이에 관한 제도적 뒷받침이 미흡하므로, 이를 보완하여 일관성있고 체계적인 단일·통합법을 제정하려는 것이었다.

다음으로 「도촉법」이 법률 제7834호로 2005년 12월 30일 제정되어 2006년 7월 1일 시행되었다. 제정이유는 낙후된 기존 구시가지의 재개발 등 각종 정비사업을 좀 더 광역적으로 계획하여 효율적으로 개발할 수 있는 체계를 확립하고 도시기반시설을 획기적으로 개선함으로써 기존 도시에서의 주택공급 확대와 함께 도시의 균형발전을 도모하고 국민의 삶의 질 향상에 기여하려는 것이었다.

마지막으로 「도시재생특별법」은 현행 제도로는 도시재생에 필요한 각종 물리적·비물리적 사업을 시민의 관심과 의견을 반영하여 체계적·효과적으로 추진하기 어려운 바, 현행 제도의 미비점을 보완하여 공공의 역할과 지원을 강화함으로써 주민의 생활여건을 개선하고 구도심을 비롯한 도시내 쇠퇴지역 등의 기능을 증진시키고 지역공동체를 복원하여 자생적 도시재생을 위한 기반을 마련하기 위해 제정되었다.

---

31) 김진호, "[옴부즈만칼럼] 참여민주주의의 산실, 시민과 도시공간" 국제신문 2018년 1월 23일자 칼럼 참조.

〈부산의 산토리니로 알려진 영도구 흰여울문화마을〉

한국전쟁 당시 피란민들이 절벽에 집을 지어 형성된 흰여울문화마을은 최근까지
제2 송도(이송도)로 불리다 그리스의 산토리니를 닮았다는 평가가 나오면서 흰
여울문화마을로 이름이 알려지기 시작했다. 영화 '변호인'과 TV 프로그램 '무한
도전' 등에 나와 인기를 끌었다. 영도에서 가장 먼저 해가 뜨는 마을인 해돋이마
을은 전망대 경치가 속을 후련하게 한다. 최근 도시재생 사업으로 마을 벽화가
많이 그려져 비석치기나 팽이치기를 하는 아이들, 꽃 바람개비 강아지 자전거
시가 있어 마을 특유의 따스함을 느낄 수 있다. 출처: 최민정 기자, "우리 동네
핫 플레이스&마스터 <8> 영도구 편" 국제신문 2018년 2월 25일자 기사

2. 도시재생과 「도정법」

도시재생과 관련이 깊은 도시 및 주거환경정비사업은 도시기능의 회복이 필
요하거나 주거환경이 불량한 지역을 계획적으로 정비하고 노후·불량건축물을 효
율적으로 개량하기 위하여 필요한 사항을 규정함으로써 도시환경을 개선하고 주
거생활의 질을 높이는데 있다.

「도정법」의 사업내용은 주거환경개선사업, 주택재개발사업, 주택재건축사업,
도시환경정비사업, 주거환경관리사업, 가로주택정비사업 등이다. 주거환경개선사
업은 도시저소득주민이 집단으로 거주하는 지역으로서 정비기반시설이 극히 열악
하고 노후·불량건축물이 과도하게 밀집한 지역에서 주거환경을 개선하기 위하여
시행하는 사업을 말한다(법 제2조제2호가목). 주택재개발사업은 정비기반시설이 열
악하고 노후·불량건축물이 밀집한 지역에서 주거환경을 개선하기 위하여 시행하
는 사업을 말한다(법 제2조제2호나목). 주택재건축사업은 정비기반시설은 양호하나
노후·불량건축물이 밀집한 지역에서 주거환경을 개선하기 위하여 시행하는 사업
을 말한다(법 제2조제2호다목). 도시환경정비사업은 상업지역·공업지역 등으로서
토지의 효율적 이용과 도심 또는 부도심 등 도시기능의 회복이나 상권활성화 등

이 필요한 지역에서 도시환경을 개선하기 위하여 시행하는 사업을 말한다(법 제2 조제2호라목). 주거환경관리사업은 단독주택 및 다세대주택 등이 밀집한 지역에서 정비기반시설과 공동이용시설의 확충을 통하여 주거환경을 보전·정비·개량하기 위하여 시행하는 사업을 말한다(법 제2조제2호마목). 가로주택정비사업은 노후·불 량건축물이 밀집한 가로구역에서 종전의 가로를 유지하면서 소규모로 주거환경을 개선하기 위하여 시행하는 사업을 말한다(법 제2조제2호바목).

2003년 「도정법」 시행 이전에 재개발사업은 「도시재개발법」에서, 재건축사업 은 「주택건설촉진법」에서, 주거환경개선사업은 「도시저소득주민의 주거환경개선 을 위한 임시조치법」에서 각각 규정하고 있었으나, 이 세 가지 사업은 결국 비슷 한 결과로 나타났다. 개별법에 따라 정비사업이 시행되면서 광역적 도시정비기반 시설이 계획적이지 못하고 체계적이지 못하여 난개발되는 문제점을 노정하였다. 특히 「주택건설촉진법」은 도시계획의 규제가 없는 민영위주의 사업이다 보니 지 역 콘텍스트에 어울리지 않는 '나홀로 아파트'가 양산되는 부작용을 낳았다.[32] 법 적인 측면에서는 30년 이상의 주택으로 화장실 등이 없는 노후불량건축물의 기준 과 구역지정요건이 노후·불량건축물이 70% 이상이어야 하는 등의 지정요건이 엄격하다는 비판이 있었고 정비기본계획도 엄격하게 운용되었으며 광역기반시설 의 설치가 문제되었다. 그러나 실제로는 멀쩡한 아파트를 불공정한 안전진단을 통하여 재건축하는 사태가 빈번히 발생하였다.[33] 2003년 7월부터는 도심재개발, 재개발사업, 재건축사업 등이 「도정법」으로 통합되어 운용되고 있다.

도시정비사업의 문제점은 다음과 같다.[34] 첫째, 민간개발 위주로 시행되는 현재의 정비사업은 공익성이 크게 결여되어 있다. 우리나라 도시정비사업은 대상 지의 선정이나 사업추진의 우선순위 결정이 지나치게 사업성 위주로 되어 있다. 주민들의 소득수준이나 최저주거기준, 취업률 등 인문사회적 속성은 무시되고 있 는 반면, 조합·시공사·정비업체·철거용역회사 등 다양한 이해관계자들의 사익 추구는 사업추진에 많은 갈등과 비리를 유발할 소지가 있다. 둘째, 주민참여의 부 족과 사회적 약자에 대한 배려의 배제문제이다. 토지소유자 중심의 조합이나 추 진위원회는 지역사회의 발전과 공동체 유지보다 사유재산의 보전과 개발이익 배

---

32) 황희연 외 엮음, 앞의 책, 34쪽.
33) 길준규, "도시재생법(안)의 계획법적 검토" 「토지공법연구」 제53집(한국토지공법학회, 2011.5) 12쪽.
34) 황희연 외 엮음, 앞의 책, 108쪽.

분에 초점을 맞추고 있기 때문에 세입자나 임차상인 등의 참여가 이루어지지 않은 채 도시정비사업이 진행되었다. 셋째, 도시의 물리적 환경에 대한 정체성의 상실문제이다. 조합과 시행사의 이익추구와 정부의 대량주택공급 정책은 단조롭고 획일적인 도시경관을 만드는 고층아파트를 양산하였다. 또한 기존 거주자의 주거비 지불능력을 고려하지 않은 고가의 공동주택 공급은 원주민 재정착률의 저조와 마을공동체의 해체를 초래하였다.

이러한 문제를 해결하기 위한 방안은 다음과 같다.[35] 첫째, 공공의 적극적인 참여와 지원이다. 현재와 같은 부동산 개발이익을 극대화하고자 하는 조합중심의 사업추진방식은 공공성을 담보하기 어렵다. 따라서 도시의 어메니티(amenity)[36] 창출, 저소득층의 보호와 사회통합, 다양한 이해관계자의 상호갈등 해소, 개발이익의 공공환수 등을 위한 적극적인 공공지원과 관리가 필요하다. 소형주택이나 저렴주택의 공급, 저리융자나 분할납부제도 운영 등 주거대책에서 공공개입도 하나의 방안이 될 수 있다. 둘째, 세입자, 임차상인, 소유자가 함께 참여하는 도시재생이 되어야 한다. 생활환경 지도만들기, 지역가치 발견하기, 지역의 목표세우기 등 주민이 직접 참여하는 프로그램을 통해 공동체 의식을 회복시키는 방안과 정기적인 집담회(集談會)를 통해 계획구상단계에서부터 주민참여 기회를 늘리는 방안 등은 도시재생사업에서 가치있게 고려할 요소이다. 원주민의 재정착을 위해서는 사회·경제적 특성을 고려한 단기거주용 순환주택을 운영하고 다양한 임대주택 공급과 임대료 지원제도를 실시할 필요가 있다. 더불어 커뮤니티센터를 통해 사회서비스를 공급하고, 창업 및 취업지원 등의 사회복지 프로그램을 운영하는 등 사회적 약자에 대한 배려가 필요하다. 셋째, 도시성장관리계획 등 장기적인 도시 발전방향과 부합되어야 한다. 정부는 단독주거지역에 나홀로 아파트 형태와 같은 난개발이 초래되지 않도록 성장관리계획을 수립하고 물리적 환경의 정체성을 확보할 수 있도록 관리·감독을 할 의무가 있다. 공공중심의 거점사업을 기반으로 하는 주민주도형 정비사업을 확산시켜야 한다. 도시재생은 도시의 경쟁력과 삶의 질을 향상시키기 위한 수단이다. 물리적 계획과 더불어 경제적·사회적 재생이 이루어질 수 있는 기반을 마련하여야 할 것이다.

---

35) 황희연 외 엮음, 앞의 책, 110쪽.
36) 어떤 장소나 기후 등에서 느끼는 쾌적함을 일컫는 용어를 말한다.

3. 도시재생과 「도촉법」

「도촉법」의 제정이유는 낙후된 기존 구시가지의 재개발 등 각종 정비사업을 좀 더 광역적으로 계획하여 효율적으로 개발할 수 있는 체계를 확립하고 도시기반시설을 획기적으로 개선함으로써 기존 도시에서의 주택공급 확대와 함께 도시의 균형발전을 도모하고 국민의 삶의 질 향상에 기여하기 위한 것이다.

뉴타운(재정비촉진지구) 사업이 시작되었던 2002년은 외환위기의 터널에서 빠져나와 주택가격이 상승하던 때였는데, 당시 서울시장은 강남과 강북의 격차에 주목하고, 강북지역의 개발을 위한 기본적인 사업으로 뉴타운을 구상하였다. 지속적인 기반시설 투자로 인하여 발전된 강남지역과는 달리 상대적으로 차별을 받은 강북지역을 개발함으로써 강북지역 주거환경을 개선시킴과 아울러 서울시의 지역균형발전을 유도하려는 구상이었다고 한다.[37]

「도촉법」에서는 광역개발의 기치 아래 재정비촉진구역 지정요건의 완화, 건축규제의 완화, 재정비촉진계획결정에 따른 관련 법률의 의제, 교육환경 개선을 위한 특례, 주택규모별 건설비율의 완화, 국민주택기금의 융자 등의 각종 특례규정과 토지거래 허가대상 면적위의 확대, 임대주택건설의무 등의 개발이익환수방안이 추가되었다.

2006~2007년부터 도심재생을 위한 조치로 전국 주요 도시에 41개의 도시재정비 촉진지구를 지정했으며, 이 가운데 서울 종로구·중구 세운상가, 대전 동구 대전역세권, 대구 동구 동대구역세권, 부산 영도구 영도 제1지구 등 7개를 시범지구로 선정했다. 이들 시범지구에서는 주거환경 개선·기반시설 확충·도시기능회복 등의 사업을 추진하였다

「도촉법」은 2002년 4월 제정된 일본의 「도시재생특별조치법」과 유사하다는 평가를 받았다.[38] 「도촉법」상의 도시재정비촉진사업도 도시재생, 지역균형발전을 내걸고 구도심의 재생을 주장하였으나, 결과적으로는 도시재생이란 말이 무색하게 '물리적인 기반정비 위주의 단기사업'으로 시행되었다. 이는 결국 아파트라는 '헤게모니' 아래 거주민의 주거공간을 박탈하며 외지인의 마지막 부동산투기처 역할을 했다는 평가를 받았다.[39]

---

37) 김광수, 앞의 글, 5쪽.
38) 허동윤, 앞의 기사 참조.
39) 길준규, 앞의 글, 13쪽.

뉴타운 사업방식의 가장 큰 문제점은 "손안대고 코풀기"의 전형을 보여주는 정책이다. 공공이 주도가 되지 않고 민간이 주도가 되어 사업이익을 극대화시키는 방식이기 때문이다. 그리고 뉴타운의 지정으로 인하여 개발기대심리로 토지가격이 상승되는 효과를 가져왔다. 토지가격이 상승하게 되는 경우에는 사업시행자가 사업을 수행함에 있어서 부담을 받게 된다. 또한 개발 후에 입주권을 부여받기 위하여 부동산에 대한 분할, 이른바 '지분쪼개기'라는 행태가 활발하게 이루어졌다.[40]

뉴타운은 토지소유주와 건축업자의 관계설정에 따라 건축비가 높게 책정되고 세입자는 물리적으로 쫓겨나는 구조 속에 있다. 허수아비와 같은 조합장을 만들어 시공사에서 돈을 지원하고 시공사와 밀접한 관계의 행정처리 관리회사, 설계 및 감리회사를 선정하고 명목뿐인 사업설명회를 통한 사업자 선정을 하는데 대부분이 이른바 '짜고치는 고스톱'인 경우가 대부분이라는 지적을 받고 있다. 민간주도의 뉴타운은 기간이 오래 걸린다는 점, 분쟁의 소지가 많다는 점, 대부분의 경우 실제소유주와 세입자 대부분이 정착하지 못한다는 점 등의 문제점이 발생하였다.[41] 또한 서민용 주거지역의 해체, 원주민의 능력에 맞지 않는 사업 추진, 다양한 형태의 비리와 그로 인한 사회갈등의 야기 등도 지적되고 있다.[42]

그리고 뉴타운 개발방식이 공존상생의 이념 아래에 설계되고 추진되지 못함으로써 뉴타운 사업자체가 제대로 추진되지 않고 있음을 지적하는 견해[43]도 있다. 그럼에도 불구하고 「도촉법」에서의 공존상생을 위한 직접적인 법적 수단으로 세입자 등을 위한 임대주택 건설을 들고 있으며 자문적인 성격의 기구라는 한계를 지니고 있으나 사업협의회도 그러한 예라고 본다. 이러한 지적은 앞으로 전개될 도시재생사업의 본질을 규정한다는 점에서 의미를 가진다.

4. 「도시재생특별법」의 제정 의의와 법적 과제

(1) 「도시재생특별법」의 제정 의의

「도시재생특별법」의 제정으로 인구 감소, 지역경제 침체, 주거환경의 노후화 등으로 쇠퇴하는 도시지역에 활력을 불어넣는 도시재생시책이 본격적으로 추진될

---

40) 강현호, 앞의 글, 27쪽.
41) 황희연 외 엮음, 앞의 책, 112쪽.
42) 김광수, 앞의 글, 9쪽.
43) 김광수, 앞의 글, 5쪽.

수 있는 제도적 기반이 마련되게 된 것이다. 지역의 고유한 역사·문화 자산 등을 최대한 활용하고, 지역특성에 맞는 맞춤형 도시재생이 추진될 수 있는 틀이 마련됐다. 특히 각 부처가 개별법에 따라 분산 지원하고 있는 각종 H/W 및 S/W 사업들이 주민·지자체가 수립하는 재생계획에 따라 연계·통합되고 국가에서는 관계부처간 협업으로 패키지 지원이 가능하게 됐다.

「도시재생특별법」에서는 "도시재생"을 인구의 감소, 산업구조의 변화, 도시의 무분별한 확장, 주거환경의 노후화 등으로 쇠퇴하는 도시를 지역역량의 강화, 새로운 기능의 도입·창출 및 지역자원의 활용을 통해 경제·사회·물리·환경적으로 활성화시키는 것으로 정의하고 있다(법 제2조제1호). 생각건대, 「도시재생특별법」상의 도시재생 개념은 본질적 개념이라기보다는 설명적 개념의 성격이 강하다. 즉 법개념으로서는 대단히 포괄적이다. 도시재생의 개념 자체가 포괄적이기 때문에 도시재생사업의 범주와 그에 수반되는 도시재생사업 예산도 모호할 수밖에 없게 되는 문제를 야기하고 있는 것이다.[44]

결론적으로 도시재생이란 물리적 정비사업과 함께 적절한 프로그램 주입을 통해 도시를 부흥시키는 방법으로, 기존 도시가 가지고 있는 물리적, 사회적, 경제적 문제를 치유하기 위한 모든 행위를 말하며, 도시재개발, 도시재활성화 등을 포괄하는 광의의 개념으로 보아야 할 것이다.

(2) 「도시재생특별법」의 법적 과제

1) 도시재생 계획체계문제   도시재생 계획체계는 정부가 국가 도시재생전략인 국가도시재생기본방침을 제시하고, 주민·지자체·지역전문가 등이 도시재생활성화지역에 각종 H/W 및 S/W 재생사업을 종합한 재생계획을 수립하게 된다. 국가도시재생기본방침이란 도시재생을 종합적·계획적·효율적으로 추진하기 위해 수립하는 국가 도시재생전략을 말하는데(법 제2항제2호), 국토교통부장관은 국가도시재생기본방침을 10년마다 수립하고, 필요한 경우 5년마다 그 내용을 재검토하여 정비하도록 한다(법 제4조). 도시재생전략계획이란 전략계획수립권자가 국가도시재생기본방침을 고려하여 도시 전체 또는 일부 지역, 필요한 경우 둘 이상의 도시에 대하여 도시재생과 관련한 각종 계획, 사업, 프로그램, 유무형의 지역자산 등을 조사·발굴하고, 도시재생활성화지역을 지정하는 등 도시재생 추진전략을 수립하기 위한 계획을 말한다(법 제2항제3호). 전략계획수립권자는 도시재생전략계

---

44) 도시재생사업단 엮음, 앞의 책, 289쪽.

획을 10년 단위로 수립하고, 필요할 경우 5년 단위로 정비하여야 한다(법 제12조제
1항). 전략계획수립권자는 도시재생전략계획을 수립하거나 변경시 미리 공청회를
개최하여 주민과 관계 전문가 등으로부터 의견을 수렴하고 해당 지방의회의 의견
을 들어야 하며, 공청회 또는 지방의회에서 제시된 의견이 타당하다고 인정하면
도시재생전략계획에 반영하여야 한다(법 제15조제1항). 주민(이해관계자 포함)은 전략
계획수립권자에게 도시재생활성화지역의 지정 또는 변경을 제안할 수 있다(법 제
18조제1항).

먼저 도시계획체계에서 가장 기본이 되는 도시기본계획과의 차별성은 도시기
본계획이 인구 10만 이상 도시에서 도시 전체를 대상으로 수립하고 인구·주거·
산업·토지이용 등에 대한 10년 단위 장기적 도시관리계획의 성격을 갖는다(국토의
계획 및 이용에 관한 법률 제19조 참조). 반면 도시재생전략계획은 도시기본계획의 하
위 계획이나 수립대상에 인구규모 제한이 없어 좀 더 유연하고 탄력적인 운영이
가능하다. 그리고 도시기본계획이 도시 전체의 인구성장 근거로 향후 도시활동을
제시하는 종합적 마스터플랜이라면 도시재생전략계획은 특정 지역의 물리적·인
적·사회적·경제적 자산을 근거로 다양한 재생 활동을 집중, 연계하는 전략계획
이라는 점에서 차별성을 갖는다. 그리고 도시재정비·주거환경정비 기본계획(도정
기본계획)과의 차이점은 도정기본계획은 인구 50만 이상의 도시에서 지정된 정비
구역을 대상으로 수립하도록 하며 주거지의 관리와 시설 설치 등에 대한 물리적
정비계획을 위주로 한다. 반면 도시재생전략계획은 도정기본계획과 수립대상에
인구나 규모의 제한이 없고, 주거정비사업 외에도 다양한 하드웨어 및 소프트웨
어 사업을 복합·연계해 수립하도록 한다. 참고로 '도시재생 계획 및 사업 체계도'
는 다음과 같다.

전략계획수립권자는 도시재생활성화지역에 대해 도시재생활성화계획을 수립
할 수 있다(법 제19조제1항). 도지사와 자치구의 구청장 및 광역시 관할구역에 있는
군의 군수("구청장등")는 도시재생활성화계획지역에 대해 근린재생형 활성화계획을
수립할 수 있다(제2항). 여기서 "도시재생활성화지역"이란 국가와 지방자치단체의
자원과 역량을 집중함으로써 도시재생을 위한 사업의 효과를 극대화하려는 전략
적 대상지역으로 그 지정 및 해제를 도시재생전략계획으로 결정하는 지역을 말한
다(법 제2조제1항제5호). 도시재생계획에서 다루는 사업의 내용과 성격에 따라 도시
재생활성화계획을 구분하면 도시경제기반재생형(전략계획수립권자가 수립)과 근린재
생형(구청장등이 수립)으로 나눌 수 있다. 도시경제기반형 활성화계획은 산업단지,

〈도시재생 계획 및 사업 체계도〉

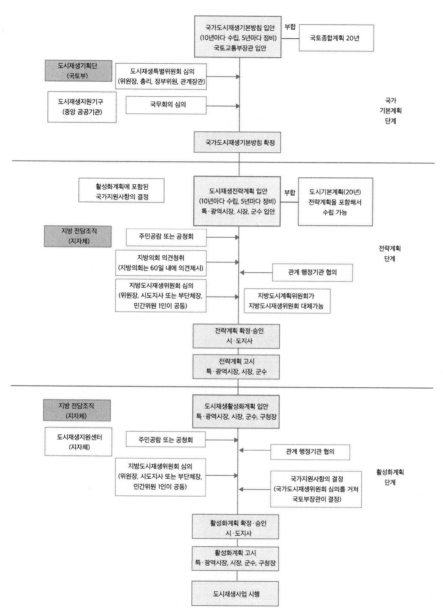

출처: 아시아신문 2013년 5월 28일자 기사

항만, 공항, 철도, 일반국도, 하천 등 국가의 핵심적인 기능을 담당하는 도시계획 시설의 정비 및 개발과 연계하여 도시에 새로운 기능을 부여하고 고용기반을 창출하기 위한 도시재생활성화계획을 말한다(법 제2조제1항제6호가목). 근린재생형 활성화계획은 생활권 단위의 생활환경 개선, 기초생활인프라 확충, 공동체 활성화, 골목경제 살리기 등을 위한 도시재생활성화계획을 말한다(법 제2조제1항제6호나목).

이 중 도시 전체의 공간 구조에 미치는 파급력이 크고 도시성장의 기반이 되는 산업기반 확충을 포함한 경제기반 확립 등의 목적을 가지는 도시경제기반 재생형은 반드시 도시재생전략계획 단계에서 설정될 필요가 있다. 중앙정부의 지원을 기반으로 하는 도시재생사업이 개발위주사업으로 흐를 위험을 사전에 검토하고 차단하기 위해서이다. 반면 공동체 기반강화를 위한 주민의 삶의 질 개선을 추구하는 근린재생형 활성화지역은 전략계획에서 구역이 설정되지 않았더라도 지역의 참여의지가 형성되고 여건이 조성된다면 활성화 계획단계에서도 얼마든지 추가 제안할 수 있으며, 중앙정부의 지원신청을 위한 활성화계획도 수립할 수 있도록 할 필요가 있다. 다만 전략계획에서 향후 어떤 조건이 갖춰진 지역이 활성화지역으로 제안될 수 있는지에 대한 기준이 제시될 필요가 있다.[45]

2) 기존 도시재생 관련조직과의 업무중복   우리나라의 현실적 조건에서 상향식 도시재생활동을 담을 수 있는 도시재생 추진체계를 구성할 때 가장 중요한 요소 중 하나는 바로 사업 추진주체의 구조와 역할이다. 「도시재생특별법」은 도시재생특별위원회(법 제7조), 도시재생기획단(법 제7조), 지방도시재생위원회(법 제8조), 도시재생지원기구(법 제10조제1항), 도시재생지원센터(법 제11조제1항) 등을 규정하고 있다. 즉, 추진조직으로 국무총리를 위원장으로 하는 도시재생특별위원회를 설치하고, 교육, 컨설팅 등 주민 재생역량 지원을 위해 도시재생지원기구(중앙) 및 도시재생지원센터(지방) 등을 설치하도록 하고 있다.

도시재생을 먼저 경험한 선진국에서도 지역의 통합적 대응을 위해 도시재생 전담기구를 운영하고 있다. 영국의 커뮤니티주택청, 일본의 도시재생기구(UR), 미국의 주택도시개발청, 프랑스의 도시정비기구[46] 등이 그것이다. 이와 같은 지원

---

45) 도시재생사업단 엮음, 앞의 책, 149쪽.
46) 참고로 프랑스에서는 1982년 「도시분권화법」 제정에 따라 코뮌(지자체)으로 도시재생과 관련한 정책 집행 권한이 상당 부분 이양되었다. 중앙정부와 지자체가 협의하에 사업을 시행하고 재정분담의 계약을 체결하도록 제도화했다. 도시재생사업의 추진을 위해서 의무적 주민협의를 법에 명시했고, 도시재생창구를 일원화하여 사업절차를 단순화했으며, 효율적인 지원시스템을 구축했다.

〈도시재생 추진 조직체계〉

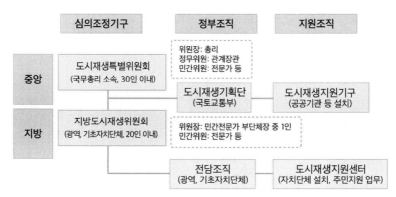

출처: 서울경제신문 2013년 12월 15일자 기사

기구는 주로 '하드웨어에서 소프트웨어로', '사업비 지원에서 사람의 지원으로', '다양한 주체가 결집된 공동체의 지원으로', '분절적 지원에서 포괄적인 지원으로', '균등분배적 지원에서 차등경쟁적 지원으로'와 같은 새로운 기조를 가지고 도시재생을 실현하고 있다.[47)]

「도시재생특별법」에 따른 도시재생특별위원회의 경우 현행 「국가균형발전특별법」 제22조에 따른 지역위원회와의 업무중복문제가 지적되고 있다. 지방도시재생위원회의 경우도 「국토의 계획 및 이용에 관한 법률」 제113조에 따른 지방도시계획위원회, 「건축법」 제4조에 따른 건축위원회, 「경관법」 제23조에 따른 경관위원회 등과의 업무중복문제가 지적되고 있다. 조직 간의 업무중복으로 중복심의, 심의기간 확대, 행정절차의 복잡화 등을 초래할 수 있으므로 기존 관련 도시재생위원회와의 기능 조정이나 통합 등에 대하여 검토할 필요가 있다.[48)] 한편 도시재생특별위원회 내의 각 부처 간 칸막이 허물기도 풀어야 할 과제다. 현재 부처별로 분산돼 있는 도시재생 유관 사업들의 경우 각 부처의 핵심 사업들이어서 이를 도시재생특별위원회로 통합시키기가 쉽지 않을 것이라는 전망이다. 특히 일부 부처들은 도시재생과 중복되는 사업을 정부입법이나 의원입법의 형태로 추진하려는 움직임을 보이고 있어 우려를 낳고 있다. 행정안전부의 '지역 공동체 활성화 사업'과 농림축산식품부의 '농촌마을 공동체 활성화 사업'은 주민 공동체성 회복을

---

47) 도시재생사업단 엮음, 앞의 책, 390쪽.
48) 이창호, "「도시재생 활성화 및 지원에 관한 특별법」 제정 의의와 향후 과제"「이슈와 논점」 (국회입법조사처, 2013. 6. 27), 3쪽.

추구하는 도시재생과 상당 부분 겹치는 사업이다.[49)]

　3) 도시재생 지원기구의 차별성 확보문제　　도시재생지원기구와 기존 공공기관과의 차별성 확보문제도 검토할 필요가 있다.「도시재생특별법」제10조에 따르면 국토교통부장관은 도시재생지원기구를 설치하되, 대통령령으로 정하는 공공기관을 도시재생지원기구로 지정할 수 있다. 이 역할을 수행할 수 있는 공공기관으로는 한국토지주택공사(이하 'LH공사'라 한다)를 들 수 있다. 그러나 LH공사는 지금까지 임대주택, 행정중심복합도시, 혁신도시, 신도시, 보금자리주택 등 각종 국책사업으로 부채 규모가 2014년 2월 기준으로 약 138조원에 이르고 하루 이자가 약 123억원에 달하여 원활한 사업추진이 어려운 상황이다.[50)] 도시재생사업은 기존 주택재개발·재건축사업 및 재정비촉진사업 등에도 역점을 두고 있으므로 시행자의 사업성을 담보할 수 없어 보인다. 따라서 LH공사의 일부 기능 및 조직을 도시재생기구로 이관·보완하여 도시재생지원기구를 새로이 발족하는 방안도 제시되고 있다.[51)] 또한 도시재생사업을 지속적으로 추진해온 LH공사가 맡아야 한다는 여론이 높지만 국토연구원도 도시재생 관련 연구를 꾸준히 해온 만큼 두 기관이 공조 체제를 마련할 필요가 있다는 지적도 있다. 참고로 일본의 경우도 2002년 「도시재생특별조치법」제정 이후 기존의 도시기반정비공단과 지역진흥정비공단의 지방도시개발·정비부문을 통합하여 2004년에 독립행정법인인 도시재생기구 (UR)를 설립한 바 있다. 도시재생사업을 총괄하는 도시재생기구(UR)는 전문성·독립성을 갖고 민간사업에 대한 코디네이터 역할을 하고 있다. 우리의 경우에도 도시재생 지원기구의 독립성을 보장할 필요가 있다.[52)]

　4) 도시재생 활성화 지원문제　　국가·지자체는 도시재생 활성화를 위해 도시재생에 필요한 비용을 보조·융자할 수 있고, 국·공유재산의 처분, 조세·부담금 감면, 건폐율·용적률·높이제한·주차장 설치기준 완화 등 규제 특례를 지원할

---

49) 서울경제신문 2013. 12. 15일자 "[쇠락하는 도시 재생으로 활로 찾자] <4> 예산·조직이 성공 열쇠" 참조.

50) 공공기관의 부채 증가는 일부 기관에 집중되어 있는 것으로 나타났는데 특히 12개의 공공기관이 최근 5년간의 부채 증가를 주도하고 있는 것으로 나타났다. 12개 기관의 부채 규모는 412.3조원으로 295개 전체 공공기관 부채 493.4조원의 83.6%이며 최근 5년간 금융부채 증가분의 92.3%를 차지(2012년말 기준)하고 있다. 12개 기관의 기관별 부채 규모를 살펴보면 LH공사 (33.5%, 138.1조)와 한국전력공사(23.1%, 95.1조)가 12개 기관 부채의 56.6%를 차지하고 있다. 허경선, "부채감축 위해서는 공공기관 쇄신이 우선"「국회보」2014년 2월호 참조.

51) 이창호, 앞의 글, 4쪽.

52) 서울경제신문 2013. 12. 15일자 "[쇠락하는 도시 재생으로 활로 찾자] <4> 예산·조직이 성공 열쇠" 참조.

수 있다. 그리고 도시재생이 시급하고 파급효과가 큰 지역을 선도지역으로 지정해 예산 및 인력을 우선 지원할 수 있도록 하고 있다. 도시재생 활성화를 위한 지원으로는 보조 또는 융자(법 제27조), 도시재생특별회계의 설치 및 운영(법 제28조), 도시재생종합정보체계의 구축(법 제29조), 국유·공유재산 등의 처분 등(법 제30조), 조세 및 부담금의 감면 등(법 제31조), 건축규제의 완화 등에 관한 특례(법 제32조) 등이 있다.

도시재생의 취지를 살리기 위해 필요한 '종합적·장소 중심적 연계 사업'이라는 개념이 실효성을 갖기 위한 주요 요소 중 하나가 바로 중앙과 지방정부의 재정적 지원이다. 도시재생은 도시공동체의 회복과 활성화, 공공서비스의 균등 확보, 사회갈등 완화, 균형 발전 등 공공성을 상당 부분 포함하는 공공사업으로서의 성격이 강하다. 지금까지 진행되어 온 분산적 개별 정비 사업보다 도시재생사업에서 상대적으로 더 큰 국가와 지자체의 개입과 지원이 필요하다는 근거가 여기에 있다.[53] 도시재생사업의 경우 막대한 예산이 소요되는 만큼 원활한 재원조달을 위한 방안이 미흡하다는 지적도 적지 않다. 당초 특별법 제정당시 재원조달을 위해 '도시재생기금'이 필요하다는 의견이 제기됐으나 정부는 기금 설치 없이 국가와 지자체가 일반회계 또는 「균형발전특별법」 제30조에 따른 광역·지역발전특별회계를 활용해 보조·융자하도록 했다. 가장 큰 문제는 도시재생특별회계의 재원인 재산세, 개발부담금, 재건축부담금 등은 이미 「도촉법」 제24조에 따른 재정비촉진특별회계 및 「도정법」 제82조에 따른 도시·주거환경정비기금, 「도시개발법」 제60조에 따른 도시개발특별회계 등에 사용되고 있다는 점이다. 이런 까닭으로 도시재생특별회계가 실질적인 재원으로 활용되지 못할 가능성이 있으므로 추가적인 재원 조달방안을 검토할 필요가 있다.[54] 참고로 영국은 1994년 통합재생예산(SRB)을 설립하여 매년 1조원 이상을 지역 도시재생사업에 지원하였으며 특

---

53) 도시재생사업단 엮음, 앞의 책, 150쪽.

54) 이창호, 앞의 글, 4쪽; 일례로 정부는 2014년 도시재생 관련 특별예산으로 243억원을 책정했다. 2014년 초 선정할 선도지역에 대한 계획수립비 및 사업비 지원 명목이다. 애초 국토교통부는 1,025억원을 신청했지만 기획재정부에서 복지예산 증가에 따른 재정난 등의 이유로 신청 예산의 4분의1 수준만 반영했다. 지자체의 한 관계자는 "10여개 선도지역 사업에 대해 총 사업비의 10%인 220억원과 운영 지원비 등을 합쳐 2014년 예산이 배정됐다"며 "도시재생을 원하는 수요에 비해서는 턱없이 적다"고 지적했다. 이 때문에 지속적인 도시재생 사업을 추진하기 위해서는 정부 재정뿐 아니라 다양한 재원 확보 방안이 마련돼야 한다는 지적이다. 예를 들어, 고용노동부의 사회적 기업, 행정안전부의 안심마을 만들기 사업 등 부처별로 나뉘어 있는 도시재생 유관 사업들에 대한 재정을 통합해 운영할 필요가 있다. 서울경제신문 2013. 12. 15일자 "[쇠락하는 도시 재생으로 활로 찾자] <4> 예산·조직이 성공 열쇠" 참조.

히 환경부·노동부·교육부·내무부 등 5개 부처의 개별 예산을 '단일예산(single budget)'으로 통합, 지원하고 있다.55) 일본과 미국 등 재생사업 선도국가들 역시 다양한 방법을 통해 사업 재원을 마련하고 있다. 예컨대 일본의 오오테마치 지구 재생사업은 중앙정부와 지자체의 직접적인 보조금은 없다. 대신 일본정책투자은 행과 민간금융기관이 조성한 도시재생펀드에서 변제기간이 변동하는 '기간 변동형 자금 대출'을 통해 재원을 마련하고 있다. 한편 미국의 경우 지방정부가 일정 지구에서 도시재생사업 등의 사업자금을 미래 고정 재산세의 세수증가분에 따라 사전 융자하는 조세담보금융제도(Tax Increment Financing, TIF)를 시행하고 있음도 참고할 필요가 있다. 국내에서도 국민주택기금을 활용하거나 복권기금이나 경마수 익금 등을 도시재생사업 재원으로 사용하자는 의견이 제기되고 있다.56)

Ⅳ. 맺는 말

지금까지 도시재생 관련 외국사례와 우리 현행법제를 살펴보았다. 이제 재개발·재건축·뉴타운사업과 같은 물리적인 확장일변도의 사업추진방식에서 탈피하여 지역의 사회·문화적 환경을 개선해서 성장동력을 확충하는 방식이 도입되었다. 지방 중소도시에 대하여는 인적·물적 기반을 확충하여 자생적인 재생역량과 성장동력을 확충해 줄 수 있는 법적 기반이 마련되었다. 물론 이는 기존의 물리적 정비와는 차원을 달리하게 될 것이다.57)

영국과 일본의 도시재생이 주는 시사점은 다음과 같다. 첫째, 용도의 복합화이다. 기존 도시의 한정된 공간에서 변화된 사람들의 사회문화적 욕구를 반영하기 위해서는 효율적인 토지이용이 필요하다. 이를 위해 복합용도 개발은 필수적

---

55) 이 중 통합예산은 2002년도 4월부터 각 부처가 지역개발기구(RDA)에 배분하고 있는 사업비 (11개의 보조금)를 하나의 예산으로 통합, 지역개발기구의 재량에 따라 한층 자유로워진 통합예산이 도입되었다. 통합예산은 인구 및 실업률 등의 요소를 고려한 산정식에 의해 지역개발기구가 배분한다. 일단 배분액이 결정되면, 각 지역개발기구는 관할 지역의 경제상황에 따라 우선순위를 결정하고, Corporate Plan에서 정한 목표 달성에 필요하다고 판단되는 사업에 대해 통합예산 자금을 활용하게 된다. 통합재생예산(SRB)은 1999년도에 실시된 제6라운드를 마지막으로 신청을 받지 않고 있으며, 아직 종료되지 않은 사업에 대해서는 통합예산에 인계되어 지급되고 있다. 통합재생예산과 비교할 때 예산 집행에 대한 지역개발기구의 재량의 정도가 높으며, 목적 달성 정도에 대해서는 정부지방사무소의 감시와 평가를 받도록 되어 있다.

56) 서울경제신문 2013. 12. 15일자 "[쇠락하는 도시 재생으로 활로 찾자] <4> 예산·조직이 성공 열쇠" 참조.

57) 정태용, "토지법제 정책방향" 「2013년 관학연 공동학술대회 자료집」(입법이론실무학회·법제처, 2013. 5), 106쪽 참조.

인 요소가 된다. 둘째, 공공의 역할이다. 초기의 공공의 역할은 도시재생사업의 방향을 제시하고 이를 이끌어가는 정책적인 형태였다. 오늘날에는 기존의 강력한 리더십보다는 사업을 전체적으로 조정·관리하는 차원에서 접근하게 되고 개발사업보다는 지역의 도시재생을 위한 가이드라인을 수립하고 지원제도를 확보해 주는 방향으로 역할변화를 하고 있다. 셋째, 도시 내 필요한 공공성의 확보이다. 영국과 일본의 사례에서 보았듯이, 도시재생은 물리적인 도시환경의 개선과 더불어 경제·사회·문화·예술적 활력의 제고를 통한 도시활성화와 공공복리 증진을 목적으로 하고 있다. 즉 도시재생은 공공성의 확보를 중심으로 이루어졌다. 넷째, 사람 중심의 커뮤니티 재현이다. 도시재생에서 어떤 요소들보다 중심이 되는 것은 사람이다. 사람이 중심이 되는 도시개발이 도시재생이다. 이는 활력이 넘치는 도시공간을 창출하는 것이다. 다섯째, 파트너십을 통한 도시재생의 추진이다. 도시재생에 있어서 공공의 역할이 축소 또는 지원 형태로 변화되면서 가장 강화되는 것이 파트너십의 역할이다. 영국의 도시재생지원기관은 민간개발에 대한 보조, 융자, 채무보증과 지역재생계획에 따라 공공투자와 민간투자를 현장에서 조정하는 도시재생회사 및 지역전략파트너십제도 그리고 커뮤니티개발 포괄 보조지원제도 등이 활성화되어 있다. 일본은 주민참여를 통한 마을만들기센터의 운영과 도시재생 펀드지원체계 그리고 다양한 파트너십을 도시재생의 추진주체로 인정하는 제도 등이 있다. 여섯째, 도시재생의 주변지역으로의 파급효과이다. 영국의 런던 도크랜드와 일본의 롯폰기힐스 등과 같이 도시재생은 이전의 다른 개발방식과는 달리 매우 다양한 용도들이 복합적으로 연계되어 있으며 이들의 목적이 공공이 원하는 것을 제공하기 위한 것이라고 할 때 도시재생의 파급효과는 다른 개발방식들에 비하여 그 효과가 매우 크다.[58]

우리나라의 「도시재생특별법」은 영국과 일본 등 도시재생 선진국들의 법제도적 경험들을 함축하고 있기 때문에 종래의 「도정법」과 「도촉법」의 반성과 정비 위에서 계획적이고 협업적인 도시재생 추진체제를 구축하여 물리적·비물리적(문화적·경제적·사회적 등) 지원을 통해 경제·문화 활성화와 공동체 복원 등 도시재생이 실질화되는 초석이 되어야 할 것이다. 아울러 「도시재생특별법」이 내포하고 있는 법적 과제들인 도시재생 계획체계문제, 기존 도시재생 관련조직과의 업무중복문제, 도시재생 지원기구의 차별성 확보문제, 도시재생 활성화 지원문제 등에

---

58) 이주형, 앞의 책, 397~402쪽 참조.

대해서도 지속적인 연구가 필요하다.

도심에 활기를 불어넣고 지역에 매력을 더하는 것은 으리으리한 대형건축물이 아니라 역사와 문화 그리고 사람이다.

최근에 2030의 젊은 세대들은 '작지만 확실한 행복'을 뜻하는 소확행(小確幸)에 더 많은 가치를 부여하고 있다. 따라서 도시재생정책에서도 이러한 트렌드가 제대로 반영될 필요가 있다. 요즘 2030세대는 성공을 위한 과정 자체에 부담을 느끼면서 일에 찌들어 사는 삶을 경계하고 있다. 그래서 비록 많은 돈을 벌진 않아도 그 적은 돈으로 즐겁게 사는 방법을 찾고 있다. 다음 세대를 위한 도시재생도 고민해야 할 때이다.[59]

2017년 한국관광공사에서 빅 데이터로 관광행태를 분석한 결과를 발표했다. 대구의 김광석 거리처럼 향수 가득한 거리, 통영 동피랑 마을처럼 사람 사는 냄새가 가득한 곳을 관광객이 좋아한다는 내용이었다. 창신동 이화마을은 관광객이 넘치면서 '오버 투어리즘' 문제를 발생시켰지만, 아직 대부분의 마을은 많은 관광객이 방문하길 바라고 있다. 창신동 봉제마을, 성수동 수제화 거리, 서울역 고가도로를 이용한 '서울로 7017', 석유탱크를 재활용해 만든 '문화비축기지'는 무조건 허물어 버리고 새로운 것을 만드는 것 못지않게, 도시재생을 활용한 관광의 중요성을 일깨워주고 있다. '서울로 7017'은 사업 초기, 시장으로 유입하는 방문자가 감소할 것이라며 남대문시장 상인들이 거세게 반대했다. 막상 '서울로 7017'이 만들어지자, 시장 진입로 개선으로 관광객을 포함해 많은 사람이 방문하고 있다. 더 많은 콘텐츠와 시설이 보완된다면, 도시재생과 관광을 상징하는 장소가 될 수 있을 것 같다.[60]

---

59) 환경과 조경 2018년 5월 28일자 "최이규 교수, "2030 가치관 반영, 도시재생 성패 가른다"" 기사 참조.
60) 한범수, "[기고] 도시재생과 관광 그리고 피맛골" 세계일보 2018. 9. 11일자 칼럼 참조.

제 4 강

또 다른 자연, 건축: 건축의 자유와 건축허가

I. 들어가는 말

건축에 관한 재미있는 일화를 한 가지 소개하고자 한다. 루드비히 비트겐슈타인[1]은 빈에서 누이 그레텔을 위한 집을 지으려고 3년 동안이나 학계를 떠났다가 그 일이 생각보다 엄청나다는 사실을 깨달았다. 「논리철학논고」의 저자인 이 철학자는 이렇게 말했다. "여러분은 철학이 어렵다고 생각한다. 하지만 내가 장담하는데, 훌륭한 건축가가 되는 어려움에 비하면 아무 것도 아니다."[2]

일평생 한국미를 찾고 예찬한 故 혜곡 최순우 선생[3]은 다음과 같이 우리 건

【원제: 건축허가 관련 절차와 법적 쟁점】

1) 루드비히 비트겐슈타인(Ludwig Josef Johann Wittgenstein. 1889. 4. 26－1951. 4. 29)은 오스트리아 출생의 영국 철학자이다. 1939년에 영국 케임브리지대학 교수로 있으면서 일상언어(日常言語) 분석에서 철학의 의의를 발견하게 되었다. 1921년에 「논리철학논고(論理哲學論考)」가 간행됐다. 영국의 분석철학계(分析哲學界)에 끼친 영향이 크다. 비트겐슈타인은 오스트리아 린츠에서 공학도가 되어 이론물리학을 공부했으며 이러한 바탕은 후일 비트겐슈타인이 분석철학자가 되는데 심대한 영향을 끼친다. 수학을 통해 언어의 수학적인 구조에 대한 연구에 몰입했으며 새로운 언어 계산법의 기초를 마련하는데 골몰했다. 그는 언어의 구조를 연구하여 언어의 본성과 한계를 밝혀내고자 했다. 두산백과 참조.

2) 알랭 드 보통(정영목 역), 「행복의 건축」(청미래, 2014), 29쪽.

3) 혜곡 최순우 선생(1916~1984)은 '한국미의 순례자'로 불리고 있다. 선생이 남긴 글모음 「무량수전 배흘림기둥에 기대서서」(학고재, 2002)는 그 백미라 할 수 있다. 선생이 살던 서울 성북동 옛집이 2002년 자칫 사라질 위기에 처했을 때 이를 지켜낸 일을 계기로 시작된 사업이 '역사인물가옥박물관'이다. 김홍남 '혜곡 최순우기념관' 관장은 이 한옥이 "그의 안에 오랫동안 묵힌 생각들을 글로 풀어 내고 생활 속에서 고즈넉이, 아주 단아하게 실천한 장소"라고 썼다. 이경성 전 국립현대미술관장이 본 이 집의 가치는 한옥이 어떻게 명품이 되는가를 설명한다. "규모도 크지 않고 그리 풍성하지 않지만 사람 사는 생활의 기쁨이 담긴, 꼭 있어야 할 것이 있는 그 공간 처리는 미술사가(美術史家) 최순우의 산 작품이라고 해도 좋을 것이다." 정재숙, "한국미 꿰뚫은 미술黨 당주 혜곡 최순우" 2017년 8월 27일자 기사 참조.

축 – 경북 영주 부석사 – 의 아름다움을 노래했다. "무량수전 앞 안양문에 올라앉아 먼 산을 바라보면 산 뒤에 또 산, 그 뒤에 또 산마루, 눈길이 가는 데까지 그림보다 더 곱게 겹쳐진 능선들이 모두 이 무량수전을 향해 마련된 듯 싶어진다. 이 대자연 속에 이렇게 아늑하고도 눈맛이 시원한 시야를 터줄 줄 아는 한국인, 높지도 얕지도 않은 이 자리를 점지해서 자연의 아름다움을 한층 그윽하게 빛내 주고 부처님의 믿음을 더욱 숭엄한 아름다움으로 이끌어 줄 수 있었던 뛰어난 안목의 소유자, 그 한국인, 지금 우리의 머리 속에 빙빙 도는 그 큰 이름은 부석사의 창건주 의상대사이다."라고 말하면서 "나는 무량수전 배흘림기둥에 기대서서 사무치는 고마움으로 이 아름다움의 뜻을 몇 번이고 자문자답했다."고 고백하고 있다.

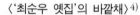

〈'최순우 옛집'의 바깥채〉[4]

출처: 박여숙 화랑

몇 해 전 늦가을에 고향(경북 울진) 가는 길에 영주 부석사를 들른 적이 있다. 그날 부석사는 혜곡 선생이 표현한 "소백산 기슭 부석사의 한낮, 스님도 마을 사람도 인기척이 끊어진 마당에는 오색 낙엽이 그림처럼 깔려 초겨울 안개비에 촉촉이 젖고 있다. 무량수전, 안양문, 조사당, 응향각들이 마치 그리움에 지친 듯 해쓱한 얼굴로 나를 반기고, 호젓하고도 스산스러운 희한한 아름다움은 말로 표현하기가 어렵다."와 다를 바 없었다. 우리 옛 건축물이 주는 감동은 혜곡 선생의 말처럼 그저 고마운 것이었다.

---

4) '최순우 옛집'은 국립박물관장이자 미술사학자로 「무량수전 배흘림기둥에 기대서서」 같은 명저를 남긴 혜곡이 1976년부터 1984년 작고할 때까지 기거한 집이다.

〈무량수전에서 바라본 부석사 前景〉

그런데 오늘의 우리 도시와 건축은 어떠한가? 국내 최고 건축가이자 '예술의 전당' 설계로 유명한 건축가 故 김석철 선생의 따끔한 일침을 들어보자.5) "오늘의 우리 문화는 인간 자체에 몰두해서 그런지 인간공동체에 대해서는 무심하다. 공동체에 대해 논의한다 해도 대부분 정치적 관심일 뿐 인간집합의 공간형식인 건축과 도시에 대한 것은 거의 없다. 인간은 건축과 도시 형식을 벗어날 수 없는데도 건축과 도시는 지식인들의 관심 밖이다. 500만 도시인 강북의 문화 인프라는 조선시대의 역사공간 이외에 별것 없고 30년만에 이루어진 또다른 500만의 도시 강남의 수많은 건축물은 단지 필요와 유행을 따르기에 바쁘다. 우리 모두의 것인 도시와 건축에 대해서 아무도 말하지 않는 가운데 도시의 공유공간인 역사공간과 문화공간과 자연은 反도시적 건축과 자동차의 행렬에 의해 부서져가고 있다." 참으로 반성할 일이다.

---

5) 김석철, 「김석철의 세계건축기행」(창작과비평사, 1997), 머리말 참조; 김석철 선생은 1943년 함경남도 안변에서 태어나 서울대 건축학과에서 김중업·김수근 선생을 사사했다. 1970년 조창걸 선생과 함께 서울대 응용과학연구소를 창설하고, 같은 해 월간 '현대건축'을 창간해 주간을 지냈다. 1972년 아키반건축도시연구원을 설립했다. 명지대 석좌교수이자 명예 건축대학장이며 아키반건축도시연구원 대표를 맡았다. 대통령 직속 국가건정책위원회 3기 위원장으로도 일했다. 주요 작품으로 여의도·한강 마스터플랜, 서울대 마스터플랜, 예술의전당, 한국예술종합학교, 베네치아 비엔날레 한국관, 쿠웨이트 자흐라 신도시, 취푸 신도시, 베이징 경제특구, 아제르바이잔 바쿠 신도시, 밀라노 엑스포 한국관 등이 있다. "르 코르비쥐에와 견줄만하다. 건축과 도시를 아울러 이만한 그림을 그릴 수 있는 사람이 다시 나오기 어렵지 않을까." 이탈리아 건축계의 거장 알렉산드로 멘디니는 자신의 저서에 김석철 명지대 석좌교수를 이렇게 평가했다. 르 코르비쥐에(1887~1965)는 스위스 태생의 건축가로 '건축계의 성인(聖人)'으로 불리는 인물이다. 김석철 선생은 2016년 5월 12일 별세했다. 뉴시스 2016년 5월 12일자 "예술의전당 설계 건축가 김석철 별세" 기사 및 파이낸셜뉴스 2016년 1월 24일자 "(24)도시를 그리는 건축가 김석철" 기사 참조.

건축행정법은 학문적으로나 실무적으로 그 개념이 제대로 정립되어 있지 않고, 여기에 포함되는 내용도 공간에 대한 각종 계획법과 이용규제법, 건축물에 대한 건축행위규제법 등 상당히 방대하다는 점에서 가장 어려운 행정법 각론분야라고 할 수 있다.6) 참고로 건축법은 종래에는 건축경찰법으로 파악되었으나, 오늘날에는 건축물 규제를 위한 질서유지작용 또는 복지행정작용의 하나로 파악되고 있다.7) 현행 건축법은 1962년 1월 20일 법률 제984호로 제정되었다.

법제사적으로 볼 때 소유권이라는 용어는 13세기에 형성되었으나, 우리나라의 경우는 고대로부터 토지왕토사상과 신분에 따른 건축양식의 제약 아래 소유권의 관념이 성립되지 않았다. 따라서 소유권 절대사상을 바탕으로 하는 건축자유(baufreiheit)의 원칙이 성립되지 않았고, 그에 대한 규제적 입법으로서 건축법이 제정될 여지가 없었다.8)

근대적 의미에서 토지 및 건축물에 대한 소유권, 즉 사적·개인적 재산권 및 추상적·절대적·무제한적 권리를 의미하는 소유권의 관념은 1910년 일본 식민지하를 통하여 시작된 근대화 과정에서 서구의 법제도를 계수하면서 성립하게 되었다. 1913년에 제정된 市街地 건축규칙은 근대적 의미의 건축법의 효시라 할 수 있다.9)

오늘날 건축의 문제는 단순히 개인의 사유재산의 이용의 문제를 넘어서 인근 주민의 환경상의 이익, 도시의 계획적 이용의 문제, 교통문제, 일조권침해, 주거지역의 생활권, 주변지역주민의 재산권 등과 밀접한 관련을 가지고 나타난다.10)

건축의 자유의 헌법적 근거를 비롯한 현행 건축법상 건축허가와 건축신고에 내재되어 있는 법리적 문제들이 적지 아니하다. ① 건축법상 건축허가와 건축신고의 이원적 체계문제 ② 건축법상 인·허가의제의 검토 — 인·허가의제 효과를 수반하는 건축신고의 법적 성질, 건축신고의 이중인·허가의제의 문제 ③ 건축법상 건축허가의 법적 성질 ④ 건축법상 건축허가와 건축신고의 隣人보호 등이 법적 쟁점으로 논의되고 있다. 그런데 허가간소화절차의 제도적 본질에 대한 이해 없이 허가와 신고의 형식적 구별, 신고의 유형 등에만 초점을 맞추고 논의하는

---

6) 김남철, 「행정법강론」 제4판(박영사, 2018), 1278쪽 참조.
7) 석종현·손우태, 「건축법론」(세진사, 1995), 3쪽.
8) 석종현·손우태, 앞의 책, 5쪽.
9) 앞의 책, 5쪽
10) 김남철, "건축허가의 법적 성질에 관한 소고"「공법학연구」 제5권제2호(한국비교공법학회, 2004. 5), 413쪽: 조성규, "建築許可의 法的 性質과 隣人의 保護"「法學硏究」 제23집(전북대학교 법학연구소, 2002. 12), 89쪽.

것은 현안의 해결보다는 형식적 담론으로 흐를 우려가 있다는 지적에 귀 기울일 필요가 있다.[11]

Ⅱ. 헌법상 건축의 자유와 공적 규율

1. 건축의 자유의 의의

건축의 자유에 대한 개념정의는 다양하게 전개되고 있다. 건축의 자유란 자신의 토지 위에 건축물을 자유롭게 설치할 자유를 말한다는 견해,[12] 건축의 자유는 법률의 범위 안에서 자신의 토지를 이용하고 여기에 건축할 수 있는 토지소유권자의 권리를 말한다는 견해[13] 등이 대표적이다. 인간에게는 누구나 주거공간이 필요하고 이를 위한 건축을 할 수 있어야 한다. 한편 인간은 공동체를 형성하며 살아가므로 건축행위는 공동체 내의 갈등을 야기하기도 한다. 공법적 규율은 건축행정으로 구체화된다. 건축의 자유가 주창되었던 근대와 달리 오늘날의 건축은 더 이상 자유영역에만 남을 수 없고, 건축의 규모나 기능 여하에 따라서는 공동체 내의 건축으로서 '건축의 부자유'라는 상대적 개념으로 새롭게 정립되어야 한다는 견해도 제기되고 있다.[14]

독일에서는 오래전부터 건축의 자유를 논의하여 왔다. 1794년 「프로이센一般國法(ALR)」 제1부 제8장(재산권) 제65조제1항에서는 "모든 소유권자는 통상적으로 자신의 대지와 토양에 건축물을 점유할 수 있거나 건축물을 변경할 권한을 가진다"라고 하여, 건축의 자유를 보장하는 규정을 두고 있었고, 또한 건축의 자유는 크로이쯔베르크(Kreuzberg) 판결을 통해 극명히 보장되었다.[15]

2. 건축의 자유의 헌법적 근거

건축의 자유를 헌법상의 기본권으로 인정할 수 있는 것인지, 그렇다면 그 헌법적 근거는 어디에서 찾을 수 있는지가 문제된다.[16] 대부분의 학자들이 「헌법」

---

11) 정남철, 「행정구제의 기본원리」(법문사, 2013), 432쪽.
12) 정남철, 「행정구제의 기본원리」, 432쪽.
13) 김남철, 앞의 글, 423쪽.
14) 최승원, "건축허가의 법리" 「법학논집」 제6권제2호(이화여대 법학연구소, 2001. 12), 59~60쪽.
15) 정남철, 「행정구제의 기본원리」, 432쪽. 프로이센 고등법원은 경찰권에 대한 수권은 공공의 안전과 질서에 대한 위험방지를 위해서만 허용된다고 하면서, 전승기념탑의 전망확보를 위해 건축규제(고도제한)를 내용으로 하는 경찰명령(Polizeiverordnung)을 무효라고 판시하였다.
16) 김나현, 「건축법상의 건축신고에 관한 연구─인허가의제를 수반하는 건축신고의 법적 성질을

제23조의 재산권 보장에서 찾고 있으나, 헌법 제10조의 행복추구권과 제23조의 재산권 보장에서 찾는 견해도 제기되고 있다.

생각건대, 건축의 자유의 헌법적 근거를 행복추구권과 재산권 보장에서 찾는 것이 타당하다고 본다. 왜냐하면 건축의 자유는 인간의 기본적 욕구 중 하나인 주거와 밀접한 관련이 있으며, 이는 인간의 삶에 있어서 떼놓을 수 없는 중요한 생활기반영역으로 이는 인간다운 생활을 할 권리와 행복추구권이라는「헌법」의 기본권 중 핵심적 가치들과 연관을 가지고 있으며 건축물의 건축은「헌법」에 보장된 재산권으로서, 토지소유권을 통한 건축자유권을 행사하는 것이기 때문에 건축의 자유의 헌법적 근거를 행복추구권과 재산권 보장에서 찾는 것이 옳다고 본다. 건축권은 자신 소유 토지에 자신이 원하는 형태로 건물을 짓겠다는 것을 국가나 제3자가 간섭하지 말라는 소극적 의미의 자유권적 기본권으로서 재산권은 물론 최근에는 더 적극적으로 '재산권'의 적극적 구현을 통해 주거권, 행복추구권 등과 결합하여 하나의 당위적 권리로서의 속성을 강화하려는 움직임으로 나타나고 있는 것17)과 맥락을 같이 한다. 다만, 이러한 기본권은 재산권의 사회적 구속성의 범위 안에서 인정되는 것으로 본다(헌법 제23조제2항).

Ⅲ. 건축법상 건축허가와 건축신고의 절차

「건축법」은 다단계 행정절차로 이루어져 있다. 건축법상 건축허가와 건축신고의 절차로는 ① 초고층 건축물 등 대통령령으로 정하는 주요 건축물에 대한 건축물 안전영향평가절차 ② 건축 관련 입지와 규모의 사전결정절차 ③ 건축허가절차 ④ 건축신고절차 등을 들 수 있다. 이 중 ② 건축 관련 입지와 규모의 사전결

중심으로―」(성신여자대학교 대학원 박사학위논문, 2015), 53쪽.
17) 성중탁, "한국토지공법학회 제104회 학술대회(2016. 12. 10) 토론문", 제1쪽 참조. 성교수는 "오늘날에는 경제생활의 기초가 되는 모든 재산가치 있는 사법상, 공법상의 권리까지 재산권으로 보호해 주어야 할 영역에 포함되고 있으며, 단순한 기대이익 혹은 반사적 이익 내지는 단순히 시혜적이고 정책적인 배려에 불과하다고 생각되었던 사회권적인 영역과 행복추구라는 포괄적 권리까지도 보호받아야 할 재산권의 영역에 포섭되어가고 있는 실정이다. 이는 토지에 대한 권리를 단지 소유권으로만 보는 것이 아니라, 토지 자체의 이용권을 확대해서 보는 입장, 즉 소유권을 중심으로 재산권을 보는 것이 아니라, 실제로 토지를 이용하는 사람의 입장으로 재산권을 확대하겠다는 의지로 볼 수 있다. 건축할 권리는 재산권적 측면 이외에 재산권의 적절한 행사를 통한 자신만의 개성 있고 독창적인 건축행위 내지 내가 직접 디자인하고 지은 집에서 살고 싶은 권리 추구 등 개인의 행복추구권의 구체적·개별적 발현형태로도 접근되고 있다"는 매우 깊이 있고 의미심장한 주장을 개진하고 있다.

정과 ③ 건축허가는 단계적 행정결정의 사례라 할 수 있다.

1. 건축물 안전영향평가절차

「건축법」이 개정되어 50층 또는 200m 이상의 초고층건축물과 연면적 10만㎡ 이상의 대형건축물이 들어서는 경우 구조안전과 주변의 대지·지반 안전을 위한 건축물 안전영향평가를 받아야 한다(제13조의2: 2017년 2월 4일 시행).

건축물 안전영향평가란 허가권자가 초고층 건축물 등 주요 건축물에 대하여 건축허가를 하기 전에 건축물의 구조안전과 인접 대지의 안전에 미치는 영향 등을 평가하는 것을 말한다.

2. 건축 관련 입지와 규모의 사전결정절차

(1) 사전결정의 의의

사전결정(예비결정)이란 최종적인 행정결정을 내리기 전에 사전적인 단계에서 최종적 행정결정의 요건 중 종국적인 판단으로서 내려지는 결정을 말한다.[18] 사전결정의 예로는 주로 건축관련법규에서 찾아볼 수 있는데, 「건축법」 제10조제1항의 사전결정이 대표적이다.

사전결정은 현행 「건축법」에 처음으로 도입된 것은 아니며, 이미 과거 「건축법」에 규정되어 있었으나, 1995년 1월 5일의 「건축법」 개정으로 삭제되었다가 최근 법령 개정으로 다시 규정되었다고 한다. 「건축법」상의 사전결정은 단계적 행정결정의 한 행위로서 최종적으로는 건축허가라는 본허가의 발령을 그 전제로 하는 것이므로, 사전결정을 받은 당사자는 법령에 규정되어 있는 기간내에 본허가인 건축허가를 신청하여야 한다(제10조제8항). 이때에 건축허가를 신청하지 않는 경우에는 사전결정의 독자적 효력을 더 이상 인정하기 어려우므로 그 효력이 상실될 것이다(제10조제8항). 그러나 이때의 사전결정 효력 상실의 효과는 소급하지 않으며 장래에 향해서만 인정된다고 보는 것이 타당하다. 따라서 당사자는 다시 사전결정의 신청절차를 거쳐 본허가를 받는 절차를 거쳐야 할 것이다.[19]

건축 관련 입지와 규제의 사전결정절차는 일정 대규모 건축행위는 건축허가를 받기 전에 그 행위의 적법성을 확인받을 수 있도록 하여 건축허가가 될 수 없는 것을 허가 가능한 것으로 誤信하고 허가를 얻기 위하여 많은 비용을 들여 설

---

18) 박균성, 앞의 책, 335쪽.
19) 류지태·박종수, 「행정법신론」 제16판(박영사, 2016), 210쪽.

계를 하는 등 경제적 낭비를 초래하는 경우가 허다하므로 이를 사전에 방지하기
위한 제도이다.[20]

　　판례도 "건축에 관한 계획의 사전결정은 규정상 결정의 내용이 해당 건축물
을 해당 대지에 건축하는 것이 「건축법」 또는 다른 법률의 규정에 의하여 허용되
는지의 여부로 한정되어 있고, 사전결정제도의 목적이 일정 규모 이상의 건축물
등을 신축하고자 하는 자가 건축허가신청에 필요한 모든 준비를 갖추어 허가신청
을 하였다가 건축물 입지의 부적법성을 이유로 불허가될 경우 그 불이익이 매우
클 것이므로 건축허가신청 전에 건축계획서 등에 의하여 그 입지의 적법성 여부
에 대한 사전결정을 받을 수 있게 함으로써 경제적·시간적 부담을 덜어주려 하
는 것"이라고 제도적 취지를 밝히고 있다.[21] 또한 판례는 상대방에 대한 경제적·
시간적 경감과 더불어 사전결정제도가 허가관청으로 하여금 미리 사업계획서를
심사하여 그 적정·부적정통보처분을 하도록 하고, 나중에 허가단계에서는 나머
지 허가요건만을 심사하여 신속하게 허가업무를 처리하는 데에도 그 취지가 있는
것으로 보고 있다.[22]

(2) 사전결정의 법적 성질과 근거

　　사전결정은 그 자체가 하나의 행정행위이다. 즉, 이러한 사전결정은 개별적인
처분의 요건충족 여부를 결정하는 것이기는 하지만 종국적이며 구속력 있는 행정
처분이라는 점에서 단순한 확약과 구별된다.[23]

　　최종처분이 기속행위인 경우 사전결정도 기속행위이다. 최종처분이 재량행위
인 경우 사전결정이 재량행위인지 여부는 최종처분의 재량판단 부분이 사전결정
의 대상이 되는지에 의해 결정된다.[24] 사전결정은 본처분권에 포함되므로 법규상
의 특별한 근거규정이 없이도 사전결정을 행할 수 있다.[25]

(3) 사전결정의 효력(구속력)과 그 한계

　　사전결정의 효력(구속력)에 대해서는 구속력 긍정설[26]과 구속력 부정설이 있

20) 석종현·손우태, 「건축법론」(세진사, 1995), 61쪽; 김성수, 「일반행정법」 제7판(홍문사, 2014),
　　336쪽.
21) 대판 1996. 3. 12, 95누658.
22) 대판 1998. 4. 28, 97누21086.
23) 김성수, 앞의 책, 337쪽.
24) 박균성, 「행정법강의」 제15판(박영사, 2018), 334쪽.
25) 박균성, 앞의 책, 335쪽.
26) 김유환, 「현대 행정법강의」(박영사, 2016), 161쪽. 사전결정의 구속력을 부인하면 사전결정의
　　개념의 존재 의의를 무색하게 하는 셈이 된다고 한다; 강현호, 「행정법총론」 제2판(박영사, 2007),
　　423쪽.

다. 판례는 후자를 취하고 있다. 판례는 사전결정의 구속력을 인정하지 않고, 사전결정시 재량권을 행사하였더라도 최종처분시 다시 재량권을 행사할 수 있다고 본다.[27] 생각건대, 사전결정은 종국적 판단으로 내려지는 결정이므로 구속력의 예외가 인정되는 경우를 제외하고는 후행 최종행정결정에 대해 구속력을 미친다고 보아야 한다(구속력 긍정설). 다만, 사전결정이 잠정적인 성질을 갖는 경우에 잠정적 사전결정이라 할 수 있는데, 잠정적 사전결정은 가행정행위처럼 최종행정행위에 구속력을 미치지 못한다고 보아야 한다.[28]

(건축 관련 입지와 규모의) 사전결정은 종국적 행정결정이 아니고 (건축)허가 등 종국적 행정결정의 요건 중 일부에 대한 판단에 그치는 일이다. 따라서 사전결정을 받은 자는 사전결정을 받은 것만으로는 어떠한 행위를 할 수 없다. 이 점에서 단계적 행정결정의 하나인 부분허가와 구별된다. 다만, 「원자력안전법」은 부지적합성에 대한 사전승인을 받으면 제한적으로 공사(원자력시설의 기초공사)를 할 수 있는 것으로 명문으로 규정하고 있다(제10조제4항).[29]

(4) 사전결정 통지를 받은 경우의 인·허가의제

「건축법」 제11조제6항은 사전결정 통지를 받은 경우의 인·허가의제를 규정하고 있다. 허가권자는 사전결정을 하려면 미리 관계 행정기관의 장과 협의하여야 한다. 「건축법」 제11조제7항은 의제되는 인·허가기관의 협의에 대해 규정하고 있다. 즉, "허가권자는 제6항 각 호 어느 하나에 해당되는 내용이 포함된 사전결정을 하려면 미리 관계 행정기관의 장과 협의하여야 하며, 협의를 요청받은 관계 행정기관의 장은 요청받은 날부터 15일 이내에 의견을 제출하여야 한다"(건축법 제11조제7항). 의제되는 인·허가기관과의 협의가 실질상 동의인지(동의설) 강학상 자문(협의설)인지 논란이 있다. 이에 대하여는 제2강에서 언급한 바 있다.

3. 건축허가절차

(1) 건축허가의 의의

건축허가란 건축물의 자유로운 건축을 건축법규에 의하여 금지하고, 일정한 요건을 갖춘 건축에 대해서만 그 금지를 해제하여 적법하게 건축할 수 있도록 해주는 것을 내용으로 하는 제도를 말한다.

---

27) 대판 1999. 5. 25, 99두1052 등.
28) 박균성, 앞의 책, 336쪽.
29) 박균성, 앞의 책, 337쪽.

건축법령은 건축물의 안전·기능 및 미관을 향상시키기 위하여 건축물의 대지와 건축물의 건축에 관하여 각종의 제한규정을 두고 있는데, 이러한 제한규정에 위배되는 건축물이 건축되는 때에는 건축법규의 실효성이 확보되기 어렵기 때문에 그 실효성을 담보하기 위해서는 건축 전에 그에 관하여 행정적 관여나 규제가 행하여질 필요가 있다.[30)]

(2) 건축법상 건축허가유형과 거부재량

「건축법」은 일정 지역 안에서의 건축행위나 일정 규모 이상의 건축행위는 건축허가를 받아야 한다고 규정하여(건축법 제11조), 건축의 자유를 일반적으로 금지하고 「건축법」에서 정한 허가요건을 충족하여 행정청의 허가를 받도록 하고 있다.

「건축법」 제11조제4항 단서는 건축허가의 거부재량에 대해서 규정하고 있다. 즉 "다만, 다음 각 호의 어느 하나에 해당하는 경우에는 이 법이나 다른 법률에도 불구하고 건축위원회의 심의를 거쳐 건축허가를 하지 아니할 수 있다."(건축법 제11조제4항)

(3) 건축허가의 인·허가의제와 사전협의

「건축법」은 제11조제5항에서 인·허가의제규정을 두고 있다. 즉, "제1항에 따른 건축허가를 받으면 다음 각 호의 허가 등을 받거나 신고를 한 것으로 보며, 공장건축물의 경우에는 「산업집적활성화 및 공장설립에 관한 법률」 제13조의2와 제14조에 따라 관련 법률의 인·허가등이나 허가등을 받은 것으로 본다"(제11조제5항).

「건축법」은 인·허가의제기관의 장과의 사전협의에 대해 규정하고 있다. 즉, "허가권자는 제5항 각 호의 어느 하나에 해당하는 사항이 다른 행정기관의 권한에 속하면 그 행정기관의 장과 미리 협의하여야 하며, 협의 요청을 받은 관계 행정기관의 장은 요청을 받은 날부터 15일 이내에 의견을 제출하여야 한다. 이 경우 관계 행정기관의 장은 제8항에 따른 처리기준이 아닌 사유를 이유로 협의를 거부할 수 없다"(제11조제6항).

(4) 국토관리, 국방, 문화재보존, 환경보존, 국민경제를 위한 건축허가의 제한과 그 절차

우리 「건축법」에는 건축개시를 바로 거부할 수 있는 규정은 없으나, 공익적 목적(국토관리, 국방, 문화재보존, 환경보존, 국민경제 등) 또는 감독 차원에서 건축허가나 허가의제를 제한할 수 있는 규정을 두고 있다. 규제완화의 명목으로 건축개시

---

30) 석종현·손우태, 앞의 책, 58~59쪽.

거부권을 배제하는 것은 행정의 법률적합성의 원칙에 비추어 타당하지 않다는 견해가 있다.[31]

(5) 건축복합민원 일괄협의회의 관계법규정 적합여부의 확인

「건축법」은 건축복합민원 일괄협의회를 두고 있는데, 이 협의회는 행정조직을 원스톱 인·허가 서비스에 초점을 맞춘 조직설계로서 매우 중요한 의미를 가진다(제12조).

4. 건축신고절차

건축허가의 대상이 되는 것은 '건축물을 건축하는 행위'이다(법 제2조제1항제2호, 제8호). 건축물의 건축은 원칙적으로 허가대상이지만 예외적으로 소규모 건축물이나 경미한 건축행위 등 통제의 필요성이 높지 않은 경우에는 건축허가가 건축신고로 대체된다(법 제14조제1항). 건축신고는 '신고유보부 금지'를 설정하고 신고에 의해 금지가 해제된다는 점에서 건축개시를 예방적 금지의 형식으로 통제하는 건축허가와 명확히 구별된다.[32]

현행 건축법상 건축신고에는 ① 건축허가의제적 신고와 ② 인·허가의제를 수반하는 건축신고가 규정되어 있는 것이 특징이자 문제점으로 지적되고 있다(이른바 '이중인·허가의제'). 신고의 본질이나 법리에 부합하지 않게 신고에 과도한 효력을 부여하고 있다. 이러한 신고제도는 해석론에 의해 결코 해석될 수 없고, 관계 법령의 대폭적인 검토가 요구된다는 비판이 있다. 규제완화와 절차의 간소화를 위해 도입된 신고제도 본연의 모습을 되찾기 위해서는 과도한 의제규정은 배제하고, 「건축법」에 일정한 숙려기간(1개월)을 규정하자는 입법제안이 있다.[33]

(1) 1단계 의제: 건축허가의제적 건축신고

「건축법」 제11조와 제14조를 보면, 건축물을 건축 또는 대수선을 하고자 하는 경우에 시장·군수·구청장의 건축허가를 받도록 하면서, 소정의 요건을 충족하는 경우에는 건축신고만으로 건축허가를 받은 것으로 의제하는 규정을 두고 있다. 이러한 인·허가의제의 효과를 가진 건축신고를 건축허가의제적 신고라고 부른다.[34]

---

31) 정남철, 「행정구제의 기본원리」, 441쪽.
32) 김나현, 앞의 박사학위논문, 59쪽.
33) 정남철, 「현대행정의 작용형식」, 431쪽. 이 기간 동안에 행정청은 단지 심사권을 유보하고 있다고 볼 수 있으며, 신청서 및 부속서류 등의 요건은 물론 실체적 요건도 심사할 수 있다고 한다.
34) 정남철, 「행정구제의 기본원리」, 431쪽.

(2) 2단계 의제: 인 · 허가의제를 수반하는 건축신고

「건축법」에는 건축허가를 받으면 다른 법률에 의한 관련 인 · 허가 등을 함께 받은 것으로 간주하는 규정이 있고(제11조제5항), 일정한 건축신고에 관하여 위 규정을 준용하는 규정이 있다. 즉 「건축법」 제14조에 따른 건축신고는 이중인 · 허가의제의 효과를 가질 수 있다(제14조제1항에 의한 건축허가의제 + 제14조제2항에 의한 제11조제5항이 준용되어 다른 법률에 의한 인 · 허가의제). 대개는 인 · 허가를 받으면 다른 인 · 허가를 받거나 신고를 한 것으로 간주되는 경우가 많은데, 건축신고처럼 신고에 대해 인 · 허가가 의제되는 것은 많지 않다.[35]

Ⅳ. 건축법상 건축허가와 건축신고와 관련한 법적 쟁점

1. 건축허가와 건축신고의 이원적 체계문제

「건축법」은 건축허가와 건축신고의 이원적 체계를 채택하고 있다. 문제는 수리를 요하는 신고의 법적 성질 및 허용성 여부를 둘러싼 일반적 논란이 건축허가와 건축신고에도 동일하게 적용된다는 점이다.

변형된 수리를 요하는 신고의 경우 행정청은 개인이 행하는 신고를 바탕으로 일정한 정보를 취득하여 해당 행정영역에서 적절한 지도와 관리, 공익실현을 위한 적절한 통제수단을 갖게 된다. 따라서 표면적으로 이러한 변형된 형태의 수리를 요하는 신고는 허가와의 구별을 어렵게 하며 행정청이 개인의 신고의 수리 여부에 대하여 실질적인 심사권을 행사하는 경우에 이는 허가에 해당하는 것으로 보아야 한다는 견해가 있다.[36] 같은 취지로 "행정청의 실질적 심사가 필요하다고 하면 즉, 심사의무로 설정하려면 입법적으로 그에 맞는 제도 즉, 허가제로 전환을 하여야 하며 대법원 2010두14954 전원합의체 판결이 신고제에서 허가제로 구별되지 않게 실질적 심사의무를 요구한 것은 법제의 시스템과는 맞지 않다"고 보는 견해도 동일한 취지라 할 수 있다.[37]

종전의 판례는 건축신고를 자기완결적 신고 즉, 수리를 요하지 않는 신고로 보았다(대판 1995. 3. 14, 94누9962; 대판 1999. 10. 22, 98두18435). 그러나 판례는 근년에 대법원 2010. 11. 18, 2008두167 전원합의체 판결을 통해 입장을 변경하였다. 이

---

35) 김나현, 앞의 박사학위논문, 140쪽.
36) 김성수, 앞의 책, 232쪽.
37) 김중권, 「김중권의 행정법」(법문사, 2013), 224쪽.

판례에서 수리를 요하는 신고라는 표현을 볼 수 없지만 건축신고 반려행위는 항
고소송의 대상이 된다고 하였고, 항고소송의 대상이 된다는 것이 수리(처분)를 요
한다는 것을 전제로 하는 것이므로 이 판례가 건축신고를 수리를 요하는 신고로
본 것이라는 견해가 있다.[38] 한편 "기왕의 자기완결적 신고와 수리를 요하는 신
고의 틀은 신고제가 허가제의 대체제도인 점을 전혀 인식하지 못한 채 사인의 공
법행위에 대한 논의와 典據가 의심스런 - 이른바 준법률행위적 행정행위로서의
- 수리에 관한 논의를 단순 결합시킨 결과물이기 때문에 결론적으로 전거가 의
심스런 수리를 요하는 신고에서 하루바삐 벗어나야 한다"는 매우 비판적인 견해
도 있다.[39]

「건축법」상의 건축허가와 건축신고의 이원적 체계는 이미 진부한 제도이며,
前근대적인 규제방식이라고 비판하는 견해가 있다.[40] 즉 건축신고는 이름만 '신
고'일 뿐, 반려행위나 수리거부를 통해 허가와 마찬가지로 운용되어 사실상 개시
통제가 가능하다고 볼 수 있으므로 수리를 요하지 않는 신고는 '허가면제절차'로
개편될 필요가 있고,[41] 이를 유지할 경우에는 '신고'를 본연의 모습으로 환원시킬
필요가 있으며, '수리를 요하는 신고'는 기형적인 제도로서 개시통제가 필요한 경
우에 '간소화된 허가제도'로 변경하는 것도 고려할 수 있다고 주장한다.[42][43]

다른 한편, 현재의 규제실무의 체계를 인정한다면, "허가 - 등록 - 수리를 요
하는 신고 - 자기완결적 신고"로의 규제완화의 단계가 실질화될 수 있도록 하자는

---

38) 대판 2011. 1. 20, 2010두14954에서는 건축허가의 의제의 효과를 주된 논거로 활용하면서,
   명시적으로 건축신고를 수리를 요하는 신고로 표현하고 있음이 특징적이다. 건축법상 건축신고
   는 과거부터 허가를 의제하는 형식으로 규정되고 있음을 유의할 필요가 있다. 홍정선, 「행정법
   총론」(제14판)(박영사, 2015), 104쪽 참조.
39) 김중권, 앞의 책, 221쪽.
40) 정남철, 「현대행정의 작용형식」(법문사, 2016), 517쪽.
41) 허가면제절차란 가장 완화된 형태의 절차간소화제도이며, 개시통제에 해당하는 '예방적 금지'
   그 자체를 해체한다는 의미를 가진다. 실제 독일에서는 건축신고를 대체하여 주(란트) 건축법령에
   허가면제절차를 규정하는 경향을 보이고 있다고 한다. 정남철, 「현대행정의 작용형식」, 495쪽; 우
   리 실정법에도 건축신고에 관한 규정 외에 허가면제절차에 관한 규정을 발견할 수 있는바, 개발
   행위허가의 면제(국토계획법 제56조제4항), 개발제한구역 건축허가면제(개발제한구역의 지정 및
   관리에 관한 특별조치법 제12조제3항) 등이 그것이다. 정남철, 「행정구제의 기본원리」, 435쪽.
42) 정남철, 「현대행정의 작용형식」, 517쪽.
43) 건축감독의 심사강도는 대체로 허가면제절차, 신고절차, 간소화된 허가절차의 순으로 높아지
   므로 신고절차는 허가면제절차와 간소화된 허가절차의 중간영역에 속한다고 볼 수 있다. 최근
   의 독일의 입법경향은 신고절차를 대폭 축소하고, 허가면제절차로 변경되고 있는바, 신고절차나
   허가면제절차는 "건축허가와의 결별"을 의미한다고 보는 견해도 있다. 정남철, 「행정구제의 기
   본원리」, 437쪽.

견해도 제기되고 있다. 이 견해에 따르면 ① 허가는 공공의 안녕질서에 중대한 영향을 미칠 수 있는 금지된 행위를 대상으로 하고 ② 등록은 허가의 요건보다는 완화된 요건으로 하고 ③ 수리를 요하는 신고는 등록보다 요건을 더 완화하자고 한다. 허가와 등록의 경우에는 허가나 등록이 있어야 금지가 해제되고, 수리를 요하는 신고는 수리행위가 있는 신고로 보면서 신고요건을 갖춘 신고만 있으면 금지가 해제되는 것으로 보는 것이 타당하다고 한다.[44]

생각건대, 「건축법」상의 건축허가와 건축신고의 이원적 체계가 가지는 문제점은 명확하게 드러난다. 특히 복잡한 양상을 띠며 전개되고 있는 건축신고를 보면 더욱 그러하다. 이원적 체계의 유지가 신고를 허가제도로 운용하는 편법을 사용해 온 관행을 계속할 수 있는 길을 열어주게 되며, 이로써 행정절차의 기본이념인 공정성, 투명성 및 신뢰성에 정면으로 배치되는 결과를 빚는 일이 방치될 수 있다는 비판을 감안하면 이 주장은 매우 설득력 있는 견해가 아닐 수 없다. 이러한 문제인식은 신고절차가 「행정절차법」에 도입된 입법취지 및 경위를 통해 살펴보면 실감할 수 있으리라 본다. 문제는 현행의 "허가 − 등록 − 수리를 요하는 신고 − 자기완결적 신고"라는 공고한 규제체계를 감안하면 본질적인 규제체계의 전환이 용이하지 않을 것은 자명하다고 본다.

참고로 신고절차가 「행정절차법」에 도입된 입법취지 및 경위를 소개함으로써 문제의 본질 및 해결의 단초를 모색할 필요가 있다. 「행정절차법」에 행정청에 대하여 일정한 사항을 통지함으로써 의무가 끝나는 신고절차를 도입한 취지는 행정규제완화의 본래적 목적을 달성하기 위해서라고 한다.[45] 1980년대 이후 개방화·국제화는 진입규제절차로서의 허가절차를 등록절차[46] 또는 신고절차로 완화할 것을 요구하였기 때문이다.

「행정절차법」은 "법령등에서 행정청에 일정한 사항을 통지함으로써 의무가

---

44) 박균성·윤기중, "행정규제완화수단으로서의 신고에 관한 연구"「경희법학」제49권제1호(경희대 경희법학연구소, 2014), 167쪽. 이 글은 현행법상 신고 관련 총 3,357개의 조문을 전수조사한 결과를 토대로 작성되었다고 한다.
45) 이에 대해서는 오준근, 「행정절차법」(삼지원, 1998), 440쪽.
46) 등록절차는 허가처분을 위한 심사절차를 요하지 아니하고, 일정한 요건의 성취를 공적 장부에 기재하는 절차만을 밟도록 함으로써 일반적 금지의 해제 또는 법률효과의 완성등의 법적 효과를 발생하는 절차를 의미한다. 행정청이 등록을 받는 행위는 준법률행위적 행정행위인 공증행위로 분류되며, 행정청의 심사권한이 있고 없음에 관계 없이 행정청이 등록신청을 받아 공적 장부에 등재하는 행위를 하여야 하나, 신고는 행정청이 수리를 한다는 행위를 기본적으로 전제하지 아니한다는 점에서 분명한 차이가 있다. 오준근, 앞의 책, 442쪽 각주10) 참조.

끝나는 신고를 규정하고 있는 경우"라고 규정하여 신고절차의 대상이 되는 신고를 법률적으로 한정하고 있다(제40조제1항). 이 규정은 행정청에 대하여 일정한 사항을 통지함으로써 의무가 끝나는 신고제도와 그러하지 아니한 신고제도가 구분되어 운용될 수 있는 길을 터 준 것이 아닌가라는 의혹의 제기가 가능하다는 견해가 있다.[47] 입법과정에서 신고를 허가제도로 운용하는 편법을 사용해 온 관행을 계속할 수 있는 길을 열어준 것이며, 이로써 행정절차의 기본이념인 공정성, 투명성 및 신뢰성에 정면으로 배치되는 결과를 빚는 일이 방치될 수 있다는 점에서 문제점으로 지적될 수 있기 때문에 신고절차를 명목과 실질이 일치되게 운용하기 위하여는 「행정절차법」 제40조제1항에서 "법령등에서 행정청에 일정한 사항을 통지함으로써 의무가 끝나는 신고를 규정하고 있는 경우"라는 신고제도의 적용범위를 한정하고 있는 부분을 삭제하자고 한다.[48]

2. 건축법상 인·허가의제의 검토

(1) 건축법상 인·허가의제제도를 도입한 취지

1962년 「건축법」을 제정할 당시에는 인·허가의제규정은 없었다. 1982년 4월 3일 법률 제3558호로 개정된 「건축법」 제5조제6항에서 처음으로 건축물의 건축허가를 받거나 신고를 한 때에 인·허가의제를 인정하는 제도를 도입하였다.

건축행위[49]는 「건축법」에 따른 건축허가를 받거나 건축신고만 해서는 할 수 없고, 농지에 건축하는 경우에는 농지전용허가를 받아야 하고, 각종 시설의 설치에 대한 인·허가 등을 받아야만 비로소 건축을 할 수 있는 경우가 있다. 따라서

---

47) 오준근, 앞의 책, 448쪽 및 450쪽.
48) 오준근, 앞의 책, 449쪽. 이에 대한 개정안을 제시하면 다음과 같다.

현행	개정안
제40조(신고) ① 법령등에서 행정청에 일정한 사항을 통지함으로써 의무가 끝나는 신고를 규정하고 있는 경우 신고를 관장하는 행정청은 신고에 필요한 구비서류, 접수기관, 그 밖에 법령등에 따른 신고에 필요한 사항을 게시(인터넷 등을 통한 게시를 포함한다)하거나 이에 대한 편람을 갖추어 두고 누구나 열람할 수 있도록 하여야 한다.	제40조(신고) ① 신고를 관장하는 행정청은 신고에 필요한 구비서류, 접수기관, 그 밖에 법령등에 따른 신고에 필요한 사항을 게시(인터넷 등을 통한 게시를 포함한다)하거나 이에 대한 편람을 갖추어 두고 누구나 열람할 수 있도록 하여야 한다.

49) 「건축법」상의 건축행위란 일반적인 건축행위(건축물을 신축·증축·재축(再築)하거나 건축물을 이전하는 것)를 포함하여 전 과정의 행위가 일체를 이루는 것으로서 하나의 독립된 건축물을 만들어 내기 위해 직접 필요한 모든 행위를 말한다. 김나현, 앞의 박사학위논문, 53쪽.

「건축법」에는 민원인의 편의를 위하여 건축이 이루어지는 단계별로 인·허가의제 제도를 도입하고 있다. 「건축법」 제10조제6항의 사전결정에 따른 인·허가의제나 제11조제5항의 건축허가에 따른 인·허가의제제도를 도입한 취지는 제11조의 규정에 따른 건축물의 허가를 담당하는 행정청이 사전결정이나 건축허가의 여부와 함께 의제의 효과가 발생하는 인·허가 등의 여부를 같이 심사함으로써 신청인으로 하여금 의제대상 허가 등을 받는데 소요되는 시간과 노력, 비용을 줄이고, 절차를 간소화하여 효율성을 높이려는데 있으며, 행정기관 사이의 갈등과 중복심사를 피하기 위함이라고 한다.[50]

(2) 건축법상 인·허가의제의 법적 쟁점

1) 인·허가의제의 반복문제   「건축법」에는 이례적인 인·허가의제가 반복되고 있다. 즉, ① 건축 관련 입지와 규모의 사전결정에 따른 인·허가의제 ② 건축허가 의제, 건축허가의제적 신고 ③ 인·허가의제를 수반하는 건축신고 등이 그것이다.

이 문제는 단순한 해석론의 문제가 아닌 입법정책적인 문제로서 적정성 여부가 종합적으로 검토되어야 할 사항이다.

2) 인·허가의제 효과를 수반하는 건축신고의 법적 성질   인·허가의제 효과를 수반하는 건축신고의 법적 성질에 대해서는 ① 자기완결적 신고로 보는 견해 ② 수리를 요하는 신고로 보는 견해 ③ 의제되는 인·허가만 수리를 요한다는 견해 ④ 의제되는 인·허가의 구체적 요건에 따라 개별적으로 판단해야 한다는 견해 등의 학설대립이 있다. 판례는 수리를 요하는 신고로 보고 있다(대법원 2011. 1. 20, 2010두14954 전원합의체 판결).

판례가 의제되는 인·허가사항에 대한 구체적인 분석 없이 일괄적으로 수리를 요한다고 본 것은 적절하지 않다는 비판이 있다.[51] 즉, 건축신고와 인·허가의제가 결합하는 경우, 「건축법」과 인·허가의제 관련 법률은 각기 고유한 목적이 있고, 건축신고와 인·허가의제 사항도 그 제도적 취지나 요건을 달리 하는데 일률적으로 수리를 요한다거나 수리를 요하지 않는다고 판단하기에는 적절치 않으므로 의제되는 인·허가사항의 개별적인 분석이 필요하며, 각 사항마다 그 법적 성질, 즉 수리필요 여부를 정의할 필요가 있다고 주장한다. 그리하여 신고인이 건축신고를 할 때, 수반되는 인·허가의제 사항들의 심사여부에 대하여 분명히 인지하여 혼란

---

50) 선정원, "인허가의제의 효력범위에 한 고찰"「행정법연구」제34호(행정법이론실무학회, 2012), 53쪽.
51) 김나현, 앞의 박사학위논문, 281쪽.

을 방지할 수 있을 것이라고 한다. 「건축법」제11조제5항의 21개의 의제되는 인·
허가사항을 검토한 결과 신고는 본래적 신고의 의미 그대로 즉, 자기완결적 신고
의 법적 성질을 가지고 있는 것으로 해석되고, 그 외 허가·협의·인가·신청의 사
항은 허가의 성질을 갖는 것으로 수리를 요하는 행위로 보고 있다.[52]

생각건대, 자기완결적 신고로 인·허가가 의제되는 경우에는 신고수리기관이
의제되는 인·허가의 실질적인 요건을 심사하여야 하므로 해당 신고는 수리를 요
하는 신고로 되고 신고의 수리 및 수리거부는 처분이 된다고 보아야 할 것이다
(대판 전원합의체 2011. 1. 20, 2010두14954).[53]

3) 건축신고의 二重인·허가의제의 문제   「건축법」제14조제1항에 따르면 같
은 조항 각호에 대하여 건축신고를 하는 경우에는 건축신고가 의제되며, 같은 조
항 제2항에 따르면 「건축법」제11조제5항의 건축허가의 인·허가의제조항을 준용
하게 된다. 따라서 건축신고는 건축허가의 의제와 관계 법령의 인·허가의제라고
하는 이중허가의제의 효과를 갖는다. 건축신고에 이중 허가의제의 효과를 부여하
는 것은 보기 드문 입법례이며, 법리적으로도 적지 않은 문제점을 야기할 수 있
다는 비판이 있다.[54] 즉 건축신고는 간이한 신고절차를 통해 건축개시를 용이하
게 하는 것을 목적으로 하나, 「건축법」제14조의 건축신고는 절차간소화라는 본
래의 취지를 넘어서 허가의제 및 관계 법령의 인·허가의제 등 강한 실체법적 효
력을 부여하고 있는 것은 입법적으로 재고되어야 한다는 것이다.

건축의 자유에 대한 대표적인 통제수단이 건축허가이다. 건축신고를 '자기완
결적 신고'로 보는 한, 건축신고에 대한 사법적 통제는 쉽지 않는바, 행정절차의
간소화, 불필요한 규제해소 등과 같은 건축신고의 본래적 취지에 비추어, 건축허
가의제 그리고 이중허가의제라는 과도한 효력을 부여하는 것은 재고할 필요가 있
다는 주장에 동의한다.[55] 따라서 건축신고는 법률이 정한 예외적인 경우이며, 실
체법적 효력보다는 절차법적 의미나 기능에 무게중심을 두어야 할 것이다.

한편 재의제(의제의 의제)는 법률유보의 원칙 및 명확성의 원칙상 명문의 규정
이 없는 한 의제되는 인·허가로 다시 다른 인·허가가 의제되는 것으로 볼 수는
없다고 보아야 한다.[56] 그리고 법률유보의 원칙 및 명확성의 원칙상 의제되는 인·

52) 김나현, 앞의 박사학위논문, 282쪽.
53) 박균성, 앞의 책, 113쪽.
54) 정남철, 「행정구제의 기본원리」, 431쪽.
55) 정남철, 「행정구제의 기본원리」, 434쪽.
56) 박균성, 앞의 책, 454쪽.

허가를 받았음을 전제로 한 법률규정의 적용을 부정하는 견해도 있으나, 인·허가 의제시 법적으로 의제되는 인·허가를 받은 것으로 되고, 더욱이 판례는 실체집중 부정설(독립판단설)에 입각하여 의제되는 인·허가의 요건을 충족할 것을 요구하고 있으므로 인·허가의제시 의제되는 인·허가를 받았음을 전제로 한 법률규정은 법률유보의 원칙 및 명확성의 원칙에 반하는 경우를 제외하고는 원칙상 의제되는 인·허가에 적용된다고 보아야 한다. 이는 법령의 적용이라는 측면에서도 타당하다.57) 이에 관하여 판례는 의제되는 인·허가에 의제되는 인·허가를 받았음을 전제로 한 법률규정의 적용을 긍정하는 취지의 판례58)와 원칙상 부정하는 취지의 판례59)가 있다.

3. 건축법상 건축허가의 법적 성질

건축허가의 법적 성질에 대해 학설은 ① 기속행위설(통설) ② 재량행위설 ③ 기속재량행위설 ④ 개별적 결정설(병존설) 등이 대립하고 있다. 판례는 건축허가를 원칙상 기속행위이지만 중대한 공익상 필요가 있는 경우, 예외적으로 건축허가를 거부할 수 있다고 본다(기속재량행위설). 판례가 이러한 입장을 취한 것은 종래 판례가 건축허가를 엄격하게 기속행위로 해석하여 적용한 결과 농촌지역이나 한강변에 무수히 많은 음식점과 러브호텔이 난립하였고, 그로 인하여 환경파괴 등 큰 사회적 물의를 빚게 되었기 때문이다. 그리하여 이에 대한 반성으로 법률규정의 목적론적 해석에 따라 환경상의 이익 등 공익을 보호하기 위하여 해당 건축허가가 허용되지 않는다는 대법원 1999. 8. 19. 선고 98두1857 판결이 나오게 되었다. 즉, 법령상의 허가요건을 구비하였다고 하더라도 건축물의 건축이 주변환경 등 공익을 침해하는 경우에는 허가가 거부될 수 있다는 취지의 판례가 나온 것이다.60)

생각건대, 개별적 결정설(병존설)이 타당하다고 본다. 건축허가는 법령에 특별한 규정이 없는 한 원칙상 기속행위라고 보아야 하지만, 예외적으로 명문의 규정이 없더라도 허가시 중대한 공익(환경상의 이익 등)의 고려가 필요하여 이익형량이 요구되는 경우 허가는 재량행위라고 보아야 하기 때문이다.61)

---

57) 박균성, 앞의 책, 454쪽.
58) 대판 2007. 10. 26, 2007두9884.
59) 대판 2004. 7. 22, 2004다19715.
60) 전현철, "건축법상 건축허가의 법적 성질"「과학기술법연구」제14집제2호, 515쪽.
61) 박균성,「행정법론(하)」제16판(박영사, 2018), 786~787쪽 참조.

4. 건축법상 건축허가와 건축신고의 인근주민의 보호(隣人保護)

(1) 건축행정에서의 인근주민의 보호필요성

「건축법」분야에서 인근주민 등 제3자보호의 문제로 나타난다.[62] 즉, 건축허가와 같은 이른바 복효적 행정행위에 있어 제3자의 법적 지위의 보호필요성에 대해서는 오늘날 공권의 확대경향에 비추어 異論이 없다고 할 것이며, 이러한 필요성에서 근거법규와 관계법규의 목적·취지의 해석·판단에 있어서는 공익보호와 함께 개인의 이익보호의 취지도 있는 것으로 해석하는 경향이 두드러지고 있다. 이는 판례에 의해서도 수용되고 있다.

(2) 인근주민의 보호를 위한 건축허가 전 사전적인 해결방안 검토

건축과 관련한 분쟁에는 사전적 분쟁해결수단과 사후적인 분쟁해결수단이 있다. 일단 건축이 끝난 뒤에는 양 당사자가 만족할 수 있는 분쟁해결수단을 강구하는 것이 쉽지 아니하기 때문에 사전적 분쟁해결수단의 모색이 요청된다.[63]

건축허가 전 사전적 분쟁해결수단의 근거에는 환경의 보전에는 국가, 지방자치단체 및 사회가 협동하여야 한다는 협동의 원칙(협력의 원칙)이 자리잡고 있다.[64] 사전적 분쟁해결수단으로 ① 환경영향평가를 통한 주민의견수렴절차의 활용가능성 ② 건축허가 사전예고제의 활용가능성을 제시하는 견해가 있다.[65]

첫째, 환경영향평가[66]를 통한 주민의견수렴절차의 활용가능성을 보자. 이는 주로 건축물 일조권 분쟁해소를 위한 제도개선방안으로 제시되고 있는데, 건축허가 전에 건축허가로 인하여 환경이익을 침해받는 자의 의견을 사전에 청취하여 건축허가시 법의 테두리내에서 이해관계인의 의견을 충분히 반영하고, 건축주의

---

62) 김남철, 「행정법강론」 제4판, 89쪽.

63) 김남철, "갈등관리수단으로서의 공법상의 조정 — 독일과 한국의 공법상 조정제도의 비교를 중심으로"「공법연구」 제34집제4-2호(한국공법학회, 2006), 212쪽.

64) 협동의 원칙에 대해서는 박균성, "건축관련이익의 공법적 조정에 관한 연구 — 환경이익의 보호를 중심으로 —"「토지공법연구」 제24집(한국토지공법학회, 2004), 293쪽 참조; 박균성, 앞의 책, 1287쪽 참조.

65) 정재도, "학교 주변 건축허가에 있어서 공익과 사익의 평가기준 및 충돌 해결방안에 관한 검토"「부동산개발에서의 이익균형과 조화」(한국부동산법학회 동계학술대회 발제문, 2016. 12. 3), 42~46쪽 참조.

66) "환경영향평가"란 환경에 영향을 미치는 실시계획·시행계획 등의 허가·인가·승인·면허 또는 결정 등(이하 "승인등"이라 한다)을 할 때에 해당 사업이 환경에 미치는 영향을 미리 조사·예측·평가하여 해로운 환경영향을 피하거나 제거 또는 감소시킬 수 있는 방안을 마련하는 것을 말한다(환경영향평가법 제2조제2호). 그리고 환경영향평가의 대상사업은 환경에 중대한 영향을 미치는 대규모 개발사업으로 환경영향평가법령에 한정적으로 열거되어 있다.

사익, 공익 및 인근주민의 사익을 적절히 조정하자는 것[67]으로 이해될 수 있다.

둘째, 건축허가 사전예고제의 활용가능성을 보자. 건축관련이익의 충돌시 그 조정방안으로 제시되고 있는데, 건축허가 신청시에는 건축허가신청사실을 건축현장에 공고하고, 인근주민으로 하여금 의견을 진술할 수 있는 기회를 줄 필요가 있고, 필요한 경우에는 건축허가 전에 허가청, 건축주와 인근주민의 삼자대화를 통하여 건축에 관한 분쟁을 사전에 조정하는 절차를 마련하여야 하는데, 최소한 일정한 규모 이상의 건축물에 대한 건축허가에 있어서는 사전에 이익조정절차를 거치도록 하자는 것[68]으로 요약할 수 있다.

(3) 인근주민의 보호를 위한 구체적인 청구권

인근주민의 보호를 위한 구체적인 청구권으로 ① 사인에 대한 공법상 금지청구권 ② 건축행정청에 대한 행정개입청구권[69]을 드는 견해가 있다.[70] 먼저 사인에 대한 공법상 금지청구권과 관련하여 공법상 청구권이 인정되기 위하여는 적어도 공법에 속하는 법규범에 근거를 두어야 하며, 고권적인 작용에 의하여 제3자의 권리를 침해하여야 하나, 공법상 금지청구권은 그러한 법적 근거가 없을 뿐만 아니라 사인의 건축행위가 고권적인 행위로 보기도 어렵다는 점에서 이러한 주관적 공권을 인정할 수 없다고 한다.[71] 다음으로 건축행정청에 대한 행정개입청구권에 대해서는 「건축법」의 경우에도 '재량의 영으로의 수축이론'을 통해 건축행정청의 개입의무를 도출하는 것에는 큰 문제가 없는 것으로 보고 있다. 「건축법」 제81조제1항[72] 및 같은 법 시행령 제115조의5 제1, 2호 등의 규정[73]에서 '사익보

---

67) 최정민·송승영·윤정환·김광우, "건축물 일조권 분쟁해소를 위한 제도개선 방안에 관한 연구"「대한건축학회논문집－계획계」 제16권제5호, 147쪽; 정재도, 앞의 발제문, 43쪽 각주56)에서 재인용.

68) 박균성, 앞의 글, 301쪽; 정재도, 앞의 발제문, 44쪽 각주62)에서 재인용.

69) 원래 이 권리는 경찰행정법의 영역에서 경찰에게 인정되는 편의재량을 제한하고 재량행위라 하더라도 재량권이 영으로 수축되는 경우에는 경찰권의 발동의무가 있음을 인정하기 위하여 개념화된 것이다. 따라서 원래의 행정개입청구권은 재량행위의 영역에서 무하자재량행사청구권이 있고 재량권이 영으로 수축되어 무하자재량행사청구권의 행사가 곧 특정한 행정권의 개입행위를 요구하는 특정행위요구권으로 전환될 때 인정되던 권리였다고 한다. 김유환, 앞의 책, 44쪽.

70) 정남철, 「행정구제의 기본원리」, 457쪽.

71) 독일에서도 찬반논란이 있는바, 찬성 근거로는 건축주가 건축행정청이나 제3자에 대해 공법상의 건축법규를 준수할 의무가 있으므로 이에 상응하여 공법상 금지청구권이 허용될 수 있다는 것이다. 정남철, 「행정구제의 기본원리」, 457쪽.

72) 「건축법」 제81조(기존의 건축물에 대한 안전점검 및 시정명령 등) ① 특별자치시장·특별자치도지사 또는 시장·군수·구청장은 기존 건축물이 국가보안상 이유가 있거나 제4장(제40조부터 제47조까지)을 위반하여 대통령령으로 정하는 기준에 해당하면 해당 건축물의 철거·개축·증축·수선·용도변경·사용금지·사용제한, 그 밖에 필요한 조치를 명할 수 있다.

호성'을 도출할 수 있다고 본다.

(4) 제3자의 원고적격 인정여부와 관련된 대표적 隣人소송의 검토

새로운 건축물허가에 있어서 건축주의 건축행위를 허가해 줌으로써 인근주민의 이익이 침해되는 경우, 인근주민에게 원고적격을 인정할 수 있을 것인가 하는 점이 문제이다.

독일에서는 보호규범론의 기본적인 틀을 유지하면서 고려의 명령이론(고려명령. Gebot der Rücksichtnahme) 등을 통해 법률의 사익보호성을 확대해석하는 방향으로 나아가고 있는 것으로 볼 수 있다. 즉, 고려명령을 통하여 행정청이 건축물허가에서 인근주민의 이익을 고려하라고 명령하고 건축주가 이를 위반하였을 경우 인근주민의 고유한 권리를 침해한 것으로 보아 인근주민에게 원고적격을 인정하고 있다.[74] 그리고 미국 연방대법원은 「헌법」 제3조[75]와 「연방행정절차법」 제702조[76]의 해석·적용에 있어서 실정법상의 보호조항의 유무를 불문하고 그 법의 목적 등 전체의 취지를 바탕으로 원고적격을 판단하고, 특히 환경행정소송상의 환경이익은 개인적인 것뿐만 아니라 지역적·집합적인 이익까지도 포함하는 것으로 보고 있으며 더 나아가 원고적격의 요건을 완화하여 해석하는 한편 보호되는 이익의 범위를 확대하는 방법을 통하여 즉, '법적 이익'이 침해된 자를 보호하는 것뿐만 아니라 '사실상의 침해'를 받은 자도 보호하는 것으로 확대하여 왔다고 한다.[77]

아래에서는 우리나라의 제3자의 원고적격 인정여부와 관련된 대표적 隣人소송을 통해 이 문제를 살펴보기로 한다.

---

73) 「건축법시행령」 제115조의5(기존 건축물에 대한 시정명령) 법 제81조제1항에서 "대통령령으로 정하는 기준"이란 다음 각 호의 어느 하나에 해당하는 경우를 말한다.
  1. 지방건축위원회의 심의 결과 도로 등 공공시설의 설치에 장애가 된다고 판정된 건축물인 경우
  2. 허가권자가 지방건축위원회의 심의를 거쳐 붕괴되거나 쓰러질 우려가 있어 다중에게 위해를 줄 우려가 크다고 인정하는 건축물인 경우
  3. 군사작전구역에 있는 건축물로서 국가안보상 필요하여 국방부장관이 요청하는 건축물인 경우
74) 김유환, 앞의 책, 42쪽.
75) "사법권은 사건과 분쟁(cases controversies)에 미친다."
76) "행정행위에 의하여 법적 피해를 겪고 있거나 관계법령의 취지에 비추어 행정행위에 의하여 부정적 영향이나 피해를 받은 자는 사법심사를 구할 수 있다."
77) 성중탁, "한국토지공법학회 제104회 학술대회(2016. 12. 10) 토론문", 2쪽 참조. 다만. "소송수행자가 단순히 공익의 '대표'라는 것만으로는 곤란하고 적어도 구성원이 지역적 이익을 침해받게 되는 자연환경 등의 '사용자'라거나 또는 행정처분으로 환경상 이익을 '사실상 침해받게 될 가능성이 있는 자'라는 것을 주장하여야 한다는 한계가 있다"고 한다. 여기서 '사실상의 침해(injury in fact)'에서의 침해는 현실적이고 당면한 것이어야 하고 또한 구체적이거나 특정된 것이어야 한다. 원고가 현실적으로 피해를 입고 있다면 경제적 이익 뿐만 아니라 환경적 이익, 여가적 이익, 미적 가치에 대한 피해도 사실상의 손해로 인정해 준다고 한다.

1) 연탄공장건축허가취소청구사건   대법원은 연탄공장건축허가취소청구사건78)
에서 해당 「건축법」 및 「도시계획법」의 규정이 공익뿐만 아니라 사익도 보호하고
있다고 하여, 제한면적을 초과한 연탄공장건축허가처분으로 불이익을 받고 있는
제3거주자는 해당 행정처분의 취소를 소구할 법률상 이익이 있다고 판시하였다.
즉 "「도시계획법」과 「건축법」의 규정취지에 비추어 볼 때, 이 법률들이 일정한
건축을 금지하고 또는 제한하고 있는 것은 「도시계획법」과 「건축법」이 추구하는
공공복리의 증진을 도모하고자 하는 데 그 목적이 있는 동시에, 한편으로는 주거
지역내에 거주하는 사람의 주거의 안녕과 생활환경을 보호하고자 하는 데에도 그
목적이 있는 것으로 해석된다. 그러므로 주거지역내에 거주하는 사람이 받는 보
호이익은 단순한 반사적 이익이나 사실상의 이익이 아니라 바로 법률에 의하여
보호되는 이익이라고 할 것이다"라고 하여, 원고의 청구를 인용하였다. 동판결은
제3자의 원고적격 인정여부와 관련된 대표적 隣人소송으로서, 대체로 고려명령의
주관적 측면과 밀접한 관련이 있는 것으로 보는 견해가 있다.79)

2) 발전소건설사업승인처분취소사건   대법원은 발전소건설사업승인처분취소사
건에서 환경영향평가대상지역 안의 주민들이 그 대상사업인 전원개발사업실시계
획승인처분과 관련하여 갖는 환경상이익이 단순히 환경공익보호의 결과로서 국민
일반이 공통적으로 가지는 추상적·평균적·일반적 이익에 그치지 아니하고 환경
영향평가대상지역의 주민 개개인에 대하여 개별적으로 보호되는 직접적·구체적
이익이라고 보아야 한다고 판시하였다.80) 즉 환경영향평가대상지역 내의 주민의
원고적격을 인정하고 있다. 이 판례는 제3자의 원고적격을 확대하는 전기를 마련
한 획기적인 판례라고 평가하는 견해가 있다.81) 비록 독일법상의 고려명령(Gebot
der Rücksichtnahme)의 법리를 명확히 수용한 것으로 보기는 어려우나, 독일에서 논
의되는 고려명령과 함께 논의할 가치는 충분히 있다고 보고 있다. 특히 대법원이
동 판결에서 인정한 제3자의 원고적격은 고려명령의 주관적 측면과 밀접한 관련
이 있으며 공익과 관련된 제3자의 원고적격 즉, 객관적 고려명령은 부인되고 있
는 것이 주목할 만하다는 것이다. 이 견해는 전원개발사업구역 내의 주민의 주관
적 공권을 「헌법」 제23조의 규정이 아니라 개별법규에서 도출하는 것과 수인가능

78) 대판 1975. 5. 13, 73누96, 97.
79) 정남철, 「행정구제의 기본원리」, 372쪽.
80) 대판 1998. 4. 24, 97누3286.
81) 정남철, 「행정구제의 기본원리」, 373쪽, 356쪽, 358쪽 참조.

성의 척도를 가지고 이를 파악하는 것은 독일의 새로운 논의와 대체로 일치한다
고 볼 수 있으므로 이 판례는 우리나라에서 고려명령에 대한 논의의 중요한 근거
를 제공해 주는 판례로 평가할 수 있다고 한다.[82]

　　3) 인근주민들의 반대를 이유로 한 건축허가 거부가능성　　인근주민들의 반대를
이유로 건축허가를 거부하는 것에 대해서는 법원은 이를 허용하지 않는다.[83] 하급
법원 판례 중에는 사업시행시 인근주민의 민원이 발생하지 않도록 하라는 승인조
건을 부가했다 하더라도 관계법규의 제한에 해당하지 않는 한 건립반대농성을 이
유로 건축허가신청을 반려하는 것은 위법하다고 판시한 경우도 있다(부산고등법원
1996. 10. 31. 선고 96구1405 판결).[84]

　　4) 건축신고와 행정쟁송　　한편 건축신고의 문제의 핵심은 행정쟁송에 귀결된
다. 건축신고는 본래 건축신고의 요건을 갖춘 신고만 하면 신고의무를 이행한 것
이 되고 행정청이 건축신고의 수리(엄밀히 말하면 접수)를 거부하더라도 이 수리의
거부는 행정처분이 아닌 사실행위이므로 취소소송으로 다툴 수 없다. 그런데 판
례는 일정한 경우에 수리거부를 거부처분으로 보고 있다. 수리를 요하는 신고와
자기완결적 신고 중 건축신고 등 신고가 반려될 경우 그 신고의 대상이 되는 행
위를 하면 시정명령, 이행강제금, 벌금의 대상이 되는 등 신고인이 법적 불이익을
받을 위험이 있는 경우에 그러하다.[85]

　　(5) 소결

　　생각건대, 사익보호성의 확대에 따른 건축허가와 관련한 인근주민의 보호에
도 불구하고 여전히 제기될 수 있는 문제는, 사익보호성의 확대는 전통적인 보호
규범론에 근거한 것으로서, 실정 관계법규의 해석에 의존하는 것인바, 그러한 보
호규범론의 타당성이다. 즉 건축허가에 대한 인근주민의 지위는 근거법규와 관계
법규의 해석에 따른 사익보호성의 인정 여부에 의존하는 것인바, 건축허가로 인
해 침해되는 인근주민의 이익을 근거법규와 관계법규가 충분히 고려하지 못한 경

---

82) 독일 연방행정법원은 고려명령을 주관적 측면과 객관적 측면으로 구별하여, 일련의 판례를
　　통하여 객관법적 측면의 고려명령에 제3자보호적 효력을 귀속시켜 왔는바, 객관법적 고려명령
　　이란 건축주가 건축의 방식이나 정도와 관련하여 재산권의 적절한 이용에 대한 인근주민의 이
　　익(공익)을 고려해야 한다는 것을 말하는데, 객관법적 고려명령의 핵심은 형량공식에 있다고 한
　　다. 최근 들어 연방행정법원은 이러한 엄격한 보호규범이론을 수정하여 개인의 권리구제와 관
　　련하여 주관적 측면을 더 많이 강조하고 있다고 한다.
83) 서울행정법원 2001. 8. 30 선고 2001구18236 판결.
84) 김유환, 앞의 책, 99~100쪽 참조.
85) 박균성, 앞의 책, 715쪽.

우 보호규범론에 의해 적절한 구제가 이루어질 것을 기대하기는 어려울 것이기 때문이다.

따라서 건축허가와 관련한 인근주민의 법적 지위의 문제 역시 단순히 관계법규의 목적·취지의 해석에 따르는 법률상 이익의 문제로서만 다루어질 것은 아니며, 환경권의 보호라는 관점에서도 판단되어야 할 것이다.[86] 학설과 판례의 기본적인 입장이 환경권에 관하여 사법소극주의의 입장임을 전제로 할 때, 우리나라에서 건축허가와 관련한 인근주민의 법적 지위에 관한 논의는 전통적인 보호규범론에 따라 실정 관계법규의 목적·취지의 해석에 의하여 판단되어야 할 것이나,[87] 제3자의 권리구제에 비중을 두는 방향으로 법해석이 필요하다.

V. 맺는 말

지금까지 건축의 자유의 헌법적 근거, 건축허가의 절차와 법적 쟁점에 대해 살펴보았다.

(1) 건축의 자유를 헌법상의 기본권으로 인정할 수 있는 것인지, 그렇다면 그 헌법적 근거는 어디에서 찾을 수 있는지가 문제된다. 대부분의 학자들이 「헌법」 제23조의 재산권 보장에서 찾고 있으나, 헌법 제10조의 행복추구권과 헌법 제23조의 재산권 보장에서 찾는 견해도 제기되고 있다. 후자가 타당하다고 본다.

(2) 건축법상 인·허가절차는 다단계 행정절차로 구성되어 있는 것이 특징이다. 건축허가와 건축신고의 절차로는 ① 초고층 건축물 등 대통령령으로 정하는 주요 건축물에 대한 건축물 안전영향평가절차 ② 건축 관련 입지와 규모의 사전결정절차 ③ 건축허가절차 ④ 건축신고절차 등을 들 수 있다. 이 중 주요 건축물에 대한 건축물 안전영향평가절차의 신설은 최근 빈발하고 있는 지진과 관련된 것으로 시의성이 있는 입법적 대응이라고 할 수 있다.

(3) 건축법상 건축허가와 건축신고와 관련한 법적 쟁점으로는 첫째는 건축법상 건축허가와 건축신고의 이원적 체계문제이다. 둘째는 건축법상 인·허가의제 문제이다. 셋째는 건축법상 건축허가의 법적 성질문제이다. 넷째는 건축법상 건축허가와 건축신고의 隣人보호문제이다. 차례대로 요약하면 다음과 같다.

첫째, 건축법상 건축허가와 건축신고의 이원적 체계에 대해 본질적인 문제를

---

86) 조성규, 앞의 글, 102쪽.
87) 조성규, 앞의 글, 103쪽.

제기하는 견해와 현행의 허가 - 등록 - 수리를 요하는 신고 - 자기완결적 신고로 구성된 규제체계의 개선을 통해 문제해결을 하자는 견해 등 다양한 해결방안이 제시되고 있는데, 현행 건축규제체계 전반에 걸쳐 체계적이고 종합적인 검토가 선행되어야 할 것이라고 본다.

둘째, 먼저 「건축법」의 이례적인 인·허가의제의 반복문제(① 건축 관련 입지와 규모의 사전결정에 따른 인·허가의제 ② 건축허가의제, 건축허가의제적 신고 ③ 인·허가의제를 수반하는 건축신고 등)의 적절성에 대해서는 심층적인 검토가 필요하다. 다음으로 인·허가의제 효과를 수반하는 건축신고의 법적 성질에 대해서는 ① 자기완결적 신고로 보는 견해 ② 수리를 요하는 신고로 보는 견해 ③ 의제되는 인·허가만 수리를 요한다는 견해 ④ 의제되는 인·허가의 구체적 요건에 따라 개별적으로 판단해야 한다는 견해 등의 학설대립이 있다. 수리를 요하는 신고로 보는 견해가 타당하다. 판례도 수리를 요하는 신고로 보고 있다(대법원 2011. 1. 20, 2010두14954 전원합의체 판결). 마지막으로 건축신고의 이중인·허가의제(1단계 의제: 건축허가의제적 신고 + 2단계 의제: 인·허가의제를 수반하는 건축신고)는 절차간소화라는 본래의 취지를 넘어서 허가의제 및 관계 법령의 인·허가의제 등 강한 실체법적 효력을 부여하고 있는 것은 입법적으로 재고되어야 할 것이다. 결론적으로 인·허가의제 개선방안으로 인·허가의제제도의 도입원칙의 정립을 제시하였다.

셋째, 건축법상 건축허가의 법적 성질과 관련하여 학설은 ① 기속행위설 ② 재량행위설 ③ 기속재량행위설 ④ 개별적 결정설: 병존설 등이 대립하고 있다. 판례는 건축허가를 원칙상 기속행위이지만 중대한 공익상 필요가 있는 경우, 예외적으로 건축허가를 거부할 수 있다고 본다(기속재량행위설). '개별적 결정설: 병존설'이 타당하다고 본다. 건축허가는 법령에 특별한 규정이 없는 한 원칙상 기속행위라고 보아야 하지만, 예외적으로 명문의 규정이 없더라도 허가시 중대한 공익(환경상의 이익 등)의 고려가 필요하여 이익형량이 요구되는 경우 허가는 재량행위라고 보아야 하기 때문이다.

넷째, 건축법상 건축허가와 건축신고의 隣人보호 방안으로 먼저 인근주민의 보호를 위한 건축허가 전 사전적인 해결방안을 검토하였다. 사전적 분쟁해결수단으로 ① 환경영향평가를 통한 주민의견수렴절차의 활용가능성과 ② 건축허가 사전예고제의 활용가능성이 제시되고 있다. 환경의 보전에는 국가, 관련당사자의 협력활동이 필요하다는 협력의 원칙이 자리잡고 있다. 다음으로 인근주민의 보호를 위한 구체적인 청구권으로 사인에 대한 공법상 금지청구권과 건축행정청에 대한 행정개입청구권을 검토하였다. ① 전자는 법적 근거의 흠결 및 사인의 건축행위를 고권적인 행위로 보기 어려우므로 인정할 수 없다. ② 후자의 경우는 「건축법」의 경우에도 '재량의 영으로의 수축이론'을 통해 행정청의 개입의무를 도출하는 것에는 큰 문제가 없는 것으로 보고 있다. 마지막으로 제3자의 원고적격 인정여부와 관련된 대표적 隣人소송을 검토하였다. 생각건대, 행정쟁송법상의 권리구제수단과 관련하여 학설과 판례의 기본적인 입장이 환경권에 관하여 사법소극주의의 입장임을 전제로 할 때, 우리나라에서 건축허가와 관련한 인근주민의 법적 지위에 관한 논의는 전통적인 보호규범론에 따라 실정 관계법규의 목적·취지의 해석에 의하여 판단되어야 할 것이나, 인근주민의 권리구제에 비중을 두는 방향으로의 법해석이 필요하다.

　　다섯째, 독일의 경우에는 건축 및 계획법분야에 관하여는 통일입법으로서 연방건축법전[88]이 제정되어 있지만, 우리나라의 경우에는 건축질서법과 건축계획법이 각각 「건축법」과 국토계획법으로 분리되어 제정되어 있다. 「건축법」은 건축물의 안전규제를 하는 법이고, 국토계획법은 토지의 이용에 관한 것이지만, 반드시 그 성격에 부합하는 규정을 두고 있는 것은 아니고, 또한 수많은 의제규정 등 양 법률의 규정이 매우 복잡하게 규정되어 있어서, 건축허가 및 건축신고와 관련한 법규범의 구조를 쉽게 이해할 수 없는 문제가 있으므로 건축과 관련된 계획 및 건축허가의 문제를 해결하기 위해서도 건축 및 계획분야를 일목요연하게 규율하는 통합입법이 필요하다는 견해[89]가 있는데, 면밀한 입법정책적 검토가 필요하다고 본다.

---

88) 독일의 연방건축법전은 1960년 6월 23일에 제정되어, 그 후 2004년 9월 23일에 새롭게 제정되었고, 최근 2014년 11월 20일에 개정이 이루어졌다. 구체적인 것은 장원규, 「독일의 건축안전법제에 관한 비교법적 연구」(한국법제연구원, 2015. 10), 40쪽 이하 참조.

89) 김남철, 앞의 글, 436쪽.

제3편

지방분권과 균형발전

제 5 강

지방분권: 일반자치제와 특별자치제

Ⅰ. 들어가는 말

지방자치는 일정한 지역을 기초로 하는 지방자치단체가 중앙정부로부터 상대적인 자율성을 가지고 그 지방의 행정사무를 자치기관을 통하여 자율적으로 처리하는 활동과정을 말하는 것으로 정의되고 있다. J. 브라이스는 "지방자치는 민주주의의 최상의 학교이며 민주주의의 성공의 보증서라는 명제를 입증해 준다"고 말하였다.

지방자치의 좋은 예인 타운미팅(town meeting)을 소개한다. 타운미팅이란 당시 미국 뉴잉글랜드 지역에서 주민 전체가 한자리에 모여 토론을 한 후 투표를 통하여 예산안·공무원선출·조례제정 등 지역의 법과 정책, 행정절차에 대한 결정을 내린 것을 말한다. 오늘날 미국 뉴잉글랜드의 1,100개 타운에서 시행되는 타운미팅을 거의 반세기 동안 연구해온 버몬트대 프랭크 버라이언(Frank Bryan) 교수는 "기회가 주어지면, 사람들은 스스로 다스릴 수 있다. 나는 사람들이 그렇게 하는 것을 보아왔다."고 술회했다. 뉴잉글랜드 타운미팅은 식민정부의 계획에 의해 도입된 것이 아니라 1620년대 초기 정착민의 자발적 의지로 시작된 집회민주주의로서 아메리카 독립과 미국 건국의 발상지였고, 노예해방운동의 진원지였다. 오늘날 미국에서는 소득수준이 가장 높고 사회적 자본이 가장 비옥한 지역으로 꼽히는 뉴잉글랜드는 인권·평화·환경운동의 거점으로 활약하고 있다.[1]

【원제: 지방분권 관련 일반자치제와 특별자치제의 관계】
1) 안성호, 「왜 분권국가인가 ― 리바이어던에서 자치공동체로」(박영사, 2016), 67쪽.

〈2014년 벌링턴에서 열린 타운홀 미팅 장면〉

출처: 매일경제 2017년 8월 30일자 기사

타운미팅의 전통을 이어받은 타운홀미팅(town hall meeting)은 비공식적 공개 주민회의로, 지역사회의 모든 주민들이 초대되어 중요한 정책 또는 이슈가 되는 사안에 관련된 공직자 또는 선거입후보자들의 설명을 듣고, 자신들의 견해를 밝히게 된다. 공직자들은 정책 결정에 있어 주민들을 설득하는 동시에 그들의 의견을 반영·참고하게 되고, 주민들은 정책결정권자 앞에서 자신들의 목소리를 전달했다는 자부심이나 만족감을 가지게 된다. 타운홀미팅은 미국 참여민주주의의 토대로 평가된다(두산백과).

지방분권은 지방의 생존문제로 우리나라의 미래를 위해 반드시 이뤄져야 한다. 제4차 산업혁명시대에 중앙정부의 통제와 간섭이 행해지는 현행 체제로는 경제발전, 양극화 문제 해결, 주민주권의 실현은 어렵다. 그런 측면에서 지방분권과 균형발전은 시대적 화두(話頭)라고 할 수 있다.

「지방분권 및 지방행정체제 개편에 관한 특별법」(이하 "지방분권법"이라 한다)은 지방분권을 국가 및 지방자치단체의 권한과 책임을 합리적으로 배분함으로써 국가 및 지방자치단체의 기능이 서로 조화를 이루도록 하는 것으로 정의하고 있다(제2조 제1호). 지방분권법상 지방분권은 권한과 책임의 합리적인 배분이 지방분권의 핵심이라 할 수 있다. 지방분권은 사항에 적합하고, 지역에 적합하고, 시민에 근접하는 행정(주민근거리행정), 그리고 효과적인 행정수행에 기여할 수 있다.

선진국의 경우 지방분권의 틀과 범위가 국가와 도시의 경쟁력을 결정짓고 있다. 우리나라에도 지방분권을 통한 국가균형발전이야말로 수도권과 지방이 상생하는 길이고, 국가의 지속가능한 발전을 가능케 한다는 인식이 폭넓은 공감대를 이루고 있다. 그런 측면에서 특별히 부각되는 쟁점이 특별자치제이다.

특별자치제는 지방분권의 특별한 형식이다. 현재 특별자치도는 제주도만이 지정되어 있고 특별자치시는 세종시만 지정되어 있다. 그 중에서도 제주특별자치도는 지리적, 역사적 특수성으로 인하여 우리나라 특별자치제의 원형으로 인정받고 있으나 「제주특별자치도 설치 및 국제자유도시 조성을 위한 특별법」(이하 "「제주특별법」"이라 한다)상 특별자치제의 한계도 드러나고 있다.

이 글은 우리 현행 「헌법」 및 법률을 통해 지방자치 및 지방분권과 관련한 일반자치제와 특별자치제의 역할과 한계를 규명하고 양자간 상호 관계성을 규명하여 헌법정책적 및 입법적 방향성을 제시하는데 목적이 있다. 주지하다시피 일반자치제의 한계를 극복하기 위해 도입된 제도가 특별자치제이다. 그런 측면에서 양자는 상호독립적이면서도 상호보완적인 관계에 있다. 그것은 특별자치제를 통해 일반자치제의 한계를 구체적으로 파악할 수 있는 동시에 그 한계를 극복하기 위한 대안이 제시될 수 있기 때문이다.

일반자치제의 주요 내용(Ⅱ), 특별자치제의 주요 내용(Ⅲ), 지방분권 관련 일반자치제와 특별자치제의 관계(Ⅳ), 제주특별자치제의 법적 한계와 지방분권 개헌의 필요성(Ⅴ)에 대해 살펴보고자 한다.

Ⅱ. 일반자치제의 주요 내용

1. 일반자치제의 의의

일반자치제란 한 국가의 「헌법」에서 지방자치에 관한 규정을 두어 지방자치를 헌법적으로 보장하는 제도를 말한다. 실정법상 지방자치의 헌법적 보장에도 불구하고 일반자치(일반적 지방자치)의 구체적인 내용의 대부분은 「지방자치법」을 중심으로 한 「헌법」 하위법령에서 형식적으로 규율하고 있기 때문에 일반자치제를 「헌법」상 일반자치제와 「지방자치법」상 일반자치제로 나누어 고찰할 필요가 있다. 그러나 「지방자치법」은 구체화된 헌법이기 때문에 지방자치권의 내용 및 범위에 관하여 본원적인 결단을 내릴 수는 없으며 헌법적 보장의 내용을 구체화할 뿐이므로 「헌법」은 - 헌법상 허용되는 한에서 - 입법을 통한 구체화를 위한 기본원리로서 지방자치의 기본적 내용을 설정하는 것이 요구된다.[2]

---

2) 조성규, "지방자치법제에 있어 분권개헌의 의의와 과제" 「지방자치법연구」 통권 제35호(한국지방자치법학회, 2012. 9. 20), 78쪽.

2. 헌법상 일반자치제의 주요 내용

(1) 헌법상 지방자치의 제도보장의 의의

「헌법」은 지방자치단체의 자치사무처리권, 재정고권, 자치입법권을 인정하고 있다. 헌법상 지방자치를 제도보장으로 인정하고 있다.[3]

근대 각국의 「헌법」은 지방자치를 민주정치의 필연적인 결론으로 인정하며, 이를 성문헌법에 규정하는 방식을 채택하고 있다. 민주정치란 국민의 자치를 의미하므로 지방자치는 민주주의의 학교 또는 풀뿌리 민주주의라고도 말해진다.[4] 현대의 지방자치는 민주주의와 지방분권을 기초로 하여 주민자치와 단체자치의 요소가 통합된 민주적인 지방자치를 의미한다.[5] 오늘날 지방자치의 기초이자 핵심은 민주주의와 지방분권이다.

헌법상 지방자치의 보장을 제도보장으로 이해하는 것이 일반적인 견해인데, 지방자치의 제도보장은 '지방자치의 본질적 내용'의 헌법적 보장을 의미하며 지방자치의 본질적 내용은 지방자치단체의 존재의 보장, 자치기능의 보장 및 자치사무의 보장을 말한다.[6] 따라서 입법권은 지방자치제도의 형성에 있어 재량을 갖지만 「헌법」이 보장한 지방자치의 본질적인 내용을 침해하여서는 아니 된다.[7] 그리고 헌법상 제도보장으로서 지방자치의 보장은 최소한의 보장이지만, 「헌법」에 반하지 않는 범위 내에서 자치행정권의 광범위한 보장의 공간을 열어두고 있는 것으로 보는 것이 타당하므로,[8] 그 의미를 「헌법」이 단순히 핵심적인 내용을 보장하는 것으로 이해할 것이 아니라, 핵심적인 내용은 물론이고 그 밖에도 보장의 범위를 확대하는 접근을 「헌법」이 명령하고 있다고 새길 필요가 있다.[9]

오늘날 지방자치의 가치는 민주주의와 권력분립의 현대적 구현 및 주민의 기

3) 김철수, 「헌법학신론」 제21전정신판(박영사, 2013), 1559쪽.
4) 김철수 대표집필, 「註釋憲法 憲法」(법원사, 1992), 630쪽.
5) 김철수 대표집필, 앞의 책, 631쪽.
6) 헌재 2008. 5. 29, 2005헌라3 전원재판부; 헌재 1994. 12. 29, 94헌마201; 한편 지방자치의 본질을 "자유민주주의의 기본적 정신하에 지방정부가 지역주민의 풍요로운 삶을 위하여, 지역복지와 지역의 발전을 정치적, 재정적인 측면에서 자율적·자립적으로 추진하는 것"으로 해석하는 견해도 있다. 김순은, "제주특별자치도의 의의와 성과 및 향후 과제"「제주특별자치도 출범 9주년 국제학술세미나: 특별자치 미래를 말한다」(2015. 9. 3), 25쪽 참조.
7) 박균성, 「행정법강의」 제15판(박영사, 2018), 944쪽.
8) 최승원, "조례의 본질"「지방자치법연구」 통권 제19호(한국지방자치법학회, 2008. 9. 20), 400쪽 참조.
9) 홍정선, 「신지방자치법」 (박영사, 2015), 39쪽.

본권 보장의 강화에 있으며, 기본적으로 국가와 지방자치단체는 대립·예속의 관계가 아니라 대등한 협력관계에 기초해야 하므로 헌법상 제도적 보장을 넘어서 헌법적 차원에서 지방자치의 미래지향적·전향적 구현 및 신장을 위한 헌법정책을 구체화하여 천명할 필요가 있다.

(2) 자치권 보장과 기본권 제한의 법률유보

「헌법」은 제37조 제2항에서 "국민의 모든 자유와 권리는 국가안전보장·질서유지 또는 공공복리를 위하여 필요한 경우에 한하여 법률로써 제한할 수 있으며, 제한하는 경우에도 자유와 권리의 본질적인 내용을 침해할 수 없다"고 규정하여 (이른바 기본권 제한의 법률유보) 모든 국가권력, 특히 의회 입법권자에 대하여 넘을 수 없는 통제선을 그어놓았다. 이러한 기본권 제한의 법률유보는 국가 수준에서 제도화된 것이기는 하지만 지방자치단체에 대해서도 당연히 적용된다고 보는 것이 일반적이다.[10]

(3) 자치권의 보장

1) 재정고권의 보장   재정고권이란 법정의 예산제도에 따라 자기의 책임으로 세입, 세출을 유지하는 지방자치단체의 권한을 말한다. 즉 지방자치단체가 법령의 범위 내에서 수입과 지출을 자신의 책임 하에 운영할 수 있는 권한이다. 재정이 다른 법주체에 의해 정해진다면 모든 자율적인 형성권은 별다른 실체권을 갖지 못하는 것이 되기 때문에 재정고권은 매우 중요하다.[11] 재정고권이 논의되는 가장 중요한 논거 중의 하나는 해당 지역주민이나 납세자주권에서 도출될 수 있다. 그것은 지방을 단위로 한 풀뿌리 민주주의의 구현과 해당 지역주민의 납세의무에서 인정될 수 있기 때문이다.

재정고권의 한계로는 ① 독자적 과세권과 ② 재정지원요구권 등을 들 수 있다. 먼저 지방자치단체가 독자적 과세권을 갖는지를 살펴보자. 현행법상 지방자치단체는 국가의 입법자에 의한 법률상 수권의 범위 내에서 새로운 세원을 발굴하고 주민에게 세금을 부과·징수할 수 있으므로, 부정적으로 보는 것이 타당하다. 그것은 세금에 대한 보장과 규율은 전통적으로 그리고 기능적으로 배타적인 국가의 사무이며, 이것이 「헌법」제59조의 취지이기 때문이다.[12][13] 다음으로 재정지원요구

---

10) EAI분권화센터, 「국가―지방정부 관계 재정립을 위한 헌법 개정안 연구」(2006. 12), 311쪽.

11) 홍정선, 앞의 책, 57쪽.

12) 홍정선, 앞의 책, 58쪽.

13) 한편 과세자주권의 내용으로 ① 세목의 결정권 ② 세율 결정권 ③ 과세 객체의 선택 ④ 과세표준의 결정권을 드는 견해가 있다. 최철호, "제10장 자치재정권 확보 방안의 법적 고찰"「한

권을 인정하는 것에 대해서는 큰 문제가 없다.[14] 지방자치단체의 재정자립도가 낮은 상태에서 재정지원요구권은 절실한 문제가 아닐 수 없기 때문이다.[15]

헌법재판소는 지방자치단체에 자치재정권이 있다는 사실만으로 특정한 조세 등 수입원을 보장 받을 권한이 생기는 것은 아니고 법률의 규정에 따라 생기며, 어떤 종류의 조세를 반드시 국세나 지방세로 해야 한다는 헌법적 근거나 논리적 당위성이 없으며 따라서 입법자는 「헌법」 제59조에 근거해 조세를 국세나 지방세 중 어떤 것으로 할 것인지, 그리고 지방세로 할 조세를 광역자치단체나 기초자치단체 중 어디에 귀속시킬 것인지 등을 결정할 권한이 있다고 하여 조세에 관한 한 입법형성의 자유에 놓여 있다고 판시했다.[16]

2) 자치입법권의 보장   지방자치와 분권화의 핵심요소에는 자치입법권이 있다. 지방자치단체가 자치입법권을 가진다는 것은 권력분립원칙의 위반으로서의 헌법위반이 아니라 「헌법」에 명문으로 그 근거가 주어져 있다. 조례에 관한 근거규정인 「지방자치법」 제22조는 「헌법」의 구체화라고 할 수 있다.[17]

「헌법」 제117조제1항은 "법령의 범위 안에서 자치에 관한 규정을 제정할 수 있다"고 규정하고 있다. 「헌법」이 말하는 '법령의 범위 안에서'라는 표현의 의미·내용이 명백하지 않다고 비판하는 견해가 있다.[18] 그것은 지방자치단체의 자치입법도 행정의 한 부분이므로 조례도 당연히 행정의 법률적합성의 원칙의 적용을 받으므로 조례가 법률우위원칙에 반할 수 없음은 명백하지만, 조례에 법률유보가 어느 범위까지 미치는가는 명백하지 않기 때문이다.

「헌법」의 '법령의 범위 안에서'란 지방자치단체의 조례제정권이 법령의 제약을 받는다는 뜻이고 '법령'이란 헌법, 법률, 명령 등 국가가 정립하는 법을 의미한다. 「지방자치법」 제22조 본문은 "지방자치단체는 법령의 범위 안에서 그 사무에 관하여 조례를 제정할 수 있다"라고 규정하고 있는데, '법령의 범위 안에서'라 함은 법령에 위반되지 않는 범위 내에서'를 가리킨다고 보는 것이 학설과 판례의

국 지방자치의 발전과 과제」(한국지방자치학회 편, 대영문화사, 2016), 304쪽.
14) 홍정선, 앞의 책, 58쪽. 지방자치단체가 자신의 업무의 수행에 필요한 재정적 상태에 있지 않다면, 지방자치단체의 사무수행의 기능은 핵심영역이 위협받게 되므로 최소한의 재정확보를 국가에 대하여 지원 요청할 수 있는 권리를 가지며 이러한 범위에서 국가는 지원의무를 진다고 보아야 하기 때문이다.
15) 참고로 2019년 지방자치단체 재정지표분석에 따르면 제주특별자치도는 36.5%로 나타났다. 전국 평균이 51.4%로 나타났다. 재정자립도는 전체 예산 가운데 자체적으로 벌어들이는 비율이다.
16) 헌재 2010. 10. 28. 2007헌라4.
17) 홍정선, 앞의 책, 299쪽.
18) 홍정선, 앞의 책, 313쪽.

입장이다.[19] 국가 법령의 조례에 대한 우위는 통일적인 국가법질서를 유지하기 위하여 요구되지만[20] 국가입법권과 자치입법권의 협력이 요구된다.[21]

(4) 헌법상 지방자치보장에 대한 비교법적 결과

EAI분권화센터의 연구보고서에 따르면, 연방제 국가인 독일, 러시아, 멕시코, 스위스와 단방제 국가인 이탈리아, 스페인, 대만, 프랑스, 스웨덴, 일본 등의 전체 「헌법」조항 수에서 지방분권화 및 지방자치 관련 조항 수가 차지하는 비율 등을 조사한 결과는 아래와 같은데 우리나라가 꼴찌이다. 현행 「헌법」이 지방자치와 관련하여 「헌법」에 제117조와 제118조 두 개의 조항만을 두고 있으니 당연한 결과이기도 한데, 국제적인 지방분권 추세와는 거리가 멀다는 것은 분명하다. 독일 (96점) > 이탈리아(81점) > 스페인과 러시아(75점) > 대만(72점) > 멕시코(69점) > 프랑스(67점) > 스위스(53점) > 스웨덴(37점) > 일본(35점) > 한국(28점) 순으로 나타났다.[22]

EAI분권화센터의 연구보고서에 따르면, 결과적으로 우리 「헌법」은 다른 국가들에 비해 첫째, 지방자치 관련 조항 자체가 빈약하며, 둘째, 지방자치에 관한 형식적 및 원칙적 조항에 비해 내용적 차원이라 할 수 있는 운영에 대한 구체적인 조항이 적으며, 셋째, 다른 국가들에 비해 법률에 유보 또는 위임한 규정이 많다는 특징이 발견된다.[23]

3. 「지방자치법」상 일반자치제의 주요 내용

지방자치가 헌법적으로 보장되어 있다고 하여 절대적으로 침해될 수 없는 무제한적인 보장을 의미하는 것은 아니다. 지방자치의 제도보장의 결과 지방자치제도의 구체적 형성은 법률에 유보되어 있다. 따라서 지방자치의 본질적 영역을 침해하지 않는 한, 입법자는 지방자치의 내용을 구체화할 수 있는 형성의 자유를 가진다.[24]

지방자치의 헌법적 보장에도 불구하고 지방자치의 구체적 내용의 대부분은 「지방자치법」에서 규율하고 있다. 지방자치단체의 자치권으로는 자치조직권, 자

---

19) 박균성, 앞의 책, 1014쪽 및 1017쪽: 대판 2009. 4. 9, 2007추103.
20) 박균성, 앞의 책, 1017쪽.
21) 홍정선, 앞의 책, 60쪽.
22) 자세한 것은 EAI분권화센터, 앞의 연구보고서, 199쪽 참조.
23) EAI분권화센터, 앞의 연구보고서, 234쪽 참조.
24) 조성규, 앞의 글, 77쪽.

치행정권, 자치입법권, 자치재정권 등을 들 수 있다.

(1) 자치조직권

자치조직권은 지방자치단체가「헌법」과 법률의 범위 내에서 자기의 조직을 자주적으로 정할 수 있는 권한을 말한다. 지방자치단체는 그 사무를 분장하기 위하여 필요한 행정기구를 두되, 이는 대통령령으로 정하는 기준에 따라 그 지방자치단체의 조례로 정한다(지방자치법 제112조).

「지방자치법」은 중앙정부가 지방자치단체에 근무하는 지방공무원의 인사에도 강력한 통제권을 행사할 수 있도록 보장하고 있다. 일례로「지방자치법」제110조 제1항은 "특별시·광역시 및 특별자치시에 부시장, 도와 특별자치도에 부지사, 시에 부시장, 군에 부군수, 자치구에 부구청장을 두며, 그 정수는 다음 각 호와 같다"고 규정하고 있으며, "5급 이상의 국가공무원이나 고위공무원단에 속하는 공무원은 해당 지방자치단체의 장의 제청으로 소속 장관을 거쳐 대통령이 임명"하도록 규정하고 있다(제111조 제6항).

(2) 자치행정권

자치행정권은 지방자치단체가 지방자치단체의 사무를 처리함에 있어서 국가의 후견적 감독 없이 자율적으로 처리할 수 있는 권한을 말한다. 그러나 지방자치단체의 행정은 국가법질서를 위반해서는 안 된다. 지방자치단체에 대한 후견적 감독은 인정될 수 없으며 지방자치단체의 행정에 대한 국가의 감독은 원칙상 적법성통제에 한정되어야 한다.[25)]

감사원은 지방자치단체에 대한 회계검사와 직무감찰을 통하여 지방자치단체의 기능을 통제할 수 있도록 규정하고 있다. 즉「감사원법」제20조는 "감사원은 국가의 세입·세출의 결산검사를 하고, 이 법 및 다른 법률에서 정하는 회계를 상시 검사·감독하여 그 적정을 기하며, 행정기관 및 공무원의 직무를 감찰하여 행정운영의 개선과 향상을 기한다"고 규정하고 있다. 그리고「감사원법」제22조(필요적 검사사항)와 제23조(선택적 검사사항)를 근거로 감사원이 감사를 할 수 있다. 그리고 대통령령인「행정감사규정」을 통해서도 지방자치단체에 대한 감사가 가능하다.

또한「지방자치법」에도 이와 같은 수준의 감사 규정이 존재한다. 즉「지방자치법」제171조 제1항은 "행정안전부장관이나 시·도지사는 지방자치단체의 자치사무에 관하여 보고를 받거나 서류·장부 또는 회계를 감사할 수 있다. 이 경우

---

25) 박균성, 앞의 책, 1010쪽.

감사는 법령위반사항에 대하여만 실시한다"고 규정하고 있다. 주무장관이 지방자치단체의 자치권에 속하는 사항을 감사하는 것은 적절하지 아니하다.[26]

(3) 자치입법권

1) 자치입법권의 의의   자치입법권이란 지방자치단체가 자치행정에 대하여 법령의 수권 없이 자율적으로 법규를 제정하는 권한을 말하는데, 조례제정권과 규칙제정권이 있다. 이 중 조례제정권의 범위가 문제되고 있다. 「헌법」 제117조와 「지방자치법」 제22조 본문에 규정된 '법령의 범위 안에서'는 법률우위원칙뿐만 아니라 법률유보원칙도 준수하여야 한다는 것을 의미한다.[27] 따라서 조례는 지방자치단체의 사무(고유사무와 단체위임사무)에 관하여는 법령의 위임이 없이도 제정될 수 있지만 기관위임사무는 국가사무이므로 법령의 위임이 있는 경우에 한하여 조례가 제정될 수 있다.[28]

조례의 한계를 엄격하게 보는 경우 자치입법에 기초한 지방자치권은 그만큼 축소될 수밖에 없는바, 미국 등 선진국의 지방자치제도가 좁은 '딜런의 원칙(Dillon's Rule)'[29]으로부터 자치권(home rule)의 우월성을 인정하는 방향으로 발전한 점을 상기하면 우리나라의 자치권 보장의 수준이 매우 미흡하다는 비판[30]에 깊이 공감할 수 있다.

조례에 대한 법률유보문제는 국가법질서 전반에 대한 헌법규범의 일반적 원리와 지방자치법질서에 관한 헌법규범의 특수한 원리 사이의 충돌에서 비롯되는 것으로 이에 대해서는 「헌법」 자체에서 좀 더 명확한 결단을 내려줄 필요가 있다.[31] 왜냐하면, 이 조항은 지방자치단체의 자율성을 현저히 저해하기 때문이다.[32] 자치

---

26) EAI분권화센터, 앞의 연구보고서, 324쪽.

27) 김남철, 「행정법강론」 제4판(박영사, 2018), 1039쪽.

28) 대판 1995. 12. 22, 95추32.

29) 딜런의 원칙은 미국의 주정부와 지방정부의 관계에서 시·군 등의 지방정부는 주정부의 피조물로서 명백히 부여된 자치권만을 행사하게 되며, 주정부는 지방정부를 폐지할 수 있다는 원칙을 말한다. 1868년 아이오와주 대법원의 원장이었던 딜런은 미국의 주정부와 지방정부 간 권력관계의 원칙을 설정하면서 "지방정부의 권력은 주헌법으로부터 유래된다"고 하는 딜런의 원칙을 천명하였다. 딜런의 원칙의 주요 내용은 다음과 같다. ① 지방자치의 관습적 권리는 인정되지 않는다. ② 지방자치단체는 주정부의 창조물이다. 지방자치단체의 창조와 폐지는 주의 재량권이다. ③ 지방에서의 권력은 수여받은 범위 내에서 행사한다. ④ 지방은 주 입법부의 의지를 실천하는 단순한 대리인이다. 한편 1875년 미주리주헌법이 'Home Rule'을 채택하였는데, 이는 지방정부에 대한 주의 간섭에 대한 시민의 저항에 따른 것이다(지방정부의 자치헌장 제정권 인정).

30) 김광수, "국가와 지방자치단체 간의 관계" 「지방자치법연구」 통권 제23호(한국지방자치법학회, 2009. 9. 20), 6쪽.

31) 조성규, 앞의 글, 96쪽.

32) 대표적으로 김성호, "조례제정권 범위에 관한 인식변화 추이 연구" 「지방자치법연구」 통권

행정을 국가 안에 있는 단체가 국가로부터 독립하여 스스로 행하는 행정33)으로 파악한다면 더욱 그러하다.

　2) 조례제정권의 범위   「지방자치법」 제22조는 "지방자치단체는 법령의 범위 안에서 그 사무에 관하여 조례를 제정할 수 있다. 다만, 주민의 권리 제한 또는 의무 부과에 관한 사항이나 벌칙을 정할 때에는 법률의 위임이 있어야 한다"고 규정하고 있다.

　조례제정권의 범위와 관련한 문제로는 ① 법률유보의 문제와 ② 법률우위의 문제가 있다. 먼저 법률유보의 문제를 살펴보자. 조례는 원칙상 법령의 위임 없이 제정될 수 있다. 「지방자치법」 제22조 본문에서 '법령의 범위 안에서'란 '법령에 위반되지 않는 범위 내에서'를 가리킨다.34) 주민의 권리제한 또는 의무부과에 관한 사항이나 벌칙을 정하는 조례는 그 조례의 성질을 묻지 아니하고 법률의 위임이 있어야 하고(제22조 단서), 그러한 위임이 없이 제정된 조례는 위법하다.35)

　조례제정권을 제한하고 있는 「지방자치법」 제22조 단서에 대하여 위헌이라는 주장이 제기되고 있는데, 대법원은 「지방자치법」 제22조 단서는 기본권 제한에 대하여 법률유보원칙을 선언한 「헌법」 제37조 제2항의 취지에 부합한다고 판시하여 합헌설을 취하고 있으며,36) 헌법재판소도 「지방자치법」 제22조 단서가 합헌이라고 보고 있다.37) 기본권제한적 조례를 제정하는 경우에는 「지방자치법」 제22조 단서조항이 없더라도, 「헌법」 제37조 제2항의 제한을 받게 된다는 점에서 입법론적으로는 위 단서조항을 삭제하는 것이 바람직하다.38) 이에 대해 "「지방자치법」 제22조 단서는 「헌법」 제37조 제2항을 특별히 강조 내지 확인하는 규정에 지나지 않는다는 점에서 위헌으로 보기에는 지나친 감이 있다. 다만, 「지방자치법」 제22조 단서는 다소 불필요한 조항이기는 하나, 기본권제한과 관련된 판단에 있어서 최소한의 보장을 위한 규정이기도 하기 때문에, 오히려 조례제정권의 범위를 두텁게 보호하여 조례제정을 허용하되, 기본권제한과 관련하여서는 비례의 원칙(과잉금지의 원칙)에 의해 조례의 위법성을 판단할 수 있을 것"으로 보는 견해도 있다.39)

　　제23호(한국지방자치법학회, 2009. 9. 20), 78쪽.
　33) 신봉기, 「행정법개론」(삼영사, 2011), 625쪽.
　34) 홍정선, 앞의 책, 308쪽.
　35) 박균성, 앞의 책, 1014쪽.
　36) 대판 1995. 5. 12, 94추28; 1997. 4. 25, 96추251.
　37) 헌재 1995. 4. 20, 92헌마264.
　38) 김남철, 앞의 책, 1048쪽 참조.
　39) 정남철, 「현대행정의 작용형식」(법문사, 2016), 421쪽 참조.

다음으로 법률우위의 문제를 살펴보자. 조례는 국가의 법령에 위반할 수 없다. 「지방자치법」 제22조 본문은 "지방자치단체는 법령의 범위 안에서 그 사무에 관하여 조례를 제정할 수 있다"고 규정하고 있는데, '법령의 범위 안에서'는 "법령에 위반되지 않는 범위 안에서"로 해석하여 조례제정권의 범위를 넓게 해석하고 있다.[40]

조례가 법령을 위반하는지 여부는 법령과 조례 각각의 규정 취지, 규정의 목적과 내용 및 효과 등을 비교하여 둘 사이에 모순·저촉이 있는지의 여부에 따라 개별적·구체적으로 결정하여야 한다.[41] 엄격한 법률선점론(국가법령이 이미 정한 사항에 대하여 조례로 정하는 것은 위법하다고 보는 견해)은 타당하지 않고, 완화된 법률선점론(지역의 실정에 맞는 공해 규제 등 지방자치단체의 자치입법권을 보장하기 위하여 국가법령이 정한 사항이라도 지역의 특수성을 고려하여 조례로 달리 정할 수 있다는 견해)이 오늘날 다수견해이다.[42]

문제가 되는 것은 법령과 조례가 동일한 사항을 규율목적으로 규정하고 있는 경우에, 법령이 정한 기준을 초과하여 보다 강화하거나 보다 약화된 기준을 정한 조례(이를 '초과조례'라 한다: 예컨대 환경법령이 오염물질의 배출허용기준을 "4ppm 이내"로 정한 경우에, 조례가 "3ppm 이내"로 정하는 것이 허용되는지 여부)가 법률우위의 원칙에 반하는가 하는 것이다.[43] 판례는 조례가 법령이 이미 정하고 있는 사항에 대하여 법령과 동일한 목적으로 규율하고 있는 경우에도 명문의 규정으로 또는 해석상 국가법령이 조례로 지방의 실정에 맞게 별도로 규율하는 것을 용인하는 경우에는 그 조례가 국가의 법령에 위배되는 것은 아니라고 한다.[44]

(4) 자치재정권

자치재정권이란 지방자치가 이루어지기 위해서는 지방자치단체가 자주적으로

---

40) 박균성, 앞의 책, 1017쪽.

41) 대판 2008. 6. 12, 2007추42<공항고속도로 통행료사건>; 2009. 10. 15, 2008추32.

42) 박균성, 앞의 책, 1017쪽.

43) 이에 대해 "조례와 법령이 경합·충돌하는 구체적 사례"로 첫째, 법령과 다른 목적으로 조례로 규율하는 경우, 둘째, 국가의 법령과 동일한 목적이나 조례가 법령보다 엄격하게 규율하는 경우, 셋째, 조례가 법령과 동일한 목적으로 제정되는 경우에도 해당 지역의 실정에 맞게 대상을 달리 규율하는 경우, 넷째, 급부행정에 있어서 조례가 법령보다 그 적용기준을 확대하여 규율하는 경우 등으로 구별하여 구체적으로 고찰하는 견해가 있다. 정남철, 앞의 책, 416~418쪽 참조.

44) 대판 1997. 4. 25, 96추244; 2006. 10. 12, 2006추38<지방의회조례안재의결 무효확인청구>. 차고지확보제도를 규정한 조례안이 법률의 위임근거는 있으나, 그 내용이 자동차등록기준 및 차고지 확보기준에 관한 상위법령의 제한범위를 초과하여 무효라고 판시하였다.

재원을 취득하고, 재산을 관리하고, 재원을 지출할 권한을 말한다. 「지방자치법」
은 "제7장 재무"를 통해 지방자치단체의 세입과 세출에 대한 모든 사항을 규제하
고 있을 뿐만 아니라 예산과 결산, 수입과 지출 및 재산 및 공공시설에 대해서도
구체적인 제한을 설정하거나 "법률이 정하는 바에 따라" 혹은 "법령의 범위 안에
서"와 같이 규정함으로써 지방자치단체의 자율성의 범위와 수준에 제약을 가하고
있다.[45]

자치재정권과 관련하여 중앙정부의 지방세법 개정을 통한 조세정책 제한은
지방자치단체의 재정자주권을 침해한다는 주장이 제기되고 있다.[46] 따라서 중앙
정부가 지방자치단체의 조세경쟁에 개입할 경우에는 지방자치권의 침해가 최소화
되는 선에서 이루어져야 하고 그 개입의 결과가 지방자치단체 간 재정력 불균형
이 완화되는 방향으로 결정되어야 한다는 견해도 제시되고 있다.[47]

Ⅲ. 특별자치제의 주요 내용

1. 특별자치제의 의의

특별자치제란 한 국가 내에서 특정한 지역에 대하여 다른 지역과 차별성이
있는 자치를 인정하는 제도를 말한다. 즉 한 국가의 「헌법」에서 지방자치에 관한
규정을 두어 지방자치를 헌법적으로 보장하는 경우에 있어서도 특정한 지역에 대
하여는 다른 지역과 차별성이 인정되는 자치를 보장하는 제도를 두는 경우가 이
에 해당한다. 마데이라 제도와 아조레스 군도를 특별자치지역으로 규정하고 있는
「포르투갈헌법」이 대표적인 사례로 꼽힌다.[48] 그것은 연방국가형태가 아닌 단일
국가체제하에서 특정한 지역에 자치권의 특례를 「헌법」에 인정하고 있는 예이기
때문이고 우리의 「제주특별법」의 모델이기도 하다. 그런 측면에서 「포르투갈헌법」
의 특별자치제를 살펴볼 실익이 있다.

우리 「헌법」은 특별자치제를 보장하고 있지 아니하고 법률로 보장하고 있을
따름이다. 특별자치제는 「헌법」 제117조의 일반자치제와 차별화된 고도의 자치권

---

45) EAI분권화센터, 앞의 연구보고서, 323쪽.
46) 민기·윤현석, "지방자치단체의 자치재정권과 조세경쟁" 「지방자치법연구」 통권 제35호(한국
　　지방자치법학회, 2012. 9. 20), 245쪽.
47) 민기·윤현석, 앞의 글, 246쪽.
48) 표명환, "지방자치의 헌법적 보장 과제로서의 '특별자치제'" 「헌법학연구」 제15권 제3호(2009.
　　9), 500쪽.

보장 및 지위 보장을 그 내용으로 한다. 「제주특별법」도 그러한 입법취지를 담고
있다. 물론 서울특별시와 세종특별자치시도 특별자치제의 일종이지만 제주특별자
치도와는 현저한 차이를 가지고 있다.

　「제주특별법」은 "고도의 자치권이 보장되는 제주특별자치도를 설치하여 실질
적인 지방분권을 보장"하기 위해 제정되었다(제1조). 그리고 「제주특별법」은 「지방
자치법」 등 다른 법률에 대한 특별법으로서의 성격을 가진다. 즉 "이 법은 제주
자치도의 조직·운영, 중앙행정기관의 권한 이양 및 규제완화 등에 관하여 다른
법률에 우선하여 적용한다. 다만, 다른 법률에 제주자치도에 관하여 특별한 규정
이 있는 경우에는 그러하지 아니하다"고 규정하고 있다(제6조 제1항).

2. 특별자치제의 외국 입법례

　특별자치제의 외국 사례로 단방국가인 이탈리아헌법, 프랑스헌법, 스페인헌
법, 핀란드헌법, 포르투갈헌법 등에 대해 소개하였다.[49] 참고로 스코틀랜드는 역
사·문화적으로 잉글랜드와는 차이가 큰 지방이어서 1990년대에 특별한 자치권을
획득한 바 있다. 이 중 제주특별자치도와 인연을 갖고 있는 포르투갈헌법상 특별
자치제에 대해서는 보다 소상하게 살펴보고자 한다.

(1) 주요국의 특별자치제 개관

　1) 이탈리아헌법　　이탈리아헌법은 지방자치제도를 채택하고(제V편), 시, 도,
대도시, 주 등 다양한 수준의 자치제를 인정하고 있다(제114조). 프리울리베네치아
줄리아, 사르데냐, 시칠리아, 트렌티노알토아디제, 발레다오스타는 헌법률로 채택
된 특별법에 따라 특별한 자치의 형식을 부여하고 있다(제116조).[50]

　2) 프랑스헌법　　프랑스헌법 제1조 제4항은 프랑스의 국가조직은 지방분권적
이라고 규정하고 있다. 프랑스가 우리의 지방자치와 비교되는 지방자치단체의 자
유로운 행정의 헌법적 보장에도 불구하고 헌법 제1조 제4항을 새로 규정하고 프
랑스의 분권화를 천명한 것은 "분권-행정(법)상 분권-지방분권" 식의 인식에서
벗어나 (지방) 분권화된 단일국가에서의 국가와 지방자치단체간의 관계에 관한 원
칙을 국가를 구성(조직)하는 헌법상 기본원칙으로 새롭게 인식했다고 보는 것이

---

49) 일부 학자 중에는 단방제의 체제 하에서 영국정부와 스코틀랜드의 관계를 적절한 모형으로
　 보고 있다. 그것은 스코틀랜드가 영국의 단방제 하의 지역임에도 불구하고 독자적인 입법, 사
　 법, 행정, 교육제도는 물론 독자적인 화폐를 가질 정도로 자치권을 가지고 있기 때문이라고 한
　 다. 김순은, 앞의 기조강연, 14쪽 및 26쪽 참조.
50) 국회도서관, 「세계의 헌법」, 215쪽.

타당하다.51)

특히 중앙집권국가였던 프랑스는 지방분권 개헌을 통해 국가 경쟁력을 높이고 지방을 활성화시켰다. 즉 국가개혁 차원에서 단일국가의 분권화된 조직을 향한 프랑스헌법 개정은 국가와 지방자치단체의 권한배분에 있어 좀 더 후자에게 많은 법적, 재정적 권한을 부여하였다고 평가되고 있다.52)

3) 스페인헌법   스페인헌법은 지역적, 역사적, 문화적 다양성을 지닌 다민족국가인 스페인에서 각 지역주민의 인권, 문화 및 전통, 언어, 제도는 보호되며(전문), 스페인을 구성하는 민족 및 지역의 자치권 및 이들 사이의 연대를 인정 및 보장한다(제2조).

국가는 영역상 시·군·구, 현(縣) 및 자치공동체로 구성된다(제137조). 시·군·구의 자치는 보장되며 완전한 법인격을 가진다. 정치 및 행정은 지방의회가 수행한다(제140조). 현은 고유한 법인격을 가지는 지방조직이며 현의 정치는 현의회 또는 그 밖의 대의적 성격을 가지는 기관이 담당한다(제141조 제2항).

「헌법」은 공통의 역사적, 문화적, 경제적 성격을 갖는 현, 도서(島嶼)지역들이 자치공동체를 구성할 수 있다고 규정하고 있다(제143조). 자치공동체에 관한 조문은 제143조부터 제158조에 이르는 방대한 규정을 가지고 있다.53)

4) 핀란드헌법   핀란드헌법은 올란드 諸島의 특별지위를 인정하고 있다. 올란드 제도는 올란드 제도 자치에 관한 법의 구체적 규정에 따라 자치한다(제120조). 조문은 한 개 뿐이다.54) 올란드 제도의 자치는 1921년 국제연맹에 의해 공인되었고 1995년 핀란드의 유럽연합 가입에 관한 조약에서 다시 확인되었다. 법률에 따라 올란드 제도는 정치적으로 중립지역으로 남아 있으며 올란드 제도의 주민들은 핀란드의 병역의무 및 핀란드 방위군 복무의무 등이 면제되었다. 1920년에는 핀란드 국회가 올란드 제도의 자치권에 관한 법률을 제정하면서 광범위한 자치권을 부여받았다. 이 법률은 1951년과 1991년에 같은 이름의 법률로 개정되었다.55) 올란드 제도의 주민 대부분이 스웨덴인으로 스웨덴어가 공용어이지만 스웨덴으로 편입하자는 주장이 강하지 않는데, 그 이유는 광범위한 자치권 때문이라고 한다.

---

51) 전훈, "지방분권을 위한 헌법개정" 「지방자치법연구」 통권 제19호(한국지방자치법학회, 2008. 9. 20), 215쪽.

52) 전훈, 앞의 글, 215쪽.

53) 국회도서관, 앞의 자료집, 682쪽.

54) 국회도서관, 앞의 자료집, 682쪽.

55) 위키백과 참조.

(2) 포르투갈헌법상 특별자치제

1) 서언   제주특별자치도가 입법모델로 참고한 마데이라 제도(諸島)(행정상 공식 명칭은 '마데이라 자치주'⟨Região Autónoma da Madeira⟩)56)가 속한 포르투갈의 경우에는 헌법에서 단일국가임을 표방하면서도 동시에 마데이라 제도와 아조레스 군도(群島)의 경우에는 자체적인 정치·행정에 관한 법률을 제정할 수 있는 권한과 자치기관을 가지는 특별자치지역임을 명시하고 있다. 제도(諸島)와 군도(群島)는 모두 많은 섬들이 무리를 이루고 있는 것을 뜻한다.

외국의 「헌법」에서 특정 지역에 대해 특별한 자치권을 인정하는 경우 섬 지역이 많다는 것이 특징이다. 섬 지역에서 자치에 관한 헌법적 특례를 인정받고 있는 이유는 섬 지역은 지리적으로 접근하기가 어려워 물류 및 산업기반 조성에 불리하며, 독특한 자연환경과 문화를 바탕으로 한 관광산업발전을 꾀하기에 유리하다는 특수성이 있기 때문으로 분석한다. 특별자치제가 실시되고 있는 제주특별자치도 또한 한반도 남단에 위치한 섬 지역57)으로 오랫동안 형성되어 온 고유한 지역적·문화적·역사적 특성들이 강한 것은 주지하는 바이다.

2) 특별자치제 추진배경   아조레스 군도 및 마데이라 제도의 특별자치제 도입은 포르투갈헌법 제225조(아조레스 군도 및 마데이라 제도의 정치 및 행정 체제)에서 규정하고 있는 바와 같이 지리적·경제적·사회적·문화적 특성과 지역주민들의 자치에 대한 열망이 근본적인 배경으로 알려져 있다.

마데이라는 리스본으로부터 992km, 아조레스는 1,500km 떨어져 있으며 기후도 각각 아열대 및 대양성 기후이다. 15~16세기에 많은 포르투갈인들이 마데이라 제도와 아조레스 군도로 이주한 이후 상당기간 포르투갈 본토와 왕래가 소원(疎遠)하여 사회적·문화적 차이가 발생하였다.

---

56) 마데이라 제도는 30년 전까지만 해도 포르투갈에서 가장 낙후된 지역 중 하나였다. 그러나 1976년 7월 1일 포르투갈 정부로부터 '특별자치구'로 지정돼 헌법상의 지위를 인정받으면서 지금은 리스본에 이어 포르투갈에서 두 번째로 잘 사는 지역으로 변모했다고 한다. 그렇다면 역사적으로 유배지로 활용되는 등 제주처럼 한때 변방의 섬이었던 마데이라가 '부자 섬'이 될 수 있었던 이유는 무엇일까. 그것은 바로 '특별자치권'과 함께 '재정권'을 보장받은데 있다. 마데이라의 자치수준은 국방과 외교를 제외한 모든 분야에 걸쳐 실시되고 있으며 주지사는 마데이라를 대표해 유럽연합 등 각종 국제기구 회의에 참석해 국제조약과 협정을 체결할 수 있다. 재정 분야에서도 지역에서 걷히는 국세 수입 전액이 마데이라주에 귀속돼 자치재원으로 사용되고 있으며 국세의 세율 감면(30%) 권한까지 갖고 있다. 이에 따라 마데이라는 전체 예산의 70%를 자주재원으로 확보해 정부에 기대지 않는 '완벽한 자치'를 시행하면서 '대서양의 진주'로 불리우며 세계 각국 지역의 벤치마킹 대상이 되고 있다. 제주일보 2007년 7월 4일자 "[제주포럼] 제주특별자치도는 특별해야 한다" 칼럼 참조.

57) 제주도는 육지와의 거리가 완도 78km, 목포 154km, 부산 302km에 이른다(두산백과 참조).

아조레스 제도는 1895년 3월 당시 왕정시대임에도 불구하고 강력한 자치 요구로 제한적이나마 자치권을 부여받았으나 1910년 공화정 대두 및 1927년 독재 시작으로 자치권 행사가 불가능하였다. 마데이라 군도는 1901년 8월 헌법상 자치권을 부여받았지만 실시되지 않았다. 참고로 마데이라 제도는 2007년 1월 제주특별자치도와 자매결연 합의서를 체결한 바 있다.

1974년 4월 혁명 후, 「헌법」이 개정되어 현행헌법의 토대가 마련되는 과정에서 마데이라 제도와 아조레스 군도의 주민들의 자치 요구가 헌법에 반영되었다. 포르투갈 정부는 「마데이라의 정치적 · 행정적 지위에 관한 법률」 및 「아조레스의 정치적 · 행정적 지위에 관한 법률」을 제정하여 시행 중에 있다.58)

포르투갈헌법의 특별자치제를 구체적으로 살펴봄으로써 우리의 지방분권 개헌 시 제주특별자치도에 대한 헌법상 지위와 관련하여 시사점을 얻을 필요가 있다.

〈마데이라 제도와 아조레스 군도〉

아조레스 군도 →

← 마데이라 제도

3) 특별자치제의 주요 내용   포르투갈헌법의 특별자치제의 주요내용은 다음과 같다. 제5조 제1항은 "포르투갈은 역사적으로 볼 때 포르투갈, 아조레스 군도 및 마데이라 제도로 정의되는 유럽 본토의 해당 영토로 구성된다"고 규정하고 있다. 제6조 제2항은 "아조레스 군도 및 마데이라 제도는 자체적인 정치 · 행정 법령과 자치기관을 갖춘 기구이다"라고 규정하고 있다. 제9조 제7호에서 "아조레스 군도 및 마데이라 제도의 주변적 특성을 특별히 감안하여 포르투갈 영토 전역의 조화

---

58) 마데이라는 현재 국방 · 외교 · 세관 · 치안 · 사법 이외의 광범위한 영역에서 자치권을 누리고 있다. 1977년 자치권 행사를 위해 「마데이라의 정치적 · 행정적 지위에 관한 법률」을 제정하였으며, 이 법률 제5조에서는 "마데이라 제도는 헌법이 정하는 범위 안에서 정치, 행정, 재정, 조세상의 자치권을 가진다."라고 규정하고 있다. 그리고 같은 법률 제36조 및 제37조에 의해 마데이라 자치주 의회는 '정치적 권한'과 '입법권'을 가지고 있고, 같은 법률 제69조에 의해 자치정부는 '자치법령 입안', '자치주 예산편성권'을 가지고 있다(2017년 6월 2일자 제주의 소리 "누구를 위한 특별자치도인가?" 기사 참조).

로운 개발 증진"을 국가기본과제의 하나로 규정하고 있다. 제7편에서 "자치구"를
규정하고 있고, 제8편에서 "지방정부"를 규정하고 있다. 제7편은 아조레스 군도
및 마데이라 제도를 특별자치지역으로 규정하고 있다. 제288조 제14호는 "아조레
스 군도 및 마데이라 제도의 정치·행정적 자치권"을 개헌을 규제해야 하는 사안
들의 하나로 명시하고 있다.

가. 자체적인 정치·행정 법령과 자치기관을 갖춘 기구로서의 아조레스 군도 및
마데이라 제도   포르투갈헌법 제6조(단일국가)는 '단일국가'에 관한 규정이다. 제1
항은 "국가는 단일국가의 면모를 갖추어야 하며 민주정치의 자율적인 독립체제와
보충성의 원칙, 지방자치단체의 자치권 및 공공행정의 민주적 분권을 존중하는
방식으로 구성 및 기능한다"고 규정하고 있다. 국가의 구성 및 기능은 지방자치
단체의 자치권 및 공공행정의 민주적 분권을 존중하는 방식이 되어야 한다는 것
이다. 이는 「헌법」이 자치권과 지방분권을 엄중하게 요청한 것으로 이해할 수 있
는데, 특별자치제(제7편) 보다는 일반자치제(제8편)에 해당한다고 볼 수 있다. 왜냐
하면 포르투갈헌법 제8편 지방정부 제237조의 '행정적 지방분권'에서 그러한 내용
들을 규율하고 있기 때문이다. 그리고 제2항은 "아조레스 군도 및 마데이라 제도
는 자체적인 정치·행정 법령과 자치기관을 갖춘 기구이다"라고 규정하고 있다.
'단일국가'에 관한 규정에 아조레스 군도 및 마데이라 제도의 특별자치기관임을
명시하고 있는 것도 특징적이라 할 수 있다. 「헌법」 조문형식상 아조레스 군도
및 마데이라 제도는 '국가'와 동등한 반열에 위치하고 있다는 의미로 이해해도 좋
을 듯하다.

나. 국가기본과제의 하나로서의 '아조레스 군도 및 마데이라 제도의 개발'   포르
투갈헌법 제9조(국가기본과제)는 국가기본과제로 8가지를 규정하고 있는데, 그 중
의 하나가 '아조레스 군도 및 마데이라 제도의 개발'이다(제7호). 즉 제7호는 "아조
레스 군도 및 마데이라 제도의 주변적 특성을 특별히 감안하여 포르투갈 영토 전
역의 조화로운 개발 증진"이 그것이다. 「헌법」이 국가기본과제의 하나로 '아조레
스 군도 및 마데이라 제도의 개발'을 명시하고 있는 것은 특별자치지역의 발전에
대한 중앙정부의 확고한 의지를 나타내는 것으로 해석된다. 제주특별자치도의 경
우 '국제자유도시[59] 건설'이 궁극적인 목표인 만큼 제9조 제7호가 우리에게 주는
시사점이 적지 않다고 생각된다.[60] 왜냐하면 사람·상품·자본의 국제적 이동과

---

59) 「제주특별법」 제2조(정의) 이 법에서 "국제자유도시"란 사람·상품·자본의 국제적 이동과 기업
활동의 편의가 최대한 보장되도록 규제의 완화 및 국제적 기준이 적용되는 지역적 단위를 말한다.

기업활동의 편의가 최대한 보장되도록 하기 위해서는 국가의 강력한 지방분권 의지와 함께 적극적인 지원이 필요하기 때문이다.

　　다. 지역 주민들의 자치권에 대한 역사적 염원을 바탕으로 한 아조레스 군도 및 마데이라 제도의 정치 및 행정 체제　　'아조레스 군도 및 마데이라 제도의 정치 및 행정 체제'에 대해 규정하고 있는 포르투갈헌법 규정은 제225조이다. 제225조 제1항은 "아조레스 군도 및 마데이라 제도에 적용 가능한 특정 정치·행정 제도는 이들 지역의 지리적, 경제적, 사회적, 문화적 특성들을 근거로 하여 지역 주민들의 자치권에 대한 역사적 염원을 바탕으로 한다"고 규정하고 있는데 지리적 특성을 앞세우고 있는 것이 인상적이다. 제2항에서는 "이들 지역의 자치권은 지역 주민들의 민주적 참여, 경제·사회적 개발 및 지역 이권의 조성 및 옹호를 보장하는 한편, 포르투갈 국민들 간의 국가적 단결과 연대 의식을 공고히 하는데 그 목적이 있다"고 규정하고 있으며, 제3항에서는 "지역의 정치·경제적 자치권은 국가 주권의 완전성에 영향을 미치지 아니하며 「헌법」의 전체적인 틀 내에서 행사된다"고 규정하고 있다.

　　생각건대, 제225조는 아조레스 군도 및 마데이라 제도에 적용 가능한 특정한 정치·행정제도를 지역 주민들의 자치권에 대한 역사적 염원과 연결시키고 있는 점이 특징적이다. 그리고 이들 지역의 "정치·경제적 자치권"을 "「헌법」의 전체적인 틀 내에서 행사"하도록 하고 있는 점도 눈여겨 볼 필요가 있다. 제225조도 우리에게 주는 시사점이 적지 않은데, 그것은 제주특별자치도의 경우에도 제주도민들의 자치에 대한 염원을 한데 모아 종전의 지리적·역사적·인문적 특성을 바탕으로 고도의 자치권이 보장되는 제주특별자치도를 설계한 것이기 때문이다.

　　라. 개헌을 규제해야 하는 사안들의 하나로서의 아조레스 군도 및 마데이라 제도의 정치·행정적 자치권　　포르투갈헌법 제288조(개헌을 규제해야 하는 제반 사안)는 「헌법」 개정의 한계를 규정하고 있다. 그 중에서 제14호는 "아조레스 군도 및 마데이라 제도의 정치·행정적 자치권"을 명시하고 있다. 「헌법」 개정의 한계는 매우 중요하다. 그런 측면에서 개헌시 제한사유로 "아조레스 군도 및 마데이라 제도의 정치·행정적 자치권"을 명시적으로 밝히고 있는 것은 특별자치제 보장에 대한

---

60) 「제주특별법」 제1조(목적) 이 법은 종전의 제주도의 지역적·역사적·인문적 특성을 살리고 자율과 책임, 창의성과 다양성을 바탕으로 고도의 자치권이 보장되는 제주특별자치도를 설치하여 실질적인 지방분권을 보장하고, 행정규제의 폭넓은 완화 및 국제적 기준의 적용 등을 통하여 국제자유도시를 조성함으로써 국가발전에 이바지함을 목적으로 한다.

국가의 의지를 강력하게 천명하고 있는 것으로 해석할 수 있다. 제288조 제14호
도 제주특별자치도의 헌법상 지위 보장의 차원에서 참고할 만하다.

　　마. 특별자치의 법률에 관한 규정　　포르투갈헌법 제226조(제반 법령 및 선거법)
제1항은 "자치구 소속 의원들의 선거에 관한 정치·행정 법령의 초안 및 정부 법
안들은 상기의 의회에 의해 마련하며, 공화국의회에 상정해 논의 및 가결 또는
부결 절차를 진행한다"고 규정하고 있으며, 제2항은 "공화국의회가 상기의 초안
내지 법안을 부결 또는 수정할 경우, 동 초안 내지 법안을 각 의회에 반송해 검
토 및 의견수렴 절차를 진행한다"고 규정하고 있으며, 제3항은 "의견서가 작성된
경우, 공화국의회는 법령 초안 또는 정부 법안을 최종 검토해 표결을 실시한다"
고 규정하고 있다. 그리고 제4항에서는 "전항에 규정된 제도는 정치·행정 법령의
수정은 물론, 자치구 의회 소속 의원의 선거를 규율하는 법률의 수정안에 대해서
도 적용된다"고 규정하고 있다.

　　바. 아조레스 군도 및 마데이라 제도의 권한　　포르투갈헌법 제227조(자치구의
권한) 제1항은 "자치구는 영토 내 법인으로서 각 자치구 법령에 규정되는 다음의
권한을 가진다"고 규정하고 있다.

1. 해당 지역의 정치·행정 법령에서 기술되며 주권 행사 기관들의 배타적 책임에
   속하지 않는 사안들에 대해 지역의 경계 내에서 법률을 제정할 권한
2. 공화국의회의 승인에 따라 법률을 제정해야 할 해당 의회의 일부 배타적 책임
   에 속하는 사안들에 대해 법률을 제정할 권한. 다만, 헌법 제165조 제1항 제1
   호 내지 제3호와 4, 6, 9호의 앞부분, 제12호의 뒷부분과 제14, 15, 16, 18, 19,
   21, 22, 23호에 규정된 사안들은 제외한다.
3. 제반 원칙 또는 기본적 일반요소에 국한되는 법률에 포함된 법규의 해당 제반
   원칙 또는 기본적 일반요소들을 지역의 경계 내에서 마련할 권한
4. 주권 행사 기관들이 상기 기관들에 대한 법률을 규정할 자체적 권한이 없음에
   따라, 주권 행사기관들이 공포하는 해당 법률 및 지역 입법을 규정할 권한
5. 본 헌법 제226조에 따라 각 의회 소속 의원들의 선거와 관련하여 법령 및 입
   법을 발의할 권한
6. 지역 정부 법안과 그 수정안을 공화국의회에 상정함으로써 본 헌법 제167조
   제1항에 따라 입법을 발의할 권한
7. 자체 행정권을 행사할 권한
8. 자치구 소유 자산을 관리 및 처분할 권한 및 자치구의 이권에 속하는 조치를

보증하고 그러한 이권에 속하는 계약을 체결할 권한

9. 법률로 정해진 자치구 과세권을 행사할 권한 및 공화국의회에 의해 가결된 구성법의 제반 조항에 따라 지역의 특수성에 맞게 국가 회계제도를 개정

10. 자치구 법령 및 자치구의 재정을 규율하는 법률에 따라 해당 자치구에서 징수 또는 생성되는 세수, 효과적인 국민 단결을 보장하는 원칙에 따라 결정해야 할 정부 세수의 일부 및 자치구에 할당되는 그 밖의 세수를 각각 처분할 권한과 그러한 세수를 자치구의 지출에 계상할 권한

11. 법률에 따라 지방자치단체를 설립 및 폐지할 권한과 지방자치단체 대상 지역을 변경할 권한

12. 지방자치단체에 대한 감시 권한을 행사할 권한

13. 농어촌 거류지를 지자체 또는 시의 범주로 승격

14. 지역내 및 지역의 이익을 위해 정당화되는 그 밖의 경우에서 배타적으로 혹은 주로 업무 내지 거래를 수행하는 부처 및 기관, 공공기관 및 공기업 및 국영기업을 감독할 권한

15. 지역의 경제사회개발계획, 지역 예산 및 지역의 회계 보고 내역을 가결할 권한 및 국가 계획을 수립하는 절차에 참여할 권한

16. 헌법 제165조 제1항 제4호의 제반 규정을 위반하지 않는 조건에서 행정 위반 및 그에 대한 처벌을 규정할 권한

17. 현재 유통 중인 지불수단의 지역적 통제를 보장하는 한편, 지역의 경제 사회적 개발에 필요한 투자 자금의 조성을 보장할 수 있는 방법으로 회계 정책, 재정 정책, 재무 정책 및 환율 정책을 정의 및 시행하는 절차에 참여할 권한

18. 영해, 배타적 경제수역 및 인접한 해저 구역에 관한 제반 정책을 정의하는 절차에 참여할 권한

19. 자치구와 직접적인 관계가 있는 국제 조약 및 협약의 협상절차에 참여할 권한 및 그러한 조약 및 협정을 통해 파생되는 이익의 분배를 받을 권한

20. 외국의 지방기관과 협력할 권한 및 외교문제에 대해 책임이 있는 주권 행사 기관들이 마련한 제반 지침에 따라 지역 간 대화 및 협력을 증진하는데 그 목적이 있는 각 기구에 참여할 권한

21. 자치구의 자체적인 계획이 있을 경우 혹은 주권 행사 기관들로부터 자문을 요청받을 경우, 주권 행사 기관들의 책임에 속하며 자치구와 관계가 있는 제반 사안 및 유럽연합을 구성하는 절차의 범위 내에서 포르투갈의 지위에 대한 정의 시 자치구의 특별한 이해관계와 관련된 제반 사안에 대해 의견을 제공할 권한

22. 자치구와 관련된 사안들이 문제가 될 경우, 유럽 지역 기관의 자치구 대표 및

유럽연합의 의결 절차에 관하여는 파견 대표단을 통해 유럽연합의 구성과정
에 참여할 권한과 본 헌법 제112조에 따라 유럽연합의 입법 및 그 밖의 법령
들을 번역할 권한

생각건대, 「헌법」에 자치구인 아조레스 군도 및 마데이라 제도의 권한 22가
지를 명시하고 있는 점도 매우 이채롭다. 이 규정은 아조레스 군도 및 마데이라
제도의 권한의 헌법적 확인으로 볼 수 있을 것이다.

사. 입법적 자치권   포르투갈헌법 제228조(입법적 자치권) 제1항은 "자치구의
입법적 자치권은 주권 행사 기관들의 배타적 책임에 속하지 않으면서 각각의
정치·행정 법령에 기술되는 사안들에 대해 적용한다"고 규정하고 있으며, 제2항
은 "주권 행사 기관들의 배타적 책임에 해당되지 않는 어떤 사안에 대해 특정
지역 입법이 없을 경우, 해당 법규의 현재 조항이 자치구에 적용된다."고 규정하
고 있다.

「헌법」 제228조는 입법적 자치권을 독립된 조문으로 규정하고 있다. 이는 우
리의 자치입법권에 해당하는 것으로 볼 수 있다. 이는 자치입법권의 중요성을 고
려하여 독자적인 조문으로 구성한 것으로 보인다. 우리 「헌법」이 자치사무처리권,
재정고권, 자치입법권을 하나의 조문에 규정하고 있는 것과 대비된다.

아. 주권 행사 기관들과 지방정부 기관들 간의 협력   포르투갈헌법 제229조(주
권 행사 기관들과 지방정부 기관들 간의 협력) 제1항은 "주권 행사 기관들은 특별히 자
치구의 도서 지역적 특성에서 파생되는 불균형을 교정할 목적에서 자치 기관들과
협력해 자치구의 경제 사회적 개발을 보장한다"고 규정하고 있고, 제2항은 "주권
행사 기관들은 자치구의 제반 책임에 속하며 자치구와 관련된 사안들에 대해 항
상 지역 자치 기관들의 조언을 구한다"고 규정하고 있다. 그리고 제3항은 "공화
국과 자치구 간 재무 관계는 「헌법」 제164조 제19호에 규정된 법규에 따라 규제
한다"고 규정하고 있으며, 제4항은 "공화국 정부 및 지방 정부는 그 밖의 형태의
협력, 특히 제반 책임의 위임을 수반하는 조치들을 포함하는 협력에 합의할 수
있다. 상응하는 재무적 자원의 이전과 해당되는 재무적 정밀 조사 절차는 그러한
각 경우마다 결정한다"고 규정하고 있다.

제229조는 "주권 행사 기관들은 특별히 자치구의 도서 지역적 특성에서 파생
되는 불균형을 교정할 목적에서 자치기관들과 협력해 자치구의 경제사회적 개발
을 보장한다"고 명시하여 아조레스 군도 및 마데이라 제도의 도서 지역적 특성에

서 파생되는 불균형을 교정하려는 의사를 밝히고 있다. 포르투갈헌법 제229조가 상정하는 헌법적 풍경은 본토와 멀리 떨어져 있는 절해고도(絕海孤島)로서의 제약성을 지니고 있는 제주특별자치도를 잘 묘사하고 있는 것으로 볼 수 있다.

　　자. 그 밖의 규정들   포르투갈헌법은 제230조(공화국 대의원),[61] 제231조(자치구의 자치관), 제232조(자치구 의회의 제반 책임), 제233조(공화국 대의원의 조인 및 거부권), 제234조(자치기관의 해산 및 해임) 등에 대해서도 규정하고 있다.

(3) 시사점

　　포르투갈헌법상 특별자치제의 시사점은 다음과 같다. 첫째, 포르투갈은 단일국가체제를 유지하면서도 본토와 지리적으로 멀리 떨어져 있는 마데이라 제도와 아조레스 군도에 대하여 특별한 정치·행정에 관한 법률과 자치기관을 가지는 자치지역임을 헌법적으로 인정하고 다양한 헌법적 보장에 대해 규정하고 있다.[62] 둘째, 포르투갈헌법 제5조 제1항은 "포르투갈은 역사적으로 볼 때 포르투갈로 정의되는 유럽 본토의 해당 영토로 구성된다"고 규정하고 있는데, 아조레스 군도 및 마데이라 제도를 영토조항에 명시하고 있는 점이 특이하다고 볼 수 있다. 이 영토조항은 아조레스 군도 및 마데이라 제도를 특별자치제로「헌법」에 규정할 수 있는 전제적 조항이 아닌가 생각되며 우리의 개헌시에 깊이 고려할 사항으로 보아야 할 것이다. 셋째, 자치정부는「헌법」이 정하는 범위 내에서 정치, 행정, 재정, 조세상의 자치권을 보유하고 있다. 넷째, 포르투갈 지방자치단체장 및 지방의회 선거와는 상관없이 별도의 자치선거를 통해 자치지역 내 주지사와 자치의회 의원을 선출한다. 다섯째, 특별자치의 실시를 통하여 지역실정에 맞는 자체적인 발전전략을 수립하고 시행하고 있다.[63] 여섯째, 마데이라 제도와 아조레스 군도에 자치를 부여하면서도 한편으로는「헌법」제230조에서는 포르투갈 특유의 제도를 도입, 자치지역을 견제하고 있다. 포르투갈 대통령이 임명하는 공화국 대표(Representative of the Republic)가 자치지역에 있어 국가를 대표하도록 함으로써 중앙정부와 지방정부간 연결고리로 활용하고 있다. 공화국 대표는 자치정부 고위공무원 임명권과 자치법령 거부권 등을 보유하고 있다.[64] 일곱째, 자치지역에 대한 조세특례는 섬이라는 지정학적 특성상 경제적 활동이 제한될 수밖에 없는 것에

---

61) 제1항은 "각 자치구마다 공화국 대의원이 있으며, 공화국의 대통령은 정부의 자문을 구한 후에 이들 대의원을 임명 및 면직한다"고 규정하고 있다.
62) 표명환, 앞의 글, 505쪽.
63) 표명환, 앞의 글, 508쪽 참조.
64) 주한포르투갈대사관 자료 참조.

대한 보상적 성격이 강하다고 보는 것이 매우 이채롭다.

결론적으로 포르투갈헌법은 마데이라 제도와 아조레스 군도를 「헌법」에 명시함으로써 헌법상 지위를 공고히 하고 있다. 이 점은 제주특별자치도의 헌법상 지위 보장과 직결되는 헌법례로서 관심을 가지고 연구할 필요가 있다고 본다.

3. 우리나라의 특별자치제

실정법률상 특별자치제의 유형으로는 서울특별시, 세종특별자치시, 제주특별자치도 등이 있다. 이 중에서 특별자치제의 원형에 가까운 것은 제주특별자치도라 할 수 있다.

향후 특별자치제 주장이 우후죽순격(雨後竹筍格)이 될 가능성이 있으므로 특별자치제의 본질에 부합한 일정한 기준을 정립할 필요가 있다. 그런 점에서 보완적으로 일반자치제의 지방분권 강화를 위한 노력이 절실한 과제가 아닐 수 없다.

(1) 서울특별시

1) 서울특별시의 지위   「지방자치법」 제174조 제1항은 "서울특별시의 지위·조직 및 운영에 대하여는 수도로서의 특수성을 고려하여 법률로 정하는 바에 따라 특례를 둘 수 있다"고 규정하고 있다.

서울특별시는 정부의 직할로 두되, 이 법에서 정하는 범위에서 수도로서의 특수한 지위를 가진다(서특법 제2조). 동법이 정하는 특례에는 일반행정운영상의 특례·수도권광역행정운영상의 특례의 두 유형이 있다.[65]

2) 일반행정운영상 및 수도권광역행정상 특례   일반행정운영상 특례에는 ① 지방채 발행(제4조 제1항) ② 자치사무감사(제4조 제2항) ③ 공무원임용(제4조 제5항) ④ 공무원서훈(제4조 제7항) 등이 있다.

수도권 지역에서 서울특별시와 관련된 도로·교통·환경 등에 관한 계획을 수립하고 그 집행을 할 때 관계중앙행정기관의 장과 서울특별시장의 의견이 다른 경우에는 다른 법률에 특별한 규정이 없으면 국무총리가 이를 조정한다(제5조 제1항).

(2) 세종특별자치시

1) 세종특별자치시의 지위   「지방자치법」 제174조 제2항은 "세종특별자치시의 지위·조직 및 행정·재정 등의 운영에 대하여는 행정체제의 특수성을 고려하여 법률로 정하는 바에 따라 특례를 둘 수 있다"고 규정하고 있다.

---

65) 홍정선, 앞의 책, 675쪽.

세종특별자치시는 행정중심복합도시로서의 특수한 지위를 가진다.

2) 국가와 세종특별자치시의 책무   「세종특별자치시 설치 등에 관한 특별법」
은 국가의 책무와 세종특별자치시의 책무에 대해 규정하고 있다(제3조 및 제4조).

3) 특례   「세종특별자치시 설치 등에 관한 특별법」 제8조는 "세종특별자치
시의 설치에 따른 법령 적용상의 특례"를 규정하고 있고, 제9조에서 "세종특별자
치시지원위원회의 설치"를 규정하고 있다. 그리고 제13조에서 "세종특별자치시에
대한 특별지원"을, 제14조에서 "재정 특례"를, 제15조에서 "조직 특례"를, 제19조
에서는 "공직선거 특례"를, 제20조에서는 "조례의 제정·개정 또는 폐지 청구에
관한 특례"를, 제21조에서는 "감사위원회 설치"를 규정하고 있다.

(3) 제주특별자치도

1) 특별자치제의 원형으로서의 제주특별자치도   제주도는 지정학적으로 중국,
일본의 주요도시들과 인접해 있어 동북아시아의 중심이 될 수 있는 전략적 위치
에 있으며, 뛰어난 자연환경 및 기후조건과 함께 관광산업 등의 발전에 좋은 입
지조건을 가지고 있다. 또한 도서지역으로서 국내 다른 지역과는 차별화된 법령
및 계획의 적용이 가능하다. 제주도의 이러한 지리적, 인문적 특성에 맞는 발전을
위해 종래 많은 개발계획이 만들어졌고, 그 연장선에서 제주도를 육성·발전시키
기 위한 구상이 이루어졌다.

〈제주도의 유채밭〉

출처: 한국학중앙연구원

그리하여 2006년 7월 1일 출범한 제주특별자치도는 독립적인 감사위원회, 자치경찰제 도입 등 다른 지역과는 차별성 있는 자치제도들을 시도하였다. 그런 측면에서 제주특별자치도는 우리나라 지방분권 개혁의 첨단 실험장이라 할 수 있으며 새로운 분권실험은 반드시 성공시켜야 할 국가적 공동과제라고 할 수 있다.[66]

2) 제주도에 대한 국가의 입법정책의 변화   제주도에 대한 국가의 입법정책의 변화에 따라 관련 법제는 1991년 이래 현재까지 「제주도개발특별법」 → 「제주국제자유도시특별법」 → 「제주특별자치도 설치 및 국제자유도시 조성을 위한 특별법(제주특별법)」으로 변모되면서 그 법률의 성격이나 내용에서도 상당한 개편이 이루어졌다. 당초에는 법률의 제명 그대로 제주도를 국제수준의 관광지로 본격적으로 개발하기 위한 "개발법 체계"의 기본을 유지하였으며, 제정 당시의 사회경제적 여건에 단기적으로 부응하기 위하여 법률의 유효기간을 한정하는 한시법률로서의 성격을 가졌었다. 또한 입법과정에서도 관계부처나 이해관계자의 의견을 충분히 수렴하여 조정하지 못하고 조급하게 추진하여 제주도민을 위한 발전방향에 부합되지 못한 결과 이해당사자의 반발도 적지 아니하였다.[67]

그 이후 대외적으로 국제화, 개방화라는 세계적인 추세에 부합하고 대내적으로 정부의 정책기조가 국가균형발전과 분권·자율·규제완화정책으로 점차 가시화되면서 제주도에 대한 입법정책도 이들 대내외적인 정책변화에 부응하고 제주의 특성이 부합하는 다양한 인프라의 구축을 위한 "계획법 체계"로 변모하기 시작하였다. 또한 본토와 격리된 지리적 특수성으로 인하여 특수한 법제도의 적용이 가능하다는 점에 착안하여 제주도에 한하여 자치권의 확립과 규제개혁을 위한 일련의 제도를 실험적·특례적으로 적용하려는 "실험법 체계"로 변모하기 시작하였다.

입법적인 차원에서 한정하여 본다면 제주특별자치도의 출범과 관련 특별법의 제정으로 학계 및 실무계에서 활발한 논의가 제기되었다. 특히, 헌법적 차원에서 제주특별자치도의 법적 지위를 어떻게 평가할 것인지 나아가 분권형 헌법개정의 문제도 제기되었으며, 법률적 차원에서도 제주특별자치도의 행정체제개편과 관련하여 많은 논의가 제기되기도 하였다. 아울러 중앙행정권한의 제주특별자치도로

---

66) 문상덕, "제주특별자치도의 자치입법기능 제고방안" 「지방자치법연구」 통권 제23호(한국지방자치법학회, 2009. 9. 20), 43쪽 참조.
67) 제주도에 대한 국가의 입법정책의 변화에 대해서는 박영도 외, 「제주특별자치도 설치 및 국제자유도시 조성을 위한 특별법 입법체계 개선방안」(한국법제연구원, 2010), 2~14쪽을 부분 인용하였다.

의 이양에 따른 중앙정부와 지방정부간의 사무이양 내지 권한이양의 배분기준, 법률단위 일괄이양의 법적 과제 등의 문제도 활발하게 논의되어 향후 본격적인 지방분권시대에 대비한 법제정비의 방향성을 모색하는 계기가 마련되었다.

현행 「제주특별법」은 "일반법의 적용으로는 새로운 입법수요를 충족시킬 수 없는 특수한 상황에서 현실의 구체적 상황 가운데 전개되는 특수한 입법정책적 목적을 수행하기 위하여 다른 법률에 대한 광범한 적용배제 또는 예외를 규정하여 강한 법집행력을 수반하는 법제 유형"에 해당한다. 따라서 「제주특별법」에는 고도의 자치권보장과 국제자유도시의 실현이라는 새로운 정책목표를 효율적으로 추진하기 위하여 기존 법률상의 각종 조치 또는 처분에 대한 특례가 다수 규정될 수밖에 없다.[68]

문제는 다른 시·도와는 달리 제주특별자치도에만 적용하는 법체계를 구축하기 위해서는 특례조항이 불가피하지만, 다른 개별법의 제정이나 개정시에 특례조항도 이에 따라 개정을 하여야 하는데 「제주특별법」의 개정이 쉽게 되는 것이 아니어서 집행상의 오류나 부작용이 발생할 소지가 다분히 잠재되게 된다. 따라서 특례조항에 대한 입법적 개선조치가 반드시 필요하다.[69]

따라서 '1단계 개발법체계(제주도개발특별법) → 2단계 계획법체계(제주국제자유도시특별법) → 3단계 실험법체계(제주특별법)'를 거쳐 이제는 '4단계 고도분권법체계'로 도약하여야 한다. 입법적으로는 '「제주특별법」의 분법화'가 이루어질 필요가 있다.

3) 제주특별자치도의 지위   「지방자치법」제174조 제1항은 "제주특별자치도의 지위·조직 및 행정·재정 등의 운영에 대하여는 행정체제의 특수성을 고려하여 법률로 정하는 바에 따라 특례를 둘 수 있다"고 규정하고 있다. 이에 따라 「제주특별법」이 제정되어 특례를 규정하고 있다.

「제주특별법」은 제주특별자치도를 정부의 직할하에 설치한다고 규정하면서(제7조 제1항), 제주특별자치도는 이 법에서 정하는 범위에서 특수한 지위를 가진다고 규정하여(제7조 제3항), 법률 속의 특별자치제임을 분명히 하고 있다.

4) 제주특별자치도의 특례   제주자치도의 특례에는 행정시의 특례(제10조 등), 자치사무의 확대(제17조 등), 자치조직의 자율성(제8조 등), 주민참여의 특례(제28조 등), 재정상 특례(제 120조 등), 교육자치의 특례(제63조 등), 자치경찰의 특례(제87조

---

68) 박영도 외, 앞의 연구보고서, 85쪽.
69) 박영도 외, 앞의 연구보고서, 145쪽.

등)를 두고 있다.

① 행정시의 특례   제주자치도는「지방자치법」제2조제1항 및 제3조제2항에
도 불구하고 그 관할구역에 지방자치단체인 시와 군을 두지 아니하며(제10조 제1항),
제주자치도의 관할구역에 지방자치단체가 아닌 시(이하 "행정시"라 한다)를 둔다(제2
항). 이에 대한 위헌 논의를 주목할 필요가 있다.[70] 주민들의 의사에 반하여 기초
자치단체를 일방적으로 폐지한 것은 지방분권과 주민주권이념에 반한다고 볼 수
있다. 더욱이 고도의 지방분권을 표방하는 제주특별자치도에는 어울리지 않는다.

② 자치사무의 확대   자치사무의 확대와 관련하여 ⓐ 국무총리 소속의 제주
특별자치도 지원위원회의 설치 ⓑ 제주자치도와 관련한 법률안 의견 제출 및 입법
반영 ⓒ 외교, 국방, 사법 등의 국가존립사무를 제외한 중앙행정기관 권한의 단계
적 이양 ⓓ 중앙행정기관의 장의 규제우선정비 노력의무 등을 규정하고 있다.

제주자치도가 이 법의 목적을 달성할 수 있도록 제주자치도의 성과목표와 평
가 및 국제자유도시의 조성에 관한 사항을 심의하기 위하여 국무총리 소속으로
제주특별자치도 지원위원회를 둔다(제17조 제1항). 도지사는 도의회 재적의원 3분
의 2 이상의 동의를 받아 제주자치도와 관련하여 법률에 반영할 필요가 있는 사
항에 대한 의견을 지원위원회에 제출할 수 있고(제19조 제1항), 지원위원회는 제1
항에 따라 제출된 의견을 관계 중앙행정기관의 장에게 통보하여야 하며(제2항), 관
계 중앙행정기관의 장은 제2항에 따라 통보된 내용의 타당성을 검토하여야 한다.
이 경우 검토기간은 그 통보를 받은 날부터 2개월을 지나서는 아니 된다(제3항).
지원위원회는 제주자치도의 경우 외교, 국방, 사법 등의 국가존립사무를 제외한
사무에 대하여 제주자치도의 지역 여건, 역량 및 재정능력 등을 고려하여 단계별
로 제주자치도에 이양하기 위한 계획(이하 "이양계획"이라 한다)을 수립하여야 한다
(제20조 제1항). 중앙행정기관의 장은 제주자치도를 국가발전을 선도하는 규제자유
화 지역으로 발전시키기 위하여 제주자치도에 대하여 적용되는 관계 법령에 따른
규제를 우선적으로 정비하도록 노력하여야 한다(제22조 제1항).

생각건대, 첫째, 지원위원회를 대통령 직속으로 하여 실효성을 제고하자는 주
장이 제기되고 있는바, 제주자치도의 위상과 우리나라의 권력구조의 속성을 감안

---

70) 참고로 2005년 제주도민 및 기초자치단체 소속 공무원인 청구인들은 제주시, 서귀포시, 북제
   주군, 남제주군을 폐지하는 내용의「제주도 행정체제 등에 관한 특별법」제3조 및「제주특별자
   치도 설치 및 국제자유도시 조성을 위한 특별법」제15조 제1항·제2항에 의하여 선거권을 침해
   받는다고 주장하며 헌법소원심판을 청구하였으나 기각당했다(헌재 2006. 4. 27. 2005헌마1190).

하면 검토할 필요가 있다고 본다. 둘째, 「제주특별법」 제19조의 법률안 의견제출권은 지방자치단체의 경우에는 처음으로 제주자치도에 인정된 것이다. 법률안 의견제출권 보장을 통한 자치입법권의 간접적 확대는 제주자치도에 필요한 자치입법의 위임 근거를 설정하거나 자치입법의 가능성을 확정하는 등의 방법으로, 간접적으로 자치입법의 가능성과 여지를 제고할 수 있다는 점에서, 일정한 의미를 가질 수 있다.[71] 「제주특별법」 제19조 제1항을 보면 "도지사는 도의회 재적의원 3분의 2 이상의 동의를 받아 제주자치도와 관련하여 법률에 반영할 필요가 있는 사항에 대한 의견을 지원위원회에 제출할 수" 있도록 규정하고 있는데, 지원위원회를 거칠 필요가 없다는 의견도 제시되고 있음을 감안할 필요가 있다.[72] 셋째, 중앙권한 이양에 따른 소요경비 지원 법제화가 필요하다. 넷째, 규제완화와 관련하여 관광산업의 질적 성장과 국제자유도시의 성공을 위한 '전도(全島) 면세화'가 필요하다는 주장에 대해서는 찬반 논의가 있으며 심층적인 검토가 필요하다고 본다.

　　③ 자치조직의 자율성　　자치조직의 자율성과 관련한 특례로는 ⓐ 자치조직권에 관한 특례 ⓑ 인사제도 및 운영의 자율성에 관한 특례 ⓒ 감사위원회로 구분할 수 있다.

　　먼저 자치조직권에 관한 특례(제44조)를 규정하고 있다. 다음으로 인사제도 및 운영의 자율성에 관한 특례로는 직군·직렬의 구분에 관한 특례(제46조), 도인사위원회 등 인사운영에 관한 특례(제47조), 직위분류제 등에 관한 특례(제48조), 인건비성 예산총액에 따른 정원 등의 관리 배제(제49조) 등을 규정하고 있다. 마지막으로 「지방자치법」 제171조(「지방교육자치에 관한 법률」 제3조에 따라 준용되는 경우를 포함한다) 및 「지방공무원법」 제81조에도 불구하고 제주특별자치도와 그 소속기관 등 도조례로 정하는 기관(이하 "감사대상기관"이라 한다) 및 그 기관에 속한 사람의 모든 업무와 활동 등을 조사·점검·확인·분석·검증하고 이 법 제135조에 따라 그 결과를 처리하는 사무(자치감사)를 수행하기 위하여 도지사 소속으로 감사위원회를 둔다(제131조 제1항).

　　2006년 7월 1일 출범한 감사위원회는 지방감사제도의 문제점을 극복하고 감

---

71) 문상덕, 앞의 글, 30쪽 참조; 양승미, "제주특별자치도의 자치입법 강화를 위한 법적 쟁점 검토" 「지방자치법연구」 통권 제33호(한국지방자치법학회, 2012. 3. 20), 61쪽.
72) 오준근, "제주특별자치도 관련 각종 법적 쟁점에 관한 약간의 고찰" 「지방자치법연구」 통권 제11호(한국지방자치법학회, 2006. 6. 20), 61쪽.

사의 독립성을 확보하여 지방자치이념에 부합하는 자율적 감사체계의 구축을 목적으로 하고 있다. 제주자치도에는 국회·감사원 감사를 제외한 정부합동 감사를 배제하였고 의결기구인 감사위원회와 사무국으로 구성되었다. 감사위원회는 출범 이후 운영의 성과와 제도개선을 통하여 독립성에 관하여 다양한 제고가 있었지만 여전히 감사위원회의 소속, 감사위원회의 조직구성, 감사위원회의 재정확보 측면에서 독립성 확보를 위한 법제도의 개선점이 존재하고 있다. 따라서 감사위원회의 독립성 확보를 위한 방안으로는 외부적 기관으로부터의 조직의 독립, 직무의 독립, 재정의 독립이 이루어져야 한다는 비판이 제기되고 있다.[73]

④ 도의회의 기능 강화   도의회의 기능 강화와 관련한 특례로는 ⓐ 도의회의 의원정수와 선거구 ⓑ 의정 역량 및 기능 강화 ⓒ 인사청문회 등을 규정하고 있다.

먼저 도의회의 의원정수와 선거구와 관련하여 도의회의원의 정수에 관한 특례(제36조), 도의회의원 지역선거구에 관한 특례(제37조) 등을 규정하고 있다. 다음으로 의정 역량 및 기능 강화와 관련하여 도의원의 의정활동비 등에 관한 특례(제40조), 행정사무 감사 및 조사에 관한 특례(제42조) 등을 규정하고 있다. 마지막으로 도지사는 「지방자치법」 제110조제2항 단서에 따라 별정직 지방공무원으로 보하는 부지사에 대해서는 관계 법령의 규정에도 불구하고 그 임용 전에 도의회에 인사청문 실시를 요청하여야 한다(제43조 제1항).

⑤ 주민참여의 특례   주민참여의 특례와 관련하여서는 「지방자치법」상 주민권리에 관한 특례와 주민소환에 관한 특례로 구분할 수 있다. 먼저 「지방자치법」상 주민권리에 관한 특례로는 주민투표에 관한 특례(제28조), 조례의 제정 및 개정·폐지 청구에 관한 특례(제29조) 등을 규정하고 있다. 다음으로 주민소환에 관한 특례로는 도교육감에 대한 주민소환투표사무 관리(제30조), 주민소환투표의 대상 및 청구에 관한 특례(제31조), 도교육감의 권한행사의 정지 및 권한대행(제32조), 도교육감에 대한 주민소환투표결과의 확정 통지(제33조), 도교육감의 주민소환투표소송(제34조), 「주민소환에 관한 법률」의 적용(제35조) 등을 규정하고 있다.

---

73) 고헌환, "제주특별자치도 감사위원회의 독립성을 위한 모형정립과 법적 고찰" 「법학논총」 제34집(숭실대 법학연구소, 2015.7), 38쪽. 고헌환 교수는 첫째, 「제주특별법」 제66조의 감사위원회의 모형을 ① 행정부형−지방자치단체 소속형 ② 입법부형−지방자치의회 소속형 ③ 사법부형 ④ 독립기관형−주민참가형을 들고, 가장 이상적인 모형으로 독립기관형을 들고 있다. 그리고 둘째, 재정의 독립과 관련하여 ① 지방세율의 조정 ② 감사위원회세 신설 등을 제안하고 있다. 결론적으로 「지방자치 감사위원회법」의 제정을 제안하고 있다.

⑥ 재정상 특례   도지사는「지방세기본법」제8조제2항 및 제4항에도 불구하고 도세와 시 · 군세의 세목을 제주특별자치도세(이하 "제주자치도세"라 한다)의 세목으로 부과 · 징수한다(제120조 제1항). 그리고 지방세에 관한 특례(제121조), 세액감면에 관한 특례(제122조), 세율 조정에 관한 특례(제123조), 지방교부세에 관한 특례(제124조), 지방채 등의 발행 특례(제126조), 지방자치단체 기금관리에 관한 특례(제128조), 지방공기업의 관리에 관한 특례(제129조), 공유재산 및 물품 관리에 관한 특례(제130조) 등을 규정하고 있다. 국가는 제주자치도에 대한 재정지원이 제주자치도 설치 이전에 지원한 수준 이상이 되도록 보장하며(제125조 제1항), 국가는 제주자치도의 발전을 위한 안정적인 재정확보를 위하여 중앙행정기관의 권한 이양과 각종 국가보조사업의 수행 등에 드는 비용에 대하여「국가균형발전 특별법」의 지역발전특별회계에 별도 계정을 설치하여 지원할 수 있다(제2항). 한편 도지사는 예산편성 과정에 주민이 공모방식 등으로 참여할 수 있도록 하여야 한다(제127조 제1항).

생각건대, 국가의 제주자치도에 대한 재정지원에 대한「제주특별법」제125조 제1항은 문제가 있는 것으로 보인다. 국제자유도시 실현을 위해서는 중앙정부의 재정지원이 필수적인데 법적으로 그런 의지가 분명하게 드러나지 않기 때문이다.

⑦ 교육자치의 특례   교육자치의 특례와 관련하여 교육위원회 설치 및 구성(제63조~제64조), 교육의원(제64조 등), 교육위원회(제68조 등), 교육감(제74조 등) 등을 규정하고 있다.

⑧ 자치경찰의 특례   자치경찰의 특례는 자치경찰조직과 자치경찰사무로 구분할 수 있다. 먼저 자치경찰조직으로는 자치경찰행정청(자치경찰단장, 제89조), 자치경찰의결기관(치안행정위원회, 제94조), 자치경찰행정기관(자치경찰공무원, 제106조) 등을 두고 있다. 다음으로 자치경찰사무로는 ① 주민의 생활안전활동에 관한 사무[74] ② 지역교통활동에 관한 사무[75] ③ 공공시설과 지역행사장 등의 지역경비에 관한 사무 ④「사법경찰관리의 직무를 수행할 자와 그 직무범위에 관한 법률」에서 자치경찰공무원의 직무로 규정하고 있는 사법경찰관리의 직무 ⑤「즉결심판에 관

---

74) ① 생활안전을 위한 순찰 및 시설 운영 ② 주민참여 방범활동의 지원 및 지도 ③ 안전사고와 재해 · 재난 등으로부터의 주민보호 ④ 아동 · 청소년 · 노인 · 여성 등 사회적 보호가 필요한 사람의 보호와 가정 · 학교 폭력 등의 예방 ⑤ 주민의 일상생활과 관련된 사회질서의 유지와 그 위반행위의 지도 · 단속.
75) ① 교통안전과 교통소통에 관한 사무 ② 교통법규위반 지도 · 단속 ③ 주민참여 지역교통활동의 지원 · 지도.

한 절차법」등에 따라「도로교통법」또는「경범죄 처벌법」위반에 따른 통고처분 불이행자 등에 대한 즉결심판 청구 사무 등을 규정하고 있다(제90조).

2006년 7월 1일 출범한 자치경찰은 관광·환경분야에 특화된 주민의 경찰로서 역할을 수행하고 있다. 지역특화 업무 중심으로 국가경찰과의 차별화된 성과를 창출하고 있다. 먼저 지역교통관리·관광지 질서유지 등 국가경찰의 부가적 업무를 자치경찰의 핵심 업무로 특화하여 수행하여 주민과의 접점을 확대하고 있다. 공항·항만, 한라산 등 주요관광지 자치경찰 전담 배치, 호객행위 단속 등 관광 질서의 확립과 불법주정차 지도·단속, ITS센터 운영 등 교통관련 업무를 통합 운영하고 있다. 다음으로 관광·환경·산림·보건 등 위반사범 단속 시 종전 일반 공무원 단독 수행보다 공무원-자치경찰 합동 단속 시 실효성이 증대되고 있다. 폐수 불법 배출·곶자왈 생태환경사범 단속 등 특별사법경찰업무를 수행하고 있다.

제주자치경찰이 실시되어 국가경찰간의 업무협약에 대한 내용을 2007년 체결한 후 지속하고 있다. 현재 업무협약의 문제점으로는 첫째, 독립성 저해, 둘째, 사무의 중복성 발생, 셋째, 조정의 강제성 등이 들어지고 있다.[76]

5) 제주특별자치도의 문제점   제주특별자치도는 지난 10년간 다섯 차례의 권한이양으로 총 4,537건의 자치권을 중앙정부로부터 받았다. 이로써 '자치도'로서의 차별성을 구축했다. 또 지방정부의 권한을 강화하고 지자체 내 통일성을 유지하기 위해 기초자치단체를 없앴다.[77] 도가 자체적으로 결정할 수 있는 사무의 범위가 넓어지면서 도지사의 권한도 강화됐다. 도지사는 행정시장에 대한 임명권을 비롯해 행정시의 예산과 인사에까지 관여할 수 있는 법적 토대가 생겼다. 세율조정, 세액감면 등 자치재정권도 확대됐다. 전국 최초로 자치경찰제도도 도입됐다. 이 밖에 교육·의료시장이 개방되고 외국자본 투자유치를 위한 부동산 영주권 제도를 도입하는 등 자체 사업에 대한 권한이 강화됐다. 또 국제고교, 외국인카지노 등 핵심산업과 관련된 기본규제가 완화됐다.[78]

위에서 살펴본 바와 같이 제주자치도에는 법률안 의견 제출권, 합의제인 제

---

76) 김원중, "제주자치경찰과 국가경찰간의 협약사무 개선방안"「지방자치법연구」통권 제29호 (한국지방자치법학회, 2011. 3. 20), 309~311쪽 참조.
77) 과거 4개 시·군(제주시·서귀포시·북제주군·남제주군)으로 구성됐던 기초자치단체를 폐지하고 특별자치도라는 새로운 광역지자체 안에 2개의 행정시(제주시·서귀포시)를 두는 구조로 바뀌었다.
78) 영남일보 2016년 11월 2일자 "[진정한 지방분권, 지금이 골든타임 .4] 국내 유일 특별지자체, 제주특별자치도" 기사 참조.

주특별자치도 감사위원회의 설치, 지방의회 운영 및 조직의 자율성 확대, 주민참
여기회의 확대, 지방재정주권의 강화, 교육자치제의 선도적 도입, 전국 유일의 자
치경찰제 도입, 특별지방행정기관의 제주특별자치도로의 이관 등 특례들이 이미
시행되고 있으나 「헌법」 및 법률상의 제약으로 인해 실질적인 효과를 거두지 못
하고 있다는 평가를 받고 있다.

제주자치도의 문제점을 다음과 같이 드는 견해79)가 있는데, 법현실을 정확하
게 지적한 것으로 보인다. 첫째는 제주자치도의 제도 확산효과 미흡이다. 둘째,
제주자치도의 권한 미흡이다. 완전한 형태의 자치권이 미흡하다. 일례로 제주자
치도 내 징수 국세의 이양, 보통교부세 법정률 3% 제도 보완, 도 전역 면세화 등
주요 재정특례 등이 실현되지 못하고 있다. 셋째, 중앙정부의 관심과 인식 부족이
다. 넷째, 제주자치도의 자치행정역량의 배양 한계이다. 일례로 그동안 수행해 보
지 않았던 사립대학 관리에 관한 사무, 특별지방행정기관의 이양사무에 관한 사
무 등에서 다소 어려움이 발생하고 있고 중앙정부와의 인사교류 부족으로 인한
역량강화가 과제로 볼 수 있다.

6) 「제주특별법」의 한계   「제주특별법」의 한계는 분권규정의 한계와 내용상
의 한계를 나눌 수 있다. 먼저 분권규정의 한계를 살펴보자. 분권은 현재의 지방
자치제도를 기반으로 하여 목적 달성에 필요한 경우만큼만 권한위임의 형식으로
이루어져 있기 때문에 권한의 위임이 있는 때에는 위임행정청의 감독권을 행사할
수 있으며, 독자적인 책임 아래 수행하는 지방자치의 본래 취지와는 거리가 있다.

다음으로 내용상의 한계를 살펴보자. 내용적으로는 특별지방자치의 내용이
집중적이지 못한데, 제주'특별'도의 건설을 위하여 필요한 법제정을 하였으나 제
주'자치'도의 시행을 위한 법제도는 많이 미흡하다고 할 것이다.80) 예컨대, 「제주
특별법」 제6조 제1항은 "이 법은 제주자치도의 조직·운영, 중앙행정기관의 권한
이양 및 규제완화 등에 관하여 다른 법률에 우선하여 적용한다. 다만, 다른 법률
에 제주자치도에 관하여 특별한 규정이 있는 경우에는 그러하지 아니하다"고 규
정하고 있다. 문제는 단서조항인데, 본문조항의 효력이 봉쇄당하고 있는 셈이다.

---

79) 김순은, 앞의 글, 23~24쪽.
80) 김광수, 앞의 글, 15쪽.

Ⅳ. 지방분권 관련 일반자치제와 특별자치제의 관계

1. 일반자치제와 특별자치제의 상관성

일반자치제와 특별자치제의 상관성을 네 가지 측면에서 살펴보고자 한다. 첫째, 일반자치제와 특별자치제는 내용적으로 상호보완적인 성격을 가진다. 개념적으로 일반자치제는 국가의 「헌법」에서 지방자치에 관한 규정을 두어 지방자치를 헌법적으로 보장하는 제도를 말하며 특별자치제는 한 국가 내에서 특정한 지역에 대하여 다른 지역과 차별성이 있는 자치를 인정하는 제도를 말한다. 일반법과 특별법의 관계처럼 새삼스러운 것은 아니고 입법적 결단을 통해 특정 제도의 내용적 보완 차원에서 가능한 입법방식이라 할 수 있다. 문제는 헌법상 보장되는 일반자치제의 내용이 지방분권을 규율하지 않기 때문에 특별법상 보장되는 특별자치제 또한 지방분권을 고도화하기가 쉽지 않다는 점이다. 「제주특별법」이 제주특별자치도를 고도의 자치권을 향유하도록 입법하였지만 지방분권적 관념이 텅 비어 있는 헌법에 의한 제약과 그것을 구체화한 「지방자치법」에 의한 제약이 동시에 이루어져 수많은 특례를 부여받았지만 본질적인 부분에서 한계를 극명하게 드러낼 수밖에 없다. 즉 지방자치의 헌법적 보장에도 불구하고 지방자치의 구체적인 내용의 대부분은 「지방자치법」을 중심으로 「헌법」하위의 법령에서 형성적으로 규율하고 있다. 「지방자치법」을 중심으로 「헌법」하위의 법령 또한 실질적인 지방자치 및 지방분권에 대한 소극적 태도를 견지하고 있다.

둘째, 일반자치제와 특별자치제는 법형식상 공존가능성을 가지고 있다. 앞에서 살펴본 포르투갈헌법처럼 일반자치제와 특별자치제가 한 「헌법」 내에 공존할 수 있다. 우리 「헌법」은 일반자치제를 보장하고 있으나, 특별자치제는 법률에서 보장하고 있다. 그러므로 국법체계상 「헌법」에서 보장되는 일반자치제 규정은 법률에서 보장되는 특별자치제의 헌법적 제약으로 기능한다. 마찬가지로 지방자치의 일반법인 「지방자치법」도 법률상 보장되는 특별자치제를 제약하는 요인으로 작용할 수밖에 없는 것이다. 따라서 특별자치제의 헌법적 근거가 필요하다.

셋째, 일반자치제와 특별자치제는 국가발전의 전략적인 측면에서 접근할 필요가 있다. 그것은 특별자치제가 '특별'한 '자치', 즉 일반자치와는 다른 고도의 자치권을 실현하기 위해 국가발전전략의 일환으로 고안된 제도이기 때문이다. 당연히 제주자치도의 경우에도 국제자유도시를 조성하기 위해 특별자치제를 채택한 것이다. 문제는 「제주특별법」에 국제자유도시에 대한 정의가 없다는 것이다. 정의규정의 신설이 필요하다.81) 「시사상식사전」에 따르면, "국제자유도시란 사람, 상품, 자본이동이 자유로운 이른바 국경 없는 도시를 말한다"고 정의되고 있다.

넷째, 헌법상 일반자치제의 한계와 특별자치제의 흠결문제이다. 우리 「헌법」이 일반자치제를 채택하고 있으나 소극적 보장에 지나지 않고 법률유보원칙 및 법률우위원칙을 통하여 법률로 인정되는 제주특별자치도의 자치권을 고도로 제약하고 있는 것은 이미 언급한 바 있다. 이것은 포르투갈헌법상의 특별자치를 향유하고 있는 마데이라 제도 및 아조레스 군도의 사례와는 극명하게 대비된다. 그런 측면에서 포르투갈헌법상의 특별자치제와 일반자치제를 주목할 필요가 있다고 본다. 따라서 헌법적 보장과 다른 법령으로부터 독립적으로 특별한 자치, 고도의 자치권을 행사하기 위해서는 헌법적 결단이 필요하다. 해답은 지방분권형 「헌법」개정이고, 일반자치제의 보장과 함께 별도의 제주특별자치도의 헌법상 지위 부여라고 할 수 있다.

2. 일반자치제의 한계가 특별자치제에 미치는 영향

(1) 지방자치단체 수행사무배분의 불분명문제

「헌법」 제11조 제1항은 "지방자치단체는 주민의 복리에 관한 사무를 처리하고 재산을 관리하며"라고 하여 사무배분기준을 규정하고 있다. 이는 지방자치단체가 수행해야 할 사무의 실체를 명확히 규정하지 않아 국가와 지방자치단체간의 지역적 사무배분의 기본원리인 지방자치단체의 전권한성원리나 자기책임성원리, 그리고 보충성의 원리가 천명되어 있지 않다.82)

(2) 지방자치단체의 입법권의 행사범위의 제한문제

「헌법」 제11조 제1항은 "지방자치단체는…, 법령의 범위안에서 자치에 관한 규정을 제정할 수 있다"고 하여 지방자치단체의 입법권의 행사범위를 규정하고

---

81) 국제자유도시는 사람은 물론 상품과 자본이 자유롭게 드나들 수 있는 특정 지역으로 특히 기업활동에 최대한 편의를 보장하는 기능을 갖춘 도시이다. 무역과 생산, 국제금융, 주거나 관광 등 복합기능을 수행하는 도시를 말한다. 이 곳에서는 어느 나라 사람이든 비자없이 자유롭게 드나들면서 관광을 즐기고 기업활동을 하는가 하면 제한없이 돈을 거래할 수 있는 특권이 주어진다. 또 수입관세가 폐지 또는 감면되고 토지이용에도 별다른 장벽이 없다. 홍콩이 대표적이고, 최근 사례로는 말레이시아 라부안 섬이 있다. 면적이 제주도의 3분의 1, 인구는 7만여명에 불과한 라부안은 90년 마하티르 정부가 '조세회피지역'으로 지정하고, '역외금융센터'를 설립하면서 국제적 금융중심지로 부상했다. 최근엔 라부안 외에도 중국의 푸둥과 하이난섬, 일본의 오키나와 등이 국제자유도시를 지향하고 있다(시사상식사전, 박문각 참조).
82) 김해룡, "분권형 국가를 지향하는 헌법의 개정방안"「지방자치법연구」통권 제36호(한국지방자치법학회, 2012. 12. 20), 5쪽.

있다. 이 조항은 자치입법권을 헌법적으로 보장해 주는 거점인 동시에 자치입법의 범위를 "법령의 범위 안"으로 제한함으로써 자치입법의 위상을 국가입법, 즉 법률과 법률하위명령(법규명령)의 하위로 설정하는 문제가 있다.[83] 즉 지방자치단체의 조례제정권을 공동화(空洞化)시킬 우려가 있는 것이다.[84] 이러한 해석은 이미 형성된 의회입법과 행정입법의 범위 안에서만 자치입법을 제어하려는 측면이 강했으며, 지방자치 현실이 요청하는 규범의 모습이 무엇인가에 대해서는 관심을 두기 어려웠던 것에 기인한 것이라고 할 수 있다.[85]

조례의 법적인 위상과 그 제정의 범위와 한계에 관한 문제는 가장 치열한 논란의 대상 중 하나이다. 왜냐하면 국가와 지방자치단체 간의 관계에 관해서 첨예한 대립의 경계를 형성하는 가장 대표적인 영역이 자치입법권이라 할 수 있기 때문이다.[86] 조례 제정에 있어서 많은 법적 논란은 근본적으로 지방자치단체가 향유할 수 있는 자치권의 헌법적 보장내용과 범위가 무엇인가, 즉 「헌법」 제117조 제1항과 「지방자치법」 제22조 등의 해석은 어떻게 되어야 하는가의 문제로 귀결된다. 지방분권개혁, 「제주특별법」 시행 후 조례제정권의 확대가능성에 대해 각종 논의가 행해지고 있다.[87]

조례는 지방자치단체의 지역적 특성을 고려하여 해당 지역의 실정에 맞는 행정을 탄력적으로 수행할 수 있도록 하는 자치행정의 근거이자 자율권으로서의 역할을 한다.[88] 그런 측면에서 자치입법권의 확대와 자치입법기능의 제고는 지방자치의 성공을 담보하는 열쇠가 된다.[89]

(3) 지방자치단체의 재정책임성 훼손문제

「헌법」 제38조는 "모든 국민은 법률이 정하는 바에 의하여 납세의 의무를 진다"고 규정하고 있고, 제59조는 "조세의 종목과 세율은 법률로 정한다"고 규정함으로써 조세법률주의 원칙을 명시하고 있다. 현행과 같이 의존재원 중심의 지방자치는 그 본질에 부합하지 않으며, 재정책임성을 훼손함으로써 효율성을 저

---

83) EAI분권화센터, 앞의 연구보고서, 311쪽.
84) 김해룡, 앞의 글, 5쪽.
85) 최승원·양승미, "자치법규 관리체계 필요성 소고"「지방자치법연구」 통권 제38호(한국지방자치법학회, 2013. 6. 20), 166쪽.
86) 김광수, 앞의 글, 5쪽.
87) 김재광, "지방분권 개혁과 조례제정권의 범위"「지방자치법연구」 통권 제10호(한국지방자치법학회, 2005. 12), 100쪽 참조.
88) 김성호, "조례제정권 범위에 관한 인식변화 추이 연구"「지방자치법연구」 통권 제23호(한국지방자치법학회, 2009. 9), 77쪽.
89) 문상덕, 앞의 글, 43쪽.

해하고 있으므로 지방세의 납세의무자는 주민이므로 지방세의 세목, 세율, 부과징수를 자율적으로 정하도록 하여야 함에도 불구하고 소극적 입법태도를 견지하고 있다.[90]

현대국가에서 조세법률주의의 이해에는 실질적 의미에서의 이해가 중요하다는 점에서 지방세의 경우에는 조세법률주의의 형식적 이해 외에, 헌법적으로 직접 보장되어 있는 지방자치권에 대한 고려가 불가피하다. 그러한 점에서 조세법률주의의 법원리적 측면, 즉 대표성원리의 측면에서 지방세조례주의의 가능성이 존재한다는 지적에 귀기울일 필요가 있다.[91]

(4) 지방자치단체의 종류의 법률위임문제

「헌법」은 제117조 제2항에서 "지방자치단체의 종류는 법률로 정한다"고 규정하고 있다. 이는 삼권분립원칙과 함께 국가 통치구조의 기본골격을 이루는 수직적 분권구조를 정당간의 대립의 장이 되고 있는 국회의 입법적 합의로 정하도록 한 문제점이 지적되고 있다.[92]

(5) 자치권 보장과 기본권조항의 법률유보문제

「헌법」은 제37조 제2항에서 "국민의 모든 자유와 권리는 국가안전보장·질서유지 또는 공공복리를 위하여 필요한 경우에 한하여 법률로써 제한할 수 있으며, 제한하는 경우에도 자유와 권리의 본질적인 내용을 침해할 수 없다"고 규정하고 있다. 자치입법권자는 적어도 형식적 의미의 법률 제정에 관한 권한을 가지지 못하기 때문에 「헌법」 제37조 제2항의 규정에 따라 국민의 기본권을 제한하는 어떠한 법규범도 창설할 수 없다는 결과가 된다.[93] 따라서 헌법상 자치입법의 재설계 또는 헌법적 수준에서 자치입법의 새로운 정당화가 선행되지 않는다면 법률 수준에서 자치입법권을 강화 또는 신장시키는 데에는 원천적인 한계가 수반될 수밖에 없다.[94]

(6) 지방분권 및 주민주권 이념의 부재

현행 「헌법」은 지방자치단체의 존재의 보장, 자치기능의 보장 및 자치사무의 보장을 규정하고 있지만 지방분권과 주민주권에 대해서는 침묵하고 있다는 비판도 있다.[95] 지방자치에 있어 주민은 주권자로서, '지방자치단체의 의사를 전반적·

---

90) 최철호, 앞의 책, 304쪽 참조.
91) 최철호, 앞의 책, 322쪽.
92) 김해룡, 앞의 글, 4쪽.
93) EAI분권화센터, 앞의 연구보고서, 311쪽.
94) EAI분권화센터, 앞의 연구보고서, 311쪽.
95) 조성규, 앞의 글, 90~92쪽 참조. 주민주권에 관한 규정은 국민주권에 대응하는 의미라기보다

최종적으로 결정할 수 있는 최고의 권력인 주권을 주민이 보유하며, 모든 지방자치권의 정당성의 근거는 주민에게서 찾아야 한다'는 주권의 논리가 그대로 적용되며, 바로 지방자치에 있어 분권헌법의 기본적 방향성 및 이에 따른 구체적 입법의 방향성을 제시해 준다고 할 것이다.96)

(7) 중앙정부 통제 중심의 지방자치

우리나라의 지방자치제도는 헌법에 의한 보장이 제한적 수준에 머무르고 있으며 실정법령에서도 국가에 의한 통제를 중심으로 하고 있어 지방자치단체의 다양성과 가변성을 제약함은 물론 나아가 자기책임성마저 제약하고 있다.

먼저 중앙정부의 입법적 통제를 들 수 있다. 「지방자치법」 제22조 본문은 "지방자치단체는 법령의 범위 안에서 그 사무에 관하여 조례를 제정할 수 있다"고 규정하여 조례제정권의 범위를 제약하고 있다. 그리고 「지방자치법」 제22조 단서의 "다만, 주민의 권리 제한 또는 의무 부과에 관한 사항이나 벌칙을 정할 때에는 법률의 위임이 있어야 한다"는 법률의 위임이 없는 한, 주민의 권리 제한 또는 의무 부과에 관한 사항이나 벌칙을 정할 수 없도록 함으로써 조례의 실효성 담보수단을 배제시키고 있다.97)

다음으로 중앙정부의 행정적 통제를 들 수 있다. 행정통제는 중앙정부가 지방자치단체를 대상으로 행정권에 의해 통제하는 방식으로 가장 광범위하고도 효과적인 수단으로 이용되고 있다. 여기에는 행정전반에 대한 통제, 인사에 관한 통제, 재정에 관한 통제, 감사에 의한 통제 등이 포함된다.

우리가 지향하는 지방자치는 중앙정부에 의한 통치기술로서 존재하는 지방자치가 아니다. 중앙통제가 다른 구성요소들을 압도하고 있는 현실 속에서 제대로 된 지방자치를 하는 것은 불가능에 가깝다고 할 것이다.

(8) 제주특별자치도의 법적 지위의 불분명

제주특별자치도의 법적 지위의 불분명을 들 수 있다. 현재의 제주특별자치도는 시대의 변화에 따라 언제든지 평범한 자치도로 변화될 수 있는 가능성이 있는 구조라는 지적도 있다.98) 「지방자치법」 제2조 제1항 제1호에서는 "특별시, 광역시, 특별자치시, 도, 특별자치도"를 광역지방자치단체의 하나의 종류로써 규정하

는 지방자치권의 본원적 근거이자 출발점으로서 주민의 지위에 대한 헌법적 결단으로 이해되어야 할 것이라고 본다.

96) 조성규, 앞의 글, 88쪽 참조.
97) EAI분권화센터, 앞의 연구보고서, 314쪽.
98) 김광수, 앞의 글, 14쪽; 이기우·하승수, 「지방자치법」(대영문화사, 2007), 443쪽.

고 있다. 따라서 특별자치도는 제주특별자치도의 고유명사가 아니라 광역지방자
치단체의 한 종류의 표현에 지나지 않는다.[99]

　　그런데 「제주특별법」에 따른 자치권 보장의 내용은 다른 '광역지방자치단체'
의 규정 내용과 확연히 구별되는 특별성을 가지고 있기 때문에 제주특별자치도를
광역자치도의 하나로 취급할 실익이 있는지 의문이며 형식이나 권한의 면에서 특
수성이 있으므로 기초자치단체도 아니고 광역자치단체도 아닌 특별자치단체로 분
류하는 것이 타당하다는 견해가 있다.[100] 그리고 제주특별자치도는 「제주특별법」
이 정하는 범위 내에서만 특수한 지위를 가진다(제주특별법 제10조 제3항).

V. 제주특별자치제의 법적 한계와 지방분권 개헌의 필요성

　　지방자치의 헌법적 보장은 입법자에 대한 수권규정이자 국가입법권에 대한
제약의 원리로 기능한다. 법률을 통한 지방자치권의 제한의 한계가 문제된다. 일
반적으로 지방자치의 '핵심영역' 또는 '본질적 내용'은 법률로서도 침해할 수 없는
한계이며, 지방자치권을 제한하는 경우에도 입법자에게는 비례원칙에 따른 형량
의무가 부과되는 것으로 보고 있다. 그러나 그러한 한계 원리는 그 자체로 불명
확한 것으로 이에 대해서는 학설·판례를 통한 구체적인 기준의 설정이 필요한
것이지만, 근본적 해결을 위해서는 「헌법」 자체에서 일정 정도의 대강의 윤곽은
형성해 줄 필요가 있다.[101]

　　우리나라의 지방자치법제는 외형상으로는 지방자치의 제도적 틀을 갖추고 있
지만 그 실제적 이면을 들여다보면, 자치행정권, 자치조직권은 물론 지방자치의
본질적 요소라 할 수 있는 자치입법권, 자치재정권이 각종 법률상의 제한을 통하
여 중앙정부의 강력한 통제 하에 있다.[102]

　　제주특별자치도 기본계획안은 '제주특별자치도'의 개념을 "시·도에 부여된
일반적인 자치권한과는 다르게 고도의 자치권이 부여된 도, 선도적인 지방분권을
시범적으로 시행하고 지역의 여건과 특성에 부합되는 특례가 인정되는 지역"이라
고 정의하였다.[103]

---

99) 권영호, 앞의 글, 350쪽.
100) 김광수, 앞의 글, 13쪽.
101) 조성규, 앞의 글, 77쪽.
102) 조성규, 앞의 글, 80쪽.
103) 유진식, "지방분권과 행정구역개편의 행정법적 문제"「공법학연구」제7권 제2호(2006), 55쪽

제주특별자치도제도가 실시된 지 오래되었으나 제주도민들의 입장에서는 기초자치단체의 폐지로 인한 주민자치권의 축소와 이를 대신한 행정시의 책임소재의 부재 등 여러 가지 바뀐 환경 때문에 주민행정의 대부분이 도청으로 집중되는 현상과 특별자치제 실시 후에도 제주지역의 사회·경제적 여건이 별반 달라진 바가 없는 등 가시적인 효과가 없고, 사회·경제적인 역량이 제주시에 집중되는 현상이 벌어짐에 따라 비판적인 시각이 점차 강해지고 있다.[104]

제주특별자치도 출범에 관한 논의 당시 제주특별자치도의 자치입법권을 획기적으로 확대하고 제주특별자치도에서의 지방세를 조례로 정할 수 있도록 규정하는 등의 구체적인 자치입법권 강화방안이 검토되었으나, 우리 헌법상의 기본권제한의 법률유보원칙, 죄형법정주의, 조세법률주의라는 헌법상의 한계를 극복하지 못하였다.[105]

특별자치도 설치 취지를 살려 제주도를 국가경쟁력의 성장거점지역으로 육성하기 위해서는 다른 지역과의 형평성 논리를 뛰어넘을 수 있는 차별적인 위상 확보가 필수적이다. 법률적 효과를 갖는 도 조례 제정 등 혁신적 변화에도 불구하고 본질적인 조례입법 한계 등 현행 법체계상 한계로 권한 활용의 문제가 여전하다. '고도의 자치권'·'차등적 분권'·'전략적 성장거점' 등 차별화를 전제로 한 특별자치도 취지에도 불구, 지역간 형평성을 이유로 성공의 기폭제가 될 수 있는 필수과제 및 핵심적 프로젝트가 반영되지 못한 상황이다.

따라서 「헌법」 개정과 연계하여 제주특별자치도의 지위 또는 자치입법권 확대를 위한 명확한 헌법적 근거를 마련할 필요가 있다. 그 이유는 다음과 같다. 첫째, 제주특별자치도는 다른 지역과는 달리 섬 지역으로 본토와 멀리 떨어져 있고 독특한 지리적, 역사적, 경제적, 문화적 특성들을 가지고 있다. 이것이 일차적인 조건이라 할 수 있다. 둘째, 제주특별자치제에 대한 국민들의 공감대가 형성되어 있고 특별자치권의 전제라 할 수 있는 제주도민들의 열정이 강하다. 이것이 이차적인 조건이라 할 수 있다. 셋째, 국가발전전략인 '국제자유도시'의 달성을 위해 실질적인 지방분권을 보장하고, 행정규제의 폭넓은 완화 및 국제적 기준이 통용되는 특별자치제가 필요하다. 이것이 삼차적인 조건이라 할 수 있다. 그런 측면에서 제주특별자치도는 특별자치제에 부합하는 조건들을 갖추었다고 볼 수 있다.

참고.

104) 권영호, "정부 간 관계와 제주특별자치도" 「유럽헌법연구」 제18호(2015. 8), 344쪽.
105) 권영호, 앞의 글, 350쪽.

그리고 헌법개정안에 제주특별자치도를 규정할 때 선진국의 「헌법」을 심층적으로 검토하여야 할 것이다. 그 중에서도 특별자치제(제7편)과 일반자치제(제8편)를 폭넓게 규정하고 있는 포르투갈헌법이 일정한 시사점을 줄 수 있을 것이라고 생각한다. 포르투갈의 마데이라는 헌법적 지위를 확보해 지역의 형평성 논리를 극복하는 등 특별자치도를 완성했다는 평가를 받고 있다.[106]

Ⅵ. 맺는 말

그동안 우리나라의 역사적 경험은 오랜 중앙집권적 권력구조에 익숙한 결과 지방자치에 대한 이해에 있어 당위적 측면이 아닌 존재론적 측면에서의 지방자치에 대한 인식은 오히려 부정적인 측면이 강하였다. 문제는 존재론적 관점에서는 아무도 어떠한 방향성을 제시할 수 없는 것이 현실이기 때문에 헌법규범화를 통한 당위적 방향성의 지향이 매우 중요한 규범적 과제가 되고 있다는 점을 확인할 수 있었다.

오늘날 지방자치의 가치는 민주주의와 권력분립의 현대적 구현 및 주민의 기본권 보장의 강화에 있으며, 기본적으로 국가와 지방자치단체는 대립·예속의 관계가 아니라 대등한 협력관계에 기초해야 하므로 헌법상 제도적 보장을 넘어서 헌법적 차원에서 지방자치의 미래지향적·전향적 구현 및 신장을 위한 헌법정책을 구체화하여 천명할 필요가 있다. 그럼에도 불구하고 현행 「헌법」은 지방자치의 구체적인 내용의 형성을 법률로 정하도록 위임 또는 유보하고 있어 실질적 지방자치의 보장에 미흡하고 지방자치단체의 입법권을 과도하게 제한한다는 평가를 받고 있다. 이는 특별자치제가 시행되고 있는 제주특별자치도의 경우에도 예외가 아니다. 이 문제는 실질적인 분권형 개헌을 통해서 해결할 수밖에 없다고 본다.

결론적으로 「헌법」 개정시 '제주특별자치도 조항'과 관련하여 먼저, 헌법개정안에 '제주특별자치도에 관한 규정'을 '일반자치제'와는 별도로 두는 것이 타당하다고 본다. 다음으로, 헌법개정안에 제주특별자치도를 규정할 때 특별자치제조항(제7편- 총 10개 조문)을 폭넓게 규정하고 있는 포르투갈헌법을 심층적으로 검토할 필요가 있다.

---

106) 제민일보 2017년 5월 31일자 "헌법적 지위 제주특별자치도 완성 필수 조건" 기사 참조.

제 6 강

균형발전: 지방자치단체 경계조정

I. 들어가는 말

　　지방자치단체의 불합리한 관할구역으로 인하여 주민 불편 및 비효율적인 행정이 초래되는 경우가 있다. ① 하나의 건물이나 아파트단지·산업단지 또는 학교 등 공공시설이 2개 이상의 지방자치단체의 관할구역으로 분리된 경우, ② 토지·택지정리, 도로·하천정비 등으로 인하여 지방자치단체 간 관할구역이 기형적인 형태를 갖게 된 경우, ③ 2개 이상의 지방자치단체에 걸친 개발사업으로 인하여 새로운 경계의 획정이 필요한 경우, ④ 그 밖에 생활권과 관할구역의 불일치로 인하여 주민의 불편과 행정의 비효율이 상당히 초래된다고 인정되는 경우 등이 대표적인 사례이다. 이러한 사례에 해당하는 경우에는 경계조정을 하여야 한다.

〈수원시-용인시 경계 조정안〉

출처: 연합뉴스 2017년 12월 4일자 기사

【원제 : 자치단체 관할구역 경계조정제도에 관한 고찰】

또 다른 사례로 광주광역시 자치구간 경계조정을 들어보고자 한다. 날로 심화되는 도심 공동화(空洞化)와 자치구간 인구 불균형을 바로잡기 위해 자치구간 경계조정을 시도하고 있다. 동구의 경우 2017년 말 인구가 9만 5,791명으로 마지노선인 10만 명이 무너지면서 북구(44만 1,066명)의 4분의 1에도 못 미치는 실정이다. 그러다보니 인구 수를 기준으로 산정하는 교부금 지원액 등에서 불이익을 감수해야 하고 주민들의 불편도 가중되고 있다.[1] 인구가 많은 북구 또한 복지수요 급증 등 풀어야 할 과제가 산적해 있다. 이러한 사례도 경계조정이 필요하다.[2]

문제는 자치단체간 경계조정이 쉽지가 않다는 점이다. 그것은 주민들의 동의를 얻기가 쉽지 않고 자치단체간 이해관계와 표심(標心)으로 대변되는 선출직들의 이해관계가 얽히고 설키면서 경계조정을 어렵게 하기 때문이다.[3] 시·군간 경계조정은 시·군간 협의 과정을 거친 후 각 시·군의회 의결과정을 통과하여야 한다. 그러나 경계조정을 위해 시·군간 협의과정 절차를 넘기가 어렵고 그 다음 단계인 시·군의회 통과 역시 어렵긴 마찬가지이다. 그것은 선출직 의원들이 '우리 땅'을 빼앗겼다는 주민들의 반발을 우려하여 소극적으로 대응하기 때문이다.

경계조정은 관련 지방자치단체나 그 자치단체의 주민의 이해와도 직결되는 문제이고, 자칫하면 해당 주민들의 저항을 가져오기 쉽다. 따라서 경계조정에는 공공복리의 관점에서 사항상의 정당성과 민주적인 절차에 따른 신중한 방식이 요구되며,[4] 민주주의원리, 사회국가원리 및 비례의 원칙 등 헌법상의 원칙에 위배되어서는 안 되며, 아울러 법에서 정한 절차에 따라 신중하게 행하여져야 한다.[5] 또한 지역 내 균형발전이나 국회의원 정수 유지 등 감안해야 할 요인도 적지 않기 때문이다.

현재 자치단체의 경계조정을 구체적으로 규율하고 있는 법령이 흠결된 상태이다. 그로 인해 수많은 주민들이 불편을 겪고 있다. 따라서 법제 정비가 요청되고 있다.

---

1) 인구가 10만 명을 회복하지 못할 경우에는 부단체장(부구청장) 직급이 현재 3급(지방부이사관)에서 4급(지방서기관)으로 하향 조정되는 행정조직상의 불이익도 있으며 구의원 수도 줄어들게 된다.
2) 광주광역시의 경우에는 '자치구간 균형발전을 위한 경계조정위원회'를 구성하는 등 경계조정을 위한 노력을 경주하고 있다.
3) 2011년 10월 1일 광주광역시 동구 산수 1·2동이 북구로, 북구 풍향동 등 일부 동이 동구로 편입하는 등 선거를 앞두고 소폭의 조정이 이뤄진 사례가 있다. 광주일보 2018년 1월 23일자 "광주시 자치구간 경계조정 작업 본격화" 기사 참조.
4) 홍정선, 「신지방자치법」(박영사, 2015), 117쪽.
5) 정하중, 「행정법개론」(법문사, 2015), 913쪽.

이 글에서는 자치단체 경계조정과 관련한 독일, 일본, 미국 등의 외국법제와 우리나라의 현행 자치단체 경계조정 관련 법제들에 대한 분석을 토대로 자치단체 경계조정을 위한 법제정비 방향을 제시하고자 한다.

Ⅱ. 경계조정의 필요성과 구별개념

1. 경계조정의 필요성

(1) 주민수요 측면

경계조정의 필요성을 주민수요 측면에서 보면, 구역의 경계와 생활권의 불일치로 인한 불편을 들 수 있다. 먼저 교통의 발달 등으로 종전에 설정된 자치단체의 구역이 실제의 생활권과 일치하지 아니하게 되는 경우가 있다. 예를 들어, 서울 중심에 있는 한 광화문빌딩의 경우, 1층에서 11층은 종로구에서, 12층에서 20층은 중구에서, 지하 1층에서 5층까지는 공동으로 관할하고 있다.

다음으로 경지 정리 또는 대규모 택지개발사업으로 단일 농경지 또는 주택단지가 다른 자치단체로 나뉘어 주민의 재산권 행사 등 주민의 생활에 불편을 초래하는 경우가 있다. 예컨대, 충남 아산 탕정지구 택지개발사업의 조성에 따라 아산시 배방읍 휴대리와 천안시 동남구 신방동 경계가 불합리하게 되면서 유통단지 내 건축물 건축 시 2개의 행정구역이 중복돼 각종 행정 서비스 혼란 및 재산권 행사 등 주민 불편이 예상되고 있다.[6]

이상과 같은 경우에는 경계조정(구역변경)을 통하여 생활권과 행정구역을 일치시켜 주민편의를 증진시킬 필요가 있다.

(2) 행정효율 측면

행정주체의 입장에서 행정능률의 향상을 위하여 경계조정의 필요성이 제기된다. 주민을 대상으로 하는 자치행정의 공간적 단위는 해당 자치단체의 구역이므로 사후적인 여건의 변화로 종전의 구역이 합리적인 행정서비스를 제공하는데 부적합하게 된 경우로서, 동일 택지개발지구 내 행정구역의 이원화로 인하여 도로, 공원, 하천 등 도시계획시설의 설치 등 도시관리의 측면에서 문제점이 발생하기

---

6) 한국토지주택공사(LH)가 지난 2007년 12월부터 시행 중인 유통단지는 2018년 연말까지 아산시 배방읍 휴대리와 천안시 동남구 신방동 일원(5만2,739㎡)에 조성될 예정이다. 따라서 천안시 동남구 신방동 일부(22필지, 7,669㎡)를 아산시 배방읍 휴대리로 편입하는 행정구역 변경이 불가피하다는 게 아산시 설명이다. 디트뉴스24, 2018년 8월 4일자 "아산시 "천안 땅 일부 아산으로"" 기사 참조.

때문이다. 예를 들면, 아파트단지가 두 지방자치단체의 가운데에 설치되어 한 동의 아파트가 두 자치단체에 걸치게 되는 경우 과세권의 행사나 적정한 주민복리에 대한 급부가 곤란한 경우가 있다.

이러한 사례는 주민의 불편은 물론 행정적 측면에서도 효과적인 행정서비스를 공급하는데 어려움이 발생하는 바, 경계조정의 필요성이 제기된다.

2. 경계조정과의 구별개념

지방자치단체 간 관할구역 경계조정이란 지방자치단체 간 관할구역의 경계를 변경할 필요가 있을 경우 법적 절차에 따라 조정하는 것을 말한다. 여기에는 「지방자치법」 제4조제1항 본문에 따라 구역을 바꾸거나, 지방자치단체를 폐지하거나 설치하거나 나누거나 합칠 때의 경우와 같은 법 제4조제3항[7])에 해당하는 경우는 포함하지 아니한다. 일반적으로 '조정'은 조정기관이 분쟁당사자의 의견을 들어 직권으로 분쟁해결을 위한 타협안(조정안)을 마련하여 분쟁당사자에게 수락을 권고하고, 분쟁당사자들이 이를 받아들임으로써 분쟁을 해결하는 방식을 말한다.

경계조정과 구별해야 할 개념으로는 구역의 변경이 있다. 구역의 변경은 폐치·분합과 경계변경을 모두 포함하는 넓은 개념이다. 폐치·분합은 지방자치단체의 신설·폐지를 초래하는 것으로서, ① 합체(신설합병), ② 편입(흡수합병), ③ 분립(자치단체의 일부지역을 자치단체로 독립시킴), ④ 분할(하나의 지방자치단체를 둘 이상의 지방자치단체로 나눔) 등으로 구분된다. 이에 대하여 구역의 경계변경은 지방자치단체의 존폐에는 관계없이 다만 경계의 변경을 가져온다는 점에서 폐치·분합과는 다른 의미를 갖는다.

현행 「지방자치법」 상 구역의 변경 중 경계변경은 행정안전부장관이 조정안을 마련하고 있다. 그러나 경계조정이란 용어를 사용하게 되면 중립적인 조정기관(이를테면 '경계조정위원회')을 전제로 하므로 행정안전부장관이 조정안을 마련하는 현행의 경계변경과는 차별성을 가지게 된다. 따라서 지방자치단체 간 관할구역 경계조정과 구역의 변경 중 경계변경을 같은 의미로 사용하는 것은 타당하지

---

7) ③ 제1항에도 불구하고 다음 각 호의 지역이 속할 지방자치단체는 제4항부터 제7항까지의 규정에 따라 행정안전부장관이 결정한다. <개정 2009.4.1., 2010.4.15., 2011.7.14., 2013.3.23., 2014.6.3., 2014.11.19., 2017.7.26.>
  1. 「공유수면 관리 및 매립에 관한 법률」에 따른 매립지
  2. 「공간정보의 구축 및 관리 등에 관한 법률」 제2조제19호의 지적공부(이하 "지적공부"라 한다)에 등록이 누락되어 있는 토지

않다고 본다. 그러므로 용어의 혼용이 있어서는 안 될 것이다.

Ⅲ. 외국의 자치단체 경계조정 기구, 기준 및 절차 검토

1. 독일

독일의 사례로는 노르트라인－베스트팔렌주(Nordrhein-Westfalen)를 살펴보기로 한다. 먼저 노르트라인－베스트팔렌주는 독일 16개 연방주의 하나로 벨기에, 네덜란드와 국경을 접하고 있으며, 옛 서독 인구의 1/3이 살았던 가장 인구밀도가 높은 지역이다.

〈뒤셀도르프시 청사〉

출처: doopedia.co.kr

주도(州都)는 뒤셀도르프(Düsseldorf)이다. 청사는 구 시가지 중심의 마르크트광장(Marktplatz)에 위치한다. 뒤셀도르프시(市)의 역사만큼이나 오래된 대표적 르네상스 양식의 건물로서 구관과 신관으로 이루어져 있다. 카니발 축제 중 클라이맥스인 바이버파스나흐트(Weiberfassnacht)에는 여성 시민들이 시장실을 습격하여 시장의 넥타이를 만인이 보는 앞에서 가위로 자르는 모습을 보여 주기도 한다. 그리고 시청사에 얽힌 전설에 따르면 악마가 시청 밑에 큰 바위를 껴 넣어서, 건물이 약간 기울었다고 한다. 시청 앞의 기마상은 요한 빌헬름 2세이다(두산백과).

라인강(江) 하류 유역에서 엠스강 상류에 걸쳐 있는 지역으로, 1946년에 과거의 프로이센령(領)인 라인지구의 북부와 프로이센령 베스트팔렌 및 리페령으로 이루어져 있다. 뮌스터를 중심으로 엠스강 상류 유역의 저지는 비옥한 농업지대를 이루고, 루르탄전을 배후지로 하는 라인강 하류 지방은 역사적으로 독일 광공업의 핵심지이다.

오늘날 석탄공업은 루르강 북쪽의 리페강 유역으로 이동하고 있으나, 독일 최대의 내륙항인 뒤스부르크, 각국의 상사·은행이 모여 있는 뒤셀도르프, 크루프 재벌의 도시 에센 등이 있다. 행정적으로는 아헨·뒤셀도르프·쾰른·아른스베르크·데트몰트·뮌스터 등의 현으로 나눈다. 본·쾰른·뮌스터에 종합대학이 있고, 쾰른에 체육대학과 음악대학(데트몰트에도 있다), 뒤셀도르프에 국립예술대학과 의과대학이 있다(두산백과).

(1) 법적 근거

「노르트라인－베스트팔렌주 지방자치법」 제2장(지방자치단체의 구역)에서 규정하고 있다. 즉, "지방자치단체의 구역은 실정법상 자신에게 속한 토지로 구성된다. 경계분쟁은 감독청이 결정하며"(제16조제1항), "공공복리를 위해서 지방자치단체의 경계는 변경되거나, 지방자치단체가 해산되거나 새롭게 형성될 수 있다"(제17조제1항).[8]

"관련되는 지방자치단체와 지방자치단체연합은 필요하다면 구역변경을 이유로 정해지는 개별사안(구역변경협약)에 대한 협약을 체결한다. 이 협약에는 특히 분쟁, 법적인 결과나 지방자치단체의 지역법의 계수 등 필요한 규정을 포함하고 있어야 하며"(제18조제1항), "구역변경협약은 감독청의 허가를 필요로 한다. 구역변경협약이 존재하지 않으면, 감독청은 구역변경을 이유로 정해져야 할 개별사안을 정해야 한다"(제18조제2항)고 규정하고 있다.

"지방자치단체는 자신의 구역변경에 관한 협의에 들어가기 전 감독청에게 이를 보고하여야 하며"(제19조제1항), "모든 구역변경이 있기 전에 해당 지역주민의 뜻이 지방의회의 입장표명을 통해 확정된다는 것이 확인되어야 한다. 그 외 구역변경에 따라 경계가 조정되는 지방자치단체연합의 의견도 들어야 하며"(제19조제2항), "지방자치단체 구역변경은 법률을 필요로 한다. 만약 주정부관구 경계를 조정하는 것과 같이 경미한 의미를 갖는 경우, 관구정부를 통해 지방자치단체 경계변경이 언급될 수 있는데, 이 때에는 그 권한이 주 내무부에 있다. 경계변경이 의미를 갖는다는 것은 내어주는 지방자치단체 부분이 전체 지방자치단체 구역의 10/100 이하이고, 총 주민의 수가 200명이 안되는 경우를 말한다. 제2문, 제3문은 또한 효력을 발한 지 10년이 지난 법률을 통해 지방자치단체 경계가 확정된 경우

---

8) 「노르트라인－베스트팔렌주 지방자치법」 제16조부터 제19조까지는 김수진, "노르트라인－베스트팔렌주 지방자치법"「지방자치법연구」 제7권제3호(통권 제15호) 이하를 주로 참조하였다.

에도 적용된다. 지방자치단체 경계의 변경이 이미 이전에 승인이 된 법규들은 관계가 없으며"(제19조제3항), "법률이나 제3항 제2문에 따른 결정에는 구역변경협약이나 구역변경의 세부사항에 관한 감독청의 규정들이 확인되어야 한다."(제19조제4항).

(2) 경계조정기구

경계조정 전담기구는 없다.

(3) 경계조정기준

경계조정기준으로는 '공공복리 적합성'을 들고 있다. 경계조정 관련 법률과 사례에서는 경계조정기준에 대해서는 침묵하고 있으나, 단지 「노르트라인－베스트팔렌주 지방자치법」 제17조제1항에 "공적 복지를 이유로 하여서만" 경계조정을 할 수 있다고 규정하고 있다.

한편 판례는 지방자치단체의 구역변경과 관련하여 게마인데의 자치행정의 수행에 지장을 초래하거나 게마인데의 전통이 침해되는 것은 금지된다고 판시하고 있다. 지방자치단체의 구역변경과 관련하여 절차적인 내용을 제외하고, 실질적으로 법문에 명시된 기준은 '공공복리 적합성' 뿐이다. 독일의 연방헌법재판소와 각 주의 국가재판소 또는 헌법재판소는 입법자의 구역개편조치를 다음과 같은 통제기준을 가지고 판단해 왔다.[9]

첫째, 공공복리성 유보이다. 입법자는 새로운 경계조정(구역변경)에 있어서 공공복리원칙을 준수하여야 하는데, 공공복리 적합성에 대한 헌법적 통제는 입법자의 의도로서 판단할 수 있다. 공공복리성 여부는 경계조정(구역통합)계약의 허용성에 대한 한계를 지운다.

둘째, 구역변경과 관련된 모든 장·단점이 제대로 검토되었는가와 이를 주민들에게 제때에 알려서 의견제시가 가능하도록 하였는가이다. 이 때 헌법재판소는 구역변경관련 입법과정에서 입법자들이 주정부 및 주내무부와 함께 가능한 한 모든 장·단점을 충분히 고려하여 토론하였는지 그 과정에 대해서도 판단하고 있다. 또한 모든 장·단점을 고려하였는가는 입법자의 판단이 제대로 되었는지를 뒷받침하는 근거가 되기도 한다. 만약 입법자의 판단에 명시적 하자가 있다면 이는 위헌이 된다.

셋째, 입법자에게는 구역변경의 목적이 지방자치단체구조의 개선에 기여해야 한다. 만약 종래의 상태에 비하여 나쁘게 되는 것은 아닌지, 입법적 구역변경조치

---

9) 이에 대해서는 김수진, "지방자치단체의 구역변경에 관한 소고"「지방자치법연구」제10권 제4호(통권 제28호)(한국지방자치법학회, 2010. 10), 274쪽 이하 참조.

로 주민 및 새로 편성된 지방자치단체가 받게 되는 침해와 이익을 살펴볼 때 더 많은 손해를 끼친다면 그것은「헌법」에 위배된다고 판시하였다.

넷째, 일반적인 합헌판단의 기준에 따라 목적의 정당성, 방법의 적절성, 피해의 최소성, 비례의 원칙, 자의금지의 원칙을 모두 따져보게 된다. 평등원칙과 자기구속성의 원칙, 법적 안정성, 신뢰보호의 원칙도 지켜야 한다. 이 때 체계적합성원칙은 스스로 규정한 체계를 유지해야 하는 명령을 하는 것으로 이를 거스를 경우에는 특별한 정당화근거를 요구한다.

다섯째, 지방자치단체의 헌법적인 제도보장, 그들에게 적합한 사무영역을 부여하고 그들의 조직을 헌법적 원칙에 맞게, 즉 민주주의와 법치주의원칙에 적합하도록 구성했는가를 판단기준으로 제시하였다.

(4) 경계조정절차

노트르라인-베스트팔렌주의 경우는 다음과 같다.

① 감독청에 보고 → ② 게마인데 간 및 게마인데 연합 경계조정 협의 → ③ 관계 게마인데 간 경계조정 계약 체결 → ④ 감독청 승인 → ⑤ 주 법률 제정

다만, 경계조정 대상지역의 주민이 200명 이하이거나, 해당 면적이 전체의 1/10 이하인 경우 법률 제정없이 감독청 승인으로 경계조정의 효력이 발생한다.

2. 일본

(1) 법적 근거

일본의 경우 지자체의 합병, 즉 경계조정에 대해서는「지방자치법」제6조의 '도도부현의 폐치분합 및 경계변경'에서 "도도부현의 폐치분합 또는 경계변경을 하고자 할 경우, 법률로 이를 결정한다"라고 규정하고 있다.

또한 동법 제7조 '시정촌의 폐치분합 또는 경계변경'에는 '시정촌의 폐치분합 또는 시정촌의 경계변경은 관계 시정촌의 신청에 근거하며, 도도부현 지사가 해당 도도부현의 의회의 의결을 거쳐 이를 결정한다'고 규정하고 있어, 결정권은 도도부현에 있다. 다만, 법적 결정은 중앙정부 및 도도부현 및 조례에 따라 행해지나, 관계 시정촌의 신청에 근거한다는 의미에서 상위 정부에 의한 강제적인 합병 및 경계변경(조정)은 법률적으로는 가능할 수는 없다고 해석할 수 있다.

(2) 경계조정기구

경계조정 전담기구는 없다.

(3) 경계조정기준

일본 「지방자치법」 제5조제1항에서 규정하고 있는 "보통지방공공단체(도도부현, 시정촌)의 구역은 종래의 구역에 의한"것이라고 규정함으로써, 시정촌의 구역은 메이지 44년 정촌제법령의 규정에 따르고 있다. 즉, 시정촌 경계는 오랜 역사 안에서 형성되어 근대 법제가 등장하기 이전에 등장한 것으로 해석되어진다. 따라서 시정촌의 경계에 관한 이견이 발생하는 경우, 법제상으로는 정확한 경계는 신설되어지는 것이 아니라 경계의 기존성을 그 원칙으로 하고 있다.

일본에 있어 최근 지자체 경계분쟁이 빈번하게 발생하는 영역으로는 산악지나 수면으로 경계대라고 불리는 지역들이 이에 해당한다. 또한 토목기술 등의 발전과 함께 사회경제권의 확대로 인해 급속히 확대되고 있는 매립지의 경계조정문제가 다수 발생하고 있다.

이 경우 경계조정기준은 다음과 같다. 첫째, 경계의 기존성을 인정하는 경우와 둘째, 경계 분쟁지에 대한 사무처리의 실태를 고려하는 경우, 셋째, 상기의 경계조정기준을 활용할 경우로 나눌 수 있다.

첫째, 경계의 기존성을 인정하는 경우는 특히 해상의 경우에 해당하는데, 매립이나 간척에 의해 생성된 토지의 경계는 기존의 어업권상의 경계를 인정하거나, 육상 경계의 연장선을 경계선으로 인정한다. 즉, 역사적으로 형성되어 온 경계선을 제일 우선적으로 존중하는 기준이다.

둘째, 경계 분쟁지에 대한 사무처리의 실태를 고려하는 경우는 관계 시정촌, 도도부현 그리고 중앙정부의 각종 기관 등이 해당 경계 분쟁지역을 중심으로 사무처리와 관련된 행정권행사 실태를 조사하여, 해당 지역주민의 복지와 사회·경제상의 편익을 고려하여 인위적인 경계선을 조정한다. 사회·경제적인 실질상의 경계로의 조정으로서, 징세, 주민등록 등 행정상의 경계와 매물, 서비스, 통근, 통학 등 생활상의 경계를 평가하여, 관계 지자체의 주장과 기존의 경계를 재평가하여 조정하는 방법이다.

셋째, 상기의 경계조정기준을 활용할 경우는 무엇보다 중요하게 고려되어야 할 점은 양 당사자간의 정치적 신뢰에 근거한 조정 및 협력의 필요성이다.

(4) 경계조정절차

시정촌의 설치 및 폐지(시정촌 법인격의 변경)와 관계없이 단순히 경계만 변경되는 것(동일한 도도부현내 시정촌의 경계를 변경하는 경우)으로, 「지방자치법」 제7조에 따라 다음과 같은 절차를 거친다.

관계 시정촌 의회의 의결을 거쳐 관계 시정촌이 연명으로 도도부현 지사에게 신청한다. 도도부현 지사는 도도부현 의회의 의결을 얻어 경계변경을 결정하고, 총무대신에게 신고한다.

① 시정촌 의회 의결 → ② 도도부현에 경계변경 신청 → ③ 도도부현 의회 의결 → ④ 총무대신에게 신고 → ⑤ 총무대신 경계변경 고시

관계 시정촌 및 도도부현 의회의 의결을 필요로 하는 동시에, 지역에서의 충분한 논의가 필요하다.

3. 미국(캘리포니아주)

미국의 경우에는 캘리포니아주(California)를 살펴보기로 한다. 캘리포니아주의 주도(州都)는 새크라멘토(Sacramento)이다. 50주 중 최대의 인구와 생산력을 자랑하는 주이다. 북쪽은 오리건주(州), 동쪽은 네바다·애리조나주(州)에 접하고, 남쪽은 멕시코와 국경을 이루며, 서쪽은 태평양에 면한다. 면적은 한반도 총면적의 2배에 가깝고, 미국 내에서는 텍사스에 이어 2번째로 넓은 주이다. 학술면에서는 캘리포니아대학 등 170여 개의 대학이 있어 대학수는 미국 제2위이며, 연구소·박물관도 많아 문화적 수준이 높은 주로 꼽힌다. 관광면으로도 산지에 협곡미(峽谷美)를 자랑하는 요세미테·킹스캐니언·세쿼이아 등의 국립공원 및 래슨화산국립공원이 있고, 어린이의 낙원으로 유명한 디즈니랜드와 샌디에이고의 동물원·수족관(水族館) 등은 항시 관광객으로 붐빈다. 남(南)캘리포니아는 해양미(海洋美)로 알려졌으며 산타카타리나섬·샌타바르바라제도 등지도 휴양지로 유명하다(두산백과).

미국에서 가장 인구가 많은 캘리포니아주가 삶의 질이 가장 떨어진다는 조사결과(Best States for Quality of Life)가 나왔다. 2018년 3월 1일 US 뉴스앤드월드리포트가 건강보험·교육·경제·기회·인프라·범죄 및 교정·재정 안정성·삶의 질 등 8가지 지표를 토대로 50개 주의 여건을 평가해 가장 살기 좋은 주를 뽑은 결과 이같이 나타났다.10) 1위는 인프라·건강보험·기회·교육 등에서 대부분 최상

---

10) 삶의 질 조사는 자연환경과 사회환경으로 구분돼 조사가 진행됐으며 자연환경은 공해, 공업용 유해물질, 오염 정도, 식용수의 수준 등을 종합한 것이며, 사회환경은 커뮤니티간 연결관계, 개인에 대한 사회의 지원정도, 투표 참여율 등이 기준이 됐다. 중앙일보 2018년 3월 1일자 "캘리포니아 삶의 질 '꼴찌'" 기사 참조.

위권에 든 아이오와주가 차지했다. 2위에는 삶의 질·기회 부문에서 높은 점수를 얻은 중북부 미네소타 주가 자리했다. '골든스테이트'로 불리는 캘리포니아는 특히 삶의 질 부문에서 50위로 꼴찌였고 기회(46위), 재정 안정성(43위)도 하위권이었다. 공동체 활동 참여도는 44위, 공동체 활동에 대한 사회적 지원은 36위에 그쳤다 한다.11)

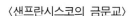

〈샌프란시스코의 금문교〉

미국에서 영토에 대한 경계설정 및 변경은 주간(Inter-state), 주내로 구별할 수 있다. 주간의 경계변경은 협약 또는 협정에 따른다. 협약 등을 통한 주간 경계변경은 「연방헌법」 Article I, Section 10, Clause III에서 "주는 의회의 동의없이 다른 주와 어떠한 협약(agreement)과 협정(compact)을 할 수 없다"12)라는 규정에 근거한다.

물론 역사적으로 1893년의 연방법원 판결 Virginia v. Tennessee를 포함하는 다수의 협정들은 의회의 동의를 받지 않은 예가 있기는 하나 오늘날의 주간 협정 등은 의회의 동의를 받은 경우에만 연방내에서 효력이 발생하는 것으로 인정되고 있다.

협정은 크게 Border Compacts, Advisory Compacts, Regulatory Compacts의 세 가지 유형으로 구분된다. 이 중 Border Compacts가 주간의 경계변경에 관한 내용을 담고 있는 협정이다.

그러나 주간 경계변경은 20세기에 들어서는 그 예가 드물기 때문에 생략하고, 이하에서는 주내의 경계변경을 중심으로 기술하고자 한다.

---

11) 문화일보 2018년 3월 2일자 "캘리포니아, 미국 50개州중 '삶의 질' 꼴찌" 기사 참조.
12) no state shall, without the consent of Congress, enter into any agreement or compact with another state

(1) 법적 근거

캘리포니아 주법 제6편 디스트릭트(TITLE 6. DISTRICTS) 중 제3장 경계변경 (Change of Boundaries)에서 이하의 경계조정기구, 경계조정절차, 경계조정기준을 정하고 있다. 세부적인 내용은 Guide to the Cortese—Knox—Hertzberg Local Government Reornization Act of 2000에 따른다.

(2) 경계조정기구

1) 카운티 감독자   카운티감독자는 조정기준을 살펴 제안의 내용이 되는 경계를 변경할 수 있다(제58858조).

2) 지방기구 편성위원회   지방기구 편성위원회(LAFCOs: Local Agency Formation Commissions)는 캘리포니아 주정부의 정책기구로 주내 모든 카운티(58개)마다 설치되어 있다.[13]

지방정부기구의 형성과 개발을 관장하는 지역성장관리서비스를 제공한다. 동위원회는 수도권 팽창을 억제하는 규제기구이면서, 세력권(영향권)을 조정하는 도시계획기구로서의 성격도 가진다.

도시계획기구로서의 권한에 따라 시와 특별 디스트릭트의 통합·폐지·분할의 권한을 가진다. 예컨대 특별 디스트릭트의 통합, 특별 디스트릭트와 시의 통합, 특별 디스트릭트의 폐지, 디스트릭트의 분할, 그 외 이러한 변경의 혼합 등을 수행할 수 있다. 그러나 원래 존재하던 시를 분할하는 것에 대해서는 주민 2/3가 동의해야 하는 강화된 절차를 요구한다.

(3) 경계조정기준

경계조정기준으로는 ① 제안된 경계에 대한 명확성과 확실성, ② 카운티의 최근의 균등 과세표준부에 따르거나 카운티 기록부의 기록문서에 따른 소유권이 있는 경계선이 있는 제안된 경계의 확정성, ③ 제안된 경계의 위치로부터 결과된 공익과 관련된 그 외 유사한 사안이 고려된다(제58856조).

(4) 경계조정절차

청원이 발생하면 카운티 감독자와 카운티 평가자는 지역기구 편성위원회의 관할권에 있지 아니한 제안이 포함된 경계내용을 검토한다.

주법상 경계위원회(county boundry commission)에 조회된 것은 지방기구 편성위원회에 조회된 것으로 간주한다(제58851조). 그러나 청원은 일단 카운티 감독자에

---

13) Cortese—Knox—Hertzberg Local Government Act of 2000 (Government Code Section 56000) 에 근거하여 설치되었다.

게 제출되는 것이 우선적이며 이때에는 영토의 경계가 표시된 지도와 이러한 영
토경계에 대한 세밀한 법적 내용을 첨부하여야 한다(제58852조). 또한 청원 제안에
포함된 영토가 둘 이상의 카운티에 걸치는 경우에는 각각의 카운티 감독자에게
통보하여야 한다(제58853조).

제출 후 30일 내에 카운티 감독자는 제안된 경계에 대해 검토하고 통보하여
야 하며, 30일의 기간내에 제안에 대해 통보하지 못한 것은 그에 대한 경계를 승
인한 것으로 간주한다(제58854조).

제안을 제출한 후 10일 내에, 카운티 감독자는 제안에서 내용이 되는 토지의
모든 또는 일부를 포함하는 경계가 있는 각 시티, 카운티 또는 디스트릭트 그리
고 그러한 제안을 한 자에게 우편으로 서면 통지를 하여야 한다(제58855조).

청원의 내용이 공익에 해당하는 것으로 간주되는 경우, 카운티 감독자는 그
에 대한 공청회를 개최할 수 있다.

이러한 변경 후, 카운티 감독자는 제안자와 적정한 절차를 제정하는 권한이
있는 입법기관에게 카운티 사정인(assessor)의 권고를 붙여 통보의 정본을 전달해
야 한다(제58859조).

제안자가 결정된 감독자의 권고를 수용하지 아니하는 때에는 제안자는 이유
서를 적정한 절차를 제정할 권한을 가진 입법기관에 제출한다. 제안자는 또한 카
운티 감독자에게 이러한 이유서 정본을 제공한다. 이러한 통보가 제공된 후에만
제안은 회람되거나 감독위원회 또는 디스트릭트의 행정기관에 제출될 수 있다(제
58860조).

제안에 대하여 조치하기 전에, 관할권을 갖는 입법기관은 카운티 감독자의
통보를 고려하여야 하며, 공익이 요구되는 판단으로서의 무게를 부여하여야 한다
(제58861조).

IV. 우리나라의 경계조정 관련법령 현황과 문제점

1. 현행 경계조정 관련법령 현황

현행 경계조정 관련법령에는 「지방자치법」, 「지방분권 및 지방행정체제 개편
에 관한 특별법」, 「주민투표법」 등이 있다.

(1) 지방자치법

1) 지방자치단체의 구역의 법적 성격   지방자치단체의 구역은 지방자치단체의

권한이 미치는 공간적 범위를 말한다.[14] 구역은 단순한 행정상의 구획이 아니라 지방자치단체의 자치권이 미치는 지역적 범위를 말하는데, 지방자치단체의 권능을 지역적으로 한정시키는 소극적 의미뿐 아니라 그 구역 안에 주소나 거소를 둔 사람 및 그 구역과 일정한 장소적 관계를 가진 사물을 해당 지방자치단체의 권능에 복속시키는 적극적인 의미를 갖는 것으로, 지방자치단체에 있어 본질적인 요소로서 중요성을 가진다.[15] 지방자치단체의 구역은 육지와 그 지하 및 상공을 포함한다. 해면도 포함하는가에 대해서는 견해가 대립되고 있는데,[16] 헌법재판소[17]는 긍정하고 있다.

「지방자치법」은 지방자치단체의 구역은 지방자치단체의 구성요소로서 그 획정이 어려우므로 종전의 구역을 그대로 받아들이는 것으로 하였다(법 제4조제1항).[18]

2) 경계조정 관련 규정   「지방자치법」 제4조제1항단서에서 "다만, 지방자치단체의 관할 구역 경계변경과 한자 명칭의 변경은 대통령령으로 정한다"고 지방자치단체의 관할 구역 경계변경에 대해 규정하고 있다. 제4조제2항은 "제1항에 따라 지방자치단체를 폐지하거나 설치하거나 나누거나 합칠 때 또는 그 명칭이나 구역을 변경할 때에는 관계 지방자치단체의 의회(이하 "지방의회"라 한다)의 의견을 들어야 한다. 다만, 「주민투표법」 제8조에 따라 주민투표를 한 경우에는 그러하지 아니하다"고 규정하고 있다. 그러나 「지방자치법시행령」에는 '지방자치단체의 관할 구역 경계변경절차'에 대한 규정이 흠결되어 있다.

3) 경계조정의 법형식   경계조정의 형식을 법률로 할 것인지, 법규명령으로 할 것인지, 아니면 감독청의 승인을 전제로 관계 지방자치단체간의 합의로 할 것

---

14) 박균성, 「행정법강의」 제15판(박영사, 2018), 951쪽.

15) 조성규, "행정구역개편을 통한 통합형 지방자치단체의 사무개편을 위한 법적 과제" 「지방자치법연구」 제10권 제1호(통권 제25호), 4쪽.

16) 구역은 합리적 연장으로서의 해면에도 미친다고 보는 견해로는 김동희, 「행정법강의」(2013, 박영사), 698쪽.

17) 헌재 2004. 9. 23, 2000헌라2(당진군과 평택시간의 권한쟁의) "지방자치단체의 구역은 주민·자치권과 함께 자치단체의 구성요소이며, 자치권이 미치는 관할 구역의 범위에는 육지는 물론 바다도 포함되므로, 공유수면에 대한 지방자치단체의 자치권한이 존재한다".

18) 헌재 2006. 8. 31, 2003헌라1(광양시등과 순천시 등간의 권한쟁의) "현행 지방자치법 제4조제1항은 지방자치간체의 관할구역 경계를 결정함에 있어서 '종전'에 의하도록 하고 있고, 지방자치법 제4조제1항의 개정 연혁에 비추어 보면 위 '종전'이라는 기준은 최초로 제정된 법률조항까지 순차 거슬러 올라가게 되므로 1948. 8. 15. 당시 존재하던 관할구역의 경계가 원천적인 기준이 된다. 그런데 이 사건 기록을 살펴볼 때, 이 사건 매립지에서 '종전'에 해당하는 관할구역 경계에 대하여는 조선총독부의 임시토지조사국 훈령인 일반도측량실시규정(1914년)에 의거하여 1918년에 제작된 지형도상의 해상경계선이 그 기준이 된다".

인지의 문제가 있다.

지방자치단체의 구역은 자치권이 미치는 지방자치단체의 지역적인 범위를 정하는 것이므로 법규(법률, 법규명령)로 하는 것이 바람직하다. 법규로 정하는 것은 강제적 경계조정의 성질을 가지며, 공법상 합의로 정하는 것은 임의적 경계조정의 성질을 갖게 된다. 현행 「지방자치법」은 공법상 합의에 의한 경계조정에 관해 규정하는 바가 없다(독일의 경우에는 구역변경계약을 체결함).

「지방자치법」은 지방자치단체의 구역을 변경할 때에는 법률로 정하되, 시·군 및 자치구의 관할 구역 경계변경은 대통령령으로 정한다고 규정하고 있다(제4조제1항). 다만, 시·군 및 자치구의 관할 구역 경계변경은 대통령령으로 정하도록 한 것은 법률유보원칙에 위배된다고 보는 견해가 있다.[19]

4) 경계조정의 원칙 및 기준   「지방자치법」에는 경계조정의 원칙 및 기준에 대해 구체적인 언급이 없다. 다만, 학설에서는 '공공복리 적합성'이 구역변경의 원칙 또는 내용요건으로 논의되고 있다.

가. 경계조정의 원칙: 공공복리 적합성   「지방자치법」은 경계조정(구역변경)의 원칙 및 내용요건에 관해 특별한 제한을 가하고 있지 아니하다. 그러나 민주주의 원칙으로부터 나오는 행정법의 일반원칙으로서 '공공복리 적합성'은 경계변경에도 당연히 요구된다고 볼 수 있다.[20]

공공복리 적합성을 경계조정의 원칙으로 들고 있는 외국의 입법례로는 독일의 「니더작센주 헌법」 제59조, 「노르트라인－베스팔렌 게마인데법」 제17조제1항 등을 들 수 있다.

공공복리의 사유로는 ① 지방자치단체의 급부력의 강화 또는 행정력의 강화, ② 생활과 환경의 일치, ③ 인구밀접지역과 인구희소지역 사이의 공공시설과 급부의 상당한 차이의 완화, ④ 행정의 경제와 절약, ⑤ 주민의 결속력, ⑥ 사무수행의 효율성 등을 들 수 있다.

나. 공공복리의 형성영역   '공공복리 적합성'의 요건과 관련하여 관할구역의 변경에 관한 의사결정과정에서 청문의무·형량명령·과잉금지의 고려는 헌법상 요구되는 내용으로 제시되고 있다.

따라서 경계조정 여부를 결정할 때에는 결정권자는 ① 충분한 문제점 위에서 경계조정문제를 제기하고, ② 관련 지방자치단체에게 적기의 그리고 충분한 의견

---

19) 홍정선, 앞의 책, 117쪽.
20) 홍정선, 앞의 책, 119쪽.

제출의 기회를 주어야 하고, ③ 형량이나 평가에 있어 흠이 없어야 하고, ④ 새로운 지방자치단체에 비하여 불이익이나 부담이 없어야 한다. 또한 공간적 의미와 기능적 의미에서 주민의 지역적인 연대감을 고려하고, 또한 관련 지방자치단체의 급부력의 한계를 고려하여야 할 것이다.

공공복리개념은 불확정법개념으로서 판단여지가 인정된다. 입법자는 민주주의원리와 권력분립원리에 근거하여 경계조정에서 형성영역을 갖게 된다.[21]

5) 경계조정의 전담기구   「지방자치법」에는 경계조정의 전담기구에 대해 구체적인 언급이 없다.

6) 경계조정의 절차   「지방자치법」상 경계조정의 절차는 흠결되어 있으나 경계변경절차는 규정되어 있다. 그리고 자치단체간 관할구역 경계변경의 경우에 관계 지방자치단체의 의회의 의견을 반드시 청취하도록 규정하고 있다. 즉, "지방자치단체를 폐지하거나 설치하거나 나누거나 합칠 때 또는 그 명칭이나 구역을 변경할 때에는 관계 지방자치단체의 의회의 의견을 들어야 한다"(제4조제2항). 여기서 "관계 지방자치단체의 의회"란 해당 지방자치단체의 의회와 그 상급 지방자치단체의 의회를 말한다(동법시행령 제2조).

의견청취는 보호기능과 정보기능을 가진다. 청문은 입법자에게 정보를 제공하고, 입법자의 결정을 준비하는데 기여한다. 청문에서 지방의회는 구역변경의 의도의 본질적인 내용과 결정적인 사유를 들어야 한다. 그런데 「지방자치법」상 의견청취는 의회의 청문절차이지 주민의 청문절차는 아니다.[22] 지방자치단체가 주민의 연대감을 전제로 하여야 한다는 점에서 보면, 주민의 청문절차가 결여된 것은 다소 문제가 있다는 지적도 있다.[23] 즉, 청문요건은 지방자치의 헌법적 보장에 뿌리를 둔 것으로서 헌법적 지위를 갖는 것으로 이해되기 때문이다. 독일에서는 충분한 청문이 이루어지지 아니하면, 경계변경은 무효라고 보고 있다.[24]

경계조정절차에서 주민참여는 매우 중요하다. 경계조정이 행정의 효율성 제고 목적도 있지만, 궁극적으로는 주민생활의 불편을 해소하여 주민의 복리증진에 이바지하는데 있기 때문이다. 따라서 대상주민들에게 경계조정의 신청자격의 부여,

---

21) 홍정선, 앞의 책, 120쪽 참조.
22) 독일 니더작센주의 경우, 지방자치단체의 구역변경(합병등 포함)이 지방자치단체 사이의 합의에 따른 경우에는 주민의 청문이 요구되고, 법률에 따른 경우에는 관련 지방자치단체의 청문 외에 그 지방자치단체의 주민의 청문도 요구된다(동 게마인데법 제18조제4항).
23) 홍정선, 앞의 책, 119쪽.
24) Erichsen, Kommunalrecht, S. 53.

합의체(또는 협의체) 구성원으로의 참여, 의견제출 허용 등이 규정될 필요가 있다.

참고로 시·도간 행정구역의 경계변경 절차와 방법[25]은 다음과 같다.

〈시·도간 행정구역의 경계변경 절차와 방법〉

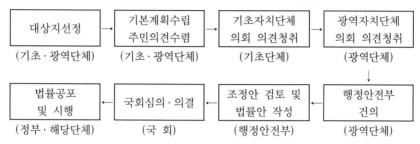

기초자치단체(자치구간)의 행정구역 경계변경 절차와 방법은 다음과 같다.

〈기초자치단체(자치구간)의 행정구역 경계변경 절차와 방법〉

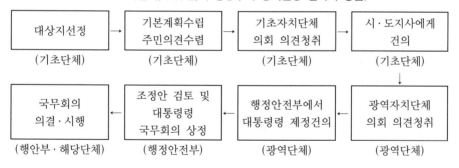

〈법정 동·리간 행정구역의 경계변경 절차와 방법〉

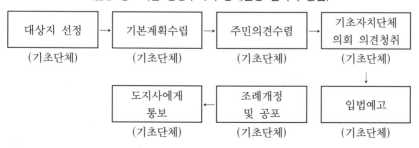

---

25) 지자체간 행정구역의 경계조정 절차와 방법에 대해서는 조병현, "행정구역의 경계조정에 관한 연구" 서울시 발표자료 참조. www.nkland.org/NOS-Board/down.php?idx=hapong&num=1&uid=9

(2) 지방분권 및 지방행정체제 개편에 관한 특별법

「지방분권 및 지방행정체제 개편에 관한 특별법」은 지방분권과 지방자치단체의 통합에 관한 사항등을 규율하고 있어 자치단체의 경계조정과는 내용적 차원을 달리하고 있다.

다만, 제18조는 지방행정체제 개편의 기본방향으로 ① 주민자치 및 지방행정계층의 적정화, ② 주민생활 편익증진을 위한 자치구역의 조정, ③ 지방자치단체의 규모와 자치역량에 부합하는 역할과 기능의 부여, ④ 주거단위의 근린자치 활성화 등을 규정하고 있는데, 이는 예전에 대통령 산하 지방자치발전위원회가 「지방자치단체 경계조정에 관한 법률(안)」에서 제시하고 있는 경계조정기준인 ① 주민의 편의성, ② 행정효율성, ③ 국토의 발전가능성 등과 거의 같은 맥락으로 볼 수 있다.

(3) 주민투표법

1) 국가정책에 관한 주민투표   「주민투표법」 제8조제1항은 "중앙행정기관의 장은 지방자치단체의 폐치·분합 또는 구역변경, 주요시설의 설치 등 국가정책의 수립에 관하여 주민의 의견을 듣기 위하여 필요하다고 인정하는 때에는 주민투표의 실시구역을 정하여 관계 지방자치단체의 장에게 주민투표의 실시를 요구할 수 있다. 이 경우 중앙행정기관의 장은 미리 행정안전부장관과 협의하여야 한다."고 규정하고 있다. 제8조제2항은 "지방자치단체의 장은 제1항에 따라 주민주표의 실시를 요구받은 때에는 지체없이 이를 공표하여야 하며, 공표일부터 30일 이내에 그 지방의회의 의견을 들어야 한다."고 규정하고 있다. 제8조제3항은 "제2항에 따라 지방의회의 의견을 들은 지방자치단체의 장은 그 결과를 관계 중앙행정기관의 장에게 통지하여야 한다."고 규정하고 있다.

2) 주민투표 실시구역   「주민투표법」 제16조는 "주민투표는 그 지방자치단체의 관할구역 전체를 대상으로 한다. 다만, 특정한 지역 또는 주민에게만 이해관계가 있는 사항인 경우 지방자치단체의 장이 지방의회의 동의를 얻은 때에는 관계 시·군·구 또는 읍·면·동을 대상으로 주민투표를 실시할 수 있다."고 규정하고 있다.

2. 현행 경계조정 관련 법령의 문제점: 「지방자치법」상 문제점

(1) 경계조정 기구, 원칙 및 기준(고려사항), 절차 및 요건의 흠결

「지방자치법」에 경계변경 근거조항은 있으나, 이는 경계조정과는 구별하여야 한다. 그리고 경계조정기구, 경계조정의 원칙과 기준(고려사항), 요건, 절차 등의 흠결이 있다.

경계구역 조정이 필요하다는 점에는 인식을 함께 하면서도 긴 시간 동안 자치단체들이 속수무책일 수밖에 없었던 것은 법적으로 이 같은 갈등을 중재할 수 있는 주체가 사실상 전무했기 때문이다. 이에 시·군·구간 갈등은 광역단체가, 시·도간 갈등은 정부가 중재에 나설 수 있는 법적 근거가 제대로 갖춰져야 한다는 주장이 제기되고 있다.

현재는 광역단체나 정부기관이 갈등을 중재할 수 있는 법적 근거가 없어, 갈등을 겪고 있는 자치단체가 조정을 요청해도 '원만하게 협의하라'는 원론적인 답변밖에 할 수 없는 실정이다. 갈등을 중재할 별도의 법적 기구를 설치해 직권으로 조정할 수 있도록 해야 한다는 의견도 제기되고 있다.

(2) 지방의회의 의견청취의 의무화로 인한 추진 한계

「지방자치법」상 지방의회(광역 + 기초) 의견청취가 의무화되어 있어 지방의회가 반대하면 사실상 추진이 곤란해지게 된다. 해당 자치단체도 세수감소, 행정구역 축소 등을 우려하여 경계조정에 소극적인 것이 현실이다. 따라서 주민들의 건의 등 경계조정이 필요한 경우에도 지방의회 또는 자치단체에서 소극적으로 대응할 경우 사실상 추진이 곤란하게 된다.

(3) 주민의 의견청취의 흠결문제

「지방자치법」 제4조제2항은 "구역을 변경할 때에는 관계 지방자치단체의 의회의 의견을 들어야 한다."고 규정하고 있으나, 주민의 의견청취에 대해서는 아무런 규정을 두지 않고 있다.

경계조정의 경우에는 주민의 대표기관인 의회와 주민의 의견이 대립되는 경우가 있을 수 있기 때문에 규정의 적절성을 검토할 필요가 있다. 경계조정 의사확인 절차로서의 주민절차 필요 여부에 대한 검토가 필요하다. 다만, 주민투표 실시구역을 획정하기 곤란하고, 경계조정이 해당 지역 일부 주민에 관련된 사항이라는 점 등을 고려하여 주민투표 실시가 반드시 필요한 것은 아니라고 판단된다.

(4) 경계조정에 따른 행정적 및 재정적 지원의 흠결

「지방자치법」상 경계조정에 따른 행정적 및 재정적 지원에 관한 규정이 흠결되어 있어 경계조정을 유인할 수 없다. 대부분의 지자체간 경계조정문제가 지지부진한 것은 경계조정에 따른 행정적 및 재정적 지원이 부족하기 때문이다.

반대로 경계조정에 따른 토지교환, 재정지원금 재정적 지원이 이루어진 경우에 경계조정이 이루어진 사례가 다수 있음을 감안할 때 편입되는 지역에 대한 다양한 인센티브의 제공이 필수적인 것으로 판단된다.

Ⅴ. 자치단체 경계조정제도의 정비방향

1. 기존법령의 체계에 편입하는 방안

자치단체 경계조정에 관한 현행 법제의 문제점을 개선하기 위한 작업에서 가장 전형적으로 상정할 수 있는 것은 자치단체 경계조정과 직접 또는 간접적으로 관련 있는 현행 입법적 사례를 검토하여 그와의 조화성을 도모하는 방안이다. 즉, 일정한 정책이 그 적격성과 정당성의 검증을 거쳐서 어느 면에서도 법제화하는 것이 타당하다는 판단이 내려지더라도 그것만으로는 불충분하며, 다른 법령과의 관계에서 모순이 발생하지 않도록 배려하지 않으면 안 된다. 즉, 입법내용의 종합적 조정의 관점에서 보는 경우 법령의 각 개별규정은 고립하여 존재하는 것이 아니라, 개별법령규정이 상호 유기적으로 결부하면서 종합적인 법제도·법령체계를 구성하는 것이며 이들 규정 사이에는 조화의 관계 또는 균형의 관계가 존재하지 않으면 안 된다. 이것을 입법에 있어서 체계성의 원리 또는 체계정당성의 원리라고 한다.

법령에 있어서 체계화는 법령의 효력을 상승시키며, 사항적으로 연관된 소재를 종합적으로 규율하거나 구별되는 사안을 여러 부분으로 규범화하지 않은 법령은 체계상으로 중대한 결함을 내포한 것이며, 체계원리에 역행하는 것이다. 따라서 특정한 문제를 새로이 입법화하는 경우에는 가능한 한 현존하는 법질서의 기초를 유지하면서 체계적 관점에 따라 체계성 있게 입법하여야 하고, 입법자는 가능한 한 새로운 법규를 기존의 법질서의 체계 가운데 편입하여 새로운 법규가 기존의 법질서를 파괴하지 않도록 하여야 한다. 입법자는 아무런 관계없이 단순히 제정하기만 하여서는 아니 되며, 기존의 법질서 가운데에서 개정하는 규범을 개정된 규범의 위치에 두고 보완하는 규범을 보완된 규범 곁에 두어야 한다.

이러한 관점에서 자치단체 경계조정과 관련한 현행 법제의 문제점을 재구성하고 새로운 제도적 장치를 모색하는 데에는 우선 현행 관련 법제에의 수용가능성을 검토하여야 한다. 자치단체 경계조정과 관련한 법제로서는 「지방자치법」이 거의 유일하다. 경계조정에 관한 기본적인 경계조정기준과 절차의 설정 및 주민참여를 위한 관련규정을 「지방자치법」의 규정에 포함하는 경우 현행 「지방자치법」의 체계에도 부합된다. 그러나 자치단체 경계조정을 위한 전담기구, 경계조정의 원칙 및 기준(고려사항), 경계조정의 대상, 경계조정절차 등을 기존의 법체계인 「지방자치법」에 포섭하는 경우에는 오히려 기존법체계의 규율밀도의 지나친 세분화로 기존법 자체의 효율성과 규범적 통용력에 부작용이 발생할 가능성이 크다. 따라서 「지방자치법」에 자치단체 경계조정제도를 포섭하는 것은 실효성있는 입법태도라 할 수 없다.

2. 새로운 법률의 제정을 통한 정비방안

결국 자치단체 경계조정과 관련한 법제의 문제점을 재구성하고 새로운 제도적 장치를 모색하는 데에는 기존법제로의 수용가능성보다는 새로운 법률의 제정을 통한 규율체계를 정립하는 것이 바람직하다고 볼 수 있다. 즉, 자치단체 경계조정을 규정하고 있는 개별 법령 가운데에서 자치단체 경계조정의 효율성 도모와 주민의 권익보호에 관한 공통적인 사항을 자치단체 경계조정에 관한 기본법률로서 설정하는 것이다. 자치단체 경계조정에 관한 공통적인 사항을 규정하는 법률을 제정하는 경우 주민은 주민에게 보장된 자치단체 경계조정에 대한 참여수단을, 행정기관은 주민의 자치단체 경계조정에 대한 권리보장을 위하여 자신에게 부여된 의무를 일목요연하게 파악할 수 있다.

따라서 새로운 법률은 자치단체 경계조정제도의 전반적인 개선을 위한 실행가능하고 사안에 적합한 탄력성있는 법령체계로 구성되어야 하고, 그 내용면에서도 결함과 불명확성이 제거된 필요성, 효율성 그리고 합목적성을 구비한 법령체계가 되어야 하며, 나아가 수범자에게도 법적 안정성과 평등을 보장하는 것으로 정비되어야 한다.

따라서 현행 자치단체 경계조정제도의 문제점을 극복하고 새로운 시스템을 구비한 법체계를 지향하기 위해서는 실질적 내용면에서 자치단체 경계조정에 관한 정책과 관련법제의 체계화 및 일관성을 도모하는 방향으로 나아가야 한다. 특히 자치단체 경계조정의 원칙과 기준을 명확히 설정하여야 한다. 아울러 자치단체 경계조정과정에 대한 주민의 권익보호의 이념이 행정현실 가운데에서 살아 움직이는 제도로 정착될 수 있도록 선언적·이념적 내용보다는 실효적이고 실제적인 내용이 담겨져야 할 것이다. 물론 새로운 법률에는 자치단체 경계조정을 위한 전담기구, 경계조정의 원칙 및 기준(고려사항), 경계조정의 대상, 경계조정절차, 협의체의 운영, 손실보상 등에 관한 규정들이 모두 포함되어야 할 것이다.

여기에서는 경계조정으로 구역이 확대되는 자치단체로부터 손실을 입는 자치단체로 손실분을 보상(손실보상)해 주는 재정적 방안에 대해서만 언급하고자 한다. 여기서 "손실보상"이란 지방자치단체 간 관할구역 경계조정으로 인하여 재정적 손실 또는 그 밖의 손실을 입은 지방자치단체에 대하여 법에 따라 보상하는 것을 말한다.

가장 바람직한 방안은 해당 자치단체간 자율적인 협의를 통해 손실보전의 의사합치를 이루는 것이다. 해당 자치단체간 자율적인 협의가 이루어지지 않는 경우에는 가칭 경계조정위원회에서 조정안을 의결하는 방식이 될 것이다.

구체적인 재정적 지원방안으로는 다음을 들 수 있다. 첫째, 경계조정은 구역손실로 인한 구역축소, 구역손실에 따른 지방세수 감소가 가장 중요한 이슈로 제기되므로 이를 보전할 실질적인 재정적 지원이 필요하다. 경계조정과 관련하여 해당 자치단체에 불리한 측면으로 작용하는 경우에는 대부분 적극적인 반대 입장을 나타낸다. 시·군·구 단위에서 손실보전이 어려울 경우에는 시·도 단위에서 조정교부금(재정보전금) 등을 활용하는 방안이 있다. 조정교부금제도는 포괄적인 재원조달능력을 지니고 있는 광역자치단체가 자신이 확보한 공공재원의 일부를 자치구에 공여하는 것으로서 자치구의 운영에 필요한 최소한도의 재원을 보장해 주는 가운데 전반적으로 자치구의 재정능력을 강화해 주는 제도이다.[26] 현행의 광역자치단체 조정교부금(재정보전금)은 중앙정부의 지방교부세와 마찬가지로 시·군·구의 재정부족 보전기능과 지역 간 형평성 제고기능에 초점을 두고 있다. 이와 같은 조정교부금(재정보전금)을 경계조정의 손실보전에 활용하기 위해서는 기존의 용도를 완화시켜 경계조정의 지원용도로 사용할 수 있는 근거규정을 마련하는 조치가 수반될 필요가 있다.[27] 둘째, 광역자치단체가 경계조정에 협력한 대가로 기초자치단체에 재정상의 인센티브를 제공하여 경계조정에 성공한 사례를 활용할 필요가 있다. 셋째, 경계조정으로 인하여 편입지역에서 발생하는 재산세의 세수에 대하여는 행정구역의 조정이 완료되는 시점에서 10년간 기존 자치구의 수입으로 하는 등 세수 감소에 따른 자치단체의 재정지원을 최대한 배려하는 지원대책이 필요하다. 넷째, 자치단체간 협상과정에서 경계조정에 따른 구역손실을 상호

---

26) 재정보전금제도는 광역자치단체내 시·군과 재정형평화를 위한 제도로서 재정불균형을 완화하도록 한 제도이다. 이 제도는 기존의 도세징수교부금제도가 노정한 문제점들 ― 징세비 과다보전, 자치단체간 재정적 불균형의 창출로 인한 부익부 빈익빈의 심화 등 ― 을 해결하기 위해 도입되었다.

27) 지방행정연구원, 「시·군·구간 경계조정 추진방안」(2011, 12), 85쪽.

보전할 수 있는 토지 교환이 지자체간 경계조정의 성공사례로 제시될 수 있다. 다섯째, 사안마다 특성이 다르므로 구체적인 손실보전 및 인센티브 규정을 두는 대신 '최소한의 합리적 근거 규정'만 마련할 필요가 있다.

제4편

안전징비록(安全懲毖錄)

제 7 강

영원한 딜레마: 고준위방사성폐기물처분장 설치 – 미국의 경험

I. 들어가는 말

인터넷 검색을 하다가 다음과 같은 기사에 눈이 멈췄다. "탈원전을 외치는 목소리는 높지만 원전 없는 삶이 우리의 일상을 어떻게 바꿀지에 대한 고민은 보기 어렵다. 2011년 동일본 대지진 당시 일본 아사히신문 기자였던 저자는 후쿠시마 원전 폭발 사고를 지켜보며 탈원전의 필요성에 공감한다. 피켓을 들고 거리로 나가 원전 폐지 구호를 외치지는 않았다. 대신 자신의 일상에서 전기를 쓰지 않는 '개인적 차원의 탈원전'을 시작했다. 더 편안해지고 더 많이 누리고 더 풍요롭게 살기를 바라면서 탈원전을 주장할 수는 없다고 생각했다. 냉장고와 에어컨, 전기청소기 등을 모두 처분했다. 전기사용을 최대한 줄이려면 삶을 대하는 태도까지 바꿔야 했다. 소유에 집착하던 이전의 자신을 버리고 남과 물건을 공유하기 시작했다. 가전제품 매뉴얼을 익히지 않게 되자 오히려 삶이 단순하고 여유로워졌다."[1] 이 기사는 이나가키 에미코(김미형 옮김)가 쓴 「그리고 생활은 계속된다」의 서평이다. "더 편안해지고 더 많이 누리고 더 풍요롭게 살기를 바라면서 탈원전을 주장할 수는 없다고 생각했다."는 고백에 공감한다. 오늘날 원전이나 그의 부산물인 고준위방사성폐기물은 우리들에게 영원한 딜레마가 되고 있다. 우리나라에서 '국가적 차원의 탈원전'이 야단법석(野檀法席)이지만 '개인적 차원의 탈원전', 어쩌면 답이 거기에 있는지도 모르겠다는 생각이 문득 들었다.

2015년 11월 현재 전 세계적으로 441기의 원전이 운영되고 있다. 주요 국가

---

1) 김태훈, "탈원전? 전기 안 쓸 각오부터" 조선일보 2018년 2월 9일자 기사 참조.

로는 미국 99기, 프랑스 58기, 일본 43기, 러시아 34기, 한국 24기 등이다. 또한
전 세계적으로 65기의 원전이 건설 중에 있다. 전 세계적으로 원전 운영이 증가
하면서 그에 따라 사용후핵연료와 방폐물의 발생량도 증가하고 있다. 방폐물의
경우 저준위가 90%, 중준위가 약 7%, 고준위가 약 3%를 차지하고 있다. 사용후
핵연료는 전세계적으로 약 34만톤이 발생하여 대부분 습식 또는 건식 방식으로
저장 관리되고 있고, 일부는 재처리되어 원전의 원료로 재활용되고 있다.[2]

〈주요국 고준위 방폐물 관리 정책 동향〉

구분	관리정책	입법화	공론화	중간저장	영구처분		
					URL	부지확보	건설허가
핀란드*	직접처분	○ (원자력법)	×	×	○	○	○ ('15.11월) ('22년 처분 시작)
스웨덴	직접처분	○ (원자력활동법 및 환경법전)	×	○	○	○	× ('20년 건설 착수목표)
독일	직접처분	○ (최종처분시설 건설지선정법)	×	○	○	× (부지 마련 절차 마련 중)	× ('40년 운영목표)
캐나다	직접처분	○ (사용후핵연료법)	○	×	○	× (4개 지역 상세 조사)	×
스페인	직접처분	○ (행정명령)	×	○ (건설중)	×	×	×
미국	직접처분	○ (방사성폐기물 정책법)	○	× ('25년 목표)	○	× ('25년 목표)	× ('48년 운영목표)
루마니아	직접처분	○ (LAW111)	×	×	×	× (DB 구축중)	×
프랑스	재처리+ 영구처분	○ (Planning Act)	○	○	○	× (후보지 선정)	× ('17년 제출목표)
일본	재처리+ 영구처분	○ (특정방사성폐기 물최종처분법)	×	○	○	×	×

2) Irena Mele(IAEA), "세계의 사용후핵연료 및 방폐물 안전 관리 개요"「원자력산업」제35권
제8호(통권 354호)(2015. 11), 69쪽.

영국	재처리+ 영구처분	×	○	○	×	× ('25년 목표)	×
스위스	재처리(일시 중지)+ 영구처분	○ (신원자력법)	×	○	○	× ('27년 목표)	×
한국	미정	×	○	×	×	×	×

* 핀란드 올킬루오토섬의 온칼로가 선택된 이유도 인근 지반이 10억년 넘게 지진이나 지각변동이 없는 안정된 화강암으로 이뤄진 암반지대이기 때문이고 터널 전체도 화강암으로 이뤄져 있다.
출처: 산업통상자원부, "고준위방사성폐기물 관리 기본계획(안) 행정예고"『원자력산업』제36권 제5호(통권 360호)(2016. 5), 19쪽

원전선진국인 프랑스는 1991년에 제정된 「방폐물관리연구법」(일명 Bataile법)에 따라 15년에 걸쳐 고준위폐기물 처분 연구를 수행하였고, 그 결과를 바탕으로 2006년에 「방폐물관리계획법」(The Planning Act of 2006)을 제정하였다. 이 법은 사용후핵연료를 재처리하는 과정에서 발생되는 고준위폐기물과 장수명 중준위폐기물에 대해서는 회수 가능한 심지층 처분을 실시하도록 규정하고 있다. 또한 처분 관련 연구 개발, 처분장 건설 및 운영을 담당하는 주체로서 방사성폐기물관리기관(ANDRA)이 지정되었다. ANDRA는 이 법에 근거하여 지하연구시설(URL)을 통해 지질 적합성을 확인한 Bure 지역에 심지층 처분장을 건설하는 사업을 추진하고 있는데, 2025년 처분장 운영 개시 목표를 달성하기 위하여 많은 노력을 하고 있다.[3]

일본은 전체 에너지의 84%를 해외에서 수입하고 있는 에너지 자원 빈곤 국가이다. 이에 따라 일본은 원자력 발전을 에너지 정책의 최우선 순위에 두고 있다. 일본은 43기의 상용 원전을 보유하고 있으며, 전력의 30%를 원자력 발전으로 공급하고 있다. 일본의 사용후핵연료 관리정책은 사용후핵연료를 재처리하여 추출된 플루토늄을 혼합핵연료(XOX)로 만들어 원전의 연료로 재활용하는 것이다. 이를 위해 영국과 프랑스에 위탁하여 재처리를 수행하였으며, 도카이에 연간 90톤 처리 규모의 재처리 시설을 운영한 경험을 갖고 있다. 또한 아오모리현 로카쇼무라에 연간 800톤 처리 규모의 상용 재처리 시설을 건설하여 2016년 본격 운전하고 있다. 사용후핵연료를 재처리하는 과정에서 발생하는 고준위폐기물은 지하 300m 이상에 심지층 처분한다는 방침하에 전담기관인 NUMO를 만들어 유치

---

3) Gerald Quzounian(ANDRA), "프랑스의 고준위폐기물 처분 계획 – 부지 확보에서 건설까지"『원자력산업』제35권 제8호(통권 354호)(2015. 11), 72쪽.

공모를 통한 부지 확보 사업을 추진하여 왔으나 아무런 성과가 없자 최근 자율적인 유치 공모와 함께 기술적으로 타당한 부지를 사업자가 직접 선정하는 방식을 병행하는 것으로 방침을 변경했다. 한편 방폐물 관리에 관한 연구 개발을 전담하고 있는 RWMC는 재처리 및 고준위폐기물 심지층 처분에 필요한 자금을 기금의 형태로 관리하고 있다.[4]

미국은 세계에서 가장 많은 원전을 운영하고 있는 국가이다. 전 세계 원자력 발전량의 30% 이상을 차지하고 있다. 미국은 현재 62개 원전 부지에서 100기의 원전을 운영하면서 전체 전력의 약 19%를 원자력이 담당하고 있다. 12개 원전 부지의 15기 원전이 인·허가 기간 만료로 폐쇄된 상태이다. 미국은 지금까지 상용 원전에서 약 72,000톤의 사용후핵연료가 발생되어 원전 부지 내에서 저장 관리되고 있다. 지금도 매년 2,200톤의 사용후핵연료가 발생하고 있다.[5]

미국은 1987년 「방사성폐기물정책수정법」(Nuclear Waste Policy Amendments Act of 1987: 1987년 수정법)에 따라 네바다 주 Yucca Mountain을 사용후핵연료/고준위폐기물 처분장(저장소) 부지로 선정하여 건설을 추진하였으나, 2009년 오바마 정권이 들어서면서 백지화되었는데, 트럼프 정권에선 재개되었다.

우리나라는 원자력발전소 내에 저장중인 중·저준위 방폐물은 2008년 말부터 포화가 예상되어 처분시설 건설이 시급한 상황이나 사용후핵연료의 경우 상대적으로 포화 시점에 여유가 있고 또한 국가정책 방향과도 연계되어 있어 중간저장시설 건설 등을 포함하여 충분한 논의를 거쳐 추진하는 것이 바람직하다는 판단 아래 중·저준위 방폐물 처분시설과 사용후핵연료 중간저장시설을 분리하여 추진토록 결정하였다. 2005년 11월 2일 주민투표를 통해 경주시가 중·저준위 방폐물 처분시설의 부지로 확정되었고 2014년 6월에 공사를 완료하였다.[6] 2012년 11월에 원자력진흥위원회는 "2013년 상반기 중 공론화위원회를 구성·운영할 것"을 의결하였고, 2013년 10월에 13명의 위원으로 구성된 '사용후핵연료공론화위원회'가 출범하였다. 공론화위원회에게 정부로부터 독립적으로 사용후핵연료 관리에 관한 광범위한 의견을 수렴하고 그 결과를 정부에 권고하는 역할이 주어졌는데,

---

4) Hideyuki Tokushima(RWMC), "일본의 고준위폐기물 처분 프로그램 추진 현황" 「원자력산업」 제35권 제8호(통권 354호)(2015. 11), 85쪽.
5) Kevin A. McMahon(미 샌디아국립연구소(SNL), "미국의 사영후핵연료 저장 관리 현황" 「원자력산업」 제35권 제8호(통권 354호)(2015. 11), 81쪽.
6) 김형준, "중·저준위 방사성폐기물 1단계 처분시설 완공 – 건설 경위와 의의 및 향후 전망" 「원자력산업」 제34권 제4호(통권 344호)(2014. 8), 4~12쪽 참조.

〈한울(울진)원자력발전소〉

출처: 한울원자력본부

2014년 말에 활동을 마무리하였다.[7] 사용후핵연료공론화위원회의 권고안의 핵심 내용은 다음과 같다. 첫째, 동일 부지에 3단계로 구성된 고준위 방폐물 관리시설 건설 일정 제시(① 2020년까지 URL(지하연구시설) 부지 확보 및 중간저장시설(처분 전 보관시설) 건설 ② 중간저장시절 가동 및 2030년 URL 가동 ③ 2051년 영구처분장 운영), 둘째는 불가피한 경우 각 원전 내 단기 저장 시설(건식) 설치 등이다.[8]

2016년 8월 11일 산업자원통상부에서 「고준위방사성폐기물관리시설 부지선정절차 및 유치지역 지원에 관한 법률(안)」(2016-403 공고)이 입법예고되었다. 이는 사용후핵연료 공론화위원회의 권고안을 바탕으로 2016년 7월에 고준위방사성폐기물관리기본계획을 수립하여, 이를 기초로 법제도적 장치로써 본 법률안이 나오게 된 것이다. 본 법안은 제1장 총칙에서 제6장 벌칙까지 총 6장으로 구성되어 있으며, 고준위방사성폐기물관리위원회, 부지적합성조사절차, 관리시설, 건설운영, 보칙 및 벌칙으로 되어 있다.[9]

국제원자력기구는 '사용후핵연료 처분문제는 초장기·고비용 사업이고 국민수용성을 중점으로 하는 사업이기 때문에, 법으로 책임조직을 구성하고 수행일정을 정해 정부와 국회가 협조하면서 진행해야 한다'고 권고하고 있다. 그것은 사용후핵연료 및 고준위 방사성폐기물관리와 고준위방폐장의 건설문제는 안전성의 문제

---

7) 김은희, "사용후핵연료 관리방안: 공론(公論)을 위한 이해"「원자력산업」 제34권 제4호(통권 344호)(2014. 8), 27~28쪽.

8) 산업통상자원부, "고준위방사성폐기물 관리 기본계획(안) 행정예고"「원자력산업」 제34권 제4호(통권 344호)(2016. 5), 6쪽 참조.

9) 이에 대해 자세한 것은 문병효, "고준위 방사성폐기물 관리시설 부지선정절차 및 유치지역지원에 관한 법률안에 관한 검토"「환경법연구」 제39권 제1호(한국환경법학회, 2017), 209쪽 이하 참조: 배효성, "원자력이용에 따른 사용후핵연료 처리에 대한 법제 검토"「경희법학」 제52권 제2호(경희대 경희법학연구소, 2017. 6. 30), 93쪽.

〈영구 처분을 실시하고 있는 국가들의 사용후핵연료 관리정책〉

국가	원전규모	관리정책
캐나다	18기	• 직접 처분(지하 500~1,000 심지층 처분) 소내 저장('30년) → 집중 저장('30년) → 지층 처분 • 소내 별도 건식 저장 시설 운영
독일	9기	• 직접 처분('05. 7월 프랑스·영국 위탁 재처리 중단) • 소외 중간 저장 시설 운영(Ahaus, Gorleben, Greifswald 등)
스웨덴	10기	• 직접 처분(처분장 부지: 포스마크) • 소외 습식 조장 시설 운영(CLAB)
판란드	4기	• 직접 처분(처분장 부지: 올킬루오토)[10] • 소내 별도 습식 저장 시설 운영

출처: 정주용, "사용후핵연료 관리 방안 도출 과정상 주요 쟁점"『원자력산업』제34권
제4호(통권 344호)(2014. 8), 36쪽

뿐만 아니라 주민들의 수용성, 환경 문제, 방사성폐기물의 처분비용 등의 문제들
이 제기될 수 있어 결코 간단한 문제가 아니기 때문이다.[11]

　　그런 측면에서 미국의 사례는 우리에게 많은 시사점을 제시해 줄 수 있을 것
으로 본다. 그것이 위에서 언급한 국가들 중 미국의 고준위 방사성폐기물정책 관
련 법제 분석을 선택한 이유이며 이를 통해 우리의 현안문제인 고준위 방사성폐
기물처분장의 부지 선정에 대해 시사점을 도출하고자 한다.

Ⅱ. 미국의 고준위방사성폐기물정책 관련 법제 분석

1. 1982년 방사성폐기물정책법(Nuclear Waste Policy Act of 1982)

(1) 입법배경

　　미국에서는 사용후핵연료 및 고준위방사성폐기물(이것을 총칭하여 '고준위방사성
폐기물'이라 한다)이 증가함에 따라 고준위방사성폐기물의 처분문제가 주 차원에서
해결될 수 있는 문제가 아니고, 국가적 문제로 인식되었다. 국가적 문제로 인식된
방사성폐기물 처분문제의 본질은 원자력발전비율이 높고, 공업화가 앞선 주가 원
자력발전소를 가지지 않고 원자력발전에 의한 전력공급을 받아들이지 않아, 그

---

10)　<핀란드의 영구처분 추진사례> 1980년대부터 부지선정 착수, 2001년 세계 최초로 고준위
　　방사성폐기물 영구처분시설 부지 선정(Olkiluoto), 2012년 건설허가 신청, 2015년 11월 건설허
　　가 신청.
11)　문병효, 앞의 글, 국문초록 참조.

밖의 주의 원자력발전으로부터 생기는 부(負)의 유산을 억제하는 구조를 가진 방사성폐기물 처분문제는 미국에서는 일종의 '남북문제'와 비슷한 것으로 인식되고 있다.

그러나 어느 주정부도 자발적으로 고준위방사성폐기물처분장과 같은 위험시설을 반입하지 않을 것이기 때문에 최적의 입지점을 선정하기 위한 과학적이고 객관적인 접근방법이 필요한데, 절차적으로 투명성을 확보하기 위해 연방법을 제정할 필요가 있었던 것이다.

미국에서 고준위방사성폐기물처분을 위한 시설의 설계·건설 등을 책임지고 있는 기관은 에너지부이다. 또한 원자력규제위원회(NRC)는 이러한 고준위폐기물처분장이 적합한지 여부를 판단·승인하는 규제기관의 역할을 수행하고 있다.12)

고준위방사성폐기물관리에 대한 기본적인 법적 기초는 1982년에 제정되고 그 후 수차례 개정된 「방사성폐기물정책법」이다. 이 법은 미국의회가 고심해서 만든 고준위방사성폐기물처리장의 설치·운영에 관한 법이며 또한 방사성폐기물처리에 관한 연구·개발·시범 프로그램을 규정하는 법이다.13)

1980년 에너지부가 작성한 환경영향보고서에는 해저처분, 대빙원처분, 용융암반처분, 핵종변환처분, 외계처분, 심지하처분 등을 포함한 8가지 처분방안을 고려하였다.14) 의회는 지층처분을 승인하고 「1982년 방사성폐기물정책법」에 따라 에너지부는 지하저장소 건설을 허가하였다.

따라서 1982년에 고준위방사성폐기물처분에 관한 연방법이 제정됨에 따라 미국의 고준위방사성폐기물 처분문제는 한꺼번에 진전될 수도 있다는 장밋빛 낙관론이 나타났다.

(2) 주요 내용

「1982년 방사성폐기물정책법」은 고준위방사성폐기물의 영구적이고 안전한 폐기를 위해 지질학적으로 안전한 저장소를 개발하고, 에너지부에 폐기기술 및 폐기물처분 부지선정의 주된 책임을 부여하고 있다.

이러한 사정을 배경으로 연방의회는 1992년에 연방정부 스스로 고준위방사

---

12) NRC는 미국 내의 군사시설을 제외한 원자력시설에 대한 규제 외에 원자로, 핵주기시설, 부품, 원자로급의 흑연, 중수 및 우라늄, 플루토늄, 트리튬, 사용후핵연료, 방사성폐기물 등의 핵물질의 수출 및 수입에 대해 인·허가를 하고 있으며 근거규정은 10 CFR Part 110이다.
13) 이 법은 에너지부와 州의 '협력'을 규정하고 있지만, 실제로는 州의 '저항권'을 어떻게 규정할 것인가에 중점을 두었다고 한다.
14) 해저처분은 1972년 「해양투기법」에 따라 제외되었다.

성폐기물의 영구적 처분의 실시계획을 입안할 책임을 지고,15) 그 처분에 필요한
비용은 고준위방사성폐기물의 소유자 또는 발생자(그들을 총칭하여 "비용부담자"라
한다)가 부담한다16)는 것을 골자로 하는 「방사성폐기물정책법」을 제정하였다.

그에 따라 에너지부장관이 「NWP법」의 규정에 따른 처분에 관한 실시계획을
승인하기까지는 비용부담자가 고준위방사성폐기물의 중간저장(interim storage)에 대
해 일차적 책임(primary responsibility)을 지는 것으로 하였다.17)

처분장의 기획 및 개발에 주와 공중이 참가하는 것은 폐기물과 사용후핵연료
의 안전한 처분에 대해 공중의 확신을 증진시키는 데 필수적이라 할 수 있다.18)

그래서 에너지부민간방사성폐기물관리국(Office of Civilian Radioactive Waste Manage-
ment)이 설치되어, 고준위방사성폐기물처분에 대해 총괄적인 책임을 지게 됨에 따라
고준위방사성폐기물정책의 추진은 연방정부의 책임이라는 것이 명확하게 되었다.

「NWP법」에 정한 규제프로그램의 일부로서 연방의회는 에너지부장관에 대해
고준위방사성폐기물의 발생자 및 소유자와의 사이에 고준위방사성폐기물의 보관,
수송 및 영구처분을 위한 계약을 체결할 권한을 부여하였다.19)

그러나 「NWP법」은 계약에 관해 상세하게 규정한 것은 아니고, 에너지부가
고준위방사성폐기물처분을 개시하지 않으면 안 된다는 최종기한을 정하였기 때문
에, 그 기한을 둘러싼 소송이 제기된 것이다.

법률상 전력회사는 고준위방사성폐기물에 관한 처분비용의 거출을 행하는 동
시에 에너지부는 1998년 1월 31일까지 고준위방사성폐기물 또는 사용후핵연료의
처분장을 개설하도록 하였다.20)

「1982년 방사성폐기물정책법」은 1998년까지 에너지부에 처분장을 개설할 의
무를 부과한 동시에 제2의 대체처분장 선정에 관한 권고(Recommendation of Candidate
Sites for Characterization)를 행하도록 하였다.21)

에너지부장관은 환경보호청의 환경질에 관한 조사결과와 지질연구소의 질조
사결과에 근거해 「1982년 방사성폐기물정책법」의 시행 후 180일 이내에 복수의

---

15) 42 U.S.C.§10131(a)(2).
16) 42 U.S.C.§10131(a)(4).
17) 42 U.S.C.§10131(a)(5).
18) 42 U.S.C.§10131(a)(6).
19) 42 U.S.C.§10222(a)(1).
20) 42 U.S.C.§10222 (a)(5)(B).
21) 42 U.S.C.§§10132~10134.

처분장후보지의 선정을 행하여야 하고, 사전부지조사를 행하고 7년 이내에 입지후보지 중에서 1곳을 선정하도록 하였다.22)

에너지부는 1996년에 5곳의 선정후보지에 대해 환경영향평가를 공표하고, 그 중에서 텍사스 주 1곳, 워싱턴 주 1곳 그리고 네바다 주 1곳 해서 3곳을 유망한 후보부지로 할 것을 제안하였다.

그러나 에너지부 부지선정절차가 진행되면서 부지선정후보지가 된 주정부로부터의 반대를 받아 고준위방사성폐기물처분장의 선정은 심각한 정치문제로 비화되었다.

(3) 평가

첫째, 「1982년 방사성폐기물정책법」은 고준위폐기물의 취급, 저장, 폐기를 구체적으로 규정하고 있다. 즉 이 법은 미국 내 상업용 원자력발전소에 최소한 하나의 영구 고준위폐기물처분장을 보유하도록 하는 절차적 지침을 규정함으로써 방사성폐기물의 영구처분계획을 발전시키기 위해 시도된 최초의 법이라 할 수 있다.23)

둘째, 「1982년 방사성폐기물정책법」에서 정하고 있는 복수후보부지선정과 최종부지선정절차는 우리나라의 부지선정절차와 유사한 측면이 있다. 즉 에너지부가 관계장관의 협의를 거쳐 저장소 후보부지 3곳을 대통령에게 추천해야 하고, 추천 전에 각 부지에 대한 환경영향평가서를 작성해야 하며, 각 부지 주변의 공청회를 거치도록 하고 있다.

셋째, 「1982년 방사성폐기물정책법」은 복수의 선정후보지 중에서 지질조사 등을 통해 단계적으로 최종후보지를 선정하여 절차적으로 투명성을 가졌고, 후보지끼리의 공평성을 보장하는 법률이라는 평가를 받았다.

넷째, 「1982년 방사성폐기물정책법」에서 정하고 있는 부지선정절차 중 특이한 것은 의회가 주도적인 역할을 한다는 점이다. 즉 대통령이 추천된 부지 중 하나를 의회에 추천하고 의회 의결 후 에너지부는 원자력규제위원회로부터 저장시설의 건설허가를 받아 저장소를 건설하게 된다.

다섯째, 「1982년 방사성폐기물정책법」에 따라 진행된 고준위방사성폐기물과 사용후핵연료의 중간저장을 위하여 선정된 테네시 주의 중간저장소(Monitored Retrieble Storage: MRS)의 후보지에 대하여 주와 주민의 집단반발로 중단되었는데, 이는 법에서

---

22) 42 U.S.C.§§10132~10133.
23) 이창환, "미국의 원자력법령체계" 「법학논문집」 제25집 제2호(중앙대학교 법학연구소), 122쪽 참조.

아무리 주민의 승인과 안전확인 등을 위한 매우 상세한 규정을 두고 있다고 하더라도 州와 주민이 반대하면 그 추진이 사실상 어렵다는 것을 입증하고 있다.

2. 1987년 방사성폐기물정책수정법(Nuclear Waste Policy Amendments Act of 1987: 1987년 수정법)

(1) 입법배경

연방의회는 「1982년 방사성폐기물정책법」을 수정하여 사실상 네바다 주만을 유일한 고준위방사성폐기물처분장선정후보지로 하는 조항을 추가하였다. 종래 복수의 입지후보지가 선정되어 사전부지조사가 행해져야 하나, 본 수정법에 따라 유카마운틴 이외의 입지후보지에 대한 조사가 중지되어 유카마운틴만이 선정후보지로 지정되게 되었다.[24]

「1987년 수정법」에 따라 네바다 주 Yucca Mountain이 고준위방사성폐기물 지층처분장의 유일한 입지후보지로 선정돼[42U.S.C.§ 10172(Supp. V.1987)], 각종의 작성조사가 행해졌다.

그러나 연방법에 근거한 연방정부의 정책과 그것에 반대하는 네바다 주와의 사이에 재판을 포함한 격렬한 대립이 이어졌다.

「1987년 수정법」에 따라 고준위방사성폐기물의 지층처분예정지를 네바다 주 Yucca Mountain으로 하는 것을 둘러싼 논쟁은 경제정책 및 환경정책을 州 독자적으로 결정한다는 州의 고유한 권리라는 근본적인 문제를 포함하여 州 내에서 실시된 연방프로그램을 승인하느냐 마느냐에 관한 주정부의 권한의 기본방침은 헌법상의 문제를 수반하는 것이었다.

합중국헌법에서는 연방의회에 입법권한을 부여하는 분야에 있어서도 주공무원에 연방프로그램행위에 강제적으로 참가시킬 권한에 대해서는 의문이 있고, 연방정부의 방사성폐기물정책에의 주정부의 관여를 강제할 조항의 위헌성이 나타났다.

(2) 주요 내용

1) Yucca Mountain 부지의 선정   「1987년 수정법」은 법 제정 후 90일 내에 에너지부장관으로 하여금 Yucca Mountain 부지 이외의 모든 다른 후보부지의 부지특성활동(sitr specific activities)을 정지하도록 규정하였다.[25]

---

24) 42 U.S.C.§10172.
25) 42 U.S.C.§10172(a).

2) 주요 절차규정   「1987년 수정법」은 고준위방사성처분시설로 네바다 주 유카마운틴만을 후보지로 지정하였고 그 입지적합성을 검증하기 위한 포괄적인 절차규정을 둔 법률이기 때문에 주요한 절차규정을 살펴볼 필요가 있다.

① 부지추천을 위한 일반적 지침의 공포이다. 에너지부장관은 환경보호청장, 환경질자문위원회, 지질조사국장, 관계주지사의 자문에 따라 원자력규제위원회와 협력하에 1983년 6월 6일 이전에 방사성폐기물저장소 부지의 추천을 위한 일반적 지침(general guideline)을 공포해야 한다.[26]

② 후보지 추천절차이다. 에너지부장관은 첫 번째 저장소 부지의 선정을 위해 적절한 것으로 결정한 5개의 부지를 추천해야 하는데, 그러한 추천을 해야 할 일시가 규정되어 있지 않더라도 에너지부장관은 1985년 1월 1일 이전에 부지특성화를 위해 대통령에게 3개의 후보지를 추천해야 하며 1989년 6월 1일까지 두 번째로 저장소와 관련하여 추가적으로 후보지를 추천하여야 한다. 그리고 각 저장소 후보지는 환경영향평가(environmental assessment)가 수반되어야 한다.[27]

③ 후보지의 승인 및 거부절차이다. 대통령은 방사성폐기물저장소 후보지 추천서가 제출된 후 60일 이내에(6개월까지 연장은 가능하다) 각 후보지를 승인하거나 거부하여야 하며 만일 대통령의 적극적인 거부의사가 없으면 그 부지는 승인된 것으로 간주되며 에너지부장관은 영향이 미치는 관련 州의 주지사와 주의회(또는 인디언부족)에 승인사항을 통보하여야 한다.[28]

④ 부지특성화활동이다. 부지특성화활동(site characterization activities)은 부지특성화 계획의 준비 및 그에 대한 청문(hearings)을 포함하여 다양한 절차적 요건에 부합해야 한다. 다만 부지특성화는 환경영향평가를 준비하는 데 필요한 정도에 한한다.[29]

⑤ 2차적 부지추천절차이다. 에너지부장관은 세 곳 이상의 부지에 대한 부지특성화가 완료되고 청문이 종료된 후에 또 다른 방사성폐기물저장소의 개발을 위해 첫 번째 부지의 추천을 하여야 한다. 에너지부장관은 대통령에게 그의 추천서를 제출하기 최소 30일 전에 영향을 받는 관련 州나 인디언부족에 통보하여야 한다. 에너지부장관은 추천 시 지역분포와 운송문제를 고려하여야 하고 공공의

---

26) 42 U.S.C.§10132(a).
27) 42 U.S.C.§10132(b)(1).
28) 42 U.S.C.§10132(b)(1)(G).
29) 42 U.S.C.§10133.

이익을 고려하여 유용한 부지를 추천하여야 하며 최종환경영향평가 및 「국가환경정책법」을 고려하여 추천부지에 대한 포괄적인 평가를 대통령에게 제출하여야 한다.[30]

⑥ 부지의 지정 및 거부절차이다. 적절한 부지의 지정은 대통령의 추천이 있은 후 60일 이내에 관련 州 또는 인디언부족이 거부통지를 제출하지 아니하는 한, 그 기간 동안 유효하다. 거부통지가 제출되면 의회가 통고를 받은 후 90일 회기 내에 저장소 부지승인에 대한 결의(resolution)를 하지 않는 한 그 부지는 거부로 간주된다.[31]

⑦ 건설허가신청절차이다. 에너지부장관은 대통령의 추천이 유효한 후 90일 이내에 원자력규제위원회에 건설허가신청을 하여야 하고, 이때 다양한 최종기한을 충족시켜야 하며 원자력규제위원회는 두 번째 저장소가 가동될 때까지 첫 번째 저장소에서 처리할 방사성폐기물의 총량을 제한하여야 한다.[32]

⑧ 환경보호문제에 관한 일반적 기준의 공포절차이다. 환경보호청장은 1984년 1월 7일 이전에 방사성폐기물저장소에 있어서 방사능물질의 부지 외 배출로 인해 야기되는 환경보호문제에 관한 일반적이고 적절한 기준을 공포하여야 하고 동년 1월 1일까지 원자력규제위원회는 기술적인 요건과 방사성폐기물저장소의 건설, 가동 그리고 폐쇄와 관련된 허가신청 및 승인기준을 공포하여야 한다.[33]

3) 부동의조항과 무효조항   먼저 부동의조항을 보자. 대통령의 의회에 대한 처분부지지정의 권고[34]에 근거해, 권고의 대상이 된 州의 지사 또는 주의회는 해당 부지지정에 대해 부동의로서의 거부권을 행사할 수 있다. 본 거부권을 행사하기 위해서는 대통령의 연방의회에 대한 권고 후 60일 이내에 연방의회에 대해 부동의통지를 행하지 않으면 안 된다.[35]

다음으로 무효조항을 보자. 연방의회가 본 통지 수령 후 대통령의 처분지지정의 권고를 승인하는 결의를 행하면 州로부터의 부동의 통지는 무효로 되어 州의 반대가 있어도 처분지후보로서 선정이 된다.

4) Yucca Mountain 최종처분시설에 적용된 방사선보호기준   환경보호청은

30) 42 U.S.C.§10134(a).
31) 42 U.S.C.§10135(c).
32) 42 U.S.C.§10134(d).
33) 42 U.S.C.§10141(a)(b).
34) 42 U.S.C.§10134.
35) 卯辰昇, 「現代原子力法の展開と法理論」(日本評論社, 2002年), 223面.

Yucca Mountain 고준위방사성폐기물처분장에 적용된 방사선보호기준을 공포하여야 하고, 원자력규제위원회도 환경보호청규칙 공포 후 1년 이내에 환경보호청규칙에 적합한 운영규칙을 정하여야 한다.[36]

환경보호청은 방사선보호기준의 제정에 있어서 NAS의 권고를 참고한 것이 에너지정책법에 규정되었는데, 종래의 기준제정방침에 근거해서 규칙제정제안(proposed rule)을 행하였다.[37] 즉 전 경로(全 經路)로부터의 방사선보호기준과 지하수오염보호기준을 채용하면서, Yucca Mountain에 적용되어야 하는 기준으로서는 전 경로 15mrem, 지하수보호기준으로서 4mrem을 정하였다.

한편 원자력규제위원회가 Yucca Mountain 고준위방사성폐기물처분장에 적용하는 방사선보호기준으로 규칙제안을 행한 것은 전 경로 25mrem이었다.[38]

(3) 평가

첫째, 「1982년 방사성폐기물정책법」에 관한 「1987년 수정법」은 처분장부지를 법률에서 직접 지정하였다는 점에서 이채롭다고 할 수 있다. 즉 연방의회는 「1982년 방사성폐기물정책법」을 수정하여 사실상 네바다 주 Yucca Mountain만을 유일한 고준위방사성폐기물처분장 선정후보지로 하는 조항을 추가하였던 것이다.

둘째, 주지사와 주의회의 부동의조항을 두어 州의 이익을 보장하고 국책사업의 실효성을 위해 무효조항을 두어 연방의회가 대통령의 처분지지정의 권고를 승인하는 결의를 행하면 州로부터의 부동의 통지가 있다 하더라도 그것을 무효화하여 처분지후보로 선정하는 메커니즘을 구사하고 있는 점은 많은 시사점을 던져주고 있다.

3. 최근의 개정 논의

미국에서는 방사성폐기물처분장에 관한 고준위, 저준위 양 법을 둘러싼 소송 및 에너지부에 대한 일련의 손해배상청구소송의 제기를 받아 방사성폐기물처분정책의 수행은 일대 혼미 속으로 빠지게 되었다.

에너지부가 법에 규정된 사용후핵연료 처분시한인 1998년을 넘기자 전력회사들은 소송을 제기하기 시작했다. 비록 법원은 에너지부에 사용후핵연료를 즉각 가져가도록 하는 판결을 내리지는 않았지만 그 대신 전력회사들에 사용후핵연료를

---

36) NWP Sec. 121(a)(42 U.S.C.§10141(a)).
37) 64 Fed. Reg. 46, 975(1999).
38) 64 Fed. Reg. 8, 640(1999).

원전부지에 저장하는 데 들어가는 비용을 배상해 주도록 했다. 에너지부는 Yucca Mountain이 2020년부터 운영이 된다고 가정할 경우 총 71건의 소송에 따라 전력회사들에 배상해야 할 비용만 해도 약 123억 달러에 이를 것으로 전망하였다.[39]

더욱이 방사성폐기물처분정책의 중심적인 문제는 고준위방사성폐기물처분장에 적용되는 방사성보호기준의 설정권한을 둘러싼 대립인데, 그것이 「방사성폐기물정책법」 수정을 둘러싼 움직임에 집약되어 있다.

또한 「2000년 수정법안」(Nuclear Waste Policy Amendments Act of 2000)에는 에너지부의 고준위방사성폐기물 반입의무의 불이행에 대한 손해배상청구소송에 대응하는 조항도 많이 들어가 있다.

「2000년 수정법안」은 Yucca Mountain에 있어서 최종지층처분이 대폭 지연되고 있기 때문에 고준위방사성폐기물에 대한 법률상의 승낙 기한을 재설정하여 에너지부는 원자력규제위원회 의장의 건설허가를 요건으로 2007년 7월 31일까지 Yucca Mountain에 중간저장시설을 건설하고 원자력사업자로부터 사용후핵연료를 받아들이도록 하였다.[40]

그러나 본 법안은 상하 양원을 통과하였으나, 대통령이 거부권을 행사하여 상원은 거부권을 뒤집기 위한 찬성표를 획득하지 못해 폐기되었다. 2000년 5월 2일 상원에서 투표결과는 찬성 64, 반대 33(기권 1)이었다.

Ⅲ. 미국의 고준위방사성폐기물처분장 추진현황

1. 개관

사용후핵연료나 고준위방사성폐기물은 미국뿐만 아니라 아직까지 전 세계적으로 처분장을 확보해서 적절한 처분을 하고 있는 나라는 없다. 일부 국가에서는 처분장 부지 건설이 진행되고 있긴 하지만 대부분의 국가에서는 고준위방사성폐기물의 처분 안전성을 확보하기 위한 연구 노력을 하고 있을 뿐이다. 원전을 운영하는 해외선진국의 핵폐기물 처리는 사회공론화를 통해 중간저장시설에 보관하는 것이 대세다. 공론화를 통해 재처리나 직접처분 등의 최종관리방안을 이미 확정했거나, 모색중인 국가들이다. 공통적으로 사회적 공론화를 통해 갈등구조를 해결하는 방식을 취하고 있다. 세계 원전 운영국 31개국 가운데 미국, 프랑스, 일

---

39) 김형준, "미국 유카마운틴 프로젝트와 블루리본위원회 활동"「원자력산업」(2010. 7. 8), 58쪽.
40) SEC. 101(3)(4)

본 등 22개국(71%)이 사용후핵원료의 처리를 위해 중간저장시설을 도입하고 있다. 이들 국가 중 캐나다, 스웨덴, 핀란드, 독일, 스웨덴, 루마니아 등 6개국은 최종처리에 대해 직접처분할 계획을 세웠으며, 프랑스, 일본, 러시아, 인도, 중국, 영국 등 6개국은 재처리 계획을 세웠다. 미국, 우크라이나, 벨기에, 스위스 등 10개국은 중간저장시설을 활용하여 최종처리를 관망하고 있다.[41]

미국정부는 고준위방사성폐기물 처분을 위해 1982년에 「방사성폐기물정책법」을 제정하여 사용후핵연료와 고준위방사성폐기물은 국가에서 통합 관리하고 이에 소요되는 비용은 폐기물 발생자가 부담하도록 하였다.

미국정부는 특히 원자력발전 사업자들에게 사용후핵연료 처분비를 징수하고 1988년까지는 고준위방사성폐기물 처분장을 확보하여 원자력발전소의 사용후핵연료를 수거하여 처분하겠다고 약속했다.

그러나 적절한 처분부지를 확보하기란 그리 쉬운 일이 아니었다. 처분부지 확보 사업이 자꾸 지연되자 정부는 1987년도에 법을 개정하여 네바다 주의 Yucca Mountain을 고준위방사성폐기물 처분 후보부지로 선정하고 처분시설도 2003년도에 완성하여 운영하겠다고 말을 바꾸었다.

그러나 이 수정안마저 환경운동가들과 네바다 주의 공무원들 그리고 라스베이거스 등지의 도박 산업에 종사하는 사람들의 심한 반대에 부딪혀 순조롭게 진행되지 않았다. 특히 당시 클린턴(Clinton) 대통령은 환경문제를 중시한다는 구실로 처분장 확보에 적극적이지 않았다. 더군다나 클린턴 대통령은 네바다 주지사와 가까웠고, 에너지부 등 정부기관 요직에 반원전 인사들이 있었으며 고어(Gore) 부통령도 반핵 또는 친환경단체 성향을 가지고 있었기 때문이었다.

그리하여 연방정부에 실망한 12개의 전력회사들이 연합하여 유타 주의 Goshute의 인디안 보호구역에 중간저장시설 건설을 추진하기도 하였다.[42] 구체적으로 부지 선정과정을 살펴보면 다음과 같다. 1986년 부지특성 조사를 위해 9개의 후보지를 도출하여 이 중 3개 후보지가 선정되었는데, 텍사스 주 농촌지역인 Deaf Smith County 부지, 워싱턴 주의 Hanford 부지 그리고 네바다 주의 Yucca Mountain 부지 등이다. 이들 3개 지역에서 조직적인 반대 때문에 의회는 다시 부지선정에 대한 논란에 휩싸이게 되었다. 비용이 늘어가기만 하면서 사업에는 진척이 없다는 사실을

---

41) 문화일보 2013년 4월 7일자 "美·佛 등 22개국 핵폐기물 처리 사회공론화 → 중간저장시설 항의" 기사 참조.

42) 최광식, "미국의 원자력현황 및 정책동향" 「원자력산업」 제192호(1999. 2), 70쪽.

확인하고 대단히 실망하게 된 의회는 1987년 12월 「방사성폐기물정책법」의 개정안을 통과시켰다. 이 법안은 네바다 주를 망쳐났다는 의미에서 'Screw Nevada 법안'으로 불리게 되었는데, 그 이유는 폐기물저장소가 들어설 3개 부지의 지질적인 특성을 조사하는 절차가 모두 대폭 줄어든 데다가 에너지부에는 그마나 Yucca Mountain 처분장(저장소) 부지만 조사하라는 명령을 하달했기 때문이다. Yucca Mountain 처분장은 라스베가스에서 북서쪽으로 약 160㎞ 떨어져 있는 네바다 핵 실험장 근처에 자리하고 있다.[43]

1987년 2월 개최된 상원 에너지자원위원회의 청문회에서 「방사성폐기물정책법」 개정안에 대한 논의가 이루어졌는데 이 안에 따르면 네바다 사막지역에 폐기물중간저장소를 건설·운영하도록 하고 있으며, Yucca Mountain 처분장이 사용후핵연료의 이송과 관련 연구단지로서 적합한지 검토하도록 되어 있었다. 이 안은 찬성 15표, 반대 5표로 이 위원회의 심의를 통과하였다. 이 법안은 사용후핵연료의 관리와 처분에 대한 최선의 정치적·기술적 해결책으로 보이는데, 원전의 운영·건설을 추진하는 전력회사로서도 앞으로의 장래를 결정하는 매우 중요한 법안이라고 할 수 있다.[44]

에너지부 산하의 Sandia National Lab이 수행하고 있는 'Yucca Mountain Site Characterization Project'는 1997년 4월 Yucca Mountain을 관통하는 25인치 직경의 5마일에 달하는 터널을 뚫었고, 이 터널 내부에서 현재 여러 종류의 테스트를 수행하고 있다. 그 결과 적격지로 판정되면 2001년 부지로 추천하고 2002년 인·허가신청을 거쳐 2005년에 건설을 시작, 2010년에는 저장이 시작될 예정으로 있었다. Yucca Mountain Project는 미국 내에서 과학자들과 지식인, 언론 및 의회에서 많은 논쟁을 불러일으켰으며 앞으로도 기술적인 적합성 외에 네바다 주의 반대, 폐기물기금에 대한 전력사업자들의 반대 등 해결해야 할 문제가 산적해 있다.[45]

그러나 부시 행정부가 들어서자 에너지 문제를 국가의 주요 현안 사항으로 크게 부각시키고 또 원자력발전을 깨끗한 에너지 자원으로 재평가하였다. 하지만

---

43) Timothy A. Frazier, "미국의 글로벌 원자력 리더십 회복과 확대를 위해 필요한 정책의 역할" 「원자력산업」 제37권5호(통권 제372호)(한국원자력산업회의, 2017. 5), 22쪽.
44) D. W. Miller, "미국 원자력산업 정책의 현재와 미래" 「원자력산업」(1997. 4), 18쪽.
45) 반핵단체들은 Yucca Mountain Project를 반대하였으며, 그들은 미국 내에 사용후핵연료저장소를 건설하지 못하게 함으로써 궁극적으로는 원전을 폐쇄하도록 하려는 것을 목적으로 하고 있었다.

원자력발전을 지속적으로 추진하기 위해서는 무엇보다도 방사성폐기물 문제가 해결되어야 했다. 부시 대통령은 고준위방사성폐기물 처분의 안전성에 대해 과학자들의 견해를 물었다. 그들은 Yucca Mountain에 고준위방사성폐기물을 처분하는 데는 기술적으로 아무 문제가 없다고 하였다. 부시 대통령은 그들의 의견을 존중하여 '과학적으로 안전하며 적절'하기 때문에 네바다 주의 Yucca Mountain에 고준위폐기물을 처분하겠다는 의사를 밝혔다. 즉 2002년 2월 에너지부장관은 Yucca Mountain 처분장사업을 진행하겠다는 권고안을 발표했다. 이에 반발한 당시 네바다 주 Kenny C. Guinn 주지사는 네바다에는 원자력발전소가 하나도 없고 또 많은 관광객들이 라스베이거스 등지를 찾아오는데 네바다 주에 고준위방사성폐기물을 처분한다는 것은 난센스라고 강력히 항의하였다. 그는 "Yucca Mountain 저장소를 미국에서 고준위 핵폐기물 저장소로 지정한 것에 대한 승인 불가 통보"를 발표하면서 그 이유를 밝혔는데, Guinn 주지사가 제시한 승인 불가 통보의 내용은 다음과 같다.[46]

- 네바다 주는 사용후핵연료와 고준위 핵폐기물 프로그램에 대한 "과학적인 근거와 적법성(Science and law)" 및 미국 원자력 에너지 프로그램의 보안문제에 대한 분별력 있는 기준을 강화하고 유지시킬 것이다.
- Yucca Mountain 저장소에 대한 심각한 우려를 표명한 검토 관계자와 과학자들이 점점 더 늘어나고 있다.
- Yucca Mountain 지역은 세계에서 지질적 특성이 가장 확연한 곳으로서 "백년 이상 핵폐기물을 저장할 수 있다"해도 그 곳이 치명적인 결함이 있는 지질지역이란 사실은 변하지 않을 것이다.
- 사용후핵연료를 Yucca Mountain 저장소로 운송하는 작업은 네바다 주만의 문제가 아니라 "44개 주, 703개 군과 인구 10만 이상의 109개 도시에 해로운 영향을 끼치는" 문제다.
- NWPA의 규정에 따라 의회에서 다수결로 의결되고 대통령이 서명하면 우리의 승인 불가 통지가 기각될 수도 있음을 우리는 알고 있다.

에너지부장관의 권고안이 발표되자 의회는 네바다 주지사의 승인 불가 통지를 기각하는 절차에 들어갔고 하원은 열띤 토론 끝에 5월 8일에 투표를 통해 306 대 117로 부시 대통령의 손을 들어 주었다. 2002년 7월 9일 미 의회의 상원

---

46) Timothy A. Frazier, 앞의 글, 23쪽.

은 네바다 주의 Yucca Mountain에 고준위방사성폐기물을 처분하자는 부시 대통령의 제안을 투표 결과 60 대 39로 승인했다. 따라서 상원에서 최종적으로 국가방침을 승인했던 것이다.[47] 상원 의원들이 60대 39의 표차로 이 결의안의 본회의 상정에 동의했기 때문에 상원 중진 의원들 간의 합의로 결의안 표결은 생략되었다.

2002년 7월 23일 부시 대통령은 상하 양원의 합동 결의한 법안에 서명하였다. 이로써 부시 행정부는 미국 내에 여기저기 산발적으로 저장되어 있는 사용후핵연료와 고준위방사성폐기물을 한곳에 모아 처분할 수 있는 기반을 마련한 것이다.

부시 행정부는 Yucca Mountain 저장소의 허가신청을 준비하는 6년 동안 재정적으로 제약을 받는 어려운 상황에서 일하게 되었고, 2008년 6월 3일 드디어 8,600페이지에 달하는 허가신청서가 NRC에 접수됐다. NRC는 Yucca Mountain 저장소 허가신청건을 처리 예정 목록에 올렸으며 3년 동안 의회의 심사를 거쳐야 했던 에너지부의 환경영향평가보고서를 승인했다.

흥미로운 것은 원자력규제위원회가 1만 년 뒤의 후손이 실수로 방사성폐기물을 파헤치지 못하도록 표시할 방법을 2004년 말까지 제출해야 처분장 허가를 내주기로 했다는 점이다. 처분장이 건설되면 300년간 약 7만 톤의 고준위방사성폐기물이 Yucca Mountain 처분장에 매립된 뒤 영구히 봉해지게 된다. 문제는 전쟁이나 지각변동, 운석과의 충돌 등 1만 년 안에 생길지도 모르는 모든 일들을 견뎌 낼 표지를 만들기가 어렵다는 점이다.[48]

에너지부가 Yucca Mountain 저장소 허가신청서를 접수한 지 겨우 7개월, 그리고 NRC가 그 허가신청건을 처리 예정 목록에 올린 지 4개월 후인 2009년 1월에 오바마 행정부가 출범했다. 오바마 행정부는 Yucca Mountain 저장소 건설을 중지시켰으나 2017년 출범한 트럼프 행정부는 건설 재개를 명령하였다.

---

47) 송명재, "미국의 고준위방사성폐기물 처분장과 우리의 현안"「원자력산업」제234호(2002. 8) 참조.

48) 동아일보 2003. 1. 12, A12쪽 참조. 제안들 중에는 유전자를 조작해 Yucca Mountain에 있는 나무를 모조리 음산한 푸른빛을 띠게 하자거나, 처분장 주변에 거대한 도랑을 파자는 의견, 괜히 궁금증을 유발해 땅을 파 보지 않도록 아예 아무런 표지도 하지 말자거나, Yucca Mountain 에서 아주 멀리 떨어진 곳에 보석이 묻혔다는 표지를 함으로써 다른 곳으로 유인하자는 아이디어 등이 있었다고 한다.

〈고준위방사성폐기물처분장 선정경과〉

연도	주요 내용	비고
1986	·9개 후보지 도출−3개 후보지 선정 (텍사스 주−데프 스미스 지역, 워싱턴 주−리치랜드 지역, 네바다 주−Yucca Mountain)	
1987. 12.	·고준위방사성폐기물정책법 수정법 제정−네바다 주 Yucca Mountain을 후보지로 선정	
2001. 7.	·에너지부 장관−대통령과 의회에 Yucca Mountain을 부지 로 권고	
2002. 2.	·조지 부시 대통령−의회에 대한 처분부지지정 권고	
2002. 4. 8.	·네바다 주지사−대통령의 Yucca Mountain 후보지지정에 대한 부동의로 거부권 행사(부동의통지)	
2002. 5. 8.	·연방하원 투표−대통령의 처분지지정의 권고 승인결의(306 : 117): 주의 부동의통지의 무효	
2002. 7. 9.	·연방상원 투표−승인결의(60 : 39) → Yucca Mountain을 처 분지후보로서 최종선정	
2008. 6.	·에너지부 → 원자력규제위원회에 Yucca Mountain 처분장 건설허가신청	
2009. 2	·오바마 행정부 '미국 원자력의 미래에 대한 블루리본위원 회' 설치	
2010. 3.	·에너지부 → 원자력규제위원회에 Yucca Mountain 처분장 건설허가신청 철회서 제출	
2017.~	·트럼프 행정부 Yucca Mountain 처분장 건설 재개	

2. Yucca Mountain Project

(1) Yucca Mountain의 지리조건

Yucca Mountain은 동부의 방사성폐기물 발생지로부터 멀리 떨어져 있다. Yucca Mountain은 네바다 주 라스베이거스에서 북서쪽으로 약 160km 떨어진 사막지대에 위치하고 있다. 즉 인구밀집지역으로부터 멀리 떨어져 있으며 안정된 지질특성과 사막기후 그리고 깊은 곳에 지하수대가 위치하고 있는 야산이다. 이 지역은 방사성폐기물처분장부지로서는 1,800피트 아래 저능선을 이용할 수 있다는 장점이 있다. 그러나 이 지역은 약간의 지진이 있고 인근 유카 플래츠(Yucca Flats) 핵무기 실험장으로부터 지하충격을 받은 경험이 있다.49)

---

49) T. 프라이스(박정택 역), 「원자력의 정치경제학」(겸지사, 1997), 294쪽.

〈미국 네바다 주 유카마운틴의 사용후핵연료 처분장 입구〉

출처: 이투데이 2017년 3월 21일자 기사

(2) Yucca Mountain의 지질조건

처분장이 들어설 지역은 지금으로부터 1,100만 년~1,400만 년 전에 형성된 응회암층에 있다. 이곳에 지표면으로부터 200~500미터 정도의 깊이에 터널을 뚫어 고준위방사성폐기물 및 사용후핵연료를 처분하고자 한다.

이곳은 사막 지역으로서 강수량이 매우 적고 또 설령 약간의 비가 내린다 하더라도 지표면에서 거의 다 증발해 버리고 땅속으로 스며들지 않는다. 게다가 지하수층이 지표에서 500~800미터의 깊숙한 곳에 자리 잡고 있으며 처분 동굴과 지하수층 사이에 최소한 300미터 정도 두께의 수분 불포화대가 있어 천연적으로 방사성 핵종의 유출을 저지하는 기능도 갖게 된다. 한마디로 이 지역은 고준위방사성폐기물의 처분에 가장 적합한 지역이다.

(3) 부지특성조사

미국의 에너지부는 「방사성폐기물정책법」에 따른 고준위방사성폐기물의 처분지로 1987년도에 이미 Yucca Mountain을 가장 적합한 후보부지로 내정하였다. 그리고 원전 사업자들에게 발전량 kW·h당 0.1센트씩 부과하여 모은 돈 152억 달러 중 36억 달러를 Yucca Mountain의 부지특성조사에 사용하였다.

부지특성조사 자료는 추후 원자력규제위원회에 처분시설 인·허가 신청 시 필요한 자료로도 활용될 수 있을 것이다. 따라서 부지특성조사 자료는 처분장 운영 중 그리고 또 처분부지 폐쇄 후의 영향에 대해 각기 조사되었다.

부지 특성을 조사하기 위해 수많은 과학자들과 전문가들이 동원되었다. Yucca Mountain 주변의 지질, 환경 및 기상 조사가 수행되고 또 지하 터널을 파 땅속의 특성까지 규명하였다.

그리고 방사성폐기물을 처분하였을 때 각종 영향을 예측하기 위한 컴퓨터 모델들도 무수히 개발되었다. 안전성 평가 모델은 Yucca Mountain에 고준위방사성폐기물을 처분하였을 때 향후 1만 년 동안에 일어나는 현상을 평가할 수 있다.

1997년도에는 본격적인 부지특성조사 실험실인 「Yucca Mountain 지하 실험실」이 건설되었다. 이 지하 실험실은 땅속 250미터 되는 곳에 직경이 7.6미터이고 길이가 무려 7.8킬로미터나 되는 터널로 이루어져 있다. 이 부지의 남쪽과 북쪽에는 각기 이 지하 터널로 통하는 출입구를 설치하였다. 이 지하 실험실에서는 그간 연구실과 전산 모델로만 평가하던 각종 조사 결과가 실제 폐기물 처분 여건에서 어떻게 나타나는지를 알아볼 수 있었다. 예를 들어 방사성폐기물이 Yucca Mountain에 처분되었을 때 지하 암반의 변형, 응력 방향 및 질량 변화 그리고 수분의 함량 및 이동 방향 같은 특성을 규명할 수 있으며 또 폐기물에서 발생된 열이 암반에 영향을 미쳐 균열이 일어나는지 등을 실제 처분 환경에서 실험해 볼 수 있는 것이다. 이렇게 해서 얻어지는 자료와 결과는 처분장을 설계하고 또 정부 당국에 인·허가를 신청할 때 대단히 유용하게 이용된다.

(4) Yucca Mountain 처분부지평가보고서

방대한 조사 끝에 미국 에너지부는 마침내 1998년도 Yucca Mountain 처분부지평가보고서를 완성하였다. 의회에 제출된 이 보고서에는 아래와 같은 내용이 기술되어 있다.

① 방사성폐기물 수용 용기와 처분장의 핵심 구조에 대한 예비 설계 개념
② 상기 설계 개념을 뒷받침하는 과학적인 자료 그리고 적절한 평가방법에 따른 총체적인 성능 평가 결과
③ 원자력규제위원회에 인·허가 신청을 위한 계획 및 소요 예산
④ 예비 설계대로 Yucca Mountain에 처분장을 건설하여 운영하는 데 소요되는 예산

보고서는 기술적인 검토 결과 Yucca Mountain은 고준위방사성폐기물 처분부지로 적합하며 따라서 에너지부는 대통령에게 처분장 설치 결정을 내리도록 권고해야 한다고 결론을 냈다.

대통령의 결심에 막대한 영향력을 끼친 스펜서 에이브러험 에너지부장관은 "미의회는 국가안보, 특히 에너지안보와 미국의 환경 보존을 위해 귀중한 결정을 했다"고 논평하며 의회가 Yucca Mountain에 고준위폐기물 처분장 건설에 지지를 해준 데 대한 감사의 표시를 했다.

상원의 승인으로 인해 에너지부는 원자력규제위원회에 인·허가 신청 준비를 할 수 있게 되었으며 고준위방사성폐기물 및 사용후핵연료의 운송 계획도 수립해야 한다. 모든 일이 순조롭게 진행된다면 빠르면 2010년부터는 Yucca Mountain 에 고준위방사성폐기물의 인도가 시작될 수 있는 셈이다.

(5) 처분방식

Yucca Mountain 처분장의 처분방식은 지하 암반에 동굴 처분으로서 후손들이 폐기물 영구처분을 위해 밀봉하든지 아니면 처분장에서 다시 꺼내 다른 처리를 할 수 있도록 처분장 내부를 밀봉하지 않고 그대로 두면서 감시할 것인지를 처분 개시 300년 이내에 결정할 수 있도록 되어 있다.

(6) 고준위방사성폐기물의 수송방법

한편 처분장의 운영 개념에 따르면 모든 고준위방사성폐기물은 원자력규제위원회의 인증을 받은 용기에 담아 트럭이나 기차로 Yucca Mountain 처분장에 수송된다. 처분장에서는 이를 하역하여 검사를 마친 후 이를 다시 처분에 적합한 별도의 처분 용기에 넣는다. 그런 다음에 폐기물은 별도의 수송 용기를 이용하여 지하 처분장으로 이송되며 이곳에서 특수하게 설계된 처분 갱도에 저장된다.

이 공간은 폐기물에서 방사성 핵종의 이탈을 최소화하기 위해 자연 방벽에 추가해서 인공 방벽이 설치된 공간이다. 인공 방벽은 크게 폐기물 처분 용기와 처분 갱도의 구조물로 구성된다.

(7) 처분용기

Yucca Mountain의 처분 용기는 합금으로 만든 두 개의 동심 원통으로 구성되어 있다. 내부 용기는 두께가 5㎝나 되는 스테인리스 강철이고 외부 용기는 부식에 강한 두께 2㎝의 니켈 합금으로 만들어졌다.

실험실에서 조사한 결과 이 용기는 약 일만 년 정도는 버티는 것으로 나타났다. 암반 속의 폐기물 처분 갱도 내부에는 물방울이 생기는 것을 방지하는 차폐체가 설치된다.

이 차폐체는 동굴 내에서 떨어지는 물방울이 폐기물 처분 용기에 접촉되는 것을 막고 또 갱도 내에서 응축수가 생기면 차폐체 외벽을 따라 집수정으로 흘러들어 가도록 하는 역할을 한다. 이 차폐체 역시 부식을 방지하고 강한 응력에 견디도록 티타늄으로 만들어졌다.

지하 동굴에는 레일이 깔려 있고 두 대의 전기 기관차가 준비되어 있다. 지상에서 폐기물을 수송 용기에 담아 오면 지하에서는 전기 기관차가 이를 끌고 가처분 갱도로 간다. 처분 갱도의 문이 열리면 기관차가 끄는 수송 용기 속에 있던 폐기물 처분 용기는 갱도 내의 차폐체 속으로 이송된다. 갱도에 처분하는 기간 동안에는 환기구를 통해 폐기물에서 발생한 열이 외부로 방출되고 또 내부의 습도도 매우 낮게 유지된다.

(8) 오바마 정부의 등장과 Yucca Mountain 프로젝트의 중단

1) Yucca Mountain 처분장 인허가신청 철회   1982년에 제정된 「방사성폐기물 정책법(NWPA)」은 에너지부가 1개 이상의 부지를 선정하여 사용후핵연료 및 고준위방사성폐기물을 영구처분하도록 규정하였다. 그러나 1987년에 법을 개정하여 네바다 주 라스베이거스에서 북서쪽으로 약 160㎞ 떨어진 Yucca Mountain을 유일한 후보 부지로 선정하여 평가하는 것으로 바꾸었다. 2002년에는 부시 대통령이 Yucca Mountain을 미국의 고준위방사성폐기물 영구처분부지로 추천하였고, 의회는 이를 승인했다.

「1987년 수정법」은 영구처분장 운영시기를 1998년 1월 31일로 못 박았다. 그러나 처분장 건설은 법에 규정된 기한보다 지연되고 있고, 이에 따라 사용후핵연료 및 고준위폐기물은 민간전력회사가 운영하는 75개 원전부지 및 에너지부가 운영하는 5개 원자력부지에 그대로 남아 있다.

에너지부는 20년 이상에 걸쳐 부지특성조사, 처분장설계, 엔지니어링, 안전성 시험 등을 위해 140억 달러 이상의 엄청난 자금을 투자했다. 그러한 노력의 결과 2008년 6월에 에너지부는 원자력규제위원회에 Yucca Mountain 처분장 건설 인·허가를 신청하는 결실을 볼 수 있었다.

그러나 2009년 버락 오바마가 대통령에 당선되면서 미국의 사용후핵연료 관리정책은 변화하였다. 2009년 2월 오바마 대통령은 "Yucca Mountain 저장소를 건설하기로 한 지난 정부의 결정사항을 종료하고 그 대신 핵폐기물 처리의 대안을 찾아보겠다"는 선거공약을 지키기로 했다.[50] 오바마 행정부가 Yucca Mountain 프로젝트를 더 이상 '실행가능하지 않은 옵션(not a workable option)'으로 규정한 것은 Yucca Mountain 부지 선정 결정이 기술적 또는 안전성 측면이 아닌 정치적 요인에 의해 이루어진 것이라는 회계감사원(GAO)을 비롯한 여러 행정당국의 주장에 근거하고 있다.[51]

50) Timothy A. Frazier, 앞의 글, 23쪽.
51) Michael F. McBride & Robin M. Rotman, "교착상태의 미국 고준위 방사성폐기물 처분사업", 「원자력산업」 제38권 제5호(통권 384호)(2018.5), 23쪽.

에너지부 산하 민간 방사성폐기물관리부서(OCRWM)는 사실상 폐지되었고, 이후 Yucca Mountain 저장소 프로그램을 위한 지원금 신청은 더 이상 이루어지지 않았다. 결과적으로 미국은 핵폐기물 저장소 프로그램을 새로 시작하게 되어 새로운 방침과 대책을 찾아 나서게 되었다. 그것이 바로 "미국 원자력의 미래에 대한 블루리본위원회(Blue Ribbon Commission on America's Nuclear Future: BRC)"이다.

오바마 행정부는 30년 가까이 추진해 온 Yucca Mountain 프로젝트를 중단하는 대신 각계각층의 전문가 15명으로 구성된 블루리본위원회의 운영을 통해 실행가능한 모든 사용후핵연료 관리 옵션의 검토에 들어갔다.[52]

위원회의 활동 목적 및 범위는 다음과 같다. ① 기존 핵연료주기기술 및 R&D프로그램의 평가, 평가기준에는 비용, 안전성, 자원의 활용성 및 지속가능성 등이 포함되어야 하고, 또한 핵비확산 및 테러에 대한 대응성이 포함되어야 한다. ② 사용후핵연료에 대한 최종관리방안이 결정되어 실행될 때까지 안전하게 저장관리하는 옵션, ③ 심지층 처분방식을 포함한 사용후핵연료 및 고준위폐기물의 영구처분 옵션, ④ 현재의 핵연료주기 기술 및 미래에 실행가능한 핵연료주기기술 등을 모두 고려하여 향후 사용후핵연료 및 방사성폐기물 관리와 관련된 법적 및 상업적 문제의 대응을 위한 옵션, ⑤ 사용후핵연료 및 고준위폐기물의 관리 및 처분을 위한 유연성 있는 의사결정프로세스에 대한 옵션, ⑥ 사용후핵연료 및 고준위폐기물의 관리방안에 대한 의사결정과정에 있어서 보다 공개적이고 투명하며 광범위한 참여가 가능한 의사결정방안에 대한 옵션, ⑦ 「방사성폐기물정책법(NWPA)」을 포함하여 기존 관련 법의 개정 필요성 및 새로운 법령의 제정 필요성, ⑧ 그 밖에 에너지부장관이 필요하다고 판단되는 사항 등이다. 위원회의 존속기간은 24개월로 한다. 다만 「연방자문위원회법(FACA)」에 따라 사전에 본 지침을 개정할 경우 존속기간을 변경할 수 있다.[53]

중요한 점은 명시된 특별임무에 Yucca Mountain 저장소 문제가 빠져있는 것이다. 실제로 2010년 3월 25일 열린 첫 회의에서 Steven Chu 에너지부장관은 특

---

52) 2009년 2월에 에너지부는 2010회계연도 예산신청을 하면서 유카마운틴 프로젝트 예산을 거의 요구하지 않음으로써 사실상 유카마운틴 프로젝트가 종결되었음을 공식적으로 나타냈다. 당시 에너지부가 요구한 유카마운틴 프로젝트 관련 예산은 1억 9,680만 달러였다. 이 액수는 프로젝트를 현상유지하면서 인허가신청에 따른 최소한의 소요비용을 감당할 수 있는 정도에 불과한 것이다. World Nuclear News, "Yucca Mountain 'terminated'", 2009. 5. 8.; 2010년 3월에 에너지부는 유카마운틴 건설 인허가신청 철회서를 NRC에 제출했다. 김형준, 앞의 글, 59쪽.

53) 김형준, 앞의 글, 66-67쪽.

별위원회가 Yucca Mountain 문제를 다루지 말 것을 분명하게 지시한 바 있다. Chu장관은 Domenici 상원의원의 요청으로 열린 공청회에서 "우리는 미래를 고려할 것이며 우리가 나아가야 할 길이 무엇인지도 생각해 볼 것이다. 그렇기 때문에 BRC가 과거의 역사를 돌아보면서 Yucca Mountain 저장소를 건설하기로 한 결정의 잘잘못이나 따지거나 Yucca Mountain 부지를 핵폐기물 저장소로 활용할 수 있는지에 대한 토론을 하면서 시간 낭비하기를 원치 않는다"고 말했다.[54]

2년의 과정을 통해 위원회는 미국 전역에서 수많은 공청회를 열었고 영국, 프랑스, 핀란드, 일본, 러시아, 스웨덴 등을 방문했다. 이 해외 방문 중에 가장 강한 인상을 받은 나라는 두 곳의 지역이 심지층 핵폐기물 저장소 유치를 위해 서로 다투는 경쟁체제 비슷한 것을 구축했던 스웨덴이었다고 한다.[55]

BRC는 2012년 1월 26일 최종보고서를 내놓았는데 8개항의 권고사항은 다음과 같다.

1. 합의를 기반으로 하는 미래의 핵폐기물 관리시설에 대한 새로운 접근법을 마련할 것
2. 자율성과 권한을 갖고 핵폐기물 관리 프로그램만을 시행하는 새로운 기구를 만들 것
3. 원전의 전력요금으로 조성한 기금을 핵폐기물 관리목적으로 제공하게 할 것
4. 한 곳 이상의 핵폐기물 지층처리시설의 개발을 즉시 시작할 것
5. 한 곳 이상의 통합저장시설의 개발에 즉시 착수할 것
6. 지층처리시설과 통합저장시설이 준비되면 사용후핵연료와 고준위 핵폐기물을 준비된 시설로 대량 운송하기 위한 계획 수립에 바로 착수할 것
7. 미국 원자력 에너지 기술의 지속적인 혁신과 인력개발을 지원할 것
8. 원자력의 안전, 폐기물 관리, 비확산 및 보안 문제를 다루기 위한 국제적인 노력에서 미국의 적극적인 리더십을 발휘할 것

이 권고사항 중에 핵심은 합의를 기반으로 하는 사업 추진과 핵연료 사이클의 최종 단계를 관리하는 하나의 목적만을 위한 새로운 기구에 있다. 이 권고사항들은 2013년 1월 에너지부가 사용후핵연료와 고준위방사성폐기물의 관리와 처리계획을 발표할 때 오바마 대통령에 의해 추인되었다.

---

54) Timothy A. Frazier, 앞의 글, 25쪽.
55) Timothy A. Frazier, 앞의 글, 25쪽.

에너지부가 발표한 처리계획안에는 "BRC의 권고사항을 뒷받침하는 핵심적인 원칙을 행정부에서 추인한다"라고 명시되어 있었다. 2015년 중반부터 에너지부는 합의를 기반으로 하는 사업 추진 절차의 개발 작업을 진행해 왔는데, 최근에는 사업 검토와 평가를 위한 절차의 입안 작업에 대한 발표가 있었다.

오바마 행정부는 2010년 3월에 Yucca Mountain 저장소의 허가신청을 철회하려 했지만 NRC의 핵안전 및 허가위원회는 이를 거부했다. NRC의 위원들은 정당에 따라 대등하게 나뉘어 있었기 때문에 허가위원회의 결정을 확정할 수도 뒤집을 수도 없었다. 의회는 그 기간 동안 심사를 위한 최소한의 지원금만을 NRC에 책정해 주고 있었으므로 NRC는 Yucca Mountain 저장소에 대한 심사 과정을 조용히 정지시키고 말았다.[56)]

한편 오바마 행정부에서는 고준위폐기물 관리 대안을 발굴하기 위하여 미국연방회계감사원(Government Accountability Office: GAO)은 에너지부의 관료, 미국과학아카데미(NAS), 방사성폐기물기술검토위원회(NWTRB), 그리고 원자력에너지기구(NEI)의 전문가들을 대상으로 인터뷰를 추진했다. 그 결과 전국의 2개 지역에 중앙집중저장방식으로 100년 이상 관리하는 방안과 폐기물이 발생한 시설의 부지에서 분산저장방식으로 100년 이상 관리하는 방안이 도출되었다.

GAO는 Yucca Mountain 처분장을 건설하는 안과 그 대안인 중앙집중저장 및 부지 내 분산저장의 장단점을 직접적으로 비교하지는 않았다. 그 이유는 각각의 대안이 갖고 있는 고유의 특성이 존재하고 있고, 또한 정량화하기 어려운 평가요인들이 존재하고 있기 때문이다.[57)]

그러나 「1987년 수정법」은 여전히 에너지부로 하여금 Yucca Mountain에 지층처분장을 건설하도록 규정하고 있으며, 법규정에 따라 에너지부가 Yucca Mountain 프로젝트를 계속 추진한다 해도 역시 그에 따른 여러 가지 문제점이 도사리고 있다. 그중 가장 심각한 문제점 중의 하나는 EPA가 요구하는 향후 10만 년 동안의 방사선 안전성에 대한 입증을 포함하여 원자력규제위원회의 인·허가요건을 어떻게 만족시키는가에 대한 문제이다.[58)]

---

56) Timothy A. Frazier, 앞의 글, 23쪽.
57) 김형준, 앞의 글, 55쪽.
58) 예를 들어 NRC는 에너지부에 자연방벽 및 인공방벽이 시간의 경과에 따라 상호 어떻게 반응하며, 또한 만일 다중방벽의 일부가 제대로 작동하지 않을 경우에도 NRC가 요구하는 안전성 요건을 충분히 만족시킬 수 있는지를 입증하도록 요구하고 있다.

2) 고준위 방사성물질과 사용후연료의 관리 전략 – 사용후연료와 핵폐기물을 심저층에 매립해 영구처분(직접처분) 방식 확정   미국 에너지부가 원자력발전소에서 나오는 폐기물 처리를 위한 장기 로드맵을 공개했다. 에너지부는 2013년 1월 10일 발표한 '고준위 방사성물질과 사용후연료의 관리 전략'이라는 보고서를 통해 2025년까지 집중식 중간저장시설을 운영하고, 2048년부터 사용후연료와 고준위방폐물을 심저층에 매립해 영구처분(직접처분)하는 내용을 골자로 하는 장기 대책을 내놨다.59) 이로써 사용후핵연료를 상업적으로 재처리하지 않고 영구처분해 온 미국의 기존 정책은 여전히 유지된다.

에너지부가 공개한 새로운 폐기물 정책은 ① 사용후연료봉과 핵폐기물을 임시 보관한 뒤 ② 중간처리 시설을 거쳐 ③ 궁극적으로 영구처분하는 3단계 방식이다. 보고서는 2021년까지 14개 폐쇄 원전 부지에 폐기물과 사용후연료봉을 임시 보관하는 시설을 짓고, 2025년부터는 대규모 중간처리 시설로 옮긴 뒤 2048년까지 영구처분 시설을 완료해 최종적으로 매립하는 방식을 제안했다. 에너지부는 또 핵폐기물 처분시설 부지를 선정할 때 주민들의 동의를 거치도록 했다. 이 같은 내용은 행정부와 의회의 검토를 거쳐 최종 확정된다.

프랑스와 일본 등은 사용후핵연료 재처리를 통해 플루토늄을 추출하고 이를 다시 연료로 사용하는 관리방식을 채택하고 있지만 미국은 재활용 핵연료의 경제성과 핵확산에 대한 우려 등을 이유로 영구처분 방식을 택하고 있다. 미국은 재처리 기술을 보유하고도 재처리를 하지 않는 유일한 국가다. 한국은 영구처분 시설과 함께 중간처리 시설 건립을 추진하고 있다.

미국은 1980년대 네바다 주 Yucca Mountain에 핵폐기물을 영구처분하는 계획을 세웠으나 2009년 버락 오바마 행정부는 이 프로젝트를 중단시키고 핵폐기물 관리 정책을 재검토해 왔으나 대선에서 Yucca Mountain 프로젝트를 지지해온 트럼프가 대통령에 당선되면서 더욱 힘을 얻게 되어 다시 재개되었다. 트럼프 대통령은 2019년도 예산안 편성에서 Yucca Mountain 프로젝트의 인허가 관련 업무 재개를 위해 NRC에 4,800만 달러를, 그리고 DOE에 1억2,000만 달러를 편성했다.60)

---

59) 배효성, 앞의 글, 87쪽.
60) Michael F. McBride & Robin M. Rotman, 앞의 글, 26쪽.

IV. 미국의 경험이 주는 시사점

미국이 2002년 7월에 고준위방사성폐기물의 처분을 위해 Yucca Mountain을 처분부지로 결정했다가 2010년 3월에 Yucca Mountain 처분장 인·허가신청철회 서류를 제출하였다. 미국정부는 오랜 시간 지질, 환경 등에 대한 전례 없는 평가 작업을 벌인 결과 Yucca Mountain 부지가 고준위방사성폐기물처분장으로 적합하다는 판단을 내려 부지확정을 하였다가 2009년 오바마 정부가 출범하면서 이를 뒤집은 것이다. 오바마 정부는 핵폐기물 저장소 프로그램을 새로 시작하게 되어 새로운 방침과 대책을 찾아 나서게 되었는데, 그것이 바로 "미국 원자력의 미래에 대한 블루리본위원회(Blue Ribbon Commission on America's Nuclear Future: BRC)"이다. 중요한 점은 명시된 특별임무에 Yucca Mountain 저장소 문제가 빠져있는 것이다. BRC는 2012년 1월 26일 최종보고서를 내놓았는데 8개항의 권고사항을 제시했다. 권고사항 중에 핵심은 합의를 기반으로 하는 사업 추진과 핵연료 사이클의 최종 단계를 관리하는 하나의 목적만을 위한 새로운 기구에 있다. 이 권고사항들은 2013년 1월 에너지부가 사용후핵연료와 고준위방사성폐기물의 관리와 처리계획을 발표할 때 오바마 대통령에 의해 추인되었다. 미국은 사용후핵연료와 고준위핵폐기물 처리분야에서 선도적인 위치를 되찾아 올 준비 작업을 하고 있는데 트럼프 행정부는 오바마 대통령이 중지시켰던 Yucca Mountain 처분장 건설을 재개하기로 했다. 2018년 회계연도(2018년 10월~2019년 9월) 예산안에는 Yucca Mountain 처분장 건설 재개와 중간저장 프로그램을 포함해 1억 2,000만 달러(약 1,340억 원)의 예산이 책정되었다.[61]

미국의 방사성폐기물정책 관련 법제가 우리에게 주는 직·간접적인 시사점으로는 아래와 같이 몇 가지를 생각해 볼 수 있다.

① 고준위방사성폐기물관리법이 제정된다고 하여 방사성폐기물처분문제가 한꺼번에 해결되고 진전된다고 생각하는 지나친 낙관론은 경계할 필요가 있다는 것을 미국의 경험은 우리에게 알려 주고 있다. 미국의 Yucca Mountain 부지를 「1987년 수정법」에 따라 유일한 부지로 지정하고서도 최종적으로 결정하기까지 많은 시간이 걸렸다. 이 과정에서 주정부의 강력한 반대에 직면하였음은 물론이고 연방정부를 상대로 한 소송과 헌법소송까지 벌어졌음은 주지의 사실이다. 미국이 어떻게

---

61) 이투데이 2017년 3월 21일자 "미국 원전업계, 트럼프 예산안에 갈피 못 잡아" 기사 참조.

주정부의 반대를 무릅쓰고 아니 극복하고 처분장을 결정하게 되었는지를 눈여겨볼 필요가 있을 것이다. 우리나라의 경우에도 지방자치단체의 반대와 주민들의 저항이 지금껏 계속되고 있는 상황을 감안하면 미국의 경험은 좋은 시사점을 제공해 줄 것으로 생각된다.

② 수송에 따르는 문제점들을 면밀하게 검토할 필요가 있다. 미국의 경우에도 31개 주의 103개의 민간 원자로에 임시보관 중인 사용후핵연료를 미국 내 여러 장소에서 최종처분장으로 수송해 오는 일이 보통 일이 아니라는 사실을 잘 인식하고 있다. 사용후핵연료 취급상의 여러 가지 위험도 중 우리가 심각하게 고려하고 있는 것 중의 하나가 바로 수송 관련 위험도이다. 그래서 완벽한 수송 체계를 갖추어야 하는 것이다. 미국의 경우에 사용후핵연료의 수송은 지난 38년간의 실적에 따르면 단 1건의 방사능 누출사고도 없이 3,000번 이상의 수송이 이루어진 것으로 알려져 있다. 우리나라의 경우에 처분부지가 주로 임해지역으로 해상을 통해 수송할 것으로 예상되는데, 육상으로 수송하는 것보다는 안전성 측면에서 높은 점수를 주어야 하겠지만 혹시 있을 해상오염문제도 검토해야 할 것이고 예기치 않은 해상충돌이나 돌풍 등에 의한 돌발 사태에 대한 방지책도 세밀하게 검토되어야 할 것이다.

③ 우리나라는 방사성폐기물 관리에 대해 이원적 추진체계를 가지고 있다. 이러한 이원적인 추진체계가 적절한지에 대해서도 고민해 보아야 할 것이다. 그리고 추진을 하는 주무 장관의 행위에 대하여 기술적·과학적 타당성을 평가하기 위한 방사성폐기물기술검토위원회(Nuclear Waste Technical Review Board)를 설치하는 것도 적극적으로 검토할 필요가 있다.

④ 조속히 안전성 평가모델을 개발하여야 할 것이다. 참고로 미국의 경우에 Yucca Mountain 처분부지에 고준위방사성폐기물을 처분하였을 때 향후 10만 년 동안에 일어나는 현상을 평가할 수 있도록 조치를 하였다.

⑤ 고준위방사성폐기물 내 방사능이 높고 또 주요 방사성 핵종들의 반감기가 너무 길며 이들이 붕괴 시 상당한 붕괴열을 발생시킨다는 점을 감안한다면 처분장의 안전성을 장기간 확보하는 일은 그리 쉬운 것이 아니다. 그리하여 선진국과의 국제공동연구를 실질화하여 폭넓은 교류를 통해 안전성 높은 처분기술을 확보하여야 할 것이다.

⑥ 미국·일본 등 선발국들은 각국 실정에 적합한 개념의 용기를 자체적인 기술개발을 통하여 사용하고 있다. 사용후핵연료 수송용기, 저장용기, 최종처분용

기의 설계기술은 같은 기술이 적용되는 유사기술이 적용되는 유사기술로서 지금
부터라도 해외공동 개발에의 참여 등의 방법을 통하여 동 기술 분야에 대한 기술
확보가 시급하다고 하겠다.

　⑦ 국회가 앞으로 (고준위방사성폐기물처분장의 경우) 부지선정에 적극적으로 나
서야 할 것이다. 미국의 경험은 국가적 갈등 사안의 해결에 있어 국회의 역할이
매우 인상적이었다는 것을 말해주고 있다. 미의회는 에너지안보 차원에서 처분부
지 확보에 강력한 지지를 보내고 입법을 통해 뒷받침하였던 것이다. 또한 주정부
의 강력한 반대를 무릅쓰고 정부의 처분장 최종선정에 많은 도움을 제공하였다.

　⑧ 방사성폐기물관리시설의 용도에 대한 장기적 비전이 마련되어야 할 것이
다. 미국이나 일본의 경우에는 장기적인 안목을 가지고 단순한 방사성폐기물처분
장이 아닌 원자력연료복합시설 또는 국가적인 에너지 산업시설의 설치라는 거시
적 관점에서 추진되고 있는 것은 타산지석(他山之石)으로 삼아야 할 것이다.

　⑨ 우리의 경우에 유치 지방자치단체에 엄청난 액수의 지역개발자금을 투입
하는 접근방법이 지금까지의 강력한 저항을 감안하면 불가피한 측면이 없지 않지
만 근본적인 고민이 필요하다고 생각한다. 즉 방사성폐기물관리시설 유치에 대한
반대자들의 우려가 금전을 제공함으로써 완화될 수 있다고 보는 것은 너무 순진
한 생각이다. 그것은 다수의 방사성폐기물관리시설 반대자들 시각에서는 자신들
의 동의에 대한 보상으로 주어지는 금전 제공이 신념의 순수함을 해치는 것으로
비칠 수 있기 때문이다. 정부에서 자신들의 감정의 깊이를 과소평가하고 있다고
생각하고, 정부에 신념의 순수함을 확신시키기 위해 더한층 반대의 노력을 하도
록 만들 수도 있다는 점을 잊어서는 안 될 것이다.[62] 참고로 지원혜택의 효과가
미국의 Yucca Mountain 처분장에 대한 국민들의 지지와 반대를 예측하는 데 거
의 아무런 역할을 하지 못했다는 사실을 잊어서는 안 될 것이다.[63]

　⑩ 중저준위방사성폐기물관리시설의 부지확보는 한고비를 넘겼지만 보다 중

---

[62] 이러한 견해를 펴는 학자로는 임만성, "방사성폐기물관리시설 부지 선정에 대한 소고"「원자
력산업」, 제23권 제5호(통권 243호, 2003. 5), 14쪽.
[63] 매년 보상형태(20년간 매년 1,000$, 3,000$, 5,000$씩으로 지불)로 지역주민들에게 제공되었
지만 지역처분장에 대한 반대는 크게 감소하지 않았다고 한다. 주민들은 보상을 고려하긴 하기
전에 확신이 필요한데, 처분장의 위험이 미래 세대 뿐만 아니라 자신들에게도 최소화가 될 것
이라는 확신이 있어야 한다는 뜻이다. 처분장의 운영에 대한 정부의 엄격한 기준과 현지의 통
제가 안전에 대한 국민의 우려를 해결할 수 있다고 본다. 폐기물 처분장의 국민 인식에 대한 분
석은 국민들이 방사성 발견 이후 존재해 온 공포와 두려움에 대한 이미지에 깊이 근거하고 있
음을 보여주고 있다. 임만성, 앞의 글, 앞의 글, 17쪽 참조.

요한 것은 결국 고준위방사성폐기물관리시설의 부지 및 저장 시의 안전성 확보이다. 부지가 갖는 용도의 다양성을 고려하면, 결국 총력을 기울여야 하는 것은 고준위방사성폐기물을 저장할 경우에 발생할지도 모를 각종 기술적, 환경적 요인들을 면밀히 검토하여야 할 것이다. 미국의 경우에도 Yucca Mountain 부지를 「1987년 수정법」에서 유일한 부지로 규정한 뒤, 지속적으로 면밀한 조사를 수행한 것을 유념하여야 할 것이다. 오바마 행정부가 2010년 3월에 Yucca Mountain 저장소의 허가신청을 철회하려 했지만 NRC의 핵안전 및 허가위원회는 이를 거부했다는 점이다. 그것은 NRC의 위원들은 정당에 따라 대등하게 나뉘어 있었기 때문으로 분석되고 있다.

⑪ 고준위폐기물은 그 방사선강도가 엄청나게 높고 또한 플루토늄과 같은 장수명 알파 입자의 집적도가 크기 때문에 인공장벽뿐만 아니라 지질학적인 방벽을 활용하는 더 정교한 시스템이 요구된다. 이러한 방사성폐기물은 대류작용이나 간헐천 활용 등을 통하여 식수나 먹이사슬의 오염을 막기 위해 보통 100m 깊이 또는 지표면보다 훨씬 밑에 매몰한다. 그러므로 이상적인 처분장 부지로는 지반형성이 수백 년간 안정된 곳, 암반이 감조(感潮)한 곳 또는 지하수 움직임이 없는 곳 등이다. 벨기에의 현무암층과 응회암층이 모두 이러한 방사성폐기물처분장의 적절한 후보지가 될 수 있다. 독일과 미국의 염광산(Salt Deposits)도 석유시추공과 같은 과거 탄광 시추공들로 인해 지하수 흐름에 위험성이 없다고 한다면 적정 후보지가 될 수 있다. 점토는 저장고 내벽에 물이 스며드는 것을 최대한 방지하기 위해 사용할 수 있으며 이는 어떤 작은 바위의 움직임에도 유연성 있게 작용하여 물이 스며드는 것을 방지할 수 있다. 고준위방사성폐기물처분장은 수천 년 동안 방사선을 가두어 둘 수 있도록 설계되어야 한다. 인공방벽이 시간이 경과함에 따라 불가피하게 열화될 때 방사성물질이 지하수와 접촉하게 된다 해도 지표면에 어떤 심각한 정도의 오염이 재발해서는 안 된다.[64]

⑫ 오바마 행정부가 Yucca Mountain 처분장을 건설하는 안과 그 대안인 중앙집중저장방안 및 부지 내 분산저장방안 등 핵연료 및 고준위폐기물관리 옵션에 대한 다양한 접근을 한 것도 우리에게는 많은 시사점을 줄 것으로 본다. 고준위방사성폐기물처분장을 건설하겠다는 획일적인 사고를 버리고 다양한 관점에서 원자력기술의 진보에 상응하는 대응노력이 요청된다.

---

64) T. 프라이스(박정택 역), 앞의 책, 281쪽.

⑬ 미국은 1980년대 네바다 주 Yucca Mountain에 핵폐기물을 영구처분하는 계획을 세웠으나 2009년 오바마 행정부는 이 프로젝트를 중단시키고 핵폐기물 관리 정책을 재검토해 왔으나 트럼프 행정부는 이를 뒤집고 재개하였다. 미국의 고준위방사성폐기물처분장 설치문제가 정권의 성격에 따라 중단과 재개를 반복하고 있는 것은 이 문제가 정치적으로 매우 민감하다는 것을 말해 준다. 따라서 정치적 합의와 함께 정책의 일관성이 중요하다는 것을 말해준다.

제 8 강

새로운 위협: 사이버공격

I. 들어가는 말

북한의 사이버공격에 대해 법제적 차원에서 안일한 인식과 대응태세에 대해 쓴소리를 계속해온 어느 학자의 고언(苦言)에 귀기울여보자. "최근 스위스 다보스에서 개최되고 있는 세계경제포럼(World Economic Forum)에서 인류 생존을 위태롭게 할 가능성이 높은 2018년의 위험 요인 3위와 4위에 사이버공격과 데이터 사기를 자연 재해와 이상 기후에 이어, 사회에 대한 리스크 상위에 올려 놓고 있다. 또한, '글로벌 리스크 보고서 2018년' 발표 이벤트에서, 한 전문가는, 대형 클라우드 서비스 제공자가 사이버공격에 의해 다운됐을 경우의 경제적 피해는, 2005년 미국을 강타한 카트리나 태풍의 피해인 약 120조원을 능가한 약 130조원 규모 이상의 피해가 발생할 가능성이 있다고 경고했다.....특히, 지구촌이 맞이하고 있는 제4차 산업혁명 시대는 생활, 생명, 생태계, 생존형 보안의 특성을 가지는 4생 사이버보안 시대를 맞이하고 있다. 해킹 등 사이버공격과 무관했던 일상 생활의 모든 것들이 사이버공격의 위협을 받게 되며, 금전, 사회 혼란, 경제 피해, 국가 안보 등의 각종 피해 형태에서 인간의 생명까지 위협받는 것으로 변해가고 있으며, 정부나 보안전문가들만의 보안만이 아니라 개인이나 기업 그리고 국가 등 생태계 모두가 합력해 사이버공격으로부터 지켜내야 하는 구조로 바뀌어 가고 있다. 다보스 세계경제포럼의 경고와 사람의 생명까지 위태롭게 하는 재난 및 재앙 수준의 제4차 산업혁명 시대를 맞이하는 우리나라의 사이버공격에 대한 인식과 대응은 어떠한 모습

【원제: 사이버안보 위협에 대한 법제적 대응방안】

일까. 특히 핵을 개발하면서 사이버공격을 최대의 무기로 활용하고 있는 북한과 대치하고 있으면서 그리고 인터넷 강국이면서도 사이버공격에 가장 취약한 구조를 가진 우리나라의 사이버안보에 대한 인식이나 대응 수준은 어떨까."[1]

북한이 사이버공격을 본격적으로 시작한 것은 김대중 정권과 노무현 정권 등 진보정권 시기를 지나 2008년 보수정권인 이명박 정부가 들어선 뒤인 2009년 7월이다. 그해 7월 7일 북한은 청와대와 국회 등 핵심 국가기관의 전산망을 대상으로 디도스 공격을 감행하였다.[2] 이를 시작으로 "Ⅱ. 사이버공격의 주요 사례와 평가"에서 보는 바와 같이 지속적이고 목표지향적인 사이버공격을 감행하고 있다. 북한의 사이버공격은 금융·철도·전력·통신·국방 등을 일거에 마비시켜 대한민국 전체를 혼란에 빠뜨릴 수 있기 때문에 단순한 보안문제가 아닌 국가안보 차원의 문제로 인식해야 한다. 특히 사이버공격은 ① 위협수단을 정형화할 수 없는 결과 법적으로 사전에 금지되는 행위를 요건화할 수 없고 ② 유·무선을 통해 인터넷에 접속할 수 있다면 언제, 어디에서나 가능하다는 점에서 대응하기 어려운 비대칭성을 갖고 있으므로 더욱 위험한 것이다.[3]

일본, 미국, 중국 등은 사이버안보 관련 법률들을 국가안보적인 차원에서 체계적으로 정비하여 사이버공격에 효율적이고 적극적으로 대응할 수 있는 법제도적 기반을 착실히 구축하고 있다.[4] 사이버안보에 대한 장단기 마스터플랜의 수립과 함께 실행계획 등을 수립하여 사이버위협에 대처하고 관련부처, 민간기업, 국가간 협력을 강화하고 있다. 사이버 보안센터 설립, 사이버보안 사고 대응체계의 수립 및 네트워크화, 전문 인력 양성 및 캠페인, 수사공조 등에 주력하고 있다.[5]

1) 박춘식, "[시론] 사이버안보 기본법 하나 없는 현실" 디지털타임스 2018년 2월 5일자 칼럼 참조.
2) 디도스(Distributed Denial of Service)란 해킹 방식의 하나로서 여러 대의 공격자를 분산 배치하여 동시에 '서비스 거부 공격'을 함으로써 시스템이 더 이상 정상적 서비스를 제공할 수 없도록 만드는 것을 말한다.
3) 정준현, "사이버위협과 국민과 국가를 보호하기 위한 방향과 과제"「사이버안보법정책논집」제1호(한국사이버안보법정책학회, 2014. 12), 9쪽 참조.
4) 외국의 사이버안보 관련법제 정비에 대해서는 이창범, "국내외 사이버안보 관련법제정 동향과 시사점"「사이버안보법정책논집」 제1호(한국사이버안보법정책학회, 2014. 12), 383쪽 이하; 김성천, "독일의 사이버보안 법제"「사이버안보법정책논집」 제1호(한국사이버안보법정책학회, 2014. 12), 425쪽 이하 참조: 곽관훈, "일본의 사이버안보 관련법제의 현황과 시사점"「사이버안보법정책논집」 제1호(한국사이버안보법정책학회, 2014. 12), 447쪽 이하 참조; 김정임, "인도 IT법의 분석과 시사점"「사이버안보법정책논집」 제1호(한국사이버안보법정책학회, 2014. 12), 469쪽 이하 참조.
5) 정보통신산업진흥원, "초연결 세계에서의 주요국 사이버 보안정책 동향 분석"「IT R&D 정책동향」(2012−7), 1쪽.

특히 미국은 2018년 2월 6일 사이버공격을 전담 관리하는 부서와 차관보직을 신설한다고 밝혔는데, 북한이 사이버전에 적극적으로 개입하는 정황이 계속 포착되는 가운데 국무부가 당초 폐지하기로 했던 부서를 '사이버공간 · 디지털경제국'이라고 이름 붙이고 다시 조직하기로 결정한 것은 중요한 시사점을 던져준다.

〈공공부문에 대한 사이버공격 대응은 국가정보원의 국가사이버
안전센터가 담당하고 있다. 사진은 국가정보원 전경〉

우리나라도 '국가사이버안보 마스터 플랜' 수립을 계기로 사이버안보 강화에 주력하고 있다. 그러나 우리의 사이버공격 대응체계는 법령의 미비로 인해 민관(民官)의 역량을 총동원하지 못하는 중대하고 명백한 법적 한계를 노출하고 있다. 「정보통신망법」, 「정보통신기반보호법」 등에 사이버안보 관련 규정이 산재해 있지만, 이는 일상적인 정보보호에 중점을 둬, 치명적이고 전문적인 북한 해커들의 공격에 대응하기에는 역부족이다. 그리고 대응 주체간 역할이 중복되고 상충되어 혼란이 가중되고 있다.6)

일본과 중국 등 주변국들이 사이버안보 입법을 체계적으로 정비하고 있는데 반해, 우리나라의 경우에는 당파적 대립으로 인하여 전혀 진전을 보지 못하고 있다.7) 그런 측면에서 국가안보 및 국민안전의 보장을 위해 사이버안보에 관한 입법 책무가 있는 국회의 역할이 매우 중요하다.

---

6) 이에 대해서는 김재광, 「국가 정보보호 추진체계 관련법제 분석」(한국정보화진흥원, 2009. 12) 및 김재광, 「전자정부법」(한국법제연구원, 2010. 8) 참조.

7) 인접 국가들의 사이버안보 입법동향에 대해서는 김재광, "사이버안보 입법환경 변화에 따른 입법전략"「국가사이버안전을 위한 법적 과제」(한국사이버안보법정책학회 · 서울대학교 공익산업법센터 2015년 추계 공동학술대회 발표문, 2014. 12. 22), 31~39쪽 참조.

〈민간부문에 대한 사이버공격에 대응하는
KISA 인터넷침해 대응센터 종합상황실/WP캡처〉

출처: 서울경제 2018년 2월 20일자 기사

Ⅱ. 사이버공격의 주요 사례와 평가

사이버공격 사례 중에서 ① 3·20 방송·금융전산망 해킹(2013.3.20)과 ② 한국수력원자력(한수원) 문서유출사건(2014.12.15) 그리고 ③ 군 인터넷망과 인트라넷망(국방망) 해킹 사건(2016.9)에 대해서 구체적으로 살펴보고자 한다. 이 세 가지 사례를 선택한 것은 3·20 방송·금융전산망 해킹을 계기로 정부가 '국가사이버안전전략회의'를 개최하여 「국가 사이버안보 종합대책」을 수립하였다는 점에서, 그리고 한수원 문서유출사례는 사이버공격에 대해 기술적 대응 못지않게 사회공학적 해킹에도 철저히 대비해야 한다는 교훈을 주었다는 점에서, 그리고 최근의 군 인터넷망과 인트라넷망(국방망) 해킹 사건은 안이한 軍 사이버 안보의식이 민낯을 고스란히 드러냈다는 특징을 가지고 있기 때문이다.

1. 3·20 방송·금융전산망 해킹(2013.3.20)

3·20 방송·금융전산망 해킹사건은 2013년 3월 20일 KBS·MBC·YTN과 농협·신한은행 등 방송·금융 6개사 전산망 마비 사태가 발생한 사건을 말한다. 3·20 방송·금융전산망 해킹사건으로 나타난 문제점으로는 ① 사고 예방 및 신속 대응

을 위한 법·제도 미흡 - 정보통신망법, 정보통신기반보호법, 국가사이버안전관리규정(대통령 훈령 제291호), 전자금융법 등 사이버침해사고 관련 법·제도의 분산으로 체계적인 예방·대응의 한계 노출 및 민관군을 아우르는 사이버공격 정보에 대한 실시간 수집·분석 및 공유체계 미흡 ② 주요 정보통신기반시설에 대한 지정·관리체계 정비 미흡 - 방송사, 집적정보통신(IDC) 등 국가적으로 중요한 시설이 "주요 정보통신기반시설"로 지정되지 않아 보안의 사각지대 노출 및 기반시설 침해사고 발생시 신속한 초기대응, 원인조사, 분석 등 유기적인 대응조치를 위한 정보공유 및 협력체계 미흡 ③ 민간기업의 정보보호 수준 미흡, 핵심기술 개발 및 전문인력 양성 미흡 - 일반기업의 경우 보안인력 확충과 정보보호 투자에 소극적이며 국내 최고 보안기업의 제품이 3.20해킹에 악용되는 등 국내 보안기술과 제품의 수준이 선진국에 비해 낮고(선진국 대비 80%), 사이버전에 대비할 수 있는 화이트해커 등 전문보안인력이 200명 수준에 불과 - 등이 지적되었다.[8]

  3·20 방송·금융전산망 해킹사건을 계기로 정부는 2013년 4월 11일 '국가사이버안전 전략회의'를 개최하여 「국가 사이버안보 종합대책」을 수립키로 논의하고, 청와대, 국정원, 미래부(현 과학기술정보통신부), 국방부, 안행부(현 행정안전부) 등 16개 관계부처가 참여하여 종합대책을 수립하였다. 그런데 종합대책이 마무리되는 시점에 홈페이지 변조, 언론사 서버 파괴, DDoS공격 등 '6.25사이버공격'이 발생하였다. 이에 따라 청와대 등 주요 기관 홈페이지 정기 정밀점검, 민관DDoS대피소 수용 확대, 통신사업자 등 정보통신서비스 대상 안전성 평가제도 도입 등을 보완하여 종합대책을 발표하게 되었다. 이 종합대책은 '선진 사이버안보 강국 실현'을 목표로 사이버안보 강화를 위한 4대 전략에 따라 수립되었는데, 4대 전략이란 ① 사이버위협 대응체계 즉응성 강화, ② 유관기관 스마트 협력체계 구축, ③ 사이버공간 보호대책 견고성 보강, ④ 사이버안보 창조적 기반조성 마련을 의미한다.

2. 한국수력원자력 문서유출사건(2014.12.15)

  한수원을 해킹했다고 주장하는 Who Am I, 일명 원전반대그룹 측에서는 2014년 크리스마스를 시한으로 정해 원전 가동 중단을 요구하였다. 요구를 들어주지 않을 경우 크리스마스에 맞춰 한수원 내부에 심어놓은 악성코드를 통해 원

---

8) 이에 대해 자세한 것은 강달천, "사이버 침해사고 현황과 법적 의의" 「사이버안보법정책논집」 제1호(한국사이버안보법정책학회, 2014. 12), 21~22쪽 참조.

전 제어시스템9)을 파괴하겠다는 협박까지 일삼았다.10)

　2010년 이후 국내 원전에 대한 해킹 시도가 무려 1840여 회에 이른다는 국정감사 자료도 공개된 바 있다.11) 이번 유출원인 중 하나는 내부직원들에게 '악성코드가 든 첨부파일'이 업무용 메일로 가장돼 뿌려진 것이다. 특히 권한을 가진 내부자가 결탁되면 아무리 강력한 기술적 보호조치가 있다 해도 해킹을 막을 수 없다. 권한을 가진 내부자는 내부직원뿐만 아니라 접근권한을 가진 협력업체 담당자도 포함한다. 망 분리로 폐쇄망이 되면 원격에서 네트워크로 직접 접근하는 것이 어려워지기 때문에 요즘엔 협력업체 장비를 경유한 해킹비율이 높아지고 있다. 경제적으로 어려워지면 금전적 이익을 동반하는 해킹 청탁에 굴복할 수도 있다. 즉 해킹은 꼭 기술적으로만 이뤄지지 않는다. 기술적 대비책이 아무리 잘 돼 있어도 운영자, 즉 사람이 부주의하거나, 해커와 내부자가 결탁하면 사고가 날 수 있다. 이것이 사회공학적 해킹이다.12) 따라서 기술적 대응 못지 않게 사회공학적 해킹에도 철저히 대비해야 한다는 교훈을 주었다.

---

9) 한수원 관계자는 "원전운전 제어시스템은 물리적으로 외부와는 물론, 내부 업무망과도 완전히 분리 운영되고 있어 사이버공격에 의한 악성코드 침투가 불가능하다"며 "발전소의 안전과 관련된 핵심 설비들은 아날로그 방식으로 악성코드가 영향을 미칠 수 없으며, 만일의 경우에도 수동 조작이 가능토록 설계돼 있어 발전소를 안전 상태로 정지시킬 수 있다"고 설명했다. 하지만 보안 전문가들은 희박하긴 하지만 원전 직접 타격 가능성을 배제할 수 없다고 경고하고 있다. 국내 원전처럼 제어시스템이 외부망과 분리돼 있었던 이란 원전의 경우도 해커들은 제어망에 특화된 '스턱스넷'이라는 웜 바이러스를 통해 제어시스템에 침투해 원전 파괴를 실행했다. 부산일보 2014년 12월 23일자 "해킹으로 '원전 직접 타격' 가능할까?" 기사 참조.
10) 한수원 해킹조직은 2014년 12월 15일부터 2015년 1월 12일까지 모두 여섯 차례에 걸쳐 한수원 관련자료를 공개하며 원전 가동을 중단하라고 협박했다. 해커는 본격적인 협박 이전인 2014년 12월 9일부터 나흘간 한수원 직원 3,571명에게 5,986통의 악성코드(파괴형) 이메일을 발송해 PC 디스크 등의 파괴를 시도하기도 했다. 공격을 받은 PC 중 한수원 PC 8대만 감염되고 그 중 5대의 하드 디스크가 초기화되는 정도에 그쳐 원전 운용이나 안전에는 이상이 없었지만 한수원 자료가 해킹 조직에 넘어갔다는 그 자체 만으로 아찔해지는 순간이었다. 데일리안 2015년 7월 20일자 "사이버 전쟁에 농락 당하는 '대한민국 IT강국'의 민낯" 기사 참조.
11) 서울신문 2014년 12월 20일자 "[사설] 원전 해킹 여부 국가방위 차원서 대응하라" 참조.
12) 여기서 원자력발전제어시스템에 대해 살펴보자. 이 시스템은 외부와 차단된 폐쇄망으로 구성됐다. 인터넷과 분리돼 외부접근이 불가능한 폐쇄망은 인터넷에 개방된 망보다 상대적으로 안전하다. 원자력발전제어시스템은 대중에게 알려지지 않은 매우 특수한 시스템이므로 관련정보를 구하기 어렵다. 해커가 취약점을 공격하려고 해도 실제와 유사한 시스템을 접하기 어렵다. 1,000억원짜리 비행기를 시뮬레이션으로만 몰아봤지 직접 몰아보지 못한 상황과 비슷하다. 원자력발전제어시스템은 매우 신중하게 설계됐다. 사람의 실수 등 여러 상황에 대비한 시나리오가 다른 시스템보다 잘 돼 있다. 따라서 근본적으로 원자력발전제어시스템은 해킹이 쉽지 않다. 물론, 해킹이 불가능하다는 의미는 아니다. 어떤 시스템도 해킹으로부터 100% 안전하지는 않다. 김대환, "[ET단상]안전한 사이버세상을 맞을 준비가 되었는가", 전자신문 2014년 12월 29일자 칼럼 참조.

3. 군 인터넷망과 인트라넷망(국방망) 해킹사건(2016.9)

2016년 9월 발생한 군 내부 인트라넷(국방망) 해킹 사건은 북한 해커 조직의 소행으로 공식 확인됐다. 2017년 5월 2일 국방부 검찰단의 발표에 따르면 해커 조직은 2015년 국방부 백신 납품업체를 해킹해 인증서와 백신 소스코드 등의 정보를 수집·분석한 뒤 국방부 인터넷 백신중계 서버에 침투해 군 인터넷망 서버와 PC에 악성코드를 유포했다. 이어 국방통합데이터센터의 국방망·군인터넷망 접점을 찾아내 국방망에까지 침투했다. 국방부장관의 업무용 PC를 포함해 3,200여 대가 악성 코드에 감염했다.[13]

국방부 해킹사건 피해가 예상보다 심각한 것으로 드러나 군의 보안의식에 대한 총체적인 점검이 필요하다는 지적이 계속 나오고 있다. 당초 유출된 군사자료는 1급 기밀인 '작전계획 5027(이하 '작계 5027')'의 일부인 것으로 드러났다. '작계 5027'은 북한의 선제공격과 우발적 도발 등에 대응한 미군의 전시 증원 계획이 담긴 핵심 작전계획으로, '작계 5027'이 북한에 유출됐다면 남침 대비 방어 계획이 고스란히 적에게 넘어간 게 된다. 그런데 '작계 5027'뿐만 아니라 '작계 5015'까지 해킹을 당한 것으로 드러나 충격을 주고 있다. 2급 비밀인 '작계 5015'는 북한과의 국지전 대비는 물론, 전면전 때 선제 타격과 적 지휘부 제거를 위한 부대 배치 계획 등을 담고 있는 최신 작전계획으로 알려져 있다. '작계 5015'가 적용되면서 기존의 '작계 5027'은 폐기된 것으로 전해진다.

이번 국방부 해킹사건에 대해 민간영역의 보안전문가들은 크게 두 가지를 지적하고 있다. 먼저 고급 군사기밀을 다루는 군인들의 보안의식이 해이해 졌다는 것이다. 이번에 국방부를 해킹한 세력은 한국군의 군사작전을 총지휘하는 합참 내 작전본부 장교들의 PC를 집중적으로 노린 것으로 전해진다. 두 번째는 사이버 보안에 대한 명령체계와 담당업무가 명확하지 않다는 점이다. 군은 지난 2010년 1월 국방정보본부 예하에 국군사이버사령부를 신설했다. 국방부장관 직속으로 돼 있다. 또한, 국방부 내에 정보화기획관실이 있다. 그런데 이들 부처는 서로 비슷한 업무영역을 가지고 있지만, 업무 분장이 명확하지 않아 중복이나 혼선이 발생한다는 우려도 제기되었다.[14]

---

13) 세계일보 2017년 5월 3일자 "[사설] 안이한 軍 사이버 안보의식이 국방망 해킹 공범 아닌가" 참조.

14) 보안뉴스 2017년 4월 8일자 "국방부의 해킹 대응, 아쉬운 컨트롤타워 역할" 기사 참조.

Ⅲ. 진화하는 북한의 사이버공격 위협

1. 북한의 사이버전력 – 특히 간과된 북한의 위협, 'APT37'

북한의 사이버전 능력은 세계 최고수준인 미국에 버금간다는 평가를 받고 있다. 1990년대부터 사이버전 역량을 축적해왔고 경제난으로 재래식 전력 증강에 어려움을 겪자 적은 비용으로 큰 효과를 낼 수 있는 사이버 전력 강화에 박차를 가했다. 2003년 이라크 전쟁 당시 미국이 지휘통제자동화시스템을 통해 소수 인력으로 이라크군 전체를 무력화시키자, 북한은 더 심혈을 기울여 사이버전 능력 배양에 집중하고 있는 것으로 알려지고 있다.

북한은 김정은 국무위원장 휘하의 정찰총국에 사이버전 지도부를 설치한 것으로 알려지고 있다. 사이버전 지도부에는 121부대, 180부대, 91호실, 랩110 등의 기구가 설치됐다. 먼저, 1998년 창설된 121부대가 최대규모다. 121부대는 외국의 통신과 전력, 항공 등 인프라에 대한 사이버공격을 담당하며, 소속 인원은 수천명으로 추정된다. 다음으로 김정은 위원장의 지시로 설립된 것으로 보이는 180부대는 핵무기 및 탄도미사일 개발을 위해 필요한 자금 확보가 목표다. 외국 금융기관 해킹을 통해 외화를 획득하는 것이 주된 역할이라는 것이다. 500여 명이 이 부대에서 일하는 것으로 알려졌다. 마지막으로 외국의 과학기술정보 획득을 목적으로 한 사이버공격을 담당하는 91호실(500명), 사이버공격 기술개발을 목적으로 한 랩110(약 500명)도 구축했다고 한다.[15]

사이버 보안업체 '파이어아이'는 2018년 2월 20일 공개한 「간과된 북한의 위협, APT37(APT37: The Overlooked North Korean Threat)」 보고서에서 북한의 해킹 조직인 일명 '리퍼(Reaper)'로 불리는 'APT37'이 사이버공격의 정교함을 높이고 공격 범위도 확장했다고 밝혔다. 또 다른 보안업체인 '크라우드스트라이크'는 APT37에 대해 "그들의 악성 프로그램은 매우 정교해 연결되지 않은 네트워크에서도 문서를 훔쳐갈 수 있다"면서 "주요 표적은 정부, 군대, 금융, 에너지, 전기사업 분야"라고 설명했다. APT37은 북한의 다른 해킹조직과 달리 외부에 알려지지 않은 채 숨겨져 있었지만, 한국을 상대로 정보를 빼내고 사이버공격을 하는 데 줄곧 초점을 맞춰왔다. 그러나 이제는 한국을 넘어 전 세계에 강력한 위협이 되는 존재로 성장했다는 게 이들 업체의 설명이다. 특히 APT37이 공격한 우리 기업·단체·개

---

15) 연합뉴스 2018년 2월 25일자 "121·180부대·91호실·랩110⋯北 사이버戰부대 조직적 활동" 기사 참조.

인에는 포춘(Fortune)이 선정한 500대 글로벌 기업에 든 한국 기업들(삼성전자와 현대, LG전자 등)도 포함돼 있는 것으로 알려졌다.[16]

〈북한의 해킹조직인 'APT37'에 대한 보고서〉

　　지금까지 '래저러스(Lazarus)'라는 이름으로 모호하게 통칭해온 북한의 해킹조직의 명칭과 세부조직이 이번에 구체적으로 드러난 것도 주목할 부분이다. 크라우드스트라이크에 따르면, ① 정보 탈취를 주로 맡아온 APT37은 래저러스의 하부 조직 3곳 중 하나로 '미로 천리마(Labyrinth Chollima)'라고도 불린다. 나머지 2개의 하위 조직은 ② 침묵의 천리마(Silent Chollima)와 ③ 별똥 천리마(Stardust Chollima)다. ② 침묵의 천리마는 파괴적 공격을 담당한다. 지난 2014년 김정은 위원장의 암살을 다룬 영화 '인터뷰'를 제작한 '소니 픽처스' 영화사를 해킹한 조직으로 지목되고 있다. ③ 별똥 천리마는 주로 금융시스템을 해킹해 돈을 훔쳐오는 업무를 맡는다. 특히 이 조직은 지난 2016년 뉴욕 연방준비은행의 방글라데시 중앙은행 계좌에서 8천 100만 달러(약 900억 원)를 훔쳐간 해킹 사건의 배후로 지목됐다.[17] 북한 해킹조직 APT37이 공격 흔적 등 공격 대상 컴퓨터 내 모든 정보를 지우는 해킹도구인 '와이퍼 멀웨어'라는 악성코드와 사람과 사람 간 정보를 교환하는 방식인 '토렌트'를 이용한 악성코드 유포방식을 이용하는 것으로 볼 때 향후 활동 목적이나 범위가 지금까지보다 크게 확대될 가능성이 있는 것으로 보고 있다.[18] 와이퍼(wiper)는 공격에 대상이 된 컴퓨터 안의 모든 내용을 밀어버리는 기능을

16) 문화일보 2018년 2월 21일자 "北해킹조직 'APT37' 갈수록 확장… 남한 기업·언론인 무차별적 해킹" 기사 참조.
17) 연합뉴스 2018년 2월 21일자 "북한 사이버공격 '세계적 위협'…"인터넷 연결 안돼도 해킹"" 기사 참조.
18) 뉴시스 2018년 3월 1일자 ""北 해킹조직 'APT 37', 활동 목적·범위 넓힐 듯" 파이어아이" 기사 참조.

말한다.

미국 정부는 2017년 6월 전 세계 병원과 은행, 기업의 수십만 대의 컴퓨터를 한순간에 마비시킨 '워너크라이'(WannaCry) 공격의 배후도 북한으로 공식 지목한 바 있다. 영국 역시 2017년 5월 이 공격을 북한의 소행으로 결론지었다. 워너크라이는 MS 윈도 운영체제를 교란시켜 컴퓨터를 사용할 수 없게 만든 뒤 돈을 요구하는 랜섬웨어(ransomeware)로, 무려 150여 개국에서 짧은 시간에 30만 대 이상의 컴퓨터를 감염시켜 큰 국제적 혼란을 야기했다.[19] 랜섬웨어에 감염되면 컴퓨터에 저장된 파일과 데이터에 접근하려면 300달러를 송금하라는 메시지가 떴다. 하지만 돈을 송금해도 감염된 컴퓨터는 풀리지 않았다.[20] 랜섬(ransome)은 인질의 몸값을 뜻하는 영어 단어다. 웨어(ware)는 소프트웨어의 준말이다.

2. 북한의 사이버공격 양상 분석

사이버공간에서의 북한의 사이버공격을 세 가지 양상으로 분석하는 견해가 있다.[21] 즉 (1) 가상공간에서의 지원이 가상공간에서 물리적 폭력으로 나타나는 경우 (2) 가상공간에서의 지원이 현실에서 물리적 폭력으로 나타나는 경우 (3) 현실에서의 지원이 가상공간에서 물리적 폭력으로 나타나는 경우 등이다. 이를 각각 나누어 살펴보자.

(1) 가상공간에서의 지원이 가상공간에서 물리적 폭력으로 나타나는 경우

적의 네트워크 서버를 공격하는 디도스 공격이나 해킹, 스파이웨어를 통한 정보탈취, 바이러스 유포 등으로 나타난다. 통상적으로 알고 있는 사이버공격이다.

1) 사이버공격 방법의 변화: 디도스공격에서 사회공학적 해킹(기법)을 동원한 사이버 공격으로

① 종래의 특정기관을 타깃으로 한 단순 침입 및 좀비PC를 이용한 디도스공격

예전에는 특정기관을 타깃으로 한 단순 침입 및 좀비PC를 이용한 디도스공격이 주를 이뤘다. 북한은 2015년 사이버공격에 활용되는 좀비PC를 6만여 대 만들었는데, 2016년에는 1월에만 세계 120여 개 국가에 1만여 대의 좀비PC를 관리

---

19) 연합뉴스 2018년 2월 21일자 "북한 사이버공격 '세계적 위협'…"인터넷 연결 안돼도 해킹"" 기사 참조.

20) 중앙일보 2017년 12월 21일자 "150개국 컴퓨터 마비 '워너크라이' 공격 배후는 북한" 기사 참조.

21) 윤민우, "국운을 좌우할 제4의 전략공간 사이버스페이스" 한국일보 2015년 10월 19일자 칼럼 참조.

하고 있는 것으로 파악됐다. 이런 좀비PC들은 북한의 지령에 따라 언제든지 우리 사이버공간을 공격하는 사이버무기가 될 수 있다.[22]

② 사회공학적 해킹(기법)을 동원한 사이버공격   최근에는 사칭·명의도용 등 사람의 심리를 이용하는 사회공학적 해킹(기법)을 동원한 사이버공격을 감행하는 등 방법이 더욱 교묘해지고 징후 파악이 어려워지고 있다. 사회공학적 해킹(Social Engineering Hacking)이란 시스템이 아닌 사람의 취약점을 공략하여 원하는 정보를 얻는 공격기법이다. 사회공학적 해킹은 해커들이 목표로 하고 있는 기관이나 기업, 국가정보원 등 내부에 있는 정보 보안 관련자들의 신원을 파악해 우연을 가장해서 신뢰로 접근하는 방법이다. 즉 동호회, 카페, 교회 등 종교단체 등을 통해 접근해 신뢰를 얻은 후 이메일, 문자메시지 등을 자연스럽게 열어보도록 한 후 악성코드에 감염시켜 서서히 시스템을 장악함으로써 자료를 빼내고, 삭제하고, 원하는 모든 일을 이루는 것이다.[23]

사회공학적 해킹에 대한 대응방안에 대해서는 다음과 같은 주장이 제시되고 있다. 첫째는 다단계 보안체계의 도입이다.[24] 둘째는 인공지능 기법의 도입이다. 업계에서는 사회공학적 해킹 위협에 대응하기 위해서는 '인간'이 배제된 인공지능 기법 도입이 필수불가결하다고 지적하고 있다. 인간의 감정, 습관 등 심리의 허점을 파고드는 해킹 기법이 고도화될수록 여기서 약점을 보이지 않는 머신러닝 등의 기법이 중요해지고 있다는 평가다.[25]

2) 사이버공격 공격대상의 변화

① 사이버공격 물적 대상의 변화: 일반기관 해킹에서 암호화폐거래소 해킹으로

사이버공격 공격대상 역시 기존에는 국가·언론·금융기관이 위주였지만 철도 등 국민 안전과 밀접한 관련이 있는 기반시설까지 확장됐다.[26]

최근 북한의 사이버공격이 지능화되면서 공격대상도 일반기관 해킹에서 은행 털이를 거쳐 암호화폐거래소로 바뀌고 있다. 북한의 핵 개발과 미사일 발사에 따

---

22) 문화일보 2016년 3월 11일자 "北, 사이버테러 요원 6800여명… 고강도 공격 10배로" 기사 참조.
23) 최희원, "북한의 소니 해킹은 국제사회 향한 사이버전 선전포고다", 동아일보 2014년 12월 22일자 칼럼 참조.
24) 강용석, "[DT광장] 더 교묘해진 사회공학적 해킹", 디지털타임스 2016년 2월 16일자 칼럼 참조.
25) 디지털데일리 2016년 5월 12일자 "보안업계, 머신러닝 기법 적용 활발…기계적 판단으로 허점 차단" 기사 참조.
26) 한국경제신문 2015년 10월 5일자 ""북한 추정 사이버테러 조직, 서울메트로 서버 5개월 간 장악"" 기사 참조.

른 국제사회의 대북제재가 강화되고 중국과의 무역이 끊기면서 자금이 고갈될 지경에 이르렀기 때문으로 분석되고 있다. 북한이 개발한 '워너크라이'라는 랜섬웨어는 특정 사이트를 공격해 자료를 임의로 암호화시키는 악성코드다. 북한은 워너크라이로 암호화한 자료를 풀어주는 대가로 돈을 챙겼다. 해킹한 자료를 인질로 돈을 버는 수법이다. 2016년 8,100만 달러(약 966억원)가 사라진 방글라데시 중앙은행의 해킹 주범으로 지목당하면서 전세계 은행 연결망인 국제은행간통신협회(SWIFT)에서도 퇴출당해 은행해킹도 어려워졌다. 그래서 북한의 관심이 암호화폐 거래소로 옮겨가는 분위기다. 암호화폐를 보관하고 있는 거래소의 보안이 취약하다는 것을 북한이 악용하고 있는 것이다. 2017년 3분기에 확인된 북한 추정 국내 사이버공격 30건 가운데 7건이 암호화폐와 관련됐다고 한다. 정보당국 관계자는 북한이 지금까지 비트코인 등 암호화폐 해킹으로 벌어들인 돈이 10조원 이상으로 추정했다.[27]

② 사이버공격 인적 대상의 변화   북한이 최근까지 자행해온 사이버공격 유형은 그야말로 백과사전을 방불케 할 정도로 전방위적이다. 과거처럼 특정 금융기관을 겨냥해 금융대란을 촉발하는 식으로 특정 목표와 목적을 겨냥한 것을 넘어서 정부기관의 고위 관계자의 휴대폰 정보를 통한 고위정보 절취뿐만 아니라 공공기관 시스템을 마비시키기 위해 필요한 사전 정보 해킹 및 일반인의 피해까지 직접 겨냥한 것으로 나타났다.[28]

3) 사이버공격의 대형화   대형 금융사고를 일으킬 목적으로 주도면밀하게 해킹을 시도한 흔적도 드러났다. 북한이 2015년까지 6만여 대에 달하던 좀비PC를 활용해 사이버공격을 감행한 데 이어 2016년 1월에는 1만여 대를 추가로 늘려 사이버전투역량을 확대시키고 있는 점도 우려되는 대목이다. 국정원은 관련 국가 정보기관들과 협력, 좀비PC를 제거해 왔지만 북한은 사이버공격을 위한 준비를 멈추지 않고 있다.[29]

---

27) 김민석, "핵·미사일 자금 고갈돼…북한, 암호화폐 탈취에 눈 돌리나" 2018년 2월 2일자 칼럼 참조. 대표적인 사례가 국내 암호화폐 거래소 유빗(옛 야피존) 해킹사건이다. 북한은 2017년 4월 유빗에서 55억원 어치의 비트코인을 훔쳐갔고 이어 12월에는 이 거래소 전체 자산의 17%를 해킹했다. 결국 유빗은 파산절차에 들어갔다. 북한은 또 2017년 6월 세계 2위의 국내 암호화폐 거래소인 빗썸에서도 3만6000명 회원정보를 몰래 가져갔다. 국정원은 빗썸 해킹에 북한이 연루된 것으로 보고 관련 수사자료를 검찰에 넘겼다. 9월에는 국내 거래소 코인이즈가 21억원 상당의 암호화폐를 북한에 연루된 해커에게 도난당했다.
28) 파이낸셜뉴스 2016년 3월 8일자 "北 사이버테러, 온 국민이 대상이다" 기사 참조.
29) 파이낸셜뉴스 2016년 3월 8일자 "北 사이버테러, 온 국민이 대상이다" 기사 참조.

4) 정치·군사적 목적에서 경제적 목적으로의 변화   사이버공격은 재래병기 대안 이외에도 타국의 첨단기술을 손쉽게 획득할 수 있는 수단이 되고 있다. 여기에는 군사기술뿐만 아니라 산업기술도 포함된다. 해킹 기술 투자는 선진국의 앞선 기술을 훔치는데 사용할 수 있어 더욱 경제적이라고 분석하는 전문가도 있다.[30] 최근에는 외화벌이가 절실한 북한이 경제적 목적으로 해킹을 활용하고 있다는 주장도 나오고 있다. 2016년 2월 방글라데시 중앙은행에서 8,100만달러가 탈취당하는 사건이 발생했는데 북한이 미국 소니 픽처스와 우리 금융·언론기관을 해킹할 때 쓴 것과 유사한 코드가 발견됐다고 한다. 북의 대남 공작기관들이 경제난과 외화난 해소를 위해 국제 금융망을 대상으로 사이버공격을 감행할 가능성이 크다는 전망이 우세하다.[31]

5) 새로운 사이버공격 수단의 출현   현재 발생하고 있는 북한발 사이버 위협의 종류로 ① 정부 주요 기관을 사칭해 메일을 보내고, 응답 시 악성코드를 심어 보내는 '스피어 피싱(spear phishing: 특정인의 정보를 캐내기 위한 피싱공격. 열대지역 어민이 하는 작살낚시에 빗댄 표현)' ② 패치가 나오지 않은 소프트웨어의 취약점 악용해 악성코드를 유포하는 방식 ③ 특정 집단이 주로 방문하는 웹 사이트를 감염시키고 악성코드를 유포하는 '워터링 홀(watering hole: 사자가 마치 먹이를 습격하기 위해 물웅덩이 근처에서 매복하고 있는 형상을 빗댄 표현으로 표적공격이라고도 한다)' 등이 거론된다.[32]

일부 전문가는 향후 예상되는 사이버공격으로 논리폭탄 공격(Logic Bomb Attacks), 비동시성 공격(Asynchronous Attacks), 전자폭탄(E-Mail Bomb), 전자총(Herf Gun·전자기장 발생을 통해 자기기록을 훼손하는 사이버 무기), EMP 폭탄(강한 전자기장을 내뿜어 국가통신 시스템, 전력, 수송시스템, 금융시스템의 컴퓨터나 전자장비 등을 목표로 하여 사회 인프라를 일순간 무력화시키는 무기), 나노 기계(Nano Machine·개미보다 작은 로봇으로 목표 정보시스템센터에 배포되어, 컴퓨터 내부에 침투하여 전자회로기관을 작동 불능케 함으로써 컴퓨터를

---

30) 헤럴드경제 2014년 12월 22일자 "약소국들은 왜 사이버 전쟁에 집착하나" 기사 참조; 미국 은행에 개설된 방글라데시 중앙은행 계좌에 "스리랑카와 필리핀 시중은행으로 약 10억 달러를 이체하라"는 요청이 접수됩니다. 한창 송금이 진행되던 중 계좌명의 오타가 발견됐습니다. 거래가 중단됐지만, 이미 1억 달러, 약 1000억원이 증발한 뒤였습니다. 2016년 2월 발생한 영화같은 해킹 사건의 가장 유력한 용의자는 북한입니다. 6000명 규모의 북한 해킹 부대가 대규모 사이버 금융 해킹을 통해 계좌에 예치돼 있거나 송금 과정에 있는 거액의 돈을 가로채려고 시도하는 겁니다. TV조선 2016년 6월 23일자 "돈줄 마르는 北…국제금융망 해킹으로 자금 확보" 방송 기사 참조.
31) 조선일보 2016년 6월 24일자 "北, 사이버 테러 통해 자금 탈취 가능성" 기사 참조.
32) 아이뉴스24뉴스 2016년 6월 22일자 "북한발 사이버 테러 위협 크다" 기사 참조.

불능 상태로 만드는 것으로, 하드웨어를 직접 대상으로 하는 무기) 등을 들기도 한다.33)

　　여기에서는 스피어 피싱, 패치가 나오지 않은 소프트웨어의 취약점 악용해 악성코드를 유포하는 방식, 워터링 홀, SNS와 사물인터넷을 활용한 방식에 대해 살펴보기로 한다.

　　① 스피어 피싱을 통한 사이버공격　　스피어 피싱(spear phishing)이란 조직 내의 신뢰받는 특정인을 대상으로 ID 및 패스워드 정보를 요구하는 일종의 피싱 공격을 말한다. 회사의 인력 부서나 기술 부서에서 직원들에게 이름 및 패스워드 업데이트를 요구하는 것처럼 스피어 피싱 행위가 행해지며, 해커는 이로부터 데이터를 획득하여 네트워크에 잠입할 수 있다. 또는 사용자로 하여금 스파이웨어가 수행되는 링크에 클릭하도록 유도하는 스피어 피싱도 있다.34) 최근에는 속임수 기법이 더 교묘해지면서 '먼저 상대를 안심시킨 후, 다음 번에 속이는' 투 트랙 스피어피싱(Two-Track Spear phishing)기법까지 생겨나고 있다.35)

　　② 패치가 나오지 않은 소프트웨어 취약점을 악용해 악성코드를 유포하는 방식

　　악성코드는 악성(범죄) 행위를 위해 개발된 PC 프로그램(소프트웨어)을 말한다. 사이버 범죄자들의 최종 목적은 PC나 모바일기기에 악성코드를 설치하는 것이다. 사이버 범죄자들이 만들어 유포하는 악성코드는 한번 설치되면 공격자들이 PC나 모바일기기를 완전히 통제할 수 있다. 많은 사람들이 악성코드는 PC에서만 감염되는 것으로 알고 있다. 하지만 악성코드는 스마트폰과 태블릿과 같은 컴퓨팅 기기를 감염시킬 수 있다. 패치(patch)는 프로그램의 일부를 빠르게 고치는 일을 말한다.

　　③ 워터링 홀을 활용한 사이버공격　　워터링 홀(watering hole)은 표적으로 삼은 특정 집단이 주로 방문하는 웹 사이트를 감염시키고 피해 대상이 그 웹사이트를 방문할 때까지 기다리는 웹 기반 공격을 말한다. 워터링 홀은 산업 스파이 활동을 목적으로 컴퓨터나 네트워크를 감염시켜 기밀 정보를 빼내기 위해 사용된다. 공격자는 사전에 표적 집단이 자주 방문하는 웹 사이트를 조사하여, 그 웹 사이트를 감염시킨다. 감염된 웹 사이트의 방문자는 모두 악성 코드에 감염되어, 전염성이 높아지는 것이 특징이다.36)

　　④ SNS를 활용한 사이버공격　　최근에는 사이버공격이 소셜네트워크서비스

33) 유동열, "사이버 공간이 위태롭다"「미래한국」(2016. 4. 11) 참조.
34) IT용어사전, 한국정보통신기술협회.
35) 강용석, "[DT광장] 더 교묘해진 사회공학적 해킹", 디지털타임스 2016년 2월 16일자 칼럼 참조.
36) IT용어사전, 한국정보통신기술협회.

(SNS)를 활용한 방식으로 진화하고 있다.[37] SNS는 웹상에서 이용자들이 인적 네트워크를 형성할 수 있게 해주는 서비스로, 트위터·싸이월드·페이스북 등이 대표적이다. 사이버심리전은 사이버공간에서 여론을 조작한 후 내부분열로 인한 상대의 자멸을 유도하는 것으로 사이버전에서 가장 선행되는 단계이다. 북한 사이버심리전의 목적은 대남전략의 일환으로 남한 내 반정부 및 동조세력들의 활동을 지원하고, 북한이 주장하는 바를 주입해 의식화하는 데 있다.[38]

(2) 가상공간에서의 지원이 현실에서 물리적 폭력으로 나타나는 경우

사이버공간을 통해 제공된 정보를 통해 사제폭탄을 제작하여 현실에서 테러 공격이 발생하는 형태로 나타난다. 앞으로 사물인터넷, 무인자동차, 드론, 그리고 로봇병기 등을 통해 보다 세련된 형태로 구현될 것이다. 인터넷을 통해 연결된 로봇병기나 드론 등이 현실폭력을 실행하는 주요 주체가 될 것이다. 로봇병기란 결국 우리가 알고 있는 컴퓨터에 기동능력과 살상무기를 장착한 것이다.

북한이 전통적 방식의 사이버공격 이외 대남심리전의 일환으로 사물인터넷을 사이버심리전에 이용할 수 있는 가능성을 염두에 두어야 한다. 예를 들어 북한의 사이버 전사가 익명 사용자의 웨어러블 디바이스 IP(Internet Protocol) 주소 정보를 입수하고 위치정보를 확보하면 위치 주변에 설치된 사물인터넷을 해킹하여 대남 선전용 방송에 쉽게 접근하도록 조작할 수 있고, 이를 통해 북한이 유포하는 허위사실이 전파되는 환경을 조성할 수 있다. 그러나 사물인터넷 환경에서는 북한의 심리전과 같은 도발에 네트워크를 차단하는 등의 적극적 대응이 매우 어려운 상황이다. 적대세력의 위중한 도발에 대응하기 위해서라지만 사물인터넷을 가능하게 하기 위해 지수적 수준으로 발급된 IP 주소 전부를 차단하는 것은 불가능하다. 결국 미래에는 국가차원에서라도 물리적인 인터넷 차단이 불가능해지는 시대가 될 것이라는 사실이다. 결국 국가와 사회적 수준에서의 사물인터넷 위협요소들은 ① 국가기간망에 대한 고도의 해킹 확산 ② 국내 보안업체들의 경쟁력 부족으로 해킹에 대한 대응책 저하 ③ 사물인터넷을 이용한 북한과 같은 적대 세력의 비대칭적 도발이 가속되는 것 등을 들 수 있다.[39]

사물인터넷으로 인해 국가기간망 보안이 더욱 큰 위협에 노출되게 되었다.

---

37) 문화일보 2016년 3월 11일자 "北, 사이버테러 요원 6800여명… 고강도 공격 10배로" 기사 참조
38) 국방일보 2016년 3월18일자 "SNS 여론 조작으로 내부 분열 노린다" 기사 참조.
39) 이상호·조윤영, "사물인터넷시대 국가 사이버안보 강화 방안 연구"「정치·정보연구」제18권 제2호(2015년), 18쪽.

실제로 악성코드의 일종인 스틱스넷(Stuxnet)과 같은 사이버병기가 사용될 경우 국가기간망을 일시에 마비시키는 것은 물론 파괴까지 할 수 있기 때문에 이에 대한 보안대책이 강구되어야 한다.40) 다음으로 사물인터넷을 통한 산업정보망 해킹가능성도 있다. 해킹기술의 발전으로 이미 '제로데이공격(Zero Day Attack41))'보다 더욱 위협적인 '제로아워공격(Zero Hour Attack)'이 현실화되는 시대가 도래하였다.

(3) 현실에서 지원이 가상공간에서 물리적 폭력으로 나타나는 경우

이 경우는 전자기펄스(EMP: electromagnetic pulse) 폭탄42)이나 고주파 전자총 등으로 구현된다고 한다. 최근 북한이 강력한 전자기파를 방출하여 전자기기 체계를 작동 불능 상태에 빠지게 하는 전자기펄스(EMP) 공격 등을 통해 국가정보통신체계를 교란시키려는 시도들도 우려되고 있다.43) EMP란 전자장비를 파괴시킬 정도의 강력한 전기장과 자기장을 지닌 순간적인 전자기적 충격파로서 펄스의 지속시간은 수십 나노초 내외로 매우 짧다.44) 문제는 EMP 대비책이 사실상 없다는 것이다. EMP 폭탄은 사전감지가 불가능한 데다 폭발 후 0.5~100초면 반경 수천km 내의 모든 전자시설이 파괴된다.45)

---

40) 2010년 이란의 원자력발전소에서 원전제어시스템이 스틱스넷이라 불리는 악성코드에 감염돼 원심분리기 1천대가 고장났다.

41) 운영체제(OS)나 네트워크 장비 등 핵심 시스템의 보안 취약점이 발견된 뒤 이를 막을 수 있는 패치가 발표되기도 전에, 그 취약점을 이용한 악성코드나 프로그램을 제작하여 공격을 감행하는 수법이다. 최초의 제로데이공격은 2005년 12월 28일 MS그래픽처리엔진의 윈도메타파일(WMF) 취약점이 공개되자마자 발생했다. 취약점 노출 후 24시간도 지나지 않아 그 취약점을 이용한 악성파일이 등장한 것이다. 「한경 경제용어사전」 참조.

42) 1962년 7월 태평양 존스턴섬 상공 400km에서 미국이 핵실험을 위해 수백 킬로톤(1킬로톤은 TNT 폭약 1000t 위력) 위력의 핵무기를 공중 폭발시켰다. 그러자 1,445km나 떨어진 하와이 호놀룰루에서 교통신호등 비정상 작동, 라디오방송 중단, 통신망 두절, 전력회로 차단 등 이상한 사건이 속출했다. 전기·전자 장비에 이상이 생겼기 때문이다. 700여km 떨어진 곳에선 지하 케이블 등도 손상됐다. 이런 사태를 초래한 범인은 강력한 전자기(電磁氣) 펄스(EMP·electromagnetic pulse)인 것으로 뒤에 확인됐다. 유용원, "[전문기자 칼럼] 북한의 히든카드 核 EMP 공격" 조선일보 2016년 6월 29일자 칼럼 참조.

43) 문화일보 2016년 3월 11일자 "北, 사이버테러 요원 6800여명… 고강도 공격 10배로" 기사 참조.

44) 의료기기가 모두 멈추고, 움직이는 이동수단(차, 기차, 배, 비행기)이 모두 서게 되는 등 핵보다 피해범위가 더 크다. 007 시리즈에서도 EMP를 써서 은행의 데이터를 증발시켜 혼란을 일으키려는 악당이 등장한다. 윌리엄 포르스첸의 소설 「1초 후」는 실체가 불분명한 테러집단이 화물선에서 성층권으로 핵을 쏴 미국 전체에 EMP 공격을 한다는 내용이다. 끝내 미국은 극도의 혼란에 빠져 무정부 상태로 되며 3천만 명만 겨우 살아남는다. EMP가 모든 전기 장비를 못쓰게 하여 생활권이 붕괴된다. 소설 같은 얘기로 들리지만 바로 오늘날 우리의 현실이다. 임주환, "[시론] 'EMP 위협' 민간분야도 예외 아니다" 디지털타임즈 2015년 4월 13일자 칼럼 참조.

45) 2011년 세계일보에 다음과 같은 가상기사가 실렸다. "20XX년 3월 8일 오후 9시. 합동 참모본부 공군 레이더 망에 비상이 걸렸다. 북한이 장거리 미사일 발사 징후가 감지됐기 때문이다. 북한 무수단리 발사대를 떠난 미사일은 금세 한반도 대전 상공에 도착했다. 지상 40km 상공.

2013년 4월 미래창조과학부(현 과학기술정보통신부)는 국가마비사태를 방지하기 위해 전력, 통신 등 주요민간시설에 대한 EMP 방호설비를 유도하는 정책을 발표했다. 현재 EMP 제조 기술이 많이 발전되어 특정 테러 집단이나 일반인도 손쉽게 확보할 수도 있는 상황이다. 전문가들은 EMP탄이 무인항공기나 드론에 의해 운반된다면 엄청난 피해를 끼칠 수 있기 때문에 국방분야뿐만 아니라 민간분야에서도 이에 대한 대비책을 서둘러야 한다고 주장하고 있다.[46]

Ⅳ. 사이버안보 위협에 대한 일본과 우리나라의 법제적 대응

1. 일본의 「사이버시큐리티기본법」의 제정이 우리에게 던지는 시사점

(1) 사이버안보 분야의 기본법 제정 경과

일본에서 사이버안보 분야의 기본법을 제정하려는 움직임은 「사이버시큐리티기본법」 발의 이전부터 존재하였다. 2003년에 일본변호사협회는 정보시큐리티기본법 제정을 요구하는 의견서와 함께 총 7개 장 및 부칙으로 구성된 법안을 발표한 바 있다.[47] 그럼에도 불구하고 일본은 오랫동안 사이버안보 분야의 기본법을 제정하지 않은 채 정보화 분야의 기본법인 「고도정보통신네트워크사회형성기본법」(2000년 11월 제정)에 따라 관련 기구들을 설치하고 정책을 시행하였다.[48] 이 법의 핵심은 정보시큐리티정책회의, 정보시큐리티센터 등을 설치하고 이러한 기구들을 중심으로 관련 정책을 추진한 점이다. 이에 더하여 「부정액서스행위 금지등에 관한 법률」 등에 근거하여 부정한 행위를 한 자를 처벌하는 등의 형태로 사이버안보 분야에 필요한 조치를 취하여 왔다.[49] 사이버공격이 증가함에 따라 2013년 발표된 '국가안전보장전략'은 사이버안보의 강화를 제시하였고, 동시에 발표된 '방위

탄두가 강한 섬광과 함께 폭발했다. 그 다음 천지는 조용해졌다. 북한의 EMP(전자기펄스) 폭탄이었다. 폭발 수초만에 전군 정보망은 순식간에 먹통이 됐다. 항공기 이착륙이 중단되고 정전된 서울 도심은 암흑천지에 빠졌다. 은행 등 전기와 인터넷으로 연결된 모든 서비스 시스템도 멈춰섰다. 인명피해는 없지만 현대문명은 재앙적으로 파괴됐다. 한반도가 문명이전 시대로 돌아간 것이다." 세계일보 2011년 3월 7일자 "北 전자전 최악은 EMP탄" 기사 참조.
46) 임주환, 앞의 칼럼 참조.
47) 박상돈, "일본 사이버시큐리티기본법에 대한 고찰: 한국의 사이버안보 법제도 정비에 대한 시사점을 중심으로" 「경희법학」 제50권 제2호(경희법학연구소, 2015), 148쪽.
48) 이에 대해서는 김재광·김정임, "일본의 사이버위기 관련 법제의 현황과 전망" 「법학논총」 제33권제1호(단국대 법학연구소, 2009. 6), 43쪽 참조.
49) 「부정액세스행위 금지등에 관한 법률」에 대한 구체적인 내용에 대해서는 김재광·김정임, 앞의 글, 47~50쪽 참조.

계획대강'은 각종 사태에 대한 실효성 있는 억지 및 대처 중 하나로서 사이버공간에서의 대응을 제시하였다.

그러나 이와 같은 형태의 사이버안보 대책에 한계가 있다는 인식을 하면서 2020년 개최 예정인 도쿄올림픽과 페럴림픽은 사이버안보 분야의 기본법 제정의 필요성을 환기시키는 직접적인 요인으로 작용한 것으로 분석되고 있다.[50]

그리하여 일본은 2014년 11월 12일 사이버안보를 위한 주체별 책임을 규정한 「사이버시큐리티기본법」을 제정했다. 이 법률은 사이버안보 분야의 기본법으로서 사이버안보에 대한 실효성을 강화한 것이 특징이다.

(2) 「사이버시큐리티기본법」의 주요내용

일본의 「사이버시큐리티기본법」은 사이버시큐리티 관련 시책 추진의 기본이념과 각 주체별 사이버시큐리티 확보의 책무를 정하고 있다. 또한 정부가 사이버시큐리티전략을 수립하도록 하고, 내각에 사이버시큐리티전략본부를 두면서 내각관방[51]이 그 사무를 처리하도록 하는 추진체계를 정립하였다. 「사이버시큐리티기본법」은 그 밖에도 사이버시큐리티의 강화에 필요한 다양한 조치들을 정하고 있다.

첫째, 사이버시큐리티라는 원어를 그대로 사용하고 있는 점이 눈에 띤다. "사이버시큐리티란 전자적 방식, 자기적 방식 및 그 밖의 사람의 지각으로는 인식할 수 없는 방식(이하 이 조에서 "전자적 방식"이라 한다)으로 기록되거나 발신, 전송 또는 수신되는 정보의 누설, 멸실 또는 훼손 방지 및 그 밖의 정보의 안전관리를 위하여 필요한 조치와 정보시스템 및 정보통신 네트워크의 안전성 및 신뢰성의 확보를 위하여 필요한 조치(정보통신 네트워크 또는 전자적 방식으로 작성된 기록과 관련된 기록매체(이하 "전자적 기록매체"라 한다)를 통한 전자계산기에 대한 부정한 활동에 의한 피해의 방지를 위하여 필요한 조치를 포함한다)가 강구되고 그 상태가 적절하게 유지·관리되는 것을 말한다."고 정의하고 있다.

둘째, 기본이념을 여섯 가지 제시하고 있다(제3조). ① 사이버시큐리티 위협에 대해 국가, 지방공공단체, 중요사회기반사업자 등 다양한 주체가 연계하여 적극적으로 대응하여야 한다. ② 국민 개개인이 사이버시큐리티 관련 인식을 제고하고 자발적으로 대응하도록 하는 동시에 피해 방지와 신속한 복구를 위한 체제를

---

50) 박상돈, 앞의 글, 149쪽.
51) 내각의 서무, 주요 정책의 기획·입안·조정, 정보의 수집 등을 담당한다. 우리나라의 대통령 비서실에 해당한다.

구축하는 대책을 적극적으로 추진하여야 한다. ③ 인터넷 및 그 밖의 고도정보통신네트워크 정비와 정보통신기술 활용에 의한 활력 있는 경제사회 구축 대책을 추진하여야 한다. ④ 사이버시큐리티 관련 국제질서의 형성과 발전에서 선도적 역할을 담당하며 국제적 협조하에 실시하여야 한다. ⑤「고도정보통신네트워크사회형성기본법」의 기본이념을 배려하여 추진한다. ⑥ 국민의 권리를 부당하게 침해하지 않아야 한다.

셋째, 각 주체 – 국가, 지방공공단체, 중요사회기반사업자, 사이버 관련 사업자, 대학 등 교육기관, 국민 – 별 기본 책무는 다음과 같다. ① 국가는 기본이념에 따라 사이버시큐리티에 관한 종합적인 시책을 수립·실시할 책무를 진다(제4조). ② 지방공공단체는 기본이념에 따라 국가의 역할을 분담하여 사이버시큐리티에 관한 자주적 시책을 수립·실시할 책무를 진다(제5조). ③ 중요사회기반사업자는 사이버시큐리티에 대한 관심과 이해를 높이며, 자주적이고 적극적으로 사이버시큐리티 확보에 노력하고, 국가 및 지방공공단체의 시책에 협력한다(제6조). ④ 인터넷 및 그 밖의 고도 정보통신망의 정비, 정보통신기술 활용 또는 사이버시큐리티에 관한 사업을 실시하는 사이버 관련 사업자는 기본이념에 따라 해당 사업에 관하여 자주적이고 적극적으로 사이버시큐리티 확보에 노력하고 국가 및 지방공공단체의 시책에 협력한다(제7조). ⑤ 대학 및 그 밖의 교육기관은 기본이념에 따라 자주적이고 적극적으로 사이버시큐리티의 확보에 노력하고 사이버시큐리티 관련 인재 육성과 연구 수행 및 그 성과의 보급에 노력하며 국가 및 지방공공단체의 시책에 협력한다(제8조). ⑥ 국민은 기본이념에 따라 사이버시큐리티에 대한 관심과 이해를 높이고 사이버시큐리티의 확보에 필요한 주의를 기울이도록 노력한다(제9조).

넷째, 사이버시큐리티전략의 수립에 관한 사항이다. 정부는 사이버시큐리티에 관한 시책의 종합적·효과적 추진을 도모하기 위해 사이버시큐리티에 관한 기본계획으로서 사이버시큐리티전략을 수립하며 사이버시큐리티전략의 실시에 필요한 자금을 예산에 계상하는 등 그 원활한 실시에 필요한 조치를 강구하도록 노력하여야 한다(제12조).

다섯째, 사이버시큐리티전략본부(본부장: 내각관방장관)의 설치 및 임무는 다음과 같다. 사이버시큐리티에 관한 시책을 종합적·효과적으로 추진하기 위해 내각에 사이버시큐리티전략본부를 설치한다(제24조). 사이버시큐리티전략본부는 ① 사이버시큐리티전략의 수립 및 실시 ② 국가행정기관 및 독립행정법인의 사이버시큐리티 관련 대책 기준 작성과 사이버시큐리티 관련 대책 기준에 따른 시책의 평

가 등 해당 기준에 근거한 시책 실시 추진 ③ 원인 규명을 위한 조사 등 국가행
정기관에서 발생한 사이버시큐리티 관련 중대사건에 대한 시책의 평가 ④ 그 밖
의 사이버시큐리티 관련 시책의 중요사항 기획에 관한 조사·심의 ⑤ 관계행정기
관의 경비 견적 방침 및 시책 실시에 관한 지침 작성 및 시책 평가 등 시책 실시
에 필요한 종합적 조정 등에 관한 사무를 주관한다.

여섯째, 사이버시큐리티전략본부의 협력관계는 다음과 같다. 관계행정기관의
장은 사이버시큐리티전략본부가 정하는 바에 따라 사이버시큐리티전략본부의 소
관 사무에 필요한 관련 자료 및 정보를 사이버시큐리티전략본부에 적시에 제공하
여야 한다. 그 밖에 관계행정기관의 장은 사이버시큐리티전략본부의 요청에 따라
필요한 사이버시큐리티 관련 자료 및 정보를 제공하고 설명하는 등 협력하여야
한다(제30조). 지방공공단체를 비롯한 관련자들도 정보 제공 등 협력할 의무가 있
다(제31조, 제32조 등).

(3) 2017년 「사이버시큐리티기본법」의 개정의 주요내용

「사이버시큐리티기본법」은 2015년 '일본연금기구'의 정보유출사건을 계기로
개정안이 마련되어 2016년 4월 15일에 가결되었다. 2015년에 '일본연금기구'가 보
유한 연금관련 개인정보 125만 건이 악성 메일의 공격으로 유출되는 사건이 발생
하는데 정부가 이에 적절하게 대응하지 못하고 발표도 지연되는 등의 문제가 발
생하였다. 당시에도 「사이버시큐리티기본법」이 시행되었으나 내각사이버시큐리티
센터(NISC)의 원인규명조사 대상에 독립행정법인인 '일본연금기구'가 포함되지 않
음에 따라 적절한 대응이 이루어지지 못하였던 것이다.[52]

이러한 문제를 해결하기 위해 국가가 행하는 사이버시큐리티를 위한 감시,
감사, 원인규명조사 등의 대상범위를 '일본연금기구'와 같은 독립행정법인과 특수
법인·인가법인 등까지 확대하는 개정이 이루어졌다.

아울러 동 개정에서는 사이버시큐리티전략본부의 일부 사무를 '독립행정법인
정보처리추진기구(IPA)'에 위탁할 수 있도록 하였다. 이를 위해 「사이버시큐리티기
본법」과 함께 「정보처리촉진법」이 개정되었다. 「정보처리촉진법」은 「사이버시큐
리티기본법」의 조치를 보완하는 관점에서 (i) 사이버시큐리티전략본부로부터 위
탁받은 사무를 IPA의 업무로 추가하였고(제43조), (ii) 정보처리안전확보지원사[53]

---

52) 이에 대해서는 곽관훈, "일본의 사이버보안관련 법제의 최근 동향"「사이버안보법정책논집」
   제3호(한국사이버안보법정책학회, 2018), 198쪽 참조.
53) 일본은 사이버시큐리티에 관한 실천적인 지식, 기능을 갖는 전문인재의 육성과 확보를 목적

제도를 창설하였다(제6조-제28조). 아울러 소프트웨어의 취약성 정보 등의 공표 방법·절차의 정비(제43조)가 개정의 주된 내용이다.

(4) 「사이버시큐리티기본법」의 시사점

일본의 「사이버시큐리티기본법」의 제정의 시사점에 대해 박상돈 박사는 다음과 같이 6가지를 제시하고 있는데, 적극 공감한다. 첫째, 일본에서 오랜 기간 검토하였던 사이버안보 분야의 기본법이 제정되었다는 점, 둘째, 연성규범에 대한 의존도를 감소시키고 법치국가원리를 준수하게 되었다는 점, 셋째, 기본이념에 바탕한 범국가적 사이버안보 추진의 법적 근거를 마련하였다는 점, 넷째, 사이버안보 총괄기구의 위상을 높이고 이를 법제화하였다는 점, 다섯째, 사이버안보 강화 활동의 투명성을 확보하여 일반 국민의 참여 여건을 조성하였다는 점, 여섯째, 사이버안보 국제질서 형성에 대한 적극적인 참여를 선언하였다는 점 등이 그것이다.[54] 그리고 사이버시큐리티와 개인정보보호는 모두 디지털시대에서 자유로운 정보유통을 기반으로 하는 표현의 자유와 프라이버시 등 기본적 인권 및 법의 지배에 기여하는 것으로 본다. 이런 인식하에서 프라이버시·개인정보보호와 사이버시큐리티는 수레의 두 바퀴로 보고, 「사이버시큐리티기본법」의 제정 이후 사이버시큐리티 분야의 시책이 국제화되는 것에 대응하여 미국과 유럽에서의 각각의 논의를 참고할 필요가 있다는 주장이 대두되고 있다.[55]

국가가 행하는 사이버시큐리티를 위한 감시, 감사, 원인규명조사 등의 대상범위를 '일본연금기구'와 같은 독립행정법인과 특수법인·인가법인 등까지 확대하는 개정이 2017년에 이루어졌다. 그것은 내각사이버시큐리티센터(NISC)의 원인규명조사 대상에 독립행정법인인 '일본연금기구'가 포함되지 않음에 따라 적절한 대응이 이루어지지 못하였기 때문이다.

생각건대, 「사이버시큐리티기본법」의 기본이념에서 제시된 민관총력체제의 선언, 국민의 사이버시큐리티 관련 인식 제고, 경제적 발전의 도모, 사이버시큐리티 관련 국제협력, 국민의 권리 부당 침해 금지 등을 법률에 구체화하고 있는 점

으로 국가자격으로서 '정보처리안전확보지원사'제도를 창설하였다. '정보처리안전확보지원사'는 사이버시큐리티에 관한 전문적인 지식과 기능을 활용하여 기업이나 조직에 있어서 안전한 정보시스템의 기획·설계·개발·운용을 지원하고 사이버시큐리티대책 조사·분석·평가 및 그 결과에 기초한 지도·조언을 행하게 된다. 이에 대한 상세한 내용은 일본 정보처리추진기구(IPA)홈페이지 참조. <https://www.ipa.go.jp/siensi/index.html>(2018년 2월 2일 최종방문).
54) 구체적인 것은 박상돈, 앞의 글, 161~165쪽 참조.
55) 박상돈, "일본 사이버시큐리티 법제도 및 정책과 프라이버시·개인정보보호의 관계에 관한 시론적 고찰"「사이버안보법정책논집」제3호(한국사이버안보법정책학회, 2018), 272쪽.

도 높이 평가할 수 있다고 본다. 그리고 이미 2003년에 일본변호사협회가 「정보
시큐리티기본법」 제정을 요구하는 의견서와 함께 총 7개 장 및 부칙으로 구성된
법안을 발표한 사례도 사이버시큐리티가 단순히 국가 차원의 문제가 아닌 사회
전체적인 중요문제라는 점을 일깨워주는 것이라고 할 수 있다.

2. 우리나라의 사이버안보 위협에 대한 대응

(1) 현행 사이버안보 관련법제의 현황

우리나라는 사이버안보에 관한 일반법이 부재하므로 주요 관련법제들인 「정
보통신망법」, 「정보통신기반보호법」, 「정보통신비밀보호법」을 간략히 살펴보고자
한다.

1) 정보통신망법   「정보통신망법」은 정보통신망의 안전성 및 안정성 확보를
위한 보호조치의 구체적인 내용을 담고 있어 정보통신망 및 정보시스템 보호 관
련 법제의 일반법과 같은 역할을 수행한다.

최근 인터넷기술 및 정보통신서비스의 발전과 더불어 지능형지속공격(APT), 분
산서비스거부공격(DDoS), 개인정보 침해사고 등 사이버 침해사고가 점차 지능화·
고도화되고 있으며, 인터넷 등의 네트워크로 연결된 사이버공간의 특성상 일반 개
인에 대한 물리적 피해는 국가 사이버안보 전체에 대한 위협으로 확산될 수 있다.

사이버 침해사고 발생 초기에 신속·효율적으로 대응하지 못할 경우 단시간
내에 정보통신 시스템 전체와 사회 질서의 혼란이 야기될 수 있다. 침해사고 예
방을 위하여 웹사이트 게시자료에 대한 점검 등 보호조치를 취하는 한편, 정보통
신서비스 제공자 등 정보통신망을 운영하는 자의 침해사고 긴급대응 조치를 강화
하고 이용자의 컴퓨터 등에 신속히 접근하여 원인조사를 할 수 있는 절차를 마련
하여야 한다. 그리고 악성프로그램 전달 및 유포행위 등 정보통신망 침해 범죄에
대한 제재수준을 상향하는 등 현행법의 운영상 나타난 문제점들을 개선할 필요가
있다.

2) 정보통신기반보호법   「정보통신기반보호법」은 정보통신망 중에서도 국가
안전보장·행정·국방·치안·금융·통신·운송·에너지 등의 업무와 관련된 전자
적 제어·관리시스템 등에 대해서만 적용되므로 「정보통신망법」에 대한 특별법의
지위에 있다고 할 수 있다.[56]

---

56) 주요정보통신기반시설의 지정, 주요정보통신기반시설의 취약점 분석·평가, 주요정보통신기
반시설 보호계획 및 보호대책의 수립, 주요정보통신기반시설 침해사고 대응, 주요정보통신기반

2014년 12월 15일 발생한 '한수원 사이버 침해사고' 등 국가 중요시설에 대한 전자적 침해행위로 인한 국가 주요정보통신망 장애 및 국가기밀 유출 등 국가·사회적으로 혼란을 야기하는 사고가 발생하였으며, 발생 가능성도 날로 증대하고 있으나, 현행법체계상 전자적 침해행위에 대해 신속하게 대응하고 피해를 최소화하기에는 한계가 있다.

이에 주요정보통신기반시설에 대한 사이버 침해사고 예방 및 대응에 관한 업무수행체계의 혼선을 해소하고, 정보통신기반보호위원회의 심의항목을 명시적으로 규정함으로써 관리기관 및 관계행정기관이 실효성 있는 보호대책을 수립할 수 있도록 할 필요가 있다.

또한 침해사고 발생 등 유사시에 대비하여 침해사고 대응을 위한 모의훈련을 실시하여 신속하고 효율적인 대응 역량을 확보할 수 있도록 하고, 기술적·관리적 기준을 정부가 사전에 정하여 주요정보통신기반시설에 대해서는 일정기준 이상의 보안수준을 유지하도록 함으로써 사전 예방체계를 강화할 필요가 있다.

현행 「정보통신기반보호법」에 따르면 정보통신기반보호위원회는 국가안전보장·행정·국방·치안·금융·통신·운송·에너지 등의 업무와 관련된 주요정보통신기반시설에 대하여 국가 위급 상황시에 정부가 규제하고 명령할 수 있는 권한을 가지고 있다. 하지만 사이버공격 징후를 사전 탐지하여 수집된 정보를 종합적으로 분석·대응한다거나 발생한 사이버공격에 부처별 대응이 아닌 국가적인 차원에서 대응하기 위한 시스템은 아직 법제도화되어 있지 아니하다.57)

3) 정보통신비밀보호법   「헌법」 제18조는 "모든 국민은 통신의 비밀을 침해받지 아니한다"라고 하여 통신의 비밀과 자유를 보장하고 있다. 통신에 대한 기본권의 보장에서 볼 때, 법문의 표현은 "모든 국민은 통신의 비밀과 자유를 가진다"라고 하는 것이 타당하다.58) 통신의 비밀과 자유도 절대적으로 보장되는 것이 아니므로 「헌법」 제37조제2항에 따른 제한이 가능하다.59) 통신의 자유의 제한에 관하여 정하고 있는 대표적인 법률로 「통신비밀보호법」이 있다. 「통신비밀보호법」은 범죄수사 또는 국가안전보장을 위한 경우에는 엄격한 요건하에 특정 국가기관

시설 침해사고 통지, 정보공유·분석센터(ISAC)의 구축·운영, 정보통신기반 침해사고대책본부의 구성·운영, 정보통신기반보호위원회의 구성·운영 등에 관해서 규정하고 있다.
57) 정준현, "국가 사이버안보를 위한 법제 현황과 개선방향" 「디지털 시대와 국가 정보 발전」 (2012), 94쪽 참조.
58) 정종섭, 「헌법학원론」(박영사, 2015), 655쪽.
59) 헌재결 1995. 7. 2, 92헌마144.

에 의한 감청을 허용하고 있다. 즉 예외적으로 범죄수사를 위한 검열·감청 등
'통신제한조치'를 허용하고 있다.[60]

어느 나라나 공동체의 안전과 국민과 국가의 이익을 위하여 국가정보기구를
설치하여 국가정보활동을 하고 있다. 국가정보활동은 그 사안에 따라 통상적인
행위도 있지만 고도로 비상적인 행위도 있다. 국민과 국가의 안전을 위한 행위,
사이버 전쟁행위, 국민과 국가의 이익을 위하여 고도의 정보를 수집해야 하는 행
위, 특수한 활동을 행해야 하는 경우 등 각종의 행위에서 감청의 방법이 필요하다.
예외적인 경우에 행해지는 감청에는 영장 또는 허가를 받을 것을 요구하는 것이
국가정보활동의 성질과 기능에 부합하지 않는 경우가 있다는 견해도 있다.[61]

우리나라는 1.25인터넷대란, 7.7디도스공격, 3.4대란, 3.20 및 6.25 사이버공
격 등은 사이버안보가 구조적인 문제에 봉착해 있다는 점을 시사하고 있다. 이제
는 '정적(靜的) 사이버안보'에서 '동적(動的) 사이버안보'로, '후발적 대응'에서 '선제
적 대응'으로 그 패러다임을 전환하여야 한다. 선제적 사이버안보가 가능한 동적
안보체계의 주요 수단 중의 하나가 통신제한조치, 특히 감청이라 할 수 있다.

급속한 통신기술 발달로 인한 납치, 유괴, 살인 등 흉악범죄뿐만 아니라, 첨
단기술의 해외유출 범죄가 날로 지능화·첨단화되고 있고, 테러·간첩 등 국가안
보를 위협하는 요소가 급증하고 있으나, 첨단통신 서비스를 악용하는 강력범죄
및 국가안보 위협요소에 대해서는 속수무책인 것이 현재의 실정이며, 첨단통신을
악용하는 최근의 범죄 추세에 효과적으로 대처할 수 있는 제도적 장치마련이 시
급한 상황이다. 현행법상 휴대전화를 포함한 모든 통신에 대한 감청을 합법화하
고 있지만, 수사기관은 감청절차의 투명성 문제로 현재 첨단통신에 대한 자체 감
청 설비를 갖추지 못하고 있으며, 첨단통신을 악용하는 범죄에 대한 수사과정에
서 통신사업자의 도움을 받으려 해도 감청 협조설비의 구비를 의무화한 법적 근
거가 없어 실효성이 부재한 상황이다. 이로 인해 법원의 엄격한 심사를 거쳐 영
장을 통한 감청허가를 받더라도 강력범죄자나 간첩 등 국가보안법 위반사범이 휴
대전화를 사용하는 경우, 선제대응 및 범증(犯證) 확보가 어려운 상황이다. 이에
일반 국민들의 통신의 자유와 개인 사생활을 보호할 수 있는 법적 장치를 마련하

---

60) 독일연방헌법은 제13조에서 이러한 예외적으로 허용되는 감청에 대하여 명시적 요건을 정하
  여 인정하고 있다. 일본에서는 1999년 「범죄수사를 위한 통신방수(通信傍受)에 관한 법률」을
  제정하여 범죄수사를 목적으로 한 감청을 일정한 요건하에 예외적으로 인정하고 있다.
61) 정종섭, 앞의 책, 662쪽.

는 등 투명한 법 집행 절차에 따른 합법적인 감청을 보장함으로써 휴대전화를 포함한 모든 통신수단에 대한 감청제도를 허가·승인(법원·대통령)－집행(정보수사기관)－협조(통신업체) 체제로 3원화한 선진국 수준의 감청제도를 마련할 필요가 있다. 다만, 세계 각국이 통신제한조치를 통하여 테러와 국가안보 침해범죄 등 범죄예방을 할 수 있는 제도적 장치를 도입하되, 그로 인하여 발생할 수 있는 프라이버시 침해나 개인정보의 유출 등 기본권 침해를 방지하기 위하여 필요한 법적 조치를 강구하고 있음을 유념할 필요가 있다.

(2) 문제점

1) 새로운 양상의 사이버공격과 보안대책의 한계   사이버공간은 국경과 영토가 없을 뿐만 아니라 물리적 공간과 다르기 때문에 사이버공격을 막을 수 있는 절대적 방법은 없다. 따라서 이 공간에서 이뤄진 모든 행위에 대해 규제를 하는 것은 불가능하다. 사이버공격과 위협 방식은 예측 불가능할 정도로 수준이 높아지고 있으며 이에 대응하기 위한 보안대책 역시 개발되고 있으나 보안대책은 위협 수준을 따라가지 못하고 있다. 이는 어쩌면 사이버안보의 한계일지 모른다.

정보통신기술의 발전 속도와 이를 활용한 악의적 행동의 수단, 기술(각종 바이러스, 해킹 툴 등)들은 빠르게 발전하지만 이를 방어하기 위한 대책과 기술, 인력 등에 드는 비용과 시간 투자는 엄청나다. 따라서 민간에서는 사이버보안에 대한 중요성을 인식하면서도 섣불리 대응하기가 힘들기 때문에 극단적인 표현을 하자면 "보안에 투자하느니 그냥 당한다"는 인식도 적지 않은 듯하다.[62] 더욱이 보안전문가들의 이탈로 인한 보안현장에서의 부족현상이 생기고 이로 인하여 사이버공격으로부터 더욱 무방비 상태가 돼가고 있는 상황을 주시할 필요가 있다.

특히 사이버공간에서 사이버공격이 이루어지는 양상들, 즉 (1) 가상공간에서 지원이 가상공간에서 물리적 폭력으로 나타나는 경우 (2) 가상공간에서 지원이 현실에서 물리적 폭력으로 나타나는 경우 (3) 현실에서 지원이 가상공간에서 물리적 폭력으로 나타나는 경우에 대해서도 그에 대한 대응방안을 모색하여야 할 것이다. 이 중에서 (1) 가상공간에서의 지원이 가상공간에서 물리적 폭력으로 나타나는 경우에 대해서는 현행 법령에서 규율하고 있다. 그러나 (2)와 (3)의 경우에는 법제가 미비한 상태이다. 두 번째 유형인 사물인터넷, 무인자동차, 드론, 그리고 로봇병기 등에 대해서는 학계에서 법리적 측면 및 입법정책적 측면에서의

---

62) 이코노믹 리뷰 2016년 5월 25일자 "[사이버 세계3차대전③] 사이버전쟁은 '재난'… 복원력에 집중하라" 기사 참조.

보다 심층적인 검토가 필요하다고 본다.

2) 사이버안보 관련 개별법령의 체계정합성문제   현행 사이버안보 관련 법제의 문제점으로는 첫째, 사이버안보 일반법의 부재문제, 둘째, 개별법의 체계정합성문제 및 셋째, 사물인터넷시대에 대비한 융합보안법제의 미비문제 등을 들 수 있다.

가. 사이버안보 일반법의 부재문제   현재 우리나라에는 사이버안보의 중대하고 본질적인 문제로서 사이버안보 일반법의 부재문제가 있다. 이 문제는 법치행정의 측면에서 크게 문제가 된다.

법치행정이란 행정권도 법에 따라 행해져야 하며(법의 지배), 만일 행정권에 의해 국민의 권익이 침해된 경우에는 이의 구제를 위한 제도가 보장되어야 한다는 것(행정통제제도 또는 행정구제제도의 확립)을 의미한다. 법치행정의 원칙 중 법률 유보의 원칙은 행정권의 발동에는 법령의 근거가 있어야 하며(보다 정확히 말하면 법률의 직접적 근거 또는 법률의 위임에 근거하여 제정된 명령에 의한 근거가 있어야 하며) 법률의 근거가 없는 경우에는 행정개입의 필요가 있더라도 행정권이 발동될 수 없다는 것을 의미한다. 법률유보의 원칙은 인권 보장 및 민주행정의 실현에 그 의의가 있다.[63]

사이버안보는 정보사회에서 등장한 새로운 국가안보 문제이며 이 역시 민간 영역에 대한 제한이 수반될 개연성이 높은 분야이다. 따라서 사이버안보에 관한 규율에 있어서도 연성규범의 남용은 법치국가원리에 위배될 수 있기 때문에 국회의 입법을 통하여 제정된 법률로서 규율하는 것이 바람직하다.

우리나라의 현행 사이버안보 관련법률은 부문별로 적용범위와 추진체계(대응체계)가 분산되어 있으며 체계완결성이 부족하다. 특히 공공부문의 경우 대통령훈령의 형태로 2005년에 「국가사이버안전관리규정」을 제정하여 규율하는 것이 현재까지 이어져 오고 있는 것은 중대한 문제점이 아닐 수 없다. 공공부문의 사이버안보에 관한 실질적인 최고규범이 법률이 아닌 대통령훈령이라는 것은 해당 규범의 효력범위 등에서 태생적 한계를 내포하며 궁극적으로는 법치행정의 원칙에도 부합하지 않는다.[64] 따라서 법률 제정을 통해 궁극적으로 해결할 필요가 있다. 미국이 '사이버안보 정보공유법안', '국가사이버안보강화법안', '연방사이버안보강

63) 박균성 · 김재광, 「경찰행정법」 제4판(박영사, 2019), 10쪽.
64) 박상돈, "정부3.0 성공을 위한 사이버보안의 역할" 「정부3.0시대의 사이버안보」(한국사이버 안보법정책학회 2015년 상반기 정기 학술대회 발표문(발표자:이창범박사)에 대한 토론문), 30쪽 참조.

화법안', '연방사이버안보인력평가법안' 등 미국 의회에 계류되었던 사이버안보 관련 주요 법안들을 모아서 2015년 「사이버안보법」을 제정했고, 일본이 2014년 「사이버시큐리티기본법」을 제정한 것을 타산지석으로 삼아야 한다.

　　나. 개별법의 체계정합성문제　　현행 국가사이버안보 관련법제는 정보통신망법을 필두로 분야별 또는 적용대상별로 개별적·산발적으로 사이버안보에 관한 규정을 두고 있다.[65]

　　대통령 훈령인 「국가사이버안전관리규정」은 공공부문을 규율하고, 「정보통신망법」은 민간부문을 규율한다. 전자는 국정원이 관장하고, 후자는 과기정통부가 관장한다. 그리고 「정보통신기반보호법」은 공공부문과 민간부문을 불문하고 주요정보통신기반시설에 적용된다. 따라서 사이버공격이 벌어지면 공공부문은 국정원, 민간부문은 과기정통부가 담당하는 방식으로 시스템이 이원화되어 있어 사이버공격에 대한 대응이 취약할 수밖에 없는 구조적 한계를 안고 있다.

　　분야별 또는 적용대상별로 존재하는 법들로 인해 법체계 정합성 측면에서 관련 법률의 정비가 필요하다.[66] 다양한 형태로 존재하는 사이버안보 관련법제의 체계정합성을 도모할 필요가 있다.

3. 사이버안보에 관한 일반법의 제정을 위한 입법적 노력

　　북한의 사이버공격에 대한 대응차원의 노력이 국회와 정부 입법으로 나타나고 있다. 19대 국회와 20대국회에서 여러 건의 사이버안보 일반법안이 제출되었으나 여야간의 공감대 형성의 실패로 유야무야되고 있다. 정부입법 또한 동일한 상황에 놓여있다. 간략히 살펴보도록 하자.

(1) 19대 국회의 사이버안보 입법 추진 결과

　　19대 국회에서 사이버안보 일반법 제정을 위한 주요 사례는 「국가 사이버테

---

65) 예를 들면 사이버안보 관련 행정계획만 보더라도 대표적으로 ① 주요정보통신기반시설보호계획(정보통신기반보호법) ② 전자정부기본계획(전자정부법) ③ 국가정보화기본계획(국가정보화기본법) ④ 정보통신망 이용촉진 및 정보보호 시책(정보통신망법) ⑤ 정보보호산업진흥계획(정보보호산업발전법) ⑥ 정보통신 진흥 및 융합 활성화 기본계획(정보통신융합법) 등을 들 수 있다. 행정계획이란 행정주체 또는 그 기관이 일정한 행정활동을 행함에 있어서 일정한 목표를 설정하고 그 목표를 달성하기 위하여 필요한 수단을 선정하고 그러한 수단들을 조정하고 종합화한 것을 말하는데, 행정계획의 핵심적 요소는 목표의 설정과 수단의 조정과 종합화이다. 박균성·김재광, 「경찰행정법(제3판)」, 219쪽. 특히 사이버안보에 있어서는 다양한 행정계획간의 정합성문제가 중요하다. 행정계획간 중복되거나 상충문제가 있어서는 안 될 것이다.
66) 이에 대해서는 김재광, "사이버안보 입법환경 변화에 따른 입법전략", 52~53쪽 참조.

러 방지에 관한 법률안」(2013년 4월 9일 서상기의원 대표발의), 「국가 사이버안전 관
리에 관한 법률안」(2013년 3월 26일 하태경의원 대표발의), 「악성프로그램 확산방지 등
에 관한 법률안」(2012년 6월 14일 한선교의원 대표발) 등을 들 수 있다. 이들 법률안
들에 대해서는 사이버안보 컨트롤타워에 대한 논란 및 사이버공격시 기간통신사
업자 등 초고속인터넷 제공업체가 인터넷주소 차단이나 접속제한 등의 권한을 갖
는 것은 인터넷이용자의 권리를 과도하게 침해한다는 등의 반대로 진전이 없다가
19대 국회 임기만료로 자동폐기되었다.

(2) 20대 국회 사이버안보 입법 추진 현황

1) 국가 사이버안보에 관한 법률안(이철우의원 대표발의)

가. 제안이유   2009년 7.7디도스 사건 이후 지속적인 사이버공격으로 청와
대는 물론 언론·금융사 전산시스템이 대량으로 파괴되는 피해가 발생하였으며,
최근의 사이버공격은 한국수력원자력과 서울메트로 등 국민생활과 직결되는 사회
기반시설까지 확대되어 우리의 경제와 국가안보를 저해하는 가장 심각한 위협 중
의 하나로 대두되었다.

특히 일부 지역에 국한해 발생하는 물리적 공격과 달리 사이버공격은 초국가
적으로 시·공간을 초월하여 공공·민간 영역 구분이 없이 동시 다발적으로 발생
함으로써 사이버위협 요인을 조기에 파악하여 차단하지 않을 경우 피해가 순식간
에 확산되는 특성이 있다.

그러나 우리의 국가적 대응 활동은 공공·민간 부문이 제각각 분리, 독립적으
로 대응하고 있어 광범위한 사이버공격에 효율적인 대처가 미흡한 실정이다. 공
공부문은 대통령훈령인 「국가사이버안전관리규정」에 근거하고 있어, 행정기관 이
외 민간분야 및 입법·사법기관은 적용범위에서 제외되고, 민간부문은 사이버공
격 예방 및 대응을 위한 법률 미흡으로 사이버공격 징후를 실시간 탐지·차단하
거나 신속한 사고 대응에 한계가 있다.

따라서 정부와 민간이 함께 협력하여 국가차원의 체계적이고 일원화된 대응
체계를 구축하고, 이를 통해 사이버공격을 사전에 탐지하여 사이버위기 발생가능
성을 조기에 차단하며, 위기 발생 시 국가의 역량을 결집하여 신속히 대응할 수
있도록 한다.

나. 주요내용
① 사이버안보 추진기구
ⓐ 사이버안보에 관한 중요한 사항을 심의하기 위하여 대통령 소속하에 국가

사이버안보정책조정회의를 둔다(안 제4조).

ⓑ 국가차원의 종합적이고 체계적인 사이버안보 업무 수행을 위하여 국가정보원장 소속으로 국가사이버안보센터를 둔다(안 제6조).

ⓓ 정부는 이 법에서 규정한 업무를 지원할 수 있는 능력이 있다고 인정되는 자를 사이버안보 전문업체로 지정·관리할 수 있다(안 제16조).

② 사이버안보를 위한 예방활동

ⓐ 국가정보원장은 사이버안보업무의 효율적이고 체계적인 추진을 위하여 사이버안보 기본계획을 수립하고 이에 따라 시행계획을 작성하여 책임기관의 장에게 배포하여야 한다(안 제7조).

ⓑ 책임기관의 장은 사이버공격 정보를 탐지·분석하여 즉시 대응할 수 있는 보안관제센터를 구축·운영하거나 다른 기관이 구축·운영하는 보안관제센터에 그 업무를 위탁하여야 한다(안 제10조).

ⓒ 책임기관의 장은 사이버위협정보를 다른 책임기관의 장 및 국가정보원장에게 제공하여야 하며 국가정보원장은 국가차원의 사이버위협정보의 효율적인 공유 및 관리를 위하여 국가사이버위협정보공유센터를 구축·운영할 수 있다(안 제11조).

③ 사이버안보를 위한 대응활동

ⓐ 책임기관의 장은 사이버공격으로 인한 사고가 발생한 때에는 신속히 사고조사를 실시하고 그 결과를 중앙 행정기관 등의 장 및 국가정보원장에 통보하여야 한다(안 제12조).

ⓑ 국가정보원장은 사이버공격에 대한 체계적인 대응을 위하여 사이버위기경보를 발령할 수 있으며, 책임기관의 장은 피해 발생을 최소화하거나 피해복구 조치를 취해야 한다(안 제14조).

ⓒ 정부는 경계단계 이상의 사이버위기경보가 발령된 경우 원인분석, 사고조사, 긴급대응, 피해복구 등을 위하여 책임기관 및 지원 기관이 참여하는 사이버위기대책본부를 구성·운영할 수 있다(안 제15조).

다. 평가　　이철우의원이 대표발의한「국가 사이버안보에 관한 법률안」은 국가사이버안보에 관한 컨트롤타워를 국가정보원장으로 하고 있는 점이 특징이다. 즉, 국가차원의 종합적이고 체계적인 사이버안보 업무 수행을 위하여 국가정보원장 소속으로 국가사이버안보센터를 두고(안 제6조), 국가정보원장은 사이버안보업무의 효율적이고 체계적인 추진을 위하여 사이버안보 기본계획을 수립하고 이에 따라 시행계획을 작성하여 책임기관의 장에게 배포하여야 하며(안 제7조), 책임기

관의 장은 사이버위협정보를 다른 책임기관의 장 및 국가정보원장에게 제공하여
야 하며 국가정보원장은 국가차원의 사이버위협정보의 효율적인 공유 및 관리를
위하여 국가사이버위협정보공유센터를 구축·운영할 수 있다(안 제11조).

국가사이버안보에 관한 컨트롤타워를 국가정보원장으로 하고자 하는 입법취
지는 국정원의 설치목적, 사이버안보에 대한 전문성, 오랫동안 축적된 경험 그리
고 특별한 보안성을 감안한 것으로 보인다.

2) 국가사이버안보법안(정부입법)

가. 제안이유   공공 및 민간 영역의 구분이 없이 광범위하게 발생하는 사이
버공격으로 인하여 막대한 경제적 피해와 사회 혼란이 유발되고 있는바, 국가안
보를 위협하는 사이버공격을 신속히 차단하고 피해를 최소화하기 위하여 국가사
이버안보위원회를 설치하고, 국가기관·지방자치단체 및 국가적으로 중요한 기술
을 보유·관리하는 기관 등을 책임기관으로 하여 소관 사이버공간 보호책임을 부
여하며, 사이버위협정보의 공유와 사이버공격의 탐지·대응 및 사이버공격으로
인한 사고의 통보·조사 절차를 정하는 등 국가사이버안보를 위한 조직 및 운영
에 관한 사항을 체계적으로 정립하려는 것이다.

나. 주요내용

① 사이버안보의 정의(안 제2조)   사이버안보에 대해 "사이버공격으로부터 사
이버공간을 보호함으로써 사이버공간의 기능을 정상적으로 유지하거나 정보의 안
전성을 유지하여 국가의 안전을 보장하고 국민의 이익을 보호하는 것"으로 정의하
고 있다.

② 사이버안보 추진기구

ⓐ 국가사이버안보위원회의 설치(안 제5조)   사이버안보와 관련된 국가의
정책 및 전략 수립에 관한 사항 등을 심의하기 위하여 대통령 소속으로 국가사이
버안보위원회를 두되, 위원회는 위원장을 포함하여 20명 이내의 위원으로 구성하
고, 위원장은 국가안보실장으로, 위원은 국회·법원·헌법재판소·중앙선거관리위
원회의 행정사무를 처리하는 기관 및 중앙행정기관의 차관급 공무원 중 대통령령
으로 정하는 사람과 사이버안보에 관하여 전문적인 지식과 경험을 갖춘 사람 중
에서 국가안보실장이 임명하거나 위촉하도록 하였다.

ⓑ 책임기관 및 지원기관(안 제6조 및 제7조)   국가기관·지방자치단체 및 국
가적으로 중요한 기술을 보유·관리하는 기관 등은 책임기관으로서 소관 사이버
공간을 안전하게 보호하는 책임을 지도록 하고, 국가정보원장은 책임기관을 지원

하기 위한 기술적 역량이 있는 기관 또는 단체를 지원기관으로 지정할 수 있도록 하였다.

③ 사이버안보를 위한 예방활동

ⓐ 사이버안보 기본계획 및 시행계획의 수립(안 제10조)   국가정보원장은 사이버안보 업무를 체계적으로 추진하기 위하여 3년마다 사이버안보의 정책목표와 추진방향 등을 포함한 사이버안보 기본계획을 수립·시행하고, 중앙행정기관 및 시·도 등은 기본계획에 따라 소관 분야의 시행계획을 매년 수립·시행하도록 하였다.

ⓑ 사이버안보 실태의 평가(안 제11조)   국가정보원장은 중앙행정기관 등을 대상으로 사이버안보를 위한 업무수행체계 구축, 예방 및 대응활동 등에 관한 실태를 평가할 수 있도록 하고, 중앙행정기관 등의 장은 실태평가 결과에 따라 자체 시정조치를 하거나 예산·인사 등에 연계·반영하는 등 활용할 수 있도록 하였다.

ⓒ 사이버위협정보의 공유(안 제12조)   사이버위협정보의 공유를 위하여 국가정보원장 소속으로 사이버위협정보공유센터를 두고, 책임기관의 장은 소관 사이버위협정보를 사이버위협정보 공유센터의 장에게 제공하도록 하며, 사이버위협정보 공유센터의 장은 위협정보를 공유하는 경우 국민의 권리가 침해되지 아니하도록 기술적·관리적 및 물리적 보호조치를 마련하도록 하였다.

④ 사이버안보를 위한 대응활동

ⓐ 사이버공격의 탐지 등(안 제14조)   책임기관의 장은 사이버공격을 탐지·분석하여 즉시 대응할 수 있는 보안관제센터를 구축하거나, 다른 책임기관의 보안관제센터에 그 업무를 위탁할 수 있도록 하였다.

ⓑ 사이버공격으로 인한 사고의 통보 및 조사(안 제15조)   책임기관의 장은 사이버공격으로 인한 사고가 발생할 경우 상급 책임기관의 장에게 통보하도록 하고, 해당 상급 책임기관의 장은 사이버공격으로 인한 사고의 피해 확인, 원인 분석, 재발 방지를 위한 조사를 실시하도록 하되, 국가안보를 위협하는 사이버공격으로 인한 사고의 경우에는 국가정보원장이 이를 조사하도록 하였다.

ⓒ 사이버위기경보의 발령 및 사이버위기대책본부의 구성(안 제16조 및 제17조)   국가정보원장은 사이버공격에 대한 체계적인 대응을 위하여 단계별 사이버위기경보를 발령하도록 하고, 중앙행정기관 및 시·도 등 상급책임기관의 장은 일정 단계 이상의 경보가 발령되거나 사이버공격으로 인하여 그 피해가 심각하다고 판단하는 경우에는 책임기관, 지원기관 및 수사기관이 참여하는 사이버위기대책본

부를 구성·운영할 수 있도록 하였다.

⑤ 국방 분야에 대한 특례(안 제20조)   전시(戰時)의 경우 이 법에 따른 사이버안보에 관한 업무는 군사작전을 지원하기 위하여 수행되어야 한다(제1항). 제6조제1항제4호에 따른 책임기관에 대한 다음 각 호(1. 제11조에 따른 사이버안보 실태평가, 2. 제15조제4항에 따른 사이버공격으로 인한 사고의 조사)의 업무는 제11조 및 제15조제4항에도 불구하고 국방부장관이 수행한다(제2항). ③ 제16조제2항에 따라 국방부장관이 제6조제1항제4호에 따른 책임기관에 관한 분야별 경보를 발령하는 경우에는 같은 항 후단을 적용하지 아니한다(제3항). 국방부장관은 제2항 또는 제3항에 따른 업무를 수행함에 있어 국가안보에 필요하다고 판단되거나 국가정보원장의 요청이 있는 경우에는 관련 내용을 국가정보원장에게 통보하여야 한다(제4항).

⑥ 개인정보의 처리 등(안 제21조)   사이버안보를 위하여 처리되는 개인정보는 「개인정보 보호법」 제58조제1항67)에 따라 같은 법이 적용되지 아니하는 개인정보로 본다. 다만, 사이버안보를 위하여 개인정보를 처리하는 경우 개인정보 처리 기준 및 필요한 조치 마련 등에 관하여는 같은 법 제58조제4항68)을 준용한다.

다. 평가   정부입법인 「국가사이버안보법안」은 첫째, 사이버안보 추진기구로서 대통령 소속으로 국가사이버안보위원회(위원장: 국가안보실장)의 설치를 규정하고 있다(안 제5조). 둘째, 사이버안보를 위한 예방활동으로 국가정보원장의 사이버안보 기본계획 및 시행계획의 수립(안 제10조), 국가정보원장의 사이버안보 실태의 평가(안 제11조), 국가정보원장 소속의 사이버위협정보공유센터를 통한 사이버위협정보의 공유(안 제12조), 셋째, 사이버안보를 위한 대응활동으로 사이버공격의 탐지(안 제14조), 사이버공격으로 인한 사고의 통보 및 조사(안 제15조), 국가정보원장의 사이버위기경보의 발령 및 사이버위기대책본부의 구성(안 제16조 및 제17조)

---

67) 제58조(적용의 일부 제외) ① 다음 각 호의 어느 하나에 해당하는 개인정보에 관하여는 제3장부터 제7장까지를 적용하지 아니한다.
  1. 공공기관이 처리하는 개인정보 중 「통계법」에 따라 수집되는 개인정보
  2. 국가안전보장과 관련된 정보 분석을 목적으로 수집 또는 제공 요청되는 개인정보
  3. 공중위생 등 공공의 안전과 안녕을 위하여 긴급히 필요한 경우로서 일시적으로 처리되는 개인정보
  4. 언론, 종교단체, 정당이 각각 취재·보도, 선교, 선거 입후보자 추천 등 고유 목적을 달성하기 위하여 수집·이용하는 개인정보
68) ④ 개인정보처리자는 제1항 각 호에 따라 개인정보를 처리하는 경우에도 그 목적을 위하여 필요한 범위에서 최소한의 기간에 최소한의 개인정보만을 처리하여야 하며, 개인정보의 안전한 관리를 위하여 필요한 기술적·관리적 및 물리적 보호조치, 개인정보의 처리에 관한 고충처리, 그 밖에 개인정보의 적절한 처리를 위하여 필요한 조치를 마련하여야 한다.

등을 주요 내용으로 하고 있다. 특징은 사이버안보를 위한 예방활동과 대응활동에 있어 국가정보원장을 중심으로 하고 있다는 점이다. 이는 사이버안보 대응체계에 대한 법현실을 반영한 것으로 일원적이고 효율적인 대응에 중점을 둔 것으로 평가받고 있다.

마지막으로 사이버안보에 관한 정의문제도 검토해 보자. 정부입법은 사이버안보에 대해 "사이버공격으로부터 사이버공간을 보호함으로써 사이버공간의 기능을 정상적으로 유지하거나 정보의 안전성을 유지하여 국가의 안전을 보장하고 국민의 이익을 보호하는 것"으로 정의하고 있다. 그리고 이철우 의원안은 사이버안보를 "사이버공격으로부터 국가의 안보와 이익을 수호하기 위한 활동으로서 사이버위기의 관리를 포함"하는 것으로 정의하고 있다. 양자가 대동소이하다고 할 수 있다. 한편 일본의 「사이버시큐리티기본법」은 사이버시큐리티를 "전자적 방식, 자기적 방식 및 그 밖의 사람의 지각으로는 인식할 수 없는 방식(이하 이 조에서 "전자적 방식"이라 한다)으로 기록되거나 발신, 전송 또는 수신되는 정보의 누설, 멸실 또는 훼손 방지 및 그 밖의 정보의 안전관리를 위하여 필요한 조치와 정보시스템 및 정보통신 네트워크의 안전성 및 신뢰성의 확보를 위하여 필요한 조치(정보통신 네트워크 또는 전자적 방식으로 작성된 기록과 관련된 기록매체(이하 "전자적 기록매체"라 한다)를 통한 전자계산기에 대한 부정한 활동에 의한 피해의 방지를 위하여 필요한 조치를 포함한다)가 강구되고 그 상태가 적절하게 유지·관리되는 것을 말한다."고 정의하고 있어 우리와는 차이를 보이고 있다. 생각건대, 정부입법이나 이철우 의원안의 '사이버안보'에 관한 정의가 목적성이 강하고 닫혀 있다는(폐쇄적인) 느낌을 강하게 받게 되는 반면, 일본의 「사이버시큐리티기본법」상 '사이버시큐리티'는 가치중립적이고 열려 있다는(개방적인) 인상을 강하게 받게 된다. 입법과 관련하여 이러한 차이를 유념하지 않으면 안 될 것이다.

(3) 소결

생각건대, 사이버안보에 관한 일반법의 제정에 있어서 여야합의에 의한 입법이 가장 바람직하다. 물론 여야의 사이버안보에 관한 일반법을 바라보는 시각은 천양지차인 것은 부인할 수 없다. 시각과 인식의 차이는 여야의 정치적 자리매김에 따라 충분히 변화될 수 있다고 본다. 사이버안보는 국가안보와 직결되므로 이에 대해서는 여야가 있을 수 없다. 따라서 사이버안보에 대한 여야의 이견 해소를 위한 노력이 경주되어야 한다.

미국, 일본, 중국 등 우리 인접국들이 사이버안보에 관한 일반법을 제정하여 사이버공격에 적극 대응하는 노력을 국회가 타산지석으로 삼아야 한다. 여야간 이견(異見)이 있다면 여야간 협의를 통해 이견을 해소하고 공감대가 이루어진 내용을 중심으로 입법하는 방안을 적극 검토할 필요가 있다. 실질적인 노력 없이 무조건 반대, 무조건 찬성하는 것은 책임있는 자세가 아니다. 설령 법률제정이 국회 소관이고 여야 타협의 산물이라고는 하지만, 여야 위에 국가와 국민이 있다는 사실을 망각해서는 안 될 것이다.

V. 사이버안보에 관한 일반법 제정시 고려사항

1. 프라이버시 보호에 터잡은 사이버안보 입법

2015년 5월 19일 아시안리더십콘퍼런스의 '조선 디베이트(debate)'를 참관한 청중은 프라이버시와 안보 중 더 중요한 가치로 프라이버시를 선택했다고 한다. '스마트 시대, 프라이버시 vs 안보'라는 주제로 진행된 이날 토론에서 태블릿PC를 이용한 투표 결과 프라이버시는 56%, 안보는 44%의 지지를 받은 것으로 나타났다.[69]

가장 큰 쟁점은 과연 프라이버시와 안보가 공존할 수 있는가였다. 옥스퍼드대 쇤베르거 교수는 "안보와 프라이버시는 양립할 수 없다"며 "9·11 테러 이후 미국, 유럽 등에서도 프라이버시를 파괴하는 모습이 계속되고 있는데, 자유 없는 안보는 아무 의미가 없다는 것을 알아야 한다"고 했다.

이에 대해 타이페일 스틸웰硏 총괄이사는 "자유(프라이버시)는 안보가 있어야 지켜질 수 있다"며 "테러 단체들이 지속적으로 활동하면서 위협을 주고 있는데 이를 지킬 수 있는 것이 바로 안보"라고 반박했다.

우리나라에서도 사이버안보 일반법 제정의 반대이유로 프라이버시 침해가능성이 들어지고 있다. 그런 측면에서 프라이버시 보호에 터잡은 사이버안보 입법이 요청된다.

참고로 정부입법인 「국가사이버안보법안」은 제21조에서 "개인정보의 처리 등"을 규정하고 있다. 즉 "사이버안보를 위하여 처리되는 개인정보는 「개인정보 보호법」 제58조제1항에 따라 같은 법이 적용되지 아니하는 개인정보로 본다. 다만, 사이버안보를 위하여 개인정보를 처리하는 경우 개인정보 처리 기준 및 필요

---

69) 조선일보 2015년 5월 20일 "[아시안리더십콘퍼런스] 스마트 시대, 프라이버시와 안보는 공존할 수 있나" 기사 참조.

한 조치 마련 등에 관하여는 같은 법 제58조제4항을 준용한다."

　　미국은 사이버안보에서 프라이버시를 강조하는 차원에서 개인정보 삭제의무와 정보의 목적외 사용제한을 규정하고 있다. 결국 이 문제는 사이버안보를 포함하는 국가안보와 프라이버시라는 가치의 충돌을 어떻게 해결하여야 할 것인지에 대한 문제이다. 즉 국가입장에서는 국민의 생명, 재산을 보호하여야 하는 의무와 국민의 기본권을 보호하여야 하는 의무 간의 충돌이고, 국민입장에서 프라이버시권이라는 기본권과 생명, 신체, 재산의 자유 등 자유권간 권리의 충돌이라고 할 수 있다. 「2015년 사이버안보법」에 근거를 두고 만들어진 「프라이버시와 시민의 자유 가이드라인」이 이 문제를 구체적으로 규정하고 있다.[70]

2. 정보공유를 기반으로 한 사이버안보 입법

　　미국은 각 분야마다 정부내 협력을 위한 정부조정위원회(Government Coordinating Council: GCC)와 해당 분야 내 협력을 위한 분야조정위원회(Sector Coordinating Council: SCC)를 각각 설치하도록 하고 있다. 그리고 각기 다른 분야에 관련되어 있는 정부 부처간의 협력을 위한 분야간 정부조정위원회(Government Cross-Sector Council: GCC)를 설치하고 있다.[71]

　　미국의 대표적인 정보공유조직은 미국에서 운영중인 정보공유센터(Information Sharing and Analysis Center: ISAC)이다. 이 조직은 1984년에 운영된 국가통신조정센터(National Coordinating Center for Commucations: NCC)가 그 기원이다. 1999년 재정서비스ISAC(Financial Services ISAC)이 최초로 창설되었으며, 현재 16개의 ISAC이 활동중이다. 이들 센터들은 ISAC Council을 구성하고 있다.

　　정보공유센터는 각 분야에 특화되어 사고·위협·취약성 정보를 전파하는 것 이외에도 사고정보를 수집·분석하여 경보를 발령하며 보고하는 것을 기본 임무로 수행하고 있다. 그 밖에도 위협이 해당 분야에 미치는 영향에 관해서 정부가 보다 잘 이해하도록 돕거나, 사이버·물리적 및 모든 위협에 관한 정보를 회원간 교환·공유하는 창구역할을 수행한다. 정부나 다른 분야 ISAC의 기술적 상세분석을 지원함으로써 기술과 경험을 전파하는 역할도 한다.

---

70) 이성엽, "미국의 사이버안보 법제와 개인정보보호의 상관성 분석"「사이버안보법정책논집」 제3호(한국사이버안보법정책학회, 2018), 252~253쪽.
71) 이에 대해서는 김현수, 「주요정보기반보호(CIIP) 동향」(한국법제연구원, 2010. 10), 23~26쪽 참조.

사이버안보 측면에서 주요정보기반보호를 총괄하고 있는 국토안보부 산하 국가사이버보안국은 제어시스템 보안 프로그램(Contral Systems Security Program)을 통해 제어시스템 보안에 관련된 설명서·지침서·경보 등을 제작하여 배포하거나, 관련된 표준 등과 같은 자료를 홈페이지를 통하여 제공하고 있다. 특정 분야를 담당하는 책임기관도 관련분야에 적용할 수 있는 경험공유 문서를 제작·배포한다. 예를 들어, 에너지부는 주요기반보호 대통령위원회(PCIPB)와 함께 에너지분야의 SCADA 시스템 보호를 향상시키기 위한 경험을 21단계로 구분 설명하는 문서를 제작하여 배포하고 있다.

이철우 의원이 2015년 5월 19일 「사이버위협정보 공유에 관한 법률안」을 발의하였다. 이 법률안은 사이버테러 대응과 관련 있는 국가정보원, 국가안보실, 미래창조과학부(현 과학기술정보통신부), 금융위원회 등 유관부처와의 협의 및 위협정보 공유를 위한 절차를 마련하고 효율적인 업무수행을 위해 국가정보원 내에 '사이버위협정보 공유센터'를 설치해 운영하는 내용을 담고 있다. 일부 지역에 국한해 발생하는 물리적 위협과 달리 사이버위협은 초국가적으로 시·공간을 초월하여 공공·민간 영역 구분이 없이 동시 다발적으로 발생함으로써 사이버위협 요인을 조기에 파악하여 차단하지 않을 경우 피해가 순식간에 확산되는 특성이 있다. 따라서 이러한 사이버위협을 신속히 차단하여 피해를 최소화하는 등 효과적으로 대처할 수 있도록 공공·민간이 함께 사이버위협정보를 공유·분석하는 등 협력을 활성화하여 사이버위협을 조기 탐지·전파할 수 있는 체계를 구축하려는 이 법률안은 의미가 크다고 하겠다.

그리고 정부입법인 「국가사이버안보법안」 제12조도 사이버위협정보의 공유를 위하여 국가정보원장 소속으로 '사이버위협정보공유센터'를 두고, 책임기관의 장은 소관 사이버위협정보를 사이버위협정보 공유센터의 장에게 제공하도록 하며, 사이버위협정보 공유센터의 장은 위협정보를 공유하는 경우 국민의 권리가 침해되지 아니하도록 기술적·관리적 및 물리적 보호조치를 마련하도록 하였다.

다만, 위협데이터 공유를 법률로 제정하는 경우에 주의해야 할 입법사항으로 첫째, '위협' 또는 '사고'와 같은 용어의 정의와 해석을 두고 논란이 있을 수 있다는 점을 들 수 있다. 둘째, 데이터의 완벽한 익명성을 보장하는 것이 매우 중요하다는 점이다. 축적된 데이터를 두고 법률에서 예상하지 못한 방식으로 데이터가 변형 및 분석되지 않도록 차단할 수 있는 방법 등에 대한 대책이 필요할 것이다.

3. 민-관 파트너십을 기반으로 한 사이버안보 입법

미국을 비롯한 EU 그리고 영국 등 대부분의 선진국가들은 사이버안보 민-관 파트너십(Public-Private Partership: PPP)의 중요성을 강조하고 있다. 유럽의회는 주요정보기반을 대상으로 하는 위협에 대해서는 정부와 민간이 공동책임이 있으며 단독 대응은 적절하지 않다고 보고 있으며 영국은 첨단 민간영역과 밀접히 연계하되, 필요하다면 새로운 체계를 세우는 것이 장기적으로 중요하다고 인식하고 있다.

민관-협력과 정보공유는 1990년대 후반 미국의 주요기반보호에 대해 고민한 때부터 제시된 개념이지만, 최근 들어 그 중요성이 더욱 부각되고 있는 추세이다. 미국은 관련 정부부처·기관 및 민간기관과 협력하여 민-관 파트너십을 점검하고, 정보공유체계를 검토하여 효과적 모델을 제시하도록 하고 있다. 이에 따라 미국의 국가정책은 민-관간 협력강화를 지속적으로 강조하고 있으며, 특히 최근 들어서는 분야간 협력도 강화할 것을 강조하고 있다. 미국에서는 민-관 파트너십을 강화하기 위하여 2004년 이후 3억2천7백만 달러를 들여 70여 개의 정보융합센터를 설립하고 정보공유를 강화하고 있다. 이러한 목적의 일환으로 2009년 국토안보부의 국가사이버안보국(National Cybersecurity Division)은 산업제어시스템 합동작업반(Industrial Control Syatems Joint Working Group: ICSJWG)을 출범시키기도 하였다.

「정보통신기반보호법」 제16조에 따라 설립된 정보공유·분석센터(Information Sharing & Analysis Center: ISAC)로서 대표적인 것으로는 방송통신ISAC, 금융ISAC 등이 있다. 정보공유·분석센터는 정보통신기반시설의 취약점 및 침해요인과 그 대응방안에 관한 정보제공(법 제16조제1항제1호)과 침해사고가 발생하는 경우 실시간 정보·분석체계 운영(제2호)을 기능으로 한다. 방송통신ISAC은 정보보호 관련 업무 수행에 있어 민간분야의 자생적 공동대응체제를 구축하여 전자적 침해행위로부터 회원사의 정보통신관련 시설을 보호함으로써 정보통신역무의 안전성과 신뢰성을 제고하기 위한 목적에서 설립되었다. 현재 통신정보공유분석협회라는 이름의 사단법인 형태로 운영중이며 KT, SK텔레콤 등 주요 기간통신사업자가 가입되어 있다.[72] 금융ISAC은 은행·보험 등을 담당하는 금융결제원 금융ISAC과 증권·선물 등을 담당하는 코스콤 금융ISAC이 있었는데, 2015년 이들을 통합하여 금융보안원

---

72) 방송통신ISAC 홈페이지(http://www.isac.or.kr) 참조.

(FSI)이 출범하였다.

4. 사이버안보의 인식제고 및 교육정책을 강조한 사이버안보 입법

사이버안보에 관한 관심이 증가하면서 사이버안보의 인식제고 및 교육정책이 국가차원의 계획으로 수렴되어 시행될 필요가 있다.

미국에는 「사이버안보 교육 강화를 위한 법률」(Cybersecurity Education Enhancement Act of 2011)이 마련되어 있음을 참고할 필요가 있다. 즉, 사이버공간의 안전에 관한 관심이 증가하면서, 미국에서는 사이버공간의 안전성 확보를 위한 사이버안보의 인식제고 및 교육 정책이 국가차원의 계획으로 수렴되어 시행되고 있다. 동 법률에서는 사이버안보 담당 차관보(the Assistant Secretary of Cybersecurity)를 통해 국토안보부장관에게 국립과학재단과 공동으로 고등교육기관을 대상으로 장학금(grant)을 지급하는 프로그램을 설치하도록 명하고 있다.

동 프로그램은 다시 세 가지로 나누어 설명할 수 있다. 첫째, 사이버보안 전문가 개발 프로그램(cybersecurity professional development programs), 둘째, 사이버보안 학위 프로그램, 셋째, 전문가 개발이나 학위 프로그램을 위한 사이버안보 훈련에 필요한 장비(equipment)의 구입 등이다. 동 법률은 국립과학재단의 장에게 이들 프로그램을 실질적으로 운영하도록 요구하고 있다.

5. 초연결사회에 기반한 사이버안보 입법

클라우드, 빅데이터, 사물인터넷(IoT) 등으로 인한 초연결사회(Hyper-connected Society)[73]의 도래는 경제와 산업 분야에서 새로운 기회를 창출하고 인류에게는 더 나은 편의를 제공하고 있다. 그러나 대규모의 정보가 수집되고 초고속으로 처리하는 과정에서 개인정보 등의 유출과 오남용, 해킹 등의 우려가 커지고 이에 대한 피해는 개인, 기업, 정부 등 모든 경제주체의 큰 부담이 되고 있다. 정보보호가 선행되지 않는 초연결사회, 디지털 세상은 오히려 해커들의 놀이터로 전락하고 국가안보와 국민의 삶의 질에 심각한 위협이 될 수 있다.[74]

사물인터넷, 빅데이터, 클라우드 컴퓨팅의 속성으로 인하여 여러 사이버범죄

---

73) 초연결사회란 인터넷, 통신기술의 발달에 따라 네트워크로 사람, 데이터, 사물 등 모든 것을 연결하는 사회를 말한다.
74) 석호일, "[IT 칼럼] 정보보호는 비용이 아니라 투자이자 미래 유망산업이다" 뉴스천지 2015 년 3월 17일자 기사 참조.

및 사이버공격이 발생할 수 있으며 때로 이들은 테러리즘의 성격까지 띠기도 한다. 특히 마이닝된 빅데이터 정보에 국가기밀 등이 들어있는 경우 여기에 침투하거나 클라우드 공간에서 처리 및 저장된 중요 정보가 유출된 경우 등을 상정할 수 있다.[75]

따라서 초연결사회를 맞이하여 국가사이버안보전략 실행을 위한 구체적인 실행 전략 및 매뉴얼 마련이 필요하다. 즉, IoT를 통한 초연결사회, 민간·정부의 클라우드 중심 환경 변화를 고려한 실행 전략 및 매뉴얼 마련이 필요하다. 그리고 그에 부합하는 입법이 이루어져야 한다. 사물인터넷, 빅데이터, 클라우드컴퓨팅 등 초연결사회의 진입으로 인하여 사이버안보 입법환경도 급변하고 있다. 초연결사회의 도래로 사이버안보에 대한 접근방법도 근본적으로 변화될 수밖에 없다.

미국에서 「사이버 네트워크보호 법안」(The Protecting Cyber Networks Act: PCNA)이 2015년 4월 22일 미국 하원을 통과한 것도 이런 의미에서 시사하는 바가 크다고 할 수 있다.

6. 사이버투명성을 기반으로 한 사이버안보 입법

인터넷이 실제 세계에 위험스러운 결과를 가져올 전장(戰場)으로 변하고 있는 상황에서 이런 새로운 종류의 전쟁 위험을 낮추는 방안을 생각하기 시작해야 한다. 이를 위해선, 세계가 핵무기 위협을 완화하는 체제를 만드는 과정에서 관련 정보공개를 통해 핵무기의 위험과 이익에 관해 대중이 이해할 수 있도록 했던 것처럼, 디지털 무기에 관해서도 같은 수준의 정보공개가 이뤄져야 한다는 주장이 있다. 어떤 디지털 무기를 보유하고 있고 그것들이 어떻게 사용되며, 그것을 통제하는 규범은 어떠한지 공개돼야 한다는 것이다.

사이버 불투명의 가장 기본적인 사례로는 각 나라 군대의 사이버전 조직이 사실은 공격용임에도 국민에겐 방어용이라는 생각을 주입시키는 것이다.

그리 멀지 않은 장래에 사이버군비에 대한 정보공개 및 무기감축에 관한 국제적 논의가 이루어질 것으로 예상된다.

7. 초당적 협력에 기반한 사이버안보 입법 추진: 미국사례의 시사점

미국의 「사이버안보 정보공유법안」(Cybersecurity Information Sharing Act of 2015:

---

75) 장철준, "빅데이터·클라우드 환경과 사이버안보의 법정책적 문제" 「초연결사회와 사이버안보」(2014년 한국사이버안보법정책학회 추계학술대회 발제문, 2014. 11. 28), 77쪽 참조.

CISA)이 2015년 공화당과 민주당의 지지를 받아 상원을 통과하였다.[76] 이 법안의 취지는 민간조직들이 사이버공격의 징후나 첩보를 공유하고 퍼뜨리는데 있어서 법의 제약을 없애자는 데에 있다. 이 법안의 특징은 사이버위협의 증가 속에서 미국을 지키기 위해 초당적으로 추진되었다는 점이 높이 평가받고 있다. 이미 연초에 하원에서 같은 법안이 통과되었다는 것도 법안 통과에 영향을 미쳤다고 볼 수 있다. 이 법안이 74대21의 엄청난 득표 차이를 보이며 통과한 것에 대해 상원의 콜린스 의원은 "지금은 사이버전이 국방과 아주 가깝게 연결되었기 때문에 당파 싸움으로 번지지 않을 수 있었다"며 "현재 미국 의회는 출신 당과 상관없이 사이버안보를 심각하게 받아들이고 있다"라고 말했는데, 미국 의회와 의원들의 높은 양식을 확인할 수 있다.[77]

위와 같은 미국의 사이버안보에 대한 초당적 협력사례는 우리에게 시사하는 바가 크다. 미국의 공화당과 민주당도 '기름과 물'과 같은 사이이지만 국가안보(사이버안보)에 있어서만큼은 찰떡궁합을 과시하여 미국의회와 국회의원의 품격을 여실히 보여주고 있다. 우리나라의 여당과 야당 모두 국가안보를 매우 중요시하는 정당이다. 그런 만큼 국가안보인 사이버안보 입법에 있어서도 초당적 협력을 통해 국가안보의 사각지대가 생기지 않도록 하여야 할 것이다.

Ⅵ. 맺는 말

북한의 사이버공격은 정부기관·금융회사·언론사 등 공공부문과 민간부문을 망라하여 무차별적이고 지속적으로 이뤄지고 있다. 대표적으로 ① 3·20 방송·금융전산망 해킹사건(2013.3.20)과 ② 한국수력원자력 문서유출사건(2014.12.15) 그리고 ③ 군 인터넷망과 인트라넷망(국방망) 해킹사건(2016.9)을 들 수 있다. 먼저 3·20 방송·금융전산망 해킹사건을 계기로 정부가 '국가사이버안전 전략회의'를 개최하여 「국가 사이버안보 종합대책」을 수립하였고, 다음으로 한수원 문서유출사건은 사이버공격에 대해 기술적 대응 못지않게 사회공학적 해킹에도 철저히 대비해야 한다는 교훈을 주었으며, 마지막으로 최근의 군 인터넷망과 인트라넷망(국방망) 해킹사건은 고급 군사기밀을 다루는 군인들의 보안의식의 해이와 군내 사이버안보에 대한 명령체계와 담당업무가 명확하지 않다는 점이 드러났다는 점에서 충격을

---

76) 이 법안의 초당적 협력에 대해서는 KISTI 미리안, 「글로벌동향브리핑」(2015). 3~25 참조.
77) 보안뉴스 2015년 10월 30일자 "법제화되기 한 발 짝! 정보공유법의 오해와 진실" 기사 참조.

주고 있다.

당파적 대립으로 우리나라가 사이버안보 입법에 한 걸음도 내딛지 못하고 있는 사이 일본은 「사이버시큐리티기본법」을 제정하여 사이버공격에 효율적이고 적극적으로 대응할 수 있는 법체계를 갖추었다. 일본의 「사이버시큐리티기본법」제정은 일본에 대한 사이버공격의 현저한 증가에 적극적으로 대응하고 2020년 도쿄올림픽과 페럴림픽에서의 선수보호 등 안전한 개최에 대한 우려를 법제정을 통해 해결하였다는 측면에서 의의가 크다고 볼 수 있다. 미국도 「사이버안보 정보공유법안」, 「국가사이버안보보호발전법안」, 「연방사이버안보강화법안」, 「연방사이버안보인력평가법안」 등 미국 의회에 계류되었던 사이버안보 관련 주요 법안들을 모아서 「2015사이버안보법」을 새로 구성하였다.

따라서 우리의 경우에도 북한의 사이버공격에 대한 적극적인 예방과 효과적인 대응을 위해서는 사이버안보에 대한 일반법을 조속히 제정하여야 한다. 현재 공공부문에 대한 사이버공격을 국가사이버안전센터가 담당하고 있는 바, 축적된 경험과 기술을 토대로 적극적으로 대응함으로써 국가안보와 국민안전을 수호하고 있다. 그러나 국가안보에 공공부문과 민간부문의 구별이 무의미하고, 사이버공격 또한 마찬가지이다. 그런 측면에서 공공부문과 민간부문에 대한 대응체계를 엄별하고 있는 현행체계는 개선될 필요가 있다.

현재 공공부문의 사이버안보를 규율하는 「국가사이버안전관리규정」(대통령훈령)은 참여정부에서 제정한 것이다. 그런 측면에서 「국가사이버안보법」의 제정은 사이버안보에 대한 입법적 책무를 참여정부 2기에 해당하는 문재인 정부에서 '마무리'한다는 역사적 의미를 가지고 있는 셈이라 할 수 있다.

제5편

우리 문화의 빛과 그림자

제9강

문화가 있는 일상: 문화공공성과 문화다양성

Ⅰ. 들어가는 말

우리 문화정책의 방향으로 시민들이 문화 형성의 주체가 되어야 한다는 취지의 좋은 글을 소개하고자 한다. "정권이 바뀔 때마다 전시용으로 제안되는 문화정책이 아니라 시민들이 체감할 수 있는 문화정책이 수립되기 위해서는 정책입안자나 전문가에 의해 정해지는 것이 아니라 다양한 계층의 시민들의 요구가 반영되어야 한다. 이를 위해서는 예술경영자와 시민들 간 소통, 그리고 문화정책을 담당하는 정치가·전문가들의 소통이 지속적으로 이루어져야 한다. 문화예술이 공공선(公共善)을 지향하면서 사회적 합의를 이끌어내는 열린 공감의 장이 되기 위해서는 시민들이 문화 형성의 주체가 되고 정부는 이를 지원하고 보조하는 역할을 수행하여야 한다. 문화정책의 핵심은 시민의 자발성을 유도하는 민주적인 사업운영과 공적인 가치를 중심에 두어 문화자본이 배제의 요소가 아닌 소통의 기반이 되도록 공공성을 구현하는데 있다. 예술을 향유하고 문화형성에 참여하는 것은 모든 시민이 누려야 하는 기본적인 권리라는 문화권에 대한 인식이 문화정책의 근간이 되어야 한다. 이를 위해서는 우리 삶에서 문화예술의 가치와 역할에 대한 성찰과 논의가 활성화되어야 할 것이다."[1]

문화권의 기반이자 내재적 특성이 바로 문화공공성과 문화다양성이다. 문화공공성은 '공유로서의 문화권'과 문화다양성은 '차이로서의 문화권'과 밀접하게 연계되어 있다.

【원제: 문화공공성과 문화다양성을 제고하기 위한 법적 과제】
1) 곽정연, "문화정책이 나아갈 길, 문화 민주주의" 「미래정책FOCUS」 제107 가을호 참조.

〈복합문화시설로 탈바꿈한 서울 강남구 한 책방의 모습〉

출처: 이데일리DB

문화공공성과 문화다양성이 공법의 중요한 화두로 등장하고 있다. 우리 「헌법」이 지향하는 문화국가에 있어서 문화란 '자율성ㆍ개별성ㆍ고유성ㆍ다양성ㆍ개방성ㆍ창조성'을 그 본질적 속성으로 한다. 종래 공법학의 대상으로서의 문화개념은 좁은 의미로 이해되어 왔는데, "국가에 대하여 특별한 관계에 있는 특정한 정신적ㆍ창조적 활동용역(교육, 학문, 예술, 종교 등)의 집합"이라고 설명한다.2) 「문화기본법」은 문화(Culture)를 "문화예술, 생활양식, 공동체적 삶의 방식, 가치 체계, 전통 및 신념 등을 포함하는 사회나 사회 구성원의 고유한 정신적ㆍ물질적ㆍ지적ㆍ감성적 특성의 총체"라고 정의하고 있다(제3조).

우리나라 문화법정책에 있어서 문화에 대한 이해는 문화법정책을 총괄하는 문화체육관광부의 문화산업국이 신설된 1995년까지는 문화=문화예술=예술, 1995년부터 2001년까지는 문화=산업, 2002년부터 2005년까지는 문화=콘텐츠로 인식되었지만, 2006년부터는 문화=삶의 총체적인 방식으로 전환되었다.3) 문화를 삶의 총체적인 방식으로 이해하려는 노력은 시민사회가 중심이 되어 2006년 5월 제정ㆍ공포한 '문화헌장'을 통해 그 모습을 드러내었고, 박근혜 정부의 출범과 더불어 '문화 융성'이 경제부흥, 국민행복, 평화통일 기반구축과 함께 새 정부의 국정기조로 제시되면서 문화공공성과 문화다양성이 중요시되었다.

그에 따라 문화공공성과 문화다양성 관련 법령들이 본격적으로 정비되고 있다. 따라서 현 시점에서 문화공공성과 문화다양성 관련한 법제를 종합적이고 체

---

2) 성낙인, 「헌법학」 제4판(법문사, 2014), 350쪽; 전광석, 「헌법학」 제9판(집현재, 2014), 146쪽; 이인호, "문화에 대한 국가개입의 헌법적 한계" 「공법연구」 제43집제1호(한국공법학회, 2014. 10), 2쪽 등.
3) 김창규, "문화국가 구현을 위한 문화분권의 과제" 「공법연구」 제42집제4호(한국공법학회, 2014. 6), 152쪽.

계적으로 검토할 필요성이 있다. 또한 각 문화관련 법령간의 체계정합성을 검토
하고 확보하는 문제도 중요하다. 다만, 이 글에서는 문화관련법령들의 분석을 통
해 문화국가원리의 본질적 요청으로서의 문화공공성과 문화다양성을 제고하기 위
한 법적 과제를 도출하는 데에 집중하고자 한다.

Ⅱ. 문화공공성과 문화다양성의 법적 의의

문화공공성(Cultural publicness)을 이해하기 위해서는 선결적으로 '공공성'에 대
한 이해가 있어야 한다. 문제는 공공성이라는 말을 사용하고 있는 일반 시민들
사이에, 심지어 학자들 사이에도 그 의미에 대한 최소한의 명시적 또는 묵시적
합의가 존재한다고 말하기 어렵기 때문에 공공성은 그저 수사적 개념으로 사용되
고 있을 뿐이라는 인상을 지울 수 없으며 공공성이 이른바 '개념의 인플레이션'이
라는 함정에 빠질 수 있다는 것이다.[4] 공공성개념은 선험적인 것이라기보다는 특
정 상황에서 공동체의 집단적 선택과 의지가 개입되는 정치적 투쟁의 공간으로
해석되어 진다.[5] 공공성을 정의할 때 ① 공적인 것(Official), ② 모든 사람들과 관
계된 공통적인 것(Common), ③ 누구에게나 열려 있는 것(Open), 다시 말해, 많은
사람들이 접근 가능하고, 또 많은 사람들을 위한 특성을 갖는 것을 공공성의 핵
심으로 보는 견해가 있고[6], 공공성을 '자유롭고 평등한 시민이 공개적인 의사소
통의 절차를 통하여 공공복리를 추구'하는 속성이라고 정의하는 견해도 있다.[7]
생각건대, 두 견해간에 본질적인 차이를 찾기는 어렵다. 그런 측면에서 저자는 문
화공공성을 "문화가 사회구성원 전체에 관련되고 문화행정조직과 문화예산을 토
대로 하여 국민들이 문화생활에의 참여와 향유, 문화 창작 및 전파를 자유롭게
하고 공개적인 문화의 장의 형성과 의사소통의 절차를 통하여 공공복리를 추구하
는 것"이라고 정의하고자 한다.

공공성은 일반적으로 사적 이익이나 권리에 대립되는 개념, 혹은 특수이익의
공익에로의 전화(轉化)를 보장하는 허위적 공공성의 참칭개념(僭稱槪念)으로서 등장
하는바, 전통적 행정법 등의 이론적 테두리 속에서의 공공성 개념이라는 것은 그

---

4) 조한상, 「공공성이란 무엇인가」(책세상, 2009), 15-16쪽.
5) 이주하, "민주주의의 다양성과 공공성: 레짐이론을 중심으로"「행정논총」제48권제2호, 147쪽.
6) 공공성의 3요소로 인민, 공공복리, 공개성을 드는 것도 같은 맥락이라 할 수 있다. 조한상,
앞의 책, 21쪽.
7) 조한상, 앞의 책, 34쪽 참조. 이 책에서는 '시민'이 아닌 '인민'이라고 한다.

내용을 구체적으로 확정하지 않은 채 사용되었고, 그런 까닭으로 행정법의 해석 이론의 형성에 있어서 마치 '블랙박스'(black box)처럼 공공성개념이나 공익개념을 논할 뿐, 그 구체적 확증을 방치해온 결과 재판에 의한 통제론이나 행정청의 행위규범론으로서도 극히 불충분하였다는 견해가 있다.[8] 현대행정에 있어서의 공공성 또는 공익의 분석이 현대행정이 수행해야 할 가치실현을 위해 불가결한 것이라고 한다면 그것은 궁극적으로는 행정에 있어서의 헌법적 가치의 실현을 의미하는 것이라고 할 수 있다. 즉, 각각의 개별행정영역에 상응한 인권의 가치서열을 헌법적 원리를 바탕으로 도출함으로써 구체적인 이해조정자체를 법적 · 규범적 논리에 입각하여 평가해 나가는 것이 강력히 요구된다. 따라서 행정의 공공성론은 절차적인 통제의 대상으로서 그칠 것이 아니라 실체적으로도 헌법적 가치의 구체화로서 규범적 평가 · 분석의 대상이 되지 않으면 안 된다.[9]

「문화다양성의 보호와 증진에 관한 법률」(약칭: 문화다양성법)은 문화다양성(Cultural diversity)을 "집단과 사회의 문화가 집단과 사회 간 그리고 집단과 사회 내에 전하여지는 다양한 방식으로 표현되는 것을 말하며, 그 수단과 기법에 관계없이 인류의 문화유산이 표현, 진흥, 전달되는 데에 사용되는 방법의 다양성과 예술적 창작, 생산, 보급, 유통, 향유 방식 등에서의 다양성을 포함한다"라고 정의하고 있다(제2조제1호). 「문화다양성법」상 문화다양성 정의는 "문화적 표현" 측면에 치중하여 보편적인 개념적 이해와는 다소 괴리를 보이고 있어 검토를 요한다. 일반적으로 문화다양성은 언어나 의상, 전통, 사회를 형성하는 방법, 도덕과 종교에 대한 관념, 주변과의 상호작용 등 사람들 사이의 문화적 차이를 포괄하는 개념으로 사용된다.[10] 연혁적으로 문화다양성개념은 생태학분야에서의 '생물다양성'에서 비롯된 것으로 소극적으로는 특정 민족, 유적, 유산을 보존하고 관리하는 것이고, 적극적으로는 새롭게 떠오르고 창조되는 문화들을 적극적으로 수용하고 함께 공존할 수 있도록 여건을 마련함으로써 열린 문화를 지향하는 것으로 본다.[11] 이러한 맥락에서 문화다양성은 얼마나 다양한 문화가 존재하는가 하는 수적인 차원을 넘어 사회적 약자와 소수자의 문화적 권리를 얼마나 보장할 수 있는가 하는 보다 근본적인 문제에 관련된다.[12]

---

8) 서원우, 「전환기의 행정법이론」(박영사, 1997), 76−77쪽 참조.
9) 서원우, 앞의 책, 84−85쪽 참조.
10) 위키백과 참조.
11) 김창규, 앞의 글, 149쪽 각주4) 참조.
12) 홍경자, "세계화시대의 문화다양성에 대한 해석학적 문제들"「해석학연구」제29집(한국해석

생각건대, 문화공공성은 "문화가 사회구성원 전체에 관련되고 문화행정조직과 문화예산을 토대로 하여 국민들이 문화생활에의 참여와 향유, 문화 창작 및 전파를 자유롭게 하고 공개적인 문화의 장의 형성과 의사소통의 절차를 통하여 공공복리를 추구하는 것"이고 문화다양성은 "언어나 의상, 전통, 사회를 형성하는 방법, 도덕과 종교에 대한 관념, 주변과의 상호작용 등 사람들 사이의 문화적 차이를 포괄하는 개념"으로 사용되기 때문에, 양자는 구별되는 개념으로 보아야 한다.

Ⅲ. 헌법상 문화국가원리와 문화공공성과 문화다양성

1. 문화국가원리의 의의

문화국가란 문화의 자유와 평등이 보장되고, 국가의 적극적 과제로서 문화의 보호와 육성이 실현되는 국가를 말한다.[13] 헌법학자들은 문화국가개념에 대해 대체로 긍정적으로 평가하고 있으며[14] 헌법재판소도 여러 결정에서 건국헌법 이래 문화국가원리를 헌법의 기본원리로 채택하여 왔다고 판시하고 있다.[15] 헌법학자들[16]과 헌법재판소가 드는 논거는 대체로 다음과 같다. 첫째, 헌법 전문(前文)은 "유구한 역사와 전통에 빛나는"에서 출발하고 있다. 둘째, 총강에서 민족문화의 창달조항을 규정하고 있다(제9조). 셋째, 대통령의 취임선서에서 "민족문화의 창달에 노력한다"고 규정하고 있다. 넷째, "국가는 전통문화의 계승·발전과 민족문화의 창달에 노력하여야 한다"고 규정하고 있다(제9조). 다섯째, 교육조항에서 "국가는 평생교육을 진흥하여야 한다"(제31조 제5항)고 하여 국가의 문화책임을 강조하고 있다. 여섯째, 문화국가의 실현에 필요한 정신적 기본권으로서 양심의 자유(제19조), 종교의 자유(제20조), 언론·출판의 자유(제21조), 학문과 예술의 자유(제22조) 등을 규정하고 있다. 일곱째, 헌법재판소는 헌법 제36조제1항의 혼인과 가족의 보호 또한 "헌법이 지향하는 자유민주적 문화국가의 필수적인 전제조건"이라고 판시하고 있다.[17]

학회, 2012), 143쪽 참조.
13) 김수갑, 「헌법상 문화국가원리에 관한 연구」(고려대학교 박사학위논문, 1993), 14쪽 이하.
14) 이에 대해 본질적으로 문화가 자율적인 사회영역에 속하는 것을 인식하지 못하고 여전히 국가의 문제로 보려는 것 자체가 문화국가개념이 안고 있는 근본적인 문제라고 비판하는 견해도 있다. 정종섭, 「헌법학원론」 제9판(박영사, 2014), 245쪽.
15) 대표적으로 헌재 2004. 5. 27. 2003헌가1등.
16) 김철수, 「헌법학신론」 제20전정신판(박영사, 2010), 118-119쪽; 허영, 「한국헌법론」 전정6판(박영사, 2010), 172-173쪽 참조.
17) 헌재 2004. 5. 27. 2003헌가1등.

2. 문화국가원리와 국가의 문화정책의 상관성

문화국가원리는 국가의 문화정책과 불가분의 상호관계에 있다. 국가와 문화의 관계에 대해서 '국가는 문화의 자율성을 보장하는 한편으로 또한 적극적으로 문화를 지원하고 육성해야 한다'는 기본관점을 가지고 있는 것으로 본다.[18] 따라서 문화국가의 헌법적 과제로 대체로 ① 문화적 자율성의 보장, ② 문화의 보호·육성·진흥·전수, ③ 문화적 평등권의 보장을 들고 있다.[19]

국가가 문화정책을 추진하는데 있어서는 연혁적으로 세 가지 서로 다른 사상에 의해서 지배되어 왔다고 한다.[20] 초기자유주의사상이 지배하던 시대에는 국가의 문화불간섭정책을, 그 반대로 국가절대주의사상이나 헤겔(Hegel)의 국가관이 지배하던 시대에는 국가의 적극적인 문화간섭정책을 당연한 것으로 인식했다. 오늘날에는 국가가 모든 문화현상에 대해서 철저하게 '불편부당의 원칙'을 지켜서 어떤 문화현상도 이를 우대하거나 선호하는 경향을 보이지 않는 것이 가장 바람직한 문화정책으로 평가받고 있다.[21] 즉 그것은 적어도 문화국가원리를 실현하기 위해서는 문화현상이 결코 국가적 간섭이나 규제의 대상이 되어서는 아니 되고 사회의 자율영역에 맡겨져야 한다는 것을 뜻하는 것으로 이해하고 있다.

대부분의 현대국가는 문화현상의 자율성은 존중하면서도 문화국가를 위한 문화정책을 하나의 문화복지정책의 차원에서 파악하고, 모든 문화현상에 대해서 국민에게 균등한 참여기회를 보장해 주기 위해서 문화·교육단체의 조직과 활동이 민주적으로 이루어질 수 있도록 최소한의 규제와 간섭을 하는 것이 보통이다. 따라서 문화국가에서의 문화정책은 그 초점이 '문화' 그 자체에 있는 것이 아니고 '문화'가 생겨날 수 있는 '문화풍토'를 조성하는데 두어져야 한다.[22] 헌법재판소가 제시하는 문화국가원리를 이해하는 4가지 해석지침으로는 ① 우리 헌법이 지향하는 문화국가에 있어서 문화란 '개별성·고유성·다양성·개방성'을 그 본질적 속성으로 한다. ② 문화가 꽃피우기 위해서는 '사회의 자율성과 사상의 다양성'이 불가결의 조건이다. ③ 국가의 과제는 이러한 문화가 생겨날 수 있는 문화풍토 조

---

18) 문화의 '자율성 보장'과 '적극적 지원·육성'의 양립가능성의 논쟁에 대해서는 이인호, 앞의 글, 4쪽. 부정적인 견해로는 정종섭, 앞의 책, 244~245쪽 참조.
19) 이인호, 앞의 글, 3쪽.
20) 허 영, 앞의 책, 171쪽.
21) 헌재 2004. 5. 27. 선고, 2003 헌가 1 참조.
22) 허 영, 앞의 책, 172쪽.

성에 있다. ④ 문화지원 또는 문화풍토의 조성에 있어서 특정 문화현상을 선호하
거나 우대하지 않는 불편부당의 원칙이 준수되어야 한다.[23] 이러한 문화국가원리
의 해석지침은 문화공공성을 당연한 전제로 한 것으로 보아야 할 것이다. 그것은
문화공공성은 개별성·고유성·다양성·개방성과 같은 문화의 본질적 속성이기 때
문이다.

3. 문화국가원리에 따른 국가개입의 기준과 한계문제

문화국가는 문화의 자유와 평등이 보장되고, 국가의 적극적 과제로서 문화의
보호와 육성이 실현되는 국가를 말하기 때문에 문화공공성과 문화다양성을 제고
하기 위해서 국가개입이 불가피한 경우가 있을 수 있다. 프랑스의 퐁티에 교수는
프랑스의 경우나 다른 국가에서도 공권력은 문화에 대해 무관심할 수는 없으며
자신들이 개입해야 할 영역으로 보면서 문제는 국가가 문화와 관련해 어떤 것을
해야 하고, 어떤 것들을 해서는 안 되는 것인가를 판단하기는 어렵다는 점에 있
다고 한다. 왜냐하면 예술적 가치가 있는 문화유산과 같이 공권력의 개입에 이론
(異論)의 여지가 없는 부분이 존재하기 때문이라고 한다.[24] 국가가 주도하는 문화
정책이나 문화에 대한 권리의 인정은 문화적 활동뿐만 아니라 진정한 문화법의
발전에 중대한 영향을 가져다준다. 행정법과 예술의 일부가 되는 문화와의 접근
은 전혀 우연이나 인위적인 것이 아니다. 행정법은 자신이 가지고, 유지하고, 보
호해야 하는 공익을 통해 정당화된다. 그런데 어떤 식으로 예술에 대한 정의를
내리든간에 예술은 하나의 공적인 유용성을 나타내며, 공공의 유용함을 나타내는
문화적 활동형식이 존재하기 때문에 문화적인 성질을 가지는 공공서비스 활동이
존재한다고 한다.[25]

그러나 이 문제는 필연적으로 문화국가원리에 따른 국가개입의 원리적 한계
문제를 제기하게 된다. 이와 관련하여 이인호 교수는 문화국가의 핵심원리로서
'문화의 자율성 보장'을 들고, ① 문화정책의 수립과 집행에 있어서 국가의 중립
성 원칙의 요구, ② 문화적 다양성에 대한 국가의 관용의 원칙의 요구, ③ 문화적

23) 이인호, 앞의 글, 5쪽 참조.
24) 우리 헌법에는 명시적인 규정이 없지만, 국가는 문화유산을 보호하여야 하는 의무를 지며 이
   는 국가목표규정으로서의 성질을 가지는데, 이러한 내용은 헌법 제9조에서 도출할 수 있다고
   보는 견해가 있다. 정종섭, 앞의 책, 251쪽.
25) 장-마리 퐁티에(전훈 역), "문화적 서비스" 「공법연구」 제35집제2호(한국공법학회, 2006.
   12), 514쪽 참조.

자유권 내지 정신적 자유권에 대한 최대보장의 원칙의 요구를 문화에 대한 국가 개입의 원리적 한계로 들고 있다.[26]

'문화의 자율성 보장' 측면에서 국가개입의 원리적 한계가 명확하게 지워지는 것과는 달리 문화공공성과 문화다양성은 '문화의 공익성 보장' 측면에서 국가개입 의 필요가 어느 정도 요청되는 것이 아닌가 생각한다. 즉, 국가는 헌법의 정신에 부합하지 않는 '사회의 정신적 흐름'에 대하여 대응해야 하고, 사회의 비합리적 요청이나 위헌적인 관습과 만난다면 이를 다른 방향으로 유도하고자 시도할 수 있다. 가령, 문화가 헌법의 가치질서에 명백히 반하는 방향으로 발전하는 경우에 는 국가는 이러한 잘못된 방향에 제동을 걸고 다시 헌법에 부합하는 방향으로 유 도하고자 시도할 수 있다.[27]

Ⅳ. 현행 문화공공성과 문화다양성 관련 법제 현황 및 분석

헌법상 문화국가원리를 실현하기 위해서는 문화현상이 결코 국가적 간섭이나 규제의 대상이 되어서는 아니 되고 사회의 자율영역에 맡겨져야 한다. 그러나 대 부분의 현대국가는 문화현상의 자율성은 존중하면서도 문화국가를 위한 문화정책 을 하나의 문화복지정책의 차원에서 파악하고, 모든 문화현상에 대해서 국민에게 균등한 참여기회를 보장해 주기 위해 노력하고 있다.[28] 이러한 논의의 중점에 문 화공공성과 문화다양성이 자리하고 있다.

1. 문화공공성 관련 법제 현황 및 분석

공공성을 형식적 차원에서의 공공성, 내용적 차원에서의 공공성, 과정적 차원 에서의 공공성으로 유형화하여 이해하는 견해가 있다.[29] 이를 문화와 연결하면 형식적 문화공공성, 내용적 문화공공성, 과정적 문화공공성으로 재구성할 수 있 을 것이다. 형식적 문화공공성은 문화예산과 행정조직을 주요내용으로 하고, 내 용적 문화공공성은 문화생활에의 참여와 향유, 문화 창작과 전파, 문화적 소양을 위한 교육, 문화적 실천의 확대 등을 주요내용으로 하고, 과정적 문화공공성은 의

---

26) 이인호, 앞의 글, 9쪽 이하 참조.
27) 이인호, 앞의 글, 9쪽 참조.
28) 허영, 앞의 책, 172쪽 참조.
29) 이병량, "문화정책과 공공성" 「한국거버넌스학회보」 제18권제3호(제11. 12), 133-141쪽 참조.

사소통의 장 또는 공론장의 형성의 전제 조건으로서 문화와 관련된 행정절차 및 정보의 공개 등을 주요내용으로 한다.

(1) 형식적 문화공공성

1) 형식적 문화공공성의 의의   공공성 개념의 핵심을 이루는 것은 정부적 (governmental)이라는 말이다. 공공성 개념에 대한 다의적(多義的) 이해에도 불구하고 정부적인 것, 즉 정부와 행정기관이 수행하는 역할과 관련을 맺고 있다. 정부와 관련된 것으로 공공성의 개념을 정의하는 것은 공공성의 행위주체가 누구인지, 또 그것이 어떤 방식으로 구현되고 있는지를 보여주는 것으로 이를 형식적 공공성이라고 정의할 수 있을 것이다.[30] 그것은 주로 문화예산과 문화행정조직으로 나타난다.

2) 구체적 기준과 내용

가. 구체적 기준   형식적 문화공공성은 재화의 성격 자체가 공공재로서의 속성을 지니고 있다는 점보다는 정부나 행정 차원에서의 문화적 재화의 공급이 필요하다는 사회적 선택에 근거하는 것으로 본다.[31][32] 구체적으로 정부가 공공재로서 공급하는 재화가 무엇인지 일일이 열거하기보다는 정부가 문화에 대해 쓰는 예산의 규모와 문화관련 정부부처의 조직의 변화과정에 대한 분석을 통해 형식적 문화공공성의 수준을 확인하는 것이다.

나. 구체적 내용

① 문화행정예산   광의의 '문화' 예산이란 문화 영역에 소요되는 재원 전체를 의미한다. 따라서 국가 예산을 "일정 기간에 있어 국가의 수입과 지출의 예정된 계획"을 의미하는 것이라고 볼 때, 한 국가의 문화 예산이란 "일정 기간 동안에 한 국가가 문화 영역에 지출할 목적으로 수립한 수입과 지출의 예정된 계획"이라고 할 수 있다. 여기에는 문화를 인간의 정신적·지적 활동의 결과로 나타나는 모든 활동의 총체로 규정하며 이를 위한 재정계획의 범위는 무한히 확대된다. 한편, 협의로 문화예산을 규정할 경우 예술을 중심으로 하는 분야의 재정계획으로 문화예산이 포괄하는 범위는 매우 축소될 수밖에 없다.[33] 우리나라에서는 "문화체육관광부 예산 가운데 체육 분야를 제외하고 문화재청의 예산을 합한 예산"

---

30) 이병량, 앞의 글, 121－122쪽 참조.
31) 임학순, 「창의적 문화사회와 문화정책」(진한도서, 2003), 74쪽 참조.
32) 현진권, "공공성에 대한 경제학적 분석", 「공공성: 공공성에 대한 다양한 접근」(미메시스, 2009), 70－79쪽 참조.
33) 정홍익·이종열·박광국·주효진, 「문화행정론」(대영문화사, 2008), 85쪽.

을 문화예산으로 보고 있는 것이 일반적이다.

　　정부 차원에서 문화예술의 중요성을 인식하고 본격적으로 지원체제를 갖춘 시기는 1990년 「정부조직법」 개편에 따른 문화부의 발족부터이다. 당시 문화예산 규모는 정부재정 규모 31조 8,823억 원의 0.38%인 1,218억원으로 현재와 비교할 때 매우 미미한 수준이라 할 수 있으나, 정부 차원의 본격적인 문화예술 육성과 지원 토대가 마련되었다는 점에서 그 의의를 찾아 볼 수 있다.[34] 참고로 2014년 문체부 예산 및 기금(안)이 2014년 정부안(4조 3,384억 원) 대비 840억 원 증액된 4조 4,224억 원 규모였으며 2015년 정부 예산·기금 운용계획 중 문체부의 재정규모는 올해 4조 4,224억원에 비해 10.2% 증가한 4조 8,752억원으로 책정됐다.

　　② 문화행정조직　　「정부조직법」에 따라 문화관광체육부가 설치되어 문화행정을 총괄하고 있다. 박근혜 정부 들어 「문화융성위원회의 설치 및 운영에 관한 규정」(대통령령)이 제정되었는데, 특징적인 것은 국민 개개인의 문화적 권리를 보장하고, 우리 사회에 문화의 가치와 위상을 제고하는 것을 목적으로 한다는 점이다(제1조). 한편 법령과 자치법규에 따라 설치되는 지방문화행정조직은 독보적이지 못하다는 평가를 받고 있으며 지방자치단체에 의한 문화행정과 지방문화원, 박물관, 미술관, 문화예술회관, 문화사업자단체에 의한 문화행정으로 이루어진다.

　　문화행정조직의 변천과정의 특징은 다음과 같다. 첫째, 우리나라의 문화행정조직은 수평적인 측면에서는 분화와 통합을 거듭하면서 21세기 선진국 문화행정조직이 지향하고 있는 비전이나 목표를 어느 정도 구체화하려고 노력했다. 적어도 소극적인 의미에서 문화행정조직을 통해 주체성, 창의성, 형평성, 경제성 등을 추구하고자 했다. 이러한 비전은 제1공화국 때부터 오늘날까지 문화기반 시설 마련, 문화유산 보존, 전통문화 보존, 문화 향수 기회 확대, 예술가에 대한 창작 지원, 문화산업화, 문화관광 육성, 그리고 문화의 정보화 등을 통해 꾸준히 추진되어 왔다. 둘째, 문화조직의 변천과정을 분석해 보면 대체로 점진적 변화를 겪어왔으나 간헐적으로 급격한 변화를 보이기도 했다. 대표적인 것이 바로 1990년에 문화부가 설립되었다는 것이다. 이로써 우리나라는 문화행정조직이 정부권력 홍보의 굴레에서 벗어나 비로소 선진국 수준의 문화행정을 펼칠 수 있게 되었다. 이것이 하나의 계기가 되어 우리나라는 이후 문화와 체육의 통합, 문화와 관광의 통합에 기초한 시너지 효과를 통해 문화행정이 다른 정부정책을 선도할 수 있는

---

34) 정홍익·이종열·박광국·주효진, 앞의 책, 87쪽.

위치를 점할 수 있게 되었다.[35)

(2) 내용적 문화공공성

1) 내용적 문화공공성의 의의   공공성 개념을 형식적으로 규정하여 '정부적'인 것으로 이해하는 것은 공공성의 주체가 누구인지를 보여주고 있는 반면 공공성의 내용이 무엇인지를 보여주고 있지는 않다. 공공성은 사적 영역을 통해서는 실현되기 힘든 무엇인가 규범적으로 '좋은 상태'라는 내용을 의미하고 있다는 것이다. 이처럼 공공성이 무엇인지를 말해주는 개념 규정을 내용적 차원으로서의 공공성이라고 정의할 수 있다.[36) 여기서 공공성의 내용은 이론적인 수준에서는 공익, 형평, 정의, 인권 등의 추상적인 개념으로 정의되고 있고, 구체적인 정책이나 정책 영역에 대한 분석에서는 해당 정책이나 정책 영역에서 추구하려는 가치와 관련하여 매우 다양하게 정의되고 있다. 즉 문화정책에 있어서 내용적 차원의 공공성은 문화정책이 추구하려는 가치에 근거하여 구성되어야 한다.[37)

2) 구체적인 기준과 내용

가. 구체적인 기준   내용적 문화공공성은 민간에 대한 정부의 개입 자체로 달성되는 것이 아니라 이를 통해 무엇인가 좋은 결과를 얻었을 때 획득하는 것으로 본다. 구체적으로 문화의 영역에서는 문화권의 확대가 내용적 공공성의 달성 여부에 대한 판단의 기준이 될 수 있다. 문화권이란 "모든 국민은 성별, 종교, 인종, 세대, 지역, 사회적 신분, 경제적 지위나 신체적 조건 등에 관계없이 문화 표현과 활동에서 차별을 받지 아니하고 자유롭게 문화를 창조하고 문화 활동에 참여하며 문화를 향유할 권리"(문화기본법 제4조)를 말한다.

그렇지만 문화권의 달성을 구체적으로 측정하고, 평가할 수 있는 지표나 기준이 무엇이 될 수 있을지에 대해서는 고민이 필요하다. 문화권의 달성을 구체적으로 측정하고, 평가할 수 있는 구체적인 지표나 기준으로는 일반적으로 ① 문화생활에의 참여와 향유, ② 문화 창작과 전파, ③ 문화적 소양을 위한 교육, ④ 문화적 실천의 확대 등을 들고 있다.[38) 여기에 ⑤ 문화전문인력의 양성, ⑥ 문화

---

35) 정홍익·이종열·박광국·주효진, 앞의 책, 78-79쪽.
36) 이병량, 앞의 글, 123쪽.
37) 이병량, 앞의 글, 124쪽 참조.
38) 문화생활에의 참여와 향유, 문화적 소양을 위한 교육과 관련하여 정부의 주무부처에서 1980
   년 말 이후 정기적으로 수행한 문화향수 실태 조사자료 - ① 문화생활에의 참여와 향유: 문학
   행사, 미술전시회, 클래식음악회/오페라, 전통예술공연, 연구(뮤지컬)공연, 무용, 영화, 대중가요
   콘서트/연예 등, ② 문화교육 경험: 문학, 미술, 서양음악, 전통예술, 무용, 연극, 영화, 가요/연
   예, 역사문화유산 등 - 를 근거로 문화영역에서 내용적 차원으로서의 공공성이 어떤 상황인가

표현과 활동에서의 차별금지도 포함될 수 있을 것이다. 이러한 내용적 차원에서의 문화공공성은 보편성의 원칙에 따라 실현되어야 하는 것으로 논의되고 있다. 이는 문화권, 즉 문화의 영역에서 추구하여야 할 내용적 차원의 공공성에 형평성과 정의의 원칙이 적용되어야 함을 시사하고 있다.

　　나. 구체적인 내용　　첫째, 문화생활에의 참여와 향유에 관해 규정하고 있는 대표적인 법제로는 문화 진흥을 위한 조사·연구와 개발에 대해 규정하고 있는 「문화기본법」, 문화소외계층의 문화예술복지 증진 시책 강구에 대해 규정하고 있는 「문화예술진흥법」 및 시민의 문화예술 접근성을 높이기 위한 정책을 수립·시행하도록 규정하고 있는 「서울특별시 문화도시 기본조례」 등이 있다. 둘째, 문화 창작 및 향유, 그리고 전파에 대해 규정하고 있는 대표적인 법제로는 문화예술 창작 및 향유 활동을 활성화하기 위해 도서나 문화예술 재화·용역의 구입을 주된 사용 목적으로 하는 상품권을 인증하고, 그 사용을 촉진할 수 있는 방안을 강구하도록 규정하고 있는 「문화예술진흥법」, 여성친화적 문화예술 활성화를 위한 전시·공연 등 공간 지원 등을 규정하고 있는 「서울특별시 여성관련시설 설치 및 운영에 관한 조례 시행규칙」 등이 있다. 셋째, 문화적 소양을 위한 교육에 관해 규정하고 있는 대표적인 법제로는 문화강좌 설치에 대해 규정하고 있는 「문화예술진흥법」, 문화예술교육의 기본원칙과 지원방안, 그리고 문화적 취약계층의 보호·지원 방안 등을 규정하고 있는 「문화예술교육 지원법」 등이 있다. 넷째, 문화적 실천의 확대 − 기반형성 및 국제교류에 대해 규정하고 있는 대표적인 법제로는 「인쇄문화산업 진흥법」, 「출판문화산업 진흥법」, 「아시아문화중심도시 조성에 관한 특별법」 등이 있다. 다섯째, 문화전문인력의 양성에 대해 규정하고 있는 대표적인 법제로는 「문화기본법」, 「문화예술진흥법」, 「인쇄문화산업 진흥법」, 「출판문화산업 진흥법」, 「잡지 등 정기간행물의 진흥에 관한 법률」 및 「전통무예진흥법」 등이 있다.

　　(3) 과정적 문화공공성

　　1) 과정적 문화공공성의 의의　　최근의 논의는 공공성의 형식과 내용이 참여의 과정과 이를 통한 공공 의사의 결정을 통해 이루어졌을 때 공공성이 개념적·실질적으로 완성된다고 보는 관점을 내포하고 있다. 이는 형식적 차원의 공공성이 결과로서의 좋은 상태로 바로 연결되지 않을 수 있다는 점에 주목한 것이다. 이

를 평가하고 있다.

에 대한 대안적 논의는 공공성의 내용을 합의하는 과정에 대한 논의로 이어지게
된다. 즉 다양한 의견과 이해관계를 가진 사회 구성원이 이에 대해 논의하고 합
의를 이루어내는 과정으로서 참여와 이를 보장할 참여의 장을 구성하는 것이 공
공성 개념의 한 차원을 형성하게 된다는 것이다.[39] 문화는 문화권의 구현을 통해
다양한 삶의 존재를 인정하고, 이를 바탕으로 한 관용과 토론이 제도화되고 실질
화되는 정치적 과정으로 연결될 수 있다. 그러나 원리로서 문화나 문화의 가치가
이와 같은 의의와 규범적 지향을 가지는 것과 같이 이것이 구체적인 현실을 통해
서 구현되는 것은 다른 문제이다. 이는 문화 또는 문화정책의 영역에서 실제로
다양한 이해관계와 이념적 지향을 지닌 다양한 사회적 구성원들이 자신들의 이해
와 이념적 지향을 투영할 수 있는 의사소통의 장을 가지고 있는지의 여부로 판단
할 수 있을 것이다.

  2) 구체적 기준과 내용

  가. 구체적 기준   과정적 차원에서의 공공성은 문화 또는 문화정책의 영역에
서 실제로 다양한 이해관계와 이념적 지향을 지닌 다양한 사회적 구성원들이 자신
들의 이해와 이념적 지향을 투영할 수 있는 의사소통의 장을 가지고 있는지의 여
부로 판단하는 것이다. 또한 이러한 의사소통의 장이 단순히 제도로서 존재할 뿐
만 아니라 다양성이라는 가치가 민주주의의 실현으로 이어질 수 있는 실질적인 의
미의 정치적 공공 영역으로서 작동하고 있는지에 대한 판단도 수반되어야 한다고
본다. 이를 위한 구체적인 지표 또는 기준으로 첫째, 의사소통의 장 또는 공론장의
형성의 전제 조건으로서 관련된 정보의 공개 정도나 이와 관련된 제도의 존재 여
부 – 정보공개나 정보에의 접근의 정도, 둘째, 행정절차 등 제도로서 의사소통의
장의 형성 여부, 셋째, 이러한 제도의 실질적인 작동 여부를 들고 있다.

  나. 구체적 내용   과정적 문화공공성은 문화정보에 대한 정보공개, 정보제공
및 공론장의 형성으로 요약할 수 있고 그에 상응하는 대표적인 법제로는「공공기
관의 정보공개에 관한 법률」,「공공데이터의 제공 및 이용 활성화에 관한 법률」,
「서울특별시 열린시정을 위한 행정정보 공개 조례」,「행정절차법」,「서울특별시
주민참여 기본조례」 등을 들 수 있다.

  정보공개제도란 공공기관(특히 행정기관)이 보유하고 있는 정보를 일부 비공개
로 하여야 할 정보를 제외하고는 누구에게도 청구에 응해서 열람·복사·제공하

---

39) 이병량, 앞의 글, 124–125쪽 참조.

도록 하는 제도를 말한다. 엄격한 의미의 정보공개는 국민의 청구에 의해 공개되는 경우를 지칭하고 또한 그 공개가 의무지워지는 경우를 가리킨다. 그리고 행정기관이 적극적으로 정보를 제공하는 적극적 정보제공을 포함하여 광의의 정보공개라 할 수 있다. 행정절차의 일환으로 정보가 공개되는 경우가 있다(행정절차법 제20조, 제37조제1항, 제42조제3항).[40] 오늘날에는 공공기관이 적극적으로 정보를 제공하는 기능이 강조되고 있다. 공공정보를 적극 개방·공유하고, 부처간 칸막이를 없애고 소통·협력을 강조하는 정부3.0은 이를 반증한다. 특히 문화행정에 대한 정보공개는 국민의 문화행정참여의 전제조건이 되며, 문화행정의 민주적 통제를 가능케 하며, 인격의 실현과 국민의 행복추구에 기여하게 된다. 한편 행정절차는 문화행정의 절차적 통제, 문화행정에 대한 이해관계인 등 국민의 참여, 국민의 권익에 대한 침해의 예방 등의 기능을 갖는다.[41]

2. 문화다양성 관련 법제 현황 및 분석

(1) 문화다양성을 위한 국제적 협력

1) 문화유산의 보호와 '우리의 창조적 다양성' 보고서   문화의 섞임 현상이 두드러지면서 문화다양성을 확보하기 위한 각국 정부 또는 국제사회의 노력도 지속되고 있다. 이에 따라 유형 및 무형문화유산, 문화표현양식, 문화교류, 문화재 불법거래 영역에서 문화다양성과 문화정체성을 보호하기 위한 국제협약이나 조치들이 취해지고 있는데, 유네스코는 국제연합의 위임에 따라 이러한 규범이나 협약의 형성, 촉진과 이행에 있어서 지도적인 역할을 하고 있다. 유네스코는 1991년 총회의 결의에 의해 '문화와 개발을 위한 세계위원회'를 설립하였고, 1995년에 위원회는 '우리의 창조적 다양성(Our Creative Diversity)'이라는 보고서를 출간하였다. 이 보고서는 문화다양성을 민주사회의 전제조건으로 간주함으로써 이를 국제적으로 가장 중요한 가치기준으로 제시하였다.[42]

2) 문화의 산업화와 규범적 대응   유네스코는 1980년대에 들어와 '문화와 산업화' 현상에 주목하고 문화산업의 독점화가 문화다양성에 미치는 영향을 분석하고 그 대책을 마련하기 위한 노력을 경주하였다. 이러한 노력은 2001년의 '문화다양성선언'과 2005년 10월 20일(2007년 3월 18일 발효)의 「문화적 표현의 다양성 보

---

40) 박균성, 「행정법강의」 제15판(박영사, 2018), 461쪽.
41) 박균성, 앞의 책, 461~462쪽 참조.
42) 서헌제, 앞의 글, 320-321쪽.

호와 증진에 관한 협약(문화다양성협약)」으로 결실을 맺었다. 우리나라는 2010년 2월 25일에 열린 국회 본회의에서 협약 비준동의안을 통과시켜 2010년 6월부터 국내 발효되었다.

2001년의 '문화다양성선언'은 문화다양성이 인류공동의 유산임을 규정하고(제1조), 문화다양성의 보호가 인간존엄성의 존중과 분리될 수 없으며, 특히 소수집단과 원주민의 자유와 인권을 지키는 것을 의미한다고 주장한다(제4조).[43] 2005년의 「문화다양성협약」은 인류공통유산을 구성하는 문화간의 교류를 그 대상으로 하면서 문화의 상호작용과 상업화를 통해 세계적 차원에서 문화다양성을 유지하고 촉진하는 것을 목표로 하고 있다. 다만 문화다양성협약은 회원국에게 어떠한 의무를 부과하거나 구속력 있는 양허를 요구하지 않는 법적 구속력이 약한(soft law) 선언적 규정이 대부분을 차지한다는 한계를 가지고 있다.[44] 「문화다양성협약」은 문화컨텐츠의 사회·문화적인 상징성을 인정하고 국제법 차원에서 문화 약소국의 다양성을 보호할 수 있는 길을 열었다는 데 그 의의가 있다.

(2) 문화다양성 관련 법제 현황

문화다양성 관련 법제로는 「문화기본법」, 「문화다양성법」, 다문화 관련 법제로는 「북한이탈주민법률」, 「재한 외국인 처우 기본법」, 「다문화가족지원법」이 있고, 문화도시 관련 법제로는 「문화예술진흥법」, 「지방문화원진흥법」, 「지역문화진흥법」, 「서울특별시 문화도시 기본조례」, 「고도보존 및 육성에 관한 특별법」, 「아시아 문화중심도시법」 등이 있다.

1) 문화기본법   「문화기본법」 제2조는 "이 법은 문화가 민주국가의 발전과 국민 개개인의 삶의 질 향상을 위하여 가장 중요한 영역 중의 하나임을 인식하고, 문화의 가치가 교육, 환경, 인권, 복지, 정치, 경제, 여가 등 우리 사회 영역 전반에 확산될 수 있도록 국가와 지방자치단체가 그 역할을 다하며, 개인이 문화표현과 활동에서 차별받지 아니하도록 하고, 문화의 다양성, 자율성과 창조성의 원리가 조화롭게 실현되도록 하는 것을 기본이념으로 한다."고 규정하여 문화의 다양성, 자율성과 창조성의 원리가 조화롭게 실현되는 것을 목표로 한다. 그리고 문화정책 수립·시행상의 기본원칙에 있어서도 문화의 다양성과 자율성, 창조성의 확산을 강조하고 있다(제7조).

43) 김남국, "문화적 권리와 보편적 인권: 세계인권선언에서 문화다양성협약까지" 「국제정치논총」 제50집제1호(2010), 275쪽.
44) 서헌제, 앞의 글, 322쪽.

2) 문화다양성의 보호와 증진에 관한 법률   「문화다양성법」이 2014년 11월 29일부터 시행되었다. 이 법은 유네스코의 「문화다양성협약」 이행을 위하여 문화다양성의 보호 및 증진에 관한 정책수립 및 시행 등에 관한 기본사항을 규정함으로써 개인의 문화적 삶의 질을 향상시키고 문화다양성에 기초한 사회통합과 새로운 문화 창조에 이바지하는 것을 목적으로 한다. 「문화다양성법」은 한류 등 우리나라의 문화적 다양성이 주변국과 세계적 문화 발전에 기여할 수 있도록 할 뿐만 아니라, 우리 사회에 내포해 있는 다양한 문화갈등을 해소해 사회통합을 추구하는 데에 기틀이 될 것으로 보인다. 「문화다양성법」에서는 문화다양성 보호와 증진을 위한 국가 및 지방자치단체의 책무(제3조 제1항, 제4조). 문화다양성 보호 및 증진 기본계획 수립(제6조), 문화다양성위원회의 설치(제7조), 문화다양성 실태조사와 연차보고 및 국가보고서의 작성(제8조), 문화다양성의 날 제정과 문화다양성 보호와 증진을 위한 지원(제11조) 등을 규정하고 있다.

3) 다문화 관련 법제

가. 다문화의 의의   노동력 부족을 해결하기 위한 노동시장의 개방에 따라 본격화된 이주의 역사는 국제결혼에 따른 결혼이주여성의 증가, 북한의 정치적 박해 및 경제난으로 인한 북한이탈주민, 난민에 이르기까지 지속적으로 증가하면서 한국 사회를 급격히 다문화사회로 변모시키고 있다. 정책 차원에서도 각종 법·제도 정비 및 지원사업 확대 등 시기 압축적인 다문화사회 실험을 통해 이주자 및 북한이탈주민 및 난민 등의 한국 사회 적응과 사회 통합이라는 과제를 추진하고 있다.[45]

다문화와 직접적으로 관련되는 법률이 많은 것도 아니다. 1997년 7월 14일 「북한이탈주민의 보호 및 정착지원에 관한 법률」(북한이탈주민법), 2007년 7월 18일 「재한 외국인 처우 기본법」, 2008년 9월 22일에 「다문화가족지원법」이 제정되었다.[46]

나. 북한이탈주민 지원을 위한 법제 정비   국내에는 2014년 현재 2만 7000여 명의 북한이탈주민이 살고 있으며 우리 정부는 원칙적으로 "재외 북한이탈주민 전원수용" 입장을 천명하고 있으나, 실질적으로는 극소수의 인원만이 국내로 입

---

45) 김선미, "한국의 다문화정책과 지원사업 : 정부와 시민사회의 갈등·협력·거버넌스"「정책연구」 2011 봄호(국가안보전략연구소), 37~38쪽.
46) 김재광, "다문화 관련 법령에 관한 고찰"「한국전통정신문화와 다문화가족 사랑 실천을 위한 세미나」, 2013. 2. 28. 대한불교천태종 주최 세미나 발제문, 5~6쪽 참조.

국하게 된다. 탈북자의 방치는 향후 동아시아 지역사회 내 심각한 사회불안을 야기하고, 국제사회로부터 인도주의 실천뿐만 아니라 동북아지역의 평화와 안정을 위해서도 매우 중요하다는 점을 인식해야 한다. 또한 우리가 북한이탈주민을 어떻게 보호하고 지원했는가는 통일과정 및 통일이후 사회통합에 매우 중요한 영향을 미치게 될 것이다.[47) 지난 2005년 이후 정부에서 다문화주의 정책과 교육을 본격화하면서 북한이탈주민 문제를 다문화 관점에서 풀려는 시도가 있었으나 큰 실효는 없었다. 다문화주의의 대안으로 '상호문화주의'를 제시하며 집단의 상호관계와 일상의 소통 및 생활경험으로부터의 창발을 중시하며 사회통합을 핵심과제로 하는 상호문화주의를 통해 민주자유의 공생발전 가치와 '우리의식'이란 민족정체성의 통합력 가치를 도출해야 한다는 주장도 제시되고 있다.[48)

현행 「북한이탈주민법」상 정착지원제도로는 ① 하나원을 통한 기초 사회적응 교육, ② 정착 지원, ③ 주거 지원, ④ 사회보장 지원, ⑤ 거주지 지원, ⑥ 교육지원 등이 있다. 이 중에서 교육지원으로는 탈북 청소년 교육이 중요하다. 탈북 청소년의 취학률이 낮고 중도탈락률이 높은 것으로 나타나고 있는데, 이는 남북한 간 이질화된 교육내용과 학제의 차이(북한은 소학교가 4년, 중고등과정이 6년임), 평균 3년 이상의 긴 탈북기간으로 인한 동급생과 연령의 차이, 적응 지체, 학력 결손이 사춘기의 심리적 특성과 연계되어 일반 학교에서 적응이 어려운 경우가 상당수 있기 때문이다. 중도탈락하지 않은 탈북 청소년의 경우에도 학력 결손에 따른 학력 부진의 문제가 없지 않을 것이다.[49) 정부의 교육지원으로는 ① 학력 인정, ② 학비 지원, ③ 한겨레학교(일반학교 진학 이전의 디딤돌 학교로 기숙형 중고교 과정 통합학교) 설립, ④ 교육보호담당관제 도입, ⑤ 방과 후 학교 자유수강권 지급 및 담당 교원의 전문성 향상, ⑥ 탈북청소년 교육프로그램 개발, ⑦ 민간단체 지원 등이다.

다. 재한 외국인의 처우에 관한 법제 정비 「재한외국인 처우 기본법」은 재한외국인의 사회적응과 능력발휘를 위한 한국 국민과 재한외국인간 상호이해와 존중의 사회환경의 창출을 통해 대한민국의 발전과 사회통합 기여를 목적으로 하고 있다(제1조). 다문화에 대한 이해 증진을 위한 지원내용으로는 국민과 재한외국인이 상호 역사·문화 및 제도 이해 및 존중하도록 교육, 홍보, 불합리한 제도의 시

---

47) 윤창규, "북한이탈주민에 대한 우리의 성찰", 아주경제 2014. 12. 30일자 칼럼 참조.
48) 데일리안 2013. 3. 28일자 "탈북자정책 다문화주의 넘어 상호문화주의로" 기사 참조.
49) 유욱, "북한 이탈주민 사회적 통합을 위한 정책 과제" 「공법연구」 제36집제4호(한국공법학회, 2008. 6), 204~208쪽 참조.

정 및 필요한 조치 노력의무 부과를 들 수 있다(제18조).

라. 다문화가족 지원에 관한 법제 정비   「다문화가족지원법」은 다문화가족 구성원이 안정적인 가족생활을 영위할 수 있도록 함으로써 이들의 삶의 질 향상과 사회통합에 이바지함을 목적으로 한다(제1조). 「다문화가족지원법」은 다문화가족 지원을 위한 기본계획의 수립, 다문화가족정책위원회의 설치, 다문화가족에 대한 이해증진, 생활정보 제공 및 교육 지원, 평등한 가족관계의 유지를 위한 조치, 가정폭력 피해자에 대한 보호·지원, 의료 및 건강관리를 위한 지원, 아동 보육·교육, 다문화가족 종합정보 전화센터의 설치·운영, 다문화가족지원센터의 설치·운영, 다문화가족지원사업 전문인력 양성, 다문화가족 자녀에 대한 적용 특례 등을 주요 내용으로 한다.

4) 문화도시 관련 법제   문화도시를 "지역문화의 발전을 통하여 문화적 공동체를 이룬 지역(도시)"으로 정의하면서 그 개념요소로 ① 지역적 정체성, ② 지속가능한 지역문화의 발전, ③ 공동체적 문화정체성 형성, ④ 문화적 공유 공간 등을 드는 견해가 있다.[50] 「지역문화진흥법」은 "문화도시를 문화예술·문화산업·관광·전통·역사·영상 등 지역별 특색 있는 문화자원을 효과적으로 활용하여 문화창조력을 강화할 수 있도록 지정된 도시를 말한다"고 규정하고 있다(제2조제6호).

문화도시 조성을 위한 대표적인 법제로는 문화예술의 진흥을 위한 사업과 활동을 지원함으로써 전통문화예술을 계승하고 새로운 문화를 창조하여 민족문화 창달에 이바지함을 목적으로 하는 「문화예술진흥법」, 지역의 문화진흥기반 구축, 문화도시·문화지구의 지정 및 지원을 규정하고 있는 「지역문화진흥법」, 지방문화원의 설립·운영 및 지원에 관한 사항을 규정하여 지방문화원을 건전하게 육성·발전시킴으로써 지역문화를 균형있게 진흥시키는 데에 이바지함을 목적으로 하는 「지방문화원진흥법」 등을 들 수 있다. 그리고 문화도시를 특정하여 국가 차원에서 육성하기 위한 대표적인 법제로는 「고도보존 및 육성에 관한 특별법」, 「아시아 문화중심도시법」 등이 있다.

---

50) 정상우, "문화도시 육성을 위한 헌법적 근거와 바람직한 법체계" 「공법연구」 제41집제1호(한국공법학회, 2012. 10), 230쪽.

V. 문화공공성과 문화다양성 제고를 위한 법적 과제

1. 문화공공성과 문화다양성 제고를 위한 중앙정부와 지자체의 노력

(1) 문화분권 – 중앙정부와 지자체의 협업 및 협력 강화

문화향유권을 폭넓게 확장하여 온 국민이 문화가 있는 삶을 누려 문화로 행복하게 할 수 있도록 정책을 수립하여 추진할 필요가 있다. 그 입법조치로서 국민의 문화향유권 신장과 문화소외지역인 지역문화예술 진흥을 위한 행·재정적 지원의 근거가 되는 「문화기본법」과 「지역문화진흥법」을 제정하여 법적 제도적 장치를 마련하였다. 이것이 문화분권을 위한 법제적 노력이라고 할 수 있다. 문화분권이란 문화의 중앙집중을 분산시키고 지역 간의 문화격차를 해소하며 지역별로 특색 있는 고유의 문화를 발전시키기 위한 것이다.

우리나라 헌법 전문에는 "자율과 조화를 바탕으로 자유민주적 기본질서를 더욱 확고히 하여 정치·경제·사회·문화의 모든 영역에 있어서 각인의 기회를 균등히 하고 능력을 최고도로 발휘하게 하며, 자유와 권리에 따르는 책임과 의무를 완수하게 하여, 안으로는 국민생활의 균등한 향상을 기하고"라고 규정하고 있다. 문화국가의 원리에 따라 1988년 개정된 「지방자치법」이 문화·예술 사무를 지방자치단체의 사무로 규정함으로써 국가와 지방자치단체가 지역문화 활동을 지원할 수 있는 본격 기반이 마련된 것이다. 이어 1990년대 지방자치와 함께 밀어닥친 지방화의 물결은 지역문화정책에 쉼 없는 풀무질을 하였다. 특히 2014년 1월 제정된 「지역문화진흥법」은 문화분권의 실현을 위한 지역문화진흥에 관하여 그간 제안되었던 법정책들을 수용한 총합체를 형성하고 있다. 더 나아가 「지역문화진흥법」은 2013년 12월에 제정된 「문화기본법」의 취지를 반영하여 지역민의 삶의 총체로서 일상적 문화를 지역문화로 이해함과 동시에 문화민주주의의 실현을 지향하고 있다.51) 그러나 「지역문화진흥법」의 제정과 시행을 통하여 지역문화자치(문화분권) 즉, 주민의 자주적 참여와 주민자치의 원칙에 따라 지역문화를 진흥시킬 수 있는 법적 근거는 마련되었으나, 우리나라 지역문화의 현실은 지방자치단체와 지역민의 자율성에만 맡겨 두기에는 지역의 문화기반이 매우 취약하며 지역 간의 문화격차도 매우 크다. 또한 「지역문화진흥법」의 제정 이전부터 지금까지 「문화예술진흥법」에 따라 국가중심으로 추진되어 온 다양한 문화예술진흥정책 중 지역

---

51) 김창규, 앞의 글, 165쪽.

문화의 진흥부문에 대한 권한 및 추진체계를 어떻게 국가와 지자체에게 배분할 것인가 하는 문제를 남기고 있다. 따라서 국가는 지역문화진흥을 통한 문화분권의 실현을 위하여 거시적 전략을 마련하여 「지역문화진흥법」의 안정적 정착을 유도하고, 이를 통하여 완전한 문화분권(지역문화자치)을 달성할 수 있도록 하여야 할 것이다.[52]

(2) 입법권 분배를 통한 문화공공성과 문화다양성의 실질화

문화공공성과 문화다양성의 제고를 위해서는 법률과 조례의 기능을 분명히 하여 중앙정부와 지자체의 권한과 역할을 재구성해야 한다. 중앙정부의 개입은 보충적이어야 하고, 지자체가 자율적으로 문화공공성과 문화다양성을 적극 추진할 수 있도록 지원해야 한다. 따라서 국가와 지자체의 권한과 기능 범위 내에서 법체계를 구축해 나가야 한다.[53] 최근 입법되는 법령의 약 70% 이상이 조례 등 자치법규로 위임한 규정을 두고 있거나 그 집행을 위해서 조례 등 자치법규를 입법하고 있다. 입법된 법령에 따라 조례 등 자치법규를 입법할 때에도 그 취지에 맞게 지역문화실정에 맞고 지역문화특성이 반영되는 조례 등 자치법규가 되도록 해야 한다.

지방자치단체에서도 문화공공성과 문화다양성 관련 법령이 제정되거나 개정될 때마다 지역문화의 발전이나 주민에 도움이 되는 사항이 있는지를 점검하고, 지역의 문화발전을 위해서 조례 등 자치법규에 위임된 사항을 최대한 활용할 수 있는 입법방안을 마련해야 한다. 현행 자치법규상 문화공공성과 문화다양성 관련 사항들이 적극적으로 반영되지 않고 있는 것이 현실이다. 문화관련 법령에서는 국가와 지방자치단체의 책무를 공통적으로 규정하고 있는 경우가 많다. 그것은 문화의 보편성과 함께 지역적 특수성을 감안하면 당연한 법현상이라 할 수 있다. 향후 자치법규 입법시에 문화공공성과 문화다양성을 실질화하는 사항들이 적극적으로 입법화되어야 한다.

2. 문화공공성을 제고하기 위한 법적 과제

(1) 문화예술진흥기금의 존치 및 발전 방안

1970년대 초반 미국의 국립예술기금(NEA)을 모델로 만든 문화예술진흥기금은 「문화예술진흥법」에 근거하여 '순수예술 진흥'에 쓰도록 마련한 유일한 재원으로,

---

52) 김창규, 앞의 글, 165쪽.
53) 정상우, 앞의 글, 245쪽.

2003년도 말 문화예술기금 모금제도가 폐지[54]된 상황에서 그간 쌓아 온 기금으로 문화예술진흥 지원사업을 진행해 왔다. 지난 40년간 예술인 창작지원과 지역 문예활성화를 비롯한 분야에 모두 1조 6천억 원이 지원됐다. 문화예술진흥기금사업은 경쟁이 치열해, 전체 신청사업 중 30% 정도만 지원이 되고 있는데, 매년 약 1,000건에 300억 원 정도가 민간 문화예술단체에 지원되고 있다. 문화예술진흥기금 보조사업 규정에 따르면, 문화예술진흥기금을 교부받은 문화예술단체는 반드시 총 사업기간 종료 후 30일 이내에 보조금 정산 및 사업성과보고서를 한국문화예술위원회에 제출하여야 한다. 그러나 상당수 문화예술단체들이 지정된 기한을 넘겨 정산을 하거나 아예 정산을 외면하고 있는 것으로 드러났다.[55]

문화예술진흥기금은 2017년도에는 전액 고갈되어 예산 편성이 불가능할 지경에 이르렀다. 그러나 2017년 545억원에서 2018년 933억원으로 증액해 재원을 확충했다. 현재 재원이 고갈되어 가는 문화예술진흥기금을 폐지하고 대신 매년 문화체육관광부 일반회계(국고)로 예산을 편성해 문예 진흥 사업을 지원하는 방향으로 정책 조율이 이뤄지고 있다고 한다. 따라서 문화예술진흥기금 운용에 대한 개선방안을 모색할 필요가 있다. 첫째, 보조금 관리를 철저히 해야 한다. 현행「보조금 관리 규정」에 '지정된 기한 내에 보조사업 성과보고서를 제출하지 않은 경우 평가점수 감점 또는 향후 지원신청 제한 등을 할 수 있다'고 규정하고 있다. 따라서 사업에 대한 철저한 관리를 위해 보조사업자에 대한 강한 페널티 부여나 소송 등 좀 더 효과적인 관리 대책을 모색할 필요가 있다.[56] 둘째, 문화예술진흥기금의 존치 및 발전에 대한 새로운 방안을 모색하여야 한다. 우선 거론되는 재

---

54) 헌법재판소는 문화예술진흥기금의 징수는 문화국가주의에 위배된다고 판시하였다. 헌재결 2003. 12. 18, 2002헌가2.

55) 한국문화예술위원회가 제출한 2011년부터 2013년까지 최근 3년간의 '보조금 지원사업 집행현황' 자료를 분석한 결과, 정산보고를 하기는 했지만 사업종료 후 1년을 넘겨 보조금 정산 및 사업성과보고서를 늑장 제출한 건수가 308건(467억7천만 원)이었고, 사업이 종료되었음에도 불구하고 아예 정산 관련 서류를 제출하지 않고 정산자체를 거부하고 있는 미정산 사업건수가 242건(80억5천만 원)에 이르고 있었다. 특히, 242건의 사업 가운데 34건(15억 원)의 사업은 종료된 지 3년이 다 되도록 정산을 하지 않고 배짱을 부리고 있는 것으로 확인돼 부실한 보조금 관리의 심각성을 더해주고 있다. 대전투데이 2014년 9월 24일자 "문예진흥기금 보조금 관리 엉망 – 종료된 지 3년이 다 된 2011년 보조사업 34건 15억 원은 아직까지도 미정산 –" 기사 참조.

56) 2012년에 2억7천만 원을 보조받은 '추억을 파는 극장'단체가 2년이 다 되도록 미정산 상태임에도 불구하고 2013년 1억2천만 원, 2014년 6천만 원을 보조하는 등 한국문화예술위원회는 최근 2년간 미정산 단체가 신청한 11개 사업에 대해 보조금을 교부하는 등 보조금 관리 규정을 제대로 이행하지 않고 있는 것으로 드러났다. 대전투데이 2014년 9월 24일자 "문예진흥기금 보조금 관리 엉망 – 종료된 지 3년이 다 된 2011년 보조사업 34건 15억 원은 아직까지도 미정산 –" 기사 참조.

원 확보 방안은 문화예술진흥기금을 존속시키는 것을 전제로 한 국고의 출연이다. 「문화예술진흥법」에도 문화예술진흥기금의 재원으로 정부 출연금을 명시(제17조제1호)하고 있어 근거는 충분하다. 그러나 복지와 안전 예산의 증가로 재정 압박을 받고 있는 정부가 해마다 이 정도의 국고를 문화예술진흥기금에 꾸준히 출연할 수 있을지 의문이다. 따라서 관광과 방송통신은 문화예술을 기반으로 성장하는 산업이기 때문에 관광진흥개발기금과 방송통신발전기금 등에서 문화예술기금으로 꾸준히 출연하는 방안이 안정적이고 바람직한 것으로 보는 견해도 제시되고 있다.[57]

(2) 문화공공성의 실현으로서의 '문화가 있는 날'의 실질적 운영

문화공공성을 실현한다는 것은 모든 시민들이 누구나 편리하고 자유롭게 문화자원과 시설에 접근해 문화향유의 권리를 누릴 수 있는 환경을 조성하는 것이다. 그런 측면에서 주목되는 것이 '문화가 있는 날'이다. '문화가 있는 날'은 문화융성위원회와 문화체육관광부가 생활 속 문화 확산을 위해 2014년 1월부터 시행했다. 정부는 매달 마지막 주 수요일을 '문화가 있는 날'로 정해 미술관, 공연장, 박물관 등의 관람료를 할인해주는 정책을 시행하고 있다. 문화체육관광부에 따르면 문화가 있는 날에 참여한 프로그램 수는 올해 1월 883개에서 빠르게 늘어나 9월 1,474개로 집계됐다. 국공립 문화단체는 의무적으로 참여해야 한다.

'문화가 있는 날'의 문제점으로는 첫째, '문화가 있는 날' 행사를 진행하는 문화시설이 서울·경기 지역에서만 집적돼 있어 '문화격차 해소'에는 도움을 주지 못한다는 것이다. 국민들에게 가장 인기가 높은 영화할인도 6~8시에 한정돼 이용상 한계가 있다. 둘째, '문화가 있는 날'에 대한 홍보 부족으로 대부분의 국민들이 알지 못한다는 사실이다. 셋째, '문화가 있는 날'에 참여하는 프로그램 중 관객이 보고 싶어 하는 작품은 충분치 않은 문제가 있다. 인터파크에서 티켓 예매 순위 1~5위에 오른 '레베카' '지킬 앤 하이드' '조로' '마리 앙투아네트' '헤드윅'은 '문화가 있는 날'에 참여하지 않았다. '프라이드' '슬픈 연극' 등 인기가 많은 연극역시 마찬가지다. '문화가 있는 날'이 정착하기 위해서는 관객들이 찾는 콘텐츠를 얼마나 확보하느냐가 관건인 셈이다. 이를 위해서는 기획사의 참여를 독려하는 것만으로는 부족하고 실질적인 지원이 필요하다.[58]

---

57) 윤정국, "[시론] '文化 융성' 위해 문예진흥기금 보완·유지하라", 조선일보 2014년 6월 4일자 '시론' 참조.
58) 동아일보 2014년 10월 16일자 "매월 마지막 수요일 '문화가 있는 날'… 시행 10개월 성과와

(3) 민관협력을 통한 시민친화형 문화회관의 정립

문화회관은 말그대로 문화와 시민이 만나는 곳이다. 오늘날 대부분의 문화회관은 지방자치단체에서 직영하고 있다. 따라서 경영상의 비효율은 차치하고서라도 접근의 어려움과 공간의 엄숙함으로 인해 시민들과 상당한 거리감이 있다. 문화회관에는 많은 예산이 매년 투입되는 공공성이 매우 강한 곳이다. 최근 문화회관의 재정자립도를 높이고 구성원들에 대한 동기부여 및 시민친화형 공간으로 전환하자는 취지에서 재단법인화 논의가 일고 있다. 현재 서울 예술의전당, 세종문화회관59) 등은 재단법인이다. 민관협력60)은 문화기관 운영의 세계적인 추세다. 재정자립도를 혁신적으로 개선하면서도 세계적인 미술관으로 만들었던 테이트모던, 전 세계 각지에 미술관 건립 프로젝트를 실현했던 구겐하임, 정부지원을 한 푼도 받지 않고 재정흑자를 일구었던 뉴욕현대미술관(MoMA), 80% 넘는 재정자립도를 구현하고 있는 서울 예술의전당 등은 운영주체가 재단법인이거나 사립이다. 국가나 지자체에서 직영을 하는 기관들은 예산을 100% 정부지원으로 하기 때문에 자율성을 구가하기 힘들다. 하지만 문화재단은 변화하는 예술 환경에 대해서도 발빠르게 대응할 수 있다. 그리고 문화재단의 가장 큰 특징은 기부금을 받을 수 있고, 수익사업을 할 수 있는 민간시스템이라는 것이다.61) 문제는 한국의 문화재단들은 일본의 독립행정법인과 유사해 관주도로 운영되고 있다는 점이다. 민간위탁을 반대하는 입장에서는 예술계의 특수성과 공공성 훼손을 염려한다. 생각건대, 재단법인화를 좋은 취지로 도입하더라도 권위주의적 발상이 사라지지 않는 한 그 의미는 반감되고 말 것이다. 민간자율이라는 재단법인화의 기본 취지를 살리기 위해서는 이사회의 활동을 실질적으로 강화하고, 사장을 보좌하고 견제하도록 제도적 장치를 제대로 마련할 필요가 있다.

(4) 문화공공성을 제고하기 위한 저작권제도의 개선

「저작권법」은 저작자의 권리와 이에 인접하는 권리를 보호하고 저작물의 공정한 이용을 도모함으로써 문화 및 관련 산업의 향상발전에 이바지함을 목적으로

과제" 기사 참조.

59) 세종문화회관의 재단법인화는 1999년 서울시의 산하 사업소 및 출연기관에 대한 구조조정의 일환으로 추진됐다. 만성 적자에 시달려 온 세종문화회관의 운영 효율성을 높여 전문성, 수익성을 제고한다는 취지였다.

60) 민영화나 위탁경영은 모두 민관협력 형태다.

61) 이영준, "[문화칼럼] 부산의 문화기관들, 그리고 운영 주체", 부산일보 2012. 6. 12일자 칼럼 참조.

한다. 즉, 저작자가 가진 권리의 '보호'와 '제한'이라는 모순된 수단을 통해 '문화의 발전'을 이룬다는 목적을 갖고 있다. 「저작권법」에서 저작권자의 권리를 일부라도 '제한'하면서까지 문화의 발전을 궁극적인 목적으로 삼은 이유는 문화가 인간사회와 역사 속에서 중요한 공공적 가치를 담고 있다는 인식 때문이며, 또한 지식의 배타적 독점만을 주장해서는 인류사회의 발전을 기대할 수 없기 때문이라는 인식 때문이다. 그러나 오늘날의 「저작권법」은 문화적 창조물에 대한 접근을 제한하는 법률로 변질되고 있다는 비판도 있다. 문화발전이라는 문화공공성의 실현을 목적으로 만들어진 「저작권법」이 문화공공성을 제한하고 있는 역설에 부딪히고 있기 때문이다. 저작권 강화는 공정이용이라는 공공적 가치를 제한하고 퍼블릭 도메인의 생성을 가로막는다. 결과적으로 저작권의 강화는 사회적 비용을 증가시키고 인간의 창의성을 제한하는 결과를 낳으며 창작활동을 촉진하지도 못한다. 이러한 저작권제도의 한계와 문제점을 해결하기 위해서는 공유에 대한 편견을 극복해야 한다. 오늘날 저작권의 강화로 인해 만들어진 부정적인 문제들을 극복하기 위해서는 법률과 정책적 측면에서, 그리고 사회문화적 측면에서의 저작권 제도의 개선이 필요하다. 저작권은 문화적 권리를 본질적으로 제한하지 않아야 하며 저작권 본연의 문화공공성을 회복해야 한다.

3. 문화다양성을 제고하기 위한 법적 과제

(1) 「문화다양성법」상 문화다양성 정의의 재검토 필요

「문화다양성법」은 "문화다양성을 집단과 사회의 문화가 집단과 사회 간 그리고 집단과 사회 내에 전하여지는 다양한 방식으로 표현되는 것을 말하며, 그 수단과 기법에 관계없이 인류의 문화유산이 표현, 진흥, 전달되는 데에 사용되는 방법의 다양성과 예술적 창작, 생산, 보급, 유통, 향유 방식 등에서의 다양성을 포함한다"고 정의하고 있다(제2조제1호). 문제는 문화다양성에 대한 정의가 명확하지 않고 이해하기 어렵다는 점이다. 참고로 문화다양성을 "인류 창의성의 표현이자 인류 노력의 결실이며 인류의 집단적 경험의 총체로서 미적, 도덕적, 도구적 가치"를 지닌 것으로 이해하거나(유네스코, 2010), "언어나 의상, 전통, 사회를 형성하는 방법, 도덕과 종교에 대한 관념, 주변과의 상호작용 등 사람들 사이의 문화적 차이를 포괄"하는 것으로 정의하는[62] 경우가 있다. 이들 정의와 비교해볼 때 「문

---

62) 위키백과 참조.

화다양성법」상 문화다양성의 정의가 지극히 현학적이고 일반인들의 인식과 유리된 것임을 알 수 있다. 이러한 문제를 야기한 데에는 "문화적 표현"의 다양성 보호와 증진이라는 협약의 개념적 프레임에 기속되어 있기 때문이 아닐까 한다. 따라서 우리 현실에 맞게 새롭게 정의할 필요가 있다.

(2) 문화다양성 제고를 위한 기반 조성 – 지역문화전문인력 양성 및 국제협력의 강화

문화다양성은 문화복지에서 나아가 인권을 포함한 적극적인 개념이다. 기존에는 다문화, 소외계층 등 특정 대상 위주로 사업을 했지만 다양성 정책은 일상에서 향유자의 욕구를 어떻게 끌어낼 것인가에 관한 방식과 과정이다. 문화다양성 정책을 펴기 위해서는 교육과 전문 인력 양성이 중요하다. 지속가능성을 위해 지역에 인력을 지원하는 뒷받침이 있어야 한다. 기획의 실현을 위해서는 매개 역할을 할 조직이 필요하다. 지역문화의 기획·개발·평가 등의 업무를 수행할 수 있는 지식과 능력을 갖춘 사람(지역문화전문인력)이 필요하다. 이는 지역의 문화진흥기반 구축과 직결되는 것이다. 문제는 현행법에서 지역문화전문인력 양성에 대해 지극히 선언적으로 규정하고 있다는 점이다. 그것은 지방재정자립도가 평균 50%에 머물고 있는 것과 무관하지 않는데, 법령정비를 통해 지방재정자주권을 확보하지 않는 한 본질적으로 해결될 수 없는 문제이기도 하다.

또한 현행법에서도 문화다양성 확보를 위해 국제교류 및 국제협력을 규정하고 있으나 실질적으로 기능하도록 조직과 예산을 강화해야 하고 민간에 대한 지원을 체계화해야 한다. 문화만큼 한 국가의 품격, 고유성과 정체성을 강력하게 인식시켜주는 것은 없다. 한류가 대표적인 예이다. 이는 문화산업으로도 연결된다.

(3) 문화도시 육성을 통한 문화다양성정책의 구체화

문화도시는 문화적 평등, 문화적 자유와 문화적 복지가 종합적으로 보장되는 측면에서 조성되어야 한다. 도시는 사람의 공간이고 지역 주민의 삶과 일체가 되기 때문에 도시를 문화적으로 조성한다는 것은 삶의 총체가 증진된다는 것을 의미하고 기본권 보장이 제고된다는 것을 의미한다. 따라서 문화도시의 조성은 헌법적 원리를 존중해야 한다.[63] 문화도시 육성은 국민 전체의 균형있는 삶을 위한 것이므로, 단순히 경제 활성화를 위한 문화도시 특화 전략은 지양되어야 한다. 또한 문화도시는 평가의 잣대를 동일하게 댈 수 없다는 점에 특성이 있으므로, 각

---

63) 정상우, 앞의 글, 243쪽.

지역이 처해진 여건과 현실의 차이를 인정해야 한다. 문화정책은 창의성 발굴에 초점을 두어야 하므로 다양성에 기반을 두어야 한다. 평가를 위한 획일화는 문화도시 육성에 법리적으로 맞지 않다.[64] 문화 관련 법체계가 정비되는 경우 국토관계법도 문화 영역의 법체계 정비를 반영하고 도시계획 단계부터 문화적 시각이 투영될 수 있도록 제도적 장치를 개선해 나가야 할 것이다.

(4) 사회적 약자와 소수자의 문화적 권리를 보장하기 위한 문화다양성정책의 강화

문화다양성은 얼마나 다양한 문화가 존재하는가 하는 수적인 차원을 넘어 사회적 약자와 소수자의 문화적 권리를 보장할 수 있는가 하는 보다 근본적인 문제와 관련한다. 첫째, 현행법에서도 사회적 약자와 소수자의 문화적 권리를 보장하기 위해 다양한 방식으로 국가와 지방자치단체에게 의무를 부과하고 있으나 실체적인 내용으로 정비되어야 한다. 둘째, 다문화정책 방향은 우리 문화로의 동질화보다는 다양한 문화가 공존하는 문화다양성 증진에 중점을 둬야 한다. 셋째, 문화예술교육을 통해 우리나라 문화에 대한 북한이탈주민의 이해를 높이고 사회통합을 이루어야 한다. 북한이탈주민의 특수성을 고려한 문화예술 교육프로그램의 개발 및 지원, 북한이탈주민의 교육프로그램 참여 지원 등을 구체화하여 사회갈등을 해소하고 사회통합에 기여하여야 한다. 넷째, 우리 사회가 본격적인 다문화사회로 진입하고 있는 만큼, 문화적 다양성과 차이를 감안한 체계적인 법령정비와 정책적 대응을 할 필요가 있다.[65] 유럽의 사례에서 보듯이 종교 및 문화 차이로 인한 극심한 사회갈등문제를 타산지석으로 삼을 필요가 있다. 일례로 독일은 통일 이후 문화정책의 목표를 문화적 기회의 평등, 문화적 다양성과 이(異)문화 간 대화의 중요성을 확장하는 것에 맞추었는데, 이러한 목표실현의 한 방법으로 소셜타운(Social town) 프로그램을 실행하였고 이 프로그램은 정부가 문화와 예술이 사회통합의 진행에 긍정적인 영향을 준다는 인식을 바탕으로 시작되었다. 예술가들과 기관의 협력을 통해 문화예술 소외자들을 프로그램의 중심에 두면서 지역의 예술, 문화, 사회문제에 관한 변화를 통한 사회통합을 이끌어 내었다. 그리고 프랑스는 문화정책에서 사회결속을 중요하게 다루고 있는바, 프랑스 문화는 단일범주에서의 단결이 아니라 문화다양성을 통한 사회통합을 중시하고 있으며 프랑

---

64) 정상우, 앞의 글, 244쪽.
65) 외국 사례는 김명재, "[발언대]문화예술을 통한 사회적 갈등 극복" 경남도민일보 2014년 8월 18일자 기사 참조.

스 문화부에서 발간하는 「문화와 연구」에서는 문화의 민주화, 문화적 다양성, 사회적 결속 등을 다루었다.

Ⅵ. 맺는 말

　지금까지 문화공공성과 문화다양성에 관한 법제 현황과 이를 제고하기 위한 법적 과제에 대해 살펴보았다. 국민의 문화향유권 신장과 문화소외지역인 지역문화예술 진흥을 위한 행·재정적 지원의 근거가 되는 「문화기본법」, 「지역문화진흥법」의 제정은 의미가 크다고 할 수 있다. 이들 법제들은 문화국가원리의 구체화이며 문화공공성과 문화다양성과도 직접적인 관련을 가지고 있다.

　문화공공성과 문화다양성 제고를 위한 법적 과제로는 첫째, 문화공공성과 문화다양성 제고를 위한 중앙정부와 지자체의 노력으로서는 ① 문화분권 - 중앙정부와 지자체의 협업 및 협력 강화, ② 입법권 분배를 통한 문화공공성과 문화다양성의 실질화를 제시하였다. 둘째, 문화공공성을 제고하기 위한 법적 과제로는 ① 문화예술진흥기금의 존치 및 발전 방안, ② '문화가 있는 날'의 실질적 운영, ③ 민관협력을 통한 시민친화형 문화회관의 정립, ④ 문화공공성을 제고하기 위한 저작권제도의 개선 등을 제시하였다. 셋째, 문화다양성을 제고하기 위한 법적 과제로 ① 「문화다양성법」상 문화다양성 정의의 재검토 필요 ② 문화다양성 제고를 위한 기반 조성 - 지역문화전문인력 양성 및 국제협력의 강화 ③ 문화도시 육성을 통한 문화다양성정책의 구체화 ④ 사회적 약자와 소수자의 문화적 권리를 보장하기 위한 문화다양성정책의 강화 등을 제시하였다.

해외에서 떠도는 우리 문화재

I. 들어가는 말

1988년 일본의 고도(古都) 교토(京都)에 설립한 한국 유물 전시 미술관인 고려미술관을 설립한 故 재일동포 정조문(鄭詔文 · 1918~89) 선생을 우리 국민들은 잘 모를 것이다. 고려미술관이 국내에 많이 알려지지 않은 것은 고인이 조총련(재일본조선인총연합회)에 몸 담았기 때문으로 알려지고 있다.

〈재일동포 정조문선생이 1988년 일본 교토에 세운 고려미술관 전경〉

출처: 동아일보 2017년 7월 6일자 기사

'일본의 간송'으로 평가받는 정조문 선생에 대한 기사를 더 읽어보자.[1] "교토 도심에서 버스로 30분쯤 떨어진 교외 시치쿠카미 주택가에 위치하고 있다. 미술관은 지하 1층, 지상 2층 규모로 소장 유물은 우리나라 삼국시대부터 조선시대에

【원제: 문화국가원리에서 바라본 문화재 환수와 대여문화재의 한시적 압류면제】
1) 송의호, "일본 유출 문화재 전재산으로 모은 사업가" 중앙일보 2014년 12월 3일자 기사 참조.

걸친 각종 도자기가 주류다. 100여 점은 명품으로 평가된다. 또 회화와 불상·금속공예·목공예·민속품 등 유물 1700여 점이 소장돼 있다. 미국의 메트로폴리탄이나 영국의 대영박물관 등 세계 유명 박물관에도 한국실이 있지만 고려미술관은 한국 문화유산만을 전시하는 유일한 해외 소재 미술관이다. 정조문 선생은 경북 예천군 풍양면 우망리가 고향이다. 1924년 여섯 살 때 가족과 함께 일본으로 건너가 부두 노동자로 어린 시절을 보냈다. 학력은 초등학교 3학년이 전부다. 재일조선인으로 온갖 설움을 딛고 파친코와 무역 등 사업가로 성장했다. 그는 40대 때 교토의 어느 골동품상을 지나다가 우연히 17세기 조선 백자 항아리를 발견했다. 항아리의 자태에 푹 빠져든 그는 한동안 자리를 뜨지 못했다. 그는 집 한 채 값이 넘는 백자를 살 돈이 없자 매달 갚기로 하고 구입했다. 이후 일본 전역을 다니며 떠도는 우리 문화재를 하나씩 모았다. 고려미술관 이사장인 우에다 마사아키 교토대 명예교수는 "고인은 괜찮은 물건이다 싶을 때는 손에 넣지 못하면 병에 걸릴 정도였다"고 회고했다. 그의 열병은 좋은 미술품이 탐나서가 아니라 일본인의 손에서 되찾겠다는 집념에서 비롯됐다."

「헌법」 전문은 "유구한 역사와 전통에 빛나는"에서 출발하고 있으며, 총강에서 민족문화의 창달조항을 규정하였다(제9조). 이 밖에도 대통령의 취임선서에서 "민족문화의 창달에 노력한다"고 하여, 제9조의 "국가는 전통문화의 계승·발전과 민족문화의 창달에 노력하여야 한다"는 의무를 보다 강력히 다짐하고 있다.

문화의 자유와 평등이 보장되고, 국가의 적극적 과제로서 문화의 보호와 육성이 실현되는 국가를 의미하는 문화국가원리[2]는 국가의 문화정책과 불가분의 상호관계에 있다. 전통적으로 국가의 문화정책이 문화국가건설의 지렛대로 간주되었기 때문이다. 대부분의 현대국가는 문화현상의 자율성은 존중하면서도 문화국가를 위한 문화정책을 하나의 문화복지정책의 차원에서 파악하고 있다. 문화국가에서의 문화정책은 그 초점이 '문화' 그 자체에 있는 것이 아니고 '문화'가 생겨날 수 있는 '문화풍토'를 조성하는데 두어져야 한다.[3]

우리 「헌법」은 우리 민족의 전통문화를 계승·발전시키고 민족문화의 창달을 위한 문화국가를 지향하면서도 인류역사의 문화적인 흐름을 존중함으로써 국제사회에서 문화적인 고아가 되지 않도록 노력하는 개방적이고 미래지향적인 전통문

---

2) 김수갑, 「헌법상 문화국가원리에 관한 연구」(고려대학교 박사학위논문, 1993), 14쪽 이하.
3) 허영, 「한국헌법론」 전정14판(박영사, 2018), 183~184쪽.

화국가의 건설을 위한 여러 제도를 마련하고 있다. 문화국가원리는 국가의 적극적 과제로 '문화의 보호와 육성'을 내포하고 있다. '문화의 보호와 육성'에는 국외소재문화재의 보호도 당연히 포함되는 것으로 해석되어야 한다. 국외소재문화재의 보호에 대해서는 「문화재보호법」 제67조부터 제69조에서 규율하고 있다.

　　그렇다면 문화재란 무엇인가? 「문화재보호법」은 문화재를 "인위적이거나 자연적으로 형성된 국가적·민족적 또는 세계적 유산으로서 역사적·예술적·학술적 또는 경관적 가치가 큰 것을 말한다"고 정의하고 있으며(제2조제1항). 헌법재판소도 "문화재는 '인위적·자연적으로 형성된 국가적·민족적·세계적 유산으로 역사적·예술적·학술적·경관적 가치가 큰 것'으로, 그 성질상 수가 한정적이고, 대체불가능하며, 손상되는 경우 회복이나 재생이 현저히 곤란한 재화라는 점, 국가의 전통문화 계승·발전과 민족문화 창달에 노력할 의무를 규정한 우리 「헌법」 제9조의 정신에 비추어 그에 관한 재산권 행사에 일반적인 재산권 행사보다 강한 사회적 의무성이 인정된다. 따라서 일정한 문화재에 대한 보유·보관을 금지하는 것은 문화재에 관한 재산권 행사의 사회적 제약을 구체화한 것으로 재산권의 내용과 한계를 정하는 것이며, 헌법 제23조 제3항의 보상을 요하는 수용 등과는 구별된다. 다만 위와 같은 입법 역시 다른 기본권에 대한 제한입법과 마찬가지로 비례의 원칙을 준수하여야 하며, 재산권의 본질적 내용인 사적 유용성과 처분권을 부인해서는 아니된다"고 판시하고 있다(헌재 2007. 7. 26, 2003헌마377).

　　최근 국외소재문화재를 대여받아 국내에 들여와 전시하는 경우에 한시적으로 압류를 면제하는 문제가 논의되고 있다. 논의의 배경에는 "국외소재문화재를 국내에 들여와서 국내의 많은 국민들이 전국적인 전시회를 통해 관람하게 된다면 문화공공성과 문화다양성 측면에서 국민들의 문화향유권은 보다 확대될 수 있을 것이고 이는 그대로 헌법상 보장되어 있는 문화국가원리를 실현하는 하나의 방편이 될 수 있을 것"이라는 인식이 자리하고 있다.[4]

　　우리나라에서 국외소재문화재의 한시적 압류면제 법제화가 쟁점으로 등장한 데는 국립중앙박물관이 올해 고려 건국 1,100주년을 맞아 2018년 12월부터 개최하는 '대(大)고려전'이 계기가 되었다. 국립중앙박물관은 고려 건국 1,100주년을 맞아 기획한 이 전시에서 세계 각국에 흩어진 고려 유물을 모아 선보이겠다는 계

---

4) 이에 대해서는 성봉근, "전시 활성화를 위한 국외 문화재 등의 한시적 압류면제에 대한 법제화 방안 연구"「국회의원 박경미·국립중앙박물관 주관: 국외에 있는 우리 문화재 어떻게 활용할 것인가?」(2017. 12. 29), 10쪽 참조.

획을 세웠고 그 중 핵심이라고 할 만한 유물이 세계에서 가장 오래된 금속활자본인 '직지심체요절'이다. 프랑스 국립도서관이 직지의 대여를 꺼리는 이유는 압류면제조항이 명문화돼 있지 않기 때문으로 알려졌다.[5] 파리 국립도서관 측이 한국법원의 일명 '대마도 불상' 압류사례[6]를 들어 도난·약탈 근거가 명확하지 않은 문화재의 압류·면제법이 마련되기 전까지 불가입장을 표명한 것으로 알려졌다.[7] 2018년 2월 5일 국회 교육문화체육관광위원회와 국립중앙박물관에 따르면 일본 내 고려불화를 들여오는 방안을 국립중앙박물관이 일본 문화청과 최근 협의했는데, 일본 문화청은 "대부분의 고려불화는 일본 각지 사찰들이 갖고 있는데, 쓰시마 불상 판결 이후 한국으로 대여를 꺼리고 있다. 한국이 압류면제법을 제정해 반환을 담보해야 이들을 설득할 수 있다"고 밝혔다고 한다. 그리고 대만 국립고궁박물원은 "대만 국내법상 압류면제법이 없는 국가에는 유물 대여가 원칙적으로 불가하다"고 알려왔다고 한다.[8] 참고로 대마도 불상 압류사례는 2012년 일본 대마도에서 도난범들이 훔쳤다가 압수된 고려관음상을 수백년 전 일본에 유출된 경위를 밝힐 때까지 국내에 보관해야 한다는 법원의 판결로 되돌려주지 않은 것을 말한다.[9]

---

5) 연합뉴스 2018년 1월 14일자 "한국서 '직지' 볼 수 있을까..'압류면제'조항에 걸린 운명" 기사 참조.

6) 한국일보 2017년 2월 5일자 "부석사 불상의 기구한 운명... 해외 사례는? 문답으로 살펴보는 문화재 반환 논란" 기사 참조. 2017년 1월 26일 대전지법은 정부가 보관 중인 불상을 서산 부석사에 돌려주라는 판결을 내렸다. 하지만 2017년 1월 31일 대전지법 다른 재판부에서 검찰이 낸 불상 인도 강제집행정지 신청을 받아들였다. 최종 판결 전까지 서산 부석사가 아닌 국가가 불상을 보관할 가능성이 높아진 것이다. 원래 불상이 만들어진 서산 부석사로의 반환이 당연하다는 입장과 앞으로 다른 국외문화재의 환수를 위해서라도 절도해 온 불상은 일본에 돌려줘야 한다는 의견이 팽팽히 맞선다. 일본 내 반한감정에 큰 영향을 주리라는 전망도 나온다.

7) 동양일보 2017년 11월 20일자 "내년에도 직지 원본 못본다" 기사 참조.

8) 동아일보 2018년 2월 6일 "佛 이어 일본−대만도 "유물 대여 못하겠다"" 기사 참조.

9) 불상의 이운(移運) 과정에 대한 정확한 문헌이 없어 정상적인 외교로 인한 전래와 교역 등의 가능성도 배제할 수는 없지만, 그 가능성은 매우 낮다. 반대로 일본은 이를 활용해 "숭유억불의 조선에서 폐불(廢佛)될 불상을 구해와 사찰에 모셨는데 이를 약탈이라는 것은 실례"라고 주장하는 상황이다....서산 부석사 관음상은 결가부좌를 하고 있는 모습으로 키 50.5cm, 얼굴 길이 13.4cm, 몸 두께 17.5cm, 무릎 폭 42.2cm이다. 앞으로 약간 숙인 둥그스름한 얼굴에, 입가에는 옅은 미소를 보이고 있다. 서산 부석사 관음상의 가치를 높이는 것은 복장 발원문이다. 1951년 쓰시마 관음사 주지 안도가 발견한 '결원문'이라는 제목의 발원문에는 천력(天歷) 3년 2월(1330년) 서산 부석사에 관음상을 당주(堂主)로서 봉안하다고 기록돼 있다. 여기에 시주자 32명이 기록돼 있는데 이중에는 스님부터 일반인까지 그 층위가 다채롭다. 이 중에는 석이(石伊), 악삼(惡三)과 같이 성씨가 없는 천민들도 포함돼 일부 전문가들은 관음상이 "민간 신앙결사 차원에서 조성됐다"고 추정하기도 한다. 또한, 한국과 일본에 산재된 100여 존의 불보살상 중 발원문을 통해 소유자와 조성 경과를 파악할 수 있는 관음상은 서산 부석사 관음상이 유일하다는 점

미국에서는 1965년에 「미국 내의 전시 및 공연 등을 위한 문화재 압류면제법」이 제정되었고 유럽 각국에서도 1994년부터 전시회를 위해 임대된 미술품 등에 대한 한시적 압류면제에 대한 입법이 이루어졌다. 입법 배경에는 전쟁 등으로 불법적으로 반출되거나 전쟁배상으로 지급된 문화재들에 대한 '약탈된 문화재의 원소유자 반환의 원칙'에 따른 법적인 소유권 분쟁이 증가하게 됨에 따라 소유권분쟁이 끝날 때까지 전시가 불가능해질 수 있기 때문이다.

이러한 국내적 상황에서 국민의 문화향유권 증진과 원활한 유물 대여를 위하여 전시목적 대여문화재의 한시적 압류면제를 입법으로 해결하자는 것이다. 문제는 이것이 「문화재보호법」상 국외소재문화재 환수의무 및 약탈된 문화재의 원소유자 반환 원칙과의 상충가능성이 있다는 점이다.

Ⅱ. 문화국가원리에서 바라본 국외소재문화재 환수 및 한시적 압류면제의 법적 함의

프랑스의 퐁티에 교수는 프랑스의 경우나 다른 국가에서도 공권력은 문화에 대해 무관심할 수는 없으며 자신들이 개입해야 할 영역으로 보면서 문제는 국가가 문화와 관련해 어떤 것을 해야 하고, 어떤 것들을 해서는 안 되는 것인가를 판단하기는 어렵다는 점에 있다고 한다. 왜냐하면 예술적 가치가 있는 문화유산과 같이 공권력의 개입에 이론(異論)의 여지가 없는 부분이 존재하기 때문이라고 한다.[10][11]

그런 측면에서 국외소재문화재 환수 및 대여문화재의 전시에 대한 한시적 압류면제도 문화국가원리상 국가개입을 통해 적극적으로 해결해야 할 국가과제로서의 법적 함의를 가진다고 보아야 한다. 이는 인류역사의 문화적인 흐름을 존중함으로써 국제사회에서 문화적인 고아가 되지 않도록 노력하는 개방적이고 미래지향적인 전통문화국가의 건설과 맥락을 같이한다.[12]

에서도 그 가치가 높게 평가된다. 현대불교 2017년 2월 24일자 "原소유자 분명해도 떠도는 '비운의 관음상'- Fact Check Q&A- 부석사 관음상, 환수인가·도난인가" 기사 참조.

10) 장-마리 퐁티에(전훈 역), "문화적 서비스" 「공법연구」 제35집제2호(한국공법학회, 2006.12), 514쪽.

11) 우리 헌법에는 명시적인 규정이 없지만, 국가는 문화유산을 보호하여야 하는 의무를 지며 이는 국가목표규정으로서의 성질을 가지는데, 이러한 내용은 헌법 제9조에서 도출할 수 있다고 보는 견해가 있다. 정종섭, 「헌법학원론」 제9판(박영사, 2014), 251쪽.

12) 허영, 앞의 책, 185쪽.

국외소재문화재 환수 및 대여문화재의 전시에 대한 한시적 압류면제는 문화공공성과 문화다양성 측면에서도 본질적으로 요청되는 법적 문제이기도 하다.[13] 그런 측면에서 문화재반환과 관련해 유네스코가 문화다양성과 문화민주주의에서 접근하고 있는 것은 시사하는 바가 크다고 할 수 있다.

문화의 공공성론은 절차적인 통제의 대상으로서 그칠 것이 아니라 실체적으로도 헌법적 가치의 구체화로서 규범적 평가·분석의 대상이 되지 않으면 안 된다.[14] 문화공공성의 핵심내용 중의 하나인 '문화의 사회구성원 관련성'에서 국외소재문화재 환수가 요청되고, 반면 또다른 핵심내용 중의 하나인 '국민들의 문화생활에의 참여와 향유'에서 대여문화재의 전시에 대한 한시적 압류면제가 요청된다. 한편 전쟁 등으로 발생한 문화재약탈은 문화다양성을 훼손한다는 측면에서 국외소재문화재 환수의 당위성은 논리필연적이라 할 수 있다.

문화적 공공서비스의 가장 대표적인 것으로 소장물을 보존하고, 보호하며, 보수하고, 대중에게 이를 전시하는 박물관과 미술관을 들 수 있다. 「박물관 및 미술관 진흥법」은 입법목적으로 "문화·예술·학문의 발전과 일반 공중의 문화향유(文化享有)"를 명시하고 있다. 입법목적상 "일반 공중의 문화향유"에서 국외소재문화재의 국내전시가 요청되고 전시문화재의 일시적 압류면제 필요성을 도출할 수도 있을 것이다. 왜냐하면 압류면제의 근거가 국민의 문화유산 접근과 문화향유 강화 목적에 있기 때문이다.

Ⅲ. 전시문화재의 한시적 압류면제의 법적 근거

1. 압류면제와 국가면제의 구별

압류면제(seizure immunity)와 국가면제(state immunity)는 구별되어야 하므로 압류면제의 근거로 국가면제에 관한 국제조약을 드는 것은 타당하지 않다는 견해가 있다.[15]

압류면제는 "외국 전시물에 대해 자국 국민의 문화유산 접근과 향유 강화 목적으로 압류 등 강제집행을 한시적으로 면제하기 위한 것"을 말한다.

13) 문화공공성과 문화다양성에 대해서는 김재광, "문화공공성과 문화다양성을 제고하기 위한 법적 과제"「공법연구」제43집제3호(한국공법학회, 2015. 2), 58쪽 이하 참조.
14) 서원우, 「전환기의 행정법이론」(박영사, 1997), 84~85쪽 참조.
15) 김병연, "전시활성화를 위한 압류면제에 관한 비교법적 고찰"「국회의원 박경미·국립중앙박물관 주관: 국외에 있는 우리 문화재 어떻게 활용할 것인가?」(2018. 1. 12) 토론문, 1쪽 참조.

　국가면제는 "어느 국가의 영토 안에서 다른 국가 및 그 재산에 대하여 동등한 주권국가라는 근거에서 영토국가의 사법관할권 및 집행권을 면제해 주는 것"을 말한다. 과거에는 주로 주권면제(sovereion immunity) 내지 군주의 면제라고 불리웠으며, 정확하게 표현하면 '다른 국가 및 그 재산에 대한 관할면제'이다.16) 20세기 후반부터 성문화 작업이 활발하고, 1970년대 이후에는 주로 영미법계 국가들의 선도로 국가면제(주권면제)에 관한 국내법의 제정도 활발하다. 우리나라는 아직 국내법의 제정 없이 관습국제법의 형태로 국가면제론을 수용하고 있다.17)

　국가면제에는 절대적 국가면제와 제한적 국가면제가 있는바, 절대적 국가면제는 주권국가라는 이유만으로 외국법원의 관할권으로부터 항상 면제를 향유하게 된다는 것을 의미하고, 제한적 국가면제는 국가의 활동을 주권적 행위와 상업적 행위로 구분하고, 전자에 대해서만 국가면제를 인정하는 입장이다. 오늘날은 다수의 국가가 제한적 국가면제론에 입각한 사법운영을 한다. 다만, 국가의 주권적 행위에 대한 면제 부여는 국제법상의 의무이나, 상업적 활동에 대하여도 면제를 인정할 것인가 여부는 각국의 재량사항이다. 국가의 상업적 활동에 대해 국가면제를 인정한다 하여도 이것이 국제법 위반은 아니다. 한국 대법원은 절대적 국가면제론에 입각하여 1975년 5월 23일 선고, 74마281 판결을 내렸으나, 1994년부터 하급심에서는 제한적 국가면제론에 입각한 판결이 나왔다. 대법원의 입장은 1998년 12월 17일 선고, 97다39216 판결을 통하여 제한적 국가면제론으로 변경되었다.18)

　한편 압류면제를 국가면제의 일환으로 보는 경우에는 압류면제와 국가면제의 엄밀한 구별이 부인된다고 볼 수 있다.

2. 전시문화재의 한시적 압류면제의 법적 근거

　그런 측면에서 전시문화재의 한시적 압류면제의 법적 근거는 '압류면제와 국가면제 구별설'과 '압류면제와 국가면제 구별부인설'로 구별할 수 있다고 본다.

(1) '압류면제와 국가면제 구별설'의 입장

　'압류면제와 국가면제 구별설'의 입장에서는 「국가면제에 관한 유럽협약(European Convention on State Immunity)」, 「국가와 그 재산의 사법관할면제에 관한 국제연합협약(United Nations Convention on Jurisdictional Immunities of Statesand Their Property)」

16) 법률용어사전, 2011. 1. 15, 법문북스 참조.
17) 정인섭, 「신국제법강의」(박영사, 2015), 240~241쪽 참조.
18) 정인섭, 앞의 책, 248~253쪽 참조.

등은 한시적 압류면제의 법적 근거가 될 수 없다.

한시적 압류면제에 관한 개별 법률들이 법적 근거가 된다.

1) 유럽국가들의 한시적 압류면제에 관한 개별법적 근거   프랑스는 1994년 전람회를 위해 임대된 미술품의 압류를 금지하는 법률을 제정했다. 압류면제의 요건은 다음과 같다. 첫째, 대여의 목적으로 '프랑스 영토 내에서의 공개적인 전시'를 들고 있다. 둘째, 압류면제의 대상으로 '외국의 정부, 공공단체 또는 문화기관으로부터 임차된 문화재'를 들고 있다. 셋째, 압류면제의 기간은 "전시목적으로 대여된 기간"을 들고 있다.[19]

그 후 프랑스의 법률을 모방하여 독일, 벨기에, 오스트리아, 이탈리아, 스위스 등 다른 유럽 국가들도 전람회를 위해 임대된 미술품의 압류를 금지하는 법률을 제정했다.

특히 독일의 경우 형사소송법과 민사소송법 자체에는 관련 규정이 없고 별도의 문화재보호법에서 반환약속에 관한 규정을 두고 있는데, 연방주의 담당관청이 대여자에게 일정기간 내에 반환할 것을 서면으로 약속할 수 있고 이 약속에는 법적 구속력이 부여된다. 2016년 8월부터 적용되는 독일의 문화재보호법은 제7장 제73조 이하에서 국제 문화재대여에서의 반환약속에 대해 좀 더 상세한 규정을 두고 있다. 제73조는 '법적 구속력있는 반환약속'을,[20] 제74조는 '법적 구속력있는 반환약속의 교부'를, 제75조는 '기간연장'을, 제76조는 '효과'를 규정하고 있다.

2) 영국, 미국, 및 캐나다의 한시적 압류면제에 관한 개별법적 근거   영국의 경우 압류방지법의 대상 문화재를 미술품에 한정하지 않고 모든 물품으로 확장하는 입법주의를 채택하고 있다. 대신에 압류방지대상 물품이 되기 위한 요건을 엄격하게 요구하고 있다. 이는 문화재 공연전시 등의 공익과 소유권자 등의 재산권 및 재판청구권 등을 조화롭게 추구하기 위한 절충적인 입법으로 평가할 수 있다.[21]

---

19) 이에 대해서는 성봉근, "전시 활성화를 위한 국외 문화재 등의 한시적 압류면제에 대한 법제화 방안 연구"「국회의원 박경미·국립중앙박물관 주관: 국외에 있는 우리 문화재 어떻게 활용할 것인가?」(2017. 12. 29), 14~17쪽 참조.
20) (1) 해외의 문화재가 공공의 전시 또는 다른 형태의 공공의 제시를 위해서, 그리고 이 목적을 위한 사전의 복구를 위해서, 또는 연구목적을 위해서 독일연방내의 문화재보호기관이나 학술기관에 대여되는 경우에, 연방주의 최상급 관청은 문화 및 미디어에 관한 최상급 연방관청과의 협의하에 그 문화재의 독일연방 내에서의 체류기간에 대한 법적 구속력 있는 반환약속을 할 수 있다. 반환약속은 최대 2년까지의 기간에 대해 가능하다.
(2) 법적 구속력 있는 반환약속에 대해서는 차주의 거소가 있는 연방주의 최상급 관청이 관할을 갖는다. 대여지가 여러 곳인 경우에는 첫 번째 대여지의 관청이 관할을 갖는다.
21) 이에 대해서는 성봉근, 앞의 글, 19~21쪽 참조.

미국의 경우「미국 내의 전시 및 공연 등을 위한 문화재 압류면제법」이 1965년에 제정되었다. 미국 법률은 국제법이나 EU법으로부터 도출되는 반환의무와 관계하는 압류면제예외를 인정하지도 않는다. 미국법은 국제법이나 유럽법의 구속을 가급적 피하고 독자적으로 규정하려는 성격이 있어 보인다는 평가가 있다.

캐나다의 경우 13개 주 중에서 다섯 개 이상의 주에서 압류방지법을 입법하기에 이르렀다. 한편 영국은 압류방지법의 대상 문화재를 미술품에 한정하지 않고 모든 물품으로 확장하는 입법주의를 채택하고 있다. 대신에 압류방지대상 물품이 되기 위한 요건을 엄격하게 요구하고 있다. 이는 문화재 공연전시 등의 공익과 소유권자 등의 재산권 및 재판청구권 등을 조화롭게 추구하기 위한 절충적인 입법으로 보인다.

3) 일본　일본의 경우「해외미술품 공개촉진법」은 국제 문화교류 진흥의 관점에서 공개의 필요성이 높다고 문부과학상이 지정한 해외 미술품들에 대한 강제집행, 가압류, 가처분을 금지하고 있다.[22]

「해외미술품 공개촉진법」입법 배경에는 해외 미술품이 일본에 대출돼 전시되는 도중 소장국이 아닌 다른 나라가 '실질적인 소유권'을 주장, 강제적으로 되찾으려는 사태를 미리 막기 위해서다. 해외 미술관 등이 소장한 미술품 가운데 전쟁 중 약탈한 탓에 본래 소유자가 불분명한 작품이 적지 않은데, 전시회를 계기로 실제 소유자가 나타나 압류를 제기하는 사례가 늘고 있었기 때문이다. 입법 당시 일본에는 원소유자의 압류를 막을 수 없는 법적 제도가 없었기 때문에 해외 미술관이 미술품의 대출을 꺼린다는 판단을 한 것이다. 예컨대 타이완의 고궁박물관은 일본에 중국 황제들의 유물을 대출, 전시하고 싶어도 중국의 압류 등 분쟁을 우려, 난색을 표시하였다는 것이다. 하지만 해외 미술품의 법적 안전에 대한 반대급부로 일본도 강탈한 미술품의 '보호'를 약속받으려는 속셈이 짙다는 분석도 제기되었다.[23]

(2) '압류면제와 국가면제 구별부인설'의 입장

'압류면제와 국가면제 구별부인설'의 입장에서는 국가면제에 관한 유럽협약(European Convention on State Immunity)」,「국가와 그 재산의 사법관할면제에 관한 국제연합협약(United Nations Convention on Jurisdictional Immunities of Statesand Their

---

22) 오승규, "전시활성화를 위한 압류면제에 관한 비교법적 고찰"「국회의원 박경미·국립중앙박물관 주관: 국외에 있는 우리 문화재 어떻게 활용할 것인가?」(2018. 1. 12), 25쪽 참조.
23) 서울신문 2009년 6월 26일자 "'속보이는' 日 해외미술품 공개촉진법" 기사 참조.

Property)」등은 한시적 압류면제의 법적 근거가 될 수 있다.

그리고 한시적 압류면제에 관한 개별 법률들도 법적 근거가 된다.

1) 유럽국가면제협약   「유럽국가면제협약」은 1972년 5월 16일 서명, 1976년 6월 11일 발효되었다. 유럽 심의회에서 작성된 주권면제에 관한 여러 가지 룰에 대해 규정한 조약이다. 「유럽국가면제조약」이라고도 한다. 전문 및 41개조와 부속서·추가의정서로 이루어진다.

특징은 다음과 같다. 첫째, 제한면제주의에 서서 재판권면제가 인정되지 않는 경우를 구체적으로 열거하고(1~13조), 그것 이외에는 면제가 인정된다는 구성을 취하고 있다(15조). 둘째, 외국판결을 직접 실시할 의무를 패소(敗訴)체약국에 부과하고 있다(20조). 셋째, 조약에 규정되어 있는 경우 이외에도 면제가 인정되지 않는 경우가 있다고 선언한 국가 간에는 판결을 직접 실시할 의무가 발생한다(25조).[24]

2) 국가와 그 재산의 사법관할면제에 관한 국제연합협약   「국가와 그 재산의 사법관할면제에 관한 국제연합협약」은 2004년 12월 2일 유엔총회에서 채택되었다. 제5조와 제18조, 제19조에서 국가면제를 구체적으로 규정하고 있다. 판결전 강제조치로부터의 국가면제와 판결후 강제조치로부터의 국가면제로 구분하여 규정하고 있는 것이 특징이다.

먼저 제5조(국가면제)는 "국가는 자신과 그 재산에 관하여 본 협약의 규정을 따르는 다른 국가의 법원의 관할권으로부터의 면제를 누린다"고 규정하고 있다.

다음으로 18조(판결전 강제조치로부터의 국가면제)는 "타국 법원의 제판절차와 관련한 국가의 재산에 대한 압류 또는 체포와 같은 판결전 강제조치는 다음과 같은 경우((a) 국가가 이러한 조치들의 실행에 대해 (i) 국제적 합의 (ii) 중재 합의 또는 서면 계약 또는 (iii) 법원에 신고하거나 당사자 간 분쟁 발생 후 서면교신에 의해 명시적으로 동의한 경우 또는 (b) 국가가 해당 재판의 대상인 청구의 충족을 위해 할당된 재산을 보유한 경우)를 제외하고는 실행될 수 없다"고 규정하고 있다.

마지막으로 제19조(판결후 강제조치로부터의 국가면제)는 "타국 법원의 재판절차와 관련한 국가의 재산에 대한 압류, 체포 또는 집행과 같은 강제조치는 다음과 같은 경우((a) 국가가 이러한 조치들의 실행에 대해 (ⅰ) 국제적 합의 (ⅱ) 중재 합의 또는 서면 계약 또는 (ⅲ) 법원에 신고하거나 당사자 간 분쟁 발생 후 서면교신에 의해 명시적으로 동의한 경우 또는 (b) 국가가 해당 재판의 대상인 청구의 충족을 위해 할당된

---

24) 21세기 정치학대사전, 한국사전연구사 참고.

경우 또는 (c) 판결후 강제조치가 소송이 진행되는 실체와 관련된 재산에 대해서만 실행된다는 조건하에 그 재산이 공적·비상업적 목적 외의 용도로 국가에 의해 특별히 사용중이거나 사용할 목적으로 만들어졌고 소송계속 중인 국가의 영토 내에 소재한다는 것이 밝혀진 경우)를 제외하고는 실행될 수 없다"고 규정하고 있다.

3) 유럽국가들의 한시적 압류면제에 관한 개별법적 근거　프랑스는 1994년 전람회를 위해 임대된 미술품의 압류를 금지하는 법률을 제정했다. 그 후 프랑스의 법률을 모방하여 독일, 벨기에, 오스트리아, 이탈리아, 스위스 등 다른 유럽 국가들도 전람회를 위해 임대된 미술품의 압류를 금지하는 법률을 제정했다. 특히 독일의 경우 2016년 8월부터 적용되는 문화재보호법은 제7장 제73조 이하에서 국제 문화재대여에서의 반환약속에 대해 좀 더 상세한 규정을 두고 있다. 구체적인 것은 위에서 언급한 바 있다.

4) 영국, 미국, 및 캐나다의 한시적 압류면제에 관한 개별법적 근거　영국의 경우 압류방지법의 대상 문화재를 미술품에 한정하지 않고 모든 물품으로 확장하는 입법주의를 채택하고 있다. 미국의 경우「미국 내의 전시 및 공연 등을 위한 문화재 압류면제법」이 1965년에 제정되었다. 캐나다의 경우 13개 주 중에서 다섯 개 이상의 주에서 압류방지법을 입법하기에 이르렀다. 구체적인 것은 위에서 언급한 바 있다.

5) 일본의 한시적 압류면제에 관한 개별법적 근거　일본의 경우「해외미술품 공개촉진법」을 제정하기 전까지 정부는「외국인 등에 대한 일본의 민사재판적에 관한 법률」을 적용하여 해외 미술품을 일본의 재판권에서 제외하였다.「외국인 등에 대한 일본의 민사재판적에 관한 법률」은 외국인 등이 보유한 문화유산 및 과학적, 문화적 또는 역사적 의의를 갖는 전시물에 대한 주권면제에 해당한다.[25]

이 법률의 주요내용은 다음과 같다. 외국인 등이 보유한 미술품이 문화유산 및 과학적, 문화적 또는 역사적 의의를 가지는 경우에는 이에 대한 전시회를 개최하는 동안에는 일본의 재판권에서 면제(제18조 제2항 제3호 가목 및 다목)를 하도록 규정하고 있다. "외국인 등"에는 외국의 정부(국가기관), 지자체(州) 등이 해당되고 그 효과는 정부가 개별 전시회에 대한 특별한 절차를 취하지 않아도 법률에 의해 당연히 발생한다. 일본에서 전시되는 외국의 정부나 지자체 등이 보유한 미술품 등에 대해 일본 법원은 강제집행, 가압류 및 가처분 등이 불가능하다.

---

25) 오승규, 앞의 글, 25~26쪽 참조.

「해외미술품 공개촉진법」은 국제 문화교류 진흥의 관점에서 공개의 필요성이 높다고 문부과학상이 지정한 해외 미술품들에 대한 강제집행, 가압류, 가처분을 금지하고 있다.

3. 전시문화재의 한시적 압류면제에 관한 외국 입법의 시사점

독일, 프랑스는 타국의 문화재를 약탈한 약탈국에 속한다. 이들이 국제조약에 가입하고 입법을 통해 적극 대응하고 있는 것은 그들이 소유하고 있는 문화재나 미술품 등에 대한 압류방지를 위한 것으로 이해할 수 있다. 이들과 우리나라의 문제상황은 전혀 동일하지 않다는 것은 주지의 사실이다. 그러나 아래 <표>에서 보듯이 독일, 프랑스처럼 약탈국만 아니라 체코, 오스트리아, 벨기에, 핀란드, 헝가리 등 피약탈국들도 압류방지를 위한 국제조약에 적극적으로 가입하거나 개별 법률들을 제정한 것으로 알려지고 있다.[26] 따라서 전시문화재의 한시적 압류면제에 대한 입법이 약탈국의 전유물로 생각하는 것은 타당하지 않다.

〈문화재 압류면제 조항 해외 입법 사례〉

구분	입법 방식
미국, 영국, 캐나다	연방법 또는 주법으로 압류 방지 규정 도입
독일, 프랑스	압류 방지 법률 제정
일본	별도 법률(해외미술법공개촉진법) 제정
체코, 오스트리아, 벨기에, 핀란드, 헝가리	압류방지 국제조약 가입 + 국내법 규정
아일랜드, 그리스, 알바니아, 아르메니아	전시물품에 한해 압류 방지 규정
그리스	압류 방지 국제조약 가입

출처: 동아일보 2018년 2월 6일자 "佛 이어 일본-대만도 "유물 대여 못하겠다"" 기사내용 수정보완

국립중앙박물관이 현행 「박물관 및 미술관진흥법」에 전시목적의 대여문화재에 대한 압수·몰수 면제 조항을 신설하는 개정안[27]을 추진중인 것은 불가피한 법현실을 반영한 것으로 이해할 수 있다. 그것은 다수 국외기관들이 대여조건으로

---

26) 성봉근, 앞의 글, 24~25쪽.

27) 「박물관 및 미술관진흥법」 개정시안을 제시한 연구보고서의 주요내용은 다음과 같다. 국민에게 전시할 공익 목적으로 정부, 지자체, 공공기관이 외국기관에서 자료들을 대여할 경우 대여기간엔 다른 법률에 우선해 압류, 압수, 양도 및 유치 등을 금지할 수 있다는 신설조항이 뼈대다. 다만 불법 밀반출 문화재에 대한 유치권을 부정할 경우 유네스코 협약을 위반할 소지도 있어 거짓 등 부정한 수단·방법으로 현지 문화재로 지정받은 경우나 정부 당국이 국익을 위해 요청하는 경우 문화부 장관이 보호 결정을 취소할 수 있다는 예외조항도 적시했다. 구체적인 개정시안을 뒤에서 살펴볼 것이다.

유럽 국가들에서 보편화한 대여문화재 한시적 압류면제를 보장하는 법조항을 들고 나왔기 때문이다.[28] 오히려 적극행정의 일환으로 긍정적으로 평가할 필요도 있다.

Ⅳ. 국외소재문화재 환수관련 법적 검토

1. 국외소재문화재가 가지는 법적 함의

"국외소재문화재"란 외국에 소재하는 문화재(제39조제1항 단서[29]) 또는 제60조제1항 단서[30])에 따라 반출된 문화재는 제외한다)로서 대한민국과 역사적·문화적으로 직접적 관련이 있는 것을 말한다(문화재보호법 제2조제8항).

국외소재문화재에 대한 인식이 중요하다. 이에 대해 조계종 중앙종회의원, 총무원 총무부장 등 종단소임을 두루 지낸 영담 스님(고산문화재단 이사장, 석왕사 주지)이 2017년 11월 30일 서울 프레스센터에서 열린 '2017 네즈미술관 소장 운흥사 범종 반출경위에 대한 학술세미나'의 기조발제 내용을 참고할 필요가 있다. 요약하면 다음과 같다. "20개 나라에 나가있는 16만 7,968점의 우리 해외문화 유산은 환수를 하거나 하지 못해도 그 자리에서 우리나라 반만년 역사를 알려주고, 1,700년 한국불교 전통과 정신을 알려주는 문화유산이다. 해외문화유산 환수라고 하면 대부분이 약탈·강탈·밀반출을 떠올린다. 약탈된 것도 있겠지만 입증이 쉽지 않다. 적법한 절차를 통해 반출된 경우도 있다. 무조건 환수를 촉구할 것이 아니라 반출 경위를 바로 살펴야 한다. 외국으로 나가게 된 경위를 밝힐 때까지는 그 자리에서 공경되고 존중될 수 있어야 한다."[31]

이 견해는 국외소재문화재의 무조건 환수가 능사가 아니며 상대 국가가 있는 만큼 신중한 접근이 필요하다는 것으로 정리할 수 있다. 이는 뒤에서 살펴보듯이 문화재보호법이 제67조부터 제67조에서 '국외소재문화재의 보호·환수 및 활용'을 규정하고 있는 것과 궤를 같이하는 것으로 볼 수 있다.

---

28) 한겨레 2017년 11월 18일자 "국외 명품 못빌리는 국립박물관의 속앓이" 기사 참조.

29) 제39조(수출 등의 금지) ① 국보, 보물, 천연기념물 또는 국가민속문화재는 국외로 수출하거나 반출할 수 없다. 다만, 문화재의 국외 전시 등 국제적 문화교류를 목적으로 반출하되, 그 반출한 날부터 2년 이내에 다시 반입할 것을 조건으로 문화재청장의 허가를 받으면 그러하지 아니하다.

30) 제60조(일반동산문화재 수출 등의 금지) ① 이 법에 따라 지정 또는 등록되지 아니한 문화재 중 동산에 속하는 문화재(이하 "일반동산문화재"라 한다)에 관하여는 제39조제1항과 제3항을 준용한다. 다만, 일반동산문화재의 국외전시 등 국제적 문화교류를 목적으로 다음 각 호의 어느 하나에 해당하는 사항으로서 문화재청장의 허가를 받은 경우에는 그러하지 아니하다.

31) 불교닷컴 2017년 11월 30일자 "영담 스님 "부석사 불상 日에 우선 돌려줘야"" 기사 참조.

2. 문화재 환수관련 법적 근거

(1) 문화재 반환과 관련한 유네스코의 입장

제2차 세계대전 이후 전 세계적으로 문화재 반환 요구가 증대되고 있다. 전쟁 중 독일의 대규모 약탈이 발생하고, 신생 독립국들의 정체성 회복 운동이 강화되어 문화재는 물질적 가치를 넘어 공동체의 역사 및 정체성을 상징한다. 이러한 상황과 흐름을 반영하여 유네스코(UNESCO, United Nations Educational, Scientific and Cultural Organization)는 관련 국제규범을 제정하고, 문화재 반환 정부간위원회를 설립하는 등 문화재 반환과 관련된 활동을 전개하고 있다.[32]

유네스코의 입장은 문화다양성 그리고 문화민주주의로 요약할 수 있다. 문화재 반환을 위한 법적, 윤리적 근거는 다음과 같다. 첫째, 모든 국가는 그들의 문화유산을 적절히 대표하는 소장품들을 소유할 권리를 가진다. 이것은 인류가 그들의 기원과 문화를 파악하는 데 문화재가 필수적인 역할을 하기 때문이다. 둘째, 문화재 각각의 우수한 가치를 존중해야 한다는 점이다. 셋째, 반환은 물리적 주체의 전달을 의미하며 관련 문화재에 대한 소유권의 전달을 뜻하는 것은 아니다. 넷째, 문화재 반환 및 소유권 문제는 어떤 국가도 문화재에 관련하여 시간적 제한을 실행할 권한을 지니지 않는다. 다섯째, 식민지배를 통한 문화재 반출 및 징벌적 약탈 등과 같은 특별한 상황하에서 자행된 약탈 문화재에 관한 해결이 어렵게 진행되고 있다. 여섯째, 특별한 국가적 의미를 지니는 고문서, 고도서 특히 학자들에 의해 행해진 귀중한 수집품들은 산발적으로 존재해서는 안 되며, 문화재 반환은 원산국에 있어서 한 국가의 주체성과 관련된 특별한 의미를 지닌다.[33]

(2) 문화재 반환의 법적 근거

문화재 반환관련 국제규범으로는 첫째, 「무력충돌시 문화재 보호에 관한 헤이그 협약」(1954년) 및 제1의정서(1954년), 제2의정서(1999년), 둘째, 「문화재의 불법 반출입 및 소유권 양도의 금지와 예방수단에 관한 협약」(1970년), 셋째, 「도난 또는 불법 반출된 문화재의 국제적 반환에 관한 국제사법통일연구소 협약」(1995년) 등을 들 수 있다.[34]

---

32) 유네스코(UNESCO)의 문화재 반환 활동(유네스코 개황, 2009. 3., 외교부).

33) http://cafe.naver.com/archaeology/2850 참조.

34) 문화재 반환관련 국제규범과 대표적 반환사례로는 첫째, 호주 박물관과 태평양 도서국가들 간의 문화재 반환사례를 들 수 있다. 국제공동체의 다른 박물관, 개인소장가 등의 원소유국에게로의 문화재 반환 필요성의 인식이 증대됨에 따라, 호주 박물관 역시 태평양 도서국가들로부터

1) 무력충돌시 문화재 보호에 관한 헤이그 협약(1954년) 및 제1의정서(1954년), 제2의정서(1999년)

가. 협약의 주요내용   첫째, 군사적 필요에 의해 긴급히 요구되는 경우를 제외하고, 문화재에 대한 적대행위 및 절도·약탈·유용 및 파괴 행위를 금지한다.

둘째, 국제등록부(Int'l Register of Cultural Property under Special Protection)에 등재된 특별보호 대상 문화재의 경우는 불가피한 군사적 필요성이 있는 경우에만 면제 철회 가능하다.

나. 의정서의 주요내용   첫째, 자국 점령 지역의 문화재 반출 방지 및 보호 의무, 둘째, 상기 의무에 반하여 반출된 문화재를 보유하는 국가는 이를 반환할 의무, 셋째, 반환시 문화재를 선의로 보유한 자에게 배상 지급 의무 등이다.

다. 제2의정서의 주요내용   협약의 내용을 상세화 및 강화하고 개인의 형사 처벌규정을 추가하였다.

2) 문화재의 불법 반출입 및 소유권 양도의 금지와 예방수단에 관한 협약(1970년)

유네스코는 1970년 「문화재의 불법 반출입 및 소유권 양도의 금지와 예방수단에 관한 유네스코 협약」을 제정했다.

협약의 주요 내용은 다음과 같다. 첫째, 불법적인 문화재의 반입 및 반출, 소유권 양도 금지(문화재 반출을 인가하는 증명서 도입, 불법문화재 회수 및 반환, 선의의 매수자에 공정한 보상, 협약 위반자에 형벌 및 행정적 제재 부과), 둘째, 문화재 유산 보호를 위한 국가기관 설립, 셋째, 문화재 보호를 위한 국제협력, 넷째, 군대 점령에 따른 강제적인 문화재 반출과 소유권 양도 금지 등이다.

3) 도난 또는 불법 반출된 문화재의 국제적 반환에 관한 국제사법통일연구소 협약(1995년)   유네스코는 1995년 「도난 또는 불법적으로 반출된 문화재 반환에 관

수차례에 걸친 반환청구를 받게 되었다. 1977년 6월 '호주 박물관 트러스트'(Australian Museum Trust: AMT)는 포트 모레스비 소재의 새로운 국립박물관 건물개관식 기념에 대한 선물로, 파푸아뉴기니 국립박물관 및 예술화랑에 17점의 문화재를 반환하였다. 또한 1년 후인 1978년 6월에는 영국으로부터 독립한 솔로몬군도의 독립기념선물로, 솔로몬군도 박물관에 두 개의 카누 뱃머리조각품을 기증하였다. 이들에 대한 반환시기는 ATM에 의하여 결정되었지만, 이러한 것은 각각 5년간에 걸친 반환청구국 기관들과의 협상결과였다. 둘째, 벨기에와 자이르 간의 문화재 반환사례를 들 수 있다. 1979년 벨기에는 식민지였던 콩고(옛 자이르)에서 약탈이 아닌 구매·기증 등 정상적인 방법으로 수집한 문화재 8백92점을 '벨기에·자이르 문화협정'을 체결하고 반환했다. 벨기에 국왕 레오폴트 2세는 1885년부터 콩고를 지배하며 아프리카 전역에서 문화재를 수집, 1908년 벨기에에 콩고 박물관을 세웠고 후에 중앙아프리카 왕립박물관(MRAC)으로 이름을 바꿨다. 그러나 1960년 독립한 콩고 정부가 MRAC 문화재 반환을 강력히 요구하자 벨기에는 국제적 호소와 설득에 못이겨 협정을 하고 자이르 문화재 보존을 위한 재정·기술적 지원까지 하게 됐다.

한 UNIDROIT 협약」을 제정했다. 아울러 반환을 요청 받은 국가와 요청한 국가 간에 지루한 논쟁으로 일관되는 경우 약소국에 군사적, 정치적으로 압력을 행사해서 원산국으로부터 반출된 문화재의 반환을 위한 보편적인 문화적 또는 윤리적 가치를 부여하고 있다. 또한 인류학적, 박물관학적 관점으로 볼 때 문화재 원산국 본래의 문화뿐만 아니라 국제적 공동체로서의 문화재의 역할에 대한 역사적·철학적·정치적 이해가 필요하다.

협약의 주요 내용은 다음과 같다. 첫째, 도난 및 불법반출 문화재 반환, 둘째, 반환요청대상에 개인소장 문화재도 포함, 셋째, 선의·무과실 취득자에 대한 공정한 보상, 넷째, 타국 사법당국에 불법반출 문화재 반환요청 가능, 다섯째, 반환요청 시효 설정 등이다.

4) 문화재보호법상 국외소재문화재 환수   문화재보호법은 제67조에서 '국외소재문화재의 보호'를 규정하고 있다. 즉 "국가는 국외소재문화재의 보호·환수 및 활용 등을 위하여 노력하여야 하며, 이에 필요한 조직과 예산을 확보하여야 한다." 이와 같이 법은 국외소재문화재의 보호·환수 및 활용 등을 위한 노력의무를 국가에 부여하고 있다. 그리고 제68조는 '국외소재문화재의 조사·연구'에 대해 규정하고 있다. "① 문화재청장 또는 지방자치단체의 장은 국외소재문화재의 현황, 보존·관리 실태, 반출 경위 등에 관하여 조사·연구를 실시할 수 있다. ② 문화재청장 또는 지방자치단체의 장은 제1항에 따른 조사·연구의 효율적 수행을 위하여 박물관, 한국국제교류재단, 국사편찬위원회 및 각 대학 등 관련 기관에 필요한 자료의 제출과 정보제공 등을 요청할 수 있으며, 요청을 받은 관련 기관은 이에 협조하여야 한다."

제69조는 '국외소재문화재 보호 및 환수 활동의 지원'에 대해 규정하고 있고,35) 제69조의3은 '국외소재문화재재단의 설립'에 대해 규정하고 있다.36)

---

35) 제69조(국외소재문화재 보호 및 환수 활동의 지원) ① 문화재청장 또는 지방자치단체의 장은 국외소재문화재 보호 및 환수를 위하여 필요하면 관련 기관 또는 단체를 지원·육성할 수 있다.
36) 제69조의3(국외소재문화재재단의 설립) ① 국외소재문화재의 현황 및 반출 경위 등에 대한 조사·연구, 국외소재문화재 환수·활용과 관련한 각종 전략·정책 연구 등 국외소재문화재와 관련한 제반 사업을 종합적·체계적으로 수행하기 위하여 문화재청 산하에 국외소재문화재재단(이하 "국외문화재재단"이라 한다)을 설립한다.

3. 국외소재문화재의 환수정책과 그에 따른 현황조사 및 문제점

(1) 문화재청 차원의 국외소재문화재 환수정책 개관

1) 국외소재문화재 조사 국외소재문화재에 대한 출처조사, 실태조사, 유통조사 등을 실시하고 있다. 출처조사는 우리 문화재 반출의 불법부당성을 입증할 수 있는 자료를 수집하는 것이며 실태조사는 우리 문화재의 현황과 가치를 조사하는 것이다. 유통조사는 우리 문화재의 이동경로를 파악하는 것이다.

2) 문화재 반환에 대한 양자 및 다자협력 강화 유네스코, ICPRCP(문화재반환촉진정부간위원회) 등 국제기구를 활용한 문화재 환수여론 조성을 적극 추진하고 있다. 특히, 지난 1989년부터 20여 년간 ICPRCP 위원국으로 활동해 오고 있으며 2010년부터는 부의장국으로 당선되어 문화재 환수에 대한 국제적 리더십을 발휘해 오고 있다. 아울러, 2008년에는 ICPRPC 30주년 기념 특별회의 및 전문가회의를 서울에서 개최하여 문화재 반환에 대한 국제여론을 적극 조성하고 있다.

또한, 지난 2010년부터 이집트회의(2010년), 페루회의(2011년) 등 피탈국간 국제연대에도 적극 참여하고 있으며 2011년의 '서울 컨퍼런스'는 우리나라 중심의 문화재 반환 국제회의를 신설하여 문화재 반환에 대한 국제여론 확산에 노력하고 있다.

3) 정부간 협상, 기증, 구입, 수사공조 등 환수방법별로 환수정책 체계화 이에 따라 문화재청은 2012년 7월에 국외소재문화재재단을 설립하여 구입, 기증 등을 확대하고 있으며, 2014년 7월에는 「한미 문화재 환수협력 양해각서」를 체결하여 6.25전쟁으로 인한 도난 문화재 환수를 중점 추진하고 있다. 아울러 환수정책 및 조약 관련 연구와 학술대회를 개최해 오고 있으며 전문인력 양성에도 노력하고 있다.

4) 민관협력 강화 문화재청은 지난 2009년 4월에 문화재 환수관련 민간단체, 정부기관, 학계 등 17개 기관단체가 참여하는 "문화재환수협의회"를 구성하였으며 환수전략을 논의하고 있다. 또한, 지난 2007년부터 민간단체의 환수활동에 대한 예산 및 정보를 지원하여 외교 등의 문제로 정부가 직접 나서기 어려운 경우, 민간단체를 활용하여 환수여론이 조성되도록 노력하고 있다.

(2) 국외소재문화재의 현황조사

국외소재문화재재단에 따르면, 국외소재문화재는 20개국 168,330점(2017.4.1 기준)에 이르고 있는 것으로 나타났다.

일본 71,422점, 미국 46,404점, 중국 10,050점, 독일 10,940점, 영국 7,638점, 러시아 5,633점, 캐나다 3,289점, 프랑스 3,600점, 대만 2,881점, 오스트리아 1,511점, 덴마크 1,278점, 카자흐스탄 1,024점 등이다.

1) 국외소재문화재의 현황조사의 문제점   조사 전담기관인 국외소재문화재재단의 조사현황 내용을 보면 ① 2013년 4개국, 11기관 5,400여 점, ② 2014년 5개, 10기관 5,100여 점, ③ 2015년 4개국, 6기관 5,530여 점으로 누적조사를 포함하면 10개국 45,504점에 대한 실태조사를 마쳤다고 한다. 이 중에 불법반출 여부를 조사한 출처조사는 117건이라 하니 국민적 관심에 비해 그 성과가 크다고 할 수 없다.

2012년 정부 조직으로 발족한 국외소재문화재재단이 이 기간에 환수한 문화재가 5건에 불과하다는 점도 재단의 설립목적이 문화재 환수임에도 이를 방기하고 있다는 의구심을 갖게 한다. 그것도 불법반출 여부를 확정하고 '반환'받은 것이 아닌 경매시장 등에서 기업의 후원 등을 앞세워 '매입'한 것이 주를 이룬다. 재단의 조직 구성도 '환수'에 집중할 수 없는 구조가 된 것도 장애요소라고 할 수 있다.

2) 일본에 소재하는 문화재의 환수방안   2003년 12월 9일 일본이 유네스코 (UNESCO)의 「1970년 문화재의 불법 반출입 및 소유권 양도의 금지와 방지 수단에 관한 협약」에 가입함에 따라 한·일간 문화재 반환에 관한 새로운 국제법상의 환경이 조성되었다. 구체적인 환수방안은 다음과 같다.[37)]

첫째, 일본 유출 한국문화재 환수 촉진을 위해 양국 문화재 연구자간의 협의체 신설을 지원한다. 둘째, 민간소유 일본유출 한국문화재의 기증활성화를 위한 정책적 측면을 강구한다. ① 공개촉진의 근본문제 해소를 위한 1988년 미술품의 미술관에서의 공개촉진 관련 법률의 개정유도, 미술품 기증에 대한 조세제도의 국제적 수준(미국, 영국, 프랑스 수준)으로의 환경조성에 대한 국제적 권유, ②「1965년 문화재협정」의 합의의사록에 명시된 "일본정부의 기증권장"에 대한 구체적 이행 조치의 일환이자, 유네스코 1970년 협약에서 "점령하에서 점령국에 의해 수출된 문화재"는 반환대상이므로 국·공유기관소장 한국문화재의 우선적 반환 촉구, ③ 일본에서 재일 한국문화재문제는 개인 소장가의 대부분이 관심이 매우 낮은 바, 한국에서 작품을 기증한 일본인 수집가가 호의적으로 평가되고 진심으로 감사를 받고 있다는 사례의 심층홍보로 기증 동기 유발 등이 세부적인 방안으로 제시되고 있다.

---

37) 조부근, "國外 流出 韓國文化財의 還收현황과 과제에 관한 연구"「전통문화논총」 제12권(한국전통문화대학교 한국전통문화연구소, 2013) 국문초록 참조.

〈일본 덴리대학 중앙도서관에 소장되어 있는 안견의 '몽유도원도'〉[38]

출처: 한국학중앙연구원 제공

V. 문화국가원리적 관점에서 규범조화적 해결의 모색

문화국가원리적 관점에서 규범조화적 해결의 모색이 필요하다. 첫째는 불법 반출된 국외소재문화재를 적극적으로 환수하는 것이다. 둘째는 대여문화재의 한시적 압류면제를 위한 법제 정비를 통해 국민의 문화유산 접근 및 문화향유 강화, 그리고 원활한 국외소재문화재 대여를 도모할 필요가 있다.

1. 불법반출된 국외소재문화재의 적극 환수

국외소재문화재의 환수를 위해서는 국제공조를 통한 불법반출된 국외소재 문화재의 적극 환수를 위한 노력이 필요하다.

문화재 반환 분쟁에서 가장 많이 적용되는 국제협약은 1970년 유네스코총회에서 채택된 「문화재의 불법 반출입 및 소유권 양도의 금지와 예방수단에 관한 협약」이다. 전문을 보면 "자국 내 영역 내에 존재하는 문화재를 도난, 도굴 및 불법적인 반출의 위험으로부터 보호하는 것은 모든 국가에 부과된 책임"이라고 명시한다.

---

38) 세종의 셋째 아들, 안평대군은 1447년 정묘년 4월 단꿈 하나를 꾼다. "잠이 들려고 할 즈음, 갑자기 정신이 아련해지면서 깊은 잠에 빠졌고 이내 꿈을 꾸게 되었다." 박팽년과 함께 산속을 걷다 갑자기 험준하고 기이한 절벽을 마주한 안평대군. 그는 말을 타고 더 들어가 복숭아 나무가 가득한 도원에 들어선다. 천재 화백 안견이 안평대군의 꿈에 나온 무릉도원을 화폭에 옮겨 담은 그림 '몽유도원도(夢遊桃源圖)'. 복숭아 나무 사이로 햇살이 비쳐 마치 노을이 지는 것 같았다는 절경을 담은 그림이다. 초등학생 아이들도 사연을 알 정도로 귀중한 우리의 문화유산이지만, 이 그림은 우리나라가 아닌 일본의 중요문화재 제1152호로 지정돼 있다. 머니투데이 2016년 3월 1일자 "[97주년 3.1절] 안견의 '몽유도원도', 우리 국보 아닌 '일본 중요문화재'인거 아십니까" 기사 참조.

우리나라의 「문화재보호법」도 외국 문화재가 불법 반출된 것이라면 이를 반환하도록 조치해야 한다고 규정하고 있다.

문화재 반환은 정부당국, 컬렉터, 시민단체, 해외박물관 등의 긴밀한 협조가 이루어져야만 그 성과를 담보할 수 있는 매우 어려운 과제이다. 특히 국제공조를 통한 불법반출된 국외소재 문화재 환수를 위한 노력이 필요하다. 최근의 사례로는 미국으로 불법 반출된 조선시대 문화재인 문정왕후 어보와 현종 어보가 국내로 돌아온 사례가 대표적이다.[39] 우리 정부가 미국과의 공조로 문화재를 환수한 것은 1893년 고종이 발행한 최초의 지폐인 호조태환권 원판, 대한제국 국새 등 인장 9점에 이어 세 번째다.

문화재보호법은 제67조부터 제69조까지 '국외소재문화재의 보호·환수 및 활용'에 대해 규정하고 있다. 이 규정은 상대적으로 국외소재문화재의 환수보다는 보호에 중점을 두고 있는 것으로 해석될 소지가 있다. 환수의지를 분명히 하기 위해서는 별도의 조문에서 '국외소재문화재의 환수'에 대해 규정하는 것이 타당하다고 생각된다.

그것은 문화재보호법 제6조의 "문화재기본계획의 수립"에서 "① 문화재청장은 시·도지사와의 협의를 거쳐 문화재의 보존·관리 및 활용을 위하여 다음 각 호(1. 문화재 보존에 관한 기본방향 및 목표, 2. 이전의 문화재기본계획에 관한 분석 평가, 3. 문화재 보수·정비 및 복원에 관한 사항, 4. 문화재의 역사문화환경 보호에 관한 사항, 5. 문화재 안전관리에 관한 사항, 6. 문화재 기록정보화에 관한 사항, 7. 문화재 보존에 사용되는 재원의 조달에 관한 사항, <u>7의2. 국외소재문화재 환수 및 활용에 관한 사항</u>, 7의3. 남북한 간 문화재 교류 협력에 관한 사항, 8. 문화재의 보존·관리 및 활용 등을 위한 연구개발에 관한

---

39) 어보(御寶)는 왕과 왕비, 세자와 세자빈을 위해 제작된 의례용 도장으로 왕실의 정통성과 권위를 상징하는 유물이다. 문정왕후 어보는 명종 2년(1547) 중종의 계비인 문정왕후(1501~1565)에게 '성렬대왕대비'(聖烈大王大妃)라는 존호(尊號, 덕을 기리는 칭호)를 올리는 것을 기념해 만들어졌다. 크기는 가로·세로 각 10.1㎝, 높이 7.2㎝이며, 거북 손잡이가 달린 금보(金寶)다. 함께 환수된 현종 어보는 효종 2년(1651) 임금의 맏아들인 현종(1641~1674)이 왕세자로 책봉됐을 때 제작돼 '왕세자지인'(王世子之印)이라는 글자가 새겨져 있다. 재질은 옥이며, 크기는 문정왕후 어보보다 약간 더 크다. 두 어보는 알 수 없는 시점에 외국으로 유출돼 미국 로스앤젤레스에 거주하는 미국인의 손에 넘어갔다. 그는 문정왕후 어보를 2000년 LA카운티박물관에 팔았고, 현종 어보는 판매하지 않고 소장하고 있었다. 미국 국토안보수사국(HSI)은 2013년 5~7월 문화재청이 두 어보가 도난품임을 인지하고 수사를 요청하자 그해 9월 어보를 압수했다. 이후 문화재청은 2014년 7월 미국에서 어보가 진품임을 확인했다. 2015년 10월에는 한미 정상이 '조속한 반환 원칙'에 합의하면서 처리 속도가 빨라지는 듯했으나, 법적 절차로 인해 환수까지는 1년 8개월이 더 걸렸다. 연합뉴스 2017년 6월 9일자 "미국으로 불법 반출된 문정왕후·현종 어보 돌아온다" 기사 참조.

사항, 9. 그 밖에 문화재의 보존·관리 및 활용에 필요한 사항)의 사항이 포함된 종합적인 기본계획(이하 "문화재기본계획"이라 한다)을 5년마다 수립하여야 한다."고 규정하면서, "7의2. 국외소재문화재 환수 및 활용에 관한 사항"을 신설하여 문화재기본계획의 하나로 들고 있음을 보아도 알 수 있을 것이다.

2. 대여문화재의 한시적 압류면제를 위한 법제 정비

국외소재문화재의 국내 전시의 활성화는 문화공공성 측면에서 바람직한 현상이라 할 수 있다. 국민들의 입장에서는 국외소재문화재를 접할 기회가 거의 드물기 때문에 국외소재문화재의 기획 전시는 적극행정의 차원에서 장려될 필요가 있다. 그리고 국외소재문화재의 국내 전시는 우리 문화재의 소재 확인을 위해서라도 매우 필요하다고 볼 수 있다. 실무에서는 관련법이 제정되지 않음으로 국외소재문화재 소재확인에도 어려움이 있다고 한다.

대여문화재의 한시적 압류면제를 위한 법제정비방안으로는 첫째, 한시적 압류면제에 관한 별도의 법률을 제정하는 방안, 둘째, 문화재보호법의 개정을 통한 방안, 셋째, 「박물관 및 미술관 진흥법」의 개정을 통한 방안 등이 있다.

현재 첫째 방안과 둘째 방안에 대한 논의는 보이지 않는다. 셋째 방안에 대해서는 연구결과에 따른 개정시안이 제시되어 있다. 사견으로는 실현가능한 방안이 둘째 방안과 셋째 방안이라고 본다.

한편 입법에 반대하는 입장에서는 약탈문화재 압류면제의 헌법적 문제점으로 과거 침탈국 위주의 입법례라는 점, 압류면제의 국민의 기본권 침해성 등을 들고 있다.[40] 그러나 이 주장은 국외소재문화재가 '약탈'되었다는 것을 전제로 하지만, 앞서 살펴 본 '직지심체요절'[41]처럼 그렇지 아니한 국외소재문화재에 대해서까지 동일하게 적용하는 것은 적절하지 않다고 본다.

(1) 한시적 압류면제에 관한 별도의 법률을 제정하는 방안

이 방안은 한시적 압류면제에 관한 일반법을 제정하는 것이다. 대표적으로 미국이 1965년에 「미국 내의 전시 및 공연 등을 위한 문화재 압류면제법」을 제정한 사례가 이에 해당한다.

---

40) 최용전, "전시활성화를 위한 압류면제에 관한 비교법적 고찰" 「국회의원 박경미·국립중앙박물관 주관: 국외에 있는 우리 문화재 어떻게 활용할 것인가?」(2018. 1. 12), 47~49쪽 참조.
41) 직지심체요절은 청주 흥덕사에서 고려 우왕 3년(1377년)에 간행한 책으로, 하권만 프랑스 국립도서관이 소장하고 있다. 조선 고종때 서울에서 근무한 프랑스인 프랑시가 수집한 장서에 포함됐다가 골동품 수집가 앙리 베베르를 거쳐 프랑스 국립도서관에 기증됐다.

(2) 문화재보호법의 개정을 통한 방안

이 방안은 한시적 압류면제에 관한 내용을 문화재보호법에 신설하는 방안이다. 대표적으로 독일의 문화재보호법이 제7장 제73조 이하에서 국제 문화재대여에서의 반환약속을 규정하고 있는 것이 이에 해당한다.

현행 문화재보호법은 제67조부터 제69조까지 '국외소재문화재의 보호·환수 및 활용'에 대해 규정하고 있다. 따라서 제69조의4(외국 박물관·미술관 자료의 압류 등으로부터 보호)를 신설하는 방안이다. 구체적인 내용은 아래 「박물관 및 미술관 진흥법」에 대한 개정안으로 나온 연구결과를 활용하면 될 것이다. 다만 대여 전시 문화재에 대한 사전 출처 확인을 추가하여 국외소재문화재에 대한 보호와 환수를 규범조화적으로 접근할 필요가 있다.

(3) 「박물관 및 미술관 진흥법」의 개정을 통한 방안

이 방안은 한시적 압류면제에 관한 내용을 대여문화재의 전시와 직접적으로 관련되는 「박물관 및 미술관 진흥법」에 신설하는 방안이다.

「박물관 및 미술관 진흥법」 개정시안에 대한 연구결과[42]가 나와 있는데, 그 내용은 다음과 같다.

제23조의2(외국 박물관·미술관 자료의 압류 등으로부터 보호) ① 문화체육관광부 장관은 대한민국 국민에게 전시할 공익 목적으로 외국의 정부나 이에 준하는 단체 및 지방자치단체, 공공기관 및 박물관·미술관 등(이하 "외국의 정부 등"이라 한다)에서 대여한 자료들을 법 제16조에 따라 등록한 박물관·미술관에서 전시하는 경우, 다음 각 호에 부합하는 경우 대여기간 동안 다른 법률에 우선하여 압류, 압수, 양도 및 유치(「문화재보호법」 제20조제1항에 따른 유치는 제외한다) 등(이하 "압류 등"이라 한다)을 금지할 수 있다. 다만, 기간은 정당한 사유가 없는 한 2년을 넘을 수 없다.
   1. 외국의 정부 등으로부터 대여받기 위한 전제 조건일 것
   2. 공익 목적의 전시일 것
   ② 문화체육관광부 장관은 제1항에 따라 전시하려는 자로부터 신청을 받아 압류 등으로부터 보호를 결정하기에 앞서 관계 행정기관의 장에게 협의를 요청할 수 있으며, 전시 명칭, 전시 기간 및 장소, 외국의 정부 등으로부터 대여한 박물관·미술관자료의 목록, 보호기간 등을 대통령령으로 정하는 바에 따라 고시하여야 한다.

---

42) 성봉근·추민희·박혜련·진정환, "해외 문화재 등의 국내 전시에 관한 법적 규제 – 문화행정법의 새로운 과제 –「공법연구」 제46집(한국공법학회, 2017. 10), 326쪽 참조

③ 문화체육관광부장관은 다음 각 호의 어느 하나에 해당하면 압류 등으로부터 보호 결정을 취소할 수 있다.

   1. 거짓 그 밖의 부정한 수단이나 방법으로 지정을 받은 경우

   2. 문화체육관광부장관이 국익을 위해 보호 결정을 취소하는 경우

   3. 외교부장관 또는 문화재청장이 국익을 위한 요청을 하는 경우

④ 제1항 및 제3항에 따른 기준, 절차, 방법 및 그 밖에 필요한 사항은 대통령령으로 정한다.

신설되는 제23조의2 제4항에 '대여 전시문화재에 대한 사전 출처 확인'을 추가할 필요가 있다고 본다.

(4) 법제 정비에 따른 유의사항

문화재의 본래 주인인 국가로 반환함으로써 문화유산의 가치를 회복하려는 국제사회의 자발적 노력과 소장자에 의한 과거 내력 공표의무가 이루어지고 있는 국제적인 상황과 배치되는 측면이 없는지 신중히 검토하여야 할 것이다. 왜냐하면 입법이 이루어지면 국외소재문화재 환수라는 문화재보호법상의 원칙이 무너질 우려가 있는 것은 아닌가하는 우려도 없지 않다.

그리고 문화재를 본래 주인인 국가로 반환함으로써 문화유산의 가치를 회복하려는 국제사회의 자발적 경향과 소장자에 의한 과거 내력 공표의무는 고무적인 현상이다. 국내외 소장자들의 세대교체로 인해 자발적 기증과 거래의 증가, 그리고 피탈국가들의 거센 반환요구 등으로 향후 10년에서 30년은 문화유산을 회복할 적기라는 지적[43]에 귀기울일 필요가 있다. 앞에서도 언급했듯이 대여 전시문화재에 대한 사전 출처 확인을 함께 규정할 필요가 있다.[44] 출처란 발견되거나 창작된 시점부터 현재까지의 박물관자료에 관한 모든 내력과 소유권 전반을 가리키는 것으로 지위 여부와 소유권 결정의 근거가 된다. 따라서 국외소재문화재의 대여 전시를 희망하는 박물관이나 전시 기획자에게 해당 문화재의 출처(provenance) 확인을 의무화하거나 정부기관이 소장하고 있는 출처정보를 제공하는 경우 국외소재문화재의 대여 전시에 따른 한시적 압류면제는 논란의 우려를 상당부분 불식시킬 수

---

43) 이상근, "혈세 들어가는 국외소재문화재재단은 도대체 왜 존재하는가?" 「조선pub」 2017년 10월 16일자 칼럼 참조.

44) 김병연, "전시활성화를 위한 국외문화제 등의 한시적 압류면제에 대한 법제화 방안 연구" 「국회의원 박경미·국립중앙박물관 주관: 국외에 있는 우리 문화재 어떻게 활용할 것인가?」 (2017. 12. 29) 토론문 참조.

있을 것이다. 국립중앙박물관은 2014년에 「소장품 관리규정」을 개정하여 우리나라 박물관·미술관 최초로 유물의 기증, 구입 등 취득시 사전에 출처 자료를 제출하도록 하고 있다. 그리고 2008년 문화재보호법 제87조를 개정하여 지정문화재, 공고된 문화재, 출처의 원인을 훼손한 문화재에 대해서는 민법상 선의취득을 배제토록 하고 있다. 이는 도난문화재에 대한 권원 취득을 차단하기 위한 것이다.

Ⅵ. 맺는 말

문화국가원리는 국가의 적극적 과제로 '문화의 보호와 육성'을 내포하고 있다. '문화의 보호와 육성'에는 국외소재문화재의 보호도 당연히 포함되는 것으로 해석되어야 한다. 「문화재보호법」은 제67조부터 제69조까지 국외소재문화재 보호정책을 명시함으로써 문화국가원리를 구체화하고 있다.

전쟁 등으로 불법적으로 반출되거나 전쟁배상으로 지급된 문화재들에 대한 법적인 소유권 분쟁이 증가하게 되었다. 이에 따라 소유권분쟁이 끝날 때까지 전시가 불가능해질 수 있다. 이를 방지하기 위하여 유럽 각국에서는 1994년부터 전시회를 위해 임대된 미술품 등에 대한 한시적 압류면제에 대한 입법이 이루어졌다. 또한 미국에서는 1965년에 「미국 내의 전시 및 공연 등을 위한 문화재 압류면제법」이 제정되었다.

우리나라도 문화국가원리가 내포하는 국민의 문화유산 접근 및 문화향유 강화 차원에서 전시목적 대여문화재의 한시적 압류면제제도는 국내에 소재하는 문화재 등에 국한할 것이 아니라 국외소재문화재 등으로 확대하기 위한 입법의 필요성이 제기되고 있다. 그것은 인류역사의 문화적인 흐름을 존중함으로써 국제사회에서 문화적인 고아가 되지 않도록 노력하는 개방적이고 미래지향적인 전통문화국가의 건설과 맥락을 같이한다. 다만 이것이 「문화재보호법」상 국외소재문화재 환수의무와 상충 여지가 있다는 점에서 법적으로 문제되고 있으며 그 해결을 위한 법적 노력이 강구될 필요가 있다고 본다.

「박물관 및 미술관 진흥법」 제23조의2(외국 박물관·미술관 자료의 압류 등으로부터 보호)를 신설하여 이 문제에 적극 대응하는 것은 바람직하다고 본다. 연구보고서에 제시된 개정시안은 다음과 같다. "문화체육관광부장관은 대한민국 국민에게 전시할 공익 목적으로 외국의 정부나 이에 준하는 단체 및 지방자치단체, 공공기관 및 박물관·미술관 등에서 대여한 자료들을 박물관·미술관에서 전시하는 경우, 외국의 정부 등으로부터 대여받기 위한 전제 조건일 것과 공익 목적의 전시일 것 등의 조건에 부합하는 경우 대여기간 동안 다른 법률에 우선하여 압류, 압수, 양도 및 유치 등을 금지할 수 있다." 이 방안 외에도 미국처럼 별도의 법률을 제정하는 방안, 독일처럼 문화재보호법에 신설하는 방안도 대안으로 검토할 것을 제안한다.

그리고 국외소재문화재의 대여 전시를 희망하는 박물관이나 전시 기획자에게 해당 문화재의 출처(provenance) 확인을 의무화하거나 정부기관이 소장하고 있는 출처정보를 제공하는 경우 국외소재문화재의 대여 전시에 따른 한시적 압류면제는 논란의 우려를 상당부분 불식시킬 수 있을 것이다. 아울러 국제공조를 통한 불법 반출된 국외소재문화재 환수를 위한 노력을 경주할 필요가 있다.

우리 문화재를 지킨 간송(澗松) 전형필(全鎣弼) 선생에 관한 이야기를 소개하면서 맺는 말에 갈음하고자 한다.

"간송 전형필(1906~1962) 선생은 나이 스물네 살 때 막대한 유산을 물려받았지만, 유유자적 편안하게 사는 길을 택하지 않았다. 많은 재산과 젊음을 바쳐 일본으로 유출되는 서화, 도자기, 불상, 석조물, 서적들을 수집해서 이 땅에 남겼다. 이미 일본으로 건너간 문화재 중에서도 꼭 찾아야 할 가치가 있는 판단이 서면, 값을 따지지 않고 다시 이 땅으로 돌아오게 했다. 선생이 수집한 문화유산은 광복 후 그 가치를 인정받아, 12점이 국보로, 10점이 보물로, 4점이 서울시 지정 문화재로 지정되었다. 나머지 수집품들도 문화사적으로 매우 중요하다는 학계의 평가를 받았다. 그래서 많은 이가 간송을 '민족 문화유산의 수호신'이라고 부르고, 간송의 수집품을 거론하지 않고는 제대로 된 미술사 연구 논문을 쓸 수 없다고 말한다. 성북동 산허리에 살포시 자리 잡은 간송미술관은 선생이 1938년에 설립한 우리나라 최초의 개인 박물관이다."45)

---

45) 이충렬, 「간송 전형필」(김영사, 2010), 4~5쪽 서문 참조.

〈간송미술관 전경〉

출처: 한국학중앙연구원

〈간송 전형필선생〉

출처: 국립한글박물관

제6편

대한민국 4대 거짓말: '대통령, 규제 풀겠다'

제11강

규제재설계: 포괄적 최소규제체계

Ⅰ. 들어가는 말

"'노인네, 늙으면 죽어야지' '노처녀, 시집 안 간다' '장사꾼, 밑지고 판다'. 흔히들 말하는 대한민국 3대 거짓말이다. 이제 '대통령, 규제 풀겠다'는 말도 하나 추가하게 생겼다"는 지적이 있다.[1] 기자로서 정부부처에 출입하며 무수히 들었던 정부가 규제를 풀겠다는 말을 믿지 못하게 되었다는 얘기인데, 30년 가까이 지난 지금도 여전히 정부는 규제개혁을 외치고 현장에서는 규제 때문에 아무 것도 할 수가 없다고 하니 그럴 수밖에. 늘 거창한 구호에 비해 성과가 가장 미흡한 분야 중 하나가 규제개혁이다. 그래서 우리나라를 규제공화국 또는 '안돼'공화국이라고도 부른다. 그만큼 규제가 많고 규제개혁이 안 된다는 것을 비꼬는 말이다.

〈규제혁신 사령탑: 청와대 본관 전경〉

출처: 두산백과

【원제: 규제재설계의 행정작용법적 함의 - 포괄적 네거티브 규제체계를 중심으로 -】
1) 김광현, "[오늘과 내일/김광현] 규제혁파 립 서비스 '고마해라'" 칼럼 참조.

그래서 좀 강하게 '혁명적 접근'으로 규제를 혁파하자는 칼럼을 소개한다. "우리나라는 고속 성장으로 다른 나라의 부러움을 받고 있지만, 한편으로는 각종 규제로 인해 세계 흐름에 뒤처져 있는 것이 사실이다. 지금 세계 각국은 4차 산업혁명 시대를 맞아 경쟁적으로 규제혁파를 내세워 산업 경쟁력을 높이고 있다. 우리 경제도 문 대통령이 언급한 대로 지금까지 없었던 과감한 방식인 '혁명적 접근'으로 규제를 혁파해 혁신성장을 달성해야 한다.....규제개혁을 통해 기업들이 투자할 수 있는 여건을 만들어줘야 한다는 것은 새삼스러운 일이 아니다. 특히 네거티브 규제의 당위성은 오래전부터 강조됐고 역대 정부에서 끊임없이 추진됐지만 지금까지 별로 개선된 게 없다. 정부는 말만 앞세웠고, 공무원들은 더 많은 인·허가권을 갖기 위해 규제를 늘려 왔으며, 국회 또한 자신들의 '밥그릇 챙기기'에 골몰한 결과다. 결국, 새로운 사업이 빠르게 등장하는데 규제철폐가 늦어 신기술의 사업화와 시장 선점이 어렵게 된다. 얼마 전 박용만 대한상공회의소 회장이 "세계 100대 혁신사업을 꼽아보니 한국에서 할 수 있는 건 절반도 안 된다"는 말을 새겨들어야 한다."[2]

규제가 여전히 話頭이다. 규제문제는 우리만의 문제가 아닌 글로벌한 문제이기도 하다.[3] 그런데 세계적 흐름에 뒤처져 '갈라파고스 한국'이라는 자조적 汚名을 뒤집어쓰고 있다는 지적도 있다. 그것은 세계적으로 통용되는 사업 모델도 한국에선 발 붙이기조차 어렵기 때문으로 지적되고 있다. 정보기술(IT) 분석기관 테크앤로에 따르면 세계 100대 스타트업 중 우버·에어비앤비 등 새로운 사업 모델의 절반 이상이 국내에선 불허되거나 제한적으로 허용되고 있는 것이 단적인 예이다.[4]

역대 정부 모두 규제개혁을 중요한 국정과제로 삼았지만 괄목할만한 성과를 거두지는 못하였다. 이명박·박근혜 정부는 한국이 '냄비 속 개구리'가 되지 않도

---

2) 주덕, "'혁명적 접근'으로 규제개혁 이뤄야" 일간 리더스경제 2018년 1월 23일자 칼럼 참조.
3) 2017년 12월 백악관에는 서류 더미들이 등장했는데, 하나는 '1960년', 다른 하나는 '오늘(today)'이라는 표지를 달았고, 그 둘을 연결하는 빨간색 테이프가 둘러져 있었다고 한다. 1960년대에 약 2만 쪽에 불과하였으나 오늘날은 18만 쪽으로 증가한 연방 규제 법규의 부피감과 무게감을 종이로 시각화한 것이라고 한다. http://www.futurekorea.co.kr
4) 우버는 자동차운송사업법이, 에어비엔비와 같은 숙박공유사업은 관광진흥법이, 작은 음식 배달 쇼핑몰은 식품제조법이 규제로 작용하고 있다. 이 중 숙박공유업은 관광진흥법상 외국인을 상대로 한 도시민박업·한옥체험업 등으로만 제한적으로 허용돼 국민을 상대로 한 서비스는 사실상 불가능하다.

록 지난 9년 동안 발버둥을 쳤다. 이들은 각각 '규제 전봇대 뽑기'와 '손톱 밑 가시 제거' 작전을 벌였다. 하지만 모두 '용두사미'로 끝났다. 대통령이 처음엔 드라이브를 걸었지만 정쟁에 빠진 국회의 벽에 가로막히거나, 규제 권력을 휘두르는 공무원들의 복지부동에 발목이 잡혔다.[5] 즉 지금껏 규제 완화 시도가 실패한 데는 기존 규제로 이익을 얻는 집단의 반발과 이를 의식한 규제 당국의 복지부동한 행태가 가장 큰 영향을 미쳤다고 보는 평가에 깊이 유념할 필요가 있다.

문재인 정부는 "혁명적 접근"이라는 표현으로 이런 실패의 굴레를 끊겠다는 결기를 드러냈다. 혁명적 접근의 방법론이 규제재설계 및 규제혁신이라 할 수 있다. 먼저 규제혁신이 규제완화, 규제개혁과 유사점도 있지만 상이점도 있는듯하다. 규제완화를 행정규제기본법으로 설명하여 권력적 요소를 제거하고 자율적 요소를 가미하는 방식으로 변경하는 것을 의미하는 것으로 보는 입장[6]에서는 규제혁신과의 유사성이 짙게 드러난다. 한편 규제개혁은 정부규제의 품질을 관리하는 과정으로 정의되는데,[7] 규제품질의 提高[8]로 이해하면 양자 또한 유사성이 강하다는 것을 알 수 있다.[9] 다음으로 규제재설계는 종래의 규제설계와는 근본적으로 다른 의도를 담고 있는 것으로 보인다. 각종 규제와 관련해 '우선 – 허용, 사후 – 규제' 방식의 포괄적 네거티브 방식으로 전환하고 또 신산업 및 신기술에서는 기존 규제를 받지 않고 새 기술을 테스트(실험)할 수 있도록 '규제 샌드박스' 제도를 추진하고 있다. 이들이 '규제피로사회'[10][11]의 청량제가 되기를 기대한다.

---

5) 중앙일보 2018년 1월 23일자 "문 대통령의 '선 허용-후 규제' 약속을 지켜보겠다" 사설 참조.

6) 황창근, "4차 산업혁명과 지능정보서비스 적용관련 갈등 사례와 규제개선방안"「지능정보사회 법제도 정립방향」(NIA · 지능정보사회법제도포럼, 2017), 26쪽.

7) 이원우, 「경제규제법론」(홍문사, 2010. 2), 137쪽.

8) 이에 대해서는 김재광, "규제품질 제고를 위한 규제 개선방안"「공법연구」제42집제3호(한국공법학회, 2014. 2), 206쪽 이하 참조.

9) 여기서 규제품질개념의 이해와 관련하여 ① 규제품질을 과다한 규제비용 내지 행정비용으로 파악하고 있는 입장과 ② 규제품질을 규제원칙 및 규제요건을 어느 정도 충족시키고 있는지 여부에 따라 판단하는 입장이 있다. 규제개혁실무에서는 ①의 입장에 있으나, 규제품질을 다층적으로 이해하는 ②의 견해가 타당하다고 본다. 이원우, 앞의 책, 156쪽.

10) 피로사회에 대해서는 한병철(김태환 역), 「피로사회」(문학과 지성사, 2012) 참조.

11) 그동안 정부의 규제완화는 다양한 수식어가 붙는데, 예를 들면 부동산 규제 완화, 수도권규제완화, 그린벨트 규제완화, 농지규제완화, 산지규제완화, 금융규제완화, 중소기업규제완화, 푸드 트럭 규제완화, 건축규제완화, 오피스텔규제완화 등인데, 이렇게 행정의 영역에서 규제완화가 많은 것은 반대로 보면 그동안 규제가 많았다는 것을 의미한다. 그런데 정부의 대부분 규제는 주로 경제와 관련된 것으로 그동안 정부의 규제가 국민의 경제생활과 경제활동에 많은 제약을 가했다는 것을 알 수 있다. 김상겸, "법체계 바꾸려면…규제 · 법률 만능주의 '건 수' 집착 버려야-네거티브 규제를 원칙으로 국민의 자유와 권리를 최대한 보장해야-"미디어펜 2016년 12월 15일자 칼럼 참조.

문제는 최근 페이스북과 우버 등 글로벌 IT기업에서 잇따라 터진 사태로 4차 산업혁명 기술에 대한 불신과 공포가 확산되면서 신기술 개발과 관련한 규제를 대폭 완화하는 것이 능사가 아니라는 회의론까지 제기되고 있어 포괄적 네거티브 규제체계의 순항이 수월하지 않을 가능성이 크다(예: 자율주행자동차의 핵심은 안전에 있다는 국토교통부장관의 언급).

이 글은 규제재설계에 따른 행정작용법적 함의를 고찰하는데 목적이 있다. 저자는 규제재설계의 핵심내용이 '포괄적 네거티브 규제체계(포괄적 최소규제체계)' 이기 때문에 이를 話頭로 삼아 접근하는 것이 방법론적으로 타당하다고 생각한다. 그래서 문재인 정부의 2018 규제정비종합계획의 검토(Ⅱ), 포괄적 최소규제체계의 검토(Ⅲ), 포괄적 최소규제체계에 따른 행정작용법적 함의(Ⅳ) 등으로 구성하여 고찰하고자 한다.[12]

Ⅱ. 문재인 정부의 2018 규제정비종합계획의 검토

정부는 2018년 2월 27일 국무총리 주재로 국무회의를 개최하고, 행정규제기본법에 따른 2018년 규제정비종합계획을 확정했다.[13]

2018년도 규제혁신은 2018년 1월 24일 정부업무보고 때 발표된 새 정부 규제혁신 틀의 연속성 하에서 3대 분야에 중점을 두면서, 규제관리 시스템과 행태개선에도 주력할 계획으로 있다. 3대 분야는 첫째, 미래新산업 지원, 둘째, 일자리 창출, 셋째, 국민불편·민생부담 해소 등이다. 3대 분야는 앞으로도 규제혁신의 중심화두가 될 것이다.

---

12) 본고에서 사용하고 있는 포괄적 네거티브 규제체계, 규제 샌드박스, 포지티브 규제 등은 학문적으로나 법적으로 확립된 용어가 아니고 편의상 사용하고 있는 용어이다. 따라서 우리말로 다듬을 필요가 있다고 본다. 최근 국립국어원이 2018년 제1차 다듬은 말을 발표하였는데, 본고와 관련한 용어로 규제 샌드박스가 '규제유예(제도)'로, 네거티브 규제가 '최소규제'로 다듬어졌다. 그런 측면에서 포괄적 네거티브 규제체계는 '포괄적 최소규제체계'로, 포지티브 규제는 '최대규제'로 다듬을 수 있을 것이다. 사실 외래어 남용은 옳지 않다. 그런 뜻에서 우리말로 다듬어진 용어를 사용하는 것이 바람직하다. 다만 본고에서는 정부나 학자들이 대부분 다듬어지기 전의 용어를 사용하고 있으므로 혼란을 방지하기 위하여 편의상 혼용하기로 한다. 앞으로는 우리말로 다듬어진 용어를 사용할 것을 제안한다.

13) 규제정비지침에 따라 각 부처는 매년 부처별 규제정비계획을 수립하여 국무조정실로 제출하고, 이를 종합하여 정부의 '규제정비종합계획'을 수립한다.

1. 미래新산업 규제혁신

포괄적 네거티브 규제 전환을 위한 법·제도의 정비 및 확산에 중점이 있다.[14] 법제 정비로는 신산업 규제특례의 원칙과 기본방향을 담은 행정규제기본법(① 우선허용·사후규제 원칙 ② 규제신속확인 의무 ③ 규제법령정비 의무 등) 개정과 4대 분야별 '규제 샌드박스 관련법(정보통신융합법, 금융혁신지원법, 산업융합촉진법, 지역특구법)'의 입법을 상반기 내 마무리하는 것이다.[15] 그리고 신산업 사업자의 불확실성 해소를 위해 법령상 규제존재 여부 또는 허가 필요 여부를 확인해 주는 '규제신속확인제'[16]를 2018년 도입을 목표로 하고 있었다.

---

14) [포괄적 네거티브 규제 전환]
   □ 항공기 분류체계 유연화 (국토부)
   ㅇ (현행) 플라잉보드, 유인드론 등 새로운 형태의 비행장치는 항공기 분류체계에 해당되지 않아 개발·시험이 곤란
   − 국내에서는 새로운 형태의 비행장치가 개발되어도 적용법령이 없어 시험비행을 할 수 있는 근거 부재
   ㅇ (개선) 새로운 형태의 비행장치를 수용할 수 있는 혁신 카테고리 신설로 항공기 분류체계 유연화 → 새로운 비행장치 개발 활성화
   ☞ 초경량비행장치 비행안전을 확보하기 위한 기술상의 기준(고시) 개정('18.12월)
   □ 창업투자회사의 투자가능범위 네거티브 전환 (중기부)
   ㅇ (현행) 벤처투자 금지업종을 금융업, 보험업, 부동산업 등 열거적 규정
   − 산업간 융복합 등에 따라 신산업이 생겨날 경우, 투자금지 업종 기준의 변경이 필요하여 신산업 투자에 빠르게 대응 곤란
   * 예) 핀테크 업종은 금융업에 해당되므로 창업투자회사의 투자금지업종
   ㅇ (개선) 도박 등 사행성 업종·분야와 사회적 물의를 일으킬 우려가 있는 업종·분야에 대한 투자만 금지하는 네거티브 방식으로 개정
   ☞ 벤처투자 촉진에 관한 법률 제정안 국회 제출('18.6월)
15) [규제 샌드박스 도입]
   □ 연구개발특구 신기술 테스트베드 시스템 도입 (과기정통부)
   ㅇ (현행) 신기술·신제품의 조속한 시장진출을 지원하는 별도의 연구개발특구* 기반 규제특례 부재
   * 대덕('05), 광주('11), 대구('11), 부산('12), 전북('15) 등 5개 연구개발특구 지정·운영 중
   ㅇ (개선) 특구내 신기술·신제품 규제특례(규제확인→안전성검증(↔시범사업)) 마련
   ☞ 연구개발특구법 개정안 국회제출('18.6월)
16) [규제신속확인제 도입]
   □ 방송통신분야 규제 신속확인제 도입 (방통위)
   ㅇ (현행) 신규 방송통신서비스의 시장 진출시 규제 여부 및 향후 조치의견 등에 대해 확인해주는 별도 소통창구 및 규정 부재
   ㅇ (개선) 신규 서비스에 대한 소관업무 여부 및 허가 등 필요여부에 대한 신속확인제도 운영
   ☞ 방송통신 규제 신속확인 처리지침(훈령) 신설('18.6월)

2. 일자리 창출 저해 규제혁신

현장 중심의 일자리 규제혁신을 추진한다. 특히 중소·중견기업의 소규모 프로젝트를 우선적으로 해결할 계획으로 있다.

그리고 신유형(공유경제 등), 지식집약형(콘텐츠·연구개발 등), 생활밀착형(음식·숙박) 서비스 분야에 대한 규제혁신을 우선 추진하고, 혁신시장 신규진입 제한 및 서비스업 영업 활동·방식 제한 분야 등을 중심으로 경쟁제한적 규제혁신도 추진해 나갈 예정이다.

3. 국민불편·민생부담 야기 규제혁신

주민·이용객 불편 영업규제, 온라인 거래·활용 저해규제, 개인·국공유지 활용 저해규제, 관광·숙박 불편규제와 같이 국민생활에 불편을 끼치는 분야별 덩어리 규제를 집중적으로 점검·정비해 나갈 예정이다.

민생 부담을 덜어주기 위해 중소기업·소상공인에 대한 규제 형평성을 제고할 예정이다. 3단계(규제영향분석(부처) → 중기영향평가(중기부) → 규제심사(규제개혁위원회))에 걸쳐 규제 차등화 검토를 의무화하고, 영업규제, 부담금·수수료, 인증 관련 시험·검사제도 등에 대한 규제혁신으로 중소기업·소상공인의 어려움을 경감할 계획으로 있다.

4. 규제관리 시스템 및 행태 개선

합리적으로 규제심사의 품질을 제고하는 등 규제관리 시스템을 개선할 계획으로 있다. 생명·안전·환경분야의 꼭 필요한 규제가 완화되지 않도록 폐지·완화시에도 규제의 필요성과 적정성에 대해 심사하는 내용의 행정규제기본법 개정안을 국회에 제출했다. 규제에 따른 직접비용·편익뿐만 아니라 기업·국민에 미치는 간접효과까지 종합적으로 고려하도록 사회적 비용·편익에 대한 분석도 강화해 나갈 계획으로 있다.

〈표-1〉 2018 규제정비종합계획 3대 분야 30대 핵심과제

3대 분야 30대 핵심과제		
'미래新산업' 규제혁신	① 포괄적 네거티브 규제 전환	⑥ 핀테크 활성화 혁신
	② 규제 샌드박스 도입	⑦ 에너지 신산업 혁신
	③ 규제 신속확인제 도입	⑧ 무인이동체 혁신
	④ R&D 및 인력관리 효율화	⑨ 스마트시티 조성·확산
	⑤ 초연결 지능화 혁신	⑩ 기타 분야별 규제혁신
'일자리 창출' 저해 규제혁신	① 창업 저해 규제 혁신	⑥ 콘텐츠산업 경쟁력 제고
	② 벤처기업 등 투자활성화	⑦ 물류산업 진입·진출 완화
	③ 산업단지 인허가 절차 합리화	⑧ 레저 및 관광 활성화
	④ 공공부문 민간 참여 확대	⑨ 업종별 진입규제 완화
	⑤ 공공조달 및 계약 요건 혁신	⑩ 불합리한 자격 제한 혁신
'국민불편·민생부담'야기 규제혁신	① 주민 불편 입지규제 혁신	⑥ 국민 주거·생활 불편 해소
	② 사회적약자 불편·부담 해소	⑦ 불합리한 영업규제 완화
	③ 출입국·수출입 절차 간소화	⑧ 중기·소상공인 차등규제 확대
	④ 온라인 행정업무 확산	⑨ 인증·시험·검사제도 합리화
	⑤ 민원 서식·절차 등 간소화	⑩ 부담금·수수료 제도혁신

Ⅲ. 포괄적 최소규제체계의 검토

1. 법치국가와 규제체계

규제나 규제완화는 헌법과 법에 의해 설정된 공동체질서를 올바로 형성하기 위해 국가가 채택할 수 있는 다양한 임무수행방식 가운데 하나이다. 따라서 규제나 규제완화든 선택의 문제이며, 가치중립적인 도구개념으로 이해할 필요가 있다.[17]

규제의 일반적인 근거조항은 기본권제한의 법률유보를 규정하고 있는 헌법 제37조 제2항을 들 수 있다. 또한 헌법 제11조에 근거한 차별금지규제, 제32조 각항에 근거한 환경규제 등은 기본권의 보장을 위하여 규제가 근거지워진 경우로 볼 수 있다. 그리고 헌법 제119조 제2항이 경제에 관한 규제와 조정에 관한 포괄적 근거조항을 두고 있고, 제122조가 국토의 이용, 개발, 보전에 관한 규제를, 제125조가 대외규역의 규제와 조정을 근거지우고 있다.

17) 이원우, "헌법상 경제질서와 공생발전을 위한 경제규제의 근거와 한계" 「행정법학」 제4호(한국행정법학회, 2013. 3), 9~10쪽.

법치국가의 법체계에 적합한 규제체계의 모색은 종래의 규제체계에 대한 근본적인 반성을 전제로 한다. 그동안 자유의 억제로서의 포지티브 규제(최대규제: 인허가의 원칙금지-예외허용)가 우리 법제를 전반적으로 지배함으로써 결과적으로 법치국가의 이상을 뿌리채 흔들었다는 비판도 제기되고 있다.

가장 큰 피해를 주는 규제형태는 사전적 자격 또는는 인·허가의 요구조건이다. 이러한 종류의 규제들은 투자 지연과 불확실성을 증가시켜 중소기업 창업에 부적절한 영향을 끼치는 한편, 공공기관들에게는 비용이 많이 들게 한다.[18]

10여 년 전부터 포지티브 규제체계(최대규제체계)를 지양한 네거티브 규제체계(최소규제체계: 인허가 원칙허용-예외금지)로의 전환이 모색되어 범정부적 법제 정비를 도모하였다. 본격적인 법제 정비 이전에 '네거티브규제'라는 용어가 등장한 것은 대략 1997년 IMF 구제금융사태 이후 언론과 학술문헌을 통해서였는데, 이 용어가 국제적으로 거의 사용되지 않고 오직 우리나라 문헌에서만 관찰되고 있으나, 이를 학술적 차원에서 본격적으로 논의한 문헌이 드물다는 지적이 있다.[19] 네거티브규제의 다의성 때문에 포괄주의,[20] 원칙중심규제,[21] 자율규제, 사후규제[22] 등이 언급되고 있는데, 그것은 외국의 발전된 규제방식을 소개하면서 이들 개념을 네거티브규제와 동일시하면서 나타난 현상으로 보고 있다. 이들은 네거티브규제와 개념상 동일한 것은 아니고 네거티브규제방식의 한 종류로 이해하여야 할 것이다.

문재인 정부는 한걸음 더 나아가 포괄적 네거티브 규제체계(포괄적 최소규제체계)로의 전환을 표명하고 법제 정비에 나섰다. 포괄적 네거티브 규제체계라는 용어에 대해서는 네거티브규제에 대한 일반적 개념도 아직 정립되지 않은 상태에서

---

18) 홍승진, 「미국의 행정입법과 규제개혁」(한국법제연구원, 2009), 312쪽.
19) 성희활, "4차 산업혁명의 시대에서 「네거티브규제 패러다임」에 따른 금융규제체계의 재구축 방안 연구" 「법과 정책」 제24집제1호(제주대 법과정책연구원, 2018. 3), 134~135쪽. 네거티브규제의 문헌적 연원을 찾자면, 통상관련법에 있는 '네거티브 리스트 시스템'을 들 수 있다고 한다. 즉 관련조항에서 수출입이 허용되는 품목만을 표시하고 나머지는 수출입을 금지하는 포지티브 리스트 시스템과의 반대개념으로서, 원칙적으로는 수출입을 허용하고 특수한 품목의 수출입을 제한 또는 금지하도록 하는 방식이라고 한다.
20) 포괄주의는 규제대상이 되는 상품이나 영업활동을 추상적이고 포괄적으로 정의하는 방식을 말한다.
21) 원칙중심규제는 규제법령이 도모하는 최종 목표만을 제시하고, 목표 실현을 위한 구체적인 실행방안은 사업자의 자율에 위임하는 방식이다.
22) 사후규제는 진입에 있어서는 원칙적으로 문을 열어두어 누구에게나 자유로운 영업활동을 허용하되, 법령상 금지규범을 위반한 행위에 대해서는 사후적으로 엄격한 제재조치를 취하는 방식을 말한다.

별도로 포괄적 네거티브규제라는 개념을 굳이 만든 것은 개념의 혼선을 가중할 수도 있다는 비판이 제기되고 있다.[23] 생각건대, 지적에 충분히 동감한다. 그런데 네거티브규제나 포괄적 네거티브규제를 법개념이 아닌 설명개념으로 이해하면 그다지 크게 문제되지는 않을 것으로 본다. 다만, 유사한 설명개념(용어)가 난무하는 것은 규제체계에 대한 명확한 이해에 혼란을 줄 수 있으므로 자제할 필요가 있다고 본다.

"우선허용 – 사후규제"로 요약되는 포괄적 최소규제체계가 법치국가의 법체계에 부합하는지 여부가 문제된다. 이것도 종래의 "원칙허용 – 예외금지"로 요약되는 최소규제체계를 근간으로 하고 있으므로 법치국가의 법체계에의 정합성 여부가 문제되지는 않을 것으로 본다. 특징적인 것은 포괄적 최소규제체계가 최소규제체계에 '규제 샌드박스(규제유예)'를 결합시킴으로써 규제개혁의 실효성을 높이는 효과를 가지고 있다는 점이다.

종래의 규제가 안정적인 상태에서 사전에 요건을 미리 정할 수가 있었으나, 불안정하고 변화하고 위기적인 상황에는 적합한 방식은 아니라는 견해가 있다.[24] 그리하여 규제 대신에 새로운 규범으로서의 '조정'을 제시하고 있다. 조정은 시장의 문제점과 동시에 전통적 국가의 계층구조의 결함을 동시에 대변하고 규칙을 통하여 경쟁과 공익을 조화시키고 한편으로는 자유를 보존하면서 다른 한편으로는 공익을 도모한다. 조정이 가지는 의미는 행정의 고유한 정당성을 대화에서 찾는다는 것이다.

생각건대, 우리 헌법 제119조제2항에서 경제에 관한 '규제'와 '조정'을 규정하고 있는데, 이는 '규제'와 함께 '조정'도 동등한 수단임을 말해준다. 규제(規制)는 국민과 기업의 활동에 제한을 가하는 일체의 행정조치를 말하고, 조정(調整)은 이해관계를 달리하는 행위·상태 간에 객관적 견지에서 타당한 해결을 발견하는 것을 말한다. 규제는 제한에 중점을 두고 있고, 조정은 대화에 중점을 두고 있는 것으로 보인다. 그런 측면에서 보면, 새로운 규범으로 '조정'을 제시한 것은 헌법 제119조제2항의 정신과도 합치된다고 볼 여지가 있다. 포괄적 최소규제체계는 내용적으로는 사후규제방식을 통해 규제자와 피규제자 사이의 '대화에 따른 규제적 조정'이 강조되는 규제체계로 이해할 수도 있을 것이다.

---

23) 성희활, 앞의 글, 136쪽.
24) 이광윤, "글로벌시대의 행정법학의 대응과 과제" 「행정법학」 제11호(한국행정법학회, 2016. 9), 4~5쪽.

아래 <표-2>에서 보는 바와 같이 문재인 정부의 포괄적 네거티브 규제체계도(포괄적 최소규제체계도)는 입법방식측면과 혁신제도(규제 샌드박스)측면으로 구성된다. 먼저 입법방식측면은 ① 네거티브 리스트(원칙허용-예외금지) ② 포괄적 개념 정의 ③ 유연한 분류 체계 ④ 사후 평가관리로 구성된다. 다음으로 혁신제도(규제 샌드박스)측면은 ① 임시허가 ② 시범사업 ③ 규제 탄력적용 ④ 사후규제로 구성된다. 이하에서는 순서대로 고찰하고자 한다.

〈표-2〉 포괄적 네거티브 규제체계도

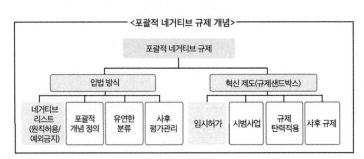

2. 포괄적 최소규제체계의 입법방식

포괄적 최소규제체계의 입법방식은 ① 네거티브 리스트(원칙허용-예외금지) ② 포괄적 개념 정의 ③ 유연한 분류 체계 ④ 사후 평가관리로 구성된다. 순서대로 살펴보고자 한다. 여기서 '포괄적'이라는 용어는 네거티브 리스트와 함께 포괄적 개념 정의, 유연한 분류체계와 함께 규제 샌드박스를 '모두 아우른다'는 뜻을 가지고 있는 것으로 이해할 수 있다. 따라서 '포괄적'의 의미를 규제대상이 되는 상품이나 영업활동을 추상적이고 포괄적으로 정의하는 방식인 포괄주의[25]와는 구별할 필요가 있다. 포괄주의를 네거티브규제와 동일한 개념으로 사용하고 있는 견해도 있다.[26] 유사한 측면이 없지 않지만, 엄밀하게 보면 개념상 양자를 동일

---

[25] 성희활, 앞의 글, 136쪽; 포괄주의에 반대되는 개념이 한정적 열거주의이다. 이는 규제대상을 구체적으로 하나하나 열거하는 방식을 말한다.
[26] 정순섭 외 3인, 「금융 규제체계 네거티브 전환 검토」(서울대 금융법센터, 금융위원회 연구용역보고서, 2014), 15쪽. 보고서에서는 네거티브방식을 규제의 근거가 되는 법령에서 특정한 사항을 열거하여 제한적으로 금지시키는 방식으로 되어 있는 규제를 가리킨다. 그리고 금융시장 참가자의 사업모델과 구체적인 영업수행과정에서 자율성과 유연성을 강조하는 접근방식으로서 포괄주의 규제방식이라고도 한다고 언급하고 있다.

하게 보기는 어려울 것 같다.[27]

(1) 최소규제체계: 원칙허용-예외금지

1) 최소규제체계의 효과   최소규제체계는 인허가의 원칙허용 - 예외금지이다. 산업연구원이 2015년 11월에 각 시·군·구와 중앙정부부처 인허가 담당자 105명을 대상으로 ① 액화석유가스 판매사업 등 에너지 분야 ② 의료기기 제조 및 수입 등 의료 분야 ③ 위치정보사업 관련 방송통신 분야 등 정부 인허가 규제 40건을 분석한 보고서에 따르면, 이들 업종에서 인허가제도를 기존 포지티브방식에서 네거티브방식으로 전환할 경우 평균 25.36%포인트의 규제완화 효과가 발생하는 것으로 집계됐다. 진입규제 문턱이 낮아지면서 기존보다 신규 업체는 1.2% 증가 효과가 있고 고용은 1.3% 늘어난다는 결론이다. 응답자들은 네거티브방식 전환의 가장 큰 장점으로 '인허가 절차 간편화로 인한 행정부담 감소와 효율화'(35.2%)를 꼽았고, 다음으로 '시민과 중소상공인에게 공정한 기회 부여'(23.8%)가 뒤를 이었다.[28]

이러한 결과는 최소규제체계가 국민에게 주어진 자유와 권리를 보다 확장적으로 보장할 수 있다는 것을 실증적으로 보여주고 있다.

2) 최소규제체계의 정당성   법치국가사상에서 칸트의 영향을 지대하게 받은 독일에서는 법치국가의 활동의 지도원칙은 합리성이다. 즉 입법과 법률집행의 가치합리적인 불변성 및 목적합치성 및 목적합리적인 정연성이 그에 해당한다. 따라서 법치국가는 법과 합리성을 통해서, 자신의 활동을 사전에는 예상가능하게, 사후에는 통제가능하게 만든다.[29]

법치국가의 법체계가 요청하는 규제법체계는 포지티브방식(최대규제방식)이 아니라 네거티브방식(최소규제방식)이라고 할 수 있다. 그것은 헌법상 기본권은 원칙적으로 보장되고 예외적으로 제한되는 것처럼, 어떤 행위를 원칙적으로 허용하고 예외적으로 금지하는 최소규제가 법치국가에서는 원칙이기 때문이다.[30]

헌법상 자유권적 기본권의 이념에 비추어보면, 개인의 자유는 그것이 타인의 권리를 침해하거나 도덕률에 반하지 않는다면 특별한 정당한 목적을 위해 합리적으로 필요한 범위 내에서 제한되지 않는 한 보장되어야 한다. 규제를 설계함에 있어서도 헌법상 기본권을 과도하게 제한하지 않으려면 가능한 한 최소규제방식

27) 성희활, 앞의 글, 137쪽.
28) 매일경제 2015년 11월 19일자 "정부 인허가 40개 '원칙허용' 전환땐 일자리 1만6000개 증가" 기사 참조.
29) 김중권, 「김중권의 행정법」(법문사, 2013), 67쪽.
30) 김상겸, 앞의 칼럼 참조.

에 따라야 한다. 특히 법령의 해석상 금지되지 않는 경우에도 행정실무상 명백한 허용규정이 없으면 금지하는 최대규제방식은 지양되어야 한다.[31] 왜냐하면 어떤 행위를 원칙적으로 금지하고 예외적으로 허용하는 최대규제는 법치국가원리에서 그 자체가 예외적이어야 하는바, 법치국가의 관점에서 보면 최대규제 또는 이를 담고 있는 최대규제법제는 법치국가가 추구하는 기본권의 최대 보장원칙에 반하는 것이기 때문이다.[32] 문제는 법률상 최대규제방식에서 최소규제방식으로 전환이 된 경우에도 하위법령이나 행정규칙 그리고 행정실무에서 최대규제방식으로 회귀하는 경우이다.[33]

오늘날 자유와 효율성을 중시하는 경제영역에서 '규제의 홍수'라고 할 만큼 많은 규제가 이루어지고 있다. 이들 개개의 규제수단에 대해서는 물론이고 규제체계 내지 규제의 구조에 대하여 그것이 과연 공익목적에 의해 정당화될 수 있는지에 대한 논란이 끊임없이 야기되고 있다.[34] 그런데 이러한 규제와 조정의 국가권한도 헌법이 설정하고 있는 최소한의 범위를 벗어나서는 안 된다. 이는 대한민국의 경제질서는 개인과 기업의 경제상의 자유와 창의를 존중함을 기본으로 한다는 헌법 제119조 제1항의 취지를 감안할 때 국민과 기업의 경제적 자유를 최대한 보장해야 하는 것이다.

최소규제체계보다는 규제 샌드박스(규제유예)가 보다 합리적이라고 보는 견해가 있다.[35] 그 이유로 전자는 아무런 규제를 하지 않는 것이라는 소극적인 측면이 보다 강조되는 것이고, 후자는 먼저 실증과 실험을 하여 신기술과 새로운 서비스를 적용(상용화)하고 그를 통하여 발견되는 문제점에 대하여 새로운 규제제도를 검토한다는 것이므로 훨씬 적극적인 제도이기 때문이라고 한다. 즉 실증과 경험, 이해관계의 조정을 통한 입법의 근거 마련과 당사자의 적극적 참여를 보장하는 민주주의원리에 보다 부합하다는 점을 강조하고 있다.

포괄적 최소규제체계는 법치국가에서 행정활동을 사전에 예측할 수 있어야 하고, 가늠할 수 있어야 하고, 심사할 수 있어야 한다는 행정활동의 명확성의 사전예측가능성의, 가측성의 원칙에 부합하는지 여부가 문제된다. 다만, 명확성의 원칙은 기본적으로 최대한이 아닌 최소한의 명확성을 요구하므로 명확성에 대한

---

31) 이원우, 앞의 책, 158쪽.
32) 김상겸, 앞의 칼럼 참조.
33) 김재광, "규제품질 제고를 위한 규제 개선방안", 210쪽.
34) 이원우, 앞의 책, 37쪽.
35) 황창근, 앞의 글, 4쪽.

지나친 요구는 경계해야 한다는 주장36)에도 귀기울일 필요가 있다.

(2) 포괄적 개념 정의와 유연한 분류 체계

포괄적 개념 정의는 현행의 한정적 개념 정의를 확장하는 방식이다. 그리고 현행법의 분류체계는 경직적이고 완벽하게 돼 있어 그 분류체계에 포함되지 않는 경우 어려움이 있었다. '혁신 카테고리'라는 새 분류를 만들어 기존 법규에 흡수하기 어려운 신산업 분야를 포함시키는 유연한 방식으로 전환하는 것이다.

포괄적 개념 정의와 유연한 분류 체계는 다음 <표-3>을 보면 잘 알 수 있다.

〈표-3〉 포괄적 최소규제 전환 사례

과제명	전환내용
선박연료 공급사업의 개념 확대	선박급유업(석유→선박연료 공급업으로 개념 확대, LNG나 전기 등 다양한 연료 공급사업 가능
교통안전표지판 소재 확대	광섬유→발광체로 개념 확대, 유기발광다이오드(OLED) 활용한 교통안전전표지판의 시장 출시 가능
자동차 분류 체계에 새 카테고리 도입	구조, 배기량 등에 따른 자동차 분류체계를 깨서, 삼륜전기차 등 새로운 형태의 차 출시 가능
옥외 광고물 다양화	간판, 현수막, 전단 등 16종으로 한정된 옥외 광고물 종류에 새 유형 포함할 수 있게 확대
이식 가능한 장기 범위 확대	신장, 간장 등 13종에서, 복지부장관 등이 인정하는 경우 폐, 팔 등도 합법이식 가능
유전자 치료 연구 확대	유전질환, 암, 에이즈 등 유전자 치료 연구 대상 질환을 없애고 일정 조건 준수하면 모든 연구 가능
대기오염 물질 측정방법 다양화	대기오염물질 측정방법의 제한을 삭제해 사물인터넷 환경센서 활용 등 다양한 방법 가능
음악영상물 사전등급분류 폐지	음악영상물 파일 제작배급업자가 공급 전 자체심의하고 영상물등급위는 사후 관리
식품 시험·검사기관의 장비 부담 완화	설비기준을 삭제하고, 사후에 보유 설비 적정성 평가

출처: 한겨레 2018년 1월 22일자 ""혁명적 규제혁신 필요"…새기술 우선 허용뒤 사후규제" 기사

(3) 사후평가 관리

사후 평가관리는 종래의 사전심의 검사방식에서 자율심의, 사후평가방식으로의 전환을 의미한다. 그리고 사전에 요건에 맞아야 사업을 하는 것이 아니라 사후적으로 맞는지 틀리는지 적정성을 검토하는 형태다.

---

36) 김중권, 앞의 책, 59~60쪽 참조.

3. 포괄적 최소규제체계의 혁신제도(규제 샌드박스: 규제유예)

규제유예는 임시허가, 시범사업, 규제 탄력적용, 사후규제 등으로 구성된다.

(1) 규제유예의 의의, 기준 및 절차

1) 의의　규제 샌드박스(regulatory sandbox)에서 샌드박스(sandbox)의 의미는 어린이들이 자유롭게 뛰노는 모래 놀이터처럼 규제가 없는 환경을 주고 그 속에서 다양한 아이디어를 마음껏 펼칠 수 있도록 한다는 것이다.[37] 이 제도는 2014년 영국에서 핀테크 산업 육성을 위해 처음 도입되어, 현재는 여러 국가에서 시행되고 있으며, 특히 일본은 4차 산업혁명시대의 신기술 적용의 규제정책으로 전방위적으로 적용하고 있는 점이 인상적이다.

규제유예는 새로운 서비스에 대해 일정 기간 동안 정해진 지역 내에서 규제 없이 자유롭게 서비스할 수 있도록 한 후 기존 규제의 적용 여부를 검토하는 것이다. 즉 규제유예는 사업자가 새로운 제품, 서비스에 대해 규제유예 적용을 신청하면 법령을 개정하지 않고도 심사를 거쳐 시범사업, 임시허가 등으로 규제를 면제 또는 유예해 그동안 규제로 인해 출시할 수 없었던 상품을 빠르게 시장에 내놓을 수 있도록 한 후 문제가 있으면 사후규제하는 방식이다.

2) 기준　규제유예의 기준은 나라마다 다양하다. 여기에서는 영국의 기준을 살펴보고자 한다. 영국의 금융행위규제기구(FCA)가 정립한 규제유예 기준은 다섯 가지로 구성되어 있다.

① 사업자의 범위 – 사업자가 지향하는 새로운 솔루션이 금융서비스업인지 또는 지원하는 것인지 ② 물건의 이노베이션 – 사업자가 계획하는 새로운 솔루션에 참신함이 있는지 여부, 기존의 것과는 다른지 여부 ③ 소비자 이익 – 소비자에 명확한 이익을 가져다 줄 수 있는지 ④ 규제유예의 필요성 – 실험의 목적은 무엇인지, 규제유예의 구조로 실험하고 있는 것이 정말 필요한지 ⑤ Pack Cloud 조사 – 새로운 솔루션의 발전, 적용되는 규제의 이해, 리스크 완화를 위해 적절한 자원을 투자하고 있는지 등이다.[38]

3) 절차　규제유예의 절차도 영국의 사례이다. 절차는 다음과 같다.[39]

① 사업자: 신청 → ② FCA: 비교평가 → ③ 사업자·FCA: 실험수법 확정 →

---

37) 시사상식사전, 박문각.
38) 황창근, 앞의 글, 28쪽.
39) 황창근, 앞의 글, 28쪽.

④ 사업자: 실험 시작 → ⑤ 사업자·FCA: 실험 및 모니터링 → ⑥ 사업자: 최종 보고서 제출 → ⑦ FCA: 비교평가 → ⑧ 사업자: 결정(실험한 상품·서비스를 실제로 제공할지 판단)

〈표-4〉 규제유예 법안 핵심 내용

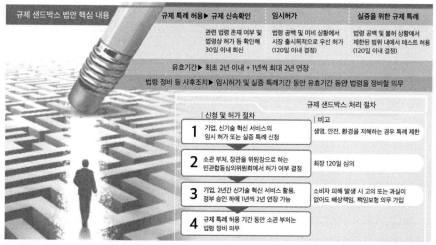

출처: 한국경제신문 2018년 3월 17일자 "규제특례 심사만 120일, 일본의 4배… 신기술에 책임 보험도 의무화" 기사 참조

(2) 정보통신융합법 개정안의 규제 샌드박스(규제유예)

「정보통신 진흥 및 융합 활성화 등에 관한 특별법」(이하 '정보통신융합법'이라 한다) 개정안의 규제유예제도를 구체적으로 검토해 보고자 한다.

1) 정보통신기술분야와 규제   칸막이 규제 탓에 가장 타격을 받는 곳은 정보통신기술(ICT) 분야다. 보건·의료·보안 등 칸막이 규제가 강한 분야와 결합되는데 제약이 많아서다. 인·허가 등 진입 장벽도 큰 걸림돌이다. 구체적인 사례로는 의료 분야 칸막이 규제로 사업화가 지연된 당뇨폰[40]이 있다. 헬스케어 의류도 분

---

40) 손가락 끝 혈액을 뽑아 시험용 막대에 올린 뒤 휴대전화에 삽입한다. 폰 화면엔 측정된 혈당치가 뜨고 이 정보는 무선통신을 타고 병원으로도 전송된다. 2004년 벤처기업 인포피아(현 오상헬스케어)와 LG전자가 개발한 일명 '당뇨폰'이다. 시장에선 "전 세계 원격의료 산업에 돌풍을 일으킬 것"이란 찬사가 쏟아졌다. 하지만 생산은 6개월 만에 중단됐다. 혈당 체크 기능 탓에 통신기기가 아닌 의료기기로 분류되면서 식품의약품안전처 허가를 받아야 했다. 게다가 허가를 기다리는 사이 스마트폰이 등장하면서 2세대(2G) 폰용으로 만들어진 이 기술은 쓸모없어져 버렸다. 중앙일보 2017년 12월 26일자 "기술 개발해도 …'제2 당뇨폰' 걱정하는 기업들" 기사 참조.

류기준이 불분명해 출시가 지연되고 있다. 미국과 중국에서 빠르게 보급되고 있는 원격 진료는 의료법·약사법에 가로막혀 10년째 시범사업만 하고 있다. 드론 (무인항공기) 하나를 띄우려고 해도 항공법, 전파법, 도로법 등 대여섯 가지 규제를 받아야 한다. 혁신으로 유명한 글로벌 기업 구글도 한국에선 옴짝달싹 못 하는 형국이다. 국내에서 구글의 AI 의료 서비스, 유전자 연구, 드론 배달 등 17가지 사업은 개인정보보호법과 의료법, 항공법 등을 위반해 영위할 수 없다. 규제가 IT 강국의 이점을 살리지 못한다는 지적도 많다. 해외와 비슷한 시기에 태동한 국내 핀테크 산업이 뒤처진 이유로는 최대규제가 꼽힌다.[41]

2) 실험조항과 규제유예   실험조항(Experimentier klausel)은 새로운 행위의 등장으로 인가기준이 없는 경우 일정한 기간을 설정하여 해당 행위를 허용하고, 행정청은 그 기간 동안 시장의 반응 등을 관찰하여 인·허가요건을 제정하고, 그 기간이 지나면 이 인·허가기준에 따라 새로이 인·허가를 받도록 하는 방식을 말한다.[42]

기술의 변화에 대응하여 일정기간 동안 예외적으로 허용하고 이후 기술의 활용을 통한 경험을 규범화하고자 하는 입법방식을 실험조항이라고 한다. 신속처리와 임시허가, 신기술적합성인증, 규제유예 등이 그러한 예이다.

실험조항의 유용성은 빠르고 파괴적인 기술혁신에 적합한 수단이라는 점이다. 규제는 동태적인 학습과정을 통해 이루어져야 좋은 품질의 규제가 가능하다는 이념이 투영된 것이다. 시험기간 동안 충분한 정보가 수집되고 이에 기초하여 완결적 규율이 가능하도록 구조화되어 있기 때문이다. 또한 기존의 규제와 새로운 규제의 완충작용을 할 수 있고, 특정 신기술 및 서비스에 대한 반대자 설득 기능도 갖는다.[43]

3) 정보통신융합법 개정안 검토   규제개혁은 신규시장의 창출을 촉진하도록 규제의 유인체계를 변경하는 것이어야 한다. 새로운 시장의 창출은 새로운 행위를 전제로 한다. 그런데 현행법령상 예정하고 있지 않은 새로운 유형의 행위에 대해서는 당연히 법령규정이 없을 것이므로, 이러한 새로운 행위에 대한 대응방안으로서 법령이 정비되기 전에 해당 행위를 잠정적으로 허용하고 법령정비 후

---

41) 문화일보 2017년 12월 1일자 "혁신막는 '거미줄규제'… 구글, 韓기업이면 17개사업 못한다" 기사 참조.

42) 이원우, 앞의 책, 173쪽.

43) 김태오, "제4차 산업혁명의 견인을 위한 규제패러다임 모색" 「경제규제와 법」 제10권제2호 (통권 제20호)(서울대 공익산업법센터, 2017. 11), 161쪽.

정식으로 행위허가 여부를 결정할 필요가 있다.[44]

규제유예는 2017년 7월 '100대 국정운영 과제', 9월 '새 정부 규제개혁 추진 방향'에 포함되었고 2018년 1월에 구체화되었고 법제화를 남겨두고 있다. ① ICT 분야 정보통신융합법, ② 핀테크 분야 금융혁신지원법, ③ 산업융합 분야 산업융합촉진법, ④ 지역 혁신성장 관련 지역특구법 등이 그것이다.[45]

정보통신융합법 개정안에 제시된 규제유예를 살펴보면, 김성태 의원 대표발의안(의안번호 6090)에서는 '제한적 실험을 위한 임시허가' 제도를 신설한다는 내용을 주요골자로 하고 있다.[46] 그리고 신경민 의원 대표발의안(의안번호 10081)에서는 '새로운 기술·서비스의 실증을 위한 규제특례' 제도를 신설한다는 내용을 주요골자로 하고 있다.[47]

4) 입법경과   당시 법률개정안만으로는 구체적인 내용을 알기 어렵고 대부분

---

44) 이원우, 앞의 책, 173쪽.

45) 규제 샌드박스 법안은 문재인 정부의 핵심 경제정책인 '혁신성장'을 뒷받침하는 제도적 인프라다.

46) 현행법 제36조에 따라 신속처리를 신청한 신규 정보통신융합 등 기술·서비스를 개발한 자는 신속처리 신청절차로 과학기술정보통신부장관 또는 관계 중앙행정기관의 장으로부터 해당 기술·서비스의 허가 등이 필요하다는 회신을 받았으나 허가 등의 근거 법령에 따른 해당 기술·서비스에는 적용하는 것이 맞지 않다고 판단될 경우, 과학기술정보통신부장관에게 '제한적 실험을 위한 임시허가'를 신청할 수 있다. 신청을 받은 과학기술정보통신부장관은 활성화추진 실무위원회의 심의를 거쳐 해당 기술·서비스를 제한적 범위에서 2년 내 실험할 수 있도록 임시허가를 부여할 수 있다. 제한적 실험을 위한 임시허가를 받은 자는 유효기간 만료일로부터 30일 이내에 해당 기술·서비스의 실험 결과를 관계 중앙행정기관의 장에게 제출하고, 실험결과를 제출받은 관계 중앙행정기관의 장은 60일 이내에 관련 법령의 정비 필요여부 등을 검토한 후 과학기술정보통신부장관에게 제출하여야 한다.

47) 본 개정안에 따르면 신규 정보통신융합 등 기술·서비스를 활용하여 사업을 하려는 자는 해당 기술·서비스가 관계법령에 의해 허용되지 않아 사업시행이 불가능한 경우 과학기술정보통신부장관에게 해당 기술·서비스의 실증을 위해 관련 규제특례를 신청할 수 있다. 실증을 위한 규제특례의 신청을 받은 과학기술정보통신부장관은 해당 신청내용을 관계기관의 장에게 통보하고, 통보를 받은 관계기관의 장은 30일 이내에 신청내용을 검토하여 과학기술정보통신부장관에게 문서로 회신하여야 한다. 이후, 과학기술정보통신부장관은 관계기관의 장의 회신결과를 바탕으로 해당 기술·서비스의 혁신성, 이용자 편익, 안정성 및 시험·검증의 필요성 등을 고려하여 2년 이하의 범위 내에서 실증을 위한 일시적 규제특례를 부여할 수 있다. 또한 규제특례를 받은 자는 유효기간 만료일로부터 30일 이내에 실증을 위한 규제특례 적용결과를 관계기관의 장에게 제출하여야 한다. 적용결과를 제출받은 관계기관의 장은 60일 이내에 관련 법령의 정비 필요여부 등을 검토한 후 과학기술정보통신부장관에게 제출하고, 과학기술정보통신부장관은 관계기관의 장이 제출한 법령정비 등 검토결과를 지체 없이 정보통신전략위원회에 보고하여야 한다. 다만, 과학기술정보통신부장관은 실증을 위한 규제특례를 적용받은 자가 ① 거짓이나 그 밖의 부정한 방법으로 실증을 위한 규제특례를 적용받은 경우 ② 심사기준 및 조건을 충족하지 못하게 된 경우 ③ 실증을 위한 규제특례의 목적을 달성하는 것이 명백히 불가능하다고 판단되는 경우에는 해당 기술·서비스에 대한 규제특례를 취소하여야 한다.

내용을 대통령령에 위임하고 있어 명확성의 원칙, 포괄위임금지원칙의 위배 여부가 문제될 수 있다는 지적이 있는데, 타당하다고 본다.[48] 2018년 10월 16일 일부 개정되어 2019년 1월 17일부터 시행되고 있는데, '규제 신속확인제도'(제10조의5), '실증을 위한 규제특례제도'(제10조의3), '임시허가제도'(제10조의5)를 신설하였다.

(3) 임시허가

1) 임시허가의 의의   임시허가란 법에 따른 신속처리가 신청된 경우, 신규 정보통신융합 기술·서비스가 다른 관계 중앙행정기관의 장의 소관 업무에 해당하지 않고, 해당 신규 정보통신융합 기술·서비스의 특성을 고려할 때 그에 맞거나 적합한 기준·규격·요건 등을 설정할 필요가 있는 경우에 행사하는 잠정적 행정행위를 말한다. 행정행위의 상대방의 관점에서 잠정적 행정행위의 발령이 그 자체로서는 수익적이긴 하나, 여러 불이익이 결부되어 있다. 반면 행정청으로서는 행정의 능률성의 측면에서 그다지 불만스러운 것은 아니라고 할 수 있다.[49]

임시허가를 규제의 적용을 배제하는 것이 아니라 일정조건 내지 일정기간 동안 해당 규제의 적용을 제한하고, 그 조건 이후에는 정상적인 규제를 적용하는 것으로 파악하여 규제유예의 일종으로 보는 견해도 있다.[50]

임시허가는 정보통신융합법 제37조에 근거를 두고 있는 제도이다. 임시허가는 정보통신분야에서 신규 융합 기술·서비스를 개발한 경우 기존의 법령에 따른 허가 등이 불가능하거나 불분명한 때에 해당 기술이나 서비스 개발자의 어려움을 해소하고 신속하게 사업화가 가능하도록 하는 제도이다. 임시허가는 급격히 발전하는 ICT기술과 입법현실의 괴리를 조금이나마 좁혀보려는 시도라고 할 것이다.

2) 임시허가의 법적 성질   임시허가의 법적 성질에 대하여 학설의 대립이 있는데, ① 가행정행위 또는 가행정행위의 성질을 가지지만 독자적인 성격을 가지는 것으로 보는 견해,[51] ② 예외적 승인이라는 견해, ③ 강학상 특허라는 견해[52] 등이 있다.

---

48) 황창근, 앞의 글, 33쪽.
49) 김중권, 앞의 책, 193쪽.
50) 황창근, 앞의 글, 36쪽.
51) 황창근, "ICT특별법의 제정 의의와 발전 과제"「토지공법연구」 제64집(한국토지공법학회, 2014), 477~479쪽.
52) 김재호·김권일, "지능정보사회에서의 규제"「토지공법연구」 제79집(한국토지공법학회, 2017. 8), 754쪽.

〈표-4〉 임시허가절차

	처리 절차	
해당 법조문	처리 절차	서식
「정보통신융합법」 제36조제1항	신규 정보통신융합등 기술·서비스 개발자의 신속처리 신청 1. 허가등의 근거가 되는 법령에 해당 신규 정보통신융합등 기술·서비스에 맞는 기준·규격·요건 등이 없는 경우 2. 허가등의 근거가 되는 법령에 따른 기준·규격·요건 등을 해당 신규 정보통신융합등 기술·서비스에 적용하는 것이 맞지 아니한 경우	별지 제9호 서식
「정보통신융합법」 제36조제1항	과학기술정보통신부 장관(수탁기관)	
「정보통신융합법」 제36조제2항	관계 중앙행정기관의 장에게 기술·서비스의 신속처리 신청사실 및 신청내용 통보	
「정보통신융합법」 제36조제3항	통보받은 날부터 30일 이내에 관계 중앙행정기관의 장이 허가등이 필요한 사항이라고 응답한 경우 / 통보받은 날부터 30일 이내에 미응답한 경우나 또는 소관 업무가 아니라고 통보한 경우	
「정보통신융합법」 제36조제3항·제4항	관계 중앙행정기관의 장의 회신내용(허가등이 필요하다는 회신내용 및 허가등에 필요한 조건 및 절차 등)을 신청인에게 통지 (과학기술정보통신부장관) / 임시허가 여부의 판단 (과학기술정보통신부장관)	별지 제10호 서식
「정보통신융합법」 제36조제5항·제6항	관계 중앙행정기관의 장은 허가등 절차를 신속하게 처리해야 함 / 임시허가가 필요하다고 판단된 경우 → 임시허가 / 임시허가가 필요없다고 판단된 경우 → 자유로운 서비스 출시(임시허가가 불필요한 경우)	별지 제11호 서식

먼저 ① 가행정행위 또는 가행정행위의 성질을 가지지만 독자적인 성격을 가지는 것으로 보는 견해는 신규 융합 서비스에 대하여 소관청이 없는 경우에 해당 신규 서비스에 대하여 새로운 기준을 설정할 필요가 있는 경우에 임시로 허가·승인·등록·인가·검증 등을 하는 것이라고 볼 때 해당 임시허가는 잠정적이라는 점이 분명하다고 할 것이고, 특히 법문에서 사용하는 '임시로'라는 문구는 임시허가가 가행정행위 또는 임시적 행정행위라는 점을 지적하고 있는 것으로 보인다.[53]

② 예외적 승인이라는 견해는 임시조치는 실험조항으로서 개별·구체적인 사안

---

53) 정경오·황창근·김경석, 앞의 연구보고서, 12쪽.

을 현행 법률의 적용으로부터 예외적으로 제외시키는 법기술에 해당한다고 한다.[54]

③ 강학상 특허라는 견해는 임시허가가 신규 정보통신융합 등 기술·서비스에 대하여 임시적으로 시장에 출시할 수 있도록 일정한 권리를 설정하여 주는 것으로 이해한다.[55]

생각건대, 임시허가는 가행정행위로 보는 것이 타당하다(가행정행위설). 왜냐하면 가행정행위는 사실관계와 법률관계의 계속적인 심사를 유보한 상태에서 해당 행정법관계의 권리와 의무의 전부 또는 일부에 대해 잠정적으로 확정하는 행위를 의미하기 때문이다.[56] 가행정행위는 허가의 근거가 되는 법령에 따른 기준·규격·요건 등을 갖춘 본행정행위가 있기까지, 즉 행정행위의 법적 효과 또는 구속력이 최종적으로 결정될 때까지 잠정적으로만(정보통신융합법상 1년 또는 2년) 행정행위로서의 구속력을 가지는 행정의 행위형식이므로 임시허가의 본질에 부합되는 것이다. 우리나라에서는 가행정행위(잠정적 행정행위)를 행정행위로 보는 견해가 다수설이지만, 행정행위가 갖추어야 할 '규율의 종국성'을 결여하고 있다는 점에서 행정행위로서의 성질을 인정하지 않는 것이 논리적이라는 견해도 있다.[57]

한편 대법원 판례(대판 2015.2.12, 2013두987〈과징금납부명령취소〉)는 잠정처분의 일종인 가행정행위에 대해서는 처분으로 보지 않고 있다.[58] 앞의 판결은 선행처분이 후행처분에 흡수되어 소멸되었다고 하고 있는 점에서 '잠정적 처분'의 의미를 강학상 잠정적 행정행위로 이해하고 있는 것으로 볼 수 있고, '잠정적 처분'이라는 용어를 사용한 첫 번째 판례라는 점에 의의가 있다.[59]

3) 임시허가의 문제점   임시허가의 가장 큰 문제점은 임시허가 유효기간이 만료된 경우 사업자 및 이용자 보호를 위한 절차가 마련되어야 한다는 점이다. 현행법에 따르면 임시허가 유효기간을 최대 2년까지만 인정하고 있어 자칫하면 유효기간 내에 본허가 절차를 마련하지 못할 수도 있다. 이에 대한 대책이 필요

---

54) 김태오, "기술발전과 규율공백, 그리고 행정법의 대응에 대한 시론적 고찰「행정법연구」제 38호(한국행정법학회, 2014. 2), 105쪽.
55) 김재호·김권일, 앞의 글, 753쪽.
56) 박균성, 「행정법강의」 제15판(박영사, 2018), 331-332쪽.
57) 김남철, "'잠정적 처분'의 법적 성질에 관한 검토 - 대법원 2015. 2. 12, 선고, 2013두987 판결「대한변협신문」(2016. 1. 11) 참조.
58) 대법원은 공정거래위원회가 부당한 공동행위를 한 사업자에게 과징금 부과처분(선행처분)을 한 뒤 다시 자진신고 등을 이유로 과징금 감면처분(후행처분)을 한 사건에서 선행처분을 일종의 '잠정적 처분'으로 보고, 잠정적 처분은 종국적 처분이 있으면 이에 흡수되어 소멸된다고 판시하였다.
59) 김남철, 앞의 글(각주 53) 참조.

하다. 만약 2년이 경과한 경우 사업자 또는 이용자 보호 절차 마련이 필요하다. 그러나 현행법은 임시허가 기간 2년을 경과할 경우 임시허가를 받은 신규 정보통신융합등 기술·서비스를 법적으로 어떻게 처리할 것인지에 대해서는 어떤 규정도 마련되어 있지 아니하다. 따라서 임시허가 유효기간을 1년 또는 2년으로 기간을 정해 계속 연장하는 방안과 본허가 절차가 마련될 때까지 유효기간을 연장하는 방안의 경우 법률 개정이 필요하다.[60)

현행법상 과학기술정보통신부장관은 해당 신규 기술에 적합한 기준, 규격, 요건 등을 설정할 필요가 있는 경우 임시로 허가를 할 수 있으며, 이 때 안정성 등을 위한 조건을 붙일 수 있다.

임시허가를 받은 자는 그 서비스를 제공할 수 없게 됨으로써 해당 소비자에게 발생할 수 있는 손해를 배상할 수 있도록 보증보험에 가입할 의무가 있다. 2017년 7월 26일 개정된 정보통신융합법 제37조제4항은 "임시허가를 받아 해당 신규 정보통신융합등 기술·서비스를 제공하려는 자는 그 서비스를 제공할 수 없게 됨으로써 해당 이용자가 입게 되는 손해를 배상할 수 있도록 서비스를 제공하기 전에 미리 받으려는 이용요금 총액의 범위에서 대통령령으로 정하는 기준에 따라 산정된 금액에 대하여 과학기술정보통신부장관이 지정하는 자를 피보험자로 하는 보증보험에 가입하여야 한다. 다만, 신규 정보통신융합등 기술·서비스의 성격이나 사업자의 재정적 능력을 고려하여 필요하지 아니하다고 과학기술정보통신부장관이 인정하는 경우에는 보증보험에 가입하지 아니할 수 있다."고 규정하고 있다. 정보통신융합법 제37조제4항단서조항을 통해 의무적 가입의 예외를 인정한 것은 타당한 입법이라고 생각한다.

현행 임시허가의 문제점으로 지적되고 있는 관할 중복의 경우 부처 간 협의 문제, 산업융합촉진법상 산업융합 신제품의 적합성 인증제도와의 관계 정립 등 임시허가제도 신설 시 예상하지 못한 부분에 대한 제도 개선에 유념하여야 할 것이다.[61)

4) 임시허가와 산업융합 신제품의 적합성 인증제도   산업융합촉진법에서는 '산업융합 신제품의 적합성 인증제도'(제11조)를 도입하였다.[62) 생각건대, 임시허가와

---

60) 정경오·황창근·김경석, 앞의 연구보고서, 요약문 Ⅹ~Ⅺ쪽 참조.

61) 정경오·황창근·김경석, 「신속처리 및 임시허가제도 활성화방안 도출 연구」 방통융합기반정책연구 14−33(미래창조과학부, 2015. 2), 1쪽.

62) "산업융합"이란 산업 간, 기술과 산업 간, 기술 간의 창의적인 결합과 복합화를 통하여 기존 산업을 혁신하거나 새로운 사회적·시장적 가치가 있는 산업을 창출하는 활동을 말한다(산업융

'산업융합 신제품의 적합성 인증제도'는 법적 성질이 다른 것으로 보아야 한다. 임시허가는 가행정행위에 해당하나, '산업융합 신제품의 적합성 인증'은 허가의제를 통해 별도의 최종적 행정결정을 받지 않아도 된다는 점에서 그 차이가 있다.

(4) 시범사업 – 원격의료

새로운 서비스의 적합성은 사전에 검증될 필요가 있다. 검증대상은 기술적 검증과 함께 사회적 편익성 등이다. 시범사업(demonstrationproject)이란 특정한 사업을 계획적으로 실시하여 관행사업에 모범이나 연구의 대상이 되는 사업을 말한다.

먼저, 미국과 중국에서 빠르게 보급되고 있는 원격진료는 우리나라에서는 의료법에 가로막혀 10년째 시범사업만 하고 있다. 원격의료도 의료법과 같은 법 시행규칙상 의료인으로 규정된 사람(의사·한의사·조산사·간호사)끼리만 의료 정보를 교환할 수 있어 의사와 환자가 무선 통신기기를 이용해 직접 소통하는 건 불법이다. 시범사업이 완료되면 본격적인 사업으로 전환되어야 하는데 여기에도 규제(의료법령)가 작동하고 있는 것이다.

(5) 규제 탄력적용

규제 탄력적용은 정보통신융합법상 임시허가(제37조), 산업융합촉진법상 산업융합 신제품에 대한 적합성 인증(제13조), 규제프리존법안상 기업실증특례 및 신기술 기반사업 승인 등과 같은 규제유예의 하나라 할 수 있다.

절차를 진행하면서 구체적인 위험요소, 이해관계자의 충돌요소 등을 식별할 수 있게 된다. 이러한 결정을 내리기 위한 기준 자체가 위험성 또는 안전성, 시장 및 이용자에 미치는 영향 등으로 설정되어 있기 때문이다.

이러한 특별규제의 법적 효력은 ① 임시허가와 신기술 기반사업 승인과 같이 일정기간 동안 잠정적으로 허용되는 경우, ② 적합성인증과 기업실증특례와 같이 관련 인·허가 등을 받은 것으로 보는 의제효를 부여하는 경우, ③ 규제개혁위원회가 관련 소관 부처의 장에게 규제의 면제, 완화, 한시적 적용 유예 등 규제의 탄력적 효력을 권고하는 경우 등으로 나누고 있다.[63]

(6) 사후규제

규제수단은 통제의 시점이 피규제행위의 개시 이전인가 이후인가에 따라 사전

촉진법 제2조제1호). "산업융합 신제품"이란 산업융합의 성과로 만들어진 제품으로서 경제적·기술적 파급효과가 크고 성능과 품질이 우수한 제품을 말한다(동법 제2조제2호). "융합 신산업"이란 산업융합을 통하여 새롭게 창출된 산업 부문 중에서 시장성, 파급효과, 성장 잠재력과 국민경제 발전에 대한 기여도가 높은 새로운 산업을 말한다(동법 제2조제3호).

63) 김태오, 앞의 글, 148쪽.

규제와 사후규제로 구별된다. 사전규제(ex-ante regulation)는 환경오염, 산업재해, 소비자 안전문제 등에 대해 위험성을 배제하거나 최소화할 수 있는 방안을 사전에 강제 혹은 자율적으로 준수하게 하는 방식의 규제이다. 사후규제(ex-post regulation)는 피규제자가 궁극적으로 달성해야 할 목표치를 설정하고 이를 준수하도록 요구하는 것이다. 예를 들어 환경오염기준을 초과한 오염이 발생하였을 경우 제재조치를 취하는 형식을 취하는 것이다. 정보통신융합법과 산업융합촉진법에서는 2018년 10월 16일 일부개정되어 "우선허용·사후규제원칙"(제3조의2)을 명문화하였다.

헌법의 기본구조는 원칙적으로 자유권은 일차적으로 보장하고(헌법의 기본권조항의 일반적 형태, 헌법 제37조 제1항), 그 다음에 그러한 자유권의 행사를 무제한 또는 절대적으로 허용하면 사회적으로 유해한 결과가 발생할 우려가 있으므로 헌법 자체에서 또는 법률로서 그러한 자유권의 행사를 금지하고(기본권조항의 개별규정 내지 헌법 제37조 제2항), 그 다음에 법령에 규정한 요건을 충족하면 행정청이 허가라는 행정행위를 통해서 금지시켰던 자유권을 허용하는 구조로 되어 있다.[64]

따라서 규제는 헌법이 규정한 방식을 따라야 한다. 그리고 그 내용에 있어서 사후규제, 최소규제가 원칙이고 사전규제, 최대규제는 중대한 공익상 필요한 경우에 한하여 허용하는 등 헌법이 정한 원칙에 따라야 한다. 규제에 있어서 법치국가원리가 적용되어야 하는 것이다.[65]

사후규제와 관련하여 검토할 필요가 있는 것이 일출조항이다. 일출조항(sunrise clause)은 현재는 규제하지 않거나 일부만 규제하고 있는 신기술 및 서비스에 대해 소비자의 건강, 안전, 후생 등 규제필요성이 엄밀히 입증된 경우에 한해 사후적으로 규제할 수 있는 권한을 규제당국에게 부여하는 입법기술이다. 규제가 필요한 상황과 때가 되면 규제할 수 있는 권한을 유보하면서, 불필요한 규제를 줄이면서 신기술 및 서비스를 허용해 주고, 조건 성취를 좌우하는 부작용 발생을 방지하기 위한 기술에 투자하고 연구할 수 있도록 유도하는 효과도 지닌다.[66] 문제는 신기술 및 서비스를 허용하되, 부작용을 최소화하기 위한 규율을 일출조항에 어떻게 담을 것인가이다. 앞선 단계에서 신기술 및 서비스의 허용 여부에 대한 판단결과를 향후 규제의 일출조건으로 통보하는 것이다. 즉 부작용을 최소화하기 위한 조건을 성취하지 못하면 부작용이 발생한 것으로 간주하여, 그 시점부터 그와 관련

---

64) 최철호, 「규제 법제의 근본적 전환 가능성과 방안에 관한 연구」(청주대, 2015) 초록 참조.
65) 김상겸, 앞의 칼럼 참조
66) 김태오, 앞의 글, 162쪽.

한 구체적인 규제 또는 해당 신기술 및 서비스 활용의 중단 효과가 발생하도록
하는 것이다.[67]

Ⅳ. 포괄적 최소규제체계에 따른 행정작용법적 함의

　　규제는 공권력의 민간에 대한 개입을 의미하므로 규제이론은 행정법이론과
밀접하게 관련되어 있다. 규제목적은 공권력 행사의 정당화사유로서의 공익과 밀
접한 관련을 갖는다. 행정은 다른 국가기능과 마찬가지로 궁극적으로 항상 공익
을 위하여 활동한다. 행정이 공익에 이바지하기 위해 개별경우에 어떤 조치를 취
해야 할지 또는 취하지 말아야 할지와 관련해서, 그때그때의 법규범을 근거로 개
별경우의 구체적 사정에 따라 그리고 결정에 중요한 모든 관점을 고려하여 확인
할 수 있다. 헌법 및 개별법률의 목표는 물론, 헌법상의 국가목표와 기본권의 그
판단과 결정을 향도(嚮導)한다.[68]

　　규제수단 중 행정입법, 허가, 등록, 신고, 행정벌, 경제적 수단 등은 중요한
행정의 행위형식이 된다. 또한 규제의 명확성[69]·객관성·투명성·공정성은 행정
법상 평등의 원칙, 행정의 투명성 보장, 명확하고 구체적인 행정처분기준의 설정·
공표 등과 관련이 있고, 규제의 형평성은 입법방식, 재량준칙에 따른 행정권의 행
사방식, 거부재량의 인정 여부 등과 밀접한 관계를 갖고 있다.[70]

　　본고에서는 포괄적 최소규제체계의 행정작용법적 함의와 관련하여 ① 위임
입법문제 ② 행정지도 등 그림자규제문제 ③ 인허가 및 재량문제 ④ 행정행위의
부관의 부가문제 ⑤ 행정조사문제 ⑥ 행정처분기준의 설정·공표문제 ⑦ 법령
통폐합을 통한 중복규제 폐지문제 ⑧ 규제입법평가문제 ⑨ 자율규제문제 ⑩ 행
정벌과 경제적 수단문제 ⑪ 정보공개법상 비공대상정보의 범위문제 등을 살펴보
고자 한다.

---

67) 김태오, 앞의 글, 162쪽.
68) 김중권, 앞의 책, 5쪽.
69) 규제의 명확성에 대해서는 함인선, "규제개혁의 법과 경제"「공법연구」제31집제5호(한국공
　　법학회, 2003), 223쪽 참조.
70) 박균성, "행정법 환경의 변화에 따른 행정법이론의 발전과제"「행정법연구」제10호(한국행정
　　법학회, 2016. 3), 13쪽.

1. 포괄적 최소규제체계와 위임입법

규제개혁을 위해서는 현행 입법시스템의 개선이 필요하다는 주장이 다양하게 제기되고 있는데, 그 이유로 행정부가 법률안제출권, 행정입법제정권을 활용해 파괴적 혁신(disruptive innovation)[71]을 거부할 수 있다는 우려를 들고 있다. 그래서 입법시 행정부에 과도한 위임을 하는 입법형식을 지양할 필요가 있다는 것이다. 이 주장은 정부의 법률안제출권문제를 지적하며 국회보다는 행정부의 입법상의 책임을 강하게 묻는 것인데, 4차 산업혁명 관련한 신기술 및 신산업이 현행법의 규제로 인하여 진전되지 못하는 법현실에 대한 비판이다. 이 주장의 근거에는 포괄적 위임입법의 문제가 도사리고 있는 셈이다.

실제로 법률의 불필요한 입법권 위임에 따라 제정된 행정입법도 있고, 행정편의주의에 따라 제정된 행정입법도 있다. 이와 같이 불필요한 행정입법이 증가하게 되면 국회의 입법권을 무의미하게 할 수도 있고, 나아가 국민생활의 법적 안정성을 저해할 수도 있다(법치국가에 대한 위협).[72] 특히 무분별하게 이루어지는 법령보충적 행정규칙의 보편화로 인해 법규적 사항을 고시·훈령 등 행정규칙에 위임하는 행정편의주의 현상의 고착화 등 행정입법의 현주소는 우리에게 경종을 울려주고 있다.[73]

위임입법은 ① 국회입법부담의 경감(위임입법의 집행기능, 실시기능, 구체화기능), ② 입법내용의 전문성·복잡성, ③ 규율대상의 동태적 변화에 따른 유연성, ④ 긴급사태에 대한 대처가능성, ⑤ 분산적 해결의 필요성, ⑥ 실험상태에 대한 규율 등을 이유로 인정되고 있다.[74]

신산업 및 신기술 관련법의 경우에는 내용상 복잡성과 전문성, 방대한 규모 그리고 산업환경의 동태적 변화에 대한 대처필요성 등을 감안할 때 세부적인 기준을 법률로 규정하는 것은 현실적으로 가능하지도 않고 바람직하지도 않다. 따라서 구체적인 내용은 하위입법이나 내부규정으로 위임한다거나 당국의 재량적

---

71) 단순하고 저렴한 제품이나 서비스로 시장의 밑바닥을 공략한 후 빠르게 시장 전체를 장악하는 방식의 혁신을 말한다. 세계적 경영학자인 미국의 크리스텐슨 교수가 창시한 용어로 그가 1997년에 쓴 저서 「혁신기업의 딜레마」를 통해 처음 이 개념을 소개했다(한국경제신문/한경닷컴, 한경 경제용어사전).

72) 김남철, 「행정법강론」(박영사, 2014), 253쪽.

73) 정남철, 「행정구제의 기본원리」(법문사, 2013), 468쪽.

74) 이원우, 앞의 책, 426쪽.

판단의 여지를 상당 부분 인정할 수밖에 없다.

위임입법의 확대는 곧 관할행정청의 권한 강화로 이어지기 때문에 이에 대한 적절한 통제가 이루어져야 할 것이다. 그러나 신산업 및 신기술 분야에서 광범위한 위임입법이 불가피하다는 점이 부정될 수는 없으므로 광범위한 위임입법과 그에 대한 통제라는 긴장관계가 유지될 수 있어야 할 것이다.

신산업 및 신기술 분야에서 위임입법의 범위를 일률적으로 말할 수는 없다. 규제기준을 정하는 경우에 사후행위 규제기준도 규율밀도에 대한 요구가 달라질 수 있다. 신산업 및 신기술 분야에 있어서 수범자들의 예견가능성을 침해한다고 보기는 어려우므로 위임입법을 엄격하게 통제할 필요성이 상대적으로 적다고 할 것이다. 행정규제기본법에서 규제법정주의 이외에 대통령령 등 행정입법의 가능성(전문성, 기술성, 경미성)을 열어주고 있고, 위임입법이 불가피한 측면은 신산업·신기술 분야와 같은 새롭게 대두되는 입법분야나 입법대상이 주로 고려될 수 있다.[75]

우리나라의 판례와 통설을 지배하는 포괄적 위임입법금지의 법리는 제2차 세계대전 이후 독일 공법학의 직접적 영향에 의한 것으로, 독일은 제2차 세계대전 중 나치에 의한 법치주의의 형해화에 대한 반성으로 위임입법에 대한 엄격한 통제법리를 발전시켰는데, 위임입법의 한계로서 명확성원칙과 구체성원칙도 독일공법에 의해 발전된 원리인데, 오늘날에는 상당히 완화된 입장을 취하고 있다고 한다.[76]

위임의 법리와 관련하여 우리나라 헌법재판소와 법원은 대체로 헌법 제75조 및 제95조를 근거로 포괄위임금지원칙 내지 명확성원칙, 법률유보의 원칙 등을 통해 사법적 통제를 하여 왔다. 헌법재판소는 이러한 사법심사와 관련하여 주로 '예견가능성'의 공식을 적용하여 왔고(헌재 1991. 7. 8, 91헌가4; 헌재 2002. 6. 27, 2000헌가10 등; 헌재 2015. 5. 28, 2013헌가6), 대법원도 같은 입장이다(대판 2002. 8. 23, 2001누5651; 대판 2013. 5. 23, 2013두1829; 대판 2015. 1. 15, 2013두14238).[77]

한편 미국의 연방대법원은 1950년대 이래로 위임입법이 포괄적으로 위임하는 경우라도 그 자체로서 위헌이라고 하지 않고, 권한의 위임을 받은 행정권이 재량권을 부당하게 사용하는 경우 이를 위헌 내지 위법으로 판단하여 통제하는 방식을 취하고 있다. 즉 의회의 법률을 직접 대상으로 하는 위헌심사를 하기보다

---

75) 2018년 4월 13일 전남대 법학전문대학원에서 열린 한국행정법학회/한국국가법학회/법제처/전남대학교 법학연구소 주최 공동학술대회 「규제재설계의 공법적 현안」에 관한 황창근 교수의 토론문, 2쪽 참조.
76) 이원우, 앞의 책, 437쪽.
77) 정남철, 앞의 책, 207쪽.

는 행정청의 법률집행행위인 법규명령 내지 처분에 대한 행정법적 통제를 통해 사법심사를 하고 있다는 것이다.[78]

포괄적 최소규제체계와 관련해서는 입법대상의 복잡성·전문성 등에 비추어 법제정에 있어서 의회와 행정부의 '협력'이 필요하다. 그런 측면에서 의회와 행정부 간의 협력적 규범제정의 시스템을 구축할 필요가 있다는 견해가 있는데 설득력있는 주장이라고 본다.[79] 그 논거로 독일에서 논의되는 새로운 '권력협력모델'을 제시하고 있다. 이는 우리 입법 현실에도 유용할 수 있는데, 그것은 위임입법이 형식적 의미의 법률을 보충한다는 점에서 불가분의 규율통일성을 이루고 있기 때문이다. 그러한 점에서 법규명령의 제정에 있어서 협력적 규범제정을 위한 법구조를 구축하고 이를 발전시킬 필요가 있다는 것이다.

2. 포괄적 최소규제체계와 행정지도 등 그림자규제

그림자규제란 각종 훈령·고시·내규·지침·가이드라인 등 행정규칙과 행정지도의 형태로 존재하는 규제를 말한다. 그림자규제를 각 부처별로 전수조사를 거쳐 원칙적으로 폐지하고, 필요시 현장간담회 등을 통해 추가 발굴하고 있지만 문제는 그림자규제의 폐지가 쉽지 않다는 점이다.

일례로 금융감독위원회의 그림자 규제개혁 사례를 보자. 금융감독위원회는 금융규제의 준수 여부에 대해 감시하고 불합리한 금융규제로 인한 금융사의 고충민원을 처리하고, 금융소비자 보호제도 등에 대한 개선 권고하는 역할을 하는 옴부즈만이 2016년 한해 동안 금융현장의 그림자규제 총 565건에 대해 「금융규제운영규정」에 따라 효력·제재·준수 여부 등을 명확화했다.[80] 그런데 국회 정무위원회 소속 김종석 자유한국당 의원이 금융당국으로부터 제출받은 '금융당국의 가이드라인 운영 현황'에 따르면, 2017년 10월 현재 금융감독위원회가 12개, 금감원이 19개의 가이드라인을 운영하고 있는 것으로 확인됐다. 금융감독위원회는 지난 2015년 9월 그림자규제 관행 철폐를 위한 '행정지도 등 그림자규제 개선방안'을 발표했고, 같은 해 12월 「금융규제 운영규정」을 신설했으며 2017년 9월 현재 31건의 가이드라인을 운영 중이다. 이중 2017년에만 13건의 가이드라인을 새로 마

---

78) 이원우, 앞의 책, 436쪽.
79) 정남철, 앞의 책, 226쪽.
80) 메트로신문사 2017년 2월 26일자 "'융규제 감시인' 옴부즈만, 그림자규제 565건 바로 잡았다" 기사 참조.

련한 것으로 확인돼, 비공식적인 행정지도와 같은 '그림자규제' 철폐에 대한 금융
규제 개혁기조가 무너졌다는 지적을 받고 있다.[81] 금융감독위원회의 사례는 그림
자규제의 개혁이 어렵다는 것을 말해준다.

특히 그림자규제 개혁은 신산업, 신기술 분야에 더 절실하다. 일례로 산업현
장에서는 그림자규제가 신기술 개발에 방해가 된다는 지적이 이어져왔다. 규제의
30% 이상은 법규 개정 없이 공무원들이 적극적으로 해석해서 풀 수 있다는 것이
정부의 인식이기 때문에 적극행정을 통해 그림자규제의 필요성 유무를 면밀히 검
토하여 지속적으로 폐지하려는 노력이 필요하다. 포괄적 최소규제체계의 내부적
敵은 행정지도 등의 그림자규제라고 할 수 있다.

3. 포괄적 최소규제체계와 인·허가 및 재량

최소규제체계는 인·허가이론 및 재량이론과 밀접한 관련을 가지고 있음에도
불구하고 행정법학계의 심도 있는 검토 없이 추진되었던 것에 대한 문제점을 제
기하는 주장이 있다.[82] 지금까지 정부가 법리적 측면에 대한 심도 있는 고려 없
이 정책적으로 규제완화를 일방적으로 추진하면서 법제정비를 서둘러온 것이 법
현실이다. 그런 점에서 포괄적 최소규제체계에 대한 행정법학계의 점검이 필요하
다고 본다.

특히 포괄적 최소규제체계와 인·허가문제와 관련해서는 행정법상의 금지와
허용의 체계, 의제적 행정행위(허가의제), 허가면제절차, 신고절차, 간소화된 허가
절차 등에 대한 검토가 필요하다고 본다. 왜냐하면 이들의 제도적 취지가 포괄적
최소규제체계와 다르지 않고 이미 독일처럼 제도적으로 정착하여 운용되는 입법
례도 있기 때문이다.

(1) 포괄적 최소규제체계와 인·허가체계

1) 행정법상의 금지와 허용의 체계   한계가 없는 자유란 있을 수 없고, 모든
행위는 일정한 요건에서 금지되거나 허용된다. 금지·허용과 관련해서 법기술상
크게 두 가지 방안이 존재한다는 견해가 있다.[83] 행위는 일반적으로 허용하면서
개개사건을 위해 금지하는 것(금지유보부 허용)과 일반적으로 금지하면서 개개사건

---

81) 조선비즈 2017년 10월 17일자 "김종석, 금융당국, '그림자 규제' 않겠다더니 올해만 13건 신
    설" 기사 참조.
82) 박균성, 앞의 글, 6쪽.
83) 김중권, 앞의 책, 198쪽.

에서 허용하는 것(해제유보부 금지)이 그것이다.

이 견해는 행정법상의 금지와 허용의 체계를 ① 해제유보부 금지에서의 허가제·예외적 승인제·특허제 ② 금지유보부 해제(허용)로서의 자유 ③ 신고유보부 금지에서의 신고제로 구분하고 있다. 그리고 ① 사전적 개입모델로 허가제, 등록제, 예외적 승인제, 특허제를 ② 사후적 개입모델로 인가제를 들고 있다.[84]

이 견해에 따를 때, (포괄적) 최소규제체계는 "해제유보부 금지"에서 "금지유보부 허용"으로의 전환을 의미한다. 그리고 포괄적 최소규제체계는 "사후규제유보부 허용"을 의미한다. 이는 인·허가체계의 패러다임의 변화라고 할 수 있을 것이다.

2) 포괄적 최소규제체계와 독일의 허가면제, 간소화된 허가절차, 허가의제   독일의 경우에 신고절차나 허가면제절차는 "허가와의 결별"을 의미하고 최근의 입법례를 보면 신고절차는 대폭 축소되는 경향에 있고, 허가면제절차로 변경되고 있다고 한다.[85] 따라서 허가면제절차를 주목할 필요가 있다.

① 허가면제절차는 허가가 면제되는 건축계획안의 경우에 원칙적으로 예방적 감독절차는 행해지지 않고, 건축계획과 관련된 서류만 지방자치단체인 게마인데에 제출한다. 예컨대, 건축주의 건축계획안이 게마인데의 건축상세계획의 유효범위 내에 속하고, 건축상세계획이나 지방의 건축규정에 위배되지 않거나, 「건설법전」상의 개발이 보장되고, 게마인데가 일정한 기간 내에 간소화된 건축허가절차가 실행되는 것을 선언하지 않는 등 소정의 요건에 해당하는 경우에 건축시설의 설치, 변경 및 이용변경에는 건축허가를 필요로 하지 않는다(바이에른주 건축법 제58조 제1항, 제2항).

② 신고절차는 건축주가 건축허가를 신청하지 않고 건축감독청에 서면으로 관련 서류를 구비하여 건축신고를 하는 절차로서, 이 경우 행정청은 건축감독의 차원에서 서류를 심사하고, 경우에 따라서는 건축개시를 거부할 수 있다.

③ 간소화된 허가절차는 허가면제절차나 신고절차와 달리 건축허가를 받아야 하는데, 다만 건축감독청의 심사행위가 매우 제한적이라고 한다(바이에른주 건축법 제59조).

---

84) 김중권, 앞의 책, 199~216쪽 참조.
85) 독일의 제도에 대해서는 정남철, 「행정구제의 기본원리」(법문사, 2013), 435~437쪽 참조. 허가면제절차의 우리 실정법상 예로 개발행위허가의 면제(국토의 계획 및 이용에 관한 법률 제56조제4항), 개발제한구역의 건축허가면제(개발제한구역의 지정 및 관리에 관한 특별조치법 제12조제3항) 등을 들고 있다.

④ 의제적 행정행위 또는 허가의제는 건축행정의 경우, 허가절차의 신속화를 위해 일정한 기한이 설정된 경우에 건축허가 신청 후 행정청의 개시거부 없이 그 기한을 경과하게 되면, 건축허가가 의제된 것으로 보는 것이다. 독일 행정절차법 제42a조에 명문화되어 있는 허가의제는 허가신청 후 일정한 기간 내에 행정청의 명시적 거부가 없으면, 그 기간의 경과 후 법률에 의해 허가가 발급된 것으로 의제하는 것을 말하는데, 우리나라의 인·허가의제와 용어상 비슷하나 개념적·기능적으로 구별된다.86) 그것은 허가의제는 신청 후 일정기간이 경과하면 신청된 허가를 의제하여 신청에 대한 처리를 촉진하는 제도인데 비하여, 인·허가의제는 여러 인·허가를 받아야 하는 복합민원에서 주된 인·허가를 받으면 다른 인·허가를 받은 것으로 의제하는 제도로서 절차의 간소화를 목적으로 하는 제도이기 때문이다.87)

의제적 행정행위(허가의제)는 어떠한 상황의 발생과 더불어 행정행위가 발해진 것으로 간주된다는 식으로, 법률이 결정주체의 의사와 무관한 상황의 발생을 행정행위의 발급으로 대체하는 경우에 그렇게 성립한 행정행위인데, 행정행위의 징표에서 보자면, 의제적 행정행위의 성질이 의문스러운데, 행정청이 아무런 행위도 하지 않은 채, 있는 상태를 처분개념상의 '법집행으로서의 공권력의 행사'로 파악하기는 곤란하다는 비판이 있다.88)

생각건대, 독일의 허가면제, 간소화된 허가절차, 허가의제제도는 허가촉진적 제도라는 공통점을 가지고 있다. 우리나라에서 최근 발의된 정보통신융합법 개정안을 보면, 규제면제, 규제유예로 설명되는 규제 샌드박스에 대해 '제한적 실험을 위한 임시허가', '실증을 위한 규제특례'라는 용어를 사용하고 있는데, 법률용어가 명확하지 않다는 문제점이 있다. 따라서 법률용어 사용에 있어서 전통적 인·허가 이론에 따른 용어 사용이 필요하다고 본다. 그런 점에서 전통적인 인·허가체계에 충실한 독일법상 독일의 허가면제, 간소화된 허가절차, 허가의제가 시사점을 줄 수 있을 것으로 본다.

3) 포괄적 최소규제체계와 단계적 행정결정   포괄적 최소규제체계와 관련하여 검토할 사항으로 단계적 행정결정이 있다. 단계적 행정결정이란 행정청의 결정이

---

86) 정남철, 「현대행정의 행위형식」, 497~498쪽 참조.
87) 인·허가의제에 대해서는 박균성·김재광, "인·허가의제제도의 재검토"「토지공법연구」제81집(한국토지공법학회, 2018. 2), 85쪽 이하 참조.
88) 김중권, 앞의 책, 174쪽.

여러 단계의 행정결정을 통하여 연계적으로 이루어지는 것을 말한다. 단계적 행정결정의 예로는 확약, 가행정행위(잠정적 행정행위), 사전결정 및 부분허가가 있다. 이 중에서 가행정행위는 '임시허가'의 형식으로 활용되고 있으므로 간단히 살펴보기로 한다.

가행정행위는 세 가지 특징을 징표로 한다. ① 종국적인 결정이 있을 때까지 단지 잠정적으로 규율하는 효과를 내용으로 한다. ② 종국적인 결정이 내려지면 이에 의해 종전의 결정이 대체되게 된다. 따라서 가행정행위에 있어서는 행정행위의 존속력 중, 행정기관이 자신의 결정에 구속되는 이른바 불가변력이 발생하지 않는다. ③ 사실관계와 법률관계에 대한 개략적인 심사에 기초한다.

가행정행위의 발동시에 근거한 사실관계의 판단자료는 추후에 이루어질 본행정행위시까지 획득될 자료의 내용과 수준에까지는 미치지 못할 것이기는 해도, 그것은 최소한 본행정행위에 있어서도 결정적인 것으로 확신될 명백하고 개연성이 있는 자료에 의해서만 가행정행위가 이루어져야 할 것이다. 그렇지 못할 경우에는 위법한 행위가 된다. 행정청은 그 오류를 근거로 가행정행위의 상대방에 대해 대항할 수 없다고 해야 할 것이다. 가행정행위는 잠정적이기는 하지만 행정행위로서 직접 법적 효과를 발생시킨다. 가행정행위는 본행정행위에 대해 구속력을 미치지 않는다. 가행정행위에 대한 신뢰도 인정되지 않는다. 가행정행위는 본행정행위가 있게 되면 본행정행위에 의해 대체되고 효력을 상실한다.[89]

(2) 포괄적 최소규제체계와 재량

법치국가에 있어서 행정은 법률적합성의 원칙에 따라 법률에 적합하게 집행됨으로써 소기의 행정목적을 구현하는 것으로 되어 있다. 일반적으로 행정법규는 요건규정과 효과규정의 양부분으로 구성되어 법률요건이 충족된 경우에는 법률효과에 대한 행정활동을 하도록 규정하고 있다.

오늘날 4차 산업혁명과 관련한 행정법규가 복잡다기하고 가변적인 법현실을 빈틈 없이 구체적으로 규율한다는 것은 사실상 불가능하며, 사회의 끊임 없는 변천에 순응하고 탄력성 있는 행정을 확보하기 위하여 입법자는 자연히 법률요건에 불확정개념을 사용하거나 법률효과부분을 가능규정으로 하여 행정청에게 재량권을 부여하고 있다.[90]

재량을 통해 행정으로서는 비록 법률적으로 조종을 받지만 고유하게 책임을

---

89) 박균성, 앞의 책, 332쪽.
90) 정하중, 「행정법개론」(법문사, 2015), 167쪽.

지는 결정을 할 가능성을 갖는다. 재량메커니즘은 행정으로 하여금 한편으론 법률의 목적 및 입법취지를, 다른 한편으론 구체적 상황을 고려하여 개별사건에 알맞고 합사실적인 해결책을 발견할 수 있게 한다.[91]

정보통신융합법 제37조는 "과학기술정보통신부장관은 제36조제1항에 따라 신속처리를 신청한 신규 정보통신융합등 기술·서비스가 같은 조에 따라 다른 관계 중앙행정기관의 장의 소관 업무에 해당하지 아니한다는 회신을 받거나 해당하지 아니한다고 간주된 경우, 해당 신규 정보통신융합등 기술·서비스의 특성을 고려할 때 그에 맞거나 적합한 기준·규격·요건 등을 설정할 필요가 있는 경우에는 임시로 허가등(이하 "임시허가"라 한다)을 할 수 있다. 이 경우 과학기술정보통신부장관은 신규 정보통신융합등 기술·서비스의 안정성 등을 위하여 필요한 조건을 붙일 수 있다."고 규정하고 있다. 과기정통부장관은 정보통신융합법 제37조에 따라 신규 정보통신융합등 기술·서비스에 대한 임시허가의 재량권을 부여하고 있다. 과기정통부장관은 신규 정보통신융합등 기술·서비스 개발자의 신속처리 신청 – 허가등의 근거가 되는 법령에 해당 신규 정보통신융합등 기술·서비스에 맞는 기준·규격·요건 등이 없는 경우, 허가등의 근거가 되는 법령에 따른 기준·규격·요건 등을 해당 신규 정보통신융합등 기술·서비스에 적용하는 것이 맞지 아니한 경우(제36조제1항제1호 및 제2호)에 대해 임시허가 여부를 결정할 재량권을 가지고 있다. 그런데 신규 정보통신융합등 기술·서비스와 같은 경우에 그 성격상 거부재량권 행사가 쉽지 않고 포괄적 최소규제체계가 사후규제방식이므로 행정재량이 갖는 사전적 공익담보의 어려움을 내포하고 있다고 본다.

4. 포괄적 최소규제체계와 행정행위의 부관

정보통신융합법 제37조는 임시허가를 규정하고 있는데, 제1항에서 과학기술정보통신부장관은 신규 정보통신융합등 기술·서비스의 안정성 등을 위하여 필요한 조건을 붙일 수 있도록 하고 있다. 그리고 과학기술정보통신부장관은 제37조제1항에 따라 임시허가를 받은 자가 제37조제1항에 따른 조건을 충족하지 못한 경우에는 임시허가를 취소하도록 규정하고 있다(제38조제1항제2호).

행정행위의 부관은 실무에 있어서, 특히 수익적 행정행위의 발급, 즉 영업허가 등 각종 인·허가의 발급과 관련하여 중요한 의미를 갖는다. 행정행위의 부관

---

91) 김중권, 앞의 책, 88쪽.

은 이들 수익적 행정행위를 제한 없이 발급하기에는 아직 법적 또는 사실적 애로
가 있기 때문에 이들을 제거하기 위한 목적을 갖고 있다.[92] 그런 측면에서 임시
허가를 발급하면서 부관으로 "신규 정보통신융합등 기술·서비스의 안정성 등"을
위하여 필요한 조건을 부가한 것은 타당한 행정이라고 볼 수 있다.

정보통신융합법 제37조제1항의 "조건"이 행정행위의 부관 중 어디에 해당하
는지가 문제된다. 생각건대, 강학상 부담에 해당하는 것으로 보아야 할 것이다.
주지하다시피 부담은 행정행위의 주된 내용에 부가하여 그 행정행위의 상대방에
게 작위, 부작위, 급부, 수인 등의 의무를 부과하는 부관을 말한다. 특히 허가나
특허 등 수익적 행정행위의 발급에 있어서 그 사례를 많이 발견할 수 있다. 부담
은 주된 행정행위에 추가하여 상대방에게 의무를 부과하는 규율로서, 그 자체로
서 별도의 행정행위의 성격을 갖고 있다.[93]

부담은 행정청이 행정처분을 하면서 일방적으로 부가할 수도 있지만 신산업·
신기술 서비스 분야의 특성상 '부담'을 부가하기 이전에 상대방과 협의하여 부담
의 내용을 협약의 형식으로 미리 정한 다음 행정처분(임시허가)을 하면서 이를 부
담으로 부가할 수도 있다.[94] 협약으로 미리 정한 부담의 성질이 행정행위인지 아
니면 공법상 계약인지 논란이 있다. 협약의 성질에 의한 부담은 공법상 계약인
협약과 협약을 준수하라는 부담이 결합된 혼합적 행위로 보는 것이 타당하다.[95]
부담에 의해 부과된 의무의 불이행이 있는 경우에 해당 의무의 불이행은 독립하
여 강제집행의 대상이 된다. 부담에 의해 부과된 의무의 불이행으로 부담부행정
행위가 당연히 효력을 상실하는 것은 아니며 해당 의무불이행은 부담부행정행위
의 철회사유가 될 뿐이며 철회시에는 철회의 일반이론에 따라 이익형량의 원칙이
적용된다.[96]

5. 포괄적 최소규제체계와 행정조사

행정조사의 남용으로 인해 기업들의 불편이 가중되어 왔다. 행정조사는 권력
적 행정조사와 비권력적 행정조사를 불문하고 조사대상자의 영업의 자유, 프라이
버시 등을 침해할 가능성을 가진 행정활동이므로, 행정조사에 대한 접근방법도

92) 정하중, 앞의 책, 216쪽.
93) 정하중, 앞의 책, 218쪽.
94) 대판 2009. 2. 12, 2005다65500.
95) 박균성, 앞의 책, 244쪽.
96) 박균성, 앞의 책, 245쪽.

행정조사로부터 조사대상자의 권리·자유를 어떻게 보호할 것인가 하는 측면에서 행하여져야 한다.97) 행정조사를 법치국가적 테두리 안으로 끌어들이고 본래의 목적으로부터 벗어나지 않도록 법적 통제를 가하는 법적 장치가 요구되었다.98) 그리하여 행정조사로 인한 조사대상자의 권익을 보장하기 위하여 제정된 것이 행정조사기본법이다.

행정조사기본법은 행정조사의 패러다임을 전환하여 조사대상자의 절차적 권리를 보장하고 자율적 관리체제의 구축을 통한 민간의 자율성 제고를 시도하였다는 점에서 의의를 찾을 수 있다.99)

그동안 행정조사는 국민과 중소기업의 대표적인 불편·부담사항으로 인식되어 왔다. 이는 행정조사가 정례적인 통계조사부터 자료제출, 출석요구, 현장점검, 위법행위 확인 등 다양한 방식으로 중소기업과 국민의 일상에서 실시되고 있기 때문이다.100)

2017년 중소기업옴부즈만에서 실시한 중소·중견기업 설문조사에 따르면, 행정조사로 인해 연간 120일, 905만 원이 소요되는 등 부담이 되고, △과도·중복 서류제출 △중복 행정조사 △과도한 조사 주기 등 행정조사의 문제점을 지적했다.

이런 불편사항을 해소하고자 2017년 국무조정실은 행정조사기본법 제정 이후 10년 만에 처음으로 행정조사 전수에 대한 실태점검을 실시했다. 전수점검 결과 27개 부처에서 총 608건의 행정조사를 실시했는데, 국토교통부(91건), 환경부(76건), 농식품부(51건) 순이다.101)

행정조사 운영상의 문제점으로는 중소기업이 느끼고 있는 바와 같이 △잦은 조사 △과도한 자료요구 △유사·중복 조사 △조사 실시 및 위임근거 등으로 확인됐다. 실태점검을 바탕으로 ① 국민·중소기업의 행정조사 부담·불편 경감 ② 행정조사의 근거·요건·방식·절차 준수 및 간소화 ③ 안전관리·사고대응 등과

---

97) 김재광, "행정조사기본법 입법과정에 관한 고찰"「법학논총」제33권제2호(단국대 법학연구소, 2009. 12), 496쪽.
98) 김성수, 「일반행정법」제7판(법문사, 2014), 516쪽.
99) 행정조사기본법의 입법과정에 대해서는 김재광, 앞의 글, 489쪽 이하 참조. 자율적 관리체제의 구축을 통한 민간의 자율성 제고와 관련한 규정으로는 제5장 자율관리체제의 구축 등(제25조(자율신고제도), 제26조(자율관리체제의 구축), 제27조(자율관리에 대한 혜택의 부여)), 제6장 보칙(제28조(정보통신수단을 통한 행정조사)) 등을 들 수 있다.
100) 국무조정실, "10년 만에 처음으로 행정조사 전수 점검 및 정비" 참조.
101) 국토 91, 환경 76, 농식품 51, 고용 45, 식약 44, 과기 37, 통계 34, 해수 30, 교육 26,복지 23, 관세 22, 방통 21, 여가 16, 산업 15, 행안 16, 문체 14, 중기 11, 산림 6,소방 5, 원안 5, 보훈 4, 특허 4, 기재 4, 문화재 3, 해경 2, 기상 2, 농진 1.

관련된 경우 정비 예외 검토의 3대 원칙하에 '행정조사 혁신방안'을 마련했다. 우선 175건(중복 17건 제외)의 행정조사는 조사를 폐지하거나(5건), 실시주기완화·조정(6건), 개별 행정조사 → 공동 행정조사(15건), 행정조사항목 축소(9건), 종이문서만 사용 → 전자문서 가능(26건), 조사대상자 편익 중심 개선(7건), 행정조사 근거법령 명시(15건), 조사개시 포괄적 요건 → 구체적 규정(59건), 사전통지 강화(50건) 등 조사방식을 개선(170건)하기로 하였다. 신설되는 행정조사는 '적정성 심사'를 통해 행정조사의 요건이나 중복 여부 등을 엄격하게 검토하고, '불편·부당 행정조사 신고센터'(규제개혁신문고 내)를 설치하여 잘못된 행정조사가 즉시 시정되도록 하고, 격년 주기로 기존 행정조사전수에 대한 점검·정비도 계속해 나가기로 했다.

생각건대, 전수조사에서 개선사항으로 지적된 것은 대부분 현행 행정조사기본법에 규정되어 있는 것으로서 행정조사기본법의 행정조사원칙(제4조)에 대해 일선공무원들이 실효적으로 적용하지 않는다는 것을 말해주는 것이기도 하고 행정조사의 경우에도 내부지침이나 행정지도 등 그림자규제가 이루어지고 있다는 것을 반증하는 것이기도 하다.

그리고 행정조사기본법 입법 당시 행정조사의 접근방법으로 ① 자율관리체제로의 전환 ② 공동조사의 원칙화 ③ 조사대상자의 권리보호 ④ 행정과정의 통제 등을 든 것도 행정조사가 가지는 부작용을 최소화하기 위해서였다.[102]

포괄적 최소규제체계하에서는 행정청이 사인으로부터 인·허가상 필요한 자료나 정보를 수집하기 위하여 행정조사를 활용할 필요성이 이전보다 훨씬 더 커졌다고 볼 수 있다. 특히 신산업·신기술 분야의 미래예측의 한계 때문에 행정청의 적정한 행정결정이 종래보다 곤란하게 되었기 때문이다. 그것은 어떠한 규제가 필요하고 어느 정도의 규제를 해야 할지에 대한 정보가 취약하기 때문이다.

따라서 행정조사의 법률의 근거 요부가 검토될 필요가 있다. 법률의 근거 유무와 관련하여 조사목적에 의한 행정조사의 구분 중 단순한 실태조사만을 목적으로 하는 경우에는 법률의 근거가 원칙적으로 필요하지 않으나, ① 행정기관의 관리감독 권한의 행사를 위한 경우, ② 법령위반 여부에 대한 조사를 목적으로 하는 경우 및 ③ 행정처분을 위한 사실확인을 목적으로 하는 경우 등의 세 가지 경우에는 행정조사가 국민에 대하여 가지는 의미는 매우 본질적이며 중요하므로 법률의 근거가 필요하다고 본다.[103]

---

102) 김재광 외, 「행정조사기본법 제정방안 연구」(한국법제연구원, 2005. 4), 18~24쪽 참조.
103) 김용섭·이경구·이광수, 「행정조사의 사법적 통제방안 연구」(박영사, 2016), 33-34쪽.

행정조사기본법의 문제점에 대해 ① 적용제외 범위의 광범위성 ② 법령위반에 대한 수시조사 ③ 개인정보 수집제한규정의 미비 ④ 행정조사활동의 피해에 대한 손실보상 ⑤ 사실상 수사로 기능하는 행정조사에 있어 영장주의 등의 절차적 규율 등이 제시되고 있는데,[104] 전적으로 동의하며 조속한 입법적 보완이 필요하다고 본다.

또한 자발적 협조를 받아 실시하는 행정조사의 경우 행정조사기본법의 해석·적용문제도 제기되고 있다. 그것은 행정조사기본법 제5조가 "행정기관은 법령등에서 행정조사를 규정하고 있는 경우에 한하여 행정조사를 실시할 수 있다. 다만, 조사대상자의 자발적인 협조를 얻어 실시하는 행정조사의 경우에는 그러하지 아니하다."로 규정하고 있기 때문이다. 개별 법률의 법적 근거가 없는 경우에는 당사자의 동의로 행정조사의 정당성의 근거를 확보할 수 있으나, 개별 법률이나 행정조사기본법에 명확하게 행정조사절차규정을 두고 있는 경우에는 자발적 협조라는 동의의 방식을 통하여 그 예외를 넓히는 것은 행정조사절차의 예외를 엄격하게 해석하여야 한다는 관점에서 문제가 있다[105]는 지적이 있는데, 타당하다고 본다.[106]

6. 포괄적 최소규제체계와 행정처분기준

오늘날 규제행정에 있어서 재량이 폭넓게 인정된다. 규제행정의 전문성과 역동성을 고려할 때 불가피한 것이기는 하지만, 재량을 합리적으로 통제하지 않는다면 재량권남용으로 인한 부조리현상을 막을 수 없을 것이다. 따라서 입법시 명확성과 구체성의 원칙을 준수하여 가능한 한 재량의 여지를 적게 하여야 할 것이고, 투명성확보를 통해, 즉 공개를 통해 부당한 재량행사가 은밀하게 일어나지 않도록 하여야 할 것이다. 이러한 관점에서 행정처분기준의 설정·공표가 중요한 의미를 가진다.[107]

---

104) 구체적인 문제점과 개선방안에 대해서는 김용섭·이경구·이광수, 앞의 책(각주 100), 54-61쪽 참조. 이 중 개인정보보호와 관련하여 저자가 연구책임자로 작성한 행정조사기본법안에는 "제36조(개인정보의 보호) 행정기관의 장은 행정조사의 실시와 그 결과의 처리 등에 있어서 개인정보가 분실·도난·누출·변조 또는 훼손되지 아니하도록 안전성 확보에 필요한 조치를 강구하여야 한다."고 규정하였다. 김재광 외, 「행정조사기본법 제정방안 연구」, 107-108쪽 참조.

105) 김용섭, "행정조사 및 행정절차의 법적 문제"「행정판례연구 XXⅢ-1」(사단법인 한국행정판례연구회 편)(박영사, 2017), 116쪽.

106) 저자가 연구책임자로 작성한 행정조사기본법안에는 "제6조(행정조사의 근거와 방법) 행정기관은 법령 등이 정하는 바에 따라 소관 사무에 관하여 행정조사를 실시할 수 있다."고 규정하여 현행법과 같은 단서규정은 없었다. 김재광 외, 「행정조사기본법 제정방안 연구」, 84쪽 참조.

107) 이원우, 앞의 책, 122쪽.

행정처분기준의 설정·공표는 행정청의 자의적인 권한행사를 방지하고 행정의 통일성을 기하며 처분의 상대방에게 예측가능성을 부여하기 위하여 요청된다.[108) 행정처분기준은 재량권 행사의 투명성 확보와 깊은 연관을 맺고 있다.[109) 또한 행정기관의 행정의 효율성을 제고하기 위한 중요한 도구이다.[110)

행정절차법 제20조 제1항은 "행정청은 필요한 처분기준을 해당 처분의 성질에 비추어 되도록 구체적으로 정하여 공표하여야 한다."고 규정함으로써 행정처분기준의 설정·공표를 의무화하고 있다. 설정·공표의 대상이 되는 처분은 신청에 의한 처분뿐만 아니라 직권에 따른 처분도 포함한다. 그러나 제1항에 따른 처분기준을 공표하는 것이 해당처분의 성질상 현저히 곤란하거나 공공의 안전 또는 복리를 현저히 해치는 것으로 인정될 만한 상당한 이유가 있는 경우에는 처분기준을 공표하지 아니할 수 있다(제20조제2항). 처분기준의 공표는 재량행위와 관련하여 의미를 가지나, 비공표의 사유는 행정의 투명성의 원리에 비추어 제한적으로 해석되어야 한다.[111)

그런데 신산업·신기술 분야의 경우 사안의 기술성·전문성 등으로 인하여 처분기준의 불명확성, 상위법령과의 모순 및 재량양정의 불균형성 등의 문제가 발생할 수 있다. 그리고 포괄적 최소규제체계상 처분기준이 구체적이지 못할 가능성이 크다. 이는 명확성원칙을 담보하지 못함으로써 법적 안정성을 해칠 우려가 있다.[112)

7. 포괄적 최소규제체계와 법령 통폐합을 통한 중복규제 폐지 – 개인정보보호 관련법제를 중심으로

빅데이터는 4차 산업혁명의 원유라고 부를 정도로 각광을 받고 있는 분야다. 세계 각국 정부와 기업은 글로벌 빅데이터 산업을 리드하기 위해 치열하게 경쟁하고 있다. 글로벌 조사기관 '테크프로리서치'에 따르면 2016년 기준 글로벌 기업의 29%가 빅데이터를 활용하고 있지만 한국기업의 경우 이용률이 5% 수준에 불과하다. 스위스 국제경영개발대학원(IMD)이 2018년 발표한 디지털경쟁력 순위에서도 한국의 빅데이터 사용 및 활용 능력은 63개국 중 56위에 그쳤다. 공공데이

108) 박균성, 앞의 책, 427쪽.
109) 김재광·최철호·강문수, 「행정처분기준 정비방안 연구」(한국법제연구원, 2006), 15쪽.
110) 정남철, 「현대행정의 작용형식」(법문사, 2016), 171쪽.
111) 홍정선, 「행정법특강」(박영사, 2015), 352쪽.
112) 정남철, 앞의 책, 173쪽.

터의 개방도 조금씩 늘고 있지만 여전히 제한적이다. 강력한 개인정보보호 규제가 원인으로 지적되고 있다.[113] 개인정보보호와 빅데이터 활성화를 동시에 꾀할 수 있는 합리적인 최소규제가 필요하다.

중복규제는 동일 사항에 대한 여러 법률에 의한, 복수의 규제기구의 개입에 따른 규제를 말한다. 대표적인 사례가 개인정보보호 관련법제와 ICT산업 관련법제이다. ICT산업은 국내에서 직접 적용받는 법률만 해도 전기통신기본법, 전기통신사업법, 전파법, 정보통신망법, 위치정보법, 정보통신융합법, 통신비밀보호법, 전자상거래법 등 10여 가지가 있다. 여기에서는 개인정보보호 관련법제의 중복규제를 살펴보고자 한다.

2011년에 제정된 개인정보보호법은 공공부문과 민간부문을 아우르는 통합법이다. 개인정보보호법은 다른 법률과의 관계에 대하여 "개인정보 보호에 관하여는 다른 법률에 특별한 규정이 있는 경우를 제외하고는 이 법에서 정하는 바에 따른다."고 규정하고 있다(제6조). 여기서 "다른 법률"에 해당하는 개인정보보호 관련 주요 법률로는 정보통신망법, 신용정보법, 위치정보법 등을 들 수 있다.

일반법인 개인정보보호법과 개별적 개인정보보호 관련법률들의 규정들이 상당 부분 중복될 경우 그로 인해 관련 당사자는 구체적 사안에서 어떠한 법령이 적용될지, 어느 규제기관의 규제와 어느 정도의 제재를 받게 될지에 대해 파악하기가 쉽지 않다.[114] 그러므로 중복규제금지가 필수적인데, 이는 관련법제의 통폐합을 통해 해결하여야 한다.[115] 특히 중복규제입법은 사회적으로 불필요한 논란과 비용을 초래하므로 신속한 정비가 필요하다.[116]

정보통신망법의 개인정보보호 관련 중복 조항들의 정비방향으로 네 가지가 제시되고 있는데, 타당하다고 본다.[117] 첫째는 개인정보보호법에 동일한 조항이 있

113) 황수경, "[기고] 빅데이터 개인정보와 네거티브 규제" 한국일보 2018년 2월 12일자 칼럼 참조.
114) 백승엽·김일환, "개인신용정보 보호법제의 중복규제 및 해소방안 연구 ― 신용정보의 이용 및 보호에 관한 법률을 중심으로" 「미국헌법연구」 제28권제3호(2017), 3쪽.
115) 개인정보보호 관련법제의 중복규제현상은 2011년 통합 개인정보보호법이 제정될 때 정보통신망법을 폐지하도록 되어 있었으나, 양 법률의 소관부처가 다름으로 인하여 폐지되지 못하면서 중복규제가 불가피하게 된 것이다. 이는 실제로 법을 적용함에 있어 구체적인 개별 사안에 따라 어떤 법을 적용해야 할지에 대해 논란을 야기할 가능성이 있다. 그와 함께 개별 사안에 따라 행정기관의 역할조정과 분담을 어떻게 해야 할지에 대한 현실적 문제를 야기할 수도 있다. 고학수, "개인정보보호: 규제체계에 관한 논의의 전개와 정책적 과제", 고학수 편, 「개인정보보호의 법과 정책」 개정판(박영사, 2016), 29~30쪽.
116) 이희정, "개인정보보호법과 다른 법과의 관계 및 규제기관 사이의 관계" 고학수 편, 「개인정보보호의 법과 정책」, 202쪽.
117) 권건보, "개인정보보호의 입법체계와 감독기구 정비 방안" 「헌법학연구」 제20권제2호(한국헌

거나 그를 포섭할 수 있는 조항이 있는 경우이다. 전부 삭제하는 방식으로 정비하여야 한다.118) 둘째, 조항의 일부가 중복되는 것으로 파악되는 경우이다. 정보통신망법의 조항 전체를 삭제하되, 그 일부는 개인정보보호법에서 다시 규정하는 방식으로 정비하여야 한다.119) 셋째, 개인정보보호법에 해당 조항이 존재하지 않아 별도의 규정이 둘 필요가 있다고 판단되는 경우이다. 정보통신망법의 조항을 삭제하되, 그 조항 전체를 개인정보보호법으로 옮겨 규정하는 방식으로 정비하여야 한다.120) 넷째, 법률조항 가운데 개인정보보호에 관한 내용이 일부를 이루고 있는 경우이다. 이 경우에는 부분삭제를 하는 방식으로 정비하여야 한다.121) 다만, 중복입법 정비가 완료될 때까지 중복 법률이 존재하는 데서 오는 규제환경의 혼란스러움을 해소하기 위해서는 중복 법률을 종합하여 개별 사안에서 적용되는 기준을 세부적인 부분까지 적극적으로 제시해 줄 필요가 있다는 견해가 있다.122)

8. 포괄적 최소규제체계와 규제입법평가

행정규제기본법은 "규제영향분석"을 규제로 인하여 국민의 일상생활과 사회·경제·행정 등에 미치는 여러 가지 영향을 객관적이고 과학적인 방법을 사용하여

법학회, 2014), 54쪽 이하; 김민호 외, 「개인정보보호 규제 합리화 방안」(개인정보보호위원회, 2013), 67쪽 이하 참조.
118) 대표적으로 제2조(정의) 제1항 제6호, 제22조(개인정보의 수집·이용 동의 등), 제23조(개인정보의 수집 제한 등), 제23조의2(주민등록번호의 사용 제한), 제24조(개인정보의 이용제한), 제24조의2(개인정보의 제공 동의 등), 제25조(개인정보의 취급위탁), 제26조(영업의 양수 등에 따른 개인정보의 이전), 제26조의2(동의를 받는 방법), 제27조(개인정보 관리책임자의 지정), 제27조의3(개인정보 누출 등의 통지·신고), 제28조(개인정보의 보호조치), 제28조의2(개인정보의 누설금지), 제30조(이용자의 권리 등), 제31조(법정대리인의 권리), 제32조(손해배상), 제47조의3(개인정보보호 관리체계의 인증), 제63조(국외이전 개인정보의 보호), 제67조(방송사업자에 대한 준용) 등을 들 수 있다.
119) 대표적으로 제27의2(개인정보 취급방침의 공개) 제2항 제6호와 제29조(개인정보의 파기) 제2항을 들 수 있다.
120) 대표적으로 제23조의3(본인확인기관의 지정 등), 제23조의4(본인확인업무의 정지 및 지정취소), 제30조의2(개인정보 이용내역의 통지), 제49조의2(속이는 행위에 의한 개인정보의 수집금지 등), 제64조의3(과징금의 부과 등), 제69조의2(고발) 등을 들 수 있다.
121) 대표적으로 제3조(정보통신서비스 제공자 및 이용자의 책무) 및 제4조(정보통신망 이용촉진 및 정보보호등에 관한 시책의 마련) 중 개인정보 보호 관련 문구, 제62조(국제협력) 제1호, 제71조(벌칙) 제1호~제8호, 제72조(벌칙) 제1항 제2호, 제73조(벌칙) 제1호, 제76조(과태료) 제1항 제1호~제5호, 제2항, 제3항 제2의5호 등을 들 수 있다.
122) 일례로 행정안전부가 2012년 1월 공개한 「뉴미디어 서비스 개인정보보호 가이드라인」은 클라우드 컴퓨팅 서비스, 소셜 네트워크 서비스, 소셜 커머스 서비스, 스마트폰 활용서비스에 관해 개인정보보호법과 정보통신망법상 요구되는 개인정보처리 기준을 제시하고 있다. 이희정, 앞의 글, 203쪽.

미리 예측·분석함으로써 규제의 타당성을 판단하는 기준을 제시하는 것으로 정의하고 있다(제2조제5호). 즉 규제로 인하여 예상되는 영향을 체계적, 실증적인 방법으로 분석하여 규정정책결정의 객관적 근거로서 정책결정자에게 정보를 전달하는 일련의 과정을 말한다.[123]

행정규제기본법은 신설규제 또는 강화규제는 모두 규제영향분석의 대상으로 삼고, 규제영향분석서를 입법예고기간 동안 국민에게 공표하고 제출된 의견을 검토하여 규제영향분석서를 보완하도록 하고 있으며, 이에 대해 의견을 제출한 자에게 제출된 의견의 처리결과를 알려주도록 규정하고 있다. 그리하여 법제상으로는 규제영향분석제도는 잘 운영될 수 있게 설계된 것 같은 분위기를 자아내고 있다고 평가하는 학자도 있다.[124] 그리고 규제영향분석제도(규제영향평가)의 실질적 기능은 "응답적 입법에 대한 요구" 또는 협의 또는 숙의와 같은 민주주의적 의사결정의 과정이라는 차원에서 의미를 발견할 수 있어야 할 것이라고 긍정적으로 평가하는 견해도 있다.[125]

포괄적 최소규제의 경우 특히 규제유예를 채용할 경우에는 선 시행-후 규제요소를 발굴하여 사후적으로 규제를 하게 되는데, 그 시험 또는 실시 과정에서 규제영향평가 또는 입법평가를 할 충분한 여건(실험자료)이 마련될 수 있고 이를 통하여 규제영향평가의 제도화가 가능하다. 기존의 규제영향분석(평가)은 주로 선험적 사실이 충분한 전통적인 사업이나 행정영역의 경우에 사전적 규제설계를 위하여 적용이 가능하지만, 신산업·신기술 분야의 경우에는 규제를 적용할 만한 선험적 사실이 존재하지 아니한 문제점으로 인하여 규제의 실패나 과잉규제가 발생하였던 것이 사실이다. 가령 자율주행차량은 시험목적을 위하여 임시운행허가를 받아 운행하고 있는데(자동차관리법 제27조제1항 단서), 시험운행을 통하여 축적된 여러 가지 데이터가 향후 자율주행차량의 안전기준을 설정함에 있어서 매우 중요할 것이라고 예상해 볼 수 있으며 이런 점에서 본다면 포괄적 최소규제체계에서 규제입법평가의 실효성이 훨씬 제고될 것으로 보는 견해가 있다.[126]

---

123) 김재광, "현행 입법관련 평가제도에 관한 고찰"「아주법학」제2권제1호(아주대 법학연구소, 2008. 6), 176쪽.
124) 김유환, 「개정증보판 행정법과 규제정책」(삼원사, 2017), 153쪽.
125) 김태호, "규제입법평가제도의 법제화와 운용 방향"「공법연구」제46집제2호(한국공법학회, 2017. 12), 386쪽.
126) 2018년 4월 13일 전남대 법학전문대학원에서 열린 한국행정법학회/한국국가법학회/법제처/전남대학교 법학연구소 주최 공동학술대회「규제재설계의 공법적 현안」에 관한 황창근 교수의 토론문, 3쪽.

저자는 규제영향분석제도의 문제점으로 첫째, 규제영향분석의 시간의 부족, 둘째, 규제영향분석 담당인원의 부족 및 전문성 결여, 셋째, 규제영향분석에 대한 예산 및 외부 전문기관과의 협조 부족, 넷째, 규제영향분석에 대한 인식부족과 업무의 형식화 등을 들 수 있다고 지적한 바 있다.[127] 그런데 거의 10년이 경과한 최근(2017년)에도 개선되지는 않은 것으로 보인다. 즉 "실제로는 규제영향분석서의 작성자들은 이를 일종의 요식행위로 인식하고 있으며, 설사 이를 실질적인 의미를 가지도록 잘 작성하려고 한다 하더라도 내실 있는 규제영향분석을 실시할 수 있는 인력과 예산, 전문성과 시간 등이 모두 부족한 상태이다"라는 지적을 보면 알 수 있다.[128]

개선방안으로는 첫째, 규제개혁위원회의 상설기구로의 전환, 둘째, 규제영향분석에 대한 감시와 평가의 활성화, 셋째, 규제영향분석의 부실로 인한 정책 실패 시 사법적 책임을 묻는 환류시스템의 구축이 필요하다.[129]

9. 포괄적 최소규제체계와 자율규제

이명박 정부에서 자율규제의 확대가 추진되었다. 자율규제의 경우 여건조성이 필요한 것임에도 불구하고 여건 조성 없이 그리고 자율규제에 대한 행정기관의 감독시스템의 구축 없이 성급히 추진되고 도입된 면이 없지 않다는 비판이 있다.[130]

자율규제(self-regulation)란 법도그마틱적 개념이 아니며, 설명적 개념이다. 자율규제로 논의되는 현상들은 매우 광범위하며, 자율규제를 담당하는 주체의 법적 지위와 법률관계의 내용에 따라 여러 가지 법도그마틱적 개념으로 분류될 수 있다.[131] 일반적으로 자율규제는 규제의 대상이 되는 산업 또는 업계의 수준이 높아지게 됨에 따라 그 산업 또는 업계의 동업자 조합 등이 규제의 주체가 되어 자율적으로 규제를 하는 것을 이른다.[132]

자율규제는 국가규제 및 정부규제에 대립되는 것으로, 전혀 새로운 개념이 아니며 이미 근대 입헌국가가 성립하기 이전에도 자율규제의 요소들이 존재하였

---

127) 김재광, "현행 입법관련 평가제도에 관한 고찰", 182쪽.
128) 김유환, 앞의 책, 153쪽.
129) 자세한 것은 김유환, 앞의 책, 164~165쪽 참조.
130) 박균성, 앞의 글, 6쪽.
131) 이원우, 앞의 책, 174쪽.
132) 김유환, 앞의 책, 211쪽 참조.

는데, 다만 그 대부분은 영역별로 고유한 전통적 질서에 따른 것이었다고 한다. 자율규제는 국가를 대신하여 사회를 통해 이루어지는 사회적 균형의 형성으로 이해되었고, 국가와 사회의 분할이라는 맥락에서 핵심적인 개념으로 자리잡았다.[133)

자율규제를 민간이 자발적으로 또는 국가의 위임에 따라 일정한 규율을 필요로 하는 영역 안에서 공익을 수호하기 위한 하나의 질서를 내부적으로 창출하는 것으로 이해하는 견해가 있는데, 자율규제의 특징으로는 그 질서의 영향을 받는 당사자들 스스로가 질서의 조성과 관리에 직접 참여한다는 사실과 민간 스스로가 자율적 규범을 제정하고 그 준수를 통제한다는 사실이다.[134) 자율규제는 원칙적으로 강제력을 수반하지 않지만 사업자단체의 규약으로 자율규제 조치를 준수하지 않은 회원사에게 징계나 제명과 같은 불이익을 줄 수 있으므로 어느 정도 실효성을 가지고 있다고 할 수 있다.[135)

신산업·신기술 분야의 경우 생산자가 안전에 관한 결정을 하며, 제조업자가 제조과정을 통제한다. 따라서 제조자 스스로 제조과정에서 철저한 안전규제를 행하는 것이 신산업·신기술 분야의 안전에서 최선의 방법이다. 아무리 국가가 규제를 한다고 해도 제품의 생산 등 전체과정을 완벽하게 규제하는 것은 현실적으로 불가능하다. 각 과정을 통제하고 있는 제조자 등이 각각 자신이 담당하는 과정에서 발생할 수 있는 위험을 철저하게 통제하는 것이야말로 최선의 위험규제인 것이다. 따라서 모든 과정을 제조자가 자율규제를 통해 안전규제의 목적을 달성할 수 있도록 하는 제도가 필요하게 된다. 결국 미래사회에서 위험규제의 실효성을 담보하고 높은 품질의 규제목적을 달성하려면 실효성 있는 자율규제가 확보되어야 한다는 결론에 이르게 된다.[136)

그런 측면에서 이론상 자율규제가 타율규제보다 앞선 규제라는 것이 규제학자들의 일반적 견해이지만, 미국에서 발전된 자율규제가 성공하기 위해서는 기업의 사회적 책임의식, 징벌적 손해배상, 엄격한 형사책임 등 엄격한 책임제도의 존재 등 전제조건이 갖추어져야 한다. 자율규제의 여건이 미비된 경우에 자율규제 방식을 채택하면 부작용이 발생한다. 자율규제의 여건이 일부 조성되기는 하였지만 불충분한 경우에는 이를 보완하기 위하여 국가의 통제와 지도감독이 강화된

---

133) 홍석한, 「국가역할의 변화에 따른 규제된 자율규제에 관한 연구」(성균관대학교 대학원 법학과 박사학위논문, 2008), 121쪽.
134) 홍석한, 앞의 박사학위논문, 130쪽.
135) 김민호, 「행정법」(박영사, 2018), 각주 28) 참조.
136) 이원우, 앞의 책, 176쪽.

'통제된 자율규제'(controlled self-regulation)를 채택하여야 한다.[137] 달리 말하면 자율규제 및 국가규제의 장점을 이용하는 동시에 양자의 단점을 보완하는 구상으로서 '규제된 자율규제'가 그것이다.[138] 국가규제와 자율규제 사이에 위치되는 규제된 자율규제는 국가가 정해놓은 틀에 따르는 그리고 그 법적인 기초 위에 작용하는 자율규제라고 할 수 있다. 그런 측면에서 '규제된 자율규제'는 포괄적 최소규제체계에 부응하는 자율규제방식으로 볼 수 있다. 어느 형식의 자율규제든지 자율규제에서는 공익성 담보장치가 마련되어야 하고, 국가의 보장책임이나 보증책임이 확보되어야 한다.

오늘날 신산업·신기술로 인한 위험규제의 실효성을 담보하고 높은 품질의 규제목적을 달성하려면 실효성 있는 자율규제제도가 확보되어야 한다. 자율규제의 규제기준은 표준설정(Standard-setting)에 의해 이루어지는 것이 보통이므로[139] 이미 입법화된 자율규제가 실효성을 확보할 수 있도록 표준설정에 대한 공정성과 적정성을 담보할 수 있도록 제도적 개선노력을 지속적으로 경주할 필요가 있다. 왜냐하면 규제된 자율규제는 자율규제의 정당화를 지원하기 위한 요소로서 자율규제 내부적인 절차의 공정성과 투명성을 확보하는 방식을 중시하기 때문이다.

10. 포괄적 최소규제체계와 실효성 확보수단 – 행정벌 및 경제적 수단

포괄적 최소규제체계는 "우선허용–사후규제"이므로 행정벌 및 경제적 수단(과징금)이 중요한 사후규제의 실효성 확보수단이 될 것이다.

행정법규 또는 행정법상 의무의 위반으로 막대한 경제적 이익을 얻는 경우에 있어서는 행정벌만으로는 그 위반을 막을 수 없는 것이 현실이다. 과징금은 행정법규 위반으로 발생하는 경제적 이득을 박탈함으로써 행정법규 위반행위를 막는 효과를 갖는다.[140]

행정벌은 과거의 의무 위반에 대한 제재를 직접적인 목적으로 하지만 간접적으로는 의무자에게 심리적 압박을 가함으로써 행정법상의 의무이행을 확보하는 기능을 한다. 정보통신융합법 제44조제1항제2호는 "거짓이나 그 밖의 부정한 방법으

---

137) 박균성, "획일규제에서 형평규제로의 변화 모색" 「공법연구」 제43집제4호(한국공법학회, 2015. 6), 154쪽 각주 50) 참조.

138) 홍석한, 앞의 박사학위논문, 157쪽 이하.

139) 김유환, 앞의 책, 214쪽.

140) 김중권, 앞의 책, 498쪽; 박균성, 앞의 책, 409쪽.

로 제37조에 따른 임시허가를 받은 자"에 대해서는 "3년 이하의 징역 또는 3천만
원 이하의 벌금에 처한다."고 규정하고 있다. 그리고 제46조에서는 "임시허가가 취
소된 후 해당 기술·서비스를 판매·이용 또는 제공 등을 한 자"에 대해서는 과태
료를 부과하고 있다.

　　행정벌에서 문제가 되는 것은 처벌에 대한 법률의 유보가 있다 하더라도 어
느 정도의 규율의 밀도가 요구되는가 하는 것이다. 여기에도 본질사항유보의 종
적인 측면, 즉 의회유보의 원칙이 적용된다는 견해가 있다. 그러므로 처벌의 종
류, 구성요건, 최고한도가 법률로 규정되면 처벌과 관련되는 기술적 사항 등은 법
규명령이나 자치법규에 대한 위임이 가능하다.[141]

　　한편 과징금은 행정법규의 위반이나 행정법상의 의무 위반으로 경제상의 이
익을 얻게 되는 경우에 그 위반으로 인한 경제적 이익을 박탈하기 위하여 그 이
익액에 따라 행정기관이 부과하는 행정상 제재금이다. 현행 정보통신융합법에는
과징금에 관한 규정은 없다.

　　포괄적 최소규제체계에서는 형사처벌과 과징금 위주의 제재만으로는 최소규
제 철학을 관철시키기 어려울 것이라는 지적이 있다.[142] 예를 들어, 이러한 규제
체계하에서는 금지규범이 모호하고 추상적인데 이를 위반했다고 해서 형사처벌을
하기에는 정부의 부담이 클 수밖에 없다는 것이다. 따라서 시정명령, 위법행위 중
지명령, 집단적 분쟁해결수단, 징벌적 손해배상, 행정상 화해 등 다양한 제재수단
을 강구할 필요가 있다.

11. 포괄적 최소규제체계와 정보공개법상 비공개대상정보의 범위

　　포괄적 최소규제체계가 신산업 및 신기술과 직결되므로 정보공개법 제9조의
비공개대상정보의 범위에 대해서도 검토할 필요가 있다.[143] 최근 고용노동부의
삼성전자 백혈병 사망사고에 대한 작업환경 측정보고서 정보공개와 관련한 사례
는 그 중요성을 일깨워준다.[144]

---

141) 김성수, 앞의 책, 552쪽.
142) 성희활, 앞의 글, 147쪽.
143) 포괄적 네거티브 규제체계와 정보공개문제는 2018년 4월 13일 전남대 법학전문대학원에서
　　열린 한국행정법학회/한국국가법학회/법제처/전남대학교 법학연구소 주최 공동학술대회 「규제
　　재설계의 공법적 현안」에 관한 황창근 교수의 토론 내용을 참고한 것임을 밝힌다.
144) 최근 고용노동부는 2018년 2월 대전고등법원이 백혈병 사망사고가 난 삼성전자 온양공장의
　　정보를 공개하라고 판시한 것에 대한 후속 조치로 충남 아산 탕정 삼성디스플레이 공장과 경기
　　기흥·화성·평택 삼성전자 반도체 공장의 작업환경 측정보고서 공개를 결정했다. 문제는 보고

정보공개에 국가의 핵심기술이 포함돼 있다면 공개에 더 신중을 기할 필요가 있다. 특히 삼성의 메모리반도체 기술은 「산업기술 유출 방지법」에 따라 국가핵심산업으로 보호받고 있다. 고용부가 산재 당사자가 아닌 일반인에게까지 핵심기술을 공개하는 것은 재고해야 할 것이다.[145]

그런 측면에서 포괄적 최소규제체계를 근간으로 하는 신산업 및 신기술의 경우에는 정보공개법상 비공개대상정보로 하여 기업의 영업비밀 등을 보호할 필요가 있다.

V. 맺는 말

지금까지 문재인 정부의 2018 규제정비종합계획의 검토, 포괄적 최소규제체계의 검토, 포괄적 최소규제체계에 따른 행정작용법적 함의 등을 살펴보았다.

2018년도 규제혁신은 2018년 1월 24일 정부업무보고 때 발표된 새 정부 규제혁신 틀의 연속성 하에서 3대 분야(① 미래新산업 지원 ② 일자리 창출 ③ 국민불편·민생부담 해소)에 중점을 두면서, 규제관리 시스템과 행태 개선에도 주력할 계획으로 있다. 이 중에서도 미래新산업 지원분야가 규제재설계 및 규제혁신과 관련하여 핵심적인 분야라고 할 수 있다.

문재인 정부가 규제재설계로 제시한 포괄적 최소규제체계는 입법방식측면과 혁신제도(규제 샌드박스: 규제유예제도)측면으로 구성된다. 먼저 입법방식측면은 ① 네거티브 리스트(원칙허용-예외금지) ② 포괄적 개념 정의 ③ 유연한 분류 체계 ④ 사후 평가관리로 구성된다. 다음으로 혁신제도(규제 샌드박스: 규제유예제도)측면은 ① 임시허가 ② 시범사업 ③ 규제 탄력적용 ④ 사후규제로 구성된다.

먼저 포괄적 최소규제체계의 입법방식은 최소규제체계를 근간으로 하고 있다. 산업연구원이 2015년 11월에 각 시·군·구와 중앙정부부처 인·허가 담당자

서에 포함된 반도체 장비와 공정 흐름도, 배치도, 화학물질 검출 결과 등이 반도체 생산의 핵심 노하우라는 점이다. 업계에서는 중국 반도체업체 등 후발주자가 해당 정보를 입수할 경우 삼성전자와의 기술 격차를 해소할 수 있을 것으로 우려하고 있다. 반대로 산업통상자원부는 삼성전자 반도체 공장의 작업환경측정결과보고서에 국가핵심기술 사항들이 담겨있다고 판단했다. 참고로 작업환경 보고서는 산업안전보건법 제42조에 따라 작업장의 작업환경을 측정한 자료로 노동자에게 해를 끼치는 유해물질의 노출 정도와 사용 빈도 등을 측정한 결과를 적어 고용노동부에 6개월에 한 번씩 제출하는 자료이다.

145) 서울신문 2018년 4월 10일자 "[사설] 삼성 공장 작업환경보고서 일반 공개 신중해야" 사설 참조.

105명을 대상으로 조사한 결과에 따르면 최소규제체계가 국민에게 주어진 자유와 권리를 보다 확장적으로 보장할 수 있다는 것을 실증적으로 보여주고 있다. 법치국가의 법체계가 요청하는 규제법체계는 최대규제방식이 아니라 최소규제방식이라고 할 수 있다. 그것은 헌법상 기본권은 원칙적으로 보장되고 예외적으로 제한되는 것처럼, 어떤 행위를 원칙적으로 허용하고 예외적으로 금지하는 최소규제가 법치국가에서는 원칙이기 때문이다.

다음으로 포괄적 최소규제체계의 혁신제도는 규제 샌드박스(규제유예제도)로 상징되고 있다. 정보통신융합법 개정안에 제시된 규제유예를 살펴보고자 한다. 규제유예의 사례로 정보통신융합법 개정안을 검토하였는데, 김성태 의원 대표발의안에서는 '제한적 실험을 위한 임시허가'로, 신경민 의원 대표발의안에서는 '실증을 위한 규제특례'로 등장하고 있다. 그러나 법률개정안만으로는 구체적인 내용을 알기 어렵고 대부분 내용을 대통령령에 위임하고 있어 명확성의 원칙, 포괄위임금지원칙의 위배 여부가 문제될 수 있다.

포괄적 최소규제체계의 행정작용법적 함의와 관련하여 ① 위임입법문제 ② 행정지도 등의 그림자규제문제 ③ 인·허가 및 재량문제 ④ 행정행위의 부관의 부가문제 ⑤ 행정조사문제 ⑥ 행정처분기준의 설정·공표문제 ⑦ 법령 통폐합을 통한 중복규제 폐지문제 ⑧ 규제입법평가문제 ⑨ 자율규제문제 ⑩ 행정벌과 경제적 수단문제 ⑪ 정보공개법상 비공대상정보의 범위문제 등을 살펴보았다. 포괄적 최소규제체계가 행정작용법에 미치는 영향이 상당히 크다는 것을 실감하였다. 특히 전통적인 인·허가체계의 근간이 흔들리고 있음도 감지할 수 있었다.

① 위임입법문제를 요약하면 다음과 같다. 신산업 및 신기술 관련법의 경우에는 내용상 복잡성과 전문성, 방대한 규모 그리고 산업환경의 동태적 변화에 대한 대처필요성 등을 감안할 때 세부적인 기준을 법률로 규정하는 것은 현실적으로 가능하지도 않고 바람직하지도 않다. 따라서 구체적인 내용은 하위입법이나 내부규정으로 위임한다거나 당국의 재량적 판단의 여지를 상당 부분 인정할 수밖에 없다. 위임입법의 확대는 곧 관할행정청의 권한 강화로 이어지기 때문에 이에 대한 적절한 통제가 이루어져야 할 것이다. 그러나 신산업 및 신기술 분야에서 광범위한 위임입법이 불가피하다는 점이 부정될 수는 없으므로 광범위한 위임입법과 그에 대한 통제라는 긴장관계가 유지될 수 있어야 할 것이다. 포괄적 최소규제체계와 관련해서는 입법대상의 복잡성·전문성 등에 비추어 법제정에 있어서 의회와 행정부의 '협력'이 필요하다. 그런 측면에서 의회와 행정부 간의 협력적

규범제정의 시스템을 구축할 필요가 있다는 견해가 있는데 설득력있는 주장이라고 본다. 그 논거로 독일에서 논의되는 새로운 '권력협력모델'을 제시하고 있다. 이는 우리 입법 현실에도 유용할 수 있는데, 그것은 위임입법이 형식적 의미의 법률을 보충한다는 점에서 불가분의 규율통일성을 이루고 있기 때문이다. 그러한 점에서 법규명령의 제정에 있어서 협력적 규범제정을 위한 법구조를 구축하고 이를 발전시킬 필요가 있다.

　② 행정지도 등의 그림자규제문제를 요약하면 다음과 같다. 그림자규제를 각 부처별로 전수조사를 거쳐 원칙적으로 폐지하고, 필요시 현장간담회 등을 통해 추가 발굴하고 있지만 문제는 그림자규제의 폐지가 쉽지 않다는 점이다. 특히 그림자규제 개혁은 신산업, 신기술 분야에 더 절실하다. 일례로 산업현장에서는 그림자규제가 신기술 개발에 방해가 된다는 지적이 이어져왔다. 규제의 30% 이상은 법규 개정 없이 공무원들이 적극적으로 해석해서 풀 수 있다는 것이 정부의 인식이기 때문에 적극행정을 통해 그림자규제의 필요성 유무를 면밀히 검토하여 지속적으로 폐지하려는 노력이 필요하다. 포괄적 최소규제체계의 내부적 敵은 행정지도 등의 그림자규제라고 할 수 있다.

　③ 인·허가 및 재량문제를 요약하면 다음과 같다. 포괄적 최소규제체계와 인·허가문제와 관련해서는 행정법상의 금지와 허용의 체계, 의제적 행정행위(허가의제), 허가면제절차, 신고절차, 간소화된 허가절차 등에 대한 검토가 필요하다고 본다. 왜냐하면 이들의 제도적 취지가 포괄적 최소규제체계와 다르지 않고 이미 독일에서는 제도적으로 정착하여 운용되고 있기 때문이다. 우리나라에서 최근 발의된 정보통신융합법 개정안을 보면, 규제면제, 규제유예로 설명되는 규제유예에 대해 '제한적 실험을 위한 임시허가', '실증을 위한 규제특례'라는 용어를 사용하고 있는데, 법률용어가 명확하지 않다는 문제점이 있다. 따라서 법률용어 사용에 있어서 전통적 인·허가이론에 따른 용어 사용이 필요하다고 본다. 그런 점에서 전통적인 인·허가체계에 충실한 독일법상 독일의 허가면제, 간소화된 허가절차, 허가의제가 시사점을 줄 수 있을 것으로 본다.

　재량을 통해 행정으로서는 비록 법률적으로 조종을 받지만 고유하게 책임을 지는 결정을 할 가능성을 갖는다. 재량메커니즘은 행정으로 하여금 한편으론 법률의 목적 및 입법취지를, 다른 한편으론 구체적 상황을 고려하여 개별사건에 알맞고 합사실적인 해결책을 발견할 수 있게 한다. 그런데 신규 정보통신융합 등 기술·서비스와 같은 경우에 그 성격상 거부재량권 행사가 쉽지 않고 포괄적 최소규제체계가 사후규제방식이므로 행정재량이 갖는 사전적 공익담보의 어려움을 내포하고 있다고 본다.

④ 행정행위의 부관의 부가문제를 요약하면 다음과 같다. 행정행위의 부관은 실무에 있어서, 특히 수익적 행정행위의 발급, 즉 영업허가 등 각종 인·허가의 발급과 관련하여 중요한 의미를 갖는다. 행정행위의 부관은 이들 수익적 행정행위를 제한 없이 발급하기에는 아직 법적 또는 사실적 애로가 있기 때문에 이들을 제거하기 위한 목적을 갖고 있다. 부담은 행정청이 행정처분을 하면서 일방적으로 부가할 수도 있지만 신산업·신기술 서비스 분야의 특성상 '부담'을 부가하기 이전에 상대방과 협의하여 부담의 내용을 협약의 형식으로 미리 정한 다음 행정처분(임시허가)을 하면서 이를 부담으로 부가할 수도 있다.

⑤ 행정조사문제를 요약하면 다음과 같다. 포괄적 최소규제체계하에서는 행정청이 사인으로부터 인·허가상 필요한 자료나 정보를 수집하기 위하여 행정조사를 활용할 필요성이 이전보다 훨씬 더 커졌다고 볼 수 있다. 특히 신산업·신기술 분야의 미래예측의 한계 때문에 행정청의 적정한 행정결정이 종래보다 곤란하게 되었기 때문이다. 2017년 중소기업옴부즈만에서 실시한 중소·중견기업 설문조사 개선사항으로 지적된 것은 대부분 현행 행정조사기본법에 규정되어 있는 것으로서 행정조사기본법의 행정조사원칙(제4조)에 대해 일선공무원들이 실효적으로 적용하지 않는다는 것을 말해주는 것이기도 하고 행정조사의 경우에도 내부지침이나 행정지도 등 그림자규제가 이루어지고 있다는 것을 반증하는 것이기도 하다.

⑥ 행정처분기준의 설정·공표문제를 요약하면 다음과 같다. 행정처분기준의 공표는 재량행위와 관련하여 의미를 가지나, 비공표의 사유는 행정의 투명성의 원리에 비추어 제한적으로 해석되어야 한다. 그런데 신산업·신기술 분야의 경우 사안의 기술성·전문성 등으로 인하여 행정처분기준의 불명확성, 상위법령과의 모순 및 재량양정의 불균형성 등의 문제가 발생할 수 있다. 그리고 포괄적 최소규제체계상 처분기준이 구체적이지 못할 가능성이 크다. 이는 명확성원칙을 담보하지 못함으로써 법적 안정성을 해칠 우려가 있다.

⑦ 법령 통폐합을 통한 중복규제 폐지문제를 요약하면 다음과 같다. 중복규제는 동일 사항에 대한 여러 법률에 의한, 복수의 규제기구의 개입에 따른 규제를 말한다. 대표적인 사례가 개인정보보호 관련법제와 ICT산업 관련법제이다. 일반법인 개인정보보호법과 개별적 개인정보보호 관련법률들의 규정들이 상당 부분 중복될 경우 그로 인해 관련 당사자는 구체적 사안에서 어떠한 법령이 적용될지,

어느 규제기관의 규제와 어느 정도의 제재를 받게 될지에 대해 파악하기가 쉽지 않다. 따라서 동일한 사안에 대하여 중복되는 규정이 있는 중복규제의 금지를 위해서는 개인정보보호 관련법제 정비(통폐합)가 필요하다. 입법적 정비가 완료될 때까지 복수의 법률이 존재하는 데서 오는 규제환경의 혼란스러움을 해소할 장치가 필요하다. 두 법률을 모두 종합하여 개별 사안에서 적용되는 기준을 세부적인 부분까지 적극적으로 제시해 줄 필요가 있다.

⑧ 규제입법평가문제를 요약하면 다음과 같다. 규제영향분석서의 작성자들은 이를 일종의 요식행위로 인식하고 있으며, 설사 이를 실질적인 의미를 가지도록 잘 작성하려고 한다 하더라도 내실 있는 규제영향분석을 실시할 수 있는 인력과 예산, 전문성과 시간 등이 모두 부족한 상태이다. 따라서 개선방안으로는 첫째, 규제개혁위원회의 상설기구로의 전환, 둘째, 규제영향분석에 대한 감시와 평가의 활성화, 셋째, 규제영향분석의 부실로 인한 정책실패시 사법적 책임을 묻는 환류시스템의 구축이 필요하다.

⑨ 자율규제문제를 요약하면 다음과 같다. 자율규제의 경우 여건조성이 필요한 것임에도 불구하고 여건 조성 없이 그리고 자율규제에 대한 행정기관의 감독시스템의 구축 없이 성급히 추진되고 도입된 면이 없지 않다는 비판이 있다. 미래사회에서 위험규제의 실효성을 담보하고 높은 품질의 규제목적을 달성하려면 실효성 있는 자율규제가 확보되어야 한다는 결론에 이르게 된다. 그런 측면에서 이론상 자율규제가 타율규제보다 앞선 규제라는 것이 규제학자들의 일반적 견해이지만, 미국에서 발전된 자율규제가 성공하기 위해서는 기업의 사회적 책임의식, 징벌적 손해배상, 엄격한 형사책임 등 엄격한 책임제도의 존재 등 전제조건이 갖추어져야 한다. 자율규제의 여건이 미비된 경우에 자율규제방식을 채택하면 부작용이 발생한다. 자율규제의 여건이 일부 조성되기는 하였지만 불충분한 경우에는 이를 보완하기 위하여 국가의 통제와 지도·감독이 강화된 '통제된 자율규제'를 채택하여야 한다. 달리 말하면 자율규제 및 국가규제의 장점을 이용하는 동시에 양자의 단점을 보완하는 구상으로서 '규제된 자율규제'가 그것이다.

⑩ 행정벌과 경제적 수단문제를 요약하면 다음과 같다. 포괄적 최소규제체계는 "우선허용-사후규제"이므로 행정벌 및 경제적 수단(과징금)이 중요한 사후규제의 실효성 확보수단이 될 것이다. 포괄적 최소규제체계에서는 형사처벌과 과징금 위주의 제재만으로는 포괄적 최소규제 철학을 관철시키기 어려우므로 시정명령, 위법행위 중지명령, 집단적 분쟁해결수단, 징벌적 손해배상, 행정상 화해 등

다양한 제재수단을 강구할 필요가 있다.

　⑪ 포괄적 최소규제체계가 신산업 및 신기술과 관련되므로 정보공개법 제9조의 비공개대상정보의 범위에 대해서도 검토할 필요가 있다. 삼성전자 백혈병 사망사고에 대한 작업환경 측정보고서 정보공개와 관련한 사례를 통해 검토해 보았다. 정보공개에 국가의 핵심기술이 포함돼 있다면 공개에 더 신중을 기할 필요가 있다. 특히 삼성의 메모리반도체 기술은 「산업기술 유출 방지법」에 따라 국가핵심산업으로 보호받고 있다. 특히 산재 당사자가 아닌 일반인에게까지 핵심기술을 공개하는 것은 재고(再考)해야 할 것이다.

　본고에서는 포괄적 최소규제체계의 행정작용법적 함의에 대해 포괄적 접근을 하였으나 이들 하나하나가 중요한 쟁점이므로 쟁점별로 구체적인 연구가 요청된다.

　결론적으로 포괄적 최소규제체계는 전혀 새로운 규제체계라기 보다는 종래의 최소규제체계가 질적 및 양적으로 진화된 것으로 볼 수 있고, 무엇보다도 법치국가의 법체계에 적합한 규제체계라는 데에 그 의의가 있다. 그런 측면에서 포괄적 최소규제체계에 대한 입법이론적인 검토도 보다 심화될 필요가 있다.

　바라건대, 대한민국 4대 거짓말 목록에서 '대통령, 규제 풀겠다'는 말이 빠른 시간내에 사라지길 기대한다.

새로운 세계: 제4차 산업혁명과 규제

Ⅰ. 들어가는 말 - 제4차 산업혁명의 의의

다보스포럼과 클라우스 슈밥 교수에 대해 알아보자. "세계경제포럼(WEF, 다보스포럼)은 세계를 대표하는 지식인들이 모여 정치, 경제, 사회를 망라한 글로벌 이슈에 대해 논의하는 가장 영향력 있는 민간 국제회의로 알려져 있다. 스위스 다보스에 열리는 이 포럼은 매년 1월에 열리며 개최지 이름을 따 흔히 다보스포럼으로 부르기도 한다. 세계에서 가장 유명한 모임이 됐지만 다보스포럼의 시작은 화려하지 않았다. 1971년 클라우스 슈밥 교수(스위스 제네바대학 경영정책과 교수)가 혼자 기획하고 개최했다. 또 스위스의 다보스라는 곳은 아무도 주목하지 않았던 작은 마을이었다. 다보스는 스위스 동부 그라우뷘덴에 있는 작은 휴양 도시다. 인구가 1만명이 조금 넘는 마을로, 이곳은 지대가 높아 눈이 많이 내리고 날씨도 추워 걸어 다니기도 힘들다. 또 지역 인프라도 적어 숙박이나 교통이 불편하고 물가도 비싼 편이다. 이런 여러 가지 불편함이 있지만 슈밥 교수가 국제회의 장소로 선택한 것은 한적하고 조용한 분위기 때문이었다. 복잡한 국제 문제를 깊이 있고 밀도 있게 논의할 수 있는 장소로는 외딴 시골풍의 도시가 더 좋다는 이유였던 것이다."[1]

---

[1] 한현주, "[세계 최고 행사의 성공비결①-다보스] 스위스 시골에 세계 지도자 모은 '어젠다 셋팅力'" 이코노믹 리뷰 2018년 1월 31일자 기사 참조.

〈눈 덮인 스위스 다보스 전경〉

출처: 연합뉴스 2017년 1월 16일자 기사

본래는 유럽의 기업인들에게 미국의 선진 경영기법을 소개하는 것이 소박한 목표였다. 그러나 독일 프리부르크대학의 경제학박사학위, 스위스연방공과대학의 공학박사학위, 하버드대학의 공공정책학석사학위를 가진 융합학자였던 슈밥을 세계적 명사로 만들어준 출발이었다.2) 주로 지속가능한 개발과 세계평화와 같은 거대 담론을 다루는 대규모 포럼이다. 다보스는 1927년 노벨 문학상을 수상한 독일의 소설가 토마스 만이 그의 대표작 「마(魔)의 산」(1924)에 대한 영감을 얻었던 곳으로 알려진 스위스의 유명한 겨울 휴양지다. 토마스 만이 부인과 함께 1912년 겨울을 지냈는데, 아내는 다보스 요양원에서 폐렴 때문에 입원 중이었고 토마스 만도 그 증세가 있어 입원을 권유받았다고 한다. 이 상황을 유머러스하게 단편소설로 구상했으나 집필 도중 1차 세계대전이 터지는 바람에 작가의 깊어진 상념이 계속 보태져 12년 만에 심오한 장편소설로 출간되었다고 한다.

제4차 산업혁명의 뿌리는 미국과 독일에서 시작되었다. 제4차 산업혁명이란 용어는 독일 정부정책인 인더스트리 4.0(Industry 4.0)에서 제조업과 정보통신이 융합되는 단계를 의미하였다. 그런데 2016년 세계경제포럼(World Economic Forum)3)에

---

2) 이덕환, "[이덕환의 과학세상] (637) 다보스포럼" 디지털타임스 2018년 1월 30일 칼럼 참조.
3) 독일 태생의 스위스 제네바대학 경영학과의 클라우스 슈밥(Klaus Schwab)이 33세이던 1971년에 비영리재단 형태로 창립했다. 2017년에는 블록체인 기술을 제4차 산업혁명의 가장 중요한 기술로 선정하였고, 2018년에는 '분열된 세계에서 공유할 수 있는 미래의 개척'이라는 주제로 제48회 다보스포럼이 개최되었다(이덕환, "암호화폐와 블록체인, 그리고 4차 산업혁명 -다보스포럼에 흔들리는 사회" 「열린연단: 문화의 안과 밖」 2018년 1월 13일자 칼럼 참조). 여기서 블록체인 기술(blockchain security technology)이란 가상화폐로 거래할 때 해킹을 막기 위한 기술을 말한다. 그리고 가상화폐(암호화폐)는 컴퓨터 등에 정보 형태로 남아 실물 없이 사이버상으

서 핵심의제로 '제4차 산업혁명의 이해'가 회자되면서 제4차 산업혁명은 전세계적인 話頭로 등장하였다.[4] 이제는 정보통신기술(ICT) 기반의 새로운 산업시대를 대표하는 용어가 되었다. 컴퓨터, 인터넷으로 대표되는 제3차 산업혁명(정보혁명)에서 한 단계 더 진화한 혁명으로도 일컬어진다.[5]

제4차 산업혁명은 크게 보면 기존의 굴뚝산업과 정보통신기술(ICT)과의 융합(Convergence)이 한 축이 되고, 또 하나의 축은 완전히 새로운 산업영역들의 탄생으로 보는 견해가 있다. 제4차 산업혁명은 O2O(Online to Offline)가 불러온 '생산성 혁명'이라고도 한다. O2O가 오프라인 제조공정에 적용되면서 생산 영역에서 질적 상승이 일어났다. 생산 공정을 손쉽게 바꾸는 스마트 공장과 예측 수리가 가능한 스마트 머신이 새로운 생산 혁신을 이끌고 있다. 소비자의 삶에 가장 큰 영향을 미치는 것이 바로 생산 방식의 변화다. 과거의 증기혁명, 조립혁명, 정보혁명 모두 생산성 혁명이다.[6]

산업적 측면에서 보면 기존산업들과 ICT가 융합하여 더 업그레이드되는 발전 방향과 완전히 새로운 산업의 탄생으로 발전하는 방향으로 보여진다. 여기에 필요한 각종 센서기술 개발과 이들 센서들을 제어할 수 있는 ICT 제어시스템 개발이 한 축으로 자리잡을 것이다. 그리고 또다른 발전축의 하나인 드론, 로봇, 사물인터넷(IoT), 인공지능(AI), 3D프린팅, 무인자율자동차, 빅데이터분석 등은 그전엔 생각도 할 수 없었던 새로운 산업 영역이라 할 수 있다.[7]

제4차 산업혁명은 사물인터넷(IoT), 클라우드(cloud), 빅데이터(big data), 모바일(mobile), 인공지능(AI) 등 범용성을 갖춘 혁신기술(GPT)인 지능정보기술(ICBM + AI)에 다양한 산업이 '융합'되어, 3D프린팅, 공유경제(Sharing Economy, O2O서비스),[8] 자율

로만 거래되는 전자화폐의 일종이다(시사상식사전).

4) 제4차 산업혁명의 개념에 대해서는 클라우스 슈밥(송경진 역), 「클라우스 슈밥의 제4차 산업혁명」(새로운 현재, 2017) 참조.

5) 물론 현 상태가 최소한 생산성 변화 측면에서는 제4차 산업혁명이라고 불릴만한 국면전환(phase shift)을 보이지는 않는다고 하더라도 생산방식의 내용적 측면에서 만큼은 주목할 만한 변화를 보이고 있다는 사실은 인정하면서도 제4차 산업혁명 대신에 인더스트리 4.0(Industry 4.0)을 사용하는 것이 타당하다고 보는 견해도 있다. 김도훈, 'New Production Systems in the Era of Ind4.0: A Simple Comparison'「제4차 산업혁명시대 ICT정책과 전략」(정보통신정책학회 2017년 정기학술대회 및 정기총회, 2017. 11. 17), 3쪽.

6) 온라인 기술이 오프라인 택시에 적용된 것이 우버(Uber Taxi)이고 온라인 기술이 오프라인 호텔에 적용된 것이 에어비앤비(AirBnB)다.

7) 정연태, IT타임즈 2017년 3월 4일자 칼럼 "제4차산업혁명은 어떻게 발전해 나갈것인가?" 참조.

8) ICT와 네트워크 기술의 발달에 힘입어 공유경제가 새롭게 떠오르고 있다. 공유경제란 현재 보편화된 ICT와 네트워크를 중심으로 유휴의 자본을 공동사용하자는 데서 기인한다. 즉, 유휴자

주행자동차, 스마트공장 등 모든 분야의 맞춤형 디지털화를 이룰 수 있도록 한다.

제4차 산업혁명으로 사람-사물-공간이 연결되고 자동화를 뛰어 넘어 인간과 같은 자율적인 판단이 가능한 설비, 기기, 시스템이 전 산업에 내재화된 초연결·초지능 환경은 속도(velocity), 범위와 깊이(breadth and depth), 시스템 충격(system impact)의 측면에서 우리의 일상, 노동방식, 인간관계, 그리고 산업구조 등의 파괴적 변화(disruptive change)를 초래할 것으로 예상된다.9)

제4차 산업혁명은 이러한 차세대 AI 생태계를 기반으로 사회시스템이 운용되고, 경제와 산업 구조가 재편되는 대변혁의 총체라 할 수 있다. 뒤에서 살펴볼 인공지능(AI), 사물인터넷(IoT), 빅데이터, 드론 등이 우리의 삶을 규정하고 국가경쟁력을 결정짓는 필수조건이라면 지금부터 다함께 고민해 가야 할 수많은 국가과제에 직면한다.

제4차 산업혁명의 성공 여부는 규제개혁에 달려 있다고 해도 과언이 아니다. 새로운 산업, 새로운 기술에 대한 불필요하거나 과도한 규제장벽을 걷어내야 제4차 산업혁명의 장도(長途)에 비로소 안착할 수 있을 것이다.

II. 제4차 산업혁명과 인공지능기술

1. 인공지능기술의 등장

근대 철학에서 인간존엄의 가장 기본적인 이론적 근거는 인간이성의 자율성에 있다. 칸트(I. Kant)로 인해 사회윤리로서 보편타당한 선험적 조건과 내용을 찾던 자연법론이 학문의 대상으로서 실정법학의 역사적·형식적 조건을 찾는 과학적 법학의 단계로 넘어가게 되었다. 칸트는 인격체의 도덕적 자율성 및 도덕적 자유의지의 이념, 최대한의 외적 자유의 가능조건으로서 법개념, 실정법적 정의의 문제, 실정법의 자율성문제에 대해 철학적 단서를 제공했다.10)

칸트는 이성능력의 자유로운 사용을 통해 스스로를 계몽시킬 수 있는 이성적

원을 협력적으로 소비해 수익을 창출하고, 낭비되는 공간을 아끼자는 신개념의 비즈니스 모델이라 할 수 있다.

9) 김태오, "제4차 산업혁명의 견인을 위한 규제패러다임의 모색" 「제16회 국제학술대회 - 제4차 산업혁명의 견인을 위한 규제패러다임의 모색」(서울대학교 공익산업법센터·PETER A. ALLARAD SCHOOL OF LAW(UBC), 2017. 9. 8), 145쪽.

10) 박기주, "인공지능의 법적 지위: 새로운 인(人) 개념의 법적 설계" 「인공지능 창작물에 대한 저작권 보호 논의 현황」(한국법제연구원·한국비교법학회·선문대 법학연구소 주최 학술세미나 발제문, 2017. 9. 28), 11쪽.

존재로의 성장가능성에서, 인간의 권리주체성 및 존엄성의 기초를 발견하였다. 칸트철학에서 인간이 존엄한 주체로서 승인될 수 있는 근거는 인간이 실천이성을 가진 자율적인 존재라는 점에 있다. 이러한 칸트의 도덕철학이 탈인간중심적 인공지능과 개념적·이론적으로 일견 충돌될 가능성도 있으나, 칸트에 대한 새로운 철학적 해석은 그가 인간존엄성의 근거로 삼았던 실천이성 및 자율성 개념에 대해서 이것이 인간개념의 확장 및 비인간적 존재의 포용을 위한 포스트휴먼 담론의 이론적 근거로 원용되기도 한다.11)

자율적인 판단이 가능한 인공지능 및 지능로봇의 등장은 자율성을 바탕으로 이성적 판단을 하는 사적 개인으로서 인간 주체를 전제로 하는 전통적인 법이론에 있어서 근본적인 변화를 가져오게 된다. 특히 자아를 가진 인공지능이 가능할 수 있다면, 근대적 인권 개념의 핵심인 자율성에 대한 재해석이 불가피하다.

〈사람과 인공지능이 체스를 두고 있는 장면〉

출처: 네이버케스트

「사피엔스」의 저자 유발 하라리(Harari)는 그의 새로운 책 「Homo Deus」12)에서 인간에게는 신체적 능력과 인지능력이라는 두 가지 능력이 있는데, 19세기 산업혁명 때 인간의 육체적 능력이 기계에 의해 대체되었고 대신 인간은 인지능력의 영역으로 넘어가 일자리를 찾았음으로서 '도전'에 적절한 '응전'을 한 것으로 평가된다. 그러나 제4차 산업혁명으로 인해 인간의 인지능력 또한 기계에 의해 대체될 것이고, 그렇게 되면 인간에게는 더 이상의 새로운 능력이 없기 때문에, 대규모의 '쓸모 없는 인간들의 계급'이 등장할 것이라는 설명이다. 또한 하라리는 이들에게 삶의 의미를 부여하는 것이 매우 어려운 과제가 될 것으로 전망한다.

---

11) 박기주, 앞의 글, 14쪽.
12) 호모 데우스는 '신이 된 인간'이란 뜻이다.

발전된 과학기술사회 속에서 삶의 의미를 잃었을 경우 기분을 통제하는 약물에 빠지거나 앞으로 상상을 뛰어넘어 발전하게 될 가상현실(VR) 등에서 쾌락을 찾는 일에 전전하게 될 수도 있기 때문이다. 이러한 문제는 정치적, 경제적 문제로 그치지 않고 '인간'이라는 정체성 자체에 변화를 가져올 것으로 예측한다. 이러한 점에서 제4차 산업혁명은 이전 산업혁명들과는 비교가 되지 않는 규모와 속도로 인간의 삶의 전모를 변화시킬 것이라는 클라우스 슈밥 회장의 예측은 정확하다고 보는 견해도 있다.[13)]

인간의 지능을 가진 생각하는 기계를 만들겠다는 생각은 오랜 역사를 갖는다. 인공지능의 역사는 컴퓨터의 역사와 그 맥을 같이하지만,[14)] 상당한 기간 동안 굴곡진 시간을 거쳐 왔다.[15)] 컴퓨터가 생각보다 천천히 발전한 것도 인공지능 연구가 성과를 내지 못하는 이유이기도 했지만, 철학자들에 의해서 인공지능에 관한 근본적인 논리의 결함도 지적이 되었다. 논리로 논리를 만드는 것이 불가능하다는 괴델의 불완전성이론을 바탕으로 철학자들은 인공지능의 불가능성을 강조하였다.[16)]

1970년대의 인공지능 빙하기를 거쳐 1980년대 신경망(neuralnet) 이론[17)]으로 인공지능이 재발견되었으나 또다시 침체기를 맞았다가 1990년대 인터넷의 발전으로 극적으로 부활했다. 그것은 검색엔진 등을 통해 방대한 데이터를 수집할 수 있게 되었기 때문이다.[18)]

---

13) 민윤영, "인간, 동물, 로봇 그리고 바이오필리아(biophilia)의 법 - 에리히 프롬(Erich Fromm)의 사상을 중심으로 -"「법철학연구」제20권제1호(한국법철학회, 2017), 300~301쪽 참조. 한편 민교수는 바이오필리아는 생명에 대한 사랑을 의미하고 네크로필리아는 죽음에 대한 사랑을 의미하는데, 에리히 프롬의 이론에서 네크로필리아는 기계적인 것에 대한 사랑으로 새롭게 해석된다. 프롬에게서 바이오필리아와 네크로필리아가 심리적이면서 도덕적인 문제로 설정된다는 점을 들고 있다.

14) 김용대·장원철, "인공지능산업 육성을 위한 개인정보보호 규제 발전 방향"「경제규제와 법」제9권 제2호(통권 제18호)(2016. 11), 164쪽.

15) 1930~1940년대부터 생각하는 기계에 대한 기대가 본격화되고, 1956년에는 처음으로 다트머스학회에서 인공지능(AI, artificial intelligence)이라는 용어가 등장했으나 일반적인 지능 프로그램을 만드는 것이 생각보다 어렵다는 것이 판명되어 1970년대까지 침체기를 겪었다.

16) 김용대·장원철, 앞의 글, 164쪽.

17) 신경망 이론은 인간의 사고를 두뇌작용의 산물로 보고 이 두뇌구조를 분석하고 처리하는 메커니즘을 규명해 생각하는 기계를 만들 수 있다는 이론에서 출발한 이론이다.

18) 여기에서 기계학습을 가능하게 하여 수많은 데이터를 분석하고 인공지능 스스로 학습하는 방식으로 진화할 수 있게 되었다. 더 나아가 인간의 뇌를 모방한 신경망 네트워크(neural networks) 구조로 이루어진 딥러닝(Deep learning) 알고리즘으로 발전하면서 그 한계를 뛰어넘을 수 있었다. 1997년 5월에는 IBM의 슈퍼컴퓨터 딥블루(Deep Blue)가 여러 번의 도전 끝에 당시 체스 세계 챔피언이었던 게리 카스파로프(Gary Kasparov)를 물리치면서 다시 주목을 받았다. 그리고 2011년

　두 번째 빙하기를 거치면서 컴퓨터와 인간의 차이를 발견한 인공지능 연구자들은 인공지능의 목표를 바꾸게 되는데,[19] 인공지능의 태동기 때부터 목표였던 인간보다 우수한 지능을 가진 '강 인공지능(strong AI: 자신의 목표를 스스로 정하는 인공지능)'을 버리고 인간보다는 못하지만 유용하게 사용할 수 있는 '약 인공지능(weak AI)'으로 관심을 돌리게 된다. 그리고 인간의 학습방법을 그대로 모방하여, 컴퓨터를 이용하여 데이터로부터 학습하는 방법을 개발하였는데 이러한 방법을 통칭하는 용어가 바로 '기계학습(machine learning)'이다. 기계학습이 기존의 인공지능과 크게 차별화되는 것은 바로 데이터를 기반으로 학습을 한다는 것이다. 기계학습분야가 비약적으로 발전하게 된 계기는 딥러닝(deep learning)의 발전을 들 수 있다. 딥러닝은 인공신경망모형의 일종이다.

　2016년 3월에 있었던 알파고와 이세돌의 바둑 대국은 딥러닝을 기반으로 한 기계학습 알고리즘이 어디까지 발전되고 있는지를 잘 보여주었다.[20] 기계학습의 성능 향상을 위한 주요 요소로는 ① 빠른 계산과 ② 효율적인 학습 이외에 ③ 양질의 데이터를 들 수 있다. 특히 다양한 데이터의 획득, 처리 및 분석은 기계학습 알고리즘의 성능을 가늠하는 가장 중요한 요소이다. 인공지능의 핵심에는 빅데이터가 자리잡고 있다.[21]

2. 인공지능기술의 현황

　광범위한 분야에 걸쳐 인간처럼 외부의 정보를 인식하고, 학습하며, 추론하고, 행동하는 인공지능에 대한 연구가 활발히 진행되고 있다. 특히 시각, 청각지능 분야의 발전으로 인해 인공지능은 이제 사람보다 더 높은 정확도로 사물을 인식할 수 있고, 사람과 비슷한 수준으로 언어를 이해할 수도 있게 되었다. 이러한

　2월에는 IBM의 왓슨(Watson)이 미국의 텔레비전 방송 프로그램인 <제퍼디(Jeopardy!)> 퀴즈쇼에서 두 명의 참가자들을 누르고 우승을 차지했다. 세계는 기계가 인간을 이겼다는 사실에 놀랐고, 이에 따라 IBM 등이 주도하는 인공지능 개발에 대한 관심도 다시 크게 높아졌다.

19) 인공지능 연구자들이 중요한 것을 깨닫게 되는데, 인간이 쉽게 하는 일은 컴퓨터는 잘 하지 못하는 반면에 컴퓨터가 잘하는 것은 인간이 잘하지 못한다는 것이다. 예를 들면, 컴퓨터는 기억을 완벽하게 하는 반면에 사물이나 언어 인식은 잘하지 못한다. 인공지능에게 기호와 규칙으로 이뤄진 언어를 통해 사람의 지성을 가르쳐주는 한, 인공지능이 도달할 수 없는 영역이 있다고 해석할 수 있는 것이다.

20) 현재 기계학습 알고리즘은 무인자동차, 인공지능 비서 등 다양한 응용분야에서 사용되고 있으며 많은 글로벌 기업들이 기계학습 기술을 핵심기술로 인식하고 천문학적인 액수의 자금을 투자하고 있다.

21) 김용대·장원철, 앞의 글, 165쪽.

인식분야의 발전으로 인공지능은 이제 외부의 수많은 데이터를 스스로 인식하고 이해해 지식화할 수 있는 '정보'로 받아드릴 수 있게 되었다. 그동안 축적되어 온 엄청난 빅데이터를 기계가 스스로 학습할 수 있게 되면서 인공지능의 지능이 혁신적으로 발전하고 있는 것이다.[22]

특히 최근 2년 간은 강화학습 및 관계형 추론, 예측 기반의 행동 분야 연구가 활발히 진행되며 인공지능이 인간의 사고 영역에 한걸음 더 다가섰다. 알파고의 핵심 기술 중 하나인 강화학습(Reinforcement Learning)에 대한 연구가 2016년 이후 빠르게 발전하고 있다. 강화학습 분야의 발달로 인해 인공지능은 이제 목적 달성을 위한 방법을 시행착오를 통해 스스로 깨우치며 알아간다. 수 십만 번 이상의 반복학습을 통해 터득하게 된 인공지능의 방법은 때로는 사람들이 전혀 생각해 내지 못했던 방식으로 문제를 해결해 내기도 한다. 게임과 같은 가상의 환경을 중심으로 연구되어 온 강화학습은 최근에는 3차원 환경, 현실세계를 반영한 환경에서 연구가 진행되고 있다. 특히 일부 기업들의 연구소에서는 향후 제품, 서비스 탑재를 목적으로 강화학습 기반의 인공지능을 연구, 개발하기 시작하였다.

기존 인공지능과는 다른 전혀 새로운 방식으로 인공지능을 구현하려는 시도들도 시작되고 있다. 최근 5년간 인공지능이 엄청난 발전을 이루었지만 자율적인 판단과 능동적인 행동에 기반하는 인간의 지능과는 큰 차이가 있는 것이 현실이다. '인간처럼 계산(Computing like Human)'하는 지능을 넘어 '인간처럼 생각(Thinking like Human)'하는 지능을 구현하기 위한 노력들이 요구되고 있는 것이다. 이러한 노력들 중 하나로 신경과학(Neuroscience), 뇌과학(Brain Science) 분야에서의 인간 뇌에 대한 근본적인 연구를 컴퓨터과학분야의 연구에 접목시켜 전혀 새로운 방식으로 인공지능을 구현하려는 시도도 시작되고 있다.

이렇듯 인간의 고유 영역이라고 생각되었던 분야에서 하루가 다르게 인공지능이 구현되고 있으며 그 성능 또한 인간의 수준을 빠르게 따라잡고 있다. Deep-Mind, OpenAI 등을 중심으로 혁신적인 논문이 연이어 발표되며 새로운 연구분야가 개척되고 다양한 연구기관, 기업들이 후속 연구를 통해 단지 몇 달 만에 높은 완성도의 인공지능으로 구현해 내고 있는 상황이다. 주요 기업들은 이러한 연구결과들을 자신들의 제품과 서비스에 빠르게 적용해 상용화하고 있다.

---

22) 이승훈, "최근 인공지능 개발 트렌드와 미래의 진화 방향"(LG경제연구원, 2017. 10. 10), 요약 부분 참조.

3. 인공지능기술의 법적 문제: 알고리즘에 대한 사회적 차별의 가능성

알고리즘(algorithm)이란 유한한 단계를 통해 문제를 해결하기 위한 절차나 방법을 말한다. 알고리즘에 대한 인간의 의존도가 높아짐에 따라 그 공정성과 객관성에 대한 의문도 지속적으로 제기되고 있다. 인간의 사고방식을 모방한 인공지능은 주어진 정보를 근거로 먼저 몇 가지 가정을 형성한 후 상황에 가장 적합한 판단을 내리도록 프로그램된다. 이러한 기술적 구현과정을 고려하면 정보로부터 가정을 형성하고 판단하는 알고리즘뿐만 아니라 가정의 기반이 되는 정보도 인공지능기술에 중요한 의미를 지닌다는 점을 알 수 있다. 특히 빅데이터는 종전에는 기계가 이해할 수 없었던 비정형정보까지 분석하여 유의미한 정보를 도출해 냄으로써 인공지능기술의 발전에 토대가 되고 있다.[23]

정보의 객관성 측면에서도 빅데이터는 대규모의 정보를 분석대상으로 삼기 때문에 차별적이고 편향된 결과를 방지할 수 있을 것이라는 신뢰가 형성되어 있었다. 그러나 최근 이러한 신뢰와 달리 알고리즘 기반의 평가시스템이 흑인 여성을 고릴라로 인식하거나, 온라인 국제미인대회에서 입선자 전원을 백인여성으로 선정하는 등 차별적인 판단을 내린 사례들이 발생하였다. 그 결과 소프트웨어 개발자 또는 이용자 등 인간이 그 판단과정에 개입하거나 객관성과 공정성이 결여된 정보에 기초하는 경우 인공지능 역시 잘못된 결정을 할 수 있다는 인식이 확산되고 있다.

오늘날 알고리즘은 축적된 행태정보에 기초하여 몇 가지로 제한된 선택지를 인간에게 제공함으로써 그의 최종적인 의사결정을 돕거나 인간의 개입 없이 자율적으로 의사결정을 하기도 한다. 알고리즘이 잘못된 정보에 기초하여 차별적이고 불공정한 결과를 산출한다면 사회적 차별이 발생할 수 있을 뿐만 아니라 이러한 과정이 반복됨에 따라 차별이 고착될 수도 있다. 알고리즘에 의한 사회적 차별의 가능성은 정보를 바탕으로 구현되는 기술이 개인정보보호 및 사생활보호의 문제뿐만 아니라 새로운 차별의 문제를 촉발할 수 있다는 점을 보여준다.[24]

---

23) 유성민, "빅데이터가 인공지능에 미친 영향"「한국정보기술학회지」제14권제1호(한국정보기술학회, 2016. 6), 31쪽 이하.
24) 박종보 · 김휘홍, 앞의 글, 46~47쪽 참조.

4. 인공지능기술과 규제문제

미국, 영국, 일본 등 인공지능기술 선진국들은 인공지능의 사회윤리적 규범의 토대를 마련하는 논의를 시작하였다. 유럽연합은 2006년 유럽로봇연구네트워크(EURON)을 통해 '로봇윤리 로드맵'을 발표하였고, 2014년 로봇법(RoboLaw) 프로젝트를 시작하고 로봇규제 가이드라인을 구체화하고 있다. 일본도 2016년 총무성 산하에 '2045연구회'를 구성하여 인공지능의 사회적 영향에 대해 연구하기 시작한 것은 우리에게 주는 시사점이 크다고 본다.[25)]

(1) 인공지능기술의 발전에 부응한 법적 규제의 방향

인공지능기술은 제4차 산업혁명을 주도하는 핵심적인 기술로 평가되고 있다. 인공지능의 산업·기술·경제적 파급효과에도 불구하고 그 법적 개념은 여전히 명확하게 규정되어 있지 않다. 다만 현재 기술수준에 비추어 볼 때 인공지능기술은 인지능력만이 극대화된 '약 인공지능'으로 이해하는 것이 타당할 것이다.

법적 규제에 있어서는 인공지능기술의 예측불가능성, 자율성, 개발의 분산성 등이 고려되어야 할 것이다. 이러한 특성들은 인공지능의 책임주체성 논란, 고용환경의 변화와 새로운 노동형태의 등장, 알고리즘에 의한 사회적 차별과 같은 인공지능기술의 적용영역에서 발생하는 문제점들에 잘 드러나고 있다.

문제는 인공지능기술에 대한 규제방식이다. 인공지능기술로 인한 사회적 위험이 아직 명백하게 드러나 있지 않고, 기술발전의 방향성도 명확하게 설정되지 않은 상황에서 규제만을 앞세울 경우 오히려 기술발전을 저해할 수 있기 때문이다. 이와 관련하여 유럽의회는 권고를 통하여 제4차 산업혁명시기 세계경제의 주도권을 확보할 목적으로 인공지능기술의 지속적인 발전을 지원하는 동시에 기술발전으로 인하여 발생할 수 있는 유럽시민의 기본권침해를 방지하는 내용의 규율을 시도하고 있다. 즉, 인공지능기술의 발전으로 인하여 발생할 수 있는 이해갈등을 조정할 수 있는 실효적 관리체계의 수립, 기술자와 연구자에 의한 자율적인 윤리체계의 수립과 준수, 인공지능의 책임주체성을 인정함에 있어 기존 법체계와 조화될 수 있는 방안의 모색 등이다.

우리나라에서 이루어지고 있는 인공지능기술에 대한 법적 규제의 시도는 유럽연합에서의 논의와 크게 다르지 않음을 알 수 있다. 오히려 「지능정보사회기본

---

25) 류지웅, "인공지능(AI)로봇의 법적 문제에 관한 연구"「토지공법연구」제78집(한국토지공법학회, 2017. 5), 316쪽 참조.

법안」은 그동안 산업영역에 집중되어 왔던 관심을 사회적 문제의 해결에도 할애하고 있다는 점에서 바람직한 입법적 시도로 평가될 수 있다. 게다가 규제의 방향 또한 인공지능 자체가 아닌 이를 개발, 제조, 사용하는 인간을 향하고 있다는 점을 고려하면 매우 현실적인 입법으로 생각된다. 다만 법안이 국회를 통과하더라도 법률의 내용이 '지능정보사회 전략위원회'를 중심으로 구성되어 있는 만큼 그 구성과 운영에 있어서 이전의 '정보통신 전략위원회'와 얼마나 차별적인 성과를 낼 수 있는지가 관건이 될 것이다.[26]

인공지능이 가지고 있는 위험성을 해소하기 위해서는 안전성규제가 최우선 과제인데, 단계별 규제가 필요하다. ① 개발 단계에서도 안전성을 확보할 수 있도록 개발과정에 대한 보고의무 부과나 안전성 심사 등의 규제방안이 필요하다. ② 개발 착수 전에 개발 허가과정의 심사를 통하여 개발하고자 하는 인공지능 시스템의 설계 내용이 각종 관계법령이나 안전기준을 충족하는지를 평가하는 방안도 필요하다. 그리고 ③ 정부 차원의 사용허가라는 포괄적 규제수단을 통해 합리적 대체설계가능성 등 설계상의 결함은 없는지 여부, 원래 의도된 설계와 다르게 제조된 것은 아닌지, 안전기준에 저해되는 부분은 없는지를 확인하여야 한다. 특히 ④ 인공지능 시스템의 개발과정에서 미리 정해진 사전 규제절차를 제대로 이행하지 않은 경우, 그 시스템 결함 유무와는 무관하게 최종적 사용승인을 거부하는 것도 하나의 방안으로 제시되고 있다.[27]

법과 제도의 측면에서 인공지능을 살펴보면, 인공지능의 판단과 행동의 법적 책임이 그 과제가 될 것으로 생각된다. 예컨대, 자율주행자동차의 자율주행에서 사고가 발생했을 때의 배상책임 등이 그러한 예이다. 인공지능 설계자, 인공지능을 탑재한 제품의 제조업체와 조작자들이 연루되면서 법률상의 책임소재가 어디에 있는지를 정리할 필요가 있다. 그러나 이러한 문제는 비단 입법론의 문제에 그치는 것이 아니다. 국민적 합의와 경제적·사회적 파급효과 등 여러 가지 논점에서 그와 같은 법과 제도를 정비하지 않으면 안 된다. 인공지능시대를 맞아 당면과제는 자유의지 없는 인공지능을 탑재한 기계 및 로봇과 관련된 법적 문제에 대한 대비이다. 자유의지를 갖는 인공지능 로봇이 출현하기까지는 인공지능을 탑재한 로봇의 경우에도 자유의지 없이 인간의 지시하에 맡겨진 업무를 담당하는 역할을 할 것으로 생각된다. 즉, 인간의 지시에 따라 한정된 범위에서 인공지능

---

26) 박종보·김휘홍, 앞의 글, 국문요약 참조.
27) 박기주, 앞의 글, 19쪽.

로봇이 스스로 행동할 것으로 생각된다. 그러므로 어디까지나 인공지능이 법적 문제를 불러일으키는 경우에도 해당 인공지능의 소유자, 그 상대방, 제조업체 그리고 사회 전반적인 안전시스템이 아우러져 그 문제를 해결할 것으로 기대된다. 자유의지를 갖는 인공지능 즉, 인간과 같이 생각하고, 지식을 습득하고, 스스로 행동할 수 있는 인공지능(로봇)이 출현하는 경우에는 로봇은 단순한 기계 이상의 지위를 차지할 가능성이 있다. 즉, 인간과 인공지능 로봇의 공생이 가능한 시대가 도래할 지도 모른다. 그러나 그와 같은 이야기는 아직도 SF 미래세계의 이야기일 뿐이다. 결국 인공지능 로봇에게 자유의지를 부여할 것인지의 여부에 대한 선택도 우리에게 남겨진 과제라고 할 것이다.[28]

인공지능과 빅데이터 기술의 발전을 위하여는 다양한 데이터의 결합이 필수적이다. 예를 들면, 구글 어시스턴트(Google Assistant)[29]나 애플 시리(Apple Siri(Speech Interpretation and Recognition Interface)),[30] 삼성전자의 빅스비(Bixby)[31]와 같은 첨단 인공지능비서의 구현에는 개인의 다양한 자료(예 쇼핑 히스토리, 이동 히스토리, 검색 히스토리 등)를 바탕으로 각각의 상황에 최적의 판단을 내려주는 알고리즘의 개발이 핵심이다. 하지만 이러한 다양한 종류의 데이터 결합은 여러 가지 법률적 제약으로 그 발전의 속도가 매우 느리게 진행되고 있다. 그 이유는 「개인정보보호법」, 「정보통신망법」, 「신용정보법」 등 여러 가지 법률규제가 다양한 종류의 자료의 결합에 따르는 개인정보 유출의 위험을 전적으로 기술을 이용하는 기업이나 개인에게 전가하고 있기 때문이다. 제4차 산업혁명시대를 맞이하여 국가경쟁력 확보를 위한 인공지능과 빅데이터 관련 핵심기술의 보유 및 이용이 시급히 요청되고 있지만 개인정보보호관련 규정이 큰 장애물이 되고 있다.

반면에 인간의 기본권인 개인정보자기결정권과 프라이버시를 보호받을 권리

---

28) 손영화, "인공지능(AI) 시대의 법적 과제" 「법과 정책연구」 제16권 제4호(법정책학회, 2016), 국문초록 참조.

29) 사용자의 음성을 인식해 질문을 파악하고 음악 재생, 예약, 스케줄 조회, 메시지 전송 등을 수행하는 인공지능(AI) 비서 시스템이다. 구글이 개발한 것으로 2016년 5월 18일(현지시간) 미국 캘리포니아 마운틴뷰에서 열린 구글 개발자회의(Google I/O)에서 공개하였다. 구글 어시스턴트를 기반으로 한 스피커 형태의 AI 개인 비서 기기인 구글 홈을 통해 집안의 디지털 기기를 연결할 수 있다. 시사상식사전, 박문각 참조.

30) 지능형 개인 비서 기능을 수행하는 애플 iOS용 소프트웨어로, 자연어 처리를 기반으로 질문에 대한 답변을 추천하거나 웹 검색을 수행한다.

31) 2017년 3월29일 공개된 삼성전자의 갤럭시S8에 탑재된 인공지능(AI) 가상 비서. 갤럭시S8의 왼쪽 측면 아래에는 빅스비 전용 버튼이 있다. 텍스트와 터치는 물론 음성까지 인식한다. 사용자의 명령을 문맥으로 파악해 스마트폰에서 정보를 검색하고, 앱(응용프로그램)을 구동할 수 있게 해준다. 한경 경제용어사전, 한국경제신문/한경닷컴 참조.

또한 지켜져야 한다.[32] 대법원은 개인정보자기결정권의 보호대상이 되는 개인정보는 개인의 신체, 신념, 사회적 지위, 신분 등과 같이 개인의 인격주체성을 특징 짓는 사항으로서 그 개인의 동일성을 식별할 수 있게 하는 일체의 정보라고 할 수 있고, 반드시 개인의 내밀한 영역이나 사사(私事)의 영역에 속하는 정보에 국한되지 않고 공적 생활에서 형성되었거나 이미 공개된 개인정보까지 포함한다고 보고 그러한 개인정보를 대상으로 한 조사·수집·보관·처리·이용 등의 행위는 모두 원칙적으로 개인정보자기결정권에 대한 제한에 해당한다고 판시한 바 있다.[33] 주지하다시피 개인정보자기결정권은 독일 연방헌법재판소가 1983년 12월 15일 인구조사판결(Volkszählungsurteil)에서 인구조사법(Volkszählungsgesetz 1983)이 인구조사를 하면서 개인의 습관이나, 출근할 때의 교통수단, 부업 내역, 학력 등의 정보를 국민들에게 요구하여 수집한 정보를 행정에 활용하기 위해 주 정부들과 공유할 수 있도록 한 것에 대하여 「기본법」 제2조제1항의 개인의 자유로운 인격발현에 대한 기본권과 「기본법」 제1조의 인간존엄성의 구체화를 근거로 위헌을 선언한데 따른 것이다.[34]

(2) 인공지능기술의 법적 규제에 고려되어야 할 특수성

인공지능이 초래하는 위험은 기존의 다른 위험과는 구별되는 몇 가지 특징을 가지고 있다. 그 중 대표적으로 언급되는 것이 ① 작동의 예측곤란성 ② 인공지능의 자율성 ③ 개발의 분산성 등이다.[35]

첫째, 작동의 예측곤란성이다. 인공지능의 예측불가능성은 인공지능에 적용되는 알고리즘이 정확히 어떠한 방식으로 작동할 것인지 예측하기 곤란하다는 점에서 기인한다. 알고리즘이 복잡할수록 어느 부분에 근거하여 특정 결과값이 도출되었는지 확인하기 어려워지기 때문이다. 또한 기계학습처럼 기계가 네트워크를 통하여 제공되는 수많은 정보를 토대로 스스로 카테고리를 형성하고 그 범주에 맞추어 입력값을 인식하는 경우, 입력된 정보의 성격에 따라 개발자가 의도한 바와 다른 카테고리가 형성되고 결과가 산출될 가능성이 높다. 이러한 특성으로 인하여 인공지능이 창의적이라고 생각할 수도 있지만 인공지능에 대한 규율의 관점에서 살펴보면 인공지능은 예측이 불가능하다는 것이며, 결국 예측곤란성 때문

---

32) 김용대·장원철, 앞의 글, 162쪽.
33) 대법원 2014. 7. 24. 선고 2012다49933 판결.
34) BVerfGE 65, 1.
35) 박종보·김휘홍, 앞의 글, 41쪽.

에 법적 책임문제가 발생하는 것은 불가피하다는 견해도 제기되고 있다.[36]

둘째, 인공지능의 자율성이다. 복합적 개념으로서 자율성은 다양한 관점에서 논의되고 있으며, 아직 정리되지 않은 개념이다. 자율성을 "스스로 어떤 결정을 할지 선택하고, 그 결정을 실행할 수 있는 능력"으로 정의하는 견해도 있다.[37] 인공지능과 관련하여 단순하게 이해하면 자율성은 기계가 인간의 직접적인 개입 없이 스스로 어떤 결정을 할지 선택하고, 그 결정을 실행할 수 있는 능력에 해당한다. 더 나아가 자율성을 인간의 행동을 규제하는 개인적 자율성으로 이해하는 입장에서는 자기규제의 기준이 되는 규칙, 즉 개발자가 인공지능을 설계하면서 행동의 지침으로 기능하도록 정한 규칙이 주된 논의사항으로 삼고 있다.

셋째, 개발의 분산성이다. 인공지능 개발은 사회적 기반시설 없이도 수행될 수 있으며, 심지어 특정한 조직에 소속되어 같은 시각 및 장소에서 협업할 것을 요구하지도 않는다. 이러한 특징은 법적인 규율의 측면에서 두 가지 어려움을 야기한다. ① 인공지능의 개발이 기존의 산업기술에 비하여 비공개로 진행될 수 있어 규제기관이 위험가능성을 사전에 파악하기 곤란하다는 점이고, ② 인공지능기술도 오픈소스(open source: 무상으로 공개된 소스코드 또는 소프트웨어) 생태계를 바탕으로 하고 있다. 프로젝트 관리부터 네트워크, 머신러닝 등 안정성과 성능, 신뢰성이 필요한 모든 분야에서 오픈소스가 활용되고 있다. 문제는 오픈소스로 인하여 인공지능 시스템에 오류가 발생한 경우 그 법적 책임을 누가 부담하는지 명확하지 않다는 점이다.

Ⅲ. 제4차 산업혁명과 사물인터넷

1. 사물인터넷의 의의

사물인터넷에 관하여는 일반적으로 받아들여지는 정의 또는 분류체계가 존재하지 않는다. 그러나 최근 사물인터넷을 "물리적인 세계와 가상의 세계의 정보를 처리하고 그에 반응할 수 있게 하는 지능적인 서비스와 결합된, 상호연결된 대상, 인간, 시스템 그리고 정보 자원의 인프라"로 정의하는 시도도 나타나고 있다.[38]

---

36) 김재호·김권일, "지능정보사회에서의 규제"「토지공법연구」제79집(한국토지공법학회, 2017. 8), 745쪽.

37) 김재호·김권일, 앞의 글, 745쪽 참조.

38) Guido Noto La Diega(허성욱 번역감수), "사물인터넷에 대한 영국의 시각 - 사물클라우드 - 의료의 사례를 중심으로"「사물인터넷(IoT): 초연결사회 구현을 향한 법제도적 과제」(서울대학

우리나라의 경우에 미래부(현 과학기술정보통신부)가 정보화전략위원회에 제출한 보고서에서는 다음과 같이 사물인터넷을 정의하고 있다. "사물인터넷이란 사람, 사물, 데이터 등 모든 것이 인터넷으로 서로 연결되어 정보가 생성·수집·공유·활용되는 기술 서비스를 통칭하는 개념이다."[39]

사물인터넷은 ICT기술과 산업 분야에서 미래의 경제·사회에 가져올 영향이 가장 클 것으로 주목받는 영역으로 그 기본적인 아이디어는 우리 주변에 존재하는 다양한 사물들에 주변 환경에 대한 데이터를 수집·저장·전송하는 기능을 부착하고, 이를 인터넷으로 연결하여 빅데이터 분석 등 고도의 처리를 가능하게 한다는 것이다. 이를 통해 현재의 인터넷을 넘어 사람과 사물 또는 사물들 상호간의 연결을 포함하는 더 광범위한 네트워크를 형성하고, 더 많은 정보를 수집·분석하여 더 나은 판단을 더 빨리 하고 이를 기반으로 필요한 조치를 자동적으로 한다는 것이 목표라 할 수 있다.[40]

사물인터넷의 등장배경으로 ① 기술 주도성 ② 경제적 배경 ③ 사회적 수요를 드는 견해가 있다.[41] 그리고 사물인터넷의 핵심적 요소로 ① 사물(things) ② 지능성 또는 정보처리능력[42] ③ 연결성: 네트워크에의 연결 ④ 새로운 애플리케이션을 통한 서비스 등을 들기도 한다.[43]

사물인터넷이 실제로 구현되기 위해서는 하나의 기술이 아니라 방대한 정보를 수집, 저장, 전송, 처리하기 위해 필요한 하드웨어에서 소프트웨어에 이르는 다양한 기술 및 그 기술의 실제적 이용을 가능하게 할 법제도적 발전이 뒷받침되어야 할 뿐만 아니라, 그것이 구현될 경우 예상되는 위험을 적정수준으로 관리하기 위한 법제도적 대응도 함께 이루어져야 한다.[44]

교 공익산업법센터 제12회 국제학술대회, 2015. 11. 27), 101쪽 참조.

39) 윤장홍, "초연결사회의 사이버안보와 관련한 기술적 기반" 「사이버안보법정책논집」 제1호(한국사이버안보법정책학회, 2014), 265쪽.

40) 이원우, 「사물인터넷(IoT): 초연결사회 구현을 향한 법제도적 과제」(서울대학교 공익산업법센터 제12회 국제학술대회, 2015. 11. 27), 환영사 5쪽 참조.

41) 이희정, "사물인터넷 구현을 위한 법적 과제: 목적과 방법의 모색" 「사물인터넷(IoT): 초연결사회 구현을 향한 법제도적 과제」(서울대학교 공익산업법센터 제12회 국제학술대회, 2015. 11. 27), 154쪽 참조.

42) 사물인터넷을 통해 수집될 수 있는 정보의 유형은 빛, 온도, 습도, 냄새, 오염, 균열, 지진에 의한 떨림 정보, 지형지물을 인식하는 위치정보(GIS)와 같은 환경정보와 인간의 맥박, 혈압, 혈중산소포화도 등과 같은 생체정보 등 매우 광범하고 지속적으로 수집될 수 있는 것이다.

43) 이희정, "사물인터넷 구현을 위한 법적 과제: 목적과 방법의 모색" 「사물인터넷(IoT): 초연결사회 구현을 향한 법제도적 과제」(서울대학교 공익산업법센터 제12회 국제학술대회, 2015. 11. 27), 156~159쪽 참조.

2. 사물인터넷 구현을 위한 적극적 조건과 소극적 조건

사물인터넷 구현을 위한 적극적 조건과 소극적 조건을 제시하는 견해가 있다.[44] 사물인터넷 구현을 위한 적극적 조건으로는 ① 사물 대상성: 기존 사물과의 융합에 대한 대응 ② 지능성(정보처리능력) — 클라우드 컴퓨팅, 빅데이터의 처리, Open APIs, 결정지원시스템 ③ 연결성: ID와 주소 체계와 분배, 전파이용에 관한 규제, 에너지 공급 등이 있다. 그리고 사물인터넷 구현을 위한 소극적 조건으로는 ① 개인정보와 프라이버시의 보호[46] ② 정보보호(보안)[47] 등이 있다.

3. 사물인터넷의 활용 현황

현재 우리 사회는 IoT기술을 향후에 모든 분야에 적용하여 초연결사회를 이룩하는 것이 목표이다. 정보통신분야 시장조사기관인 가트너사는 2020년에 IoT기기가 260억대가 될 것으로 예측하고 있다.

현 시점에서 대표적인 활용분야는 스마트시티, 스마트홈, 스마트그리드, 스마트카, 스마트국방, 헬스케어 분야 등이 있다. 예를 들어 스마트홈에는 스마트 TV,

---

44) 이원우, 「사물인터넷(IoT): 초연결사회 구현을 향한 법제도적 과제」(서울대학교 공익산업법센터 제12회 국제학술대회, 2015. 11. 27) 환영사 5쪽 참조.

45) 이희정, "사물인터넷 구현을 위한 법적 과제: 목적과 방법의 모색" 「사물인터넷(IoT): 초연결사회 구현을 향한 법제도적 과제」(서울대학교 공익산업법센터 제12회 국제학술대회, 2015. 11. 27), 160~167쪽 참조.

46) 프라이버시가 사물인터넷의 근본적인 전제조건인 주된 이유는 앞으로 사물인터넷이 활용될 영역과 사용되는 기술 때문이다. 예컨대, 헬스케어의 IoT솔루션은 가장 뛰어난 에플리케이션분야이지만, 개인 및/또는 민감정보의 프라이버시 보호를 위한 적절한 메커니즘이 결여되어 있는 IoT기술이기도 하기 때문이다. 나아가 IoT에서는 무선통신기술이 상당한 역할을 수행할 것이다. 그것은 정보의 교환을 위해 무선매체를 통한 방식이 주류를 이룰 경우 프라이버시 침해의 관점에서 새로운 이슈가 제기되기 때문이다. 실제 무선채널에서는 도청 및 마스킹 어택(masking attack)에 특정 시스템이 잠재적으로 노출되도록 원격에서 접속할 수 있는 가능성이 있기 때문에 프라이버시 침해의 리스크를 높인다. 그러므로 프라이버시는 IoT의 발전을 제약할 수 있는 현재 진행 중인 이슈이다. Hans−Heinlich Trute(김태오 역), "사물인터넷(IoT) − 독일 관점에서의 제언" 「사물인터넷(IoT): 초연결사회 구현을 향한 법제도적 과제」(서울대학교 공익산업법센터 제12회 국제학술대회, 2015. 11. 27), 226쪽 참조.

47) 위험의 문제는 IoT에 있어서 핵심적인 특징이다. IoT 가치사슬에서의 상호연결성과 상호독립성은 위험구조의 본래적인 형태를 드러낸다. 보안 문제를 해결하기 위해서는 규제당국의 개입은 가벼운 규제일 수밖에 없는데, IoT기업들이 당국의 계획에 따라 보안 수준을 맞춰갈 수 있도록 유인하며, 보안과 정보보호기능을 개발 과정에서부터 기기에 이식할 수 있게끔 유도해 나가는 것이다. Pierre−Jean Benghozi & Guillaume Mellier(권헌영 역), "사물인터넷: 규제의 새로운 패러다임?" 「사물인터넷(IoT): 초연결사회 구현을 향한 법제도적 과제」(서울대학교 공익산업법센터 제12회 국제학술대회, 2015. 11. 27), 307쪽 참조.

청소로봇, 스마트 다리미, 스마트 밥솥 등 여러 가지 스마트 기기들이 사용될 것이다.[48]

〈(개인 IoT) 사용자 중심의 편리하고 쾌적한 삶〉

Car as a Service	Healthcare as a Service	Home as a Service

차량을 인터넷으로 연결 → 안전하고 편리한 운전 ※ (예시) 긴급구난 자동전송, 무인자율주행 서비스 등	심장박동, 운동량 등 IoT정보 제공 → 개인 건강 증진 ※ (예시) 심장박동 케어, 건강 팔찌 케어 서비스 등	주거환경 IoT 통합 제어 → 생활 편의, 안전성 제고 ※ (예시) 가전·기기 원격제어, 홈 CCTV 서비스 등

〈(산업 IoT) 생산성·효율성 향상 및 신 부가가치 창출〉

Factory as a Service	Farm(& Food) as a Service	Product as a Service
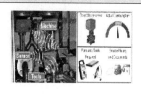		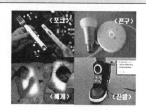
공정분석 및 시설물 모니터링 → 작업 효율 및 안전 제고 ※ (예시) 제조설비 실시간 모니터링, 위험물 감지·경보 서비스 등	생산·가공·유통 IoT 접목 → 생산성향상 및 안전유통체계 ※ (예시) 스마트 팜·축사·양식장, 식품 생산유통이력 정보 제공 서비스 등	주변 생활제품의 IoT 접목 → 고부가 서비스 제품화 ※ (예시) 식습관리 포크, 심장박동음 전달 베개, 행동패턴 분석 신발 등

---

48) 윤장홍, 앞의 글, 268~269쪽 참조.

〈(공공 IoT) 살기 좋고 안전한 사회 실현〉

Public Safety as a Service	Environment as a Service	Energy as a Service

CCTV, 노약자 GPS 등 IoT 정보제공 → 재난·재해 예방 ※ (예시) 어린이/노인 안심이, 재난재해 예보 서비스 등	대기질, 쓰레기 양 등 IoT정보 제공 → 환경오염 최소화 ※ (예시) 스마트 환경정보 제공, 스마트 쓰레기통 서비스 등	에너지 관련 IoT 정보제공 → 에너지 관리 효율성 증대 ※ (예시) 스마트 건물에너지 관리, 스마트 미터, 스마트 플러그 서비스 등

4. 사물인터넷 활성화를 위한 기술적 과제

IoT의 활성화를 위해서는 해결해야 할 몇 가지 문제가 있는데 디바이스의 자원제한의 극복과 보안문제이다.[49]

첫째, IoT디바이스는 가능한 한 경박단소(輕薄短小)와 저전력(低電力) 특성을 보유해야 한다. IoT디바이스는 무인환경에서 사물에 부착되거나 디바이스자체가 사물이 되어 장시간 운용되므로 경박단소(輕薄短小)와 저전력의 특성이 필요하여 IoT에 사용되는 통신프로토콜들을 경량화하기 위하여 노력 중에 있다. 이러한 경박단소(輕薄短小), 저전력 및 경량화 프로토콜 등은 IT기술, 반도체기술 및 통신기술 등의 발전으로 해결될 수 있다고 본다.

둘째, IoT가 해결해야 할 또다른 큰 문제는 보안문제이다. IoT는 중요한, 때로는 핵심적이면서도 취약한 인프라에 접목되어 있고, 또한 디지털 방식으로 제공되는 서비스의 중요성을 고려하면 일정 보안수준을 유지할 필요성이 있기 때문이다.[50] IoT는 사물들 간의 초연결성으로 인하여 하나의 thing의 보안취약점들은 연결되어 있는 모든 thing들에게 쉽게 전파되어 비밀노출, 개인정보 및 프라이버

---

49) 윤장홍, 앞의 글, 274쪽 이하.
50) Hans—Heinlich Trute(김태오 역), "사물인터넷(IoT) — 독일 관점에서의 제언"「사물인터넷(IoT): 초연결사회 구현을 향한 법제도적 과제」(서울대학교 공익산업법센터 제12회 국제학술대회, 2015. 11. 27), 223쪽 참조.

시 침해의 가능성이 높으므로 보다 강력한 보안대책이 요구된다. 또한 IoT의 디바이스는 대부분 노출된 환경에서 운용되므로 디바이스 분실 및 정보누출의 위험이 높아 디바이스 내부를 디캐핑(decapping: 외피 제거)할 가능성이 많고, 자원의 한계로 인해 각종 사이버공격에 취약하며, 각종 센서에서 수집된 평범한 정보가 빅데이터 차원의 데이터 마이닝 과정에서 주요 정보로 변화될 수 있다.[51]

구체적으로 살펴보면 다음과 같다. ① 스마트TV의 경우 북한 등의 사이버공격에 의해서 '북한체제 선전'을 하거나 카메라를 통해 집안 내의 커플간의 은밀한 내용 등이 노출될 수 있다. 또한, 가정에서 사용되는 검증되지 않은 저가형 외국산 스마트다리미의 악성코드가 순식간에 스마트 홈 전체를 해킹하거나 극단적으로 전 세계 IoT망의 스마트기기를 해킹할 수 있다.

② 헬스케어의 경우는 아래의 <헬스케어에서의 사이버공격에 의한 피해 시나리오>와 같이 네트워크에 연결된 심장박동기나 혈액투석기 등에 침입하여 환자의 생명을 위협할 수 있으며 스마트카를 사이버해킹하여 운전자, 탑승자, 보행자 등 많은 사람의 생명을 뺏을 수 있다.

〈헬스케어에서의 사이버공격에 의한 피해 시나리오〉

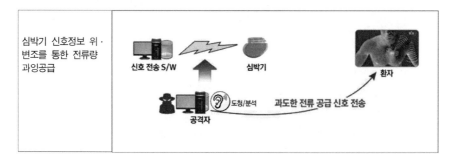

③ 아래의 <스마트응용에 대한 사이버공격에 의한 피해 시나리오>와 같이 스마트시티의 경우도 스마트화된 교통, 전기, 가스 등의 기반시설에 사이버공격이 가해진다면 심각한 피해와 사회적 혼란을 초래할 것이다.

---

51) 윤장홍, 앞의 글, 275쪽.

〈스마트응용에 대한 사이버공격에 의한 피해 시나리오〉

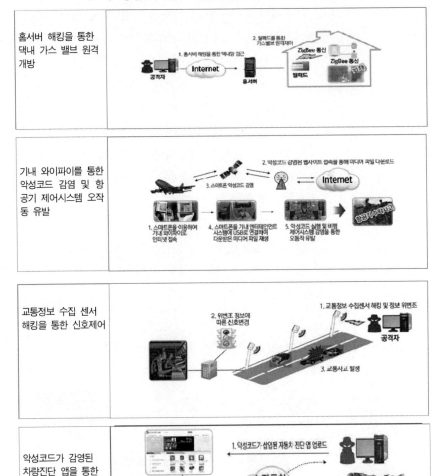

이상과 같이 IoT시대에서는 사이버세상과 실제세상과의 구분이 없어져 사이버세상의 피해가 곧 실제세상의 피해로 바로 연결되므로 이에 대한 대비를 철저히 해야 한다.

IoT체계에는 IoT 고유의 사이버위협요소뿐만 아니라 기존의 전산이나 통신체계에 존재하는 사이버취약점 및 위협요소가 그대로 존재하므로 IoT보안 문제는 초연결사회의 실현을 위해 해결해야 할 가장 중요한 문제 중에 하나라 할 수 있다.

〈사물인터넷 기기 관련 침해사고〉

년월	사고 내용
2010. 4	웹 기반 모니터링카메라 단말기가 촬영한 동영상이 온라인상에 노출되는 사건 발생
2013. 8	미국 라스베이거스에서 스마트TV에 탑재된 카메라를 해킹해 사생활 영상 유출 시연
2014. 1	프루프포인트는 '13년말부터 '14년초까지 10만대 이상의 스마트TV, 스마트 냉장고 등에 감염된 Thingbots을 통해 총 75만건 이상의 피싱과 스팸 메일 발송됐다고 발표
2014. 3	Team Cymu는 해커들이 D-Link, Tenda, Micronet, TP-Link 등이 제조한 약 30만 개의 공유기를 해킹했다고 경고
2014-2016	CIA는 영국 MI5와 함께 개발한 것으로 보이는 TV 악성코드(Weeping Angel)를 해킹에 활용하여 TV전원을 끄더라도 방에서 들리는 소리를 수집, 인터넷을 통해 CIA서버로 전송하거나, TV에 저장된 WIFI 비밀번호를 복구하는 방식으로 ID와 비밀번호를 해킹
2017. 3	스위스 보안업체는 디지털 비디오 방송-지상파(DVB-T) 수신기가 해킹코드가 삽입된 신호를 수신하면, TV에 내장된 웹브라우저의 취약점을 이용해 권한을 탈취하여 기능 제어 가능 발표
2017. 9	일반 가정이나 영업용 매장에 설치된 IP카메라의 비밀번호가 변경되지 않을 것을 악용하여 이를 해킹해 사생활을 엿보거나 영상을 음란물사이트에 올린 일당 검거

5. 사물인터넷과 규제문제

사물인터넷과 관련한 규제문제로는 첫째, 기존 산업별 규제와의 충돌문제, 둘째, 망 중립성문제, 셋째, 개인정보보호문제, 넷째, 역차별의 문제 등이 있다.[52]

(1) 기존 산업별 규제와의 충돌문제

사물인터넷을 전제하지 않은 기존 산업별 규제가 관련법령에 산재해 있다. 대표적인 것이 「식품위생법」, 「위치정보법」, 「개인정보보호법」, 「의료법」, 「약사법」 등을 들 수 있다.

대표적인 것이 사물인터넷 활용 헬스케어사업과 의료법이다. 일례로 「의료법」

---

52) 이대호, "사물인터넷의 진화와 규제 프레임워크"「ICT융합 신산업: ICT 생태계의 확장과 진화」(2015 정보통신정책학회 하계정책세미나 발표문, 2015. 6. 19), 14쪽 이하.

제34조제1항은 의료인만이 원격진료를 할 수 있도록 규정하고 있다. 원격의료는 의사를 비롯한 의료인이 정보통신기술(ICT)을 이용해 멀리 떨어져 있는 환자에게 질병관리·진단·처방 등 의료서비스를 제공하는 것이다. 즉 의사가 환자를 직접 만나지 않고 ICT를 이용해 진찰·치료하거나(원격진료), 약사가 약을 짓는(원격조제) 등 의료행위를 하는 것이다.

거동이 불편한 장애인과 노인, 병원을 이용하기 어려운 격오지 주민들에 대한 편의성을 높일 수 있기 때문에 원격의료를 허용하는 것이 세계적인 추세이다. 그러나 한국에선 의사와 환자 간 원격의료가 불가능하다. 현행법으로 의료인 간 원격의료만 매우 제한된 조건하에서 진행되기 때문에 환자가 원격진료를 받으려면 반드시 옆에 의사나 간호사가 있어야 한다. 이마저도 두 번째 진료부터 가능하고 첫 번째 진료는 반드시 의사에게 대면진료를 받아야 한다. 국내 원격의료에 각종 규제를 입힌 장본인은 의협이다. 반대이유는 '의료서비스 질 저하'이다. 그러나 진짜 이유는 '자기 밥그릇 챙기기' 때문이라는 지적이 나오고 있다.[53]

(2) 망 중립성문제

망 중립성원칙(Net Neutrality 또는 Network Neutrality)은 인터넷 서비스 제공자들이 인터넷 서비스의 공공재적 성격을 감안하여 인터넷상의 모든 데이터를 동등하게 취급하고, 사용자, 내용, 웹페이지, 플랫폼, 장비, 전송 방식에 따른 차별을 하지 말아야 한다는 것이다.[54] 즉 모든 콘텐츠가 모든 네트워크 사업자에게 어떠한 차별도 없이 동등하게 취급받아야 하며, 모든 사용자는 자유로운 선택에 의해 원하는 콘텐츠에 접속하고 애플리케이션을 구동할 수 있어야 한다는 원칙을 일컫는 개념으로 통칭된다.[55]

망 중립성원칙은 1996년 미국 「통신법」에 따라 브로드밴드[56] 확산을 통해 경제성장을 촉진하고자 하는 정책적인 의도에서 출발하였다. 인터넷 망의 중립성

---

53) 김혜순, "18년간 발 묶인 원격의료", 매일경제 2018년 8월 1일자 기사 참조.

54) 망 중립성에 대해서는 강현호, "인터넷 망에 대한 공법적 고찰"「토지공법연구」제71집(한국토지공법학회, 2015. 8), 271쪽; 이희정, "네트워크 동등접근에 관한 일고: 도로법제로부터의 시사점"「경제규제와 법」제4권 제1호(서울대 공익산업법센터, 2011. 5), 59쪽; 허진성, "헌법적 쟁점으로서의 망 중립성"「언론과 법」제10권 제2호(2011. 12), 409쪽 참고.

55) 참고로 검색중립성은 검색엔진에 의한 검색결과가 포괄적이고 공정하여야 한다는 원칙을 말한다. 그리고 플랫폼중립성은 주요 방송·통신 플랫폼 인프라의 시장지배력을 통해 콘텐츠, 애플리케이션, 단말기 등을 차별·통제함으로써 공정한 시장의 경쟁을 저해할 가능성이 있는 시장지배적 사업자에게 공정한 접근의무를 부과하는 일련의 규제적 정책을 말한다.

56) 브로드밴드(광대역통신 네트워크)에 대해서는 고민수, "방송·통신융합과 입법적 과제"「공법연구」제34집 제4호 제1권(한국공법학회, 2006. 6), 94쪽 각주 1) 참조.

에 기초하여 인터넷을 자유롭게 활용할 수 있는 토양 위에서 수많은 벤처기업들이 탄생하게 되었고 인터넷을 통한 다양한 영업활동을 전개할 수 있게 되었다. 인터넷 망의 중립성은 ① 비차별성 ② 상호접속성 ③ 접근성을 주된 내용으로 하고 있다. ① 비차별성이란 인터넷에서 주고받는 모든 정보가 네트워크상에서 동일하게 취급받아야 하는 것이고, ② 상호접속성이란 네트워크 사업자는 상호 접속을 허용해야 하는 의무를 지는 동시에 다른 네트워크 사업자와 상호 접속할 수 있는 권리를 지닌다는 것이다. ③ 접근성이란 인터넷상의 모든 자원, 즉 사용자, 장치 등은 서로 연결될 수 있어야 한다는 것이다.[57]

　　최근의 망 중립성원칙에 관한 미국에서의 법률상 논의는 「통신법」상 정보(Information) 서비스[한국의 부가통신(Enhanced) 서비스]로 취급했던 광대역 인터넷 접속 서비스(Broadband Internet Access Service, 'BIAS')를 통신(Telecommunication) 서비스로 보아, BIAS사업자들에게 「통신법」상 기간통신 사업자(Common carrier)에 부과된 의무를 부담시키려는 데 있었다.[58]

　　2017년 12월 미국 연방통신위원회(FCC)는 통신사업자의 망을 이용하는 콘텐츠·서비스를 차별 대우해서는 안 된다는 내용을 담은 망 중립성원칙을 천명한 2015년 행정명령을 폐기하는 안건을 3대2로 통과시켰다. 망 중립성원칙 폐기로 미국은 물론 한국에서의 파장도 불가피하다는 전망이 나온다. FCC의 이번 결정은 도널드 트럼프 정부가 급증하는 데이터 트래픽 해결을 위해 콘텐츠 사업자도 망 구축비 일부를 부담해야 한다고 주장한 데 따른 조치다. 2015년 오바마 행정부 시절 FCC는 통신망을 보유하지 않은 사업자도 같은 조건으로 차별 없이 망을 이용할 수 있어야 한다는 내용을 담은 「오픈 인터넷규칙」을 통과시켰다.

　　FCC는 망 중립성 원칙을 추진하기 위해 BIAS서비스에 대한 기존의 서비스 분류까지 바꾸는 결정을 내렸고, US Telecom 판결(US Telecom Ass'n v. FCC, 825 F.3d674(D.C.Cir., 2016))[59]에서 그 정당성을 인정받았다. 그러나 2년 만에 다시 이를

---

57) 강현호, 앞의 글, 272~273쪽.
58) 진욱재, "FCC의 망 중립성 폐지에 관한 법적 고찰" 「법률신문」 2018년 1월 9일자 칼럼 참조.
59) 법원은 FCC가 BIAS를 통신서비스로 재분류한 행위가 미국 「행정절차법」에서 금하는 '자의적이거나, 변덕스럽거나, 권한 남용이거나 또는 법령 위반'에 해당하는 행정행위인지를 판단하면서 행정청이 법령 해석을 변경하는 이유를 인식하고 이를 설명한다면, 「행정절차법」에서 요구하는 합리적인 의사 결정 요건을 충족시킨다고 보았다{Verizon v. F.C.C., 740 F.3d 623, 636 (D.C. Cir. 2014)}. 연방법원은 FCC가 차단 금지, 트래픽 속도 저하 금지, 대가에 따른 우선순위 부여 금지 등이 기간통신 사업자에게만 부담될 수 있기 때문에 BIAS를 기간통신 사업자로 재분류하였다는 설명에 대하여 FCC의 입장을 변경할 합리적인 이유가 된다고 판단하였다. 또, 광대

뒤집는 결정을 내림으로써 US Telecom 판결 때와는 반대의 입장에서 자신의 행위가 '자의적이거나 변덕스러운' 행정행위가 아니라는 사실을 입증하여야 한다. 망 중립성 폐지에 관한 연방정부의 입법이 이루어지지 않는 한, 망 중립성 폐지는 법원의 판단을 기다려야 할 것이다.[60]

FCC 결정에 미 이통사는 환영의 뜻을 비췄고, 구글·페이스북 등 IT 기업은 "FCC의 결정이 당파를 불문하고 미국 국민 대다수의 의사에 위배되며, 자유롭고 개방된 인터넷문화를 해치는 것"으로 보아 강력 반발하고 나섰다. 망 중립성이 폐기되면 통신사 결정에 따라 인터넷 속도나 과금 등 차별이 발생할 수 있다. 즉, 통신사가 특정 인터넷 기업에 느린 회선을 제공하거나 추가 비용을 요구할 경우, 해당 기업은 비용을 부담해야 한다. 업계에 부담을 주는 비용은 자칫 소비자에게 전가될 수 있다.

한국은 2011년 가이드라인 형태의 망 중립성 지침을 시행했다. 2013년에는 합리적 트래픽 관리 기준을 마련하고, 2017년 8월부터 망 중립성 강화 내용을 담은 '전기통신사업자간 불합리하거나 차별적인 조건·제한 부과의 부당한 행위 세부기준' 고시 제정안을 운영 중이다. 하지만 한국에서도 꾸준히 망 중립성 문제가 제기됐다. 통신업계는 미국의 망 중립성 폐지를 은근히 기대하는 눈치다. 통신사업자 입장에서는 망을 설치하고 유지·보수하는 책임이 있지만, 인프라를 이용하는 업체는 비용 문제에서 상대적으로 자유롭기 때문이다. 통신업계에서는 통신망을 활용해 성장한 인터넷 기업도 그에 상응하는 대가를 지불해야 한다는 목소리가 높다.

인터넷 망에 대한 공법적 측면에서의 고려사항들로 ① 기본적 인권 및 사회국가의 토대로서의 인터넷 망 ② 공물로서의 인터넷 망 ③ 공공서비스(공역무)로서의 인터넷 망의 설치·관리 ④ 공무수탁사인으로서의 ISP와 ICP ⑤ 인터넷 망과 공유지(The Tragedy of the Commons)의 비극[61] 등을 드는 견해가 있다.[62]

역망에 대한 투자가 줄 것이라는 우려에 대한 반론으로, 「오픈 인터넷 규칙」이 자리 잡게 되면 그 선순환으로 오히려 광대역망에 대한 투자가 늘 것이라는 FCC의 판단이 행정청의 재량과 경험 범위 내에서 예측 가능한 판단을 한 것이라고 보았다. 진욱재, 앞의 글 참조.

60) 진욱재, 앞의 글 참조.
61) '공유지의 비극'은 주인이 따로 없는 공동 방목장에선 농부들이 경쟁적으로 더 많은 소를 끌고 나오는 것이 이득이므로 그 결과 방목장은 곧 황폐화되고 만다는 걸 경고하는 개념이다. '공유지의 비극'은 영국에서 산업혁명이 시작된 시점에 실제로 일어났던 일이다. 이 문제를 해결하기 위한 대안으로 나타난 것이 초지를 분할 소유하고 각자의 초지에 울타리를 치는 이른바 '인클로저 운동(enclosure movement)'이다. '공유지의 비극'은 생물학자 가렛 하딘이 1968년 『사이언스』에 발표한 논문에서 제시했다(선샤인 논술사전, 인물과사상사, 2007. 12. 17).
62) 강현호, 앞의 글, 281~287쪽 참조.

(3) 개인정보보호문제

해킹가능성 때문에 사물인터넷을 비롯한 신산업에 대해서도 개인정보보호를 강화하겠다는 것이 정부의 방침이기 때문에 개인정보의 보호와 활용의 적정수준을 모색하는 것이 중요한 문제로 대두되고 있다.

「개인정보보호법」, 「위치정보법」 등에 따른 규제가 심각하다. 사물인터넷은 사물과 사물, 사물과 공간, 사람과 인간의 연결을 전제로 하므로 사물정보와 개인정보로 나눌 수 있다. 사물정보의 경우 그 자체로는 개인을 식별하는 개인정보가 되지 못하지만 개인과 연계를 맺게 되는 경우에는 개인정보가 될 수 있다. 사물의 이용에 있어서 사전동의는 사실상 불가능하여 위 법제의 실효성이 떨어지고 사물인터넷의 활성화에 큰 지장이 초래되고 있다. 구체적으로는 의료기관 간 진료기록 공유, 환자 진료기록부 열람 요청의 범위, 외국 의료기관에 대한 정보 제공의 문제가 있다.

「개인정보보호법」상 개인정보 등의 수집·이용·제공에서 정보주체의 사전동의를 원칙으로 하고 있다.[63] 미국과 유럽, 일본 등 4차 산업혁명의 선두주자들은 민간 부문에서 옵트아웃 방식을 상당 부분 허용하는 쪽으로 정책을 바꾸고 있음을 주목할 필요가 있다. 이를 위해 꼭 필요한 기술이 '비식별화' 조치다. 비식별화를 거치면 개인정보가 아닌 것으로 간주하고 어느 정도 자유로운 데이터 활용을 가능토록 한다. 유럽연합(EU)은 2년간 고민 끝에 2018년 5월 25일부터 「통합개인정보보호법」(GDPR: General Data Protection Regulation)을 시행하였다. 비식별화 조치된 익명정보에는 개인정보 보호원칙을 적용하지 않으며, 개인정보와 익명정보의 중간 영역인 '가명정보'도 신설한다는 내용이다. 일본은 2017년부터 시행된 「개인정보보호법」에 제2조제9항을 신설하여 "익명가공정보"를 언급하고 있으며, 비식별화 조치시 본인 동의 없이 제3자 제공과 목적외 이용이 가능하도록 하였다. 즉 개인을 식별할 수 없도록 가공해 복원 불가능한 정보를 '익명가공정보'로 정의해 사전 동의 없이 활용토록 하고 있다.[64]

우리의 경우에도 개인정보 보호와 안전한 활용의 균형을 맞추고 유럽연합의

---

63) 현행 개인정보보호 관련 법률이 수집·이용 단계에서 원칙적으로 정보 제공자의 사전 동의를 요구하기 때문이다. 이를 옵트인(opt-in) 방식이라고 한다. 반대는 사후통제(opt-out)이다. 명시적 거부 의사가 없는 한 동의 없이 개인정보의 제3자 제공·위탁 등 처리를 허용하는 제도다. 옵트인은 개인정보의 보호에, 옵트아웃은 그 산업적 활용에 초점을 맞춘다.

64) 노성열, "[오피니언]-뉴스와 시각 '개인정보, 활용이냐 보호냐'" 문화일보 2018년 1월 8일자 칼럼 참조.

GDPR 수준으로 개인정보 보호 및 활용이 가능하도록 법제를 정비할 필요가 있다.

(4) 역차별의 문제

산업의 글로벌화에 따른 국내 사업자와 해외 사업자 간의 역차별문제가 있다. 해외에 서버를 두고 있는 경우나 법인이 해외법인인 경우에 대한 규제의 어려움이 있다. 사물인터넷산업에서의 사례는 아직까지 없으나 ICT산업에서는 구글, 애플 등에 대한 역차별문제가 지속적으로 논의되고 있다.

(5) 사물인터넷 활성화를 위한 입법과제

사물인터넷 활성화를 위한 입법과제로는 다음과 같이 세 가지를 들 수 있다.[65]

첫째, 기존 법률의 개정만으로는 소기의 입법 목적을 달성할 수 없기 때문에 제반 진흥 및 규제 사항을 모두 포함하여 완결된 개별법 체계를 구성할 필요가 있다. 이른바 '사물인터넷특별법'의 제정이 그것이다.

둘째, 개별법제의 입법보다는 기존법제에서 필요한 부분의 개정이나 가이드라인의 제정 등의 방향을 제시할 필요가 있다. 예컨대, 「의료법」이나 「개인정보보호법」 등 개별법의 개정이 그것이다.

셋째, 「ICT특별법」 안에 사물인터넷의 진흥과 관련한 내용을 명시하는 방법이 있다.

결론적으로 사물인터넷 활성화를 위해서는 첫째, 「ICT특별법」을 활용하여 사업자의 자유로운 진입을 보장하고, 둘째, 개별법과의 충돌은 전략위원회에 안건으로 상정하여 개별부처와의 협의를 통해 해결할 필요가 있다. 셋째, 협의 중 빠른 사업 진행을 위해 사물인터넷 특구를 지정하고 개별 진흥기구를 설립할 수 있는 근거조항을 설치할 필요가 있다.[66]

Ⅳ. 제4차 산업혁명과 빅데이터

1. 빅데이터의 의의

빅데이터(big data)라는 용어는 1997년에 최초로 사용되었다. 2015년 9월 14일 배덕광 의원이 대표발의한 「빅데이터의 이용 및 산업진흥 등에 관한 법률안」에서는 빅데이터를 "컴퓨터 등 정보처리능력을 가진 장치를 통하여 공개정보 및 이용내역정보를 수집·저장·조합·분석 등 처리하여 생성되는 정보"라고 정의하고

---

65) 이대호, 앞의 글, 19쪽.
66) 이대호, 앞의 글, 22쪽.

〈새로운 '원유'라는 평가를 받고 있는 빅데이터〉

출처: 네이버케스트

있다(제2조 제3호).

과거에는 빅데이터가 단순히 데이터의 크기만 의미하였지만, 오늘날에는 관련 도구, 플랫폼, 분석기법 등에 의해 빅데이터는 네트워크구조 및 정보패턴을 파악하고, 추세의 예측 등을 통해 사건의 징후 또는 전개과정 등을 감지하여 경영자 또는 리더의 의사결정을 보완해 줄 수 있어 많은 주목을 받고 있다.[67]

빅데이터는 수집, 저장, 분석, 가시화 및 활용이라는 5단계를 통해 이루어진다. ① 먼저 데이터 수집단계에서는 분석을 위하여 다양한 데이터를 확보한다. ② 다음, 가장 많이 활용되는 하둡(Hadoop)[68] 분석파일시스템을 이용하여 그의 3개 노드(node:결절, 점)에서 수집된 데이터를 저장한다. ③ 그 후 데이터에 대한 텍스트 마이닝(Text Mining),[69] 오피니언 마이닝(Opinion Mining)[70] 등 다양한 방법을 활용하여 분석하고, ④ 마지막에는 데이터의 분석결과를 글, 그래프 등 방식을 통해 명확하게 표현한 후에 관련 분야에서 이를 활용한다. 예를 들면, ① 2008년 미국 대통령 선거시 민주당의 버락 오바마 선거인단에서는 유권자의 데이터베이스를 분석하여 '유권자 맞춤형 선거 전략'을 수립하기도 했고, ② 구글 및 페이스북 등은 이용자의 검색조건, 사진과 동영상 등 데이터를 활용하여 이용자에게 맞춤형

---

67) 김정숙, "빅데이터 활용과 관련기술 고찰"「한국콘텐츠학회지」제10권제1호(한국콘텐츠학회, 2012), 34~35쪽 참조.
68) 하둡은 여러 개의 저렴한 컴퓨터를 마치 하나인 것처럼 묶어 대용량 데이터를 처리하는 기술이다.
69) 자연어처리 기반 텍스 마이닝은 언어학, 기계학습 등을 기반으로 한 자연언어 처리기술을 활용하여 반정형/비정형 텍스트 데이터를 정형화하고, 특징을 추출하기 위한 기술과 추출된 특징으로부터 의미있는 정보를 발견할 수 있도록 하는 기술이다(국립중앙과학관).
70) 웹사이트와 소셜미디어에 나타난 여론과 의견을 분석하여 유용한 정보로 재가공하는 기술을 말한다.

광고를 제공한다.[71]

빅데이터는 제4차 산업혁명시대의 핵심자산이자 동시에 새로운 비즈니스 모델이 되고 있다. 흩어져 있고 아무런 의미가 없어 보이는 데이터들을 모아서 의미를 분석하고 가공해서 새로운 가치를 창출해 내는 것이다. 특히 빅데이터는 정교한 알고리즘과 뛰어난 컴퓨팅 파워를 만나서 인공지능(AI)을 발전시키는 핵심요소가 된다. 빅데이터는 이제 단순히 기업의 자산이 아니라 기업의 활동 자체를 데이터 중심으로 접근해야 하는 시기가 됐다. 빅데이터가 주목받는 이유는 정보통신사회가 발전함에 따라 데이터의 양이 무섭게 증가하고 있기 때문이며 그에 따라 데이터의 활용가치 또한 무궁무진하게 높아지고 있기 때문이다. 특히 과거와 달리 엄청난 컴퓨팅 능력에다 고도화된 알고리즘이 만들어지면서 어마어마한 양의 데이터도 처리할 능력이 생겼기 때문이다. 막대한 데이터를 적절히 처리하면서 사람들은 예전에는 보지 못했던 데이터 속의 진실을 발견하게 되고 심지어 인간의 능력을 뛰어넘는 예측을 할 수 있게 된다.[72]

2. 빅데이터의 특징

빅데이터의 특징은 3V로 요약하는 것이 일반적이다. 즉 데이터의 양(Volume), 데이터 생성 속도(Velocity), 형태의 다양성(Variety)을 의미한다. 최근에는 가치(Value)나 복잡성(Complexity)을 덧붙이기도 한다.

2012년에 열린 다보스포럼에서도 위기에 처한 자본주의를 구하기 위한 '사회기술 모델(Social and Technological Models)'을 제시하고 빅데이터가 사회현안 해결에 강력한 도구가 될 것으로 예측했다.

3. 빅데이터와 규제문제

제4차 산업혁명에서 빅데이터 기술은 국가의 생존을 위해서 놓쳐서는 안 되는 중요한 기술이다. 하지만 개인정보보호라는 상충되는 가치 때문에 빅데이터

---

71) 서세남, "4차 산업혁명 주요기술에 대한 법적 고찰 – 한국 및 중국을 중심으로 –"「문화·미디어·엔터테인먼트법」 제11권 제1호(2017. 6), 145쪽 참조. 지난 2013년 6월에 미국 국가안보국(NSA) 직원인 에드워드 스노든은 미국 일간 워싱턴 포스트와 영국 일간 가디언을 통해 미국 정부가 프리즘(PRISM)을 통해 빅데이터를 분석하여 전 세계를 감시해 왔다는 것을 폭로하였다. 이로 인해 빅데이터가 개인의 사생활 등을 노출시키고 분석하고 통제함으로써 권력을 독점하는 '빅브라더 시대'를 초래한다는 비판이 나타나게 되었다.

72) 이현수, "빅데이터, 4차 산업혁명 시대의 핵심 자원(資源)"「일간 리더스경제」 2018년 1월 14일자 기사 참조.

기술이 더디게 발전되고 있는 실정이다. 현재 우리나라의 개인정보에 대한 사회적 인식은 활용보다는 보호에 무게의 중심이 있다. 글로벌 경제위기에서 생존을 위하여는 제4차 산업혁명의 물결에 합류하는 것은 필수불가결하며 이를 위해서 기술의 발전과 개인정보보호의 두 가지 상충되는 가치를 균형잡힌 시각에서 바라보는 지혜가 필요하다.[73]

우리 정부에서는 제4차 산업혁명의 중요성을 인식하고 이를 뒷받침하기 위해 개인정보의 비식별화를 위한 가이드라인을 포함한 개인정보의 이용을 위한 가이드라인을 포함한 개인정보의 이용을 위한 여러 가지 지침을 만들었다.

먼저 방송통신위원회에서도 2013년 12월 18일 「개인정보보호 빅데이터 개인정보보호 가이드라인」을 제시하였다. 비식별화는 데이터값 삭제, 가명처리, 총계처리, 범주화, 데이터마스킹 등을 통해 개인정보의 일부 또는 전부를 삭제하거나 대체함으로써 다른 정보와 쉽게 결합하여도 특정 개인을 식별할 수 없도록 하는 조치를 말한다.

2016년 6월 30일에는 행자부, 방통위, 금융위, 미래부, 보건복지부, 국무조정실 등 관계부처가 「개인정보 비식별 조치 가이드라인」을 마련하였다. 개인정보보호법, 정보통신망법, 신용정보법 등 적용을 받는 사업자들에 포괄적으로 적용된다. 개인정보 비식별조치를 사전검토, 비식별조치, 적정성평가, 사후관리 등 4단계로 구분하였다. 이러한 조치기준의 기본 아이디어는 '개인정보라도 제시된 4단계를 거쳐서 비식별 처리가 된 경우에는 개인정보로 취급하지 않으며 따라서 당사자의 동의 없이 사용할 수 있다'는 것이다. 「개인정보 비식별 조치 가이드라인」은 개인정보의 보호에서 개인정보의 활용으로 무게 중심이 조금 옮겨갔다는 측면에서는 매우 진일보한 성과라고 평가할 수 있다.[74]

데이터과학자들의 법률적 위험을 분산하기 위한 방안으로 데이터과학자의 법률적 위험에 대한 부담을 정부에서 어느 정도 나누는 것이 제안되고 있다. 이를 위한 정책적 대안으로 여러 기관의 데이터 통합시 개인정보보호를 위한 기술적 지원 및 인증을 수행하는 (가칭) '데이터 거래소'를 정부조직 또는 산하기관으로 만드는 것이다.[75] 그리고 이 데이터 거래소에서 승인된 통합 데이터를 분석하는

73) 김용대·장원철, 앞의 글, 174쪽.
74) 김용대·장원철, 앞의 글, 172쪽.
75) 데이터 거래소에 대해서는 이영환·전희주·송영화, "데이터 거래소 구축 타당성 연구"「지식DB포럼 사업기술지원단 이슈페이퍼」(2014) 참조.

〈개인정보보호 기준〉

	미국	일본	유럽	한국
개인정보 개념	식별정보	식별정보	식별정보 + 가명처리정보	식별정보 + 비식별정보
	비식별정보	익명가공정보	익명정보	
주요 내용	○ 민간영역의 경우 개인정보에 대한 일반법 없이 산업영역 및 개별법에 의해 규제 ○ 식별가능(또는 식별가능한 합리적 근거가 있는) 개인정보는 사전동의가 필요하나, 비식별정보는 개인정보보호 대상에서 제외	○ 개인정보를 식별가능정보 및 다른 정보와 조합을 통해 식별가능한 정보로 정의 ○ 2015년 법 개정(2017년 5월 시행) − 비식별 처리한 '익명가공정보' 개념을 신설 후 규제 최소화	○ 2016년 유럽연합의 개인정보보호법 제정(2018년 5월 시행). 가명처리한 개인정보는 규제대상으로 정의 ○ 규제대상에서 제외되는 익명정보의 경우 일본과 미국 대비 엄격한 정의이나, 활용가능정보에 대한 구체성과 명확성 부여	○ 개인정보를 식별가능정보 및 다른 정보와 결합을 통해 식별가능정보로 포괄적 정의 ○ 개인정보는 사전동의 없이 수집, 활용 및 제3자 제공 불가 ○ 비식별정보는 통계, 학술 목적 등 제한적으로 활용 가능

데이터과학자에게는 개인정보 유출로 인한 법률적 위험을 일부 감면하도록 하는 제도를 고려해 볼 필요가 있다는 주장도 제기되고 있다.[76]

개인정보보호에 대한 법체계가 매우 강한 우리나라는 개인/기업 간의 데이터 거래에서 발생되는 개인정보 유출에 대한 책임을 전적으로 참여 개인/기업에게 부과하기 때문에 민간 중심의 데이터 거래소의 형성은 매우 어려운 상태이다. 법률적 책임을 감면해 주는 데이터 거래소가 설립된다면 민간주도의 데이터 거래소 시장의 성장에 큰 기폭제가 될 것이고 이는 인공지능 산업의 혁신적 발전에 밑거름이 될 것으로 전망하는 견해도 있다.[77]

빅데이터 산업의 발전은 필연적으로 개인정보보호 이슈를 동반하게 되고 개인정보 유출과 지나친 보호 모두 문제가 발생되는 규제적 딜레마를 발생시키게 된다. 빅데이터 활성화를 위해서는 개인정보가 적절히 보호되면서 자유롭게 활용될 수 있는 기술적, 법적 환경을 구축해야 할 것이다.[78]

---

76) 김용대·장원철, 앞의 글, 173쪽.
77) 김용대·장원철, 앞의 글, 173쪽.
78) 김동환, 「안전한 개인정보 보호조치를 통한 빅데이터 산업 활성화 방안−법제도·비식별화를

V. 제4차 산업혁명과 드론

1. 드론의 의의

드론(Drone)이란 단어의 어원은 "벌떼"에서 비롯되었다고 한다. 열심히 꽃가루를 운반하고 모으는 일벌이 아닌 여왕벌과의 교미를 준비하며 대부분의 시간을 보내는 게으른 수컷 벌을 지칭하는 단어였으며, 벌이 이동하며 발생시키는 소리를 표현할 때 사용되는 용어이기도 하였다고 한다.[79]

드론이란 사람이 타지 않고 무선전파의 유도에 의해서 비행하는 비행기나 헬리콥터 모양의 무인항공기(UAV: unmanned aerial vehicle)를 말한다.[80]

드론은 조종사가 비행체에 직접 탑승하지 않고 지상에서 원격조정하고, 사전 프로그램화되어 있는 경로에 따라 자동 또는 반자동 형식으로 자율비행하는 무인시스템이다. 또한 인공지능을 탑재하여 자체 환경판단에 따라 임무를 수행하는 비행체이다. 보통 지상통제장비 및 통신지원 장비 등 시스템 전체를 통칭한다.[81]

용어와 관련해서 미국은 무인항공기, 무인항공시스템이라는 용어를 사용하기도 하는데, "조종사 없이 공기역학적 힘에 의해 부양하여 자율적으로 또는 원격조정을 통해 무기 또는 일반화물을 실을 수 있는 1회 이상 사용할 수 있는 동력비행체"라고 정의한다. 또한 영국은 "조종사를 태우지 않고 원격조정 또는 일부 자율

〈카메라가 달려 있어 촬영용으로 사용하는 드론〉

출처: 네이버캐스트

중심으로-」(순천향대학교 석사학위논문, 2017), 국문초록 참조.
79) 석호영, "우리나라와 일본에서의 드론 이용 규제에 관한 비교법적 검토" 「토지공법연구」 제80집(한국토지공법학회, 2017. 11), 171쪽.
80) 박문각, 2015.
81) 최종술, "드론의 공공분야 활용 사례와 운용방안 연구" 「공공정책연구」 제33집2호(동의대학교 지방자치연구소, 2017. 2. 28), 168쪽.

조종 모드로 비행할 수 있도록 설계되거나 개조된 항공기"라고 규정하고 있다.[82]

　　우리나라의 경우 현행 항공법 제2조제3호마목에서 "항공기에 사람이 탑승하지 아니하고 원격 자동으로 비행할 수 있는 항공기(이하 "무인항공기"라고 한다)"라고 하여 무인항공기라는 용어를 사용하고 있고, 같은 법 시행규칙 제14조에서는 초경량비행장치의 범위에 무인비행장치, 무인비행기, 무인회전익비행장치, 무인비행선 등을 정의하고 있다.

　　드론은 처음에는 공군기나 고사포, 미사일의 연습사격에 적기 대신 표적 구실로 사용되었으나, 점차 무선기술의 발달과 함께 정찰기로 개발되어 적의 내륙 깊숙히 침투하여 정찰·감시의 용도로도 운용되었다. 근래에 들어 드론에 미사일 등 각종 무기를 장착하여 공격기로도 활용되고 있다. 드론의 활용 목적에 따라 다양한 크기와 성능을 가진 비행체들이 다양하게 개발되고 있는데 대형 비행체의 군사용뿐만 아니라, 초소형 드론도 활발하게 개발 연구되고 있다. 또한 개인의 취미활동으로 개발되어 상품화된 것도 많이 있다. 정글이나 오지, 화산지역, 자연재해지역, 원자력발전소 사고지역 등 인간이 접근할 수 없는 지역에 드론을 투입하여 운용한다. 최근에는 드론을 활용하여 수송목적에도 활용하는 등 드론의 활용 범위가 점차 넓어지고 있다. 드론이 개발되던 초기에는 표적드론(target drone)·정찰드론(reconnaissance drone)·감시드론(surveillance drone)으로 분류하였지만 현재는 활용 목적에 따라 더욱 세분화된 분류가 가능하다.[83]

2. 드론의 활용사례

　　드론은 미국에서 정찰, 감시, 폭격 임무를 수행하는 군사 목적으로 처음 개발됐다. 2000년대 이후 '3D로보틱스' 등이 취미용 드론을 선보이며 민간용 시장이 빠르게 형성됐다.

　　전 세계적으로 드론에 대한 관심이 급격히 커지면서 많은 국가에서 드론을 미래 전략산업의 하나로 주목하고 있으며 드론 관련 기술에 대한 연구개발과 활용을 위해 많은 노력을 하고 있다. 기술개발 투자와 규제해소를 위한 법 정비 등 국내 여건이 미비한 상황에서 군사용 무인항공기 강국인 미국은 국가공역체계 안에서 드론 법제화 정립을 진행하고 있으며, 중국 등 몇몇 국가의 기업들은 초소

82) 류성진, "상업용 드론의 안전과 법적 과제"「2016년 비교법연구의 미래이슈 발굴을 위한 학술대회」(한국법제연구원, 2016. 10. 21), 79쪽.
83) 두산백과 참조.

형 민간 드론 시장에서 강력한 경쟁력을 보이고 있다. 드론 기술의 발전과 시장이 확대되기 위해서는 공공드론의 역할이 매우 중요하다. 기술적 법적 제약이 적지 않은 환경에서 공공분야의 드론 활용은 기술 개발과 수요증대를 동시에 자극할 수 있는 촉매제가 될 수 있기 때문이다.[84]

지금까지 민간 드론 활용에 가장 앞선 나라는 일본이다. 이미 1982년부터 드론형태는 아니지만 농업용 드론 시장을 겨냥해 무인회전익기를 생산한 일본은 최근엔 해안경비와 남극연구 등으로 활용 영역을 넓혀가고 있으며, 미국도 국경 밀입국 감시를 위해 드론을 운용중이며, 벨기에 정부도 북해의 불법기름유출 감시에 드론을 투입하고 있다.

우리나라에서도 한국항공우주연구원을 선두로 정부출연연구기관 및 일부 기업체들이 꾸준히 개발해 왔으나, 민간분야 연구는 선진국과 비교해 볼 때 미비한 상황이다. 최근 우리 정부도 '민간 무인항공기 실용화 기술 개발 추진계획'을 발표하는 등 향후 확대될 시장에 대응하기 위해 전력을 다하는 양상이다.[85]

(1) 민간분야

민간분야에서는 지형 및 시설물 공중 촬영, 영화/방송/드라마/보도 항공촬영, 산불/산림 감시, 해안/선박 감시, 방제/방역, 기상 자료 수집, 재해 예방, 통신 중계, 환경 감시, 재난 구조, 레저 분야, 택배운송, 교육사업, 측량·탐사목적사업 분야 등에 활용되고 있다.

2017년 말 기준 국내 드론 신고 대수는 3,894대로 2016년 말보다 1,722대(79.3%) 늘어났다. 같은 기간 드론 조종자 수도 2,928명(220.8%) 급증한 4,254명을 기록했다. 드론을 사용하는 업체 수도 471개(45.7%) 증가해 1,501개로 확대됐다. 2016년 하반기부터 시행된 규제완화 효과가 직간접적으로 작용한 것으로 분석된다.

〈국내 드론 운영 현황〉

구분	2013년	2014년	2015년	2016년	2017년
기체 신고 대수	195	354	921	2172	3894
사용 업체 수	131	383	698	1030	1501
조종자 수	52	667	872	1326	4254

출처: 누적통계치. 국토교통부

---

84) 이상춘·윤병철·김동억·채지인, "드론의 공공임무 활용"「한국통신학회지」제33권 제2호(한국통신학회, 2016), 국문초록 참조.
85) 구준석, "드론(무인기)의 고찰"「산림항공안전지」제21호(산림항공본부, 2015), 54쪽.

분야별 비중은 단순 촬영(56.4%), 농업분야(20.8%), 교육사업분야(10.3%), 측량·탐사목적사업(8.3%) 등이다.

(2) 공공분야

공공분야의 드론활용이란 국가, 지방자치단체, 공공기관 등에서 공익을 목적으로 드론을 활용하는 것을 말한다. 공공분야에 대한 공공용 드론의 활용을 통하여 공공서비스의 질을 향상시키는 것이 필요하다.

공공건설, 도로·철도 등 시설물 관리, 하천·해양·산림 등 자연자원관리 등 공공관리에 드론 활용을 통해 작업의 정밀도 향상 및 위험한 작업의 대체 등 효율적인 업무 수행이 가능해진다. 또한 국민 생명과 재산 보호를 위한 실종자 수색, 긴급 구호품 수송, 사고·재난지역 모니터링 등 골든타임 확보가 중요한 치안·안전·재난 분야에 드론 도입을 통해 보다 빠른 대처가 가능해진다. 국가 통계분야에도 국·공유지 실태, 농업 면적 등 각종 조사에 드론을 활용해 빠르고 정확한 대규모 조사가 가능해져 보다 정밀한 통계 생산으로 공공데이터 활성화에 기여할 수 있다.

(3) 군사분야

군사분야에서는 실시간 정찰(지역, 선, 점 표적의 정찰), 목표 탐색/식별, 포병 화력유도, 전투 피해 평가, 해상/해안 감시, 지뢰 탐지, 전자전 수행(기만, 공격, 방어), 적 레이더 교란/파괴, 무인 공중 전투, 해안 상륙 작전 지원, 항공 기동로 개척 등에 활용되고 있다.

〈민간, 공공, 군사 분야의 드론 활용 사례〉

민간분야	공공분야	군사분야
· 지형 및 시설물 공중 촬영 · 영화/방송/드라마/보도 항공 촬영 · 산불 / 산림 감시 · 해안 / 선박 감시 · 방제 / 방역 · 기상 자료 수집 · 재해 예방 · 통신 중계 · 환경 감시 · 재난 구조 · 교육사업 · 측량·탐사 목적 사업	· 공공건설, 도로·철도 등 시설물 관리 · 하천·해양·산림 등 자연자원관리 · 국민 생명과 재산 보호를 위한 실종자 수색, 긴급 구호품 수송, 사고·재난지역 모니터링 등 골든타임 확보가 중요한 치안·안전·재난 분야 · 국가 통계분야: 국·공유지 실태, 농업 면적 등 각종 조사 · 우편물 배송[86]	· 실시간 정찰(지역, 선, 점 표적의 정찰) · 목표 탐색 / 식별 · 포병 화력유도 · 전투 피해 평가 · 해상 / 해안 감시 · 지뢰 탐지 · 전자전 수행(기만, 공격, 방어) · 적 레이더 교란/ 파괴 · 무인 공중 전투 · 해안 상륙 작전 지원 · 항공 기동로 개척

3. 드론과 관련한 법적 문제

드론이 우리 사회에 급속히 보급 확산되면서 예전에는 생각하지 못했던 새로운 법적 이슈가 등장하고 있다. 그 중에서도 특히 우려되는 문제는 사생활과 개인정보의 침해이다. 드론은 '날아다니는 몰래카메라'로서 범죄나 사생활 침해의 도구로 악용될 수 있다.[87] 문제는 드론 몰카에 대해 형사처벌이 쉽지 않다는 점이다.

(1) 드론비행 관련 사생활 침해문제

인터넷 등을 통해 손쉽게 구입 가능한 초경량 드론을 이용해 고층 아파트 일대에서 타인의 집을 몰래 촬영하는 피해가 속출하고 있다. 이는 불특정 다수를 노린 몰카 피해 우려와 함께 사생활 침해 논란이 확산되고 있다.[88]

프라이버시문제는 ① 지상에서 드론을 보기 어려워 처리 유형을 알 수 없다는 투명성 부족의 문제 ② 탑재된 개인정보 처리기기를 확인하기 어렵다는 문제 ③ 수집된 개인정보의 처리 목적 및 정보수집주체의 실체와 위치를 알기 어렵다는 문제 등에서 비롯되고 있다.[89]

(2) 드론 저널리즘의 사생활 침해문제

드론은 인간이 접근하지 못하는 상공에서 취재 활동이 가능하여 기자의 취재 영역을 확대시키는 효과를 가져다준다. 예능과 드라마에서는 드론은 '헬리캠'이라는 별칭을 부여받아 활발한 활동을 하고 있다. 드론비행으로 저널리즘의 취재 영

---

86) 우정사업본부는 2017년 11월 28일 8kg의 우편물을 싣고 전라남도 고흥에서 출발한 드론이 4km 떨어진 득량도에 소포와 등기 등 실제 우편물을 배송했다고 밝혔다. 우정사업본부는 2022년 드론 배송 상용화를 목표로 하고 있다. 한편 아마존은 아마존 프라임 에어를 통해 2017년 말 세계 최초로 영국에서 2.3kg 상품 배송서비스를 성공하고 자체 항공교통관제시스템을 개발하고 있다(아시아경제 2017년 11월 28일자 "드론으로 우편물 배송…국내 최초 성공했다" 기사 참조).

87) 아시아투데이, "[이런 법률 저런 판결] ⑨ IT − 드론 몰카, 처벌할 수 있을까" 2017년 9월 19일자 기사 참조.

88) 정순채·비투무키자 조셉·차재상, "드론비행과 사생활침해 등 법률위반 위험성 연구"「한국위성정보통신학회논문지」제12권제1호(2017. 3), 23쪽.

89) 보안뉴스, "2017년 분야별 개인정보보호 이슈 짚어보기 − 7. 드론" 2017년 10월 13일자 기사 참조. 참고로 영국의 정보위원회(ICO)는 무인항공기를 포함한 착용형 카메라 등 새로운 영상정보처리기기에 대한 'CCTV 지침' 개정안을 2015년 5월에 발표했다. 이 지침은 드론만을 규제하는 것이 아니라 영상정보처리기기 등으로 침해될 수 있는 개인정보에 관한 사항을 통합적으로 규제하고 있다. 일본 총무성은 2015년 6월, '드론의 촬영 영상 등의 인터넷에서의 취급에 관한 가이드라인'을 발표했다. 이 가이드라인은 촬영 영상 등의 인터넷상의 취급과 관련해 주의해야 할 사항과 드론 조종자의 프라이버시 침해 등에 대한 방지 방안을 제시하고 있다. 예를 들어 주택가나 고층 아파트 단지에서의 촬영 사례, 사생활 침해 가능성이 있는 촬영 영상, 그리고 인터넷 공개 시의 전기통신사업자에 대한 대응 방안 등을 설명하고 있다.

역은 넓어졌지만, 역으로 일반인들의 사생활 침해 가능성은 더 커졌다.[90)]

(3) 테러 등 범죄이용의 문제

저속, 저고도로 비행하는 드론은 레이더로 확인이 어렵기 때문에 만약 테러에 이용된다면 막아내기 어렵다는 문제가 있다. 또한 드론을 해킹하거나 주파수를 교란해서 미치 좀비컴퓨터처럼 테러에 이용할 수도 있다.

미국 오하이오주의 한 교도소에 드론을 이용해서 헤로인, 마리화나, 담배 등을 전달한 경우도 있었고, 미국 메릴랜드주의 한 교도소 근처에서는 총과 실탄, 마약 그리고 성인동영상물을 드론을 통해 교도소 안으로 전달하려던 이들이 체포당하는 사건도 있었다고 한다.[91)]

4. 드론과 규제문제

드론을 신산업으로 육성할 필요성과 동시에 프라이버시보호, 안전, 환경 등의 관점에서 규제 필요성이 공존하고 있다.

제4차 산업혁명의 변화를 예측하기 어렵다면 개인정보의 보호와 활용은 개인의 인격권 보호라는 기본적 명제에서 출발하여야 한다는 견해[92)]가 있다. 그것은 제4차 산업혁명시대의 개인정보보호는 정보주체의 인격권을 침해하지 않는 가운데 개인정보의 활용을 보장해야 하기 때문이라고 한다.

한국의 드론 관련 규제는 드론 선진국인 중국, 미국, 프랑스 등과 달리 무게, 비행가능 구역, 안전성 및 자격 검증, 허가절차, 활용범위 등에 걸쳐 다양하게 존재한다. 근본적인 문제는 우리 정부는 정해둔 법 테두리 안에서만 활동할 수 있는 '최대규제방식'으로 드론산업을 규제하고 있다는 것이다. 첨단기업을 육성하기 위해서는 하지 말아야 할 것만 정해주고 이외에는 마음대로 허용하는 '최소규제방식'으로 대대적 전환이 필요하다는 견해가 제기되고 있다.[93)]

전 세계적으로 드론과 관련한 법규제는 항공기의 무게를 기준으로 나누어 적용하고 있다. EU항공규정의 경우, 150kg 이상인 경우 일반 항공기와 동일한 안전규제를 적용하며, 150kg 미만인 경우 회원국 국내법을 따르고 있다.

---

90) 정순채·비투무키자 조셉·차재상, 앞의 글, 24쪽.
91) 류성진, 앞의 글, 87쪽 참조.
92) 이제희, "4차 산업혁명시대, 개인정보자기결정권 보장을 위한 법적 논의"「토지공법연구」제80집(한국토지공법학회, 2017. 11), 148쪽.
93) 오철, "[글로벌 Biz 리더] 한국 '포지티브 규제'로는 DJI같은 드론 기업 못 만든다" 한국일보 2017년 6월 3일자 칼럼 참조.

(1) EU

EU는 통일된 규제제도가 미비하여 발전을 저해하고 있는 점과 적절한 규제 및 관리 필요성 증가로 드론규제를 추진하고 있다.[94]

유럽항공안전청(EASA)은 EU 집행위로부터 위임받아 드론규제를 위한 공통규칙 제정을 추진하고 있으며, 2015년 7월부터 9월까지 초안에 대한 의견을 수렴했다.

EU의 드론규제는 무게, 상업용/비상업용 구분이 아닌 위험(risk)에 근거하여, 위험군을 저/중/고 3개로 분류하였다. 저위험군(open category)은 25kg 미만 소형 드론이 조정자의 직접적인 시야거리 이내에서 150m 고도 내에서 자유로운 조종이 가능하다. 비행금지/제한구역 자동판단을 위한 지오 펜싱(Geo-fencing) 기능도 도입했다. 중위험군(specific category)은 지상의 사람과 공중의 유인항공기 등에 상당한 위험이 되므로 모든 작동을 규제한다. 운영자에 대한 안전위험평가, 작동허가와 같이 각국 정부나 인증기관에 의한 승인 및 규제 필요성도 대두되었다. 또한 고위험군(certified category)은 일반 유인항공기 운항과 유사수준의 엄격한 작동을 규제하며, 각국 정부의 면허 발급, 관리 등의 승인 및 지속적 감독을 요구한다.

EU집행위원회는 드론산업의 발전 가능성에도 불구하고 EU 차원의 통일된 규제제도가 부족해 발전을 저해하고 있다는 것과 적절한 규제를 통한 관리의 필요성이 대두되고 있음을 지적하고, EU 차원의 규정 제정을 제안했다. 이후 유럽항공안전청(이하 EASA)은 2015년 3월에 드론의 사고를 사전에 예방하기 위해 3개의 범주로 분류한 규제방안을 발표했다. EASA는 이 의견서를 통해서 프라이버시 위험과 데이터 보호는 국가 차원에서 다뤄져야 하며, 법적 규제체계는 그 위험과 보안 위협을 감소시키는 조항이 포함된다고 했다. 한편 EU 회원국의 개인정보감독기구(DPA)는 2015년 6월 드론의 효율적 이용에 관한 프라이버시와 개인정보보호 이슈에 대해 의견서(opinion 01/2015)를 공표했다. 제29조 작업반은 드론 이용의 증가는 프라이버시 및 개인정보보호에 위협이 될 것으로 보고, 드론의 설계(제조) 단계 및 그 사용에 있어서 프라이버시를 우선하는 내용을 담은 규칙을 제정할 것을 권고했다.[95]

(2) 미국

미국은 백악관 및 주요 시설물에 대한 드론 관련 사고가 지속적으로 발생하

---

94) 정순채·비투무키자 조셉·차재상, 앞의 글, 26쪽.
95) 보안뉴스, 앞의 기사 참조.

면서 규제에 대한 필요성이 고조되고 있다.[96]

2015년 1월 드론이 백악관 건물과 충돌하는 사고가 발생했으며, 5월 백악관 상공에서 드론을 운행하려던 남성을 체포하기도 했다. 2015년 10월 미연방항공청(FAA)은 뉴욕과 시카고 상공 제한구역에서 승인 없이 드론을 띄워 항공사진을 촬영한 '스카이팬 인터내셔널'에 드론규제 관련 사상 최대금액인 190만 달러의 벌금을 부과했다. 미 연방항공청은 2015년 10월 19일 1kg 이상의 드론에 대해 교통부에 등록 의무화 방침도 발표했다.

미국은 통신정보관리청(NTIA)에서 가이드라인을 통해 드론 운영에 필요한 사생활 보호, 책임성, 투명성에 관한 실행방안을 제시하고 있다. 이 가이드라인은 드론 운영자는 드론에 의해 수집될 수 있는 정보에 대해 개인정보보호 정책을 제공, 고의적 정보 수집 금지, 허가된 수집목적 외 이용 금지, 공유 제한 등의 내용을 제시하고 있다.[97]

(3) 우리나라

국내에서도 드론산업을 미래 신성장 동력산업의 하나로 육성·지원하고 있다. 예를 들면 과학기술정보통신부는 드론의 원천기술개발 중심의 연구를 추진하며, 국토교통부는 드론을 항공분야의 일부로 파악하고 사업화에 매진하고 있다.

150kg 이하 무인비행장치와 관련하여 법규제로는 항공법 제23조(초경량 비행장치 등)와 항공법시행령 제14조(신고를 필요로 하지 아니하는 초경량 비행장치의 범위), 항공법시행규칙 등이 있다. 초경량 비행장치의 비행 안전을 확보하기 위한 기술상의 기준으로는 국토교통부 고시가 있다.[98]

국내 초경량 비행장치 소유자는 국토교통부에 신고하게 되어 있으나 12kg 이하의 비사업용은 예외이다. 드론은 고도 150m 이하로 항공법 제38조에 의한 비행금지구역과 비행제한구역 이외의 지역에서 가능하다. 비행금지구역은 서울 대부분 지역, 휴전선 인근, 전국 비행자 9.3km 이내, 전국 고도 150m 이상, 인구밀집지역 및 사람이 많이 모인 곳의 상공에서는 금지하고 있다. 그러나 비행금지구역이나 제한구역이라도 사전에 승인을 받은 경우에는 비행이 가능하다.

우리나라의 드론 이용 분야 확대에 따른 문제점으로 첫째, 드론길의 구축방식에 관한 문제, 둘째, 적극적인 드론 이용 및 활용을 제한하는 법률 규정의 존재

---

96) 정순채·비투무키자 조셉·차재상, 앞의 글, 26쪽.
97) 보안뉴스, 앞의 기사 참조.
98) 정순채·비투무키자 조셉·차재상, 앞의 글, 26쪽.

(예: 항공안전법 제129조 및 동법 시행규칙 제310조 등), 셋째, 드론과 같은 무인 비행장치를 전담하는 기관의 부재 등을 드는 견해[99]가 있다. 아울러 개선방안으로는 첫째, 적극적인 드론의 이용 및 활용을 제한하는 법률의 완화, 둘째, 드론의 이동 간 안전 확보, 셋째, 드론과 같은 무인 비행장치를 전담하는 기관의 운영 등을 제시하고 있다.[100]

Ⅵ. 입법과제: 제4차 산업혁명과 규제품질의 제고

1. 과학기술의 혁신과 규제와의 상관관계

과학기술의 혁신과 규제 사이의 긴장과 갈등은 동서고금을 통해 존재해 오는 보편적인 문제이다. 기술혁신과 규제간의 갈등은 역사적으로 많은 사례가 있으나, 근대 산업혁명 이후 증가하였고, 최근 과학기술의 급속한 발전에 따라 그 빈도와 정도가 급격하게 커지고 있다.[101]

법은 언제나 혁신과 투쟁해 왔다. 왜냐하면 법은 일정 정도 불가피하게 정태적이고 과거회귀적인 성격을 지닌 반면, 혁신은 그 의미상 새로운 것이고 때로는 파괴적이기 때문이다.[102] 가장 유명한 일례 중 하나는 이른바 「적기조례」(Red-Flag-Act)이다.[103]

과학기술의 발전으로 산업구조는 변한다. 새로운 상품과 산업이 등장하고 어떤 상품과 산업은 시장에서 사라진다. 이러한 변화를 통해 인류는 진보해 왔다. 과학기술의 발전과 새로운 시장구조에 법이 적절히 대응하지 못하면, 인류의 진보를 저지하는 遇를 범할 수 있다.[104]

새로운 과학기술의 발전이 사회에 가져다주는 총체적 가치를 적절히 수용하

---

99) 석호영, 앞의 글, 184~186쪽.

100) 석호영, 앞의 글, 186~188쪽.

101) 이원우, "기조연설: 혁신과 규제: 과학기술의 혁신과 경제규제" 「혁신과 규제: 과학기술의 혁신과 경제규제」(서울대학교 공익산업법센터 제13회 국제학술대회, 2016. 9. 22), 9쪽 참조.

102) 토마스 페쳐(김태오 역), "혁신과 규제: 동태적 시장에서의 정태적인 법 – 예측불가능한 것에 대한 규제방식" 「혁신과 규제: 과학기술의 혁신과 경제규제」(서울대학교 공익산업법센터 제13회 국제학술대회, 2016. 9. 22), 146쪽 참조.

103) 이 법은 전동차로 인한 치명적 사고의 수를 줄이기 위해 1865년에 영국과 아일랜드에 도입되었다. 이 법에서는 궤도를 이용하지 않는 모든 전동차로 하여금 최대 4mph의 속도로 운행하도록 하고, 행인 및 마차에 경각심을 일깨우기 위해 붉은 깃발을 소지한 사람을 동행할 것을 요구하였다. 이와 같은 제한을 둔 공식적인 입법취지는 도로 이용자들이 새로운 고속의 전동차에 대한 경험이 그간 없었으므로, 보호의 필요가 있었다는 것이 주된 것이었다.

104) 이원우, 앞의 기조연설, 10쪽 참조.

면서도 그것이 수반할 수 있는 리스크를 적절히 규제하기 위해서는 규제체계가 기술발전에 적절히 대응할 수 있도록 구조화되어야 한다. 이를 위해서는 규제기관에 적절한 자원 - 예컨대 전문성을 가진 인력과 예산 - 이 확보되어야 하고 적절한 권한이 입법적으로 부여되어야 한다. 더욱이 이는 역동적인 시장환경 속에서 이루어져야 한다. 규범은 과거의 경험에 기초해서 설계되고 수정보완된다. 그런데 새로운 과학기술은 본질적으로 과거와 다른 상황에서 등장하며 과거 기술과는 다른 문제를 내포하고 있다. 그럼에도 불구하고 우리는 과거의 경험으로부터 그리고 다른 나라의 경험으로부터 교훈을 얻을 수 있고 그것은 새로운 규제체계를 설계하는 출발점일 수밖에 없다.[105]

법과 혁신의 긴장은 오래된 것이지만, 정보통신기술(ICT)의 발전과 디지털화는 새로운 국면에 도달하였다. 이렇게 새로운 국면을 맞이한 주된 이유는 ICT시장이 다른 여느 시장에 비해 매우 동태적이라는 점이다. 무어의 법칙(Moore's Law)[106]이 아니더라도, 기술은 빨리 변화하고, 새로운 비즈니스모델이 개발되며, 동일한 속도로 폐기되기도 한다. 이것이 규제와 그 규제를 받는 현실간의 규제 비동시성(규제공백) 문제를 부각시킨다.

참고로 영국의 사례연구 - ① 실패로 끝난 가장 최신 사례인 영국 care.data 사업(이 사업은 잉글랜드 환자들의 의료기록에 관한 중앙관리형 국가 데이터베이스를 구축하는 사업이다). ② 중증 미토콘드리아 질환의 유전을 예방하기 위하여 미토콘드리아 치환 방식의 유전생식변형을 허용하는 법령을 통과시킨 법제 개혁 사례 ③ 핀테크 분야에서 글로벌 리더가 되기 위해 영국 정부가 추진 중인 규제개혁사례. 영국 재무부의 진두지휘 아래 영국 금융감독원(FCA)가 구체적인 규제개혁의 예시를 보여주고 있다 - 로부터 도출된 시사점을 소개하면 다음과 같다.[107]

첫째, 법적 권한은 새로운 기술이 성공적으로 도입되도록 하기 위한 필요조건이지 충분조건이 아니다. 기술혁신에 대한 국민들의 수용과 지지가 필수적이다.

둘째, 기술혁신의 리스크-편익 비율 그리고 리스크와 편익의 분배가 중요하

---

105) 이원우, 앞의 기조연설, 19쪽 참조.
106) 인터넷경제의 3원칙 가운데 하나로, 마이크로칩의 밀도가 18개월마다 2배로 늘어난다는 법칙을 말한다.
107) 카렌 영(이범수/윤혜선 공역), "법, 규제 그리고 기술혁신의 긴장관계: 영국 경험에서 도출한 최근 사례들을 증심으로" 「혁신과 규제: 과학기술의 혁신과 경제규제」(서울대학교 공익산업법센터 제13회 국제학술대회, 2016. 9. 22), 99쪽 참조.

다. 국민들은 개인과 사회에 명확하고 유형의 편익을 가져다 주는 것으로 인식하는 기술을 보다 지지하게 될 것이다. 관련 리스크가 높을 가능성이 있는 경우, 그 리스크가 제한된 집단에게만 발생하고 그 혁신으로부터 가장 많은 것을 얻는 그 집단이 감내하려 한다면 그 리스크는 사회적으로 용인 가능한 것으로 간주될 수 있다.

셋째, 절차가 중요하며 투명성은 필수적이다. 기술혁신이 도입될 때, 특히 국가에 의해 이루어지는 것일 때에는 투명성, 개방성 그리고 국민의 참여가 불가결하다. 그 기술혁신이 국민들이 깊이 관심을 가지는 측면(가령, 그들의 의료기록의 공유와 이용)에서 다수의 국민들에게 영향을 미치는 것일 때에는, 이해당사자와 사회 일반에 대해, 제안된 기술혁신의 범위와 내용을 결정할 유의미한 기회를 부여하는 것이 무엇보다 중요하다. 영국의 과학계는 최근 몇 십년의 경험을 통해서, 과학연구에 대한 이른바 '사회적 허가'를 얻어내기 위해서는 국민의 참여가 중요하다는 것을 인식하게 되었다.

넷째, 법적 규제와 규제당국의 활동은 기술혁신을 방해하는 대신, 혁신과 투자를 적극적으로 촉진하는 역할을 담당할 수 있다. 빠른 혁신을 주장하는 이들은 규제가 혁신을 저해한다고 주장하기도 하지만, 규제체계가 숙고의 과정을 거쳐 설계되고 시행되는 경우 규제는 기술혁신이 꽃피는 조건을 조성할 수 있다. 기술혁신을 시장에 내놓으려 할 때 기술혁신 기업이 부딪히는 불확실성에 대해서는 규제가 이를 감소시키는 데 도움을 줄 수 없지만, 규제는 기술혁신에 내포되어 있을 수 있는 유해한 효과에 대한 국민의 우려를 경감시키는 데 도움을 줌으로써 기술발전에 대한 국민의 지지를 확보하는 데 매우 중요한 역할을 한다. 이러한 관점에서, 규제당국의 임무는 그때그때마다 법위반이 의심되는 행위를 조사하고 법을 집행하는 기존의 역할에 한정될 필요가 없다.

2. 제4차 산업혁명과 규제패러다임의 전환

제4차 산업혁명의 기반기술과 이를 이용한 서비스가 현실화되고 있다. 이러한 변화는 현재의 규제패러다임에 대한 근본적인 변화를 요구한다. 넓게 보면, ICT기술의 발전과 디지털화에 따른 기술 및 서비스 혁신과 융합도 마찬가지의 문제를 안고 있다. 제4차 산업혁명의 씨앗은 ICT기술의 발전과 디지털화, 특히 플랫폼 경쟁 과정에서 비롯되었기 때문이다. 따라서 중점적인 논의 대상은 제4차 산업혁명의 흐름을 저해하지 않으면서 이로 인한 편익은 충분히 누리고, 다양한

이해관계를 조정하며 위험을 최소화하는 규제체계의 개선이다.108)

ICT의 발전과 융합화에 따른 산업과 시장의 변화, 신규 시장의 출현 등에 대한 사회적 수용성을 제고하기 위한 정책적 및 제도적 노력이 두드러지게 나타나고 있다. 기술혁신의 효용을 향유하고 지속가능한 산업혁명을 추동하기 위한 규제 패러다임과 법적 및 제도적 방안을 모색하기 위한 논의가 활발하게 이루어지고 있으며, 이 과정에서 고안된 창의적이고 유연한 규제 수단들이 법제화되어 운용되고 있다.

영국이 핀테크 분야에 도입한 '규제 샌드박스 제도(규제유예제도)'는 이러한 현상을 상징적으로 보여주는 가장 대표적인 예이다. 규제유예제도는 새로운 제품이나 서비스가 출시될 때 일정 기간 동안 기존 규제를 면제 또는 유예시켜주는 제도를 말한다. 신산업, 신기술 분야에서 새로운 제품, 서비스를 내놓을 때 일정 기간 동안 기존의 규제를 면제 또는 유예시켜주는 제도이다. 이 제도는 영국에서 핀테크 산업 육성을 위해 처음 시작됐으며 문재인 정부에서도 규제개혁 방안 중 하나로 채택했다. 사업자가 새로운 제품, 서비스에 대해 규제유예 적용을 신청하면 법령을 개정하지 않고도 심사를 거쳐 시범사업, 임시허가 등으로 규제를 면제 또는 유예해 그동안 규제로 인해 출시할 수 없었던 상품을 빠르게 시장에 내놓을 수 있도록 한 후 문제가 있으면 사후 규제하는 방식이다. 어린이들이 자유롭게 뛰노는 모래 놀이터처럼 규제가 없는 환경을 주고 그 속에서 다양한 아이디어를 마음껏 펼칠 수 있도록 한다고 해서 샌드박스라고 부른다.109)

3. 제4차 산업혁명에 부응한 법제 개선

과학기술의 혁신으로 신규 시장의 창출 또는 소비자 효용의 증대를 가져오는 새로운 행위가 기존의 규제에 의해 저지되는 것을 방지하기 위하여 다양한 노력이 이루어져 왔다. 가장 대표적인 법률로 「산업융합촉진법」과 「정보통신 진흥 및 융합 활성화 등에 관한 특별법」(정보통신융합법)이다. 전자는 산업간의 창의적 결합을 통해 새로운 사회적·시장적 가치가 있는 산업을 창출하는 활동을 촉진하기 위한 특별법이며, 후자는 특히 정보통신기술의 활용을 통해 사회적·시장적 가치를 창출하는 혁신적 활동을 진흥하기 위한 특별법이다.110)

---

108) 김태오, 앞의 글, 147쪽 참조.
109) 시사상식사전, 박문각.
110) 이원우, "기조연설: 혁신과 규제: 과학기술의 혁신과 경제규제"「혁신과 규제: 과학기술의 혁

먼저 「산업융합촉진법」이 2018년 10월 16일 일부개정되어 2019년 1월 17일부터 시행되었다. 주요내용은 다음과 같다. "오늘날 AI, 빅데이터, IoT 등 혁신기술 기반의 융복합 가속화로 기존 법·제도를 뛰어넘는 융합 서비스와 제품이 빠르게 등장하고 있다. 신산업 육성 및 글로벌 시장 선점을 위해서는 혁신적 융합 서비스와 제품이 자유롭게 시장에 진입하도록 하여 산업경쟁력을 강화하여 국가의 신성장 동력으로 만들어가야 한다. 현행 법제도하에서는 새로운 융합 제품 또는 서비스에 맞는 인증·허가 기준이 부재하거나, 기존 기준·요건을 적용하기 곤란하여 시장출시가 지연되는 사례가 발생하고 있으며, 새로운 융합 제품 또는 서비스의 안전성과 이용자의 편익 등을 시험·검증하기 위한 실증사업도 어려운 경우가 있다. 이에 새로운 융합 제품 또는 서비스에 대해 허가 필요 여부 등을 신속하게 확인해주는 '규제 신속확인'(제10조의5), 혁신적 사업시도가 가능하도록 '실증을 위한 규제특례'(제10조의3) 및 '임시허가'(제10조의5) 제도를 도입하려는 것이다. 또한 산업융합 관련 기업들의 현장 규제애로를 신속하게 해소할 수 있도록 '산업융합촉진 옴부즈만'의 기능을 확대하고(제10조 참조), 새로운 융합 제품 또는 서비스의 등장에 따라 기존 사업자등과 갈등이 발생하는 경우, 이를 예방 및 조정하기 위하여 '갈등조정위원회'(제8조의2)를 신설하려는 것이다." 그리고 제3조의2를 신설하여 "우선허용·사후규제원칙"을 명문화하였다.

다음으로 정보통신융합법에서는 기존의 '임시허가제도'(제37조)의 개정과 함께 '일괄처리절차'(제36조의2), '실증을 위한 규제특례제도'(제38조의2)를 도입하였다. 그리고 제3조의2를 신설하여 "우선허용·사후규제원칙"을 명문화하였다.

4. 과학기술발전에 부응한 규제개혁을 위한 입법과제

그 밖에 아직 통과되지는 않았지만, 「규제프리존특별법(안)」[111]과 「규제개혁특별법(안)」이 국회에 계류되어 있다. 「규제프리존특별법(안)」에서는 이른바 최소규제시스템과 규제형평제도를 규정하고 있다. 수도권을 제외한 전국 14개 시도에 27개 전략산업을 지정해 규제를 풀어주는 제도다. 이는 제4차 산업혁명에 대비해 혁신기술을 키움과 동시에 지역경제를 살리려는 취지로 추진됐다.

신과 경제규제」(서울대학교 공익산업법센터 제13회 국제학술대회, 2016. 9. 22), 18쪽 참조.
111) 규제프리존 특별법은 수도권을 제외한 전국 14개 시도에 27개 전략산업을 지정해 규제를 풀어주는 제도다. 이는 제4차 산업혁명에 대비해 혁신기술을 키움과 동시에 지역경제를 살리려는 취지로 박근혜 정부 때 추진됐다.

「규제개혁특별법(안)」에서도 규제형평제도를 도입하고 있다.[112] 규제형평제도란 어떤 규제가 일반적으로는 문제가 없으나, 입법자가 예견하지 못한 특수한 상황에 처해 있는 특정인에게 이 규제기준을 그대로 적용하는 것이 형평의 원리에 비추어 현저히 불합리한 경우, 해당 사안에 한하여 예외적으로 그 규제기준의 적용을 배제하여 구체적·개별적 정당성을 확보하고, 이를 통해 당사자의 피해를 구제 또는 예방하는 제도를 말한다.[113]

이러한 제도개선의 노력은 기본적으로 최소규제원칙, 안전성 확보와 손해배상을 통한 피해구제를 전제로 한 신기술 허가, 기술발전에 유연하게 대응할 수 있는 규제제도 등을 반영한 것이다. 모두 새로운 기술을 신속하고 적극적으로 수용함으로써 과학기술의 혁신을 촉진하면서도 기본적인 안전성을 확보하고 소비자 피해를 예방하기 위한 입법적 노력으로 평가된다.[114]

과학기술의 발전과 규제는 언제나 긴장과 갈등관계 속에 있어 왔다. 그러나 현대사회에서 법은 위험의 통제만이 아니라 새로운 기술을 유도하고 촉진하는 기능까지도 수행하여야 하며, 과학기술의 혁신에 장애가 되어서는 아니 된다.

제4차 산업혁명에 즈음하여 종래와 같이 규제완화냐 규제강화냐의 원론적인 문제에서 벗어나 '규제품질 제고'라는 본질적인 문제에 논의의 초점이 맞춰져야 한다. 양질의 규제를 통해 국민과 기업의 불편을 해소하고 국가경쟁력을 강화하는 방향으로 규제개혁방향이 전환되어야 한다. 그런 측면에서 규제품질 제고를 위한 규제법제의 개선방안으로는 ① 인·허가 규제법제의 개선방안(최소규제(인·허가 원칙허용·예외금지))방식의 실질화, 인·허가요건의 구체화 및 명확화 ② 과학적·합리적 규제방식으로의 전환(규제비용의 명확한 반영, 현실적 규제로의 전환, 중복규제의 금지) ③ 국민불편해소적 규제로의 전환(부처별 소관법령의 국민불편정도 평가제도 도입) ④ 협력적·자율적 규제방식의 적극 활용 ⑤ 의원입법의 규제 개선방안(의원입법의 사전규제영향분석 및 규제일몰제 도입, 청부입법의 원칙적 금지) ⑥ 규제총량제를 넘어 규제감량제의 도입 등을 들 수 있다.[115]

112) 이원우, "기조연설: 혁신과 규제: 과학기술의 혁신과 경제규제"「혁신과 규제: 과학기술의 혁신과 경제규제」(서울대학교 공익산업법센터 제13회 국제학술대회, 2016. 9. 22), 18쪽 참조.
113) 이원우·김재광·이희정·김상태·안동인, 「규제형평제도 도입방안 연구」(국가경쟁력강화위원회·한국공법학회, 2009. 12), 7쪽 이하 참조.
114) 이원우, "혁신과 규제: 과학기술의 혁신과 경제규제"「제13회 국제학술대회 "혁신과 규제: 과학기술의 혁신과 경제규제」(서울대 법전원 공익산업법센터, 2016. 9. 22) 기조연설문, 19쪽 참조.
115) 김재광, "규제품질 제고를 위한 규제 개선방안"「공법연구」 제42집제3호(한국공법학회, 2014. 2), 222쪽

Ⅶ. 맺는 말

① 제4차 산업혁명은 크게 보면 기존의 굴뚝산업과 정보통신기술(ICT)과의 융합이 한 축이 되고, 또 하나의 축은 완전히 새로운 산업영역들의 탄생으로 볼 수 있다. 인공지능기술, 사물인터넷, 빅데이터, 드론 등은 과거엔 생각할 수 없었던 새로운 산업 영역이라 할 수 있다. 그리고 제4차 산업혁명의 3대 키워드는 지능, 융합, 연결이라 할 수 있다.

② 인공지능기술은 제4차 산업혁명 시기를 주도하는 핵심적인 기술로 평가되고 있다. 인공지능의 산업·기술·경제적 파급효과에도 불구하고 그 법적 개념은 여전히 명확하게 규정되어 있지 않다. 다만 현재 기술수준에 비추어 볼 때 인공지능기술은 인지능력만이 극대화된 약한 인공지능으로 이해되는 것이 타당할 것이다. 법적 규제에 있어서는 인공지능기술의 예측불가능성, 자율성, 개발의 분산성 등이 고려되어야 할 것이다.

③ 사물인터넷은 ICT기술과 산업 분야에서 미래의 경제·사회에 가져올 영향이 가장 클 것으로 주목받는 영역이다. 현재시점에서 대표적인 활용분야는 스마트시티, 스마트홈, 스마트그리드, 스마트카, 스마트국방, 헬스케어 분야 등이 있다. 사물인터넷이 실제로 구현되기 위해서는 하나의 기술이 아니라 방대한 정보를 수집, 저장, 전송, 처리하기 위해 필요한 하드웨어에서 소프트웨어에 이르는 다양한 기술 및 그 기술의 실제적 이용을 가능하게 할 법제도적 발전이 뒷받침되어야 할 뿐 아니라, 그것이 구현되는 경우 예상되는 위험을 적정수준으로 관리하기 위한 법제도적 대응도 함께 이루어져야 할 것이다.

④ 현재의 빅데이터 환경은 과거와 비교해 데이터의 양은 물론 질과 다양성 측면에서 패러다임의 전환을 의미한다. 이런 관점에서 빅데이터는 산업혁명 시기의 석탄처럼 IT와 스마트혁명 시기에 혁신과 경쟁력 강화, 생산성 향상을 위한 중요한 원천으로 간주되고 있다. 빅데이터는 민간 기업은 물론 정부를 포함한 공공부문의 혁신을 수반하는 패러다임의 변화를 의미한다. 기업의 빅데이터 활용은 고객의 행동을 미리 예측하고 대처방안을 마련해 기업경쟁력을 강화시키고, 생산성 향상과 비즈니스 혁신을 가능하게 한다. 공공기관의 입장에서도 빅데이터의 등장은 시민이 요구하는 서비스를 제공할 수 있는 기회로 작용한다. 이는 '사회적 비용 감소와 공공 서비스 품질 향상'을 가능하게 만든다.

⑤ 전 세계적으로 드론에 대한 관심이 급격히 커지면서 많은 국가에서 드론

을 미래 전략산업의 하나로 주목하고 있으며 드론 관련 기술에 대한 연구개발과 활용을 위해 많은 노력을 하고 있다. 기술개발 투자와 규제해소를 위한 법 정비 등 국내 여건이 미비한 상황에서 군사용 무인항공기 강국인 미국은 국가공역체계 안에서 드론 법제화 정립을 진행하고 있으며, 중국 등 몇몇 국가의 기업들은 초소형 민간 드론 시장에서 강력한 경쟁력을 보이고 있다. 드론 기술의 발전과 시장이 확대되기 위해서는 공공드론의 역할이 매우 중요하다. 기술적 법적 제약이 적지 않은 환경에서 공공분야의 드론 활용은 기술 개발과 수요증대를 동시에 자극할 수 있는 촉매제가 될 수 있기 때문이다. 드론과 관련한 법적 문제 - 사생활 침해나 테러 범죄 악용 등은 규제되어야 할 것이다.

⑥ 과학기술의 혁신과 규제 사이의 긴장과 갈등은 동서고금을 통해 존재해 오는 보편적인 문제이다. 기술혁신과 규제간의 갈등은 역사적으로 많은 사례가 있으나, 근대 산업혁명 이후 증가하였고, 최근 과학기술의 급속한 발전에 따라 그 빈도와 정도가 급격하게 커지고 있다. 새로운 과학기술의 발전이 사회에 가져다 주는 총체적 가치를 적절히 수용하면서도 그것이 수반할 수 있는 리스크를 적절히 규제하기 위해서는 규제체계가 기술발전에 적절히 대응할 수 있도록 구조화되어야 한다.

⑦ 제4차 산업혁명의 기반기술과 이를 이용한 서비스가 현실화되고 있다. 이러한 변화는 현재의 규제패러다임에 대한 근본적인 변화를 요구한다. 신산업, 신기술 분야에서 새로운 제품, 서비스를 내놓을 때 일정 기간 동안 기존의 규제를 면제 또는 유예시켜주는 제도로서 영국이 핀테크분야에 도입한 "규제 샌드박스 제도(규제유예제도)"는 이러한 현상을 상징적으로 보여주는 가장 대표적인 예이다. 또한 일본도 제4차 산업혁명과 연계하여 초스마트사회(Society 5.0)의 실현을 위해 "목표역산 로드맵"과 지역특구 등의 제도를 도입하는 등의 노력을 통해 신기술에 대한 실증 실험이나 도입을 위한 준비를 빠르게 이행하고 있는데, 특히 "규제유예제도"를 통해 드론과 같은 신기술에 대한 실증 검증을 위한 신속성과 관련 규제의 완화에 있어 유연성을 확보하고자 노력하고 있는 것[116]은 시사하는 바가 크다고 생각한다. 따라서 우리의 경우에도 획기적인 규제 패러다임의 전환이 요청된다. 최근 규제유예제도를 도입하는 입법이 이루어지고 있는 것은 바람직하다고 본다.

---

116) 석호영, 앞의 글, 188~189쪽 참조.

⑧ 과학기술의 혁신으로 신규 시장의 창출 또는 소비자 효용의 증대를 가져오는 새로운 행위가 기존의 규제에 의해 저지되는 것을 방지하기 위하여 다양한 노력이 이루어져 왔다. 가장 대표적인 법률로 「산업융합촉진법」과 「정보통신 진흥 및 융합 활성화 등에 관한 특별법」(정보통신융합법)이다. 전자는 산업간의 창의적 결합을 통해 새로운 사회적·시장적 가치가 있는 산업을 창출하는 활동을 촉진하기 위한 특별법이며, 후자는 특히 정보통신기술의 활용을 통해 사회적·시장적 가치를 창출하는 혁신적 활동을 진흥하기 위한 특별법이다.

⑨ 그 밖에 아직 통과되지는 않았지만, 「규제프리존특별법(안)」과 「규제개혁특별법(안)」이 국회에 계류되어 있다. 「규제프리존특별법(안)」에서는 이른바 최소규제시스템과 규제형평제도를 규정하고 있다. 한편 「규제개혁특별법(안)」에서도 규제형평제도를 도입하고 있다. 이러한 제도개선의 노력은 기본적으로 최소규제원칙, 안전성 확보와 손해배상을 통한 피해구제를 전제로 한 신기술 허가, 기술발전에 유연하게 대응할 수 있는 규제제도 등을 반영한 것이다. 모두 새로운 기술을 신속하고 적극적으로 수용함으로써 과학기술의 혁신을 촉진하면서도 기본적인 안전성을 확보하고 소비자 피해를 예방하기 위한 입법적 노력으로 평가된다. 조속히 입법되어야 할 것이다.

⑩ 제4차 산업혁명에 즈음하여 종래와 같이 규제완화냐 규제강화냐의 원론적인 문제에서 벗어나 '규제품질 제고'라는 본질적인 문제에 논의의 초점이 맞춰져야 한다. 양질의 규제를 통해 국민과 기업의 불편을 해소하고 국가경쟁력을 강화하는 방향으로 규제개혁방향이 전환되어야 제4차 산업혁명이 순조롭게 뿌리를 내리고 튼튼한 가지를 치며 달콤한 열매를 맺을 수 있을 것이다.

결론적으로 말하면, 제4차 산업혁명의 요체는 규제혁신이다.

제7편

공동체와 치안

제13강

경찰차벽에서 경찰꽃벽으로: 경찰의 길, 시민의 道

Ⅰ. 들어가는 말

2016년 광화문 촛불시위에서 시민들을 막아선 경찰차벽이 꽃으로 뒤덮혔다. 청와대로 행진하는 길목을 차단한 경찰차벽을 시민들이 꽃 스티커로 장식한 것이다. '차 벽을 꽃 벽으로' 이벤트는 이강훈 작가의 제안으로 시작됐다고 한다. 예술 클라우드 펀딩 '세븐픽처스'는 시민들로부터 스티커 제작 자금을 모았고 26명의 작가가 그림 제작에 동참했다고 한다. 이강훈 작가는 자신의 트위터에 "지난 토요일 경복궁역 앞에서 차벽으로 길을 막고 있는 경찰들을 떠올리다 경찰을 비난하는 구호 대신 갖가지 꽃이나 평화를 상징하는 이미지들을 스티커로 붙여서 차벽과 방패에 붙이는 퍼포먼스를 하면 어떨까 하는 생각이 들었다"며 "폭력적이지 않지만 적극적인 저항의 의미를 담고 있다"고 설명했다. 또 "집회 후 수십만장이 붙어 있을 스티커를 뜯어내면서 경찰들도 많은 생각을 하게 되지 않을까"라고 덧붙였다.[1] 경찰 '차 벽을 꽃 벽으로' 만든 이벤트는 우리나라의 집회 및 시위 문화와 관련하여, 그리고 시민과 경찰과의 관계에 관하여 많은 것을 생각하게 한다.

2017년 7월 7일 경찰개혁위원회는 경찰차벽에 대해 일반집회시위에서 사용하지 않고, 경찰통제선이나 경찰력으로 폭력집회시위를 저지할 수 없을 때만 사용하도록 권고했고, 경찰청이 수용했다.

【원제: 경찰차벽의 법적 근거에 관한 고찰】
1) 스포츠경향 2016년11월 189일자 "[화보] 2016년, 경찰차 벽이 꽃 벽 된 광화문 촛불 시위 현장…누리꾼 "그만큼 간절""기사 참조.

〈경찰차벽에서 '경찰꽃벽'으로〉

출처: 경향신문 2016년 11월 20일자 기사

경찰이 불법·폭력 집회나 시위를 개최하는 것을 막기 위해 경찰버스들로 이른바 차벽(車壁)을 만드는 방법으로 시민들의 출입을 제지한 경찰조치에 대한 법적 허용성을 둘러싸고 문제가 제기되고 있다. 이른바 경찰차벽이란 경찰이 경찰버스를 이용해 일정 지역을 빙 둘러싸서 국가중요시설에 대한 진입 저지, 불법적 도로점거, 경찰관에 대한 폭행이 있거나 명백하게 예상될 때 설치하는 공권력 행사를 말한다.

경찰차벽과 관련한 중요한 결정이 헌재 2011. 6. 30. 선고, 2009헌마406 결정(서울광장 통행제지행위 사건)이다. 헌법재판소는 경찰버스로 광장을 둘러싸 일체의 통행을 제지한 행위는 "과잉금지원칙을 위반하여 청구인들의 일반적 행동자유권을 침해한 것이다"라며 위헌 선언하였다. 이 결정의 배경은 다음과 같다. 경찰청장이 노무현 전 대통령의 서거 직후 경찰차벽을 설치하여 시민들이 서울광장을 통행하지 못하도록 한 이래 2009년 5월 29일 하루 동안 고인에 대한 국민장 노제(路祭)가 열릴 수 있도록 경찰버스들을 철수해 서울광장에의 출입을 허용한 외에는 2009년 6월 4일 차벽 통행제지행위를 중지할 때까지 시민들이 서울광장에 출입하거나 통행하는 것 일체를 제지했다. 민OO씨 등 서울시민들은 2009년 6월 3일 서울광장을 가로질러 통행하려고 하다가 서울광장을 둘러싼 경찰차벽에 의해 통행하지 못하게 됐다. 이에 통행제지행위를 받은 시민들은 경찰청장의 차벽 통행제지행위가 일반적 행동자유권 등 헌법상 기본권을 침해한다고 주장하면서 2009년 7월 21일 위헌확인을 구하는 헌법소원심판을 청구한 것에 따른 결정이다. 헌법재판소는 이 결정에서 경찰차벽 설치는 집회의 조건부 허용이나, 개별적 집회의 금지나 해산으로는 방지할 수 없는 급박하고 명백하며 중대한 위험이 있는 경우에 한하여 비로소 취할 수 있는 마지막 수단에 해당하는 것이라고 하여 경찰차벽 설치의 법적 허용성과 설치기준을 명확하게 제시한 것은 헌법상 일반적 행동자유권의 보장과 실효적인 경찰권 행사의 조화를 모색했다는 점에서 중요한 법적 함의를 가진다고 할 수 있다.

'서울광장 통행제지행위 사건'에서는 차벽설치의 법적 근거와 관련하여 「경찰관 직무집행법」 제5조 제2항, 같은 법 제6조 제1항(현행은 제6조), 경찰법 제3조, 「경찰관 직무집행법」 제2조가 문제되었다. 따라서 본고에서는 헌법재판소의 2011. 6. 30. 선고, 2009헌마406 결정을 토대로 하여 경찰차벽의 법적 근거를 고찰하고자 한다.

Ⅱ. 경찰차벽에 대한 헌법재판소 결정의 법적 함의

1. 헌법재판소 2011. 6. 30. 선고, 2009헌마406 결정의 취지

헌법재판소 2011. 6. 30. 선고, 2009헌마406 결정의 취지는 다음과 같다. "1. 거주·이전의 자유는 거주지나 체류지라고 볼 만한 정도로 생활과 밀접한 연관을 갖는 장소를 선택하고 변경하는 행위를 보호하는 기본권인바, 이 사건에서 서울광장이 청구인들의 생활형성의 중심지인 거주지나 체류지에 해당한다고 할 수 없고, 서울광장에 출입하고 통행하는 행위가 그 장소를 중심으로 생활을 형성해 나가는 행위에 속한다고 볼 수도 없으므로 청구인들의 거주·이전의 자유가 제한되었다고 할 수 없다. 2. 이 사건 통행제지행위는 서울광장에서 개최될 여지가 있는 일체의 집회를 금지하고 일반시민들의 통행조차 금지하는 전면적이고 광범위하며 극단적인 조치이므로 집회의 조건부 허용이나 개별적 집회의 금지나 해산으로는 방지할 수 없는 급박하고 명백하며 중대한 위험이 있는 경우에 한하여 비로소 취할 수 있는 거의 마지막 수단에 해당한다. 서울광장 주변에 노무현 전 대통령을 추모하는 사람들이 많이 모여 있었다거나 일부 시민들이 서울광장 인근에서 불법적인 폭력행위를 저지른 바 있다고 하더라도 그것만으로 폭력행위일로부터 4일 후까지 이러한 조치를 그대로 유지해야 할 급박하고 명백한 불법·폭력 집회나 시위의 위험성이 있었다고 할 수 없으므로 이 사건 통행제지행위는 당시 상황에 비추어 필요최소한의 조치였다고 보기 어렵고, 가사 전면적이고 광범위한 집회방지조치를 취할 필요성이 있었다고 하더라도, 서울광장에의 출입을 완전히 통제하는 경우 일반시민들의 통행이나 여가·문화 활동 등의 이용까지 제한되므로 서울광장의 몇 군데라도 통로를 개설하여 통제 하에 출입하게 하거나 대규모의 불법·

폭력 집회가 행해질 가능성이 적은 시간대라든지 서울광장 인근 건물에의 출근이
나 왕래가 많은 오전 시간대에는 일부 통제를 푸는 등 시민들의 통행이나 여가·
문화 활동에 과도한 제한을 초래하지 않으면서도 목적을 상당 부분 달성할 수 있
는 수단이나 방법을 고려하였어야 함에도 불구하고 모든 시민의 통행을 전면적으
로 제지한 것은 침해의 최소성을 충족한다고 할 수 없다. 또한 대규모의 불법·폭
력 집회나 시위를 막아 시민들의 생명·신체와 재산을 보호한다는 공익은 중요한
것이지만, 당시의 상황에 비추어 볼 때 이러한 공익의 존재 여부나 그 실현 효과
는 다소 가상적이고 추상적인 것이라고 볼 여지도 있고, 비교적 덜 제한적인 수
단에 의하여도 상당 부분 달성될 수 있었던 것으로 보여 일반 시민들이 입은 실
질적이고 현존하는 불이익에 비하여 결코 크다고 단정하기 어려우므로 법익의 균
형성 요건도 충족하였다고 할 수 없다. 따라서 이 사건 통행제지행위는 과잉금지
원칙을 위반하여 청구인들의 일반적 행동자유권을 침해한 것이다."고 판시하였다.

생각건대, 서울광장 통행제지행위 사건과 관련한 경찰차벽에 대한 헌법재판
소 결정은 크게 두 가지로 정리할 수 있다. 첫째, 차벽설치는 집회의 조건부 허용
이나, 개별적 집회의 금지나 해산으로는 방지할 수 없는 급박하고 명백하며 중대
한 위험이 있는 경우에 한하여 비로소 취할 수 있는 거의 마지막 수단에 해당하
는 것이라고 하여 차벽설치의 기준을 제시하였다. 둘째, 재판관 김종대, 재판관
송두환의 보충의견은「경찰관 직무집행법」제5조 제2항, 같은 법 제6조 제1항(현
행은 제6조), 경찰법 제3조,「경찰관 직무집행법」제2조는 이 사건 통행제지행위의
합헌적인 법률적 근거로 볼 수 없다고 본 반면, 재판관 이동흡, 재판관 박한철의
반대의견은 경찰 임무의 하나로서 '그 밖의 공공의 안녕과 질서유지'를 규정한 경
찰법 제3조 및「경찰관 직무집행법」제2조는 일반적 수권조항으로써 경찰권 발동
의 법적 근거가 될 수 있다고 하여 상반된 주장을 하고 있다.

이하에서 재판관 김종대, 재판관 송두환의 보충의견과 재판관 이동흡, 재판관
박한철의 반대의견을 구체적으로 살펴보자.

2. 재판관 김종대, 재판관 송두환의 보충의견

먼저 재판관 김종대, 재판관 송두환의 보충의견은 다음과 같다. "경찰관직무
집행법 제5조 제2항의 '소요사태'는 '다중이 집합하여 한 지방의 평화 또는 평온
을 해할 정도에 이르는 폭행·협박 또는 손괴행위를 하는 사태'를 의미하고, 같은
법 제6조 제1항의 '급박성'은 '당해행위를 당장 제지하지 아니하면 곧 범죄로 인

한 손해가 발생할 상황이라서 그 방법 외에는 결과를 막을 수 없는 절박한 상황일 경우'를 의미하는 것으로 해석되는바, 경찰청장이 청구인들에 대한 이 사건 통행제지행위를 한 2009. 6. 3. 당시 서울광장 주변에 '소요사태'가 존재하였거나 범죄발생의 '급박성'이 있었다고 인정할 수 없으므로 위 조항들은 이 사건 통행제지행위 발동의 법률적 근거가 된다고 할 수 없다. 경찰의 임무 또는 경찰관의 직무범위를 규정한 경찰법 제3조, 경찰관직무집행법 제2조는 그 성격과 내용 및 아래와 같은 이유로 '일반적 수권조항'이라 하여 국민의 기본권을 구체적으로 제한 또는 박탈하는 행위의 근거조항으로 삼을 수는 없으므로 위 조항 역시 이 사건 통행제지행위 발동의 법률적 근거가 된다고 할 수 없다. 우선 우리 헌법이 국민의 자유와 권리를 제한하는 경우 근거하도록 한 '법률'은 개별적 또는 구체적 사안에 적용할 작용법적 조항을 의미하는 것이지, 조직법적 규정까지 포함하는 것이 아니다. 다음으로 이를 일반적 수권조항이라고 보는 것은 각 경찰작용의 요건과 한계에 관한 개별적 수권조항을 자세히 규정함으로써 엄격한 요건 아래에서만 경찰권의 발동을 허용하려는 입법자의 의도를 법률해석으로 뒤집는 것이다. 또한 국가기관의 임무 또는 직무에 관한 조항을 둔 다른 법률의 경우에는 이를 기본권제한의 수권조항으로 해석하지 아니함에도 경찰조직에만 예외를 인정하는 것은 법치행정의 실질을 허무는 것이다. 마지막으로 만약 위 조항들이 일반적 수권조항에 해당한다고 인정하더라도 명확성의 원칙 위반이라는 또 다른 위헌성을 피할 수 없으므로 결국 합헌적인 법률적 근거로 볼 수 없게 된다. 따라서 경찰청장의 이 사건 통행제지행위는 법률적 근거를 갖추지 못한 것이므로 법률유보원칙에도 위반하여 청구인들의 일반적 행동자유권을 침해한 것이다."

3. 재판관 이동흡, 재판관 박한철의 반대의견

다음으로 재판관 이동흡, 재판관 박한철의 반대의견은 다음과 같다. "시의적절하고 효율적인 경찰권 행사를 위한 현실적 필요성이 있다는 점과 경찰권 발동의 근거가 되는 일반조항을 인정하더라도 경찰권 발동에 관한 조리상의 원칙이나 법원의 통제에 의해 그 남용이 억제될 수 있다는 점을 종합해 보면, 경찰 임무의 하나로서 '기타 공공의 안녕과 질서유지'를 규정한 경찰법 제3조 및 경찰관직무집행법 제2조는 일반적 수권조항으로서 경찰권 발동의 법적 근거가 될 수 있다고 할 것이므로, 위 조항들에 근거한 이 사건 통행제지행위는 법률유보원칙에 위배된 것이라고 할 수 없다. 시민분향소가 위치한 덕수궁뿐만 아니라 중요한 공공기관과 가까운 서울광장 주변 곳곳에서 소규모 추모집회가 열리고 있던 상황에서 서울광장에 대규모 군중이 운집할 경우 자칫 불법·폭력 집회나 시위로 나아갈 수 있고, 그 경우 사회에 미치는 혼란과 위험이 상당히 클 것이므로 이와 같은 위험을 사전에 예방하여 시민들의 생명·신체와 재산을 보호하기 위하여 한 이 사건 통행제지행위를 현저히 불합리한 공권력 행사로 보기 어렵다. 나아가 이 사건 통행제지행위는 서울광장이라는 한정된 곳에서 일시적으로 일반이용을 제한한 것에 불과하고, 우회로를 통행하거나 다른 공간에서의 여가활동을 막는 것도 아니었으며, 향후 그 제한의 범위가 확대될 가능성도 없었으므로 이를 과도한 제한이라고 보기 어렵다. 다수의견의 주장대로 조건부 또는 개별적으로 집회를 허용할 경우, 집회 참가자들의 배타적 사용으로 일반시민들의 일반적 행동자유권은 마찬가지로 제한될 것이고, 일부 통로를 개설하여 개별적인 통행이나 여가활동을 허용할 경우, 불법 집회의 목적을 가진 자들이 그 출입 목적을 속여 서울광장을 이용할 가능성도 있어 당초의 경찰권 행사의 목적을 달성할 수 없게 될 것이며, 특정 시간대에 통행을 허용하는 것은 상시적으로 대규모 불법·폭력 집회가 발생할 위험이 존재하던 당시 상황에서는 현실성 있는 대안으로 보기 어려우므로, 이들을 보다 덜 침해적인 수단으로 보아 최소침해성 원칙에 위반된다고 보는 것은 타당하지 않다. 나아가 불법·폭력 집회로부터 시민의 생명과 신체, 재산을 보호하려는 공익에 비해 일시적으로 서울광장에서 여가활동이나 통행을 하지 못하는 불편함이 크다고 할 수 없어 법익 균형성도 갖추었다고 할 것이다. 따라서 이 사건 통행제지행위는 청구인들의 일반적 행동자유권을 침해한 것이라 볼 수 없으므로 청구인들의 이 사건 심판청구는 기각되어야 할 것이다.”

4. 소결

헌법재판소 2011. 6. 30. 선고, 2009헌마406 결정은 집회나 시위를 주최하거나 참가하는 측이 아니라 일반시민이 청구인으로서 경찰청장이 2009. 6. 3. 경찰버스들로 서울특별시 서울광장을 둘러싸 통행을 제지한 행위가 청구인들의 거주·이전의 자유 등을 제한하는지 여부에 관한 헌법소원 사건에 관한 것이었다. 이 결정은 당시 서울광장에서 개최하려던 노무현 전 대통령의 사망에 관한 규탄 집회·시위를 원천적으로 봉쇄하려고 한 경찰의 경찰차벽 설치에 관한 것이다. 결국 경찰차벽 설치에 관한 헌법재판소의 위헌 결정은 일반 공중에게 개방된 장소인 서울광장을 개별적으로 통행하거나 서울광장에서 여가활동이나 문화활동을 하는 청구인들의 일반적 행동자유권이 침해된다고 판단하였을 뿐이고, 당시 시위를 주도하거나 참여하는 단체나 사람들의 집회나 시위의 자유가 침해된다는 판단은 아니라고 볼 수 있다. 그리고 헌법재판소는 이 결정에서 차벽설치는 집회의 조건부 허용이나, 개별적 집회의 금지나 해산으로는 방지할 수 없는 급박하고 명백하며 중대한 위험이 있는 경우에 한하여 비로소 취할 수 있는 마지막 수단에 해당하는 것이라고 하여 차벽설치의 합헌성을 확인하였고 차벽을 설치할 수 있는 기준도 명백히 제시하였다는 평가를 할 수 있다.

그리고 차벽설치의 법적 근거와 관련하여 재판관 김종대, 재판관 송두환의 보충의견은 「경찰관 직무집행법」 제5조 제2항, 같은 법 제6조 제1항(현행은 제6조), 경찰법 제3조, 「경찰관 직무집행법」 제2조는 이 사건 통행제지행위의 합헌적인 법률적 근거로 볼 수 없다고 본 반면, 재판관 이동흡, 재판관 박한철의 반대의견은 경찰법 제3조 및 「경찰관 직무집행법」 제2조는 일반적 수권조항으로서 경찰권 발동의 법적 근거가 될 수 있다고 하여 상반된 주장을 하고 있어 경찰차벽의 법적 근거를 경찰특별법 및 경찰일반법상 개별적 수권조항과 경찰일반법상 일반적 수권조항을 대상으로 구체적으로 검토하여 명확히 밝힐 필요가 있다고 본다.

Ⅲ. 경찰차벽의 법적 근거에 관한 고찰

헌법재판소는 경찰차벽 설치요건으로 "집회의 조건부 허용이나, 개별적 집회의 금지나 해산으로는 방지할 수 없는 급박하고 명백하며 중대한 위험이 있는 경우에 한하여 비로소 취할 수 있는 마지막 수단에 해당하는 것"을 들고 있다(헌법재판소 2011. 6. 30. 선고, 2009헌마406 결정). 그렇다면 경찰차벽의 법적 근거는 어디에서 찾아야 할 것인가가 문제된다.

1. 경찰작용에 대한 법률의 수권방식

경찰활동은 일반적으로 침해행정으로서 법률유보의 원칙이 적용되는바, 법률유보의 원칙은 기본권과 법치국가를 그 근거로 하고 있다.[2] 즉 공공의 안녕과 질서에 대한 위해를 방지하고 장해를 제거하기 위하여 행하여지는 경찰작용은 주로 권력적이고 침해적인 수단을 사용하며, 이에 수반하여 개인의 자유와 재산을 침해

---

2) Dieter Kugelmann(서정범 · 박병욱 역), 「쿠겔만의 독일경찰법」(세창출판사, 2015), 177쪽.

하는 경우가 빈번히 발생된다. 따라서 경찰권발동에는 법적 근거를 필요로 한다.3)

경찰차벽의 법적 근거의 방식으로 법기술상 ① 경찰특별법상의 개별적 수권
에 의한 방식, ② 일반경찰법상 개별적 수권에 의한 방식, ③ 경찰일반법상 일반
적 수권조항에 의한 방식 등을 들 수 있다.4) 이 세 가지 수권조항간의 구별은 법
이론적으로나 실무적으로도 중요한 의미를 갖는다. "특별법은 일반법에 우선한
다"는 원칙에 따라 경찰특별법상 개별적 수권조항이 경찰일반법상 개별적 수권조
항보다 우선적용되며, 경찰일반법상의 개별적 수권조항은 경찰일반법상 일반적
수권조항보다 우선적용된다.5)

2. 경찰차벽의 개별적 수권규정 검토

(1) 경찰특별법(집시법)상의 개별적 수권조항 검토

1) 질서유지선의 의의   「집회 및 시위에 관한 법률」 제13조는 '질서유지선의
설정'에 대해 규정하고 있다. 질서유지선이란 관할 경찰서장이나 지방경찰청장이
적법한 집회 및 시위를 보호하고 질서유지나 원활한 교통소통을 위해 집회 또는
시위의 장소나 행진 구간을 일정하게 구획하여 설정한 띠, 방책(防柵), 차선(車線)
등의 경계 표지(標識)를 말한다(제2조 제5항).

한편 법 제13조 제1항은 "제6조제1항에 따른 신고를 받은 관할경찰관서장은
집회 및 시위의 보호와 공공의 질서 유지를 위하여 필요하다고 인정하면 최소한의
범위를 정하여 질서유지선을 설정할 수 있다."고 규정하고 있다. 「집회 및 시위에
관한 법률」은 질서유지선 설정을 관할경찰관서장의 재량사항으로 규정하고 있다.

2) 차벽의 법적 근거   「집회 및 시위에 관한 법률」은 관할경찰관서장에게 질
서유지선을 설정할 수 있는 재량권을 부여하고 있으며 질서유지선을 설정하기 위
한 경계표지로 '띠, 방책, 차선 등'을 예시적으로 규정하고 있다(법 제2조 제5항). 질
서유지선을 설정하는 것이 본래 '적법한' 집회 및 시위를 전제로 하는 것임은 법
제2조 제5호에 분명히 나타나 있다.

'적법한' 집회 및 시위의 경우에 '띠, 방책, 차선'의 질서유지선이 필요하다면
(원칙적으로 경찰차벽 사용금지), '불법적인' 집회 및 시위의 경우에는 '띠, 방책, 차선'

---

3) 관습법 또는 조리를 근거로 경찰권을 발동할 수 없다는 견해로는 최영규, 「경찰행정법」 제4
판(법영사, 2013), 181쪽.
4) 정하중, 「행정법개론」(법문사, 2013), 1136쪽 참조.
5) 손재영, 「경찰법」 제2판(박영사, 2014), 49~50쪽.

이외의 보다 실효적인 경계표지를 사용할 수 있다고 해석할 수 있다. 왜냐하면 띠, 방책, 차선 '등'이라고 규정하고 있기 때문이다. 그런 측면에서 경찰통제선이나 경찰력으로 폭력 집회·시위를 저지할 수 없을 때 예외적으로 경찰차벽도 경계표지로 사용할 수 있다고 보아야 한다.

따라서 「집회 및 시위에 관한 법률」 제13조 제1항은 경찰차벽의 법적 근거로 볼 수 있는 경찰특별법상의 개별수권조항이라 할 수 있다.

우리 헌법상 집회·시위의 자유에 의하여 보호되는 것은 오로지 '평화적' 또는 '비폭력적' 집회·시위에 한정되는 것이므로, 집회·시위의 자유를 빙자한 폭력행위나 불법행위 등은 헌법적 보호범위를 벗어난 것인 만큼, 형법, 「폭력행위 등 처벌에 관한 법률」, 도로교통법 등에 의하여 형사처벌되거나 민사상의 손해배상 책임 등에 따라 제재될 수 있다.

(2) 경찰일반법상 경찰차벽의 개별적 수권조항 검토

경찰일반법으로는 「경찰관 직무집행법」을 들 수 있다. 「경찰관 직무집행법」 상 경찰차벽의 법적 근거로 검토할 수 있는 것은 제5조(위험 발생의 방지 등), 제6조(범죄의 예방과 제지) 및 제10조(경찰장비의 사용)를 들 수 있다.

1) 경찰에 의한 위험발생의 방지 등   「경찰관 직무집행법」 제5조는 '위험발생의 방지 등'에 대해 규정하고 있다.[6] 위험발생의 방지조치란 인명 또는 신체에 위해를 미치거나 재산에 중대한 손해를 끼칠 우려가 있는 위험한 사태가 있을 때에 그 위험을 방지하기 위하여 취하는 조치를 말한다.

「경찰관 직무집행법」 제5조 제1항 제3호는 경찰관은 위험사태가 발생한 경우 스스로 그 조치를 취할 수 있다고 규정하고 있는데, 위험방지조치의 내용을 특정하지 않고 개괄적으로 규정하고 있는 점에 특징이 있다(개인적 법익에 대한 일반적 수권조항).[7] 즉 「경찰관 직무집행법」 제5조 제1항은 경찰작용을 위한 전제조건으

---

6) 제5조 제1항은 "경찰관은 사람의 생명 또는 신체에 위해를 끼치거나 재산에 중대한 손해를 끼칠 우려가 있는 천재(天災), 사변(事變), 인공구조물의 파손이나 붕괴, 교통사고, 위험물의 폭발, 위험한 동물 등의 출현, 극도의 혼잡, 그 밖의 위험한 사태가 있을 때에는 다음 각 호(1. 그 장소에 모인 사람, 사물(事物)의 관리자, 그 밖의 관계인에게 필요한 경고를 하는 것, 2. 매우 긴급한 경우에는 위해를 입을 우려가 있는 사람을 필요한 한도에서 억류하거나 피난시키는 것, 3. 그 장소에 있는 사람, 사물의 관리자, 그 밖의 관계인에게 위해를 방지하기 위하여 필요하다고 인정되는 조치를 하게 하거나 직접 그 조치를 하는 것)의 조치를 할 수 있다. 제2항은 "경찰관서의 장은 대간첩 작전의 수행이나 소요(騷擾) 사태의 진압을 위하여 필요하다고 인정되는 상당한 이유가 있을 때에는 대간첩 작전지역이나 경찰관서·무기고 등 국가중요시설에 대한 접근 또는 통행을 제한하거나 금지할 수 있다."고 규정하고 있다.

7) 박균성·김재광, 「경찰행정법입문」 제2판(박영사, 2018), 184쪽 참조; 경찰권 발동요건으로

로서 '그 밖의 위험한 사태'와 같은 포괄적 개념을 사용하고 있고, 또한 이러한 요건이 충족된 경우에는 제3호에서 '위해방지상 필요하다고 인정되는 조치'를 취할 수 있다고 규정하여 경찰이 취할 수 있는 조치를 특정하고 있기 때문이다.8)

「경찰관 직무집행법」 제5조 제1항이 보호하려는 법익의 종류는 이미 법문에도 나타나 있듯이 (그 밖의 위험한 사태) 열거적인 것이 아니라 예시적인 것으로 보아야 한다는 견해가 있다.9) 즉 '그 밖의 위험한 사태'란 개인적 법익 이외에 국가적 법익과 사회적 법익, 나아가 공공의 질서에 대한 위험한 사태를 의미하기 때문이라고 한다. 경찰이 '재산'과 같은 개인적 법익에 대한 위험이 존재하는 경우에는 「경찰관 직무집행법」 제5조 제1항 제3호에 근거하여 위해방지에 필요한 조치를 취할 수 있는 것에 반하여 '국가의 존속'이나 '객관적 법질서' 등과 같이 재산보다 더 중요하다고 볼 수 있는 보호법익에 대한 위험이 존재하는 경우에는 당연히 동 조항에 근거하여 위해방지조치를 취할 수 있다는 것이다.10) 그러나 동 조항은 일반적 수권조항의 성격을 갖지만 개인적 법익의 보호만이 그 대상이 되고 공동체적 법익의 보호는 그 대상이 되지 않는다고 보아야 한다.11)

생각건대, '그 밖의 위험한 사태'를 국가중요시설에 대한 시위대의 접근을 차단하려는 경찰과 진출하려는 시위대가 충돌해 일반시민들의 재산상, 생명·신체상 손해가 발생할 위험이 있는 경우로 해석한다면, 「경찰관 직무집행법」 제5조 제1항은 경찰차벽의 법적 근거가 될 수 있다고 해석하는 것이 타당할 것이다.

그리고 「경찰관 직무집행법」 제5조 제2항은 "경찰관서의 장은 대간첩 작전의 수행이나 소요(騷擾) 사태의 진압을 위하여 필요하다고 인정되는 상당한 이유가 있을 때에는 대간첩 작전지역이나 경찰관서·무기고 등 국가중요시설에 대한 접근 또는 통행을 제한하거나 금지할 수 있다."고 규정하고 있다.

재판관 김종대, 재판관 송두환의 보충의견은 "경찰관 직무집행법 제5조 제2항의 '소요사태'는 '다중이 집합하여 한 지방의 평화 또는 평온을 해할 정도에 이르는 폭행·협박 또는 손괴행위를 하는 사태'를 의미하는 것으로 해석되는바, 경

'그 밖의 위험한 사태'를, 발동내용으로 '위해방지상 필요하다고 인정되는 조치'를 명시하고 있다는 점에서 거의 완벽한 일반적 수권조항이라고 할 수 있다는 견해로는 박정훈, 「행정법의 체계와 방법론」(행정법연구Ⅰ)(박영사, 2005), 392쪽.

8) 손재영, 앞의 책, 79쪽.

9) 손재영, 앞의 책, 79쪽.

10) 손재영, 앞의 책, 80쪽.

11) 박균성, 「행정법강의」(박영사, 2015), 1237쪽.

찰청장이 청구인들에 대한 이 사건 통행제지행위를 한 2009. 6. 3. 당시 서울광장 주변에 '소요사태'가 존재하였다고 인정할 수 없으므로 위 조항은 이 사건 통행제지행위 발동의 법률적 근거가 된다고 할 수 없다"고 주장하였다. 한편 경찰에서는 「경찰관 직무집행법」 제5조 제2항의 '소요사태'를 무질서한 다수 군중에 의해 한 지역의 평온이 위협받고 있는 상태[12]로 해석하고 있다.

「경찰관 직무집행법」은 소요사태를 진압할 때에 소요군중으로부터 일반인을 분리시키고, 특정중요지역을 보호하기 위한 소요군중의 진입저지선을 설정할 수 있도록 하며, 소요사태의 진압과정에서 파생될 우려가 있는 일반국민의 피해를 막고 무기탈취나 국가중요기관의 피습을 방지하여 진압의 효율적 수행을 보장할 수 있도록 함으로써 대규모 피해상황을 방지하기 위한 초기단계의 경찰조치라 할 수 있다.[13]

따라서 소요사태가 발생한 경우에 소요사태를 진압하기 위하여 국가중요시설에 대한 접근 또는 통행을 제한하거나 금지할 수 있기 때문에 경찰차벽을 설치하는 것은 마땅히 인정되고 그런 측면에서 「경찰관 직무집행법」 제5조 제2항도 경찰차벽의 법적 근거가 될 수 있다고 해석하는 것이 타당하다.

2) 경찰에 의한 범죄의 예방과 제지 「경찰관 직무집행법」 제6조는 '범죄의 예방과 제지'에 대해 규정하고 있다.[14] 재판관 김종대, 재판관 송두환의 보충의견은 "경찰관 직무집행법 제6조 제1항의 '급박성'은 '당해 행위를 당장 제지하지 아니하면 곧 범죄로 인한 손해가 발생할 상황이라서 그 방법 외에는 결과를 막을 수 없는 절박한 상황일 경우'를 의미하는 것으로 해석되는바, 경찰청장이 청구인들에 대한 이 사건 통행제지행위를 한 2009. 6. 3. 당시 서울광장 주변에 범죄발생의 '급박성'이 있었다고 인정할 수 없으므로 위 조항들은 이 사건 통행제지행위 발동의 법률적 근거가 된다고 할 수 없다"고 주장하였다.

「경찰관 직무집행법」 제6조는 '범죄의 예방'과 '범죄의 제지'를 함께 규정하고 있다. 먼저 범죄의 예방에 관한 규정은 "범죄행위가 목전(目前)에 행하여지려고 하고 있다고 인정될 때에는 이를 예방하기 위하여 관계인에게 필요한 경고를 하고"

---

12) 경찰청, 「경찰관 직무집행법」, 2001, 73쪽.
13) 김재광, 「경찰관직무집행법」(학림, 2012), 89쪽.
14) 제6조(범죄의 예방과 방지) "경찰관은 범죄행위가 목전(目前)에 행하여지려고 하고 있다고 인정될 때에는 이를 예방하기 위하여 관계인에게 필요한 경고를 하고, 그 행위로 인하여 사람의 생명·신체에 위해를 끼치거나 재산에 중대한 손해를 끼칠 우려가 있는 긴급한 경우에는 그 행위를 제지할 수 있다."

부분이다. 다음으로 범죄의 제지에 관한 규정은 "그 행위로 인하여 사람의 생명·신체에 위해를 끼치거나 재산에 중대한 손해를 끼칠 우려가 있는 긴급한 경우에는 그 행위를 제지할 수 있다."는 부분이다.

「경찰관 직무집행법」 제6조 전단은 국민에게 사실상 불이익을 줄 수 있는 임의활동으로 보아야 하고,[15] 제6조 후단은 경찰상 즉시강제에 해당하는 조치로 보아야 한다.[16] 제6조 전단의 '경고'는 범죄의 예방을 위하여 범죄행위로 나아가려고 하는 것을 중지하도록 통고하는 것을 말하는데, 경고의 대상은 관계인이다. 따라서 범죄를 행하고 있는 자, 범죄에 의해 피해를 받는 자가 주된 대상이나 이들이 보호를 요하는 자인 경우에는 그 보호자들도 경고의 대상이 될 수 있다.[17]

제6조 후단의 '제지'란 실력의 행사에 의한 범죄예비행위 및 범죄에 밀접하게 접근된 행위를 저지하는 것을 말한다. 제지의 대상은 인명, 신체에 위해를 미치거나 재산에 중대한 손해를 끼칠 우려가 있는 행위이다. 현실적으로 제지의 효력이 미치는 자는 목전의 범죄를 행하려는 자가 될 것이다.[18]

재판관 이동흡, 재판관 박한철의 반대의견이 주장한 바처럼 시민분향소가 위치한 덕수궁뿐만 아니라 중요한 공공기관과 가까운 서울광장 주변 곳곳에서 소규모 추모집회가 열리고 있던 상황에서 서울광장에 대규모 군중이 운집할 경우 자칫 불법·폭력 집회나 시위로 나아갈 수 있고, 그 경우 사회에 미치는 혼란과 위험이 상당히 클 것이므로 이와 같은 위험을 사전에 예방하여 시민들의 생명·신체와 재산을 보호하기 위하여 한 이 사건 통행제지행위를 현저히 불합리한 공권력 행사로 보기 어렵다.

따라서 「경찰관 직무집행법」 제6조 후단의 '범죄의 제지'는 실력의 행사에 의한 범죄예비행위 및 범죄에 밀접하게 접근된 행위를 저지하는 것을 말하는 것이기 때문에 경찰차벽의 법적 근거가 될 수 있다고 해석하는 것이 타당하다.

3) 경찰장비의 사용   「경찰관 직무집행법」 제10조는 '경찰장비의 사용'에 대해 규정하고 있다.[19] 경찰장비란 경찰관이 직무를 수행하기 위하여 사용할 수 있

---

15) 김재광, 앞의 책, 186쪽 참조.
16) 김재광, 앞의 책, 99쪽 참조.
17) 김재광, 앞의 책, 186쪽 참조.
18) 김재광, 앞의 책, 100쪽 참조.
19) 제10조 제1항은 "경찰관은 직무수행 중 경찰장비를 사용할 수 있다. 다만, 사람의 생명이나 신체에 위해를 끼칠 수 있는 경찰장비(이하 이 조에서 "위해성 경찰장비"라 한다)를 사용할 때에는 필요한 안전교육과 안전검사를 받은 후 사용하여야 한다."고 규정하고 있고, 제2항은 "제1항 본문에서 "경찰장비"란 무기, 경찰장구(警察裝具), 최루제(催淚劑)와 그 발사장치, 살수차,

는 물건을 말하는데, 무기, 경찰장구(警察裝具), 최루제(催淚劑)와 그 발사장치, 살수차, 감식기구(鑑識機具), 해안 감시기구, 통신기기, 차량·선박·항공기 등 경찰이 직무를 수행할 때 필요한 장치와 기구를 말한다고 규정하고 있다. 여기서 '…차량·선박·항공기 등 경찰이 직무를 수행할 때 필요한 장치와 기구'라고 하여 '차량'을 예시하고 있는데, 이를 경찰차벽의 법적 근거로 볼 여지가 있다.

그러나 여기서의 '차량'은 순찰 등에 사용되는 일반적인 경찰차량을 의미하는 것으로 보아야 할 것이다. 만일 '경찰직무 수행'에 중점을 두어 국가중요시설에 대한 침투가 예상되는 시위대의 통행제지 기능을 하는 경찰차벽도 「경찰관 직무집행법」 제10조 제2항의 경찰장비 중 '차량'에 해당한다고 적극적으로 해석하는 것은 법해석의 범위를 넘어선다고 할 수 있다.

3. 경찰일반법상 일반적 수권조항 검토

공공의 안녕이나 공공의 질서에 위해 또는 장애가 존재하여 이를 예방하거나 제거할 필요가 있는 경우에도 이에 관하여 개별조항에 의해 경찰권 발동의 근거가 규정되어 있는 경우에는 일반적 수권조항에 근거한 경찰권 발동이 인정될 수 없다.

'서울광장 통행제지행위 사건'에서 차벽설치의 법적 근거와 관련하여 재판관 김종대, 재판관 송두환의 보충의견은 「경찰관 직무집행법」 제5조 제2항, 같은 법 제6조 제1항(현행은 제6조), 경찰법 제3조, 「경찰관 직무집행법」 제2조는 이 사건 통행제지행위의 합헌적인 법률적 근거로 볼 수 없다고 본 반면, 재판관 이동흡, 재판관 박한철의 반대의견은 경찰법 제3조 및 「경찰관 직무집행법」 제2조는 일반적 수권조항으로써 경찰권 발동의 법적 근거가 될 수 있다고 하여 상반된 주장을 하였다. 따라서 일반적 수권조항이 경찰차벽의 설치에 대한 경찰권 발동의 법적 근거가 될 수 있는지를 구체적으로 검토할 필요가 있다.

(1) 일반적 수권조항의 의의와 필요성

경찰상의 일반적 수권조항의 고전적인 형태는 1931년의 프로이센 경찰행정법 제14조 제1항에서 찾아볼 수 있다. "경찰행정청은 현행법의 범위 안에서 공공

감식기구(鑑識機具), 해안 감시기구, 통신기기, 차량·선박·항공기 등 경찰이 직무를 수행할 때 필요한 장치와 기구를 말한다."고 규정하고 있으며, 제3항은 "경찰관은 경찰장비를 함부로 개조하거나 경찰장비에 임의의 장비를 부착하여 일반적인 사용법과 달리 사용함으로써 다른 사람의 생명·신체에 위해를 끼쳐서는 아니 된다."고 규정하고 있고, 제4항은 "위해성 경찰장비는 필요한 최소한도에서 사용하여야 한다."고 규정하고 있다.

의 안녕 또는 질서를 위협하는 위험으로부터 공중 또는 개인을 보호하기 위하여 의무적합적 재량에 따라 필요한 조치를 취하여야 한다." 오늘날의 독일의 경찰－질서법 또한 이같은 규정방식에 따르고 있다.[20]

일반적 수권조항이란 경찰권의 권한을 규정한 조항으로서 그 내용이 개별적인 권한 내용을 구체화하고 있는 것이 아니라, 일반적인 위해방지를 위한 추상적인 내용으로 규정되어 있는 것을 말한다.[21] 일반적 수권조항은 개별적 수권조항이 존재하지 않는 경우에 경찰에게 위험방지조치를 수권하는 법률조항을 말한다.[22] 일반조항, 개괄조항, 개괄적 수권조항이라고도 한다. 일반적 수권조항은 가장 일반적이고 광범위한 수권규범이다.[23]

일반적 수권조항은 경찰조치의 형태, 방법 또는 내용을 제한함이 없이 필요한 모든 조치에 대한 권한을 부여하며, 따라서 경찰행정청에 광범위한 활동영역을 부여한다. 일반적 수권조항에 따라 경찰권을 발동하기 위한 전제조건은 단지 하나, 즉 공공의 안녕 또는 질서에 대한 위험이 존재한다는 것이고, 따라서 보호법익을 확정하는 것이 경찰작용의 적법성판단에 있어 결정적이다.

일반적 수권조항에 따라 경찰권을 발동하기 위하여 특별히 강화된 위험을 요하지는 않으며, 구체적 위험이 존재하는 것으로 충분하다(독일연방경찰법 제14조 제2항 제1문). 일반적 수권조항은 예측할 수 없는 사례유형을 포착하여 비전형적인 위험상황에서도 경찰행정청이 그에 효율적으로 개입할 수 있도록 하는 것을 그 목적으로 한다. 일반적 수권조항은 보충적으로만 적용된다. 그리고 일반적 수권조

---

20) Wolf－Rüdiger Schenke(서정범 역), 「독일경찰법론」(세창출판사, 1998), 26쪽.
21) 류지태 · 박종수, 「행정법신론」 제16판(박영사, 2016), 1025쪽.
22) 손재영, 앞의 책, 63쪽 참조.
23) 일반적 수권조항의 적용에는 일정한 한계가 존재한다. 즉, 일반적 수권조항이 원칙적으로 경찰권 발동에 대한 수권근거가 될 수 있다고 해서 동조항이 개인의 권리를 제한하거나 의무를 부과하는 '모든' 경찰권발동에 대한 수권근거가 될 수 있음을 의미하지는 않는다고 한다. 예컨대, 기본권에 중대한 제한이 존재하는 경우, 특히 관련된 기본권이 단지 강화된 실질적 요건과 절차적 요건하에서만 제한될 수 있는 경우에는 일반적 수권조항의 적용은 제한될 수 있다는 것이다. 손재영, 앞의 책, 70－72쪽 참조; 일반적 수권조항을 근거로 신체적 행동의 자유를 제한하는 것은 허용되지 않는다는 독일의 논의로는 Dieter Kugelmann(서정범 · 박병욱 역), 「쿠겔만의 독일경찰법」, 181－182쪽 참조. 그 이유로 절차와 법관유보(Richtervorbehalt)에 관한 기본법 제104조(① 신체의 자유는 형식적 법률에 근거해서만 그리고 거기에 규정된 방식에 따라서만 제한될 수 있다. 구금된 자는 정신적으로나 육체적으로 학대되어서는 아니된다. ② 자유박탈의 허용과 계속은 법관만이 결정한다. 법관의 지시에 따르지 않은 모든 자유박탈은 지체없이 법관의 결정을 받아야 한다. 경찰은 자기의 절대적 권력으로 누구도 체포 익일(翌日)이 종료한 후까지 구금할 수 없다. 상세한 것은 법률로 정한다. ③과 ④는 생략)의 규정이 준수되어야 하기 때문이며, 경찰상 보호조치에 관한 특별한 전제조건을 회피하여서는 아니된다고 보고 있다.

항으로의 도피는 허용되지 않는다.[24]

경찰권의 행사와 관련되는 규범은 직무규범과 수권규범[25]으로 나뉜다. 오늘날의 일반적인 법치국가적 원칙은 양자를 명확하게 구별한다. 즉 위해방지의 목적이 경찰의 직무로 인정된다고 하여, 이러한 직무규범으로부터 위해방지를 위한 개별적인 행위인 당사자의 권리제한이나 불이익을 야기할 수 있는 경찰수단 발동 권한이 당연히 인정되는 것은 아니다.[26]

한편 법률유보원칙에 따르면 일정한 행정권 행사에는 법률의 수권이 있어야 한다. 즉, 경찰권의 행사는 개인의 자유와 권리를 제한하고 의무를 부과하는 등의 침해적 성격을 가지는 행정작용이므로 법률유보의 최소한의 원칙인 침해유보설의 입장에서도 보아도 당연히 법적 근거를 요한다. 또한 헌법 제37조 제2항에 따른 질서유지의 차원에서 이루어지는 기본권침해행위에 대하여 헌법은 법률적 근거를 요구하고 있다. 따라서 경찰권의 발동에 있어서는 이러한 법률유보의 원칙이 충족되어야 한다.[27] 행정권의 수권은 원칙적으로 개별적 수권을 말한다. 그런데 경찰행정에 있어서는 경찰행정의 특수성에 비추어 일반수권도 가능하다는 견해가 제기되고 있다. 그리고 경찰실무에서 일반적 수권조항은 결코 포기될 수 없는 수단인 것으로 여겨지고 있다. 왜냐하면 아무리 완벽에 가까운 입법자라 하여도 모든 위험상황을 미리 예측하여 이를 개별적 수권조항에 상세히 규정한다는 것은 불가능하며, 또한 바람직하지도 않기 때문이다.[28] 즉 기술수준의 변화, 사회적 사정의 변화 등으로 인해 입법자가 예상할 수 없는 경찰상의 위해가 발생하는 경우에는, 미리 규정된 개별적인 수권규정으로 해결되지 못하는 경우가 존재한다. 이러한 경우에 대비하고자 하여 인정되는 것이 일반적 수권조항이기 때문이다.[29] 즉, 공공의 안녕과 질서에 대한 위해는 사회생활관계의 복잡성과 과학기술의 발전으로 인하여 일일이 그 유형을 법률로 규정하는 것을 사실상 불가능한 것으로 만들고 있다. 따라서 공공의 안녕과 질서에 대한 위해나 이미 발생한 장애에 대

---

24) Dieter Kugelmann(서정범·박병욱 역), 앞의 책, 179−181쪽 참조; 서정범·김연태·이기춘, 「경찰법연구」 제2판(세창출판사, 2012), 67쪽 이하 참조.

25) 수권규범 대신에 권한규범을 사용하는 경우가 많다. 생각건대, 권한규범이라는 용어보다는 수권규범이라고 하는 것이 타당하다고 본다. 일반적으로 행정법에서 권한이라 하면 행정기관의 조직법상 권한을 말하기 때문이다. 행정기관의 조직법상의 권한은 행정기관의 대외적 활동의 일반적인 한계를 의미한다.

26) 류지태·박종수, 앞의 책, 1024쪽.

27) 김성수, 「개별행정법」 제2판(법문사, 2004), 459쪽.

28) 손재영, 앞의 책, 48쪽.

29) 류지태·박종수, 앞의 책, 1025쪽.

하여 경찰권을 발동할 수 있는 일반조항을 두는 것은 어느 정도 불가피하다는 것[30]이 일반적인 견해이다.

(2) 일반적 수권조항의 인정 여부

공공의 안녕과 질서를 유지하기 위하여 경찰권을 발동하여야 할 필요가 있는 경우에 법률에 개별적인 수권규정이 없는 경우에 일반적 수권규정이 경찰권 발동의 근거가 될 수 있는지에 대하여 견해가 대립되고 있다. 우리나라에서 일반적 수권조항의 논의는 두 차원, 즉 입법론과 해석론의 차원에서 행해지고 있다. 즉 일반적 수권조항을 규정하는 것이 우리 헌법질서상 가능한가 하는 논의(입법론)와 「경찰관 직무집행법」상 제2조 제7호, 제2조 제7호와 제5조 제1항 제3호의 유추해석, 제5조 제1항 제3호의 유추해석, 제2조·제5조·제6조의 결합을 통한 유추해석 등이 경찰권 행사의 일반적 수권조항이 되는 것으로 해석될 수 있는가 하는 논의(해석론)가 그것이다.[31]

1) 일반적 수권조항의 합헌성 여부에 관한 논의   경찰권행사의 특수성에 따라 경찰행정법에서 독일[32]과 같이 일반적 수권조항을 적법한 수권조항으로 인정하여야 한다는 견해가 과연 헌법상 인정될 수 있는가 하는 문제가 제기된다.

일반적 수권조항 합헌설은 첫째, 경찰권 발동상황의 다양성과 경찰권 발동이 필요한 상황의 예측불가능성에 비추어 경찰분야에서는 일반적 수권조항이 필요하고, 둘째, 일반적 수권조항도 법률에 따라 규정되는 것이므로 헌법 제37조 제2항(법률유보의 원칙)에 정면으로 위배되는 것은 아니라고 한다. 셋째, 일반적 수권조항의 불확정개념은 학설과 판례에 의해 그 내용이나 목적 또는 범위가 충분히 세밀하게 논의될 수 있으므로 헌법상 명확성을 갖는다고 한다.[33]

이에 대하여 일반적 수권조항 위헌설은 첫째, 우리 헌법상의 법률유보의 원칙은 행정권의 발동에 있어서의 법률의 수권은 개별적 수권이어야 한다고 보는데 근거하고 있다.[34] 둘째, 일반적 수권조항을 인정하게 되면 경찰권의 행사에 관하여 백지의 포괄적 재량권을 부여하는 것이 되어 경찰권의 남용으로 국민의 기본권이 침해될 우려가 크다고 한다.

---

30) 김성수, 앞의 책, 460쪽.
31) 박균성·김재광, 「경찰행정법입문」 제2판, 84쪽.
32) 물론 독일의 경우에도 헌법상의 법치국가원리에 따른 명확성의 원칙에 근거하여 부정적인 입장을 취하는 견해도 없지 않다.
33) 홍정선, 「기본경찰행정법」(박영사, 2013), 158쪽.
34) 박윤흔, 「최신 행정법강의(하)」(박영사, 2004), 322−323쪽.

다음과 같은 이유에서 일반적 수권조항합헌설이 타당하다. 첫째, 경찰행정의 특성, 즉 경찰권 발동상황의 다양성과 경찰권 발동의 필요상황을 모두 예측하는 것이 불가능하다. 일반적 수권조항은 예측할 수 없는 사례유형을 포착하여 비전형적인 위험상황에서도 경찰이 그에 효율적으로 개입할 수 있도록 하는 것을 그 목적으로 한다.[35] 이는 고도위험사회의 본격적인 전개와 더불어 위험의 비정형성이 증대·심화되고 있는 것과 궤를 같이 하고 있다.[36] 국가의 기본적 책무는 질서유지에 있다. 따라서 구체적인 경우에 공공의 안녕이나 질서에 대한 현존하는 구체적인 위험을 방지하기 위하여 필요한 조치를 취할 수 있어야 한다. 그것은 법치국가의 요청이기도 하다. 둘째, 일반적 수권조항의 경우에도 법률의 수권이 있는 점에 비추어 일반적 수권조항이 법률유보의 원칙에 정면으로 위배되는 것으로 볼 수는 없다.[37] 셋째, 경찰작용의 특수성을 고려하여 개별수권조항에서 예상하거나 처리하기 어려운 경찰책임상태가 발생하였을 경우 이에 대한 경찰권행사를 인정하는 조항이 어떠한 형태로든 필요한 것이 현실이고 일반적 수권조항은 예상하기 어렵고 대처하기 어려운 위해의 방지를 위하여 "조리상 또는 자연법적 경찰권발동"이라는 초법적인 근거를 정당화하는 논리보다는 보다 개선된 입법형식으로 평가할 수 있다는 견해도 일반적 수권조항합헌설을 뒷받침한다고 볼 수 있다.[38]

2) 「경찰관 직무집행법」상 일반적 수권조항의 존재 여부   「경찰관 직무집행법」상 일반적 수권조항의 존재 여부와 관련해서 긍정설과 부정설의 대립이 있다. 먼저 긍정설은 일반적 수권조항의 합헌성과 필요성을 긍정하면서 우리나라의 현행법상으로도 일반적 수권조항이 존재한다고 보는 견해이다. 긍정설에는 ① 제2조 제7호를 일반적 수권조항으로 보는 견해,[39] ② 제2조 제7호와 제5조 제1항 제3호

---

35) Dieter Kugelmann(서정범·박병욱 역), 앞의 책, 180쪽.
36) 서정범·박병욱, "경찰법상의 위험개념의 변화에 관한 법적 고찰 - 전통적 위험개념의 작별(?) -"「안암법학」(통권 제36호, 2011. 9), 99쪽.
37) 박균성, 「행정법론(하)」 제15판(박영사, 2017), 613쪽.
38) 김성수, 앞의 책, 460-461쪽.
39) 이 견해에는 전면적 긍정설과 부분적 긍정설이 있다. 먼저 전면적 긍정설로는 류지태·박종수, 앞의 책, 1026면. 제2조제7호를 일반조항으로 보고 이에 따른 경찰작용을 인정하더라도, 경찰권행사의 일반적 한계인 비례성의 원칙 등이 인정되고 있으므로, 개별적인 수권에 의한 경우보다 남용될 소지는 적다고 보아야 할 것이라고 주장한다. 다음으로 부분적 긍정설로는 홍정선, 「기본경찰행정법」(박영사, 2013), 157-158쪽. 이 학설은 침해작용의 경우에는 권한규범(수권규범)과 임무규정을 엄격히 구분하여야 하고, 침해적 경찰권의 발동에는 작용법적 수권규정의 근거가 있어야 하는데, 「경찰관 직무집행법」 제2조제7호는 권한규범(수권규범)이 아니라 임무규정에 불과하며 사인에 대한 침해까지 가능하게 하는 규정으로 보아서는 아니되며, 일반조항을 두는 입법조치가 필요하다고 본다. 그러나 비침해예방작용에서 법적 근거는 임무규정만으로 족

의 유추해석에 의해 인정하는 견해,40) ③ 제5조 제1항 제3호의 유추해석에 의해 인정하는 견해,41) ④ 제2조 · 제5조 · 제6조의 결합을 통한 유추해석에 의해 인정하는 견해42) 등이 있다.

다음으로 부정설은 「경찰관 직무집행법」 제2조는 수권규범이 아니라 임무규범으로서 경찰권 발동의 근거가 될 수 없고, 따라서 우리나라에는 경찰권의 일반적 수권조항이 존재하지 않는다고 본다.43) 그리고 일반적 수권조항의 필요성 유무에 관해서는 다시 견해가 갈린다.44) 입법필요설(필요성 긍정설)45)과 입법불필요설(필요성 부정설)46) 등이 제기되고 있다.47)

아직 판례가 확립된 것이라고 볼 수는 없지만, 청원경찰의 불법개축행위 단

하다고 본다. 다만, 이러한 작용의 경우에도 개인의 권리 · 이익을 침해하기 위해서는 권한규범의 근거를 요한다고 본다.

40) 이기우, "경찰작용법의 체계" 「수사연구」(1990. 2), 98쪽; 손재영, 앞의 책, 83쪽.

41) 서정범, "경찰권발동의 근거 – 개괄적 수권조항을 중심으로 –", 「중앙법학」 제8집제1호(중앙법학회, 2006), 175–176쪽; 김성태, 「위험방지작용의 이해」(홍익대학교 출판부, 2007), 38쪽; 홍준형, 「경찰통합법에 관한 연구」(치안연구소, 1997), 197쪽 등. 이 견해에 대해서는 제5조제1항제3호를 완전한 의미의 일반적 수권조항이라고 할 수 없으며, 제5조제1항제3호가 일반적 수권조항으로써 일반법으로 적용되는 것은 시기상조이며, 보호이익 측면과 수범자 측면, 비용상환 및 손실보상 측면 등의 법개정을 통해 보완될 때까지 유보되어야 할 것이라는 비판적인 견해도 있다. 이기춘, "경찰관직무집행법 제5조제1항과 독일경찰질서법상 개괄적 수권조항과의 비교" 「JURIST」 393호(2003. 6) 참조.

42) 박정훈, 「행정법의 체계와 방법론」(행정법연구 I)(박영사, 2005), 391~394쪽; 경찰관직무집행법 제2조제7호를 일반적 수권조항으로 우선적으로 고려하여야 하나 동조항의 임무규범으로써의 성질이 강조되는 한, 제5조제1항, 제6조가 보완적인 역할을 하여야 한다는 견해가 있다. 이 견해는 일반적 수권조항을 인정한다고 하더라도 이것이 경찰관직무집행법을 전제로 하는 이상, 이는 제도적 의미의 경찰 외에 일반행정기관에는 적용되기 어려울 것이라고 한다. 따라서 이에 대해서는 입법을 통해 보완할 필요가 있을 것이라고 주장한다. 이승민, 「프랑스법상 경찰행정에 관한 연구」(서울대학교 대학원 법학과 박사학위논문, 2010. 2), 152쪽 참조.

43) 정형근, 「행정법」 제6판(피엔씨미디어, 2018), 841쪽. 개별적인 작용법률에 의하여 인정되는 재량의 정도는 법률마다 사항마다 다르다고 할 것이므로 일률적인 포괄적 재량을 전제로 하는 개괄조항의 존재를 인정하는 것과는 다르므로 우리 헌법상 경찰권발동의 수권조항으로서 개괄조항을 인정하기는 어렵다고 보고 있다.

44) 최영규, 앞의 책, 186쪽 참조.

45) 입법필요설에 대해서는 김남철, 앞의 책, 1163쪽; 김동희, 「행정법강의」(박영사, 2013), 811쪽; 홍정선, 앞의 책, 157~158쪽 참조. 현행 「경찰관 직무집행법」상의 개괄적 수권조항들은 경찰상의 위험에 해당하는 경우를 포괄하고 있고, 특히 제5조제1항은 다른 규정에서 규정하고 있지 않은 공백상태를 상당부분 규율하고 있어서 실무상 일반적 수권조항의 필요성이 그리 큰 것은 아니라고 지적하고 있다.

46) 입법불필요설은 현행법상 개괄조항이 존재하지 않을 뿐만 아니라 경찰권 발동의 근거조항은 개별적 근거조항이어야 하고, 경찰권의 일반적 · 포괄적 수권은 법치주의에 반하는 것으로서 허용될 수 없다고 주장한다. 최영규, 앞의 책, 86쪽 참조.

47) 학설에 대한 구체적인 설명은 박균성 · 김재광, 「경찰행정법」 제3판(박영사, 2016), 170~172쪽 참조.

속을 정당한 공무집행에 속한다고 보아 「경찰관 직무집행법」 제2조에 근거하여 경찰권이 발동될 수 있다고 본 대법원 판결이 있다.[48] 이에 대해 긍정설을 주장하는 학자들은 판례가 「경찰관 직무집행법」 제2조를 일반수권조항으로 보고 있다고 이해하나, 판례는 단순히 불법건축행위의 단속이 청원경찰의 직무범위에 속한다는 것을 판시하였을 뿐 구체적으로 어떤 수권규정에 근거하고 있는지는 언급하지 않았다는 점에서 「경찰관 직무집행법」 제2조를 일반수권조항으로 보는 입장이라고 할 수 없다는 반론이 있다.[49] 한편 헌법재판소는 경찰법 제3조와 「경찰관 직무집행법」 제2조를 경찰권 발동의 일반적 수권조항으로 본다.[50] 경찰차벽과 관련한 헌법재판소 2011. 6. 30. 선고, 2009헌마406 결정에서 재판관 이동흡, 재판관 박한철의 반대의견도 이러한 입장을 취하고 있다.[51] 그러나 재판관 김종대, 재판관 송두환의 보충의견은 "경찰의 임무 또는 경찰관의 직무 범위를 규정한 경찰법 제3조, 「경찰관 직무집행법」 제2조는 그 성격과 내용 및 일반적 수권조항이라 하여 국민의 기본권을 구체적으로 제한 또는 박탈하는 행위의 근거조항으로 삼을 수는 없다"고 하여 부정적인 입장을 취하고 있다.[52]

---

48) 대판 1986. 1. 28, 85도2448: 군도시과 단속계 요원인 청원경찰관이 경찰관직무집행법 제2조에 따라 허가없이 창고를 주택으로 개축하는 것을 단속하는 것은 정당한 공무집행에 속한다는 판례이다. 한편 판례가 제2조제7호의 입장을 취하는 것으로 보고 있는 견해로는 류지태·박종수, 앞의 책, 1027쪽.

49) 정하중, 앞의 책, 1138쪽; 손재영, 앞의 책, 82쪽. 그 이유로는 판례는 위법건축물을 단속하는 행위는 경찰관직무집행법 제2조에 의거할 때 청원경찰의 직무에 속한다는 것을 판시하였을 뿐, 청원경찰의 단속행위가 어떤 법률조항에 근거하여 행해질 수 있는지를 구체적으로 언급하지 않았기 때문이라고 한다.

50) 헌재 2005. 5. 26, 99헌마513. 경찰청장이 명문의 규정이 없이 지문정보를 보관하는 행위가 법률유보의 원칙에 위배되는 것이라고 볼 수 없다고 한 사례.

51) "시의적절하고 효율적인 경찰권 행사를 위한 현실적 필요성이 있다는 점과 경찰권 발동의 근거가 되는 일반조항을 인정하더라도 경찰권 발동에 관한 조리상의 원칙이나 법원의 통제에 의해 그 남용이 억제될 수 있다는 점을 종합해 보면, 경찰 임무의 하나로서 '그 밖의 공공의 안녕과 질서유지'를 규정한 경찰법 제3조 및 경찰관직무집행법 제2조는 일반적 수권조항으로써 경찰권 발동의 법적 근거가 될 수 있다고 할 것"이라고 주장하고 있다.

52) "그 성격과 내용 및 아래와 같은 이유로 '일반적 수권조항'이라 하여 국민의 기본권을 구체적으로 제한 또는 박탈하는 행위의 근거조항으로 삼을 수는 없으므로 위 조항 역시 이 사건 통행제지행위 발동의 법률적 근거가 된다고 할 수 없다. 우선 우리 헌법이 국민의 자유와 권리를 제한하는 경우 근거하도록 한 '법률'은 개별적 또는 구체적 사안에 적용할 작용법적 조항을 의미하는 것이지, 조직법적 규정까지 포함하는 것이 아니다. 다음으로 이를 일반적 수권조항이라고 보는 것은 각 경찰작용의 요건과 한계에 관한 개별적 수권조항을 자세히 규정함으로써 엄격한 요건 아래에서만 경찰권의 발동을 허용하려는 입법자의 의도를 법률해석으로 뒤집는 것이다. 또한 국가기관의 임무 또는 직무에 관한 조항을 둔 다른 법률의 경우에는 이를 기본권제한의 수권조항으로 해석하지 아니함에도 경찰조직에만 예외를 인정하는 것은 법치행정의 실질을 허무는 것이다. 마지막으로 만약 위 조항들이 일반적 수권조항에 해당한다고 인정하더라도 명

생각건대,「경찰관 직무집행법」제2조 제7호는 경찰의 임무규정일 뿐이며 수
권규정이라고 할 수 없다. 그리고 같은 법 제5조 제1항 제3호는 일반적 수권조항
의 성격을 갖는다고 볼 여지가 있으나 개인적 법익의 보호만이 그 대상이 되며
공동체적 법익의 보호는 그 대상이 되지 않는다는 점에서 한계가 있다.[53] 따라서
부정설(입법필요설)이 타당하다.

Ⅳ. 맺는 말

국가중요시설에 대한 진입 저지, 불법적 도로점거, 경찰관에 대한 폭행이 있
거나 명백하게 예상될 때 경찰차벽 설치를 하고 있다. 경찰차벽 설치는 급박하고
명백하며 중대한 공공의 위험이 발생하는 것을 방지하기 위해 부득이 취하는 경
찰조치라고 보아야 한다. 헌법재판소도 경찰차벽 설치는 급박하고 명백하며 중대
한 위험이 있는 경우에 한하여 비로소 취할 수 있는 경찰의 마지막 수단으로써
적법하고도 타당한 조치라고 판시하였다(헌재 2011. 6. 30. 선고, 2009헌마406 결정).

경찰차벽의 법적 근거로서 개별적 수권조항으로서「집회 및 시위에 관한 법
률」,「경찰관 직무집행법」제5조(위험발생의 방지 등), 제6조(범죄의 예방과 제지), 제
10조(경찰장비의 사용), 그리고 일반적 수권조항의 존재 여부에 대한 논의 등에 대
해 살펴보았다.

① 먼저 질서유지선을 설정하는 것이 본래 '적법한' 집회 및 시위를 전제로
하는 것임은「집회 및 시위에 관한 법률」제2조 제5호에 분명히 나타나 있다. 따
라서 '적법한' 집회 및 시위의 경우에 '띠, 방책, 차선 등'의 질서유지선이 필요하
다면 (원칙적으로 경찰차벽 사용금지), '불법적인' 집회 및 시위의 경우에는 '띠, 방책,
차선' 이외의 경찰차벽 등 보다 실효적인 경계표지를 사용할 수 있다고 해석하는
것이 타당하다. 따라서「집회 및 시위에 관한 법률」제13조 제1항은 경찰차벽의
법적 근거로 볼 수 있는 경찰특별법상의 개별수권이라 할 수 있다.

②「경찰관 직무집행법」제5조 제1항은 경찰작용을 위한 전제조건으로서 '그
밖의 위험한 사태'와 같은 포괄적 개념을 사용하고 있고, 또한 이러한 요건이 충

확성의 원칙 위반이라는 또 다른 위헌성을 피할 수 없으므로 결국 합헌적인 법률적 근거로 볼
수 없게 된다. 따라서 경찰청장의 이 사건 통행제지행위는 법률적 근거를 갖추지 못한 것이므
로 법률유보원칙에도 위반하여 청구인들의 일반적 행동자유권을 침해한 것이다."라고 주장하고
있다.
53) 박균성,「행정법강의」제15판(박영사, 2018), 1240쪽.

족된 경우에는 제3호에서 '위해방지상 필요하다고 인정되는 조치'를 취할 수 있다고 규정하여 경찰이 취할 수 있는 조치를 특정하고 있다. 생각건대, '그 밖의 위험한 사태'는 국가중요시설에 대한 시위대의 접근을 차단하려는 경찰과 진출하려는 시위대가 충돌해 일반시민들의 재산상, 생명·신체상 손해가 발생할 위험이 있는 경우로 보아야 하므로, 「경찰관 직무집행법」 제5조 제1항은 경찰차벽의 법적 근거가 될 수 있다고 해석하는 것이 타당할 것이다.

그리고 「경찰관 직무집행법」 제5조 제2항의 '소요사태'가 발생한 경우에 소요사태를 진압하기 위하여 국가중요시설에 대한 접근 또는 통행을 제한하거나 금지할 수 있기 때문에 경찰차벽을 설치하는 것은 마땅히 인정되고 그런 측면에서 「경찰관 직무집행법」 제5조 제2항도 경찰차벽의 법적 근거가 될 수 있다고 해석하는 것이 타당하다.

③ 「경찰관 직무집행법」 제6조는 '범죄의 예방'과 '범죄의 제지'를 함께 규정하고 있다. 범죄의 제지에 관한 규정은 "그 행위로 인하여 사람의 생명·신체에 위해를 끼치거나 재산에 중대한 손해를 끼칠 우려가 있는 긴급한 경우에는 그 행위를 제지할 수 있다."는 부분이다(제6조 후단). 범죄의 제지는 실력의 행사에 의한 범죄예비행위 및 범죄에 밀접하게 접근된 행위를 저지하는 것을 말하는 것이기 때문에 경찰차벽의 법률적 근거가 될 수 있다고 해석하는 것이 타당하다.

④ 경찰직무 수행에 중점을 두어 국가중요시설에 대한 침투가 예상되는 시위대의 통행제지 기능을 하는 경찰차벽도 「경찰관 직무집행법」 제10조 제2항의 경찰장비 중 '차량'에 해당한다고 적극적으로 해석하는 것은 가능한 법해석의 범위를 넘어선다고 할 수 있다.

⑤ 일반적 수권조항의 합헌성 논의와 관련하여 경찰행정의 특성, 즉 경찰권 발동상황의 다양성과 경찰권 발동의 필요상황을 모두 예측하는 것이 불가능한 점 및 일반적 수권조항의 경우에도 법률의 수권이 있는 점에 비추어 일반적 수권조항이 법률유보의 원칙에 반드시 위반되는 것으로 볼 수는 없다(일반적 수권조항합헌설). 「경찰관 직무집행법」상 일반적 수권조항의 존재 여부와 관련해서 종래에는 제2조 제7호(그 밖의 공공의 안녕과 질서유지)를 중심으로 집중적으로 논의하였으나, 최근 들어 제2조 제7호와 제5조 제1항 제3호(위험발생의 방지 등)의 유추해석에 의해 인정하는 견해, 제5조 제1항 제3호(위험발생의 방지 등)의 유추해석에 의해 인정하는 견해, 제2조·제5조·제6조(범죄의 예방과 제지)의 결합을 통한 유추해석에 의해 인정하는 견해, 부정설(입법필요설과 입법불필요설) 등 다양한 논의가 전개되고

있다. 생각건대, 「경찰관 직무집행법」 제2조 제7호는 직무규정에 불과하여 일반적 수권조항으로 볼 수 없다. 그리고 같은 법 제5조 제1항 제3호는 일반적 수권조항의 성격을 갖는 것으로 볼 여지가 있으나 개인적 법익의 보호만이 그 대상이 되며 공동체적 법익의 보호는 그 대상이 되지 않는다는 점에서 한계가 있다. 학설로는 부정설 중 입법필요설이 타당하다.

　⑥ 따라서 입법론으로는 예기치 못한 공중위해발생의 가능성이 높아지고 이에 대해 경찰권이 능동적으로 대처하고 경찰작용의 명확화와 법적 근거의 마련이라는 측면에서 개별적 수권조항 이외에 개괄적인 수권규범인 일반적 수권조항을 명문화할 필요가 있다.[54] 즉, 경찰은 이 법이 다른 규정을 두고 있지 않는 한, 개개의 경우 현존하거나 발생할 우려가 있는 공공의 안녕과 질서에 대한 위험을 방지하고 제거하기 위하여 필요한 조치를 할 수 있다는 규정과 경찰은 다른 법령이 부여한 임무를 수행하기 위하여 그 법률이 규정한 권한을 행사하며 그러한 법령이 경찰의 권한을 규정하지 아니한 경우에는 이 법에 따라 구속되는 권한을 행사한다는 규정을 신설할 필요가 있다.[55]

　⑦ 결론적으로 경찰차벽의 법적 근거로는 경찰특별법상의 개별수권으로 「집회 및 시위에 관한 법률」 제13조 제1항, 경찰일반법상의 개별수권으로 「경찰관 직무집행법」 제5조 제1항 및 제2항, 「경찰관 직무집행법」 제6조 등을 들 수 있다. 그리고 일반적 수권조항에 대한 긍정설에서 제시하고 있는 「경찰관 직무집행법」 제2조 제7호를 비롯한 규정들도 법적 근거가 될 수 있을 것이다.

---

54) 김재광, 앞의 책, 207쪽; 독일 통일경찰법모범초안 개정시안(Vorentwurf – MEPolG)도 제1장 <직무와 총칙> 제1조에서 경찰의 직무를 규정하고, 제2장 <경찰의 권한> 제8조(일반적 권한)에서 "① 경찰은 제9조부터 제24조까지가 경찰의 권한을 특별히 규율하지 않는 한, 구체적인 경우에 존재하는 공공의 안녕 또는 질서에 대한 위험을 방지하기 위하여 필요한 조치를 취할 수 있다. ② 다른 법률에 의하여 경찰에게 부여된 직무의 수행을 위하여(제1조 제4항) 경찰은 그 곳에 규정된 권한을 갖는다. 그러한 법규가 경찰의 권한을 규율하지 않는 한, 경찰은 이 법률에 따라 그에게 귀속되는 권한을 갖는다."고 규정하고 있다.

55) 김재광, 앞의 책, 208쪽.

사람중심의 운전면허 행정처분기준: 자율주행차시대의 골동품(?)

Ⅰ. 들어가는 말

자율주행차에 관한 흥미로운 기사를 읽었다. "운전자가 필요 없는 완벽한 자율주행차 시대도 머지 않았다는 전망이 나온다. 이때가 되면 운전석에 앉은 사람이 앞을 보지 않아도 되고 꼭 자리에 앉아 있을 필요도 없다. 운전은 100% 차에 맡기고 화상으로 회의를 할 수도 있고 영화를 보거나 책을 읽어도 된다. 자동차가 이동수단이 아니라 일하는 사무공간, 쉬고 즐기는 휴식공간으로 바뀌는 것이다."[1) 또 한가지 기분 좋은 소식이 있다. "2018년 2월 2일 현대자동차의 자율주행차가 서울－평창 간 고속도로 약 190㎞ 운행에 성공했다. 공해를 전혀 배출하지 않는 수소전기차가 자율주행에 성공한 것은 전 세계에서 이번이 처음이다. 현대차는 이날 '4단계 자율주행기술'을 선보였다. 미국 자동차공학회(SAE)는 자율주행기술을 0－5단계로 구분하는데, 이 중 4단계는 운전자가 개입하지 않아도 특정 조건에서 차량의 속도·방향을 통제하는 기술이다."[2) 흥미로운 것은 자율주행차가 부동산시장의 미래 지형을 바꿀 결정적인 변수로 떠올랐다고 한다. 전문가들은 교통과 관련한 입지 프리미엄이 사라지고 주차장 용지 등으로 낭비돼온 토지의 활용도가 높아질 것으로 전망하고 있다. 그것은 자율주행차가 일반화하면 굳이 역이나 버스

【원제: 운전면허 행정처분의 기준과 절차의 문제점과 개선방안】
1) 도병욱, "운전자 없는 자율주행차 어디까지 왔나" 한국경제신문 2018년 2월 5일자 기사 참조.
2) 중앙일보 208년 2월 4일자 "사상 최초 수소전기차 자율주행…서울－평창 190km 구간" 기사 참조.

정류장과 가까운 곳에 집이나 사무실, 가게를 얻을 필요가 없기 때문이다.[3]

〈자율주행 수소전기차 고속도로 주행장면〉

출처: MoneyS 2018년 3월 1일자 기사

위의 사례에서 알 수 있듯이 세상이 급속도로 변화하고 있다. 자율주행차, 스마트하이웨이 등 도로와 운전을 둘러싼 환경도 마찬가지이다. 자동차가 이동수단이 아닌 사무공간, 휴식공간으로의 변화는 머지 않아 도로교통법령의 기본틀을 뿌리채 흔들게 될 것이다. 더욱이 현대차그룹은 오는 2030년까지 최종 단계인 5단계 자율주행기술을 상용화한다는 계획을 발표했다. 현행법상 "자율주행자동차"에 대해서는 「자동차관리법」에서 규율하고 있다. 간단히 살펴보자.

「자동차관리법」은 "자율주행자동차"를 운전자 또는 승객의 조작 없이 자동차 스스로 운행이 가능한 자동차를 말한다고 정의하고 있다(제2조 1의3). 자율주행자동차를 시험·연구 목적으로 운행하려는 자는 허가대상, 고장감지 및 경고장치, 기능해제장치, 운행구역, 운전자 준수 사항 등과 관련하여 국토교통부령으로 정하는 안전운행요건을 갖추어 국토교통부장관의 임시운행허가를 받아야 한다(제27조 제1항 단서). 제1항 단서에 따라 임시운행허가를 받은 자는 자율주행자동차의 안전한 운행을 위하여 주요 장치 및 기능의 변경 사항, 운행기록 등 운행에 관한 정보 및 교통사고와 관련한 정보 등 국토교통부령으로 정하는 사항을 국토교통부령으로 정하는 바에 따라 국토교통부장관에게 보고하여야 한다(제27조 제5항). 국토교통부장관은 제5항에 따른 보고사항에 대하여 확인이 필요한 경우에는 제32조제3항에 따라 성능시험을 대행하도록 지정된 자에게 이에 대한 조사를 하게 할 수 있다(제27조 제6항). 국토교통부장관은 제6항에 따른 조사 결과 제1항 단서에

---

3) 머니투데이 2018년 2월 6일자 "자율주행차가 부동산 지형 바꾼다" 기사 참조.

따른 안전운행요건에 부적합하거나 교통사고를 유발할 가능성이 높다고 판단되는 경우에는 시정조치 및 운행의 일시정지를 명할 수 있다. 다만, 자율주행자동차의 운행 중 교통사고가 발생하여 안전운행에 지장이 있다고 판단되는 경우에는 즉시 운행의 일시정지를 명할 수 있다(제27조 제7항). 그리고 제27조제5항을 위반하여 자율주행자동차의 운행 및 교통사고 등에 관한 정보를 국토교통부장관에게 보고하지 아니하거나 거짓으로 보고한 자에 대해서는 1천만원 이하의 과태료를 부과한다(제84조 제1항 제1호).

현행 「도로법」이나 「도로교통법」에는 자율주행자동차에 대한 규정이 전혀 없다. 따라서 자율주행자동차와 관련한 운전면허 행정처분기준의 적용 여부는 가깝고도 먼(?) 후일의 일이라 할 수 있다. 다음과 같은 의문이 제기될 수 있다. 사람이 직접 운전하지 않고도 알아서 달리는 자율주행차가 널리 보급되면 운전면허를 기존처럼 사람에게 줘야할까, 아니면 운전을 담당하는 인공지능 로봇에게 줘야할까?

도로교통공단은 2017년 12월 19일 서울 양재동에 위치한 서울지부에서 '자율주행차 상용화 대비 운전면허제도 수립 연구 결과 보고회'를 열고 관련 사안을 논의했다. 공단에 따르면 일단 유럽과 일본이 참여한 「비엔나 국제협약」에서는 운전자가 제어하는 상황에서 자율주행은 허용하지만 미국과 한국이 참여한 「제네바 국제협약」에서는 아직까지 운전자의 핸들 등 조작의무를 전제로 해서 자율주행을 허용하지 않고 있다. 「홍익대 로봇윤리와 법제연구센터」소속인 이중기 교수는 '자율주행자동차 등장으로 인한 운전면허제도의 개편 방안' 연구 결과를 발표하며 우리나라 실정에 맞는 자율주행차 법제화 방향을 제안했다. 이 교수는 자율주행시스템을 실질적인 운전자로 간주하고 도로교통법 준수 의무를 강제하고 있는 미국 미시간주의 법제화 사례를 들면서 "자율주행차는 로봇이 운전자로서 운전작업을 담당하므로 로봇운전자에 대한 운전면허 부여가 필요하다"는 의견을 제시했다. 이 교수는 "자동차관리법을 관할하는 국토교통부와 도로교통법을 관할하는 경찰청이 자동차와 운전자의 규제를 나누어 관할하는 우리나라에서는 자율주행시스템(로봇운전자)이 실질적인 운전자가 되므로, 도로교통안전 관점에서 로봇운전자도 도로교통법의 적용이 필요하다"고 결론을 내렸다.4)

이제 상상의 나래를 접고 자율주행이 아닌 인간주행인 고뇌어린 법현실로 돌아오기로 하자.

---

4) 세계일보 2017년 12월 20일자 "[이슈+] 자율주행차 출시하면 운전면허 누가 따야하나" 기사 참조.

도로교통법령에서 규정한 교통질서를 위반하거나 교통사고를 야기한 행위자
는 그 행위의 법적 효과로써 형사 또는 행정적 제재를 피할 수 없다. 형사적 제
재는 징역, 벌금, 구류 또는 과료 등 형법에서 규정하고 있는 형벌에 의한 제재를
말한다. 행정적 제재는 준 형사적 제재라 할 수 있는 통고처분 및 과태료처분과
운전면허 취소 또는 정지 등 운전면허에 대한 행정처분을 말한다.

이러한 형사적·행정적 제재 중에서 교통의 안전과 원활한 소통이라는 도로
교통법의 목적에 비추어 보면, 도로교통에 부적합한 위반자를 교통현장에서 배제
하거나 제한함으로써 교통상의 위험을 예방할 수 있다. 특히 자동차운전이 일상
화된 현대생활에서는 운전면허에 대한 취소 또는 정지 처분 등 행정적 제재야말
로 교통사고 다발자 또는 상습 교통위반자에 대한 효과적인 대처방안으로 평가되
고 있다. 반면, 운전자 등 교통관여자 입장에서는 생활의 수단인 운전면허에 대한
행정처분보다는 벌금 등 형사적 제재를 원하고 있다는 점에서 교통안전이라는 공
익과 생활수단의 유지라는 사익을 형량하여 합리적인 행정처분기준을 마련하는
것이 중요하다.

행정처분기준은 행정기관의 재량권행사에 통일성과 일관성을 보장하며 행정
의 효율성을 제고하기 위한 주요한 도구라는 평가를 받고 있다.5) 「행정절차법」은
"행정청은 필요한 처분기준을 해당 처분의 성질에 비추어 되도록 구체적으로 정
하여 공표하여야 한다"고 규정하고 있다(제20조 제1항).

행정처분기준의 설정·공표는 행정청의 자의적인 권한행사를 방지하고 행정의
통일성을 기하며 처분의 상대방에게 예측가능성을 부여하기 위하여 요청된다.6) 초
기에는 행정제재처분에 해당하는 것에 한하여 처분기준을 정하도록 하였으나, 그
밖의 행정처분에 대하여도 가능한 한 처분기준을 정하도록 권고하고 있다.

행정처분기준은 행정실무에 있어 법규명령(시행령, 시행규칙)이나 행정규칙으로
정해지는 것이 보통이다. 행정처분기준이 과거에는 행정규칙으로 있다가 대외적
구속력이 문제되어 현재는 대부분이 시행규칙에 규정되어 있다. 문제는 행정처분
기준이 법규명령으로 제정된 경우에도 그 내용이 대외적 구속력을 가지지 않는
행정규칙의 성질을 가지는 경우가 적지 않다. 이러한 경우에 그 법규명령이 외부

---

5) 정남철, 「현대행정의 작용형식」(법문사, 2016), 171쪽.
6) 김재광·강문수·최철호, 「행정처분기준 정비방안 연구(Ⅰ)」(한국법제연구원, 2006. 10) 15쪽;
박균성·김재광, 「경찰행정법」 제3판(박영사, 2016), 423쪽; 정형근, 「행정법」 제6판(피엔씨미디
어, 2018), 246쪽.

적 효력을 가지는지가 논란이 되고 있다(이른바 "법규명령 형식의 행정규칙").[7] 법규
명령의 형식으로 규정되어 있는 한 법규명령으로 보아야 한다(형식설). 그런데 형
식설은 재량권 행사의 기준을 정하는 법규명령에서 특별한 사정이 있는 경우 가
중 또는 감경할 수 있다는 규정을 둔 경우를 제외하고는 수권법령에서 재량행위
로 정한 것을 기속규정으로 정하였다는 문제가 있다. 법규명령의 형식으로 재량
권 행사의 기준을 정하는 경우에는 가중·감경규정을 두어 재량권 행사가 가능하
도록 하여야 할 것이다.[8]

이 글은 행정처분기준의 현대적 의미(II), 「행정절차법」상 침해적 행정처분의
절차(III), 경찰행정법령의 행정처분과 행정처분기준의 특징(IV), 도로교통법령에서
정한 운전면허 행정처분의 기준과 범위 및 절차(V)를 검토함으로써 운전면허 행
정처분에 대한 문제점을 도출하고 그에 대한 개선방안을 제시하고자 한다(VI).

II. 행정처분기준의 도입배경과 현대적 의미

1. 행정처분기준의 설정·공표제도 도입배경

종래 한국의 학설과 판례는 독일식의 실체법적 관점에서 재량과 행정규칙을
이해했다. 학설과 판례는 법률이 행정청에 그 요건의 판단 또는 효과의 결정에
있어 일정한 독자적 판단권을 인정하고 있는 경우에 해당 행위를 재량행위로 이
해한다. 따라서 행정청이 재량행위 내에서 처분을 한 경우에 설령 재량을 그르쳤
더라도 부당행위가 되는데 그치고 사법통제의 대상은 되지 않았다. 재량에 대한
통제는 재량의 남용·일탈이 있는 경우에 실체법적 판단에 기초한 통제가 가능하
다. 반면 재량에 대한 절차적 통제는 실정법상 규정이 있는 경우에 한하여 이루
어졌다.[9]

재량행사에 대한 절차적 규율은 개별법령에 의하여 정해진 경우 외에도 학설
및 판례에 의해 그 필요성은 계속 전개되어 왔다. 헌법해석론상 헌법 제12조의
"누구든지…법률과 적법한 절차에 의하지 아니하고는 처벌·보안처분 또는 강제
노역을 받지 아니한다"는 규정을 확대해석하여 행정절차에도 동조항이 적용된다
고 한다. 즉 "처벌이란 반드시 형사상의 처벌만을 의미하는 것이 아니라 본인에

---

7) 정남철, 앞의 책, 172쪽.
8) 이에 대해서는 박균성, 「행정법강의」 제15판(박영사, 2018), 170쪽 참조.
9) 임재홍, 「행정절차법상의 처분기준에 관한 연구」(인하대 대학원 박사학위논문, 1998), 236쪽.

게 불이익이 되는 일체의 제재를 의미하고, 오늘날 행정국가화의 경향으로 말미
암아 오히려 행정권이 국민의 자유와 권리를 침해할 위험성이 증대되고 있는 현
실을 감안할 때, 행정권력을 적법절차의 적용대상에서 제외한다면 헌법상의 기본
권 보장은 그 의미가 반감되고 말 것이다. 따라서 적법절차의 원리가 자유와 권
리를 절차상 보장하는 것을 목적으로 하는 것이라면, 행정처분에 의하여 자유와
권리가 어떤 형태로든 제한되는 경우에 적법절차의 원리가 보장되어야 한다"는
것이다. 헌법재판소 역시 이런 취지의 결정을 내린 바 있다. "헌법 제12조 제3항
본문은 동조 제1항과 함께 적법절차원리의 일반조항에 해당하는 것으로서, 형사
절차상의 영역에 한정되지 않고 입법·행정 등 국가의 모든 공권력의 작용에 절
차상의 적법성뿐만 아니라 법률의 실체적 내용도 합리성과 정당성을 갖춘 실체적
인 적법성이 있어야 한다는 적법절차의 원칙을 헌법의 기본원리로 명시한 것"[10]
이라는 것이다.

그리고 판례는 실정법상 명문규정이 없는 경우에도 절차적 규제를 발전시켜
왔다. 먼저 재량행위의 이유부기의무를 행정청에 요구하는 판결을 내고 있다. 특
히 1990년 9월 11일 판결은 이유부기의 절차적 의의를 명확하게 표현하고 있다.
판결은 "취소처분의 근거와 위반사실의 적시를 빠뜨린 하자는 피처분자가 처분
당시 그 취지를 알고 있었거나 그 후 알게 되었다 하더라도 치유될 수 없다 할
것이다. 왜냐하면 면허 등의 취소처분에 그 결정이유를 명시하도록 하는 취지는
행정청의 자의적 결정을 배제하고 이해관계인으로 하여 행정구제절차에 적절히
대처할 수 있게 하기 위한 때문이다"라고 하고 있다.

이상과 같이 학설과 판례에 의하여 절차법적 규율이 발전되어 오기는 했지만
「행정절차법」 제20조에서 말하는 처분기준의 설정·공표에 관하여 우리 판례상
정립된 원리는 없다. 다수의 학설과 판례는 행정규칙을 이용한 재량통제에 대해
서 큰 관심을 보이지 않았다. 행정규칙에 관한 한 행정규칙이 실체법적으로 법규
성을 갖는가 여부 내지는 대외적 구속력을 갖는 것인가 여부의 행정규칙의 성질
문제에 초점이 두어져 있었다. 이런 측면에서 보면 「행정절차법」 제20조의 법제
화는 일본 「행정절차법」의 영향이 크다고 볼 수 있다.[11] 입법례로는 일본 「행정
절차법」에 처음 나타나고 있고, 독일이나 미국의 「행정절차법」에는 이에 관한 규
정이 없지만, 특히 미국의 판례와 학설의 이론에서 제기된 바 있다고 알려지고

---

10) 헌재결 1992. 12. 24, 92헌마78.
11) 임재홍, 앞의 박사학위논문, 240쪽.

있다.12)

2. 재량통제론과 행정규칙론의 교차영역으로서의 행정처분기준

행정처분기준으로서의 재량준칙은 행정청의 자의적인 재량권 행사를 미연에 방지하고, 상하 행정청간 재량처분의 통일성을 기할 수 있어서, 공행정에 대한 국민의 예측가능성을 제고할 수 있음은 물론, 재량권 행사에 대한 공무원의 법집행상의 어려움을 경감시켜주는 등의 긍정적인 측면을 가진다.

개념상 행정처분기준은 재량통제론과 행정규칙론의 문제가 교차하는 영역에 존재한다. 그리고 「행정절차법」 제20조가 행정처분기준의 설정을 법적 의무로 규율하고 있기 때문에 절차법적으로 행정청은 이 행정처분기준을 준수해서 재량권을 행사하여야 하고, 재량통제시 우선적으로 절차법적인 준수 여부, 즉 행정처분기준이 설정되었는가 그리고 이 행정처분기준을 준수했는가가 고려될 것이고, 이점에서 사법심사의 방식에도 변화를 미쳤다. 우리 「행정절차법」 제20조에 영향을 준 미국 판례법의 경우를 보아도 이러한 재량통제기준의 적법성에 대한 소송법상의 통제문제가 심각하게 고려되었다.

종래 재량통제의 측면은 물론 행정규칙의 측면 모두에 있어서 행정처분기준에 대한 법적 판단은 원천적으로 제한적일 수밖에 없었다. 종래 행정처분기준은 훈령·예규 등 전통적인 행정규칙의 형식으로 규정되어 왔었는데, 학설과 판례는 행정규칙을 "행정조직내부에서의 행정의 사무처리기준으로서 제정된 일반적·추상적 규범"이라고 정의하고 있다. 따라서 행정규칙은 원칙적으로 행정내부적 효력만 가지며, 국민과 법원에 대해서는 구속력을 가지지 못하는 것으로 파악해오고 있다. 재량통제 측면에서도 제한적이기는 마찬가지이다. 즉 재량이란 가변적이고 유동적인 행정현실에 상응한 행정작용의 필요성에 따라 입법자가 법률을 통해 행정작용의 요건을 정함에 있어서 모든 경우에 일의적·확정적으로 규정하지 못하고 행정기관에게 일정한 범위의 판단 및 결정권한을 수권하여 개별적 정의를 추구하고 실현하도록 하는 것을 의미한다. 따라서 설령 행정기관이 재량처분을 함에 있어서 재량을 그르치더라도 부당행위에 그치고 위법성을 구성하지 아니하므로 직접적인 사법심사의 대상이 되지 않는다. 즉 종래의 행정법이론에 따르면, 재량통제와 행정규칙의 문제에 대해서는 실체법적 문제해결방식만을 대입할 수

---

12) 이에 대해서는 임재홍, "행정절차법상 처분기준의 설정 및 공표" 「행정법연구」(1999년 상반기), 69쪽 이하 참조.

있었기 때문에 행정처분기준의 집행과 관련한 국민의 권리보호의 문제는 많은 경
우 공백상태에 머물러 있을 수밖에 없었다. 자연히 이러한 문제상황에 대해서는
절차법적인 측면에 의한 보완의 문제가 검토되었다.

3. 투명성 및 신뢰보호원칙으로서의 행정처분기준

「행정절차법」 제20조의 행정처분기준의 설정·공표제도는 "행정청이 행하는
행정작용은 그 내용이 구체적이고 명확하여야 하며, 행정작용의 근거가 되는 법
령등의 내용이 명확하지 아니한 경우 상대방은 해당 행정청에 그 해석을 요청할
수 있다. 이 경우 해당 행정청은 특별한 사유가 없으면 그 요청에 따라야 한다"
고 법 제5조에서 규정한 명확성의 원칙을 구체화한 대표적인 규정이라고 할 수
있다. 「행정절차법」은 "처분기준을 해당 처분의 성질에 비추어 되도록 구체적으
로 정하여"라고 규정하고 있으나 법 제5조의 취지를 살려서 처분기준은 구체적일
뿐만 아니라 명확하게 설정하여야 할 것이다.

문제는 행정처분기준을 어느 정도로 구체적으로 규정하여야 하는가에 있다.
행정처분기준의 설정·공표의 취지에 비추어 처분의 공정성과 합리성을 보장하고
당사자 등에게 예측가능성을 보장하는 정도의 것이어야 한다. 따라서 설정된 행정
처분기준이 구체적이지 못한 경우에 그 하자는 관련 행정처분의 독립된 취소사유
가 된다고 보아야 한다.[13] 이에 대해 재량의 처분기준을 너무 엄격하게 정하면 재
량을 부여한 법령의 취지에 반하게 되고 행정운영을 경직시키는 역작용도 있으므
로 처분기준의 구체성의 정도에는 내재적인 한계가 있다고 보는 견해도 있다.[14]

행정처분기준을 설정하여 공표한 행정청은 처분기준에 구속되고 이를 준수할
의무가 부여된다고 할 수 있다. 행정청은 법 제4조 제2항에서 정한 바에 따라
"법령등의 해석 또는 행정청의 관행이 일반적으로 국민들에게 받아들여졌을 때에
는 공익 또는 제3자의 정당한 이익을 현저히 해칠 우려가 있는 경우를 제외하고
는 새로운 해석 또는 관행에 따라 소급하여 불리하게 처리하여서는 아니 된다."

Ⅲ. 「행정절차법」상 행정처분의 절차

행정처분이란 용어에 대하여 실정법에서는 광의와 협의의 각각 2가지의 서로

---

13) 박균성, 앞의 책, 427쪽 참조.
14) 정형근, 앞의 책, 247쪽.

다른 의미로 사용하고 있다. 광의의 의미는 「행정심판법」 등에서 사용하는 개념
으로서 "처분이란 행정청이 행하는 구체적 사실에 관한 법집행으로서의 공권력의
행사 또는 그 거부, 그 밖에 이에 준하는 행정작용"(제2조 제1호)을 말하는 것으로
정의하는데, 이에는 각종 영업이나 자격 등에 대한 인허가 등과 공기업 특허, 조
세부과, 법위반자에 대하여 제재하는 행정제재 등 행정청이 공권력을 행사하는
모든 행위를 말한다.

한편 행정처분이란 용어를 협의로도 사용하는데, 협의의 행정처분은 광의의
행정처분 중 영업정지 등 불이익 처분에 국한하여 사용하는 것으로, 이에 따르면
행정처분이란 "행정상의 각 개별법에 의하여 영업의 인허가 등이나 자격을 부여
받은 자가 각 개별법에서 정한 위반행위를 한 경우 해당 영업이나 자격을 취소하
거나 일정기간 해당 영업이나 자격을 정지하는 처분"을 말하는 것으로 쓰고 있으
며, 이는 행정제재처분에 한정된다.

「행정절차법」도 「행정심판법」과 동일하게 "처분"을 정의하고 있다(제2조 제2
호). 다만 「행정절차법」은 당사자에게 의무를 부과하거나 권익을 제한하는 처분
(이하 "침해적 처분"이라 한다)에 대하여 사전통지(제21조), 의견청취(제22조) 등 일반적
인 행정절차를 규정하고 있다.

1. 처분의 사전통지

사전통지는 의견진술(청취)의 전치절차이다. 행정청은 당사자에게 의무를 부
과하거나 권익을 제한하는 처분을 하는 경우에 사전통지의무를 진다.

「행정절차법」은 행정청이 당사자에게 의무를 부과하거나 권익을 제한하는 처
분을 하는 경우에는 미리 처분의 제목(제1호), 당사자의 성명 또는 명칭과 주소(제
2호), 처분하려는 원인이 되는 사실과 처분의 내용 및 법적 근거(제3호), 제3호에
대하여 의견을 제출할 수 있다는 뜻과 의견을 제출하지 아니하는 경우의 처리방
법(제4호), 의견제출기관의 명칭과 주소(제5호), 의견제출기한(제6호), 그 밖에 필요
한 사항(제7호)을 당사자등에게 통지하여야 한다고 규정하고 있다(제21조제1항).

행정청은 청문을 하려면 청문이 시작되는 날부터 10일 전까지 제1항 각 호의
사항을 당사자등에게 통지하여야 한다. 이 경우 제1항 제4호부터 제6호까지의 사
항은 청문 주재자의 소속·직위 및 성명, 청문의 일시 및 장소, 청문에 응하지 아
니하는 경우의 처리방법 등 청문에 필요한 사항으로 갈음한다(제2항). 처분의 전제
가 되는 사실이 법원의 재판 등에 의하여 객관적으로 증명된 경우 등 제4항에 따

른 사전통지를 하지 아니할 수 있는 구체적인 사항은 대통령령으로 정한다(제5항).
제4항에 따라 사전통지를 하지 아니하는 경우 행정청은 처분을 할 때 당사자등에
게 통지를 하지 아니한 사유를 알려야 한다. 다만, 신속한 처분이 필요한 경우에
는 처분 후 그 사유를 알릴 수 있다(제6항).

2. 의견진술절차

(1) 의의

행정처분을 함에 있어서 이해관계인에게 의견진술의 기회를 주는 것은 행정
절차의 핵심적 요소이다. 특히 침해적 처분의 상대방에게 방어의 기회를 주는 것
은 자연적 정의의 원칙으로부터 요청되는 것이며 이해관계인의 권익의 보호를 위
하여 필요한 것이다. 또한 행정청으로서는 이해관계인의 의견진술을 들음으로써
처분과 관련된 문제상황(사실관계 및 이해관계)을 정확히 파악할 수 있고 이를 통하
여 적정한 처분을 내릴 수 있다.[15]

(2) 의견제출

"의견제출"이란 행정청이 어떠한 행정작용을 하기 전에 당사자등이 의견을
제시하는 절차로서 청문이나 공청회에 해당하지 아니하는 절차를 말한다(행정절차
법 제2조 제7호).

의견제출은 청문과 달리 변론이나 증거조사 등의 절차가 행해지지 않고 관계
인의 단순한 의견제출에 그치는 것이므로 행정절차를 지연시키거나 행정절차를
크게 번잡하게 하지 않음에도 이해관계인의 의견제출을 명시적으로 인정하지 않
고 이해관계인의 의견제출신청권만을 인정한 것은 설득력을 잃은 규정이라 할 수
있다. 그리고 의견제출자에 대하여 처리결과를 통보하는 절차가 없는 것도 타당
하지 않다.

(3) 청문

"청문"이란 행정청이 어떠한 처분을 하기 전에 당사자등의 의견을 직접 듣고
증거를 조사하는 절차를 말한다(행정절차법 제2조제5호). 즉 당사자 등의 의견을 들
을 뿐만 아니라 증거를 조사하는 등 재판에 준하는 절차를 거쳐 행하는 의견진술
절차를 말한다.

---

15) 박균성·김재광, 앞의 책, 428쪽.

(4) 공청회

"공청회"란 행정청이 공개적인 토론을 통하여 어떠한 행정작용에 대하여 당사자등, 전문지식과 경험을 가진 사람, 그 밖의 일반인으로부터 의견을 널리 수렴하는 절차를 말한다(행정절차법 제2조제6호). 공청회에는 전문지식을 가진 자 및 일반국민 등도 참여하는 경우가 많다.

3. 처분의 이유제시

이유제시란 행정청이 처분을 함에 있어서 처분의 근거와 이유를 제시하는 것을 말한다. 처분에 이유를 제시하도록 하는 것은 한편으로는 보다 신중하고 공정하게 행해지도록 하기 위한 것이고, 다른 한편으로는 상대방이 처분에 대하여 쟁송을 제기하고자 하는 경우 쟁송제기 여부의 판단 및 쟁송준비에 편의를 제공하기 위한 것이다.[16]

행정청은 처분의 주된 법적 근거 및 사실상의 사유를 구체적으로 제시하여야 한다. 처분의 사실상의 사유가 추상적으로만 제시된 경우와 같이 처분의 이유제시가 불충분한 경우에는 이유제시의무를 이행한 것이 되지 않는다.[17] 판례는 침해의 행정처분의 경우 신청에 의한 수익적 행정처분의 거부의 경우보다 이유제시의무를 엄격하게 요구하고 있다.[18]

재량처분의 경우에는 재량권 행사의 합리성을 뒷받침하는 재량고려과정을 제시하여야 한다. 처분의 상대방이 의견청취에서 자기에게 유리한 새로운 자료를 제시하여 반론한 때에는 처분이유에는 그 점에 관한 처분청의 판단도 제시되어야 한다.[19] 그러나 판례는 거부처분의 재량고려사유는 이유제시의무에 포함되는 것으로 보지만, 징계·제재 처분에 있어 징계·제재처분 사유만 제시하면 되는 것으로 보고 재량고려사항은 이유제시의무의 대상이 되지 않는 것으로 본다.

4. 처분의 방식

행정청이 처분을 할 때에는 다른 법령등에 특별한 규정이 있는 경우를 제외하고는 문서로 하여야 하며, 전자문서로 하는 경우에는 당사자등의 동의가 있어

---

16) 박균성·김재광, 앞의 책, 424쪽.
17) 박균성, 앞의 책, 420쪽.
18) 대판 1990. 9. 11, 90누1786; 2002. 5. 17, 2000두8912; 2004. 5. 28, 2004두961.
19) 김철용, 「행정법 I」(박영사, 2009), 402쪽.

야 한다. 다만, 신속히 처리할 필요가 있거나 사안이 경미한 경우에는 말 또는 그 밖의 방법으로 할 수 있다. 이 경우 당사자가 요청하면 지체 없이 처분에 관한 문서를 주어야 한다(행정절차법 제24조제1항).

Ⅳ. 경찰행정법령의 행정처분과 행정처분기준의 특징

경찰청 소관 법률 중 행정처분 규정을 두고 있는 것은 5개 법령이다. 이들 5 개 법령의 행정처분기준을 검토한 결과 도로교통법령을 제외한 4개 법령의 행정 처분기준은 사실상 사문화(死文化) 되어가고 있다는 점을 발견할 수 있었다.[20]

행정처분기준을 적용한 실적이 극히 저조한 실정이고, 그에 따라 행정처분기 준도 현실의 반영 등 행정여건을 고려하거나 규정상 미비점 및 오류 등을 개정 · 보완하기 보다는 단지 규정으로서 존재한다는 것이다. 특히 「사행행위 등 규제 및 처벌특례법」에서 정하는 사행업의 허가조건이 공공복리의 증진, 상품의 판매 선전 또는 관광진흥과 관광객의 유치촉진을 위하여 특히 필요하다고 인정되는 경 우로 한정하고 있어 이를 적용할 경우 사행업의 허가가 불가능하며 현실적으로도 동 법률을 적용하여 사행업을 허가한 사례가 전무한 실정이다. 또한 현행 「복권 및 경정 · 경륜 등 사행업」은 다른 부처 소관인 「복권및복권기금법」, 「관광진흥법」, 「경륜 · 경정법」 등 특별법에 의하여 허가 및 행정처분이 되고 있는 실정이므로 더욱이 「사행행위 등 규제 및 처벌특례법」의 사문화를 촉진한다고 하겠다.

해당 법령 내에서의 문제점 또는 미비점 이외에 경찰법령 전체의 입장에서 동일 또는 유사한 위반행위에 대해서는 동일한 처분기준을 적용하는 것이 바람직 하지만 경찰법령에서는 이를 전혀 고려하지 않고 있다. 예를 들어, 경찰서장 등 감독청의 지도 · 감독 명령에 따르지 아니하거나 감독규정을 위반한 경우 경비업 자에게는 영업정지 또는 허가취소를, 경비지도사에게는 자격정지처분을, 자동차 운전면허전문학원 등에게는 운영정지처분을, 사행행위 관련 허가에서는 자격정지 또는 자격취소를, 「총포 · 도검 · 화약류등 안전관리법」에서는 경고 · 자격정지 및 자격취소처분을 두는 등 제각기 다른 기준을 적용하고 있는 실정이므로 비록 자 격의 종류에 따라 다른 기준을 적용해야 하는 경우도 있겠지만 경찰법령 내의 동 종 또는 유사 위반행위에 대해서는 동일한 기준을 마련하는 것도 검토해 보아야

---

20) 김재광 · 강문수 · 최철호, 「행정처분기준 정비방안 연구(Ⅰ)」, 155~156쪽.

하는 것으로 생각된다.

  그리고 일부 법령의 경우 위반행위의 종류를 자세하게 규정하여 처분의 신뢰성 및 행정의 당사자 등 국민에게 예측가능성을 담보한다는 점에서 긍정적인 측면을 제공하고 있으나 고용된 자의 복장 및 자격증 부착 등 사업주가 판단할 분야까지 행정청이 규제하는 것은 지나친 간섭이라고 밖에 할 수 없을 것이므로 극히 사적이고 개인적인 분야는 사적 영역에서 담당하도록 하는 것이 바람직할 것이다.

  또한 위반사항을 지나치게 다양하게 규정하여 일선에서 직접 처분을 담당하는 공무원을 혼란하게 하기보다는 행정처분 대상 위반행위는 법령별로 주요위반행위 위주로 최소화하고 처분기준을 강화하여 실효성있는 행정처분이 될 수 있도록 하고, 그 밖의 위반행위에 대해서는 범칙금 또는 과태료·과징금 등 금전적 제재를 강화하는 것이 행정환경 및 국민정서에 부합하는 행정이 되지 않을까 한다.

  경찰행정분야는 규제행정의 대표적인 분야라고 할 수 있다. 다시 말해 국민들로부터 환영받기 보다는 기피의 대상이 되는 행정이 경찰행정인 셈이다. 따라서 원칙에 입각한 행정 이외에 국민이 납득할 수 있는 보편적 가치와 상식의 범위를 벗어나지 않도록 하는 것이 바람직하지 않을까 생각한다.

V. 도로교통법령상 운전면허 행정처분과 행정처분기준

1. 운전면허 취소·정지처분의 일반기준

(1) 벌점의 종합관리

  "벌점"이란 행정처분의 기초자료로 활용하기 위하여 법규위반 또는 사고야기에 대하여 그 위반의 경중, 피해의 정도 등에 따라 배점되는 점수를 말한다. "누산점수"란 위반·사고시의 벌점을 누적하여 합산한 점수에서 상계치(무위반·무사고 기간 경과 시에 부여되는 점수 등)를 뺀 점수를 말한다. 다만, 제3호가목의 7란에 의한 벌점은 누산점수에 이를 산입하지 아니하되, 범칙금 미납 벌점을 받은 날을 기준으로 과거 3년간 2회 이상 범칙금을 납부하지 아니하여 벌점을 받은 사실이 있는 경우에는 누산점수에 산입한다. [누산점수＝매 위반·사고 시 벌점의 누적합산치－상계치]. "처분벌점"이란 구체적인 법규위반·사고야기에 대하여 앞으로 정지처분기준을 적용하는데 필요한 벌점으로서, 누산점수에서 이미 정지처분이 집행된 벌점의 합계치를 뺀 점수를 말한다(도로교통법시행규칙 별표28).

처분벌점 = 누산점수 - 이미 처분이 집행된 벌점의 합계치
= 매 위반·사고 시 벌점의 누적 합산치 - 상계치 - 이미 처분이 집행된 벌점의
합계치

1) 누산점수의 관리   법규위반 또는 교통사고로 인한 벌점은 행정처분기준을
적용하고자 하는 당해 위반 또는 사고가 있었던 날을 기준으로 하여 과거 3년간
의 모든 벌점을 누산하여 관리한다.

2) 무위반·무사고기간 경과로 인한 벌점 소멸   처분벌점이 40점 미만인 경우
에, 최종의 위반일 또는 사고일로부터 위반 및 사고 없이 1년이 경과한 때에는
그 처분벌점은 소멸한다.

3) 벌점 공제

(가) 인적 피해 있는 교통사고를 야기하고 도주한 차량의 운전자를 검거하거
나 신고하여 검거하게 한 운전자(교통사고의 피해자가 아닌 경우로 한정한다)에게는 검
거 또는 신고할 때마다 40점의 특혜점수를 부여하여 기간에 관계없이 그 운전자
가 정지 또는 취소처분을 받게 될 경우 누산점수에서 이를 공제한다. 이 경우 공
제되는 점수는 40점 단위로 한다.

(나) 경찰청장이 정하여 고시하는 바에 따라 무위반·무사고 서약을 하고 1년
간 이를 실천한 운전자에게는 실천할 때마다 10점의 특혜점수를 부여하여 기간에
관계없이 그 운전자가 정지처분을 받게 될 경우 누산점수에서 이를 공제하되 공
제되는 점수는 10점 단위로 한다. 다만, 교통사고로 사람을 사망에 이르게 하거
나 법 제93조제1항제1호·제5호의2 및 제10호의2 중 어느 하나에 해당하는 사유로
정지처분을 받게 될 경우에는 공제할 수 없다(2019. 6. 14. 개정/시행일: 2019. 6. 25).

4) 개별기준 적용에 있어서의 벌점 합산(법규위반으로 교통사고를 야기한 경우)

법규위반으로 교통사고를 야기한 경우에는 3. 정지처분 개별기준 중 다음의
각 벌점을 모두 합산한다.

① 가. 이 법이나 이 법에 의한 명령을 위반한 때(교통사고의 원인이 된 법규위반
이 둘 이상인 경우에는 그 중 가장 중한 것 하나만 적용한다.)

② 나. 교통사고를 일으킨 때 (1) 사고결과에 따른 벌점

③ 나. 교통사고를 일으킨 때 (2) 조치 등 불이행에 따른 벌점

5) 정지처분 대상자의 임시운전 증명서   경찰서장은 면허 정지처분 대상자가
면허증을 반납한 경우에는 본인이 희망하는 기간을 참작하여 40일 이내의 유효기

간을 정하여 별지 제79호서식의 임시운전증명서를 발급하고, 동 증명서의 유효기간 만료일 다음 날부터 소정의 정지처분을 집행하며, 당해 면허 정지처분 대상자가 정지처분을 즉시 받고자 하는 경우에는 임시운전 증명서를 발급하지 않고 즉시 운전면허 정지처분을 집행할 수 있다.

(2) 벌점 등 초과로 인한 운전면허의 취소·정지

1) 벌점·누산점수 초과로 인한 면허 취소　1회의 위반·사고로 인한 벌점 또는 연간 누산점수가 다음 표의 벌점 또는 누산점수에 도달한 때에는 그 운전면허를 취소한다.

기간	벌점 또는 누산점수
1년간	121점 이상
2년간	201점 이상
3년간	271점 이상

2) 벌점·처분벌점 초과로 인한 면허 정지　운전면허 정지처분은 1회의 위반·사고로 인한 벌점 또는 처분벌점이 40점 이상이 된 때부터 결정하여 집행하되, 원칙적으로 1점을 1일로 계산하여 집행한다.

(3) 처분벌점 및 정지처분 집행일수의 감경

1) 특별교통안전교육에 따른 처분벌점 및 정지처분집행일수의 감경

(가) 처분벌점이 40점 미만인 사람이 교통법규교육을 마친 경우에는 경찰서장에게 교육필증을 제출한 날부터 처분벌점에서 20점을 감경한다.

(나) 면허정지처분을 받은 사람이 교통소양교육을 마친 경우에는 경찰서장에게 교육필증을 제출한 날부터 정지처분기간에서 20일을 감경한다. 다만, 해당 위반행위에 대하여 운전면허행정처분 이의심의위원회의 심의를 거치거나 행정심판 또는 행정소송을 통하여 행정처분이 감경된 경우에는 정지처분기간을 추가로 감경하지 아니하고, 정지처분이 감경된 때에 한정하여 누산점수를 20점 감경한다.

(다) 면허정지처분을 받은 사람이 교통소양교육을 마친 후에 교통참여교육을 마친 경우에는 경찰서장에게 교육필증을 제출한 날부터 정지처분기간에서 30일을 추가로 감경한다. 다만, 해당 위반행위에 대하여 운전면허행정처분 이의심의위원회의 심의를 거치거나 행정심판 또는 행정소송을 통하여 행정처분이 감경된 경우에는 그러하지 아니하다.

2) 모범운전자에 대한 처분집행일수 감경　모범운전자(법 제146조에 따라 무사고운

전자 또는 유공운전자의 표시장을 받은 사람으로서 교통안전 봉사활동에 종사하는 사람을 말한다.)에 대하여는 면허 정지처분의 집행기간을 2분의 1로 감경한다. 다만, 처분벌점에 교통사고 야기로 인한 벌점이 포함된 경우에는 감경하지 아니한다.

3) 정지처분 집행일수의 계산에 있어서 단수의 불산입 등   정지처분 집행일수의 계산에 있어서 단수는 이를 산입하지 아니하며, 본래의 정지처분 기간과 가산일수의 합계는 1년을 초과할 수 없다.

(4) 행정처분의 취소

교통사고(법규위반을 포함한다)가 법원의 판결로 무죄확정(혐의가 없거나 죄가 되지 아니하여 불기소처분된 경우를 포함한다. 이하 이 목에서 같다)된 경우에는 즉시 그 운전면허 행정처분을 취소하고 당해 사고 또는 위반으로 인한 벌점을 삭제한다. 다만, 법 제82조제1항제2호 또는 제5호에 따른 사유로 무죄가 확정된 경우에는 그러하지 아니하다.

(5) 처분기준의 감경

1) 감경사유

(가) 음주운전으로 운전면허 취소처분 또는 정지처분을 받은 경우   운전이 가족의 생계를 유지할 중요한 수단이 되거나, 모범운전자로서 처분당시 3년 이상 교통봉사활동에 종사하고 있거나, 교통사고를 일으키고 도주한 운전자를 검거하여 경찰서장 이상의 표창을 받은 사람으로서 다음의 어느 하나에 해당되는 경우가 없어야 한다.

1) 혈중알코올농도가 0.1퍼센트를 초과하여 운전한 경우
2) 음주운전 중 인적피해 교통사고를 일으킨 경우
3) 경찰관의 음주측정요구에 불응하거나 도주한 때 또는 단속경찰관을 폭행한 경우
4) 과거 5년 이내에 3회 이상의 인적피해 교통사고의 전력이 있는 경우
5) 과거 5년 이내에 음주운전의 전력이 있는 경우

(나) 벌점 · 누산점수 초과로 인하여 운전면허 취소처분을 받은 경우   운전이 가족의 생계를 유지할 중요한 수단이 되거나, 모범운전자로서 처분당시 3년 이상 교통봉사활동에 종사하고 있거나, 교통사고를 일으키고 도주한 운전자를 검거하여 경찰서장 이상의 표창을 받은 사람으로서 다음의 어느 하나에 해당되는 경우가 없어야 한다.

1) 과거 5년 이내에 운전면허 취소처분을 받은 전력이 있는 경우

2) 과거 5년 이내에 3회 이상 인적피해 교통사고를 일으킨 경우

3) 과거 5년 이내에 3회 이상 운전면허 정지처분을 받은 전력이 있는 경우

4) 과거 5년 이내에 운전면허행정처분 이의심의위원회의 심의를 거치거나 행정심판 또는 행정소송을 통하여 행정처분이 감경된 경우

(다) 그 밖에 정기 적성검사에 대한 연기신청을 할 수 없었던 불가피한 사유가 있는 등으로 취소처분 개별기준 및 정지처분 개별기준을 적용하는 것이 현저히 불합리하다고 인정되는 경우

2) 감경기준   위반행위에 대한 처분기준이 운전면허의 취소처분에 해당하는 경우에는 해당 위반행위에 대한 처분벌점을 110점으로 하고, 운전면허의 정지처분에 해당하는 경우에는 처분 집행일수의 2분의 1로 감경한다. 다만, 다목(1)에 따른 벌점·누산점수 초과로 인한 면허취소에 해당하는 경우에는 면허가 취소되기 전의 누산점수 및 처분벌점을 모두 합산하여 처분벌점을 110점으로 한다.

3) 처리절차   (1)의 감경사유에 해당하는 사람은 행정처분을 받은 날(정기 적성검사를 받지 아니하여 운전면허가 취소된 경우에는 행정처분이 있음을 안 날)부터 60일 이내에 그 행정처분에 관하여 주소지를 관할하는 지방경찰청장에게 이의신청을 하여야 하며, 이의신청을 받은 지방경찰청장은 제96조에 따른 운전면허행정처분 이의심의위원회의 심의·의결을 거쳐 처분을 감경할 수 있다.

2. 운전면허 취소처분의 개별기준

일련번호	위반사항	적용법조 (도로교통법)	내용
1	교통사고를 일으키고 구호조치를 하지 아니한 때	제93조	○ 교통사고로 사람을 죽게 하거나 다치게 하고, 구호조치를 하지 아니한 때
2	술에 취한 상태에서 운전한 때	제93조	○ 술에 취한 상태의 기준(혈중알코올농도 0.03퍼센트 이상)을 넘어서 운전을 하다가 교통사고로 사람을 죽게 하거나 다치게 한 때 ○ 혈중알코올농도 0.08퍼센트 이상의 상태에서 운전한 때 ○ 술에 취한 상태의 기준을 넘어 운전하거나 술에 취한 상태의 측정에 불응한 사람이 다시 술에

			취한 상태(혈중알코올농도 0.03퍼센트 이상)에서 운전한 때
3	술에 취한 상태의 측정에 불응한 때	제93조	○ 술에 취한 상태에서 운전하거나 술에 취한 상태에서 운전하였다고 인정할 만한 상당한 이유가 있음에도 불구하고 경찰공무원의 측정 요구에 불응한 때
4	다른 사람에게 운전면허증 대여(도난, 분실 제외)	제93조	○ 면허증 소지자가 다른 사람에게 면허증을 대여하여 운전하게 한 때 ○ 면허 취득자가 다른 사람의 면허증을 대여 받거나 그 밖에 부정한 방법으로 입수한 면허증으로 운전한 때
5	결격사유에 해당	제93조	○ 교통상의 위험과 장해를 일으킬 수 있는 정신질환자 또는 뇌전증환자로서 영 제42조제1항에 해당하는 사람 ○ 앞을 보지 못하는 사람(한쪽 눈만 보지 못하는 사람의 경우에는 제1종 운전면허 중 대형면허·특수면허로 한정한다) ○ 듣지 못하는 사람(제1종 운전면허 중 대형면허·특수면허로 한정한다) ○ 양 팔의 팔꿈치 관절 이상을 잃은 사람, 또는 양팔을 전혀 쓸 수 없는 사람. 다만, 본인의 신체장애 정도에 적합하게 제작된 자동차를 이용하여 정상적으로 운전할 수 있는 경우는 제외한다. ○ 다리, 머리, 척추 그 밖의 신체장애로 인하여 앉아 있을 수 없는 사람 ○ 교통상의 위험과 장해를 일으킬 수 있는 마약, 대마, 향정신성 의약품 또는 알코올 중독자로서 영 제42조제3항에 해당하는 사람
6	약물을 사용한 상태에서 자동차 등을 운전한 때	제93조	○ 약물(마약·대마·향정신성 의약품 및 「유해화학물질 관리법 시행령」 제25조에 따른 환각물질)의 투약·흡연·섭취·주사 등으로 정상적인 운전을 하지 못할 염려가 있는 상태에서 자동차 등을 운전한 때
6의2	공동위험행위	제93조	○ 법 제46조제1항을 위반하여 공동위험행위로 구속된 때
6의3	난폭운전	제93조	○ 법 제46조의3을 위반하여 난폭운전으로 구속된 때
7	정기적성검사 불합격 또는 정기적성검사 기간 1년경과	제93조	○ 정기적성검사에 불합격하거나 적성검사기간 만료일 다음 날부터 적성검사를 받지 아니하고 1년을 초과한 때

8	수시적성검사 불합격 또는 수시적성검사 기간 경과	제93조	○ 수시적성검사에 불합격하거나 수시적성검사 기간을 초과한 때
9	삭제 ＜2011.12.9＞		
10	운전면허 행정처분기간 중 운전행위	제93조	○ 운전면허 행정처분 기간중에 운전한 때
11	허위 또는 부정한 수단으로 운전면허를 받은 경우	제93조	○ 허위·부정한 수단으로 운전면허를 받은 때 ○ 법 제82조에 따른 결격사유에 해당하여 운전면허를 받을 자격이 없는 사람이 운전면허를 받은 때 ○ 운전면허 효력의 정지기간중에 면허증 또는 운전면허증에 갈음하는 증명서를 교부받은 사실이 드러난 때
12	등록 또는 임시운행 허가를 받지 아니한 자동차를 운전한 때	제93조	○ 「자동차관리법」에 따라 등록되지 아니하거나 임시운행 허가를 받지 아니한 자동차(이륜자동차를 제외한다)를 운전한 때
12의2	자동차 등을 이용하여 형법상 특수상해 등을 행한 때(보복운전)	제93조	○ 자동차 등을 이용하여 형법상 특수상해, 특수폭행, 특수협박, 특수손괴를 행하여 구속된 때
13	자동차 등을 이용하여 범죄행위를 한 때	제93조	○ 국가보안법을 위반한 범죄에 이용된 때 ○ 형법을 위반한 다음 범죄에 이용된 때 ·살인, 사체유기, 방화 ·강도, 강간, 강제추행 ·약취·유인·감금 ·상습절도(절취한 물건을 운반한 경우에 한한다) ·교통방해(단체에 소속되거나 다수인에 포함되어 교통을 방해한 경우에 한한다)
14	다른 사람의 자동차 등을 훔치거나 빼앗은 때	제93조	○ 운전면허를 가진 사람이 자동차 등을 훔치거나 빼앗아 이를 운전한 때
15	다른 사람을 위하여 운전면허시험에 응시한 때	제93조	○ 운전면허를 가진 사람이 다른 사람을 부정하게 합격시키기 위하여 운전면허 시험에 응시한 때
16	운전자가 단속 경찰공무원 등에 대한 폭행	제93조	○ 단속하는 경찰공무원 등 및 시·군·구 공무원을 폭행하여 형사입건된 때
17	연습면허 취소사유가 있었던 경우	제93조	○ 제1종 보통 및 제2종 보통면허를 받기 이전에 연습면허의 취소사유가 있었던 때(연습면허에 대한 취소절차 진행중 제1종 보통 및 제2종 보통면허를 받은 경우를 포함한다)

3. 운전면허 정지처분의 개별기준

가. 이 법이나 이 법에 의한 명령을 위반한 때

위반사항	적용법조 (도로교통법)	벌 점
1. 삭제 <2011.12.9>		
2. 술에 취한 상태의 기준을 넘어서 운전한 때(혈중알코올농도 0.03퍼센트 이상 0.08퍼센트 미만)	제44조제1항	100
2의2. 자동차 등을 이용하여 형법상 특수상해 등(보복운전)을 하여 입건된 때	제93조	
3. 속도위반(60km/h 초과)	제17조제3항	60
4. 정차·주차위반에 대한 조치불응(단체에 소속되거나 다수인에 포함되어 경찰공무원의 3회이상의 이동명령에 따르지 아니하고 교통을 방해한 경우에 한한다)	제35조제1항	
4의2. 공동위험행위로 형사입건된 때	제46조제1항	
4의3. 난폭운전으로 형사입건된 때	제46조의3	
5. 안전운전의무위반(단체에 소속되거나 다수인에 포함되어 경찰공무원의 3회 이상의 안전운전 지시에 따르지 아니하고 타인에게 위험과 장해를 주는 속도나 방법으로 운전한 경우에 한한다)	제48조	40
6. 승객의 차내 소란행위 방치운전	제49조제1항제9호	
7. 출석기간 또는 범칙금 납부기간 만료일부터 60일이 경과될 때까지 즉결심판을 받지 아니한 때	제138조 및 제165조	
8. 통행구분 위반(중앙선 침범에 한함)	제13조제3항	
9. 속도위반(40km/h 초과 60km/h 이하)	제17조제3항	
10. 철길건널목 통과방법위반	제24조	
10의2. 어린이통학버스 특별보호 위반	제51조	
10의3. 어린이통학버스 운전자의 의무위반(좌석안전띠를 매도록 하지 아니한 운전자는 제외한다)	제53조제1항·제2항·제4항 및 제5항	30
11. 고속도로·자동차전용도로 갓길통행	제60조제1항	
12. 고속도로 버스전용차로·다인승전용차로 통행위반	제61조제2항	
13. 운전면허증 등의 제시의무위반 또는 운전자 신원확인을 위한 경찰공무원의 질문에 불응	제92조제2항	
14. 신호·지시위반	제5조	
15. 속도위반(20km/h 초과 40km/h 이하)	제17조제3항	
15의2. 속도위반(어린이보호구역 안에서 오전 8시부터 오후 8시까지 사이에 제한속도를 20km/h 이내에서 초과한 경우에 한정한다)	제17조제3항	15

16. 앞지르기 금지시기·장소위반	제22조	
16의2. 적재 제한 위반 또는 적재물 추락 방지 위반	제39조제1항·제4항	
17. 운전 중 휴대용 전화 사용	제49조제1항제10호	
17의2. 운전 중 운전자가 볼 수 있는 위치에 영상 표시	제49조제1항제11호	
17의3. 운전 중 영상표시장치 조작	제49조제1항제11호의2	
18. 운행기록계 미설치 자동차 운전금지 등의 위반	제50조제5항	
19. 삭제 <2014.12.31.>		
20. 통행구분 위반(보도침범, 보도 횡단방법 위반)	제13조제1항·제2항	
21. 지정차로 통행위반(진로변경 금지장소에서의 진로변경 포함)	제14조제2항·제5항, 제60조제1항	
22. 일반도로 전용차로 통행위반	제15조제3항	
23. 안전거리 미확보(진로변경 방법위반 포함)	제19조제1항·제3항·제4항	
24. 앞지르기 방법위반	제21조제1항·제3항, 제60조제2항	10
25. 보행자 보호 불이행(정지선위반 포함)	제27조	
26. 승객 또는 승하차자 추락방지조치위반	제39조제3항	
27. 안전운전 의무 위반	제48조	
28. 노상 시비·다툼 등으로 차마의 통행 방해행위	제49조제1항제5호	
29. 삭제 <2014.12.31.>		
30. 돌·유리병·쇳조각이나 그 밖에 도로에 있는 사람이나 차마를 손상시킬 우려가 있는 물건을 던지거나 발사하는 행위	제68조제3항제4호	
31. 도로를 통행하고 있는 차마에서 밖으로 물건을 던지는 행위	제68조제3항제5호	

(주)

1. 삭제 <2011.12.9>

2. 범칙금 납부기간 만료일부터 60일이 경과될 때까지 즉결심판을 받지 아니하여 정지처분 대상자가 되었거나, 정지처분을 받고 정지처분 기간중에 있는 사람이 위반 당시 통고받은 범칙금액에 그 100분의 50을 더한 금액을 납부하고 증빙서류를 제출한 때에는 정지처분을 하지 아니하거나 그 잔여기간의 집행을 면제한다. 다만, 다른 위반행위로 인한 벌점이 합산되어 정지처분을 받은 경우 그 다른 위반행위로 인한 정지처분 기간에 대하여는 집행을 면제하지 아니한다.

3. 제7호, 제8호, 제10호, 제12호, 제14호, 제16호, 제20호부터 제27호까지 및 제29호부터 제31호까지의 위반행위에 대한 벌점은 자동차등을 운전한 경우에 한하여 부과한다.

4. 어린이보호구역 및 노인·장애인보호구역 안에서 오전 8시부터 오후 8시까지 사이에 제3호, 제9호, 제14호, 제15호 또는 제25호의 어느 하나에 해당하는 위반행위를 한 운전자에 대해서는 위 표에 따른 벌점의 2배에 해당하는 벌점을 부과한다.

나. 자동차등의 운전 중 교통사고를 일으킨 때

(1) 사고결과에 따른 벌점기준

구분		벌점	내용
인적 피해 교통 사고	사망 1명마다	90	사고발생 시부터 72시간 이내에 사망한 때
	중상 1명마다	15	3주 이상의 치료를 요하는 의사의 진단이 있는 사고
	경상 1명마다	5	3주 미만 5일 이상의 치료를 요하는 의사의 진단이 있는 사고
	부상신고 1명마다	2	5일 미만의 치료를 요하는 의사의 진단이 있는 사고

(비고)

1. 교통사고 발생 원인이 불가항력이거나 피해자의 명백한 과실인 때에는 행정처분을 하지 아니한다.
2. 자동차등 대 사람 교통사고의 경우 쌍방과실인 때에는 그 벌점을 2분의 1로 감경한다.
3. 자동차등 대 자동차등 교통사고의 경우에는 그 사고원인 중 중한 위반행위를 한 운전자만 적용한다.
4. 교통사고로 인한 벌점산정에 있어서 처분 받을 운전자 본인의 피해에 대하여는 벌점을 산정하지 아니한다.

(2) 조치 등 불이행에 따른 벌점기준

불이행사항	적용법조 (도로교통법)	벌점	내용
교통사고 야기시 조치 불이행	제54조제1항	15	1. 물적 피해가 발생한 교통사고를 일으킨 후 도주한 때 2. 교통사고를 일으킨 즉시(그때, 그 자리에서 곧)사상자를 구호하는 등의 조치를 하지 아니하였으나 그 후 자진신고를 한 때
		30	가. 고속도로, 특별시·광역시 및 시의 관할구역과 군(광역시의 군을 제외한다)의 관할구역 중 경찰관서가 위치하는 리 또는 동 지역에서 3시간(그 밖의 지역에서는 12시간) 이내에 자진신고를 한 때
		60	나. 가목에 따른 시간 후 48시간 이내에 자진신고를 한 때

우리나라의 운전면허 취소처분 기준은 일본에 비해서는 덜 복잡하게 규정되어 있다는 평가를 받고 있다. 일본의 경우에는 운전면허에 대한 행정처분기준이 복잡하고 위반행위에 대한 벌점부과 기준이 다양하다는 지적을 받고 있다. 특히 면허에 대한 假정지제도를 두어 교통사고로 사람을 사상케 하여 운전면허 행정처분이 확실한 자에 대하여 이를 활용함으로써 행정처분의 실효성을 확보하는 수단으로 삼고 있다.[21]

---

21) 김재광·강문수·최철호, 「행정처분기준 정비방안 연구(Ⅰ)」, 164쪽.

또한 독일의 경우에 면허취소의 사유는 차량운전이 부적합하거나 자격이 없는 경우로써, 보다 구체적으로는 운전에 부적합한 신체적인 결함 또는 관련법규의 반복적인 위반으로 포괄적으로 규정되어 있다. 따라서 이에 대하여 증명할 수 있는 경우라면 면허를 취소할 수 있어 차량운전에 부적합한 여러 경우에 탄력적으로 대응함으로써 효과적인 규제를 기대할 수 있다.

반면 우리나라의 경우 면허취소사유가 명백하게 규정되어 있다는 장점은 있으나, 침익적 처분으로서의 성질상 이를 제한적으로만 열거하고 있다고 이해하는 이상, 그 외의 중대한 운전결격사유에 적절하게 대응할 수 없다는 단점이 있다. 일례로 과거에는 음주운전 측정거부 행위가 면허정지의 대상이었다가, 그 후 법개정을 통하여 취소사유로 규정된 것을 들 수 있다. 제한적 열거규정의 경우는 면허의 취소 또는 정지사유를 그때그때의 필요에 따라 법개정을 통하여 정비하여야 하는 번거로움이 있다.

나아가 점차로 사회가 복잡해지고 첨단기술이 발달하고 있는 현대사회에서 도로교통법상 운전면허의 취소사유를 열거한다는 것은 사실상 어려운 점이 많다는 점에서 보면, 이를 개괄적으로 규정하고, 경우에 따라서는 법규명령을 통하여 이를 구체화하도록 하는 것이 행정의 효과적이고도 탄력적인 대응이라는 관점에서 바람직하다.[22]

4. 처분절차

(1) 일반절차

1) 사전통지   지방경찰청장 또는 경찰서장이 법 제93조에 따라 운전면허의 취소 또는 정지처분을 하려는 때에는 별지 제81호서식의 운전면허정지·취소처분 사전통지서를 그 대상자에게 발송 또는 발급하여야 한다. 다만, 그 대상자의 주소 등을 통상적인 방법으로 확인할 수 없거나 발송이 불가능한 경우에는 운전면허대장에 기재된 그 대상자의 주소지를 관할하는 경찰관서의 게시판에 14일간 이를 공고함으로써 통지를 대신할 수 있다(도로교통법시행규칙 제93조제1항).

2) 이의제기   처분의 사전통지를 받은 상대방 또는 그 대리인은 지정된 일시에 출석하거나 서면으로 이의를 제기할 수 있다. 이 경우 지정된 기일까지 이의를 제기하지 아니한 때에는 이의가 없는 것으로 본다(도로교통법시행규칙 제93조제2항).

---

22) 김재광·강문수·최철호, 「행정처분기준 정비방안 연구(Ⅰ)」, 191쪽.

운전면허의 취소대상자 또는 정지대상자(1회의 법규위반 또는 교통사고로 운전면허가 정지되는 사람에 한한다)로서 법 제138조에 따라 법규위반의 단속현장이나 교통사고의 조사과정에서 국가경찰공무원 또는 제주특별자치도의 자치경찰공무원으로부터 운전면허증의 제출을 요구받은 사람은 구술 또는 서면으로 이의를 제기할 수 있다. 다만, 운전면허의 취소 또는 정지처분이 결정된 사람의 경우에는 그러하지 아니하다(도로교통법시행규칙 제93조제4항).

3) 결정통지   지방경찰청장 또는 경찰서장은 법 제93조에 따라 운전면허의 정지 또는 취소처분을 결정한 때에는 별지 제82호서식의 운전면허정지·취소처분결정통지서를 그 처분의 대상자에게 발송 또는 발급하여야 한다. 다만, 그 처분의 대상자가 소재불명으로 통지를 할 수 없는 때에는 운전면허대장에 기재된 그 대상자의 주소지를 관할하는 경찰관서의 게시판에 14일간 이를 공고함으로써 통지를 대신할 수 있다(도로교통법시행규칙 제93조제3항).

4) 처분의 집행   운전면허 행정처분의 집행 개시일은 처분의 결정이 있은 후 40일 이내로 하여야 한다. 다만, 행정처분 결정전에 면허증을 회수하고 임시운전증명서를 발급한 때에는 임시운전증명서 유효기간 만료일 익일을 행정처분 개시일로 한다.

운전면허 행정처분은 처분대상자로부터 운전면허증을 회수한 후 집행한다. 다만 대상자가 운전면허증을 반납하지 않거나 주소불명 등의 사유로 운전면허증 회수가 불가능한 때에는 면허증을 회수하지 않고 집행할 수 있다.

(2) 처분절차의 특례
1) 적성검사 및 운전면허 갱신 불이행자에 대한 특례   지방경찰청장은 운전면허를 받은 사람이 법 제87조제1항의 규정을 위반하여 정기적성검사를 받지 아니하거나 운전면허증의 갱신교부를 받지 아니한 때에는 운전면허 정지 또는 취소의 처분을 하기 전(정기적성검사기간 만료일 또는 면허증갱신기간 만료일부터 10월이 경과되기 전)에 운전면허조건부취소결정통지서 또는 운전면허조건부취소·정지결정통지서를 그 대상자에게 발송하여야 한다(도로교통법시행규칙 제94조제1항).

운전면허조건부취소결정통지서 또는 운전면허조건부취소·정지결정통지서는 운전면허취소·정지처분사전통지서 및 운전면허취소·정지처분결정통지서를 대신한다(제2항).

2) 국제면허 소지자에 대한 특례   지방경찰청장은 국제운전면허증을 가지고 우리나라에서 자동차를 운전하는 사람이 교통사고를 야기하거나 수시적성검사에 불

합격하는 등 운전을 금지해야 할 요건에 해당하는 경우, 의견청취 및 면허증 회수 절차를 거쳐 운전을 금지할 수 있다. 국제운전면허증을 가진 자에게 운전을 금지한 때에는 운전금지통지서를 교부하거나 발송하여야 한다(도로교통법 제97조제1항).

(3) 운전면허행정처분 이의심의위원회 등을 통한 권리구제

지방경찰청장은 법 제94조제2항에 따라 지방경찰청장의 운전면허와 관련된 행정처분에 이의가 제기된 경우 이를 심의하기 위하여 지방경찰청에 운전면허행정처분 이의심의위원회를 둔다(도로교통법시행규칙 제96조제1항). 심의위원회의 회의는 재적위원 3분의 2이상의 출석과 출석위원 과반수의 찬성으로 의결한다(제3항). 심의위원회의 위원장과 위원은 운전면허 행정처분의 심의와 관련하여 공정성을 해치는 행위를 하여서는 아니 된다(제4항).

심의위원회에서 심의중인 사람도 이의신청과 관계없이 행정심판을 청구할 수 있다. 행정심판은 이의를 신청하여 결과를 통보받은 사람은 통보받은 날부터 90일 이내에, 이의신청을 하지 않았거나 이의를 신청하고 결과를 통보받지 못한 사람은 원처분이 있음을 안 날부터 90일 이내에 청구할 수 있다.

운전면허 행정처분에 대한 행정소송은 행정심판의 재결을 거친 후에 제기할 수 있다.

VI. 현행 운전면허 행정처분기준과 절차의 문제점과 개선방안

1. 법규위반에 따른 벌점 부과기준의 정비

운전면허 정지처분 집행기준을 누산점수 30점으로 정한 1986. 5. 1(내무부령 440호) 이후부터 벌점항목은 1회의 위반으로도 운전을 정지해야 할 위반행위(30점 이상), 2회 위반시 운전을 정지해야 할 행위(20점 또는 15점), 3번 위반할 경우 정지해야 할 행위(10점)로 각각 구분하여 위반행위에 대한 사회적 비난가능성과 교통사고 야기정도, 사고발생시 초래하는 결과 및 교통단속의 실효성 확보 등을 종합적으로 고려하여 벌점을 부과하였다.

그러나 사회현상 및 이슈를 벌점에 반영하는 과정에서 지나치게 높게 반영하거나 행정편의적 관점으로 벌점을 부과하면서 위반행위간의 체계와 합리성을 상실한 사례가 있으므로 이를 행위의 비난가능성, 사고야기 정도 및 사고발생시 초래하는 결과 등 합리적인 기준으로 재분류하는 것이 바람직하다.

(1) 1회 위반으로 정지처분(40점)을 받게 되는 위반행위로서 벌점이 높게 반영된 사례

1) 정차·주차위반에 대한 조치불응[23]   정차·주차위반에 대한 조치불응에 대해서는 벌점 없는 주·정차 위반으로 단속가능하다.

2) 안전운전 의무위반[24]   안전운전 의무위반에 대해서는 '일반적인 안전운전 의무위반'(벌점 10점)과 동일하게 규정하는 것이 바람직하다.

3) 승객의 차내소란행위 방치운전   승객의 차내소란행위 방치운전에 대해서는 범칙금(승합차 3만원)의 규모로 보아 벌점 10점 이하가 합리적이지만 현재 40점을 부과하고 있다.

(2) 교통단속의 실효성 확보수단으로서 그 역할을 못하는 위반행위

1) 면허증 제시의무 위반(벌점 30점)   피단속자가 면허증을 제시하지 않아 단속이 지체되는 것을 예방하기 위하여 마련된 항목이지만 처분기준이 40점으로 상향조정되면서 그 역할을 못하고 있다.

2) 40km/h 초과 과속, 철길건널목 통과방법 위반, 고속도로·자동처전용차로 갓길 통행 등(벌점 30점)   1회 위반만으로 운전면허를 정지처분할 필요가 있는 위험한 위반행위이지만 정지처분 벌점이 40점으로 상향조정되면서 실효성을 잃은 대표적인 법규위반 항목이다.

2. 운전자 특성을 고려, 주취 한계치 차별화

우리나라의 「도로교통법」은 차량의 용도 및 운전자의 특성 등을 전혀 고려치 않고 주취운전의 한계를 일률적으로 혈중알콜농도 0.03%로 적용하고 있으나 다음 <표>에서 보는 바와 같이 많은 교통선진국에서는 초보운전자, 사업용운전자, 면허정지자 등 차량용도와 면허경력 등 운전자의 특성을 구별하여 단속대상인 혈중알콜농도를 차별화하고 있으며 이를 통하여 음주 교통사고 예방 및 음주운전 억제수단으로 활용하고 있는 실정이다.

20대 국회 들어 혈중알콜농도 0.05%를 0.03%로 강화하는 개정안이 통과되었다.

---

23) 단체에 소속되거나 다수인에 포함되어 경찰공무원의 3회 이상의 이동명령에 따르지 아니하고 교통을 방해한 경우에 한한다.
24) 단체에 소속되거나 다수인에 포함되어 경찰공무원의 3회 이상의 안전운전 지시에 따르지 아니하고 타인에게 위험과 장해를 주는 속도나 방법으로 운전한 경우에 한한다.

〈국가별 주취운전 단속기준(한계치)〉

국가명	한계치	적용대상
호주	0.02%	예비면허, 19~25세 이하, 경력1~3년 미만
오스트리아	0.01%	20세 이하, 경력2년 미만, 7.5t 이상, 긴급자동차
캐나다	0.01%	20세 이하, 경력2년 미만
네덜란드	0.02%	초보운전자, 면허정지자
스페인	0.03%	경력2년 이하, 면허정지 후 2년 이내, 직업운전자
미국	0.02%	21세 이하
일본[25]	0.03%	차량용도 또는 면허경력 등과 무관
한국	0.03%	〃

음주운전이 근절되지 않고 있는 우리나라에서도 초보운전단계부터 음주운전에 대한 경각심을 고취시킴으로써 근본적으로 음주운전을 하지 않도록 유도하고, 음주운전의 재발 및 상습화되는 특성을 차단하기 위해 초보운전자, 2회 이상 상습 음주운전자 등에게 현행보다 강화된 혈중알콜농도를 적용하는 방안을 검토해볼 수 있을 것이다.

3. 위반의 경중 및 장소에 따른 가중처분

교통법규는 동일 항목인 경우에도 위반의 경중에 따라 수반되는 결과의 심각성에 매우 큰 차이를 보인다는 점에서 교통법규위반사항을 세분화하고 그에 따른 위반등급을 다양화하여 위반유형과 심각도를 기준으로 처분기준을 차별화할 필요가 있으나, 현행 법령에서는 속도위반에 대한 3단계 처분을 제외하고, 주정차위반, 신호위반 등 항목별 세분화가 가능한 범칙행위에 대한 별도 적용기준을 마련하지 않음으로써, 도로이용자의 위반행위에 대한 제재적 효과와 함께 법규위반에 따른 사고예방 및 피해감소라는 행정처분의 목적을 달성하는데 매우 제한적인 것이 사실이다.

일본의 경우 주취운전, 과속, 신호위반 및 적재중량 초과 등에 대하여 동일한 위반행위라 하더라도 위반행위의 경중 및 위반상황 등을 반영하여 처분기준을 달리하고 있듯이 우리나라에서도 현재 시행중인 주취운전, 과속 이외에 신호위반[26], 주차위반[27] 등 위반유형에 따라 달리 처분하는 방안과 동일한 위반행위라고 하더

---

25) 2002. 6. 1부터 0.05%에서 0.03%로 단속기준을 강화하였다.
26) 위반상황이 적색인지 황색인지에 따라 달리 처분하는 방안도 검토가능하다.
27) 주차금지구역인지 주정차금지구역인지에 따라 달리 처분하는 방안도 검토가능하다.

라도 교통사고로 이어질 경우 심각한 결과를 초래할 수 있는 고속도로와 자동차전용도로에서의 위반행위에 대한 처분기준을 달리하는 방안을 검토하여 행정처분의 효과를 극대화하는 것이 바람직할 것이다.

다행히 경찰에서도 지난 2010. 12. 7부터 어린이보호구역에서의 어린이 교통사고를 예방하기 위하여 어린이보호구역에서의 신호·지시위반, 보행자보호위반, 속도위반, 통행금지위반 및 주정차금지위반 등 법규위반 행위에 대하여 어린이보호구역 이외의 장소에서의 동일한 위반행위보다 가중처벌[28]하도록 함으로써 위험성에 높은 장소에 대한 운전자의 경각심을 높이는 정책을 도입한 것은 고무적인 현상이라고 할 수 있을 것이다.

4. 상습 법규위반에 대한 제재방법 부재

교통법규 위반행위별 행정처분기준이 그 효과를 극대화하기 위해서는 위반항목별 경중 및 결과의 심각성과 함께 법규위반의 상습성을 억제하기 위한 제재방안으로써 위반회수를 기준으로 벌점을 가중할 필요가 있으나, 현행 법령에서는 동일 위반행위에 대한 상습 위반행위에 대한 처분기준을 명시하지 않고 있어 도로이용자로 하여금 법규위반행위별 처분에 대한 내성을 높이고, 동일 위반행위의 반복을 차단할 수 있는 제재수단으로서의 기능을 다하지 못하고 있는 실정이다. 물론 음주운전 3진 아웃제 등 실무적으로 운영하는 사례는 있으나 과속, 신호위반, 중앙선침범 등 위반행위의 의도 및 결과의 심각성 등 법규위반의 특성을 기준으로 위반회수에 따라 처분을 가중하는 규정을 마련할 필요가 있다고 판단된다.

5. 행정처분 관련 규정의 일원화

현행 운전면허 행정처분에 관한 규정은 도로교통법령 이외에 경찰청 행정규칙인 「운전면허행정처분처리지침」 및 「모범운전자선발및운영지침」 등에 산재되어 있어 행정처분 규정에 대한 일반인의 접근이 극히 제한되어 있을 뿐만 아니라 행정처분기준을 적용하고 집행하는 일선 경찰공무원이 관련규정을 숙지하지 못하는 사례를 초래하기도 하고 있다. 따라서 국민의 권리·의무에 관한 사항은 「도로교통법」 또는 「도로교통법 시행령」에, 일반적인 행정절차에 관한 사항은 「도로교통법 시행규칙」에 각각 규정하여 일원화하는 것이 바람직하다.

---

28) 범칙금은 평균 80% 이상 가중처벌하도록 하였으나 벌점을 어린이보호구역 이외의 장소와 동일하게 처분하여 미흡한 점이 없지 않은 실정이다.

6. 행정처분 결정통지 등 공고에 대한 법적 효력 제고

운전면허에 대하여 취소 또는 정지처분 등 행정처분을 하고자 하는 경우 또는 행정처분을 결정한 때에는 대상자에게 운전면허정지·취소처분사전통지서 또는 운전면허정지·취소처분결정통지서를 발송 또는 교부하거나 통지가 불가능한 경우에는 주소지 관할 경찰서 게시판에 14일간 공고하는 것으로 통지를 대신하고 있으나, 일방적인 공고를 통한 행정처분은 처분절차를 진행할 수 있도록 하는 집행력은 있다고 할 수 있으나 해당 행정처분에 대하여 당사자를 기속하는 실질적인 효력은 제한되고 있는 실정이다.

특히 경찰의 일방적 공고를 역이용하여 행정처분을 피해가는 사례가 있는 만큼 행정처분의 사전·결정통지서가 반송된 때에는 방문 또는 전화 등으로 소재를 확인하는 절차를 추가하는 등 공고제도의 운용을 보완하여야 할 것이다.

7. 범칙금액 및 운전면허 벌점제도의 정비

현행 교통법규 위반에 따른 범칙금액은 1995. 7. 1 일제 정비된 후 일부 항목을 추가하거나 인상한 것 이외에는 종래 기준을 그대로 유지하고 있는 실정이며 이를 시장환율과 구매력을 기준으로 선진국과 비교해 보면 우리나라가 선진국에 비해 매우 낮은 것으로 나타나고 있다. 이는 법규위반에 따른 불이익보다 상대적으로 법규위반을 통하여 얻을 수 있는 기대이익이 높아짐으로써 운전자의 법규준수의식을 약화시키는 결과를 초래할 수 있고, 도로이용자의 효율적 규제를 위해 도입된 통고처분제도의 존립자체를 흔들 수 있으므로 현재의 물가수준 및 구매력 등을 고려하여 합리적으로 범칙금액을 정하는 것이 도로교통 정책에 있어 우선되어야 할 것이다. 다만, 범칙금액의 과도한 인상은 서민경제에 미치는 영향이 크므로 합리적이고 신중하게 접근하여야 할 것이다.

또한, 최근의 법규위반 행위에 대한 단속활동은 대부분 자동화된 장비에 의하여 이루어지므로 대부분 과태료가 부과되고 있는 실정이다. 특히, 사람에 의해 단속된 경우에도 안전띠·안전모 미착용, 적성검사 기간경과, 선팅 등 불법부착물 부착 등 벌점이 없는 항목이 대부분을 차지하고 있는 실정이다.

이러한 현상으로 인하여 운전자에게 벌점이 부과되는 경우는 음주운전 또는 범칙금 미납에 한정되고 있어 벌점초과로 인한 운전면허 행정처분은 극히 미미한 실정이다. 따라서 과태료를 부과하는 경우에도 벌점을 함께 부과하는 방안을 마련하는 것이 바람직하고 벌점초과에 따른 행정처분기준도 현재의 운전자 의식 및 교통환경에 부합하도록 개선할 필요가 있다.

Ⅶ. 맺는 말

운전면허 행정처분에 대한 법적 근거인 도로교통법령은 1961년 제정된 이후 교통여건 및 사회변화를 반영하기 위하여 수십차례 개정되었다.[29] 운전면허 행정처분 절차 및 기준도 그와 함께 개선되어 왔다고 볼 수 있다.

물론 아직까지도 행정편의적 측면에서 고려된 운전면허 행정처분기준이나 절차가 없다고 할 수는 없지만 운전면허 행정처분의 집행절차 및 사전·사후적 구제절차가 합리적으로 규정되어 있고 처분의 기준도 어느 정도 합리적이라고 하여도 무리는 없을 것으로 보인다. 다만, 최근의 행정의 추세가 행정목적의 달성보다는 국민의 편의와 이익을 우선시하는 방향으로 전환되면서 운전면허 행정처분의 실효성을 잃어가고 있는 것이 사실이다. 실례로 도로교통법령상 행정처분의 기초자료로 활용하기 위하여 운용하고 있는 벌점제도를 보면 2010년도 전제 운전면허 취소처분 286,704건 중 2.6%인 7,546만이 벌점초과로 처분되는 등 벌점제도의 운용자체가 유명무실해지는 실정이며 누산벌점을 통한 행정처분의 사고예방 효과 및 법규위반 억제기능도 극히 제한되었다고 보아야 할 것이다.

따라서 운전면허 행정처분의 기초자료로 활용되고 있는 운전면허 벌점제도를 현재의 국민의식 및 교통환경에 적합하도록 개선하는 것이 운전면허 행정처분을 통한 교통사고예방 및 운전자의 교통법규 준수의식을 향상시키는데 기여할 것으로 생각된다.

우리나라는 그동안 눈부신 경제성장을 통하여 세계 12위의 경제대국으로 성장하였으나 교통안전분야는 아직도 자동차 교통사고 사망자가 연간 5천여 명(2016년의 경우 5,150명)에 이르고 있고 교통사고로 인한 사회적 비용이 연간 국내총생산의 1.9%이고 국가 전체 예산의 10.6%로 추산되는 등 OECD 30개 회원국 중 하위권에 머물고 있는 현실을 감안하면 교통안전과 밀접한 관련이 있는 운전면허 행정처분의 기준과 절차는 교통안전이라는 공익을 최우선하는 방향으로 개선·발전되는 것이 바람직할 것이다.

---

29) 도로교통법령의 전문개정에 대해서는 김재광 외, 「도로교통법 전문개정방안 연구」(한국법제연구원, 2002년) 및 김재광 외, 「도로교통법 시행령·시행규칙 전문개정방안 연구」(한국법제연구원, 2005) 참조.

찾아보기

저자 약력

경희대학교 및 동 대학원 졸업(법학박사 – 행정법)
서울대학교 행정대학원 정보통신방송정책과정 수료
서울대학교 법학연구소 객원연구원 역임
경희대학교 법과대학, 법과대학원, 법무대학원, 행정학과 및 숙명여대 법대 강사 역임
국무총리 산하 한국법제연구원 연구위원 역임
행정고시 등 각종 국가시험 위원 역임
경찰청 새경찰추진자문위원회 위원 역임
경찰청 성과평가위원회 위원 역임
법무부 범죄피해자보호위원회 위원 역임
행정안전부 자문위원(전자정부, 개인정보보호, 자치행정) 역임
국민권익위원회 규제개선위원회 위원 역임
식품의약품안전처 식품위생심의위원회 위원 역임
한국관광공사 정보공개심의위원회 위원 역임
한국공법학회 학술장려상 수상(2010.6)
교육과학기술부장관 표창장 수상(2012.12)
경찰청장 감사패 수상(2016.1) 및 경찰청장 감사장 수상(2017.5)
현) 한국사이버안보법정책학회 회장, 한국공법학회 부회장, 한국토지공법학회 부회장, 한국비교
    공법학회 부회장, 개인정보보호법학회 부회장, 한국부동산법학회 부회장, 입법이론실무학회
    부회장, 한국토지보상법연구회 부회장, 정보통신정책학회 운영이사, 한국지방자치법학회 부회
    장, 한국행정법학회 총무이사
현) 선문대학교 법경찰학과 교수 및 성화학숙 관장
현) 충청남도행정심판위원회 위원
현) 충남교육청행정심판위원회 위원
현) 아산시 지방세심의위원회 위원
현) 한국법제연구원 연구자문위원
현) 한국법학원 이사
현) 충남지방경찰청 경찰개혁자문위원회 위원장
현) 한국법학교수회 사무총장

<주요 저서>
법학, 동림사, 2004
경찰법각론, 한국법제연구원, 2007
전자정부법, 한국법제연구원, 2010
현대법학의 이해(제2판, 공저), 법문사, 2011
경찰관직무집행법, 학림, 2012
사회갈등시설법론(제3판), 한국학술정보, 2013
관광법규론(제2판, 공저), 학림, 2013
국책사업갈등관리법론, 박영사, 2013
경찰행정법(제4판, 공저), 박영사, 2019
법학산책(제2판), 박영사, 2019
민간경비업법(공저), 박영사, 2019
경찰행정법입문(제3판, 공저), 박영사, 2019
행정법담론(중판), 박영사, 2019

행정법담론

초판발행	2018년 7월 30일
중판발행	2019년 9월 20일
지은이	김재광
펴낸이	안종만 · 안상준
편 집	한두희
기획/마케팅	오치웅
표지디자인	조아라
제 작	우인도 · 고철민
펴낸곳	(주) **박영사**
	서울특별시 종로구 새문안로3길 36, 1601
	등록 1959. 3. 11. 제300-1959-1호(倫)
전 화	02)733-6771
f a x	02)736-4818
e-mail	pys@pybook.co.kr
homepage	www.pybook.co.kr
ISBN	979-11-303-3224-6 93360

copyright©김재광, 2018, Printed in Korea

정 가   30,000원